Walter Fritz

# Fachwissen Raumausstatter/-innen

Band 1

5. Auflage




Bestellnummer 04200

Bildungsverlag EINS

**service@bv-1.de**
**www.bildungsverlag1.de**

Bildungsverlag EINS GmbH
Ettore-Bugatti-Straße 6-14, 51149 Köln

ISBN 978-3-427-**04200**-6

# Vorwort

Das aus zwei Bänden bestehende Lernpaket „Fachwissen Raumausstatter/-innen" orientiert sich an dem Rahmenlehrplan und der Ausbildungsordnung für die Berufsausbildung zum Raumausstatter/zur Raumausstatterin und bildet durch die praxisorientierte Vermittlung der Inhalte die Arbeitsgrundlage für den lernfeld- und handlungsorientierten Unterricht.

Die beiden Fachbücher vermitteln das erforderliche Fachwissen über Werkstoffe, Fertigungstechniken, Werkstoffberechnungen, Farbenlehre, Stilkunde, Raumgestaltung und technische Kommunikation sowie für die schriftliche Gesellenprüfung und die zu führenden Fachgespräche während der praktischen Zwischen- und Gesellenprüfung.

Durch die Vorgabe konkreter Kundenaufträge (Lernsituationen) sollen die Auszubildenden zum selbstständigen Analysieren, Planen, Ausführen sowie zur Kundenübergabe, Dokumentation und Präsentation des jeweiligen Auftrags befähigt und ihre Kompetenzen gefördert werden.

Durch zahlreiche Abbildungen, Merksätze, Hinweise auf Unfallgefahren und Unfallverhütung sowie viele Aufgaben werden die Inhalte vervollständigt.

Die beiden Fachbücher „Fachwissen für Raumausstatter/-innen" sind auch eine wichtige Grundlage für eine Weiterbildung im Raumausstatter-Handwerk, insbesondere zur Wiederholung und Vorbereitung auf die Meisterprüfung sowie zum Geprüften Gestaltungsberater im Raumausstatter-Handwerk/zur Geprüften Gestaltungsberaterin im Raumausstatter-Handwerk. Ferner können diese Bücher aufgrund z.T. vergleichbarer Unterrichtsinhalte bei Polster- und Dekorationsnäherinnen, Polsterern, Fahrzeugpolsterern, Sattlern sowie Bodenlegern eingesetzt werden.

Zur Verbesserung der Lesbarkeit wurde in den Büchern ausschließlich die männliche Berufsbezeichnung gewählt. Selbstverständlich sind mit dieser Bezeichnung auch immer Raumausstatterinnen gemeint.

Walter Fritz

# Inhaltsverzeichnis

# 1 Der Beruf des Raumausstatters

Der Beruf des Raumausstatters hat eine lange Geschichte. Seinen Ursprung hat er in dem französischen Tapissier (Tapezierer), dessen Berufsbezeichnung seit dem Jahr 1295 bekannt ist. Besondere Bedeutung erlangte der Tapissier am Hof Ludwig XIV., wo er die Räume mit wertvollen Wandteppichen, Wandbespannungen und Stoffdrapierungen ausstattete und gepolsterte Sitz- und Liegemöbel herstellte. Von hier aus gelangten Beruf und Berufsbezeichnung auch an andere europäische Höfe. Seit Anfang des 18. Jahrhunderts finden wir den Beruf des Tapezierers auch in Deutschland, der ursprünglich nur Polsterarbeiten ausführte. Durch die gestiegenen Ansprüche in der Wohnraumausstattung übernahm er im Laufe der Zeit auch das Dekorieren der Räume. Aus dieser Berufserweiterung kam es regional zu unterschiedlichen Berufsbezeichnungen wie Polsterer-Dekorateur bzw. Tapezierer-Dekorateur. Mit der Erneuerung der Handwerksordnung wurde 1965 für diesen Beruf die Berufsbezeichnung Raumausstatter eingeführt.

Der Raumausstatter des 21. Jahrhunderts ist ein Fachmann für die

**Ausstattung und Gestaltung von Räumen im Wohn- und Objektbereich.**

Zu dem vornehmlich handwerklichen Arbeitsbereich gehören:
- **Entwerfen, Herstellen und Instandsetzen von Polstermöbeln,**
- **Entwerfen, Herstellen und Montieren von Fenster- und Raumdekorationen,**
- **Auswählen und Montieren von Licht-, Sicht- und Sonnenschutzanlagen,**
- **Bekleiden von Wand- und Deckenflächen,**
- **Verlegen von textilen und nichttextilen Bodenbelägen.**

Neben der Planung, Vorbereitung und Ausführung der vorangehend aufgeführten Arbeiten kommt der

- **Beratung der Kunden bei der Material- und Farbauswahl sowie bei der Ausstattung und Gestaltung von Räumen**

eine besondere Bedeutung zu.

Um die geschilderten Aufgaben ausführen zu können, muss der Raumausstatter neben handwerklichen Fertigkeiten und theoretischem Fachwissen auch ein Gefühl für die ästhetische Wirkung von Farben und Formen sowie Kreativität und Aufgeschlossenheit gegenüber neuen Entwicklungen besitzen.

## 1.1 Ausbildung im Raumausstatter-Handwerk

Die Ausbildung im Raumausstatter-Handwerk findet im Ausbildungsbetrieb und in der Berufsschule statt. Dieses Ausbildungssystem wird als duale Ausbildung bezeichnet. In überbetrieblichen Unterweisungen wird die fachpraktische Ausbildung vertieft.

| Ausbildung im Raumausstatter-Handwerk | | |
|---|---|---|
| **Ausbildungsbetrieb** | **überbetriebliche Unterweisung** | **Berufsschule** |
| vermittelt fachpraktische Kenntnisse und Fähigkeiten | ergänzt und vertieft die fachpraktische Ausbildung des Ausbildungsbetriebs | vermittelt fachtheoretisches Wissen anhand fachpraktischer Kenntnisse und Fertigkeiten |

Grundlage der fachpraktischen Ausbildung ist die Verordnung über die Berufsausbildung zum Raumausstatter vom 18. Mai 2004, in Kraft getreten am 1. August 2004, in der die Inhalte der Ausbildung im Betrieb verbindlich vorgeschrieben sind.

Die zu vermittelnden fachtheoretischen Kenntnisse in der Berufsschule sind in einem Rahmenlehrplan aufgeführt, der mit der Ausbildungsordnung abgestimmt ist. Die einzelnen Bundesländer können ihn unmittelbar übernehmen oder ihn in einen eigenen Lehrplan umsetzen.

Die Ausbildung zum Raumausstatter dauert drei Jahre; dabei ist zu Beginn der Ausbildung festzulegen, in welchem Schwerpunkt die Ausbildung durchgeführt werden soll. Folgende vier Schwerpunkte stehen zur Auswahl:
- Boden,
- Polstern,
- Raumdekoration, Licht-, Sicht- und Sonnenschutzanlagen,
- Wand- und Deckendekoration.

### 1.1.1 Verordnung über die Berufsausbildung zum Raumausstatter

Die in dieser Ausbildungsordnung genannten Fertigkeiten und Kenntnisse sollen so vermittelt werden, dass die Auszubildenden zur Ausübung einer qualifizierten beruflichen Tätigkeit befähigt werden, die insbesondere
- **selbstständiges Planen, Durchführen und Kontrollieren** sowie
- **Handeln im betrieblichen Gesamtzusammenhang** einschließt.

Diese Befähigung ist auch in Prüfungen nachzuweisen.

Gegenstand der Berufsausbildung sind nach der Verordnung über die Berufsausbildung zum Raumausstatter mindestens die folgenden Fertigkeiten und Kenntnisse:
- Berufsbildung, Arbeits- und Tarifrecht,
- Aufbau und Organisation des Ausbildungsbetriebs,
- Sicherheit und Gesundheitsschutz bei der Arbeit,
- Umweltschutz,
- Anwenden von Informations- und Kommunikationstechniken,
- Vorbereiten von Arbeitsabläufen, Kontrollieren und Beurteilen der Arbeitsergebnisse, Arbeiten im Team,
- Anfertigen und Anwenden von Arbeitsunterlagen, Durchführen von Messungen,
- Vorbereiten, Einrichten, Sichern und Räumen von Arbeitsplätzen,
- Einsetzen und Warten von Werkzeugen, Geräten, Maschinen und technischen Einrichtungen,
- Be- und Verarbeiten von Werk- und Hilfsstoffen,
- Entwickeln und Gestalten von Raumsituationen,

- Prüfen, Vorbereiten und Bearbeiten von Untergründen,
- Be- und Verarbeiten von Profilen,
- Behandeln von Oberflächen,
- Gestalten und Verlegen von Bodenbelägen,
- Instandsetzen von Polstermöbeln und Herstellen von Polstern,
- Gestalten, Anfertigen und Montieren von Raumdekorationen,
- Anfertigen und Montieren von Licht-, Sicht- und Sonnschutz,
- Gestalten, Bekleiden und Beschichten von Wand- und Deckenflächen,
- Durchführen qualitätssichernder Maßnahmen, Kundenservice.

#### 1.1.1.1 Prüfungen

##### 1. Zwischenprüfung

**Zwischenprüfung Raumausstatter**

Eine Arbeitsaufgabe, die einem Kundenauftrag entspricht, in 10 Stunden durchführen und dokumentieren:

**Herstellen einer Raumsituation unter Berücksichtigung von Polster-, Dekorations-, Wand- und Bodenarbeiten**

Im Rahmen der Prüfung soll der Prüfling zeigen, dass er Folgendes kann:
- **Arbeitsabläufe planen,**
- **Skizzen erstellen und nutzen,**
- **Arbeitsabläufe dokumentieren,**
- **Ergebnisse kontrollieren und beurteilen,**
- **Grundsätze der Kundenorientierung berücksichtigen sowie**
- **Anforderungen des Sicherheits- und Gesundheitsschutzes bei der Arbeit, des Umweltschutzes und der Wirtschaftlichkeit berücksichtigen.**

In einem **Fachgespräch** von höchstens 15 Minuten, das aus mehreren Gesprächsphasen bestehen kann, soll der Prüfling zeigen, dass er Folgendes kann:
- **fachbezogene Probleme und deren Lösungen darstellen,**
- **die für die Arbeitsaufgabe relevanten fachlichen Hintergründe aufzeigen sowie**
- **die Vorgehensweise bei der Durchführung der Arbeitsaufgabe begründen.**

Die Zwischenprüfung wird zur Ermittlung des Ausbildungsstands vor dem Ende des zweiten Ausbildungsjahrs durchgeführt. Sie erstreckt sich auf die in der Ausbildungsordnung für das erste Ausbildungsjahr und das dritte Ausbildungshalbjahr aufgeführten Fertigkeiten und Kenntnisse sowie auf den im Berufsschulunterricht entsprechend dem Rahmenlehrplan zu vermittelnden Lehrstoff.

##### 2. Gesellenprüfung

Die Gesellenprüfung erstreckt sich auf die in der Ausbildungsordnung aufgeführten Fertigkeiten und Kenntnisse sowie auf den im Berufschulunterricht vermittelten Lehrstoff.

<table>
<tr><th colspan="3">Gesellenprüfung Raumausstatter</th></tr>
<tr><td>Schwerpunkte:</td><td colspan="2">▪ Boden<br>▪ Polstern<br>▪ Raumdekoration sowie Licht-, Sicht- und Sonnenschutzanlagen<br>▪ Wand- und Deckendekoration</td></tr>
<tr><td colspan="3">↓</td></tr>
<tr><td colspan="3">Teil A – Praktische Prüfung<br><br>Eine Arbeitsaufgabe, die einem Kundenauftrag entspricht, in insgesamt höchstens 35 Stunden durchführen und dokumentieren sowie während dieser Zeit in insgesamt 30 Minuten ein Fachgespräch führen:<br><br>Gestalten und Herstellen einer Raumsituation unter Berücksichtigung von Polsterarbeiten, Dekorationsarbeiten, Wand- und Bodenbelagarbeiten<br><br>unter besonderer Berücksichtigung des Schwerpunkts.<br><br>Gewichtung: Arbeitsaufgabe 75 %, Fachgespräch 25 %<br><br>Die Prüfung ist bestanden bei mindestens ausreichenden Leistungen.</td></tr>
<tr><td colspan="3">↓</td></tr>
<tr><td colspan="3">Teil B – Schriftliche Prüfung<br><br>Praxisbezogene Aufgaben aus den Prüfungsbereichen:</td></tr>
<tr><td>Arbeitsplanung und Gestaltung<br><br>höchstens<br>120 Minuten<br><br>Gewichtung 40 %</td><td>Fertigung und Montage<br><br>höchstens<br>120 Minuten<br><br>Gewichtung 40 %</td><td>Wirtschafts- und Sozialkunde<br><br>höchstens<br>60 Minuten<br><br>Gewichtung 20 %</td></tr>
<tr><td colspan="3">Die Prüfung ist bestanden bei<br>▪ insgesamt mindestens ausreichenden Leistungen,<br>▪ mindestens ausreichenden Leistungen in zwei Prüfungsbereichen und im dritten Prüfungsbereich keine ungenügenden Leistungen.</td></tr>
</table>

Bei der in **Teil A der Prüfung** durchzuführenden Arbeitsaufgabe und deren Dokumentation soll der Prüfling zeigen, dass er Arbeitsabläufe unter Beachtung wirtschaftlicher, technischer und organisatorischer Vorgaben selbstständig und kundenorientiert planen und durchführen kann. Auch soll er den Zusammenhang zwischen Gestaltung und Konstruktion sowie der Verarbeitung und dem Einsatz unterschiedlicher Werk- und Hilfsstoffe erkennen, Arbeitsergebnisse kontrollieren, beurteilen und Arbeitsabläufe dokumentieren sowie Maßnahmen zur Sicherheit und zum Gesundheitsschutz sowie zum Umweltschutz ergreifen können.

Durch das Fachgespräch soll der Prüfling zeigen, dass er Kundenaufträge und Reklamationen annehmen, fachbezogene Probleme und deren Lösungen darstellen, die für die Arbeitsaufgabe relevanten fachlichen Hintergründe aufzeigen sowie die Vorgehensweise bei der Ausführung der Arbeitsaufgabe begründen kann.

Für den **Teil B der Prüfung** kommen praxisbezogene Aufgaben aus den Prüfungsbereichen Arbeitsplanung und Gestaltung, Fertigung und Montage sowie Wirtschafts- und Sozialkunde in Betracht.

Im Prüfungsbereich **Arbeitsplanung und Gestaltung** soll der Prüfling die Vorgehensweise zur Vorbereitung von Arbeitsabläufen sowie zur Gestaltung von Räumen beschreiben. Dabei soll er zeigen, dass er Arbeitsabläufe planen und sicherstellen kann, in der Lage ist, Gestaltungs- und Stilmerkmale sowie Farb- und Formgebung zu berücksichtigen und die für die Herstellung erforderlichen Materialien, Werkzeuge und Hilfsmittel unter Beachtung von Vorgaben und technische Regeln auswählen und zuordnen kann.

Im Prüfungsbereich **Fertigung und Montage** soll der Prüfling die Vorgehensweise beim Herstellen von Raumsituationen unter Berücksichtigung manueller und maschineller Bearbeitungstechniken beschreiben. Dabei soll er zeigen, dass er Arbeitsabläufe unter Berücksichtigung wirtschaftlicher, technischer und organisatorischer Vorgaben selbstständig und kundenorientiert durchführen, Arbeitszusammenhänge erkennen, Arbeitsergebnisse kontrollieren und dokumentieren sowie Maßnahmen zur Sicherheit, zum Gesundheits- und Umweltschutz bei der Arbeit durchführen kann.

Im Prüfungsbereich **Wirtschafts- und Sozialkunde** werden allgemeine wirtschaftliche und gesellschaftliche Zusammenhänge aus der Berufs- und Arbeitswelt geprüft.

Der Prüfungsteil B ist auf Antrag des Prüflings oder nach Ermessen des Prüfungsausschusses in einzelnen Prüfungsbereichen durch eine mündliche Prüfung zu ergänzen, wenn diese für das Bestehen der Prüfung den Ausschlag geben kann. Bei der Ermittlung des Ergebnisses für die mündlich geprüften Prüfungsbereiche sind das bisherige Ergebnis und das Ergebnis der mündlichen Ergänzungsprüfung im Verhältnis 2 : 1 zu gewichten.

### 1.1.2 Rahmenlehrplan

Der Rahmenlehrplan vom 30.04.2004 für den berufsbezogenen Unterricht in der Berufsschule für Raumausstatter ist nicht mehr nach traditionellen Fächern, sondern nach Lernfeldern strukturiert.

Das **Lernfeldkonzept**, das den handlungsorientierten Unterricht präzisiert, hat das Ziel, den Unterricht in der Berufsschule mehr an ganzheitlichen Aufgaben zu orientieren. Durch die Vorgabe von Kundenaufträgen (Lernsituationen) sollen die Auszubildenden bei der Lösung der konkret vorgegebenen berufsspezifischen Arbeitshandlung zum selbstständigen Analysieren, Planen, Ausführen und Bewerten der jeweiligen Lernsituation befähigt werden.

Die Bücher „Fachwissen für Raumausstatter/-innen“ enthalten dazu das praxisbezogene theoretische Fachwissen.

## 1.2 Weiterbildung im Raumausstatter-Handwerk

Der Raumausstatter kann sich durch die von seiner Berufsorganisation und der Industrie durchgeführten Lehrgänge und Seminare spezialisieren und fortbilden. Nach der Ausbildung kann der Raumausstattergeselle nach einer gewissen Zeit der praktischen Tätigkeit, eine gesetzlich vorgeschriebene Wartezeit gibt es nicht, an einer Meisterschule oder bei der

Handwerkskammer die Meisterprüfung ablegen. Durch die Novellierung der Handwerksordnung zum 01.01.2004 können sich künftig auch Gesellen mit einer Berufserfahrung von mindestens sechs Jahren selbstständig machen, wobei der Geselle davon vier Jahre in einer leitenden Position gearbeitet haben muss.

Durch den Besuch von Lehrgängen und Seminaren gibt es im Raumausstatter-Handwerk folgende Fort- und Weiterbildungsmöglichkeiten:

| Fortbildung zum | Zielgruppe |
|---|---|
| **Restaurator im Raumausstatter-Handwerk** | Raumausstattermeister |
| **Gestalter im Handwerk** | Raumausstattermeister und Raumausstattergesellen mit Berufspraxis |
| **Designer im Raumausstatter-Handwerk** | Raumausstatter, denen die Meisterprüfung allein zu fachbezogen ist. Der Studiengang enthält die Inhalte der Meisterausbildung und einen umfassenden gestalterischen und kreativen Teil. Die bestandene Vorprüfung dieses Studiengangs wird als Abschluss Gestalter im Handwerk anerkannt. |
| **Gestaltungsberater im Raumausstatter-Handwerk** | Raumausstattergesellen und Absolventen raumgestaltender Berufe mit erfolgreicher Abschlussprüfung und einem Jahr Berufspraxis. |
| **Geprüfter Betriebswirt** | Raumausstattermeister und Führungskräfte mit abgeschlossener Berufsausbildung, die Kenntnisse nachweisen können, die mit denen eines Meisters vergleichbar sind. |

Bei schulischer Hochschulzulassungsberechtigung besteht die Möglichkeit, Innenarchitektur oder Design zu studieren. Je nach Berufsabschluss und Berufserfahrung kann unter bestimmten Voraussetzungen auch ohne Hochschulzulassungsberechtigung studiert werden. Auch der erfolgreiche Abschluss zum Gestalter im Handwerk eröffnet die Zulassung zu einem Studium an einer Hochschule.

## 1.3 Organisation des Raumausstatter-Handwerks

Die Betriebe des Raumausstatter-Handwerks sind nach Stadt- bzw. Landkreisen in Innungen zusammengeschlossen, die dem jeweiligen Landesinnungsverband angehören. Die Landesinnungsverbände gehören dem Zentralverband Raum und Ausstattung[1] an, der Mitglied des Zentralverbandes des Deutschen Handwerks ist.

*Aufgaben*

1. *Welche Rollen übernehmen bei Ihrer Ausbildung zum Raumausstatter der Ausbildungsbetrieb, die überbetriebliche Unterweisung und die Berufsschule?*
2. *Schildern Sie den Inhalt Ihrer praktischen Gesellenprüfung, die Sie am Ende Ihrer Ausbildung ablegen müssen.*
3. *Welche Möglichkeiten der Weiterbildung haben Sie nach bestandener Gesellenprüfung?*
4. *Schildern Sie die Organisation des Raumausstatter-Handwerks.*

[1] *Zentralverband Raum und Ausstattung, Luxemburger Str. 107, 50939 Köln, www.zvr-info.de.*

# 2 Kundenauftrag

Kundenaufträge sind die wirtschaftliche Grundlage eines jeden Raumausstatterbetriebs. Aus diesem Grunde ist es erforderlich, dass jeder Auftrag zur vollsten Zufriedenheit des Kunden ausgeführt wird, denn nur ein zufriedener Kunde wird dem Raumausstatterbetrieb treu bleiben.
Raumausstatter führen Gespräche mit Kunden, führen ihre Arbeiten kundenorientiert auf der Grundlage von Beratungsgesprächen, mündlichen oder schriftlichen Aufträgen, Plänen, Zeichnungen oder Skizzen allein oder im Team durch und ergreifen dabei Maßnahmen zur Arbeitssicherheit, zum Gesundheits- sowie zum Umweltschutz. Sie wählen den erforderlichen Werkstoff aus, planen ihre Arbeit, richten Arbeitsplätze ein und führen Fertigungsverfahren und Maßnahmen zur Qualitätssicherung aus. Sie prüfen ihre Arbeit auf Fehlerfreiheit und übergeben sie den Kunden. Für die erstellte Arbeit erfassen Sie den Werkstoffverbrauch und den Zeitaufwand und erstellen dafür die Rechnung.

## 2.1 Umgang mit Kunden

Oberstes Ziel eines jeden Betriebs bzw. Mitarbeiters im Betrieb muss es sein, Kunden in jeder Hinsicht zufriedenzustellen und deren Wünsche und Erwartungen zu erfüllen. Kundenzufriedenheit wird erreicht durch:

- freundlichen und hilfsbereiten Empfang und Umgang,
- fachlich kompetente Beratung,
- sorgfältige, termingerechte und saubere Ausführung des Auftrags,
- Erläuterung der durchgeführten Arbeiten,
- ehrliche und faire Abrechnung der erbrachten Leistungen und Erläuterung der Rechnung,
- offene und ehrliche Behandlung von Reklamationen und schnelle, unbürokratische Beseitigung von Mängeln.

### 2.1.1 Kundenberatung

Grundlage eines Kaufs bzw. Auftrags ist ein Beratungsgespräch, das im Geschäft des Raumausstatters oder in der Wohnung des Kunden stattfindet. Bei dem Beratungsgespräch möchte der Kunde Informationen und Entscheidungskriterien für ein Produkt oder für die Gestaltung und Ausstattung von Räumen erhalten. Schon bei der Begrüßung und Gesprächseröffnung muss der Kunde spüren, dass er für den Raumausstatterbetrieb wichtig ist, dass er respektiert wird, man für ihn Zeit hat und dass man ihm freundlich und höflich begegnet.
Voraussetzung für ein erfolgreiches Beratungsgespräch ist eine fundierte Fachkompetenz, eine überzeugende Beratungsstrategie sowie die Kommunikationsfähigkeit mit dem Kunden.

### 2.1.1.1 Grundlagen der Kommunikation mit Kunden

Das Grundprinzip einer Kommunikation ist das Senden und Empfangen von Informationen. Dazu sind ein Sender, ein Empfänger und eine Nachricht erforderlich. Für eine erfolgreiche Kommunikation müssen bestimmte Regeln eingehalten werden.
Dabei muss der Sender eindeutig sprechen, überzeugen und glaubwürdig sein. Der Empfänger muss richtig zuhören, verstehen, was der Sender meint, und Rückmeldungen geben.

*Prinzip einer zweiseitigen Kommunikation*

Auf der Basis des geschilderten Grundprinzips einer Kommunikation verläuft ein Beratungsgespräch zwischen dem Kundenberater und dem Kunden auf verbaler (sprachlicher) und nonverbaler (nicht sprachlicher) Ebene.

#### 1. Verbale Kommunikation

Mit der Sprache kann der Anbieter/Berater das Beratungsgespräch beeinflussen und steuern. Sie ist gekennzeichnet durch die Stimmführung, den Sprachfluss, die Lautstärke, den Wortschatz und den Satzbau. Wie die Gesprächsführung erfolgen soll und welche Wirkungen bei dem Kunden erzielt werden können, ist in der folgenden Übersicht aufgeführt.

| Sprache | Gesprächsführung | Wirkung auf den Kunden |
|---|---|---|
| Stimmführung<br>Sprachfluss<br>Lautstärke | Mit freundlicher und unaufdringlicher Stimmführung fließend mit angemessener Lautstärke deutlich und verständlich sprechen. | Der Kunde versteht das Gesagte sehr gut und hat keine Schwierigkeiten beim Zuhören. |
| Wortschatz | Fachausdrücke so weit wie möglich vermeiden, ggf. sie erläutern. Technische Erklärungen, wenn sie nötig sind, einfach und verständlich halten. Keine Fremdwörter verwenden. | Der Kunde fühlt sich angesprochen und respektiert. Erklärungen werden verstanden. |
| Satzbau | Kurze, verständliche und vollständige Sätze bilden. | Die Aussagen wirken präzise und überzeugend. Das Zuhören ist einfacher und nicht so anstrengend. |

#### 2. Nonverbale Kommunikation

Neben der eigentlichen Sprache ist die Körpersprache ein wichtiger Bestandteil der Kommunikation zwischen zwei Personen. Sie wird schneller erfasst als der Sinn gesprochener Worte. Während eines Gesprächs werden meist unbewusst durch Mimik, Gestik, Blickkontakt, Körperdistanz und Körperhaltung eine Vielzahl körperlicher Signale ausgetauscht, die dem Beobachter zeigen, welche Regungen und Empfindungen bei seinem Gegenüber ablaufen. Im Vergleich zur verbalen Kommunikation ist die nonverbale Kommunikation oft wirkungsvoller und auch echter, weil sie weniger gut kontrollierbar ist. Nonverbale Signale können einen positiven oder negativen Einfluss auf ein Gespräch haben.



- **Mimik** ist die Sprache des Gesichts, hervorgerufen durch die Bewegung der Gesichtsmuskeln. Am Gesichtsausdruck lassen sich z.B. Freude, Ärger, Unlust, Missmut, Lachen, Freundlichkeit, Ironie, Begeisterung, Interesse und Traurigkeit ablesen.
- **Gestik** ist die Sprache der Hände, Gesten und Gebärden. Mit den Händen kann man in einem Gespräch das Gesagte unterstreichen und verdeutlichen. Offen gezeigte Handflächen vermitteln Kontaktbereitschaft und Offenheit. Geballte Fäuste weisen dagegen auf Anspannung und Aggression hin.
- **Blickkontakt** ist ein Signal für die Eröffnung eines Kontakts. Er weckt Vertrauen, wobei ein freundlicher Blick den Zuhörer freundlich stimmt. Er sollte während eines Gesprächs aufrechterhalten werden, ohne dass man dabei den Gesprächspartner anstarrt oder fixiert.
- **Distanz** zwischen zwei oder mehreren Personen gibt Aufschluss über ihre Beziehung. Je geringer die Distanz, desto persönlicher ist die Beziehung. Für Geschäftspartner ist eine Distanz von ca. zwei Metern zu empfehlen.
- **Körperhaltung** vermittelt die Stimmung eines Menschen. Verschränkte Arme vor der Brust weisen auf Abgrenzung hin. Wer seiner Sache sicher ist, wird seinem Gegenüber immer seinen Oberkörper zuwenden. Ein Blick über die Schulter weist auf Ablehnung hin. Hände in den Hosentaschen deuten darauf hin, dass etwas verborgen wird bzw. dass man nicht offen ist.

#### 2.1.1.2 Ablauf und Strategie eines Beratungsgesprächs

Ein Beratungsgespräch kann schematisch gesehen in folgenden Phasen ablaufen:

| Gesprächsphasen | Verhalten |
|---|---|
| **Eröffnung** | Begrüßung des Kunden und positives Gesprächsklima herstellen |
| **Analyse** | Wunsch bzw. Bedarf des Kunden analysieren und begrenzen |
| **Angebot** | Produkt bzw. Vorschlag präsentieren und erklären |
| **Aktion** | Kunden reagieren lassen |
| **Argumentation** | Begründungen für das Produkt bzw. den Vorschlag geben |
| **Abschluss** | Abschlussmotivation auslösen und ggf. Entscheidungshilfe anbieten, evtl. Verkaufsvorgang einleiten, Verabschiedung des Kunden |

Wichtig bei einem Beratungsgespräch ist auch die Strategie, nach der es durchgeführt werden soll. Da ein Gespräch immer auf den Kunden abzustimmen ist, muss man zunächst den Kunden einschätzen. Dabei kann man sich durch Inaugenscheinnahme der Kleidung, des Erscheinungsbilds, der Körperhaltung, der Gangart, der Gestik, der Mimik und des Augenausdrucks sowie beim aktiven Zuhören durchaus ein Bild von dem Kunden machen und daraus das Vorgehen ableiten.

Grundsätzlich kann man zwei Hauptgruppen von Kunden unterscheiden: die Gruppe der Aktiven und Dynamischen und die Gruppe der Passiven, Zögerlichen und Unentschlossenen.
Bei den aktiven und dynamischen Kunden sollte man zunächst ein angenehmes Gesprächsklima schaffen, sich ihre Wünsche ruhig anhören und sich voll auf sie konzentrieren, um damit ihr Geltungsbedürfnis zu befriedigen. Ferner sollte man keine langen Diskussionen anfangen und nicht widersprechen. Durch Nachfragen kann man langsam die Gesprächsführung übernehmen und das Gespräch schließlich steuern.

Bei den passiven und zögerlichen Kunden ist es empfehlenswert, eine ruhige und sachliche Gesprächsatmosphäre zu schaffen. Bei dem Gespräch sollte sich der Berater zurücknehmen und nicht den Überlegenen spielen. Um das Vertrauen und die Glaubwürdigkeit zu erhöhen, sollte auf Empfehlungen und Testergebnisse hingewiesen werden. Bei der Entscheidungsfindung muss oft Hilfestellung gegeben oder gut zugeredet werden.

Des Weiteren muss bei einem Beratungsgespräch überlegt werden, welche Möglichkeiten der Präsentation eingesetzt werden können, um die Beratung optisch zu unterstützen und erfolgreich ab zu schließen.

### Zuhören bei einem Beratungsgespräch

Zu einem erfolgreichen Beratungsgespräch gehört auch das Zuhören. Nur wer seinem Kunden als aktiver Zuhörer gegenübertritt und ihm zeigt, dass er an seinen Mitteilungen interessiert ist, wird vom Kunden seine Wünsche, Fragen und Argumente erfahren. Folgende Anregungen erleichtern das Zuhören:

- Lassen Sie Ihren Kunden ausreden. Hören Sie zu. Schweigen Sie und unterbrechen Sie ihn nicht. Zeigen Sie Geduld bei seinen Ausführungen.
- Halten Sie Blickkontakt und zeigen Sie dadurch, dass Sie zuhören. Schauen Sie nicht ins Leere.
- Signalisieren Sie Ihrem Kunden Zustimmung und Verständnis. Es gibt ihm Anerkennung und erzeugt eine gute Gesprächsatmosphäre.
- Hören Sie auch, was der Kunde nur andeutungsweise sagt. Manchmal kann das sehr wichtig sein.
- Fragen Sie bei Unklarheiten nach. Das zeigt Ihrerseits Interesse und ermuntert den Kunden zum Reden.
- Geben Sie ggf. Denkanstöße, um den Kunden in eine bestimmte Richtung zu lenken.
- Seien Sie für Anregungen offen.
- Seien Sie gegenüber Ihrem Kunden objektiv und vermeiden Sie Vorurteile.
- Lassen Sie sich nicht provozieren. Halten Sie eigene negative Empfindungen zurück.

Was Sie bei einem Beratungsgespräch auf jeden Fall vermeiden sollten:

- Befehle, z. B.: „Entscheiden Sie sich bitte für eine Farbe.“
- Vorwürfe, z. B.: „Das wusste ich von Anfang an, dass dieser Teppichboden für Sie zu teuer ist.“

- Überreden, z. B.: „Kaufen Sie lieber das Sofa mit dem Lederbezug, das hält länger als ein Sofa mit einem Stoffbezug."
- Killerphrasen, z. B.: „Sie wollen mir doch nicht sagen, wie der Faltenfall bei der Gardine sein muss. Schließlich bin ich der Fachmann."
- Kundenerwartungen dämpfen, z. B.: „Passt denn überhaupt der Sessel zu Ihrer Einrichtung?"
- Belehrungen, z. B.: „Das heißt nicht Kunstfaser, sondern Chemiefaser."



#### 2.1.1.3 Hinweise für Reklamationsgespräche

In einem Raumausstatterbetrieb werden natürlich auch Fehler gemacht, die zu Reklamationen führen und Kunden verärgern. Bei einer Reklamation ist es wichtig, dem Kunden ruhig, höflich, freundlich und sachlich zu begegnen und ihn ernst zu nehmen. Schließlich will man ihn nicht verlieren. Ziel bei einem Reklamationsgespräch muss es sein, das Vertrauen zum Betrieb wieder herzustellen. Beim Vortragen der Reklamation sollte man zunächst zuhören und Verständnis für die Situation des Kunden zeigen. Nach dem Erkennen einer berechtigten Reklamation muss schnell und unbürokratisch nach einer Lösung gesucht werden, wie der aufgetretene Schaden beseitigt und der Kunde wieder zufriedengestellt werden kann.
Sollte sich eine Reklamation als ungerechtfertigt herausstellen, kann man evtl. abwägen, ob das aufgetretene Problem durch eine Kulanzregelung gelöst werden kann. Kulanzregelungen wirken sich meist positiv auf Neuaufträge aus.
Ist ein Kunde bei einer Reklamation zufriedengestellt worden, dann wird der Betrieb sein Image durch die Reklamation nicht verlieren, vorausgesetzt, dass keine weiteren Reklamationen vorkommen.

## 2.2 Teamarbeit

Teamarbeit ist eine besondere Form der Zusammenarbeit in einer Gruppe. Sie hat das Ziel, eine Aufgabe zu lösen, zu der ein Einzelner nur schlecht in der Lage ist. Das Lösen von Aufgaben im Team ist umso sinnvoller und notwendiger, je umfangreicher die Aufgabe ist.
Teamarbeit kommt sowohl im Ausbildungsbetrieb als auch in der Berufsschule vor. Während im Ausbildungsbetrieb das Team in der Regel durch Meister, Gesellen und Auszubildende vorgegeben ist, müssen sich Teams im Berufsschulunterricht zur Lösung vorgegebener Lernsituationen erst finden.
Für die Arbeit im Team sollte jedes Mitglied ein hohes Maß an Teamfähigkeit besitzen. Jedem Teammitglied sollte bewusst sein, dass eigenes Verhalten die Teamarbeit fördern und stärken kann. Mangelnder Einsatz und/oder mangelhafte Ausführung der Arbeit gefährden den Arbeitserfolg und führen zu Spannungen im Team.
Ein Team sollte aus drei, höchstens fünf Mitgliedern bestehen und einen Leiter haben. In einem Ausbildungsbetrieb ist es der Meister, der die Terminplanung und die Arbeitsabläufe koordiniert und die Qualität der Arbeit überwacht. In der Berufsschule muss der Teamleiter aus der gebildeten Gruppe gewählt werden. Besonders hier kann die Teamfähigkeit und die Rollenverteilung im Team geübt werden.

Unerlässlich für eine erfolgreiche Teamarbeit sind:

- gemeinsame Festlegung des Ziels und der Vorgehensweise,
- freundlicher Umgangston untereinander,
- einander gut zuhören und ausreden lassen,
- zulassen von Kritik,
- Mitarbeit und Zusammenarbeit aller Teammitglieder,
- die Meinung anderer respektieren,
- die Leistung anderer anerkennen,
- gegenseitige Hilfestellung,
- allen Teammitgliedern die notwendigen Informationen zur Verfügung stellen,
- gemeinsame Suche nach der besten Lösung.

## 2.2.1 Informationsbeschaffung

Für die Durchführung bestimmter Arbeiten und zur Bearbeitung kundenspezifischer Aufträge in der Berufsschule sind Informationen erforderlich. Möglichkeiten zur Beschaffung der erforderlichen Informationen sind:

| | |
|---|---|
| **Fachbücher** | Die Fachbücher „Fachwissen Raumausstatter/-innen" enthalten zum Bearbeiten von Lernsituationen (Kundenaufträge) das erforderliche Fachwissen. Sie berücksichtigen geltende Vorschriften, Richtlinien, Normen und Unfallverhütungsvorschriften. |
| **technische Merkblätter** | Hersteller von Verlegewerkstoffen und Bodenbelägen geben technische Merkblätter über Eigenschaften, Eignung und Verarbeitung heraus. |
| **Sicherheitsdatenblätter** | Hersteller von Vorstrichmitteln, Spachtelmassen und Bodenbelagklebstoffen sind gesetzlich verpflichtet, für ihre Produkte Sicherheitsdatenblätter herauszugeben, die wichtige Informationen zum Gesundheits- und Umweltschutz bieten. |
| **Normen, Richtlinien, Vorschriften, Verdingungsordnung für Bauleistungen (VOB), Unfallverhütungsvorschriften** | Durch Normen, Richtlinien, Vorschriften und Unfallverhütungsvorschriften werden heute viele Ausführungen von Kundenaufträgen reglementiert. Bei jedem Auftrag ist deshalb zu klären, ob es dazu irgendwelche Reglementierungen gibt. |
| **Internet** | Eine Fülle von Informationen bietet inzwischen das Internet, insbesondere von Herstellern der verschiedenen Werkstoffe, Werkzeuge und Geräte, die in ihrer Vielfalt nur punktuell genutzt werden können. |

## 2.2.2 Problemlösungsmethoden

Die Betriebe fordern von ihren Mitarbeitern neben fachlichen Qualifikationen vor allem auch Selbstständigkeit, Kooperationsfähigkeit und Kreativität. Die Mitarbeiter müssen deshalb in der Lage sein, Probleme im Team oder allein zu lösen. Bei der Suche nach Ideen helfen **Kreativtechniken**. Sie werden eingesetzt, um alternatives, originelles, konstruktives und flexibles Denken zu fördern. Dabei müssen bestimmte Regeln und Schritte eingehalten werden, damit die Kreativität angeregt wird und Ideen gefunden werden. Folgende Kreativtechniken können angewandt werden.

2

## 1. Brainstorming

Brainstorming (engl. Gedankenblitz, Gedankenwirbel) ist eine kreative Arbeitsmethode für Gruppen oder für einen Einzelnen zur Lösung einer Aufgabe bzw. eines Problems. Das Ziel des Brainstormings besteht darin, Ideen und Gedanken zu einem Thema zu sammeln und zu protokollieren.

Eine Brainstorming-Runde sollte nicht länger als ca. 30 Minuten dauern. Vor dem Beginn wird ein Leiter/Moderator gewählt, der den Teilnehmern die zu behandelnde Aufgabe darstellt, die Sitzung strukturiert und die Gruppe zur Erarbeitung und Darstellung ihrer Vorschläge motiviert. Dabei sollten folgende Verhaltensregeln eingehalten werden:

- Das Problem und die Zielsetzung werden aufgeschrieben.
- Die Rahmenbedingungen werden festgelegt (Gruppenarbeit, Einzelarbeit, Art der Dokumentation).
- Alle Ideen, gleichgültig, wie realistisch sie sind, werden aufgeschrieben.
- Es kommt auf die Menge der Vorschläge an, nicht auf die Qualität.
- Die Ideen und Vorschläge der anderen Mitglieder werden aufgegriffen und weiterentwickelt.
- Die Beiträge anderer dürfen weder kritisiert noch bewertet werden.

Die in einer Brainstorming-Sitzung vorgebrachten Ideen werden gesammelt, auf Karten aufgeschrieben und von dem Leiter an eine Pinnwand geheftet. Anschließend werden sie nach Obergriffen geordnet und hinsichtlich ihrer Nützlichkeit zur Aufgabenlösung sortiert. Das Ergebnis wird als Arbeitsgrundlage für das weitere Vorgehen verwendet. Die folgende Abbildung zeigt beispielhaft den Einsatz der Kreativtechnik Brainstorming zum Thema: „Arbeitsplatz einrichten für eine Belagverklebung“. Die Ideen werden auf Karten gesammelt.

*Ideen sammeln:* *Ideen ordnen:*

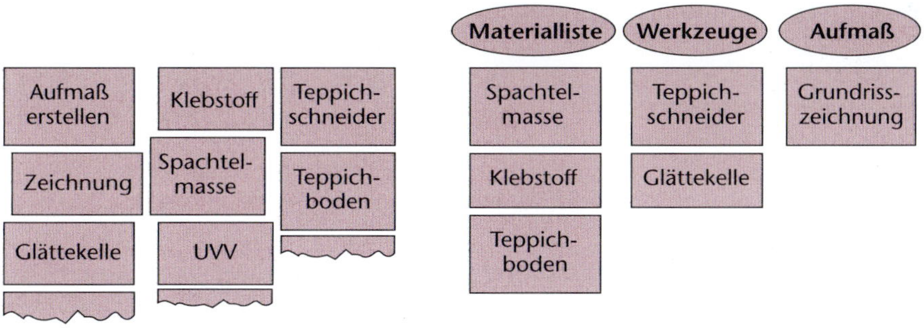


## 2. Mindmap

Eine Mindmap ist eine bildhafte Darstellung eines Sachverhalts, bei der gesammelte Ideen und Begriffe in einem Gefüge aus Ästen geordnet werden. Mindmaps eignen sich sowohl als Protokollierverfahren bei einer Gruppenarbeit als auch zur Ideenfindung für einen Einzelnen. Sie dienen als Grundlage für die Bearbeitung der Aufgabe.

Bei der Erstellung einer Mindmap geht man wie folgt vor:

- Das zentrale Thema wird in die Mitte eines Blatts, einer Flipchart oder Pinnwand geschrieben und eingekreist.
- Von dem Mittelpunkt strahlen Äste mit Schlüsselwörtern aus, die die Grobgliederung des Themas darstellen.
- Durch eine weitere beliebige Verästelung können die Schlüsselwörter bis hin zu Details unterteilt werden.

Durch den Einsatz von unterschiedlichen Farben kann die Übersichtlichkeit erhöht und die Zuordnung der Begriffe verdeutlicht werden.

Die folgende Abbildung zeigt eine Mindmap zum Thema „Herstellung und Dekoration eines Mittelbogens".

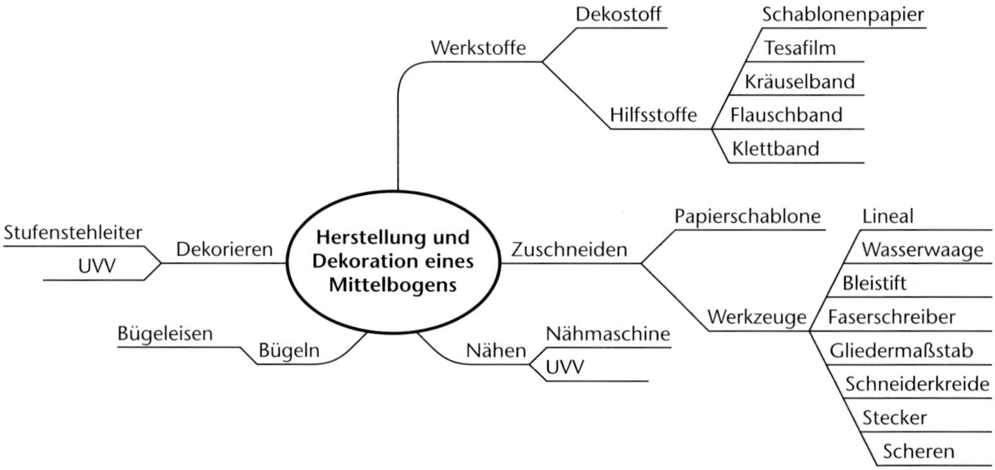


## 2.2.3 Präsentationstechniken

Die Ergebnisse einer Team- oder Einzelarbeit werden dem Kunden oder der Klasse vorgestellt, um sie zu diskutieren und sie ggf. zu korrigieren.
Dabei ist zu beachten, dass die infrage kommenden Inhalte sachlich und systematisch gegliedert auf das Wesentlichste beschränkt werden. Es muss ein Ziel festgelegt werden, welches Ergebnis durch die Präsentation erreicht werden soll. Ferner muss die Präsentation auf den Zuhörerkreis abgestimmt sein, damit das Interesse an dem Vortrag geweckt und aufrechterhalten wird. So muss z. B. eine Präsentation für eine Gruppe Auszubildender aus dem gleichen Beruf anders aufgebaut und strukturiert werden als für eine Gruppe Erwachsener aus fremden Berufen.
Wichtig ist auch die optische Darstellung einer Präsentation. Bilder, grafische Darstellungen und dargestellte Texte fördern die Aufmerksamkeit der Zuhörer, wodurch die gegebenen Informationen besser verstanden werden.
Für eine optische Präsentation stehen Tafel, Pinnwand, Flipchart, Overhead-Projektor und Beamer zur Verfügung.

| Medium | Beschreibung |
|---|---|
| **Tafel** 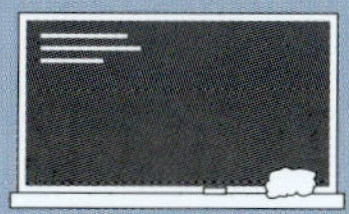 | Parallel zum Vortrag können Texte und Skizzen auf der Tafel dokumentiert werden, die nur eine kurze Zeit zur Verfügung stehen. |
| **Pinnwand**  | Eine Pinnwand besteht aus einer Weichfaserplatte, auf der Papierbögen oder Karten mit Stecknadeln befestigt werden können, auf denen die Ergebnisse der Teamarbeit während der Präsentation vorgestellt werden. Bei Karten ist die Größe der Schrift begrenzt, sodass sie nur bei kleinen Zuhörergruppen eingesetzt werden können. |
| **Flipchart**  | Flipcharts bestehen aus einem Ständer mit einem Schreibblock, auf dessen Bogen die Ergebnisse der Teamarbeit notiert werden. Die beschriebenen Blätter können zurückgeklappt werden und stehen später wieder zur Verfügung. |
| **Overhead-Projektor** 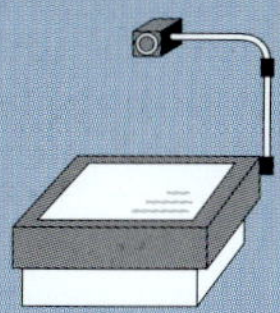 | Für die Benutzung eines Overhead-Projektors benötigt man Folien, auf die Texte, Abbildungen oder Zeichnungen mit Folienstiften oder durch Kopieren übertragen werden. Es können sowohl vorgefertigte als auch während des Vortrags schrittweise entwickelte Folien eingesetzt werden. Interessante Möglichkeiten der Darstellung ergeben sich durch Übereinanderlegen von Folien oder durch Abdecken von Teilbereichen der Folie. |
| **Beamer**  | Mit einem Beamer können Texte, Grafiken und Bilder, die auf einem Rechner oder einer Videokamera gespeichert sind, in beliebiger Größe auf eine Wand projiziert werden.<br>Der Einsatz eines Rechners ermöglicht die Verwendung von Präsentationsprogrammen. |

Für die Durchführung der Präsentation sind folgende Punkte zu beachten:

- Zu Beginn der Präsentation nennen Sie der Zuhörergruppe das Thema und notieren es auf der Flipchart oder Tafel oder zeigen es mit einer Folie oder dem Beamer.
- Sprechen Sie frei, laut und deutlich in kurzen Sätzen.
- Verwenden Sie Ihren normalen Wortschatz und vermeiden Sie Fremdwörter.
- Sprechen Sie den Zuhörern zugewandt und halten Sie Blickkontakt.
- Stehen Sie ruhig und spielen Sie nicht mit Gegenständen.
- Nutzen Sie die Gestik, um Sätze oder Bilder zu unterstreichen.
- Ermöglichen Sie den Zuhörern, während Ihres Vortrags Fragen zu stellen.
- Nutzen Sie vorhandene visuelle Medien.

Nach der Präsentation sollte als Nachbereitung auf folgende Fragen eine Antwort gegeben werden:

- War die Präsentation der Zuhörergruppe angepasst und wurde das Ziel erreicht?
- War der Einsatz der Medien und der Aufbau der Präsentation gelungen?
- Welche Rückmeldungen kamen von den Zuhörern?
- Was kann bei der nächsten Präsentation verbessert werden?

## 2.3 Formale Ausführung eines Kundenauftrags

**Problemstellung**

mündlicher Auftrag

schriftlicher Auftrag

Skizze/Zeichnung

↓

**Analyse**

- Art des herzustellenden Produkts
- Qualitätsanforderungen
- Werkstoff
- Maße
- Form
- Fertigungsverfahren
- Abfolge der Fertigung
- Stückzahl
- Termin

↓

**Planung**

- Werk- und Hilfsstoffe entsprechend den Anforderungen auswählen
- Bedarf errechnen
- Fertigungsverfahren bestimmen
- Prüfverfahren bestimmen
- Arbeitsablauf festlegen
- Werkzeuge und Geräte bereitstellen

↓

**Fertigung**

- Arbeitsplatz einrichten
- Fertigung durchführen
- Zwischenkontrollen durchführen
- Sicherheits- und Umwelt vorschriften beachten
- Werkstoff- und Fertigungs kosten ermitteln

↓

**Qualitätskontrolle**

Kontrolle der
- Maße
- Form
- Optik
- Oberfläche
- Funktion

↓

**Kundenübergabe**

- Hinweise zur Bedienung
- Aufklärung über Werkstoffeigenschaften
- Aushändigung der Pflegevorschriften

## 2.4 Bearbeitung von Kundenaufträgen

Aufgrund der kundenorientierten Auftragsausführung im Raumausstatter-Handwerk ist es nur logisch, dass die schulische Ausbildung zum Raumausstatter handlungsorientiert auf der Basis von Kundenaufträgen (Lernsituationen) stattfindet, die aus den Lernfeldern des Rahmenlehrplans abgeleitet werden. Die Bearbeitung der Kundenaufträge erfolgt in sechs Schritten: **Analyse – Planung – Fertigung – Qualitätskontrolle – Kundenübergabe – Dokumentation und Präsentation.**



### 1. Analyse des Auftrags

Für den zu bearbeitenden Kundenauftrag muss zunächst die Aufgaben- und Problemstellung erkannt werden. Dabei muss geprüft werden, welche Informationen für die Ausführung des Auftrags erforderlich sind und ob der Auftrag von einem Einzelnen oder von einer Gruppe im Team durchgeführt werden kann.

### 2. Planung des Auftrags

Die Ausführung eines Auftrags setzt eine genaue Vorbereitung und Planung voraus. Dabei müssen das für die Herstellung geeignete Verfahren sowie die Reihenfolge der Arbeitsschritte und die Werkzeuge und Maschinen ausgewählt werden. Darüber hinaus müssen die Werk- und Hilfsstoffe, soweit sie nicht vorgegeben sind, ausgewählt und ihr Bedarf muss errechnet werden. Zur Planung des Auftrags kann es mitunter auch erforderlich sein, dass Skizzen oder Zeichnungen angefertigt werden müssen.

### 3. Fertigung des Auftrags

Der geplante Arbeitsablauf wird unter Berücksichtigung materialbedingter Fertigungstechniken in der Reihenfolge der festgelegten Arbeitsschritte und der Beachtung des Umwelt-, Gesundheits- und Arbeitsschutzes ausgeführt.

### 4. Qualitätskontrolle

Die Qualitätskontrolle beinhaltet die Überwachung aller Faktoren, die die Produktqualität beeinflussen. Ziel der Qualitätskontrolle ist es, Produktionsfehler zu vermeiden, Nachbesserungen zu minimieren, die Zufriedenheit des Kunden zu erreichen und den guten Ruf des Unternehmens zu sichern. Bei den durchzuführenden Kontrollen muss festgestellt werden, ob der Auftrag sach- und fachgerecht durchgeführt wird und den Erwartungen des Kunden entspricht. Die dabei durchzuführenden Prüfungen sind vor, während und nach der Fertigung durchzuführen, wobei je nach Art des zu erstellenden Produkts Maße, Form, Optik, Oberfläche und Funktion zu prüfen sind (s. Kapitel 5.2 Prüfverfahren).

### 5. Kundenübergabe

Bei der Übergabe der erstellten Arbeit wird sie sich der Kunde genau ansehen und seine Zufriedenheit äußern oder auf Mängel hinweisen, die unbürokratisch beseitigt werden sollten. Der Kunde ist sodann über die besonderen Eigenschaften des eingesetzten Werkstoffs aufzuklären und die dazugehörigen Pflegevorschriften sind ihm auszuhändigen. Je nach Art des erstellten Produkts sind ihm auch die Bedienung bzw. Funktion zu erläutern.

### 6. Dokumentation und Präsentation

Bei der Erarbeitung der Kundenaufträge im Unterricht sind die in Einzel- oder Teamarbeit erarbeiteten Ergebnisse zu dokumentieren und der Klasse optisch zu präsentieren, damit sie diskutiert und ggf. korrigiert werden können.
Dabei ist zu beachten, dass die infrage kommenden Inhalte sachlich und systematisch gegliedert und auf das fachlich Wesentliche beschränkt werden. Durch eine gelungene Präsentation kann die erbrachte Arbeit aufgewertet werden.

***Aufgaben***

1. *Kundenzufriedenheit ist ein wichtiges Kapital eines Raumausstatterbetriebs. Durch welche Maßnahmen können Sie die Zufriedenheit der Kunden erreichen?*
2. *Die Grundlage eines Kundenauftrags ist ein Beratungsgespräch. Aufgrund welcher Voraussetzungen können Sie ein erfolgreiches Beratungsgespräch führen?*
3. *Wie sollte ein Beratungsgespräch bei einem passiven und zögerlichen Kunden durchgeführt werden?*
4. *Was sollten Sie bei einem Beratungsgespräch auf jeden Fall vermeiden?*
5. *Ein Kunde reklamiert die Verlegung eines Teppichbodens. Wie verhalten Sie sich gegenüber dem Kunden?*
6. *Aufträge im Betrieb und Aufgaben in der Berufsschule werden oft im Team ausgeführt.*
   *a) Wann sollte Teamarbeit angewendet werden?*
   *b) Welche Voraussetzungen sind für eine erfolgreiche Teamarbeit erforderlich?*

# 3 Gesundheitsschutz und Unfallverhütung

In der Bundesrepublik Deutschland ereignen sich jährlich ca. 2 Millionen Arbeitsunfälle, die für die Betroffenen zeitliche oder dauernde körperliche Schädigungen verursachen. Viele Arbeitsunfälle enden auch tödlich. Außerdem haben Arbeitsunfälle weitreichende Auswirkungen für den Betrieb und verursachen hohe generationsübergreifende Kosten.

**Arbeitsunfall**

↓

**mögliche Auswirkungen**

| Betroffene | Betrieb | Allgemeinheit |
|---|---|---|
| ▪ Schmerzen<br>▪ Krankenhausaufenthalt<br>▪ Invalidität<br>▪ Einkommensverlust<br>▪ Umschulung<br>▪ Aufnahme einer minderqualifizierten Tätigkeit<br>▪ Tod | ▪ Betriebsstörung<br>▪ Ausfall der Arbeitskraft<br>▪ Produktionsausfall<br>▪ Beitragserhöhung für die Berufsgenossenschaft | ▪ Belastung der Unfallversicherung |

## 3.1 Berufsgenossenschaften

Um Arbeitsunfälle zu vermeiden, ist eine genaue Kenntnis der Unfallgefahren erforderlich, die von den eingesetzten Maschinen, Werkzeugen, Geräten und Werkstoffen ausgehen können. Deshalb haben die Berufsgenossenschaften als Träger der gesetzlichen Unfallversicherungen **Unfallverhütungsvorschriften** erarbeitet, die in jeder Werkstatt sichtbar ausgelegt sein müssen. Darüber hinaus müssen die Arbeitnehmer vor ihrer Beschäftigung, später mindestens einmal im Jahr, über die bei ihren Tätigkeiten auftretenden Unfallgefahren und die Maßnahmen zu ihrer Abwendung von dem Arbeitgeber unterwiesen werden. Die Arbeitnehmer haben die Pflicht, die Weisungen des Arbeitgebers zur Unfallverhütung zu befolgen.

Nur durch strikte Einhaltung der Sicherheitsbestimmungen kann die hohe Zahl der Arbeitsunfälle gesenkt werden.
Die Unfallverhütungsvorschriften werden von Aufsichtspersonen der Berufsgenossenschaft durch Betriebsbegehungen kontrolliert.

Für das Raumausstatter-Handwerk ist die Berufsgenossenschaft Rohstoffe und chemische Industrie (BG RCI)[1] zuständig. In Einzelfällen kann es auch die Berufsgenossenschaft der Bauwirtschaft (BG BAU) sein. Bei den Berufsgenossenschaften sind alle in einem Arbeits-

---

[1] *Kurfürsten-Anlage 62, 69115 Heidelberg, Telefon 06221/5108-0, www.bgrci.de.*

oder Ausbildungsverhältnis stehenden Personen versichert. Die Versicherungsbeiträge werden vom Arbeitgeber allein getragen und nach dem Grad der Unfallgefahr und der Lohnsumme ermittelt.

Versichert sind:
- Arbeitsunfälle,
- Berufskrankheiten,
- Wegeunfälle,
- Unfälle im Zusammenhang des Berufsschulbesuchs.

Im Versicherungsfall übernimmt die Berufsgenossenschaft folgende Leistungen:
- Leistungen an Verletzte:
  - Kosten für Heilbehandlungen, medizinische Rehabilitation,
  - Leistungen während der Rehabilitation: Verletztengeld, Übergangsgeld,
  - Leistungen zur beruflichen und sozialen Teilhabe: z. B. Umschulungen, Aus- und Weiterbildung, Berufsvorbereitung, Kraftfahrzeughilfe, Wohnungshilfe,
  - Leistungen bei Pflegebedürftigkeit: Pflegegeld, Kosten einer Pflegekraft, Heimpflege.
- Leistungen an Hinterbliebene:
  - Sterbegeld,
  - Witwen-/Witwerrente,
  - Waisenrente,
  - Elternrente.

## 3.2 Gefahrenbereiche im Raumausstatter-Handwerk

Für die Tätigkeit des Raumausstatters lassen sich folgende Gefahrenbereiche feststellen:
- allgemeine Unfallgefahren am Arbeitsplatz und auf Baustellen,
- Unfallgefahren durch Maschinen, Geräte und Werkzeuge,
- Unfallgefahren durch Arbeitsverfahren,
- Unfallgefahren durch gefährliche Stoffe,
- Unfallgefahren durch elektrischen Strom.

### Allgemeine Unfallgefahren am Arbeitsplatz

Für den Raumausstatter kommen sowohl die firmeneigene Werkstatt als auch die Räume der Kunden als Arbeitsplatz in Betracht.

**Sicherheitsgrundsätze am Arbeitsplatz**

- *Auf Ordnung und Sauberkeit achten. Nicht benötigte Werkzeuge und Materialabfälle niemals achtlos weglegen oder auf die Erde werfen. Sie können zu Stolperstellen werden, die zu Stürzen führen.*
- *Am Arbeitsplatz zweckmäßige, eng anliegende Kleidung tragen. Mit Kleidungsstücken, die lange Ärmel, lose flatternde Schleifen, Bänder oder Schals besitzen, kann man leicht hängen bleiben, oder sie können von sich bewegenden Maschinenteilen erfasst werden.*
- *Offenes, langes Haar muss durch ein Tuch oder ein Haarnetz gefasst werden, damit es nicht die Sicht versperrt und auch nicht von sich bewegenden Maschinenteilen, z. B. Fadenhebel an Nähmaschinen, erfasst werden kann.*

- *Große Ringe und Armbänder sollten am Arbeitsplatz nicht getragen werden. Man kann mit ihnen leicht an spitzen Gegenständen hängen bleiben und so schwere Unfälle verursachen.*
- *Alkoholgenuss ist während der Arbeit verboten. Ein gegebenes Rauchverbot am Arbeitsplatz ist unbedingt einzuhalten.*

### Unfallgefahren durch Maschinen, Geräte und Werkzeuge

Unfälle können durch fachgerechte Handhabung von Maschinen, Geräten und Werkzeugen vermieden werden.



**Allgemeine Sicherheitsgrundsätze**

- *Der Umgang mit unbekannten Maschinen, Geräten und Werkzeugen ist verboten. Dies gilt auch für bekannte Maschinen, in deren Bedienung der Arbeitnehmer noch nicht unterwiesen wurde.*
- *Maschinen und Geräte müssen vor der Arbeit auf ihre Funktionstüchtigkeit geprüft werden. Schäden sind sofort zu melden.*
- *Maschinen dürfen nur im stillgesetzten Zustand gereinigt und repariert werden.*
- *Sicherheitsvorrichtungen (Schutzbügel, Abdeckungen) an Nähmaschinen, elektrischen Messern, Schaumstoffsägen, Zupfmaschinen usw. dürfen nicht abmontiert oder außer Funktion gesetzt werden.*
- *Handmaschinen und Werkzeuge dürfen beim Gebrauch nur an den angebrachten Griffen angefasst werden.*

Im Einzelnen wird auf die Unfallgefahren in Verbindung mit der Beschreibung der einzelnen Werkzeuge, Geräte und Maschinen eingegangen.

### Unfallgefahren durch Arbeitsverfahren

Bei der Durchführung der einzelnen Arbeitsverfahren können Unfallgefahren drohen. Die dabei zu beachtenden Schutzmaßnahmen werden im Zusammenhang mit dem jeweiligen Arbeitsverfahren beschrieben.

### Unfallgefahren durch Leitern

Das Anbringen von Vorhangschienen und -stangen, Wandbekleidungen, Sicht- und Sonnenschutzanlagen sowie das Aufhängen und Dekorieren von Fensterdekorationen und Vorhängen wird von Leitern und Tritten aus durchgeführt.
Die zum Einsatz kommenden Leitern und Tritte sollten das Sicherheitszeichen „GS - geprüfte Sicherheit“ tragen und regelmäßig auf ihren einwandfreien Zustand hin überprüft werden. Unsachgemäß aufgestellte oder benutzte Leitern bilden eine große Unfallgefahr. Deshalb trägt jeder Beschäftigte, der Leitern und Tritte benutzt, eine Mitwirkungspflicht für Sicherheit und Gesundheitsschutz.
Bei der Benutzung von Leitern und Tritten müssen u. a. folgende in den Berufsgenossenschaftlichen Informationen BGI 694 „Handlungsanleitung für den Umgang mit Leitern“ aufgeführten Sicherheitsmaßnahmen beachtet werden:

### *Sicherheitsgrundsätze beim Umgang mit Leitern und Tritten*

- *Leitern und Tritte müssen vor der Benutzung auf ihren ordnungsmäßen Zustand geprüft werden.*
- *Sie dürfen nur auf ebenem und tragfähigem Grund aufgestellt werden.*
- *Sie dürfen nur mit geeignetem Schuhwerk (geschlossene Schuhe) bestiegen werden.*
- *Sie müssen sicher begehbar sein. Die Stufen oder Sprossen müssen trittsicher sein, gleiche Abstände voneinander besitzen und dauerhaft mit den Holmen verbunden sein.*
- *Stehleitern ohne Haltevorrichtung dürfen nur bis zur drittobersten Sprosse/Stufe betreten werden.*
- *Sprossen-Stehleitern dürfen nur mit gespannter Spreizsicherung benutzt werden.*
- *Stufen-Stehleitern dürfen nur mit auf dem Stützschenkel aufliegender Sicherheitsbrücke, die mit dem Brückenheber die Spreizsicherung bildet, benutzt werden.*
- *Anlege-, Schiebe- und Mehrzweckleitern dürfen nur an sicheren Flächen in einem Winkel von 65° bis 75° zur Waagerechten angelegt werden. Die obersten drei Stufen/Sprossen dürfen aufgrund der fehlenden Haltemöglichkeit nicht betreten werden.*

*Sprossen-Stehleiter mit Spreizsicherung*

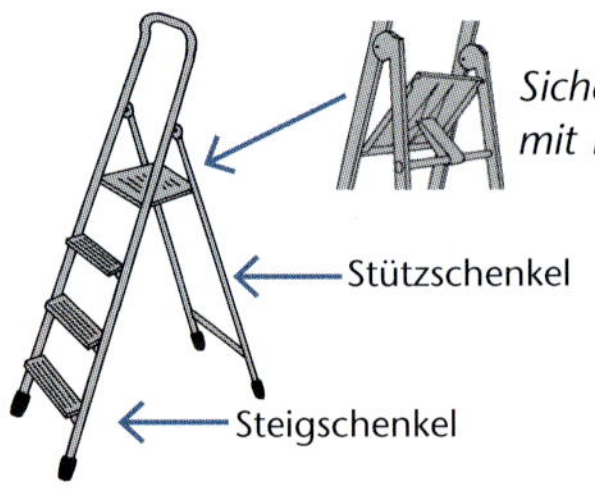


*Stufen-Stehleiter mit Haltevorrichtung*

*Anlegewinkel bei ~~Stehleitern~~* Anlegeleitern

## Unfallgefahren durch Gefahrstoffe

Bei der Verarbeitung von Gefahrstoffen können Arbeitsunfälle entstehen durch

- Einatmen von Dämpfen, Gasen oder Schwebestoffen,
- Verschlucken von giftigen, ätzenden oder reizenden Flüssigkeiten,
- Hautkontakt mit reizenden oder mindergiftigen Stoffen.

Um die von diesen Stoffen ausgehenden Gefahren zu vermeiden, wurde ihre Handhabung durch die **Gefahrstoffverordnung** (GefStoffV) geregelt.

Auch im Raumausstatter-Handwerk kann in seltenen Fällen noch nicht auf den Einsatz gefährlicher Stoffe verzichtet werden. Zu den Gefahrstoffen zählen lösemittelhaltige sowie auf Epoxidharz basierende Vorstrichmittel und Klebstoffe.

Die in den Vorstrichmitteln und Klebstoffen enthaltenen Lösemittel haben die Aufgabe, die festen Stoffe des Vorstrichmittels oder Klebstoffs zu lösen. Charakteristisch für Lösemittel ist, dass sie je nach ihrer Art leicht entzündlich sind und schnell verdunsten, wodurch explosionsfähige Lösemitteldampf-Luft-Gemische entstehen.

### 1. Einstufung und Kennzeichnung von Gefahrstoffen

Die Basis für die Einstufung und Kennzeichnung von Chemikalien und daraus hergestellten Gemischen ist die von der EU in Kraft gesetzte **CLP-Verordnung** (**c**lassification, **l**abelling and **p**acking of substances and mixtures), der das **GHS**, „**g**lobally **h**armonized **s**ystem of classification and labelling of chemicals", der Vereinten Nationen zugrunde liegt. Mit dieser Verordnung wird in einem globalen Markt beim Umgang mit Gefahrstoffen eine weltweite Vereinheitlichung bestehender nationaler Regelungen erreicht.

Das GHS sieht völlig neue Kennzeichnungselemente vor.

- Neue Gefahrensymbole (schwarze Piktogramme auf weißen Rhomben mit rotem Rand) lösen die bisherigen Gefahrensymbole (schwarze Piktogramme auf orangenen Quadraten mit schwarzem Rand) ab.
- Signalwörter, die den Symbolen zugeordnet werden, geben den Gefährdungsgrad des jeweiligen Stoffs an. So dient das Signalwort „Gefahr" zur Kennzeichnung der gefährlicheren Gefahrenkategorien, während das Signalwort „Achtung" für weniger gefährliche Gefahrenkategorien verwendet wird.
- Neue Gefahrenhinweise, sog. „hazard statements" (H-Sätze), neue Sicherheitshinweise, sog. „precautionary statements" (P-Sätze), und Hinweise auf besondere Gefahren (EUH-Sätze) ersetzen die bisherigen R- und S-Sätze.

Gefahrstoffe sind entsprechend der Gefahrstoffverordnung (GefStoffV) kennzeichnungspflichtig.

Mit dem Inkrafttreten der CLP-Verordnung müssen alle Chemikalien und daraus hergestellten Mischungen auf Sicherheitsblättern und Verpackungen mit den GHS-Symbolen gekennzeichnet werden. Für eine Übergangszeit können bei Mischungen bis zum 01.06.2015 noch die bisherigen Gefahrensymbole und Regelungen verwendet werden. Eine Doppelkennzeichnung ist nicht zulässig.

| GHS-Piktogramm |  |  |  |  |  |
|---|---|---|---|---|---|
| Symbol | Explodierende Bombe | Flamme | Flamme über einem Kreis | Gasflasche | Totenkopf mit gekreuzten Knochen |
| Signalwort | **Gefahr** | **Gefahr** | **Gefahr** | **Achtung** | **Gefahr** |
| GHS-Piktogramm |  |  |  |  | |
| Symbol | Ätzwirkung | Gesundheitsgefahr | Ausrufezeichen | Umwelt | |
| Signalwort | **Ätzend** | **Gefahr** | **Achtung** | **Achtung** | |

*GHS-Symbole*

Die Hersteller haben die Pflicht, Gefahrstoffe einzustufen und zu kennzeichnen. Die Kennzeichnung muss Folgendes enthalten: Produktidentifikatoren, Gefahrenpiktogramme mit den dazugehörigen Signalwörtern, H-Sätze (Gefahrenhinweise), P-Sätze (Sicherheitshinweise), Name und Anschrift des Vertreibers.

Beispiel für die Kennzeichnung eines Gefahrstoffs:

**2-K Epoxidvorstrich**

**Enthält: epoxidhaltige Verbindungen**

**Achtung**

**H-Sätze:**
Verursacht schwere Augenreizung (H 319).
Verursacht Hautreizungen (H 315).
Kann allergische Hautreaktionen verursachen (H 317).
Giftig für Wasserorganismen (H 401).
Kann für Wasserorganismen schädlich sein, mit langfristiger Wirkung (H 413).

**P-Sätze:**
Nicht in die Augen, auf die Haut oder auf die Kleidung gelangen lassen (P 262).
BEI KONTAKT MIT DEN AUGEN: Einige Minuten lang mit Wasser spülen. Vorhandene Kontaktlinsen nach Möglichkeit entfernen und weiter ausspülen (P 305, 351, 338).
BEI BERÜHRUNG MIT DER HAUT: Alle kontaminierten Kleidungsstücke sofort ausziehen. Haut mit Wasser abwaschen/duschen (P 303, 361, 353).
Schutzhandschuhe, Schutzkleidung, Augenschutz, Gesichtsschutz tragen (P 280).
Freisetzung in die Umwelt vermeiden (P 273).

**Klebstoff AG, Vorstrichstraße 12, 56789 Laminatstadt. Telefon 09876/12345**

Darüber hinaus hat der Hersteller dem berufsmäßigen Verwender ein **Sicherheitsdatenblatt** zu übergeben, das folgende Angaben enthalten muss:

- Stoff-/Zubereitungs- und Firmenbezeichnung,
- Zusammensetzung/Angaben zu Bestandteilen,
- mögliche Gefahren,
- Erste-Hilfe-Maßnahmen,
- Maßnahmen zur Brandbekämpfung,
- Maßnahmen bei unbeabsichtigter Freisetzung,
- Handhabung und Lagerung,
- Begrenzung und Überwachung der Exposition, persönliche Schutzausrüstung,
- physikalische und chemische Eigenschaften,
- Stabilität und Reaktivität,
- Angaben zur Toxikologie (zur Giftigkeit),
- umweltbezogene Angaben,
- Hinweise zur Entsorgung,
- Angaben zum Transport,
- Rechtsvorschriften,
- sonstige Angaben.

**2. Sicherheitskennzeichnung**

Die Arbeitsplätze, an denen mit gefährlichen Stoffen gearbeitet wird, müssen mit Sicherheitskennzeichen versehen werden. Diese Zeichen lassen sich in folgende vier Gruppen einteilen:

- **Verbotszeichen** (Rot auf weißem Grund, schwarze Kontrastfarbe)

*Rauchen verboten*

*Feuer, offenes Licht und Rauchen verboten*

*Verbot, mit Wasser zu löschen*

- **Warnzeichen** (Schwarz auf gelbem Grund)

*Warnung vor feuergefährlichen Stoffen*

*Warnung vor explosionsgefährlichen Stoffen*

*Warnung vor giftigen Stoffen*

*Warnung vor ätzenden Stoffen*

- **Gebotszeichen** (blaue Schilder mit weißen Zeichen)

*Augenschutz benutzen*

*Atemschutz benutzen*

*Schutzschuhe benutzen*

*Handschutz benutzen*

*Kopfschutz benutzen*

*Gehörschutz benutzen*

- **Rettungszeichen** (grüne Schilder mit weißen Zeichen)

*Hinweis auf „Erste Hilfe"*

*Rettungsweg (Richtungsangabe für Rettungsweg)*

**3. Schutz- und Vorsorgemaßnahmen**

Vor der Aufnahme von Tätigkeiten mit Gefahrstoffen hat der Unternehmer sicherzustellen, dass die Beschäftigten eine allgemeine arbeitsmedizinisch-toxikologische Beratung im Rahmen einer Unterweisung erhalten. Bei fehlender eigener Fachkenntnis des Unternehmers kann die Beratung auch durch eine fachkundige Person (Sicherheitsfachkraft, Betriebsarzt) erfolgen.

Im Rahmen der Beratung sind die Beschäftigten auch über die Vorsorgeuntersuchungen zur Früherkennung von Gesundheitsstörungen und Berufskrankheiten zu informieren. Unterschieden werden folgende Vorsorgeuntersuchungen:

- Erstuntersuchungen vor der Aufnahme einer gefährdenden Tätigkeit,
- Nachuntersuchungen in regelmäßigen Abständen während und nach der Tätigkeit.

Für die Tätigkeiten mit Gefahrstoffen muss der Arbeitgeber eine **Betriebsanweisung** erstellen, in der die auftretenden Gefahren, die erforderlichen technischen, organisatorischen und persönlichen Schutzmaßnahmen und Verhaltensregeln für den Gefahrenfall aufgeführt sowie Erste-Hilfe-Maßnahmen genannt werden. Anhand dieser Betriebsanweisung sind die Arbeitnehmer vor der Beschäftigung und danach mindestens einmal jährlich arbeitsplatzbezogen mündlich zu unterweisen. Der Arbeitnehmer ist verpflichtet, die festgelegten Schutzmaßnahmen einzuhalten und die ihm zur Verfügung gestellten Schutzausrüstungen wie z. B. Atemschutz, Kopfschutz, Augenschutz, Handschuhe und Fußschutz zu tragen.

Arbeitsverfahren müssen so gestaltet werden, dass gefährliche Gase/Dämpfe nicht frei werden. Als weitere Maßnahmen sind dagegen natürliche Lüftungen und/oder Absaugungen vorzusehen.

### *Allgemeine Sicherheitsgrundsätze*

- *Für gründliche Belüftung der Räume sorgen.*
- *Vor der Arbeit ein fettfreies oder fettarmes Hautschutzmittel auf die Hände auftragen. Nach der Arbeit die Hände reinigen und anschließend mit einem Hautpflegemittel einreiben.*
- *Handschuhe aus Butylkautschuk tragen. Es ist empfehlenswert, Unterziehhandschuhe aus Baumwolle zu benutzen.*
- *Offenes Feuer ist verboten.*
- *Beim Auftragen von lösemittelhaltigen Vorstrichmitteln und Klebstoffen einen Atemschutz benutzen.*
- *Bei Wahrnehmung eines ungewöhnlich starken Geruchs, bei Reizerscheinungen der Augen und Atemwege oder bei Übelkeit sofort den Raum verlassen.*

*Feuer, offenes Licht und Rauchen verboten*

*Atemschutz benutzen*

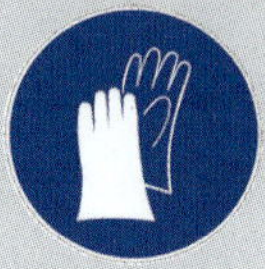

*Handschutz benutzen*

Auf die besonderen Sicherheitsmaßnahmen beim Einsatz lösemittelhaltiger Klebstoffe wird in Kapitel 10.2.2.1 Bodenbelagklebstoffe eingegangen.
Unfall- und Gesundheitsgefahren lassen sich durch den Einsatz lösemittelfreier Werkstoffe vermeiden.

***Der Raumausstatter ist nach der Gefahrstoffverordnung (GefStoffV) verpflichtet, gefährliche Stoffe auszuschließen, wenn es geeignete Ersatzstoffe gibt und deren Verwendung zumutbar ist.***

Bei Tätigkeiten mit Gefahrstoffen ist die Zahl der gefährdeten Personen möglichst gering zu halten. In besonderer Weise gefährdete Mitarbeiter, wie Jugendliche, werdende oder stillende Mütter, dürfen bei Arbeiten mit Gefahrstoffen nicht oder nur unter Beachtung bestimmter Auflagen eingesetzt werden.

So dürfen Jugendliche mit

- leicht entzündlichen, entzündlichen oder brandfördernden Gefahrstoffen nur umgehen, wenn sie dabei durch einen Fachkundigen beaufsichtigt werden,
- explosionsgefährlichen, hoch entzündlichen, mindergiftigen, ätzenden oder reizenden Stoffen nur beschäftigt werden, wenn
  - sie mindestens 16 Jahre alt sind,
  - durch einen Fachkundigen beaufsichtigt werden,
  - der Umgang mit diesen Stoffen zur Erreichung des Ausbildungsziels erforderlich ist,
- sehr giftigen, giftigen, krebserzeugenden, fruchtschädigenden, erbgutverändernden oder in sonstiger Weise den Menschen chronisch schädigenden Gefahrstoffen nur beschäftigt werden, wenn
  - die Auslöseschwelle[1] nicht überschritten wird,
  - der Umgang mit diesen Stoffen zur Erreichung des Ausbildungsziels erforderlich ist,
  - sie durch einen Fachkundigen beaufsichtigt werden,
  - sie von einem Arzt innerhalb von 12 Wochen vor Beginn der Beschäftigung untersucht worden sind und dem Arbeitgeber eine ärztliche Bescheinigung darüber vorliegt, dass keine Bedenken gegen die Beschäftigung bestehen.

Werdende oder stillende Mütter dürfen mit sehr giftigen, giftigen, mindergiftigen oder chronisch schädigenden Gefahrstoffen nicht beschäftigt werden, wenn die Auslöseschwelle überschritten wird.
Werdende Mütter dürfen nicht mit krebserzeugenden, fruchtschädigenden oder erbgutverändernden Gefahrstoffen beschäftigt werden.

**4. Überwachungspflicht**
Beim Verarbeiten lösemittelhaltiger Vorstriche und Klebstoffe entstehen lösemittelhaltige Dämpfe, die durch Einatmen zu gesundheitlichen Schäden führen. Aus diesem Grunde werden für die Konzentration dieser Gefahrstoffe in der Luft Grenzwerte festgelegt. Dabei unterscheidet man folgende Grenzwertgruppen:

- **Arbeitsplatzgrenzwert (AGW):** Nach § 2 Abs. 8 GefStoffV gibt der Arbeitsplatzgrenzwert die Konzentration eines Stoffs in der Luft am Arbeitsplatz an, bis zu der eine akute oder chronische Schädigung der Gesundheit der Beschäftigten nicht zu erwarten ist. Die Festlegung der Arbeitsplatzgrenzwerte erfolgt auf der Basis vorliegender arbeitsmedizinischer Erfahrungen und toxikologischer Erkenntnisse, wobei in der Regel von einer achtstündigen Exposition an fünf Tagen je Woche während der Lebensarbeitszeit ausgegangen wird.
- **Biologischer Grenzwert (BGW):** Mit dem biologischen Grenzwert wird die toxikologischarbeitsmedizinisch abgeleitete Konzentration eines Stoffes, seines Metaboliten (Umwandlungsprodukts) oder eines Beanspruchungsindikators im entsprechenden biologischen Material angegeben, bis zu der die Gesundheit von Beschäftigten im Allgemeinen nicht beeinträchtigt wird (§ 2 Abs. 9 GefStoffV).
  Die Grenzwerte werden vom Bundesministerium für Arbeit und Soziales festgelegt, wobei in der Regel von einer achtstündigen Exposition bei 40 Arbeitsstunden je Woche ausgegangen wird.

**5. Lagern von Gefahrstoffen**
Gefahrstoffe dürfen nicht an Orten gelagert werden, die zu einer Gefährdung der Beschäftigten oder anderer Personen führen können. Dazu gehören insbesondere:

- Verkehrswege, z. B. Treppenräume, Flucht- und Rettungswege, Durchgänge, Durchfahrten und enge Höfe,
- Pausen-, Bereitschafts-, Sanitär-, Sanitätsräume oder Tagesunterkünfte.

In unmittelbarer Nähe der Behälter mit entzündbaren Gefahrstoffen dürfen sich keine wirksamen Zündquellen befinden.

Grundsätzlich sind bei der Lagerung entzündbarer Gefahrstoffe der Umgang mit Feuer, offenem Licht und das Rauchen verboten. Mit entsprechenden Verbotsschildern ist darauf hinzuweisen.

Gefahrstoffe sollen möglichst in Originalbehältern oder in der Originalverpackung gelagert werden. Sie dürfen nicht in Behältern aufbewahrt oder gelagert werden, durch deren Form oder Bezeichnung der Inhalt mit Lebensmitteln verwechselt werden kann.

Der Arbeitgeber hat sicherzustellen, dass alle gelagerten Gefahrstoffe identifizierbar sind.

Die Mengen bereitgestellter Gefahrstoffe sind auf den Tages-/Schichtbedarf zu begrenzen, darüber hinausgehende Mengen sind zu lagern. Soweit regelmäßig kleine Mengen verwendet werden, kann auch die kleinste handelsübliche Gebindegröße bereitgestellt werden.

Restentleerte, ungereinigte Behälter sind hinsichtlich der Schutzmaßnahmen wie gefüllte Behälter zu betrachten. Ein Gebinde mit einem lösemittelhaltigen Klebstoff, in dem sich noch ein Rest befindet, stellt eine größere Gefahr dar als ein volles Gebinde, da im Raum ein größeres explosionsfähiges Gemisch entsteht, als zu dem Zeitpunkt, als das Gebinde noch befüllt war.

**6. Transportieren von Gefahrstoffen**
Für Bodenbelagarbeiten müssen mitunter auch entzündbare, flüssige oder ätzende Verlegewerkstoffe transportiert werden. Der Transport geringer Mengen gefährlicher Stoffe unterliegt nicht der Gefahrgutverordnung Straße (GGVS).

Als Bestimmung für die Kleinstmengenregelung gelten:
- Die Gesamtmenge der Gefahrstoffe darf 50 kg je Fahrzeug nicht überschreiten.
- Für die einzelnen Gefahrstoffe sind Höchstmengen zu beachten:
  - flüssige Stoffe bis zu 25 l, abgefüllt in Behälter mit höchstens 10 l Fassungsvermögen,
  - Klebstoffe bis 50 l, abgefüllt in Behältern mit höchstens 20 l Fassungsvermögen.
- Die Ladung muss rutschfest gesichert sein.

## Unfallgefahren durch elektrischen Strom

Bei dem zunehmenden Einsatz von elektrisch betriebenen Maschinen und Werkzeugen kann es aufgrund von fehlerhaften Maschinen, Werkzeugen und Leitungen zu Unfällen durch Stromschläge kommen. Je nach Stromstärke kann es zu inneren und äußeren Verbrennungen sowie zu tödlichem Herzkammerflimmern kommen.
Grundsätzlich gilt: Bei jeder Person, die direkt nach einem Stromschlag Herzrasen, Herzstolpern, Atemnot oder ein Krampfgefühl in der Brust verspürt, muss sofort der

Rettungsdienst angerufen werden. Auch wenn es jemandem nach einem Stromschlag vermeintlich gut geht, sollte immer einen Arzt oder ein Krankenhaus aufgesucht werden, damit die Herzfunktion überwacht wird und Herzrhythmusstörungen ausgeschlossen werden.
Bei einem Stromunfall muss sofort die Stromzuleitung durch Herausziehen des Steckers oder durch Betätigung des Hauptschalters unterbrochen werden.

### Sicherheitsgrundsätze beim Umgang mit elektrischem Strom

- *Elektrisch betriebene Maschinen und Werkzeuge dürfen nur entsprechend ihrer Bestimmung, nie fachfremd eingesetzt werden.*
- *Defekte Kabel, Leitungen, Maschinen und Werkzeuge sind sofort dem Vorgesetzten zu melden und dürfen nicht benutzt werden. Reparaturen dürfen nur von einem Elektrofachmann durchgeführt werden.*
- *Kabelanschlüsse niemals am Kabel oder mit dem Gerät, sondern immer am Stecker aus der Steckdose ziehen.*
- *Nur genormte Mehrfachsteckdosen sind zulässig; Mehrfachsteckdosen mit starr angebauten Steckköffnungen dürfen nicht verwandt werden.*
- *Glühbirnen dürfen nur ausgewechselt werden, wenn der Stromkreis ausgeschaltet ist.*

*unzulässige zulässige Mehrfachsteckdose*

3

### Aufgaben

1. *Berufsgenossenschaften sind Träger der betrieblichen Unfallversicherung. Welche Risiken sind durch die betriebliche Unfallversicherung abgesichert und welche Leistungen werden von ihr im Versicherungsfall übernommen?*
2. *Zum Anbringen von Vorhangschienen und -stangen sowie Dekorationen benutzen Sie Leitern. Welche allgemeinen Sicherheitsvorschriften sind bei der Benutzung von Leitern und insbesondere bei der Benutzung von Stufen-Stehleitern zu beachten?*
3. *Im Raumausstatter-Handwerk kann mitunter auf den Einsatz von gefährlichen Werkstoffen nicht verzichtet werden. Welche gefährlichen Werkstoffe kommen zum Einsatz und welche Gefahren gehen von ihnen aus?*
4. *Unter welchen Bedingungen dürfen Jugendliche im Raumausstatter-Handwerk bei Arbeiten mit Gefahrstoffen eingesetzt werden?*
5. *Beim Umgang mit gefährlichen Werkstoffen ist eine Betriebsanweisung zu erstellen. Wer erstellt sie und was ist dort aufgeführt?*
6. *Für eine Bodenbelagarbeit benötigen Sie 70 kg eines stark lösemittelhaltigen Bodenbelagklebstoffs. Was müssen Sie beim Transport des Klebstoffs zur Baustelle beachten?*

# 4 Umweltschutz und Ökologie

## 4.1 Umweltschutz

Der Umweltschutz ist eine zentrale Aufgabe unserer Zeit. Diese Aufgabe erstreckt sich auf alle Bereiche unseres Lebens, auch auf den Arbeitsbereich des Raumausstatters, an der Erhaltung oder Wiederherstellung einer lebenswerten Umwelt mitzuarbeiten. Der Umweltschutz erstreckt sich auf die Reinhaltung der Luft, des Wassers und die umweltgerechte Abfallentsorgung.

### 4.1.1 Reinhaltung der Luft

Lösemittelhaltige Klebstoffe und Vorstrichmittel sind nicht nur feuergefährlich und gesundheitsschädlich, sondern die entweichenden Lösemitteldämpfe belasten auch die Luft. Auch aus diesem Grunde sollte auf lösemittelhaltige Werkstoffe verzichtet werden. Ist in dem einen oder anderen Fall ihr Einsatz unbedingt erforderlich, dann sollte bei größeren Arbeiten versucht werden, die frei werdenden Lösemitteldämpfe mit entsprechenden Anlagen abzusaugen.

Beim Bohren oder Schleifen von Untergründen und Zupfen von Füllstoffen sollten die entsprechenden Maschinen eine Staubabsaugung besitzen, damit die frei werdenden Stäube nicht die Luft verunreinigen.

### 4.1.2 Reinhaltung des Wassers

Reste von lösemittelhaltigen Vorstrichmitteln und Verdünnungsmitteln dürfen nicht in die Ausgussbecken gegossen und so in die Kanalisation geleitet werden. Dadurch tritt nicht nur eine Verschmutzung des Wassers ein, sondern es entsteht auch eine beträchtliche Explosionsgefahr. Reste dieser Werkstoffe müssen gesammelt und der Sondermüllbeseitigung zugeleitet werden.

### 4.1.3 Umweltgerechte Abfallentsorgung

Innerhalb des Umweltschutzes spielt die Abfallentsorgung eine wichtige Rolle, wobei als oberstes Gebot die Abfallvermeidung steht. Grundlage einer umweltgerechten Abfallentsorgung ist, dass die anfallenden Abfälle sortiert werden, um sie dem Hausmüll, dem Recycling oder der Sondermüllentsorgung zuführen zu können. Recycelbar sind z.B. PVC-Beläge, Textilabfälle, Schaumstoffreste.

Dem Sondermüll müssen zugeführt werden: PVC-Beläge, soweit sie nicht recycelt werden, asbesthaltige Bodenbeläge (Flex-Platten, ältere CV-Beläge), Metall- und Kunststoffemballagen mit lösemittelhaltigen Vorstrichmitteln und Klebstoffen. Die genannten Abfälle sind zu sammeln und unter Angabe des Inhalts der Sondermüllentsorgung zu übergeben.

## 4.2 Ökologie

Bei den zu verarbeitenden Werkstoffen hat der ökologische Aspekt inzwischen einen hohen Stellenwert erhalten. Nach ökologischen Gesichtspunkten wird von einem Werkstoff verlangt, dass er

- keine gesundheitsgefährdenden Schadstoffe enthält, sodass er für die Gesundheit der Menschen unbedenklich ist,
- unter umweltfreundlichen Bedingungen hergestellt wird,
- bei der Verarbeitung die Umwelt nicht mit Schadstoffen belastet,
- bei seiner Entsorgung die Umwelt nicht belastet und nach Möglichkeit dabei wenig Kosten verursacht.

In Anbetracht dieser Forderungen sind inzwischen viele Werkstoffe verbessert und neue Werkstoffe entwickelt worden. Nach einer Prüfung auf ihren unbedenklichen Schadstoffgehalt und ihre umweltgerechte Herstellung werden sie mit einem entsprechenden Label ausgezeichnet, sodass der Verbraucher sofort die Unbedenklichkeit des Werkstoffs erkennen kann.

Deshalb sollte bei der Auswahl der Werkstoffe grundsätzlich geprüft werden, ob nicht alternativ ein Werkstoff ohne gesundheitsgefährdende Schadstoffe mit vergleichbaren Eigenschaften zum Einsatz kommen kann.

Ein bekanntes Öko-Label für Textilien ist der **Oeko-Tex® Standard 100** – Geprüft auf Schadstoffe.
Die nach diesem Oeko-Tex® Standard 100 zertifizierten Textilien, z. B. auch Gardinen-, Dekorations- und Möbelbezugsstoffe, enthalten entsprechend ihrem Einsatz keine Schadstoffe, von denen nach dem Stand der Wissenschaft und Technik gesundheitliche Gefahren ausgehen. Dieses Label dokumentiert die ökologische Unbedenklichkeit einer Textilie und wird auf Antrag vergeben. Dabei dürfen die in einem Kriterienkatalog festgelegten strengen Grenzwerte, die teilweise über die gesetzlichen Anforderungen hinausgehen, nicht überschritten werden.
Nach Oeko-Tex® Standard 100 werden auch **Polyether-Weichschaumstoffe** zertifiziert, wenn sie die vorgegebenen Kriterien erfüllen.

*Abb. OEKO-TEX®*

**Der Blaue Engel** ist das bekannteste und verbreiteste Umweltzeichen, mit dem Produkte ausgezeichnet werden, die im Vergleich zu anderen Produkten mit demselben Gebrauchszweck umweltfreundlicher, gebrauchstauglicher und gesundheitsschonender sind und dabei hohe Ansprüche an den Gesundheits- und Arbeitsschutz sowie die Gebrauchstüchtigkeit erfüllen. Vergeben wird das Umweltzeichen durch die RAL gGmbH auf der Grundlage der von der „Jury Umweltzeichen" beschlossenen Vergabebedingungen.
Für den raumausstattenden Bereich werden mit dem Umweltzeichen „Der Blaue Engel" textile und elastische Bodenbeläge, Parkett- und Laminatböden, Bodenbelagklebstoffe, Grundierungen, Spachtelmassen sowie Tapeten und Raufaser angeboten.

Weitere Umweltzeichen, mit denen umweltfreundliche sowie emissionsarme Produkte ausgezeichnet werden, sind u. a. **LGA-schadstoffgeprüft**, das **eco-Prüfzeichen** des Kölner eco-Instituts und das **Toxproof-Label** des TÜV Rheinland. Auf die Umweltlabel für Tapeten und Bodenbeläge wird in den entsprechenden Kapiteln hingewiesen.

Bei der Installierung von Bodenbelägen wird durch den Einsatz von lösemittelfreien (D1) oder sehr emissionsarmen (EC1) Bodenbelagklebstoffen die Raumluft von den durch Lösemittel verursachten Emissionen nicht belastet. Darüber hinaus können durch den Einsatz umweltfreundlicher Verlegealternativen, wie z. B. Verspannen, die von den Bodenbelagklebstoffen ausgehenden Gefahren von vornherein ausgeschlossen werden.

Ein weiterer wichtiger ökologischer Aspekt ist auch, woraus ein Werkstoff besteht. Werkstoffe aus Naturstoffen, die immer wieder nachwachsen, z. B. Naturfasern oder Holz, belasten die Umwelt weniger als Werkstoffe aus synthetischem Material, das aus Rohöl und durch chemische Prozesse gewonnen wird und nur in einem absehbaren Umfang vorhanden ist. Um diese Ressource zu schonen und hohe Rohstoffpreise zu meiden, werden bei der Herstellung von Bodenbelägen Recyclate mit eingesetzt, ohne dabei eine Qualitätsminderung hervorzurufen. So wird z. B. bei der Herstellung von PVC-Belägen zu einem bestimmten Prozentsatz recyceltes PVC mit eingesetzt. Bei Teppichböden kommen Polyamidfasern aus recycelten Polyamid-6-Garnabfällen (Econyl®) sowie textile Träger und Vliesrücken mit recyceltem PES/PET zum Einsatz.

Einen besonderen Stellenwert in der Ökobilanz eines Werkstoffs hat seine **Entsorgung**. Zwar können einige aus nachwachsenden Naturstoffen hergestellte Produkte, z. B. Linoleum, kompostiert werden. Viele Produktabfälle werden inzwischen recycelt und dem Wirtschaftskreislauf wieder zugeführt, wie dies z. B. mit PVC-Belagresten und -Altbelägen und Polyamid-6-Garnabfällen geschieht. Die meisten Werkstoffe bestehen jedoch aus mehreren Komponenten, z. B. Teppichböden, Parkettbeläge mit nicht kompostierbaren Klebstoffschichten und/oder Oberflächenversiegelungen. Diese Beläge sowie nicht recycelte PVC-Beläge werden thermisch bei gleichzeitiger Energiegewinnung verwertet, wodurch die natürlichen Ressourcen der fossilen Brennstoffe geschont werden. Voraussetzung für eine thermische Verwertung ist aber, dass bei der Verbrennung keine Schadstoffe an die Umwelt abgegeben werden.

### *Aufgaben*

1. *Durch welche Maßnahmen können Sie in Ihrem Beruf zum Schutz der Umwelt beitragen?*
2. *Schildern Sie die Anforderungen, die an einen ökologischen Werkstoff gestellt werden.*
3. *In einem Neubau soll unter Berücksichtigung ökologischer Gesichtspunkte ein Teppichboden installiert werden.*
   a) *Welche Teppichböden kommen dafür infrage?*
   b) *Welche Installationswerkstoffe bzw. Installationsmöglichkeiten bieten sich dafür an?*
4. *Ein Dekostoff ist mit dem Label „Geprüft auf Schadstoffe nach Oeko-Tex® Standard 100" ausgezeichnet. Welche Eigenschaften können Sie von diesem Dekostoff erwarten?*
5. *Zählen Sie Werkstoffe Ihres Berufs auf, die a) kompostiert, b) recycelt und c) thermisch verwertet werden.*
6. *Welche Vorteile haben Werkstoffe aus Naturstoffen?*

# 5 Grundlegende Fertigungs- und Prüfverfahren

## 5.1 Fertigungsverfahren

Von den in der DIN 8580 aufgeführten Fertigungsverfahren werden beim Polstern, Dekorieren, Wandbekleiden und Bodenbelegen nur das Trennen und Fügen angewendet, denen folgende Fertigungsprozesse zugeordnet werden:

| Fertigungsverfahren | | | | | |
|---|---|---|---|---|---|
| Trennen | | Fügen | | | |
| Zerteilen | Spanen | Nageln | Schrauben | Nähen | Kleben |

### 5.1.1 Trennen

Die zu verarbeitenden Werkstoffe werden in der Regel in größeren Abmessungen (Rolle, Block, Platte usw.) bezogen. Für ihre weitere Verarbeitung müssen sie auf ein benötigtes Maß oder eine benötigte Form zugeschnitten werden. Für die verschiedenen Trennverfahren benötigt man Werkzeuge mit keilförmigen Schneiden. Je nach Werkzeug können sie nur eine Schneide besitzen, wie ein Messer, oder mehrere Schneiden tragen, wie ein Sägeblatt oder ein Bohrer. Jeder Werkstoff erfordert eine andere Trennweise mit entsprechenden Trennwerkzeugen bzw. -maschinen.

#### 1. Zerteilen

Zerteilen ist ein spanloses Trennverfahren, bei dem ein Werkstoff durch Scher- oder Messerschneiden getrennt wird.

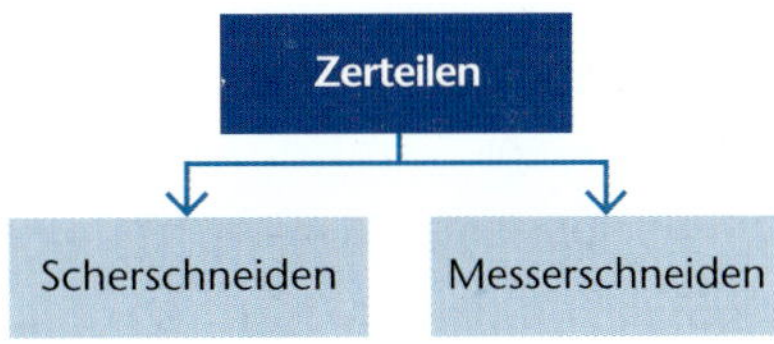


**Scherschneiden**
Beim Scherschneiden wird ein Werkstoff durch die Scherwirkung von zwei versetzt angeordneten, sich aneinander vorbei bewegenden Schneiden getrennt. Beim Aufeinandertreffen der Schneiden ist der Werkstoff getrennt.

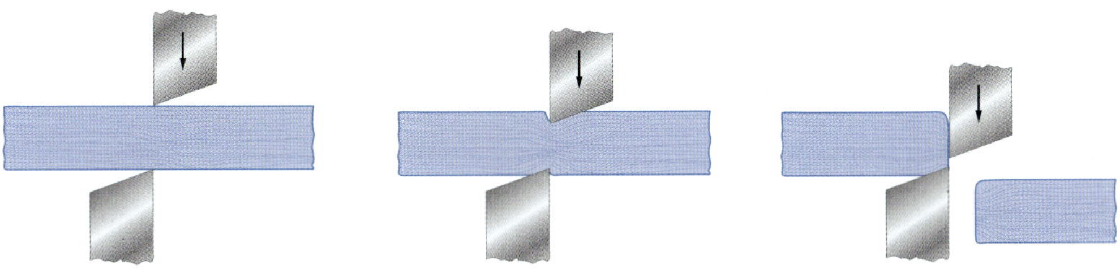

*Verformungsphase* *Schnittphase* *Bruchphase*

*Phasen des Trennvorgangs*

Für das Scherschneiden stehen unterschiedliche Handscheren zur Verfügung. Sie bestehen aus zwei Metallteilen, die im oberen Bereich an den Innenkanten geschärfte Schneiden oder Blätter, im unteren Bereich Griffe mit ausgeformten Augen besitzen. In der Mitte (Schild) sind beide Teile drehbar verbunden. Scheren gibt es für Rechts- und Linkshänder.

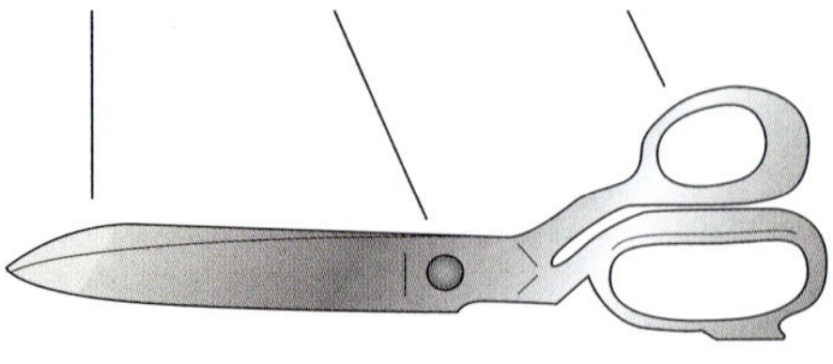

*Handschere*

Der Einsatz der Scheren richtet sich nach dem zu trennenden Werkstoff und der durchzuführenden Tätigkeit. So unterscheidet man z. B. folgende Scheren:

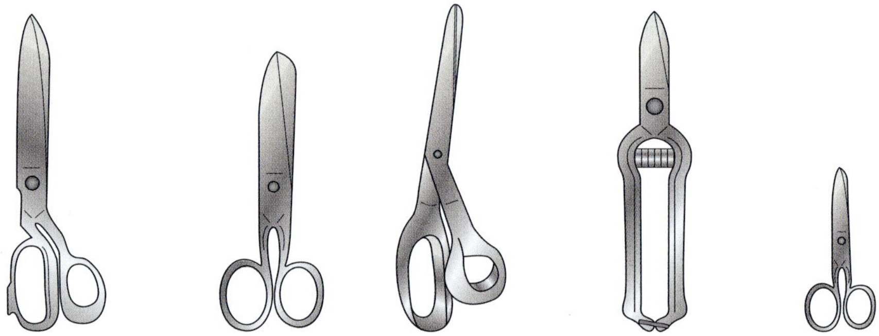
*Stoff- oder Zuschneideschere* *Polsterschere* *Universalschere* *Lederschere* *Taschenschere*

**Messerschneiden**
Man unterscheidet das Hand- und Maschinenschneiden. Beim Schneiden von Hand wird der Werkstoff von einer Messerschneide entlang einer Schnittlinie gegen eine feste Unterlage gedrückt und durch Druck und Zug getrennt. Die Schneidwirkung ist von den Druck- und Zugkräften abhängig.

Die Auswahl der Messer richtet sich immer nach dem zu trennenden Werkstoff. An dieser Stelle sei besonders auf die verschiedenen Messerarten bei den Bodenbelagarbeiten hingewiesen.

Beim maschinellen Schneiden wird der Werkstoff gegen sich schnell bewegende, rotierende oder auf- und abgleitende Schneiden geführt und dabei getrennt.

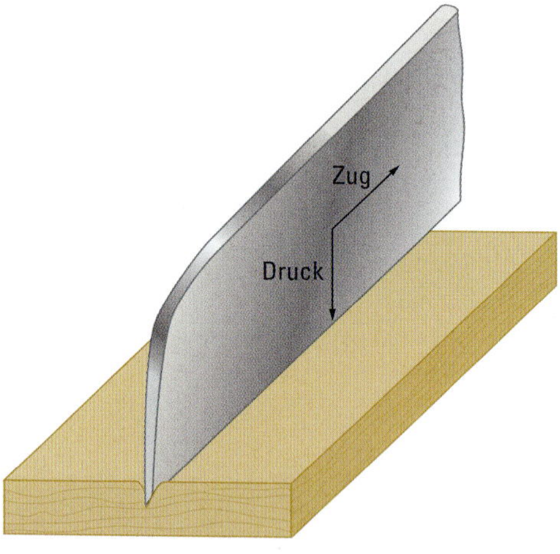

*Prinzip des Messerschneidens*

Zur Verfügung stehen Stoß- und Rundmessermaschinen, mit denen Trennarbeiten schnell und mit nur geringem Kraftaufwand durchgeführt werden. Als Rundmessermaschinen, die Rundmesser zum Schneiden harter Textilien bzw. 4- oder 6-Bogenmesser zum Schneiden normaler Textilien besitzen können, kommen vornehmlich Elektroscheren für Einzelzuschnitte und elektrische Handzuschneidemaschinen zum Einsatz, mit denen auch Stapelzuschnitte bis 4 cm Höhe durchgeführt werden können. Mit einem eingebauten Schleifapparat können die Messer nachgeschärft werden.

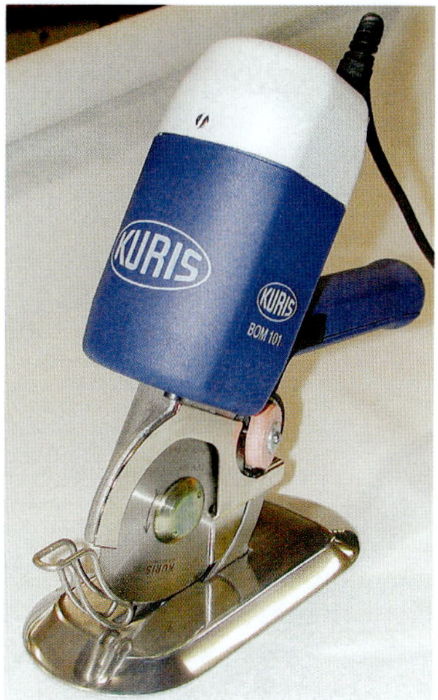


*Elektrische Handzuschneidemaschine*



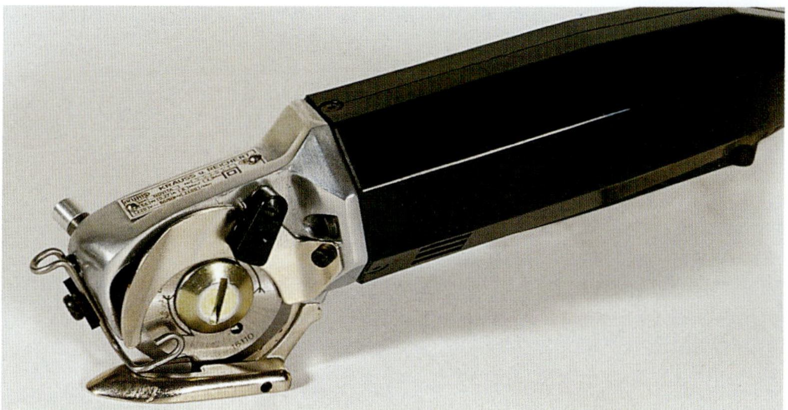

*Elektroschere*

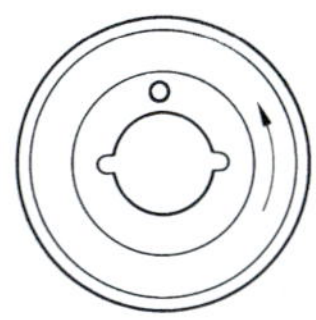

*Rundmesser*

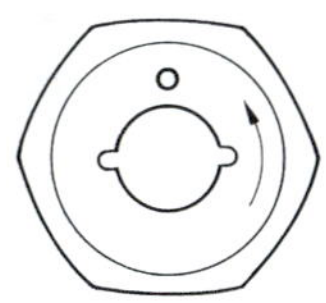

*6-Bogenmesser*

## 2. Spanen

Beim Spanen werden von einem Werkstoff unter Einwirkung äußerer Kräfte mithilfe von keilförmigen Schneiden Werkstoffteilchen (Späne) abgetrennt. Die Spanabnahme erfolgt durch die Schnittbewegung zwischen Werkzeugschneide und Werkstück. Im Arbeitsbereich des Raumausstatters kommen als Spanverfahren das Sägen, das Feilen und das Bohren zum Einsatz.

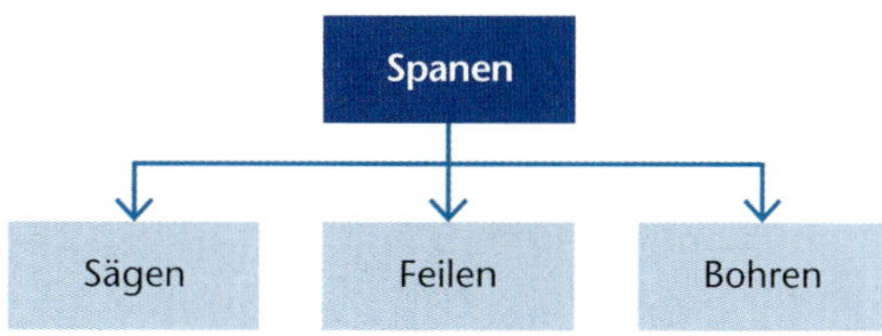

### Sägen

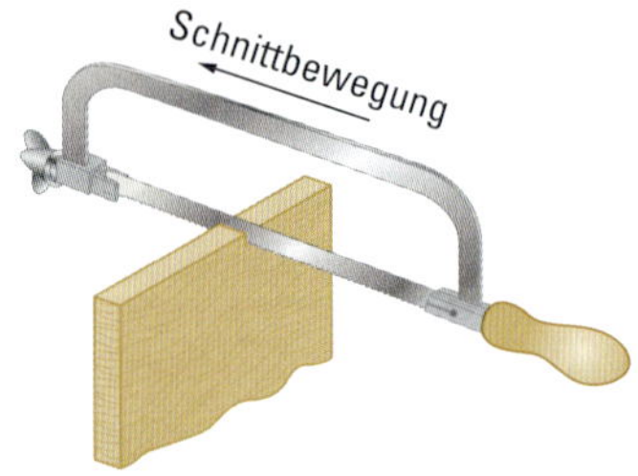


Sägen ist ein Trennverfahren, bei dem durch die Vielzahl der im Sägeblatt hintereinander angeordneten Schnittkeile in der Schnittfuge kleine Späne abgetrennt werden und das Werkstück an dieser Stelle getrennt wird. Die Trennleistung eines Sägeblatts wird vorwiegend durch die Zahnteilung, den Abstand zwischen zwei benachbarten Zähnen, bestimmt. Die Auswahl der Zahnteilung hängt in erster Linie von der Festigkeit des zu sägenden Werkstoffs ab. Harte Werkstoffe erfordern eine feine, weiche Werkstoffe dagegen eine grobe Zahnteilung.

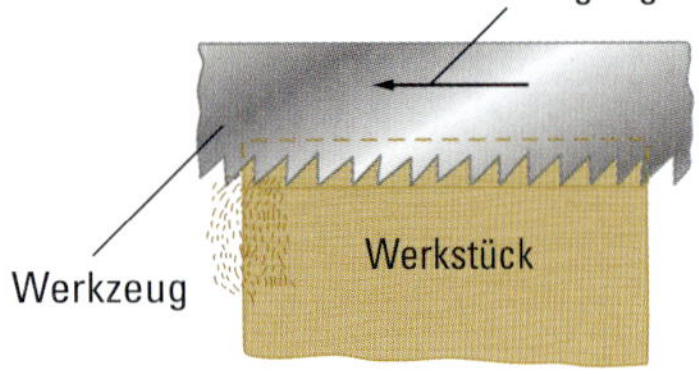


### Feilen

Beim Feilen werden von einem Werkstück mithilfe der auf dem Feilenblatt hintereinander angeordneten keilförmigen Schneiden feine Späne abgetragen. Feilarbeiten werden im Raumausstatter-Handwerk hauptsächlich zum Entgraten der Kanten bei Werkstoffen angewandt, die durch Sägen getrennt wurden. Feilen werden in verschiedenen Ausführungen mit unterschiedlicher Anordnung der Schneiden für harte und weiche Werkstoffe angeboten.

*Raspel zum Entgraten von Holzkanten*

### Bohren

Beim Bohren werden durch das Zusammenwirken einer kreisförmigen Schnittbewegung und einer geradlinigen Vorschubbewegung des Bohrers kleine Werkstoffteilchen, z. B. Späne, aus dem Werkstoff herausgetrennt. Spiralbohrer sind die am häufigsten verwendeten Bohrwerkzeuge. Die unterschiedliche Härte der Werkstoffe erfordert Bohrer mit unterschiedlichen Spitzen. Es gibt deshalb Holz-, Metall- und Steinbohrer. Man unterscheidet folgende Bohrverfahren:

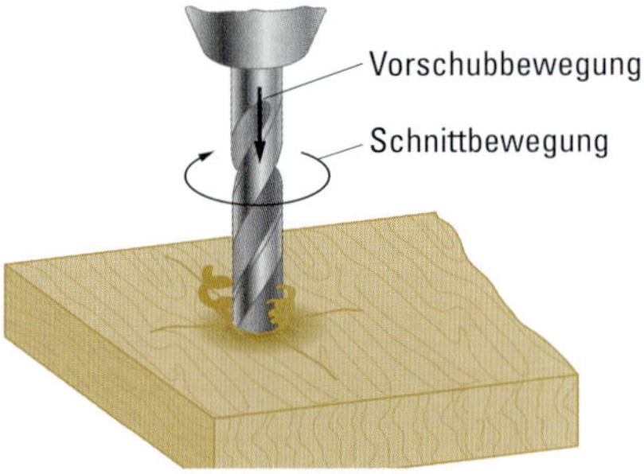

*Bewegungen beim Bohren*

- Drehbohren bei Werkstoffen mit geringer Dichte (z. B. Holz) und Festigkeit sowie bei Metallen
- Schlagbohren (Drehen mit großer Zahl leichter Schläge) bei Baustoffen mit hoher Dichte (z. B. Beton, Vollbausteine)
- Hammerbohren (Drehen mit geringer Zahl schwerer Schläge) bei Baustoffen mit hoher Dichte (z. B. Beton, Vollbausteine)

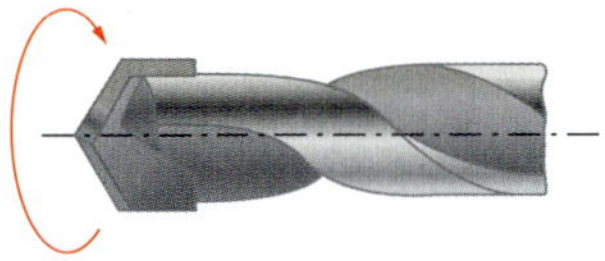
*Drehbohren*

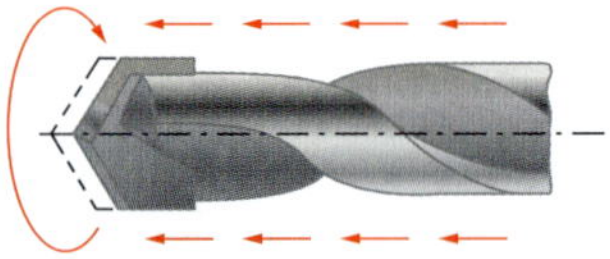
*Schlagbohren*

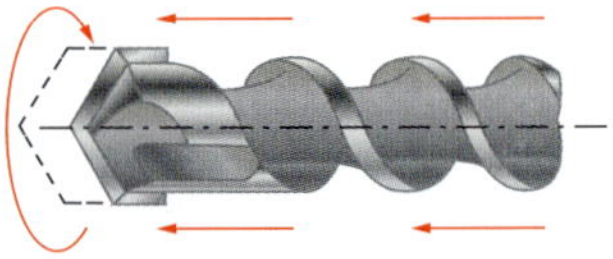
*Hammerbohren*

Die zum Einsatz kommenden Bohrmaschinen werden in verschiedenen Stärken und Ausführungen angeboten.

**Sicherheitsvorschriften bei Trennarbeiten**

- *Spitze Scheren und Messer dürfen nicht ungeschützt in Taschen von Berufsmänteln oder Arbeitsanzügen getragen werden. Sie müssen in entsprechenden Behältern aufbewahrt werden.*
- *Scheren einem anderen nie mit der Spitze, sondern mit den Griffen zureichen.*
- *Scheren immer mit geschlossenen Schneiden aufbewahren oder ablegen.*
- *Bei elektrisch betriebenen Handsägen darf die linke Hand, die nicht die Säge führt, nicht in den Arbeitsbereich des Sägeblatts gelangen.*
- *Elektrisch betriebene Trenngeräte (Elektroscheren, elektrische Handzuschneidemaschinen, Schaumstoff- und Maschinensägen) müssen mit Sicherheitsvorrichtungen ausgestattet sein und dürfen weder abmontiert noch außer Funktion gesetzt werden.*

### 5.1.2 Fügen

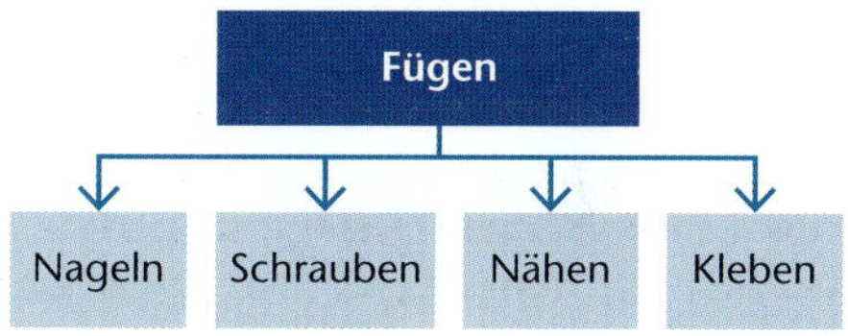


Unter Fügen versteht man das Verbinden zweier Werkstoffe bzw. Werkstoffteile. Im Arbeitsbereich des Raumausstatters kommen folgende Fügearten vor:

#### 1. Nageln

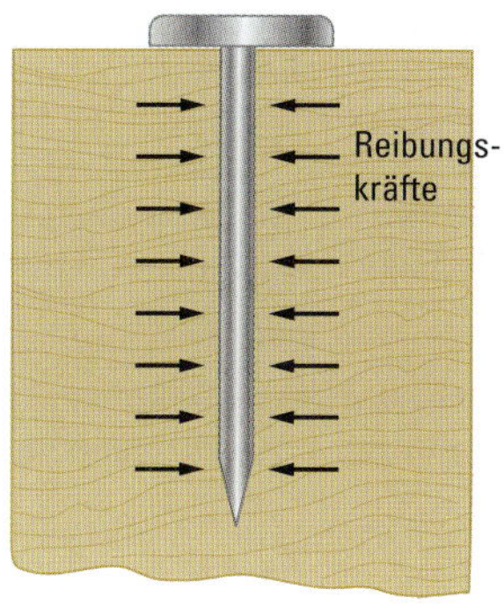


Beim Nageln unterscheidet man das manuelle Nageln mit Hammer und Nagel sowie das mechanische Nageln mit Nagelgeräten (Tackern) und Klammern.

Beim manuellen Nageln beruht die Haltbarkeit einer Nagelverbindung auf den Reibungskräften zwischen dem Holz und dem eingeschlagenen Nagel und ist abhängig von der Holzart, der Lage des Nagels zur Holzfaserrichtung sowie von der Form und Größe des Nagels. Hartholz bringt aufgrund der größeren Rohdichte stärkere Reibungskräfte auf als Weichholz. Die Reibungskräfte sind ebenfalls größer, wenn der Nagel quer zur Faserrichtung eingeschlagen wird oder wenn längere Nägel verwendet werden.

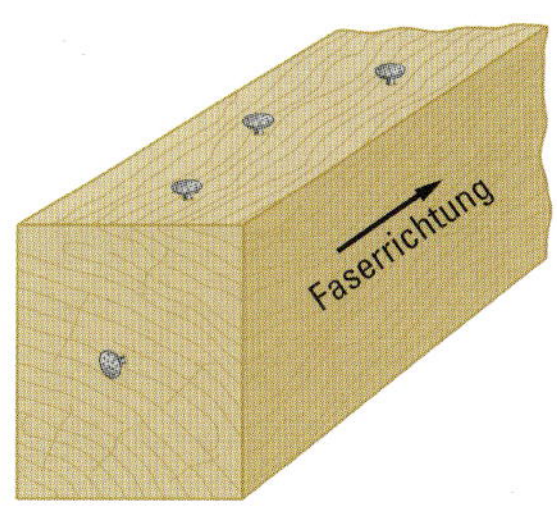


Um bei Reihennagelungen ein Reißen des Holzes zu vermeiden, müssen die Nägel versetzt eingeschlagen werden. Das Ausreißen von auf Zug beanspruchten Textilien, z. B. Gurten, wird verhindert, wenn die Andrückflächen der Nagelköpfe durch Unterlegen eines Pappstreifens vergrößert werden. Das versetzte Nageln und das Unterlegen eines Pappstreifens sind besonders beim Aufnageln der Gurte zu beachten.

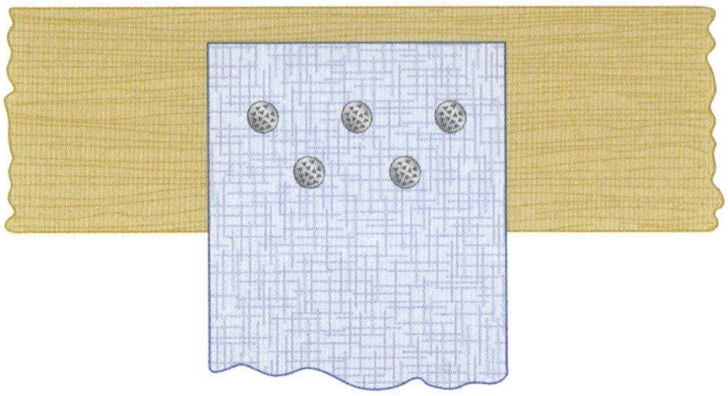

*Versetztes Nageln beim Gurten*

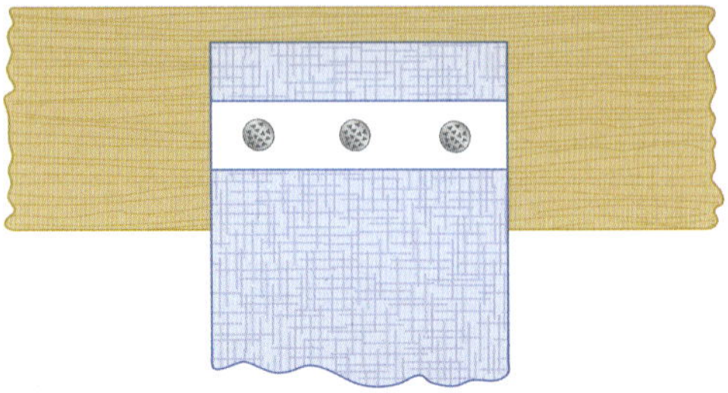

*Unterlegen eines Pappstreifens beim Gurten*

### Sicherheitsvorschriften beim Nageln

- *Nägel dürfen während der Arbeit nicht in den Mund genommen werden! Es besteht nicht nur die Gefahr des Herunterschluckens, sondern es können durch sie auch Krankheiten übertragen werden, da sie nicht sauber sind.*

Eine wichtige Nagelungsart im Arbeitsbereich des Raumausstatters ist das mechanische Nageln mit Druckluft- oder Elektronagelgeräten (-tackern), mit denen in schneller Folge Klammern mit verschiedenen Rückenbreiten und Schenkellängen in Holz eingeschossen werden können. Dieses Befestigungsverfahren ist nicht nur rationeller als das manuelle Nageln, sondern es ermöglicht auch ein punktgenaues Arbeiten an Rändern und Ecken. Zudem verhindert es durch die geringe Drahtdicke der Klammern auch ein Reißen des Holzes sowie ein Ausreißen des Stoffs, weil die Klammern durch ihre Rückenlänge eine größere Andrückfläche besitzen als Nägel.

Nagelgeräte, die zum Befestigen von Textilien, Leder und Pappen eingesetzt werden, gibt es in verschiedenen Ausführungen. Neben den Standardgeräten gibt es für besondere Arbeiten Spezialgeräte, so z.B. Geräte zum Setzen von Krampen für das Befestigen von Federn, Federkernen und Scharnieren für Wellenfedern sowie für das gleichmäßige Setzen von Ziernägeln (Ziernagler).

Druckluftnagler haben eine höhere Durchschlagskraft als Elektronagler, die durch den eingebauten Elektromotor auch schwerer sind.

*Druckluftnagler*

*Elektronagler*

*Druckluft-Ziernagler*

**Sicherheitsvorschriften für den Umgang mit Nagelgeräten**

- *Größere Geräte müssen eine Schusssicherung besitzen.*
- *Finger aus dem Arbeitsbereich der Führungsnase halten.*
- *Nagelgeräte nie auf Menschen richten.*
- *Beim Laden der Geräte die Führungsnase vom Körper weg schräg nach unten halten.*
- *Bei längeren Nagelarbeiten Gehörschutz benutzen.*

*Gehörschutz benutzen*

## 2. Schrauben

Schrauben ist ein lösbares Fügeverfahren, bei dem die zu verbindenden Werkstoffteile mithilfe von Schrauben stark gegeneinander gepresst werden. Die Festigkeit einer Schraubverbindung ist häufig abhängig von der Kraft, mit der die Schraube beim Anziehen vorgespannt wurde.
Die für Schraubverbindungen verwendeten Schraubenarten unterscheiden sich durch die Art ihres Gewindes, ihre Kopfform und ggf. ihre Mutterform.
Im Raumausstatter-Handwerk verwendet man für die meisten Schraubverbindungen Schrauben mit selbst schneidendem Gewinde, die in Holz oder in vorher eingesetzte Dübel mit einem Schraubendreher oder einem Akku-Schrauber eingedreht werden.



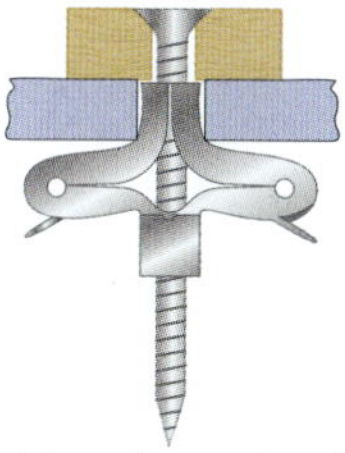

*Schraubenverbindung mit einem Hohlraumdübel*

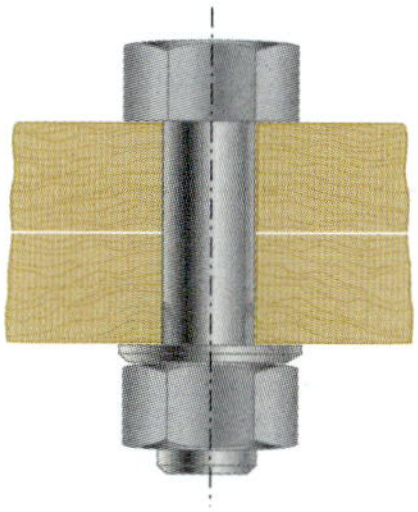

*Schraubenverbindung mit einer Sechskantkopfschraube und einer Sechskantmutter*

## 3. Nähen

Die Verbindung von Stoff- und Lederteilen erfolgt durch Nähen. Die Nähte werden entweder maschinell oder von Hand ausgeführt.

### Maschinennähen

Näharbeiten mit einer Maschine erfolgen gegenüber dem Handnähen nicht nur schneller, sondern auch gleichmäßiger und genauer. Darüber hinaus können Nähmaschinen verschiedene Zusatzeinrichtungen besitzen, mit denen bestimmte, immer wiederkehrende Näharbeiten rationell durchgeführt werden können.

### Bauprinzip der Nähmaschinen

Nähmaschinen bestehen im Prinzip aus dem Maschinenoberteil, dem Gestell mit der Tischplatte und dem Antriebsmotor. Das Maschinenoberteil enthält alle Teile des Nähmechanismus und der Antriebsübertragung und besteht aus Ständer, Arm, Kopf und Grundplatte.

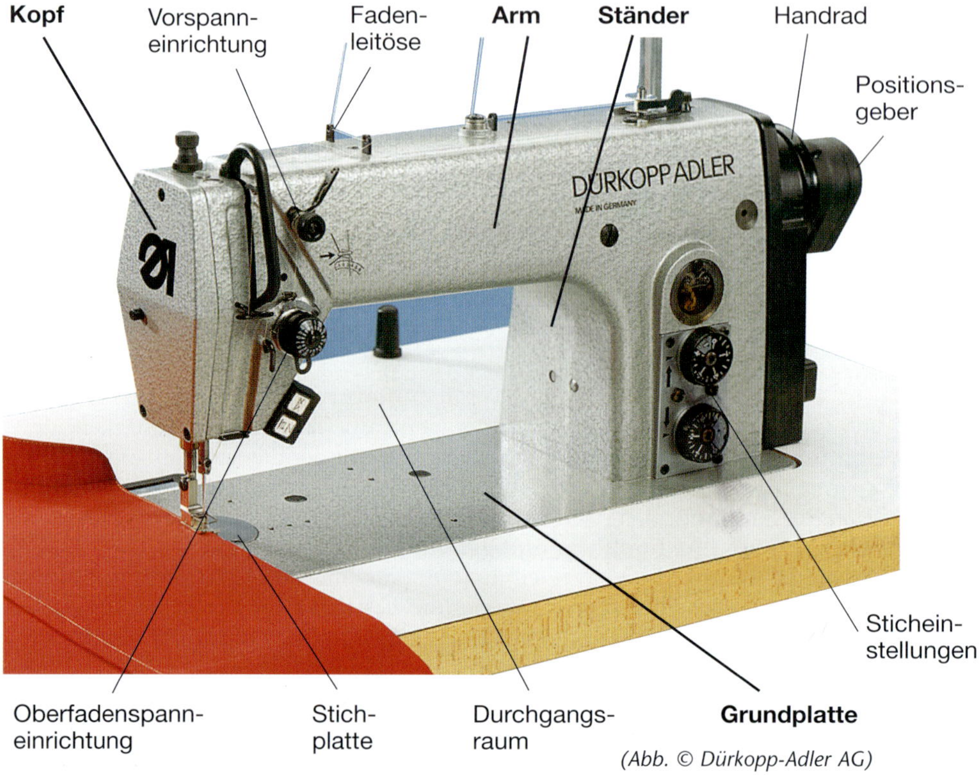


(Abb. © Dürkopp-Adler AG)

*Maschinenoberteil einer Doppelsteppstichmaschine*

Der **Ständer** enthält:

- das **Handrad** zum Bewegen des Nähmechanismus,
- den **Antriebsriemen** für die Übertragung des Antriebs,
- den **Stichsteller** zum Einstellen der Stichlänge.

Im **Arm** befindet sich die Oberwelle, über die die Antriebsbewegungen für die stichbildenden Teile im Kopf und unter der Grundplatte erfolgen. Bei Doppelsteppstichmaschinen ist außen am Arm der Spulapparat zum Aufspulen des Unterfadens angebracht.

Im oder am **Kopf** sind angebracht:

- **Fadenhebel** (Fadengeber), der die für die Stichbildung erforderliche Fadenlänge des Oberfadens bereitstellt und nach der Stichbildung den Oberfaden anzieht.
- **Nadelstange** mit Nadel: Die Nadel hat die Aufgabe, den Oberfaden durch das Nähgut zu führen.
- **Stoffdrückerstange mit Nähfuß**, die das Nähgut während der Stichbildung straff auf der Stichplatte hält und es anschließend auf den Transporteur drückt.
- **Spannungsregelung** für den Oberfaden.
- **Führungsösen** für den Nähfaden.

Die **Grundplatte** enthält die Stichplatte mit den Öffnungen für den Durchgang der Nadel und die Bewegungen des Transporteurs. Sie ist auswechselbar.

Unterhalb der Grundplatte befinden sich:

- der **Greifer**: Bei der Stichbildung fasst er die Schlinge des Oberfadens und erweitert sie. Er ist maßgeblich an der Stichbildung beteiligt.
- die **Spulenkapsel** mit der Spule des Unterfadens (nur bei Doppelsteppstichmaschinen).
- der **Transporteur**, der mit seiner gezahnten Oberfläche das Nähgut nach jedem Stich weitertransportiert.
- die **Wellen** für die Übertragung der Antriebsbewegungen der vorangehend genannten unteren stichbildenden Organe.

Die zum Nähen verwendeten **Nadeln** bestehen aus folgenden Teilen:

- **Kolben**, der in die Nadelstange eingesetzt wird. Man unterscheidet Nadeln mit Rund- und Flachkolben.
- **Schaft**, der eine lange und kurze Rille besitzt. Die lange Rille nimmt beim Durchstich den Oberfaden auf und verhindert, dass er bei den hohen Nähgeschwindigkeiten durchscheuert. Die kurze Rille schützt den Oberfadenteil des zuletzt gebildeten Stichs. Bei Hohlkehlnadeln entfällt die kurze Rille. Oberhalb des Öhrs besitzt der Schaft eine kurze, flach ausgefräste Strecke.
- **Öhr**: Es ist länglich ausgebildet und nimmt den Oberfaden auf.
- **Spitze**: Sie kann spitz auslaufen (Rundspitze) oder abgerundet sein (Kugelspitze).

Nähnadeln gibt es in verschiedenen Feinheiten. Die Nadeldicke wird in Nm (= 1/100 mm) angegeben und entspricht dem Durchmesser an der dicksten Stelle des Nadelschafts. Die Auswahl der Nadeln richtet sich nach der Dicke und Dichte des zu nähenden Stoffs und der Feinheit des dafür verwendeten Nähfadens.

*Teile einer Nähmaschinennadel*

Nach den mit Nähmaschinen zu erzielenden Nähstichen unterscheidet man zwei Grundstichtypen
- den **Doppelsteppstich** und
- den **Kettenstich** (Einfachkettenstich, Doppelkettenstich).

Alle anderen Maschinenstichtypen werden von diesen beiden abgeleitet. Dementsprechend unterscheidet man bei den Nähmaschinen **Doppelsteppstich**- und **Kettenstichmaschinen**.

### Prinzip der Stichbildung beim Doppelsteppstich

Zur Bildung des Doppelsteppstichs, der auf beiden Seiten das gleiche Aussehen zeigt, benötigt man zwei Fäden, einen **Ober**- und einen **Unterfaden**. Zwischen den Stofflagen umschlingen sich die beiden Fäden.

Die Umschlingung wird durch den Greifer erreicht, indem er die von dem Oberfaden gebildete Schlinge erfasst, sie vergrößert und sie um die in der Spulenkapsel befindliche Unterfadenspule herumführt. Der schematische Ablauf der Stichbildung mit Greiferschiffchen ist aus den nachfolgenden Abbildungen ersichtlich.

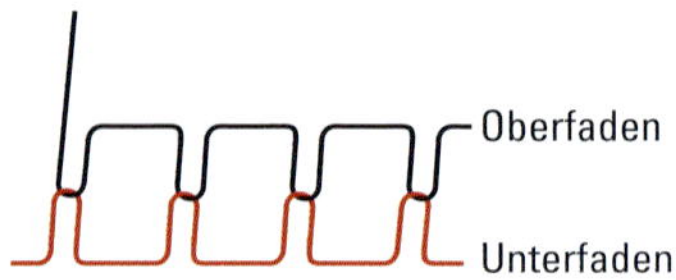


*Doppelsteppstich*

Doppelsteppstichmaschinen können mit verschiedenen Greifern bzw. Greiferschiffchen ausgestattet sein.

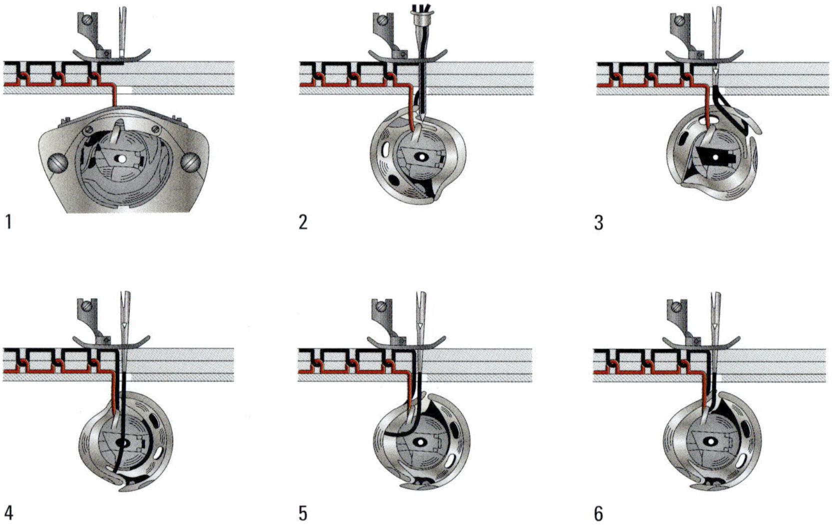


*Stichbildung bei der Doppelsteppstichmaschine (Schema)*

1 *Die Nadel steht kurz vor dem Einstich.*

2 *Durch das Anheben der Nadel entsteht nach dem Einstich eine Schlinge.*

3 *Die Oberfadenschlinge wird vom Greifer erfasst und vergrößert.*

4 *Die vergrößerte Oberfadenschlinge wird vom Greifer um die Unterfadenspule geführt.*

5 *Die Oberfadenschlinge wird auf der linken Seite der Spule wieder nach oben gezogen.*

6 *Die Oberfadenschlinge steht kurz vor dem Einzug in das Nähgut. Durch das Anheben der Nadel und das Zurückziehen des Oberfadens kommt es in der Mitte zwischen den beiden Stofflagen zu der Verschlingung von Ober- und Unterfaden.*

Die Spannung des Ober- und Unterfadens muss beim Doppelsteppstich gleich groß sein, damit die Verschlingung genau in der Mitte zwischen den beiden Stofflagen erfolgt. Ein zu straffer Oberfaden zieht den Unterfaden auf die Oberfläche, wo er punktartig in Erscheinung tritt. Durch einen zu straffen Unterfaden wird der Oberfaden auf die Unterseite gezogen, wo er hier punktartig sichtbar wird.

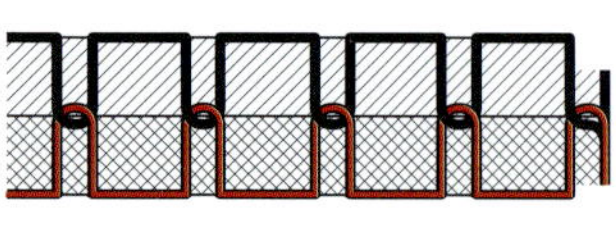

*Gleichmäßige Spannung von Ober- und Unterfaden*

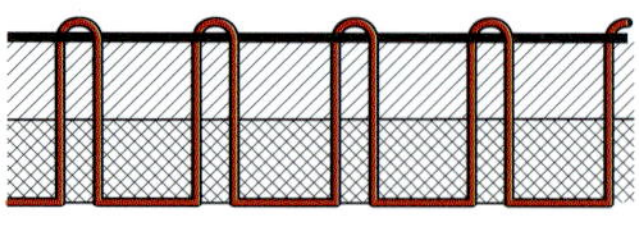

*Zu straffer Oberfaden*

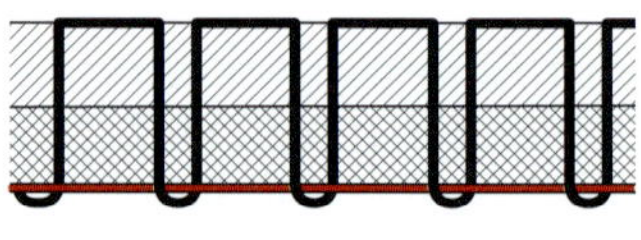

*Zu straffer Unterfaden*

Der Doppelsteppstich besitzt eine geringe elastische Dehnung und wird überall dort eingesetzt, wo ein guter Zusammenhalt der zu verbindenden Stoffteile erzielt werden soll oder wo die Naht auf beiden Stoffteilen das gleiche Aussehen haben soll.

**Prinzip der Stichbildung bei den Kettenstichen**

Bei den Kettenstichen unterscheidet man den Einfachkettenstich und den Doppelkettenstich. Während der Einfachkettenstich nur aus einem Oberfaden gebildet wird, benötigt man zur Bildung des Doppelkettenstichs zwei Oberfäden, einen Nadelfaden und einen Greiferfaden. Kettenstiche zeigen auf beiden Seiten ein unterschiedliches Nahtbild. Die Oberseite zeigt ein Steppbild, die Unterseite kettenförmig miteinander verbundene Fadenschlingen.

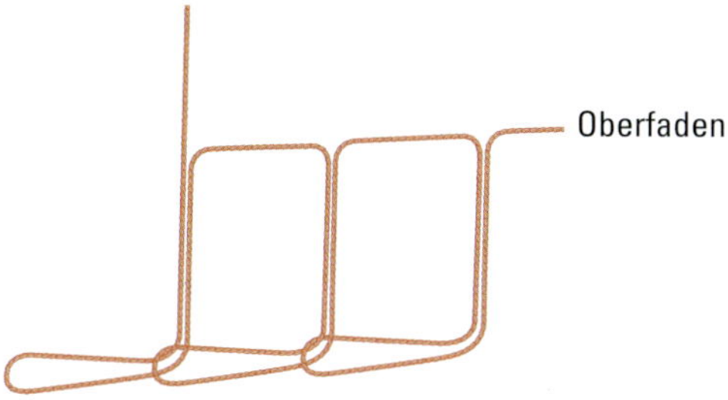


*Einfachkettenstich*

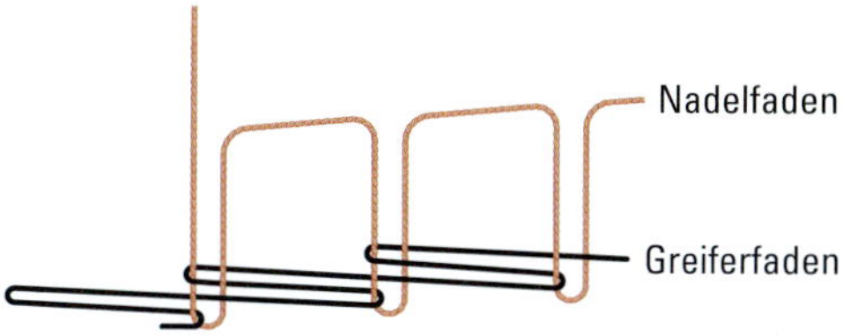


*Doppelkettenstich*

Kettenstichnähte besitzen gegenüber der Doppelsteppstichnaht eine größere Elastizität, aber einen geringeren Zusammenhalt der Stofflagen. Sie lassen sich am Nahtende leicht aufziehen.

Kettenstichmaschinen unterscheiden sich äußerlich kaum von den Doppelsteppstichmaschinen. Da sie nur mit Oberfäden arbeiten, fehlt bei ihnen am Maschinenarm der Spulapparat und unter der Grundplatte die Spulenkapsel mit der Spule des Unterfadens. Den Ablauf der Stichbildung des Einfachkettenstichs zeigen die nachfolgenden Abbildungen:

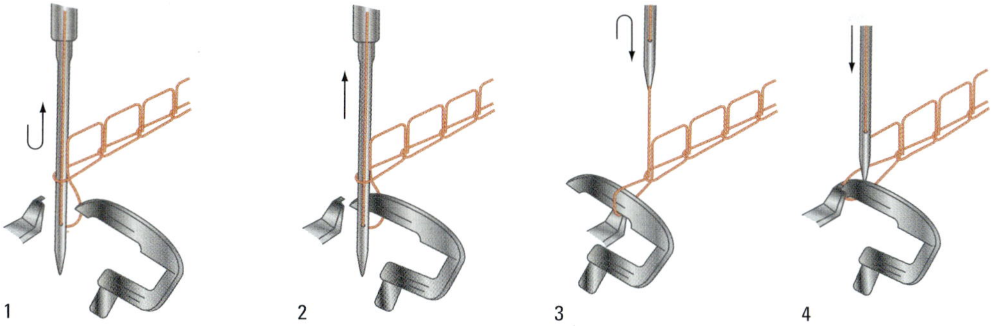


*Bildung des Einfachkettenstichs*

*1 Die Nadel sticht durch das Nähgut und bildet eine kleine Schlinge.*

*2 Ein hakenförmiger Greifer erfasst die Schlinge.*

*3 Nach dem Hochgehen der Nadel und dem Nähguttransport rutscht die alte Fadenschlinge auf die neu gebildete Schlinge.*

*4 Der Greifer erweitert die Schlinge und legt sie der Nadel für den nächsten Stich vor.*

5

Die Bildung des Doppelkettenstichs ist in den folgenden Abbildungen dargestellt:

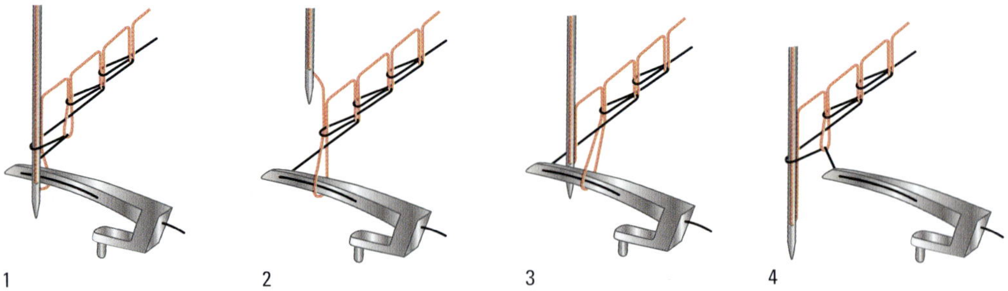


*Bildung des Doppelkettenstichs*

*1 Die Nadel sticht durch das Nähgut und bildet eine kleine Schlinge, die vom Greifer erfasst wird.*

*2 Nach der Aufwärtsbewegung der Nadel weitet der Greifer die Schlinge aus. Zwischen Greifer, Greiferfaden und Schlinge des Nadelfadens entsteht ein Fadendreieck.*

*3 Die Nadel sticht in das Fadendreieck ein.*

*4 Durch die Rückwärtsbewegung des Greifers rutscht die Schlinge des Nadelfadens auf den Greiferfaden. Bei der nächsten Aufwärtsbewegung der Nadel rutscht die gebildete Schlinge des Greiferfadens von der Nadel und wird von der neu gebildeten Oberfadenschlinge gehalten.*

**Arten der Nähmaschinen**

Je nach Art der durchzuführenden Näharbeiten werden unterschiedliche Nähmaschinenarten angeboten. Neben Universalnähmaschinen mit Gerad- und Zickzackstich gibt es noch Universalnähmaschinen mit besonderen Zusatzeinrichtungen und Spezialnähmaschinen, mit denen immer wiederkehrende Näharbeiten rationell und korrekt durchgeführt werden können. Entsprechend der durchzuführenden Näharbeit können solche Maschinen besitzen:

- verschiedene Transportarten, wie Unter-, Ober-, Nadeltransport, die auch untereinander kombiniert werden,
- Zusatzeinrichtungen für Polsterarbeiten z. B. zum Einnähen von Kedern, Kordeln, Reißverschlüssen, zum Einfassen von Nähten, zum Kantenbeschneiden, für Kräuselnähte usw. (Zusatzeinrichtungen für Dekorationsarbeiten s. Kapitel 7.1.7.2 Nähtechniken),
- zwei Nadeln (Spezialnähmaschine).

*Universal-Doppelsteppstichmaschine (Abb. © Dürkopp-Adler)*

*Zweinadel-Doppelsteppstichmaschine (Abb. © Dürkopp-Adler)*

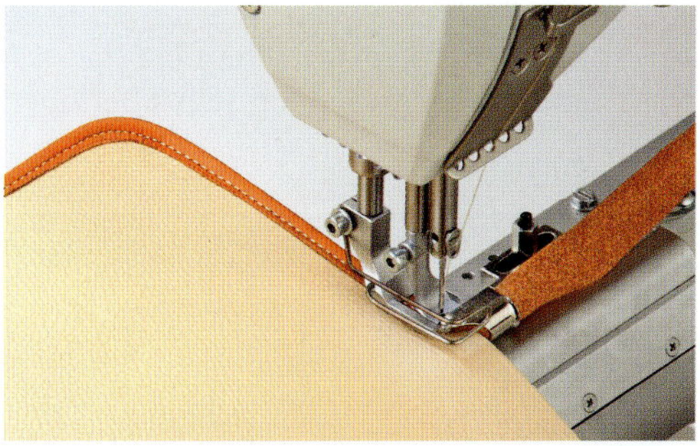

*Freiarm-Doppelsteppstichmaschine mit Einfassvorrichtung (Abb. © Dürkopp-Adler)*

*Doppelsteppstichmaschine mit abschwenkbarer Kedervorführung (Abb. © Dürkopp-Adler)*

**Pflege der Nähmaschine**

Um ein einwandfreies Funktionieren der Nähmaschine zu gewährleisten, muss sie regelmäßig gepflegt und gewartet werden. Dazu gehört das Reinigen und Ölen. Das Reinigen bezieht sich nicht nur auf die regelmäßige Entfernung des Oberflächenstaubs, sondern je nach Häufigkeit der Benutzung auch auf das Entfernen des Nähstaubs im Bereich der Stichbildung am Greifer, am Transporteur und auf der Stichplatte. Zum Reinigen benutzt man Pinsel, Pinzette, einen weichen Lappen, wenn vorhanden auch Druckluft, mit denen die Verunreinigungen leicht entfernt werden können.

Das Ölen hat den Zweck, die Reibung der beweglichen Teile und somit die Abnutzung zu verringern. Es erfolgt anhand des Schmierplans, der in der Betriebsanleitung enthalten ist. Um das Ölen zu erleichtern, sind alle infrage kommenden Schmierstellen markiert. Überschüssiges Öl muss abgewischt werden, da es sich sonst mit dem Nähstaub zu einer schwer entfernbaren Masse verbindet. Schnell laufende Nähmaschinen besitzen eine automatische Schmierung, bei der das Öl aus einem Ölbehälter über Filzdochte zu den Schmierstellen gelangt. Bei solchen Maschinen ist darauf zu achten, dass genügend Öl im Behälter ist. Nach Beendigung der Näharbeit legt man zwischen Nähfuß und Transporteur zur Schonung der beiden Teile ein Stückchen Stoff, zur Entlastung der Feder lässt man die Stoffdrückerstange herunter. Damit die Nadel nicht abbricht, dreht man sie in den tiefsten Stand. Die Nähmaschine ist anschließend abzudecken.

5

***Sicherheitsvorschriften beim Umgang mit Nähmaschinen***

- *Reinigungs- und Reparaturarbeiten dürfen nur bei abgeschalteter Maschine durchgeführt werden.*
- *Der Nähfuß muss einen Fingerschutz besitzen! Dennoch muss darauf geachtet werden, dass man bei der Regulierung des Stoffvorschubs die Finger nicht zu nahe an den Nähfuß heranbringt. Hierbei bietet es sich an, den Stoff mit einem Hilfsmittel, z. B. einer Schere, unter den Nähfuß zu schieben.*
- *Fadengeber und Antriebsriemen müssen abgedeckt sein.*
- *Spezialnähmaschinen können je nach Art noch andere Schutzvorrichtungen besitzen. So müssen Hochgeschwindigkeitsnähmaschinen einen wirksam eingestellten Augenschutz (Plexiglasschild) besitzen, damit bei einem Nadelbruch die Augen gegen wegfliegende Nadelsplitter geschützt sind.*

**Ursachen für Nähstörungen**

Mit größeren Nähmaschinenstörungen sollte ein Nähmaschinenmechaniker betraut werden. Nachfolgende Nähstörungen und ihre Ursachen können jedoch selbst behoben werden:

| Nähstörungen | Ursachen |
|---|---|
| **Fadenbrüche des Oberfadens** | ▪ zu straffe Oberfadenspannung<br>▪ beschädigte oder zu feine Nadel<br>▪ fehlerhaftes Nähgarn<br>▪ falscher Ablauf von der Garnrolle<br>▪ Beschädigungen oder Verunreinigungen am Greifer oder am Spulengehäuse |
| **Fadenbrüche des Unterfadens** | ▪ zu straffe Unterfadenspannung<br>▪ fehlerhafter bzw. unregelmäßig aufgespulter Unterfaden<br>▪ Beschädigungen oder Verunreinigungen am Greifer oder am Spulengehäuse |
| **unregelmäßige Stichbildung** | ▪ falsche Fadenspannungen von Ober- und Unterfaden (Doppelsteppstichmaschinen)<br>▪ fehlerhaftes Nähgarn<br>▪ verschmutzte Fadenspannungseinrichtung<br>▪ verschmutzter Transporteur<br>▪ falscher Druck des Nähfußes |
| **Fehlstiche** | ▪ falsches Nadelsystem oder falsche Nadelstärke<br>▪ nicht richtig eingesetzte oder defekte Nadel<br>▪ falsch eingefädelter Oberfaden |
| **Nadelbrüche** | ▪ zu straffe Oberfadenspannung<br>▪ für die Nähnadel zu dicker Nähfaden<br>▪ verbogene oder falsch eingesetzte Nadel<br>▪ falsch eingesetzte Spulenkapsel |
| **unregelmäßiger Nähguttransport** | ▪ verschmutzter Transporteur<br>▪ abgenutzte Zähne des Transporteurs<br>▪ falsch eingestellter Transporteur<br>▪ falscher Transporteur für das Nähgut<br>▪ zu geringer Druck des Nähfußes |
| **schwerer Gang der Maschine und/oder Geräusche** | ▪ Verschmutzung der Greiferbahn<br>▪ Antriebsriemen ist zu lose oder zu fest gespannt<br>▪ ungenügende Schmierung |

**Maschinennähte**
Wichtige Nähte, die bei Polster- und Dekorationsarbeiten vorkommen, sind:

| Stichbezeichnung | Nahtbild | Stichbezeichnung | Nahtbild |
|---|---|---|---|
| Ziernaht, ein- oder mehrfach | 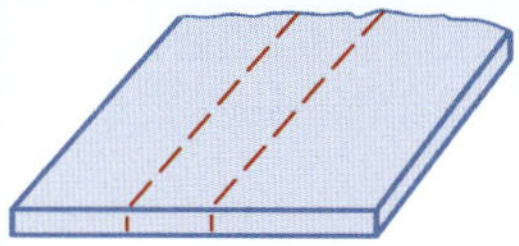 | Saumnaht (Saumkante) | 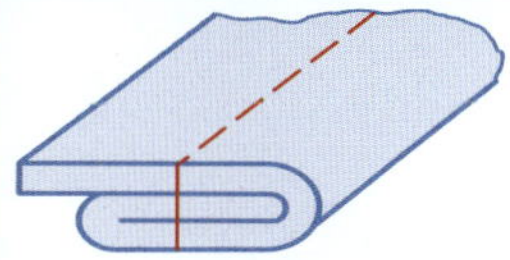 |
| Verbindungs-, Schließ- oder Stürznaht | 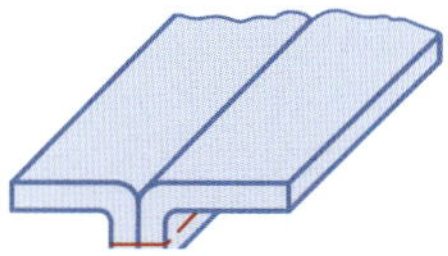 | Einfassnaht (Einfasskante) | 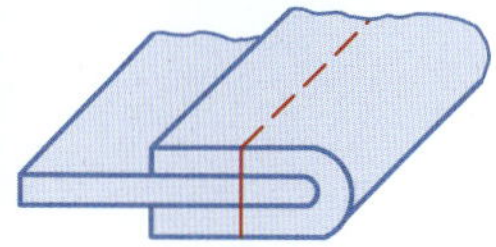 |
| einfach eingeschlagene Einfassnaht (Einfasskante) | 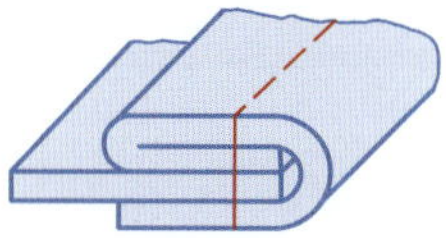 | eingeschlagene Kappnaht | 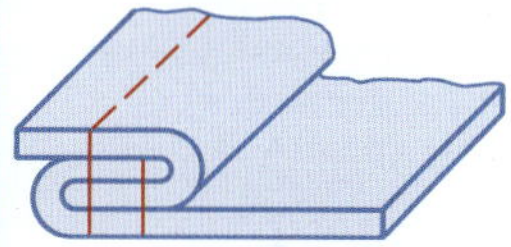 |
| Einschlagnaht (Einschlagkante) | 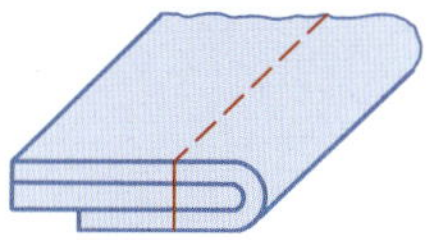 | Biesennaht | 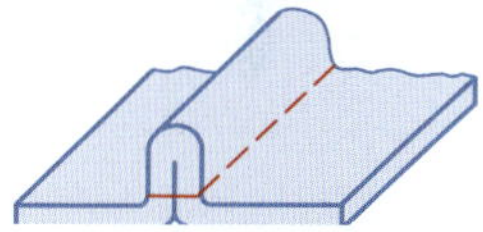 |
| einfache Kappnaht | 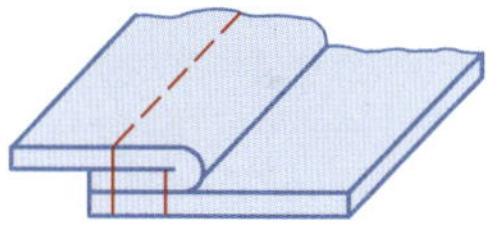 | Stürznaht mit Keder (Kedernaht) | 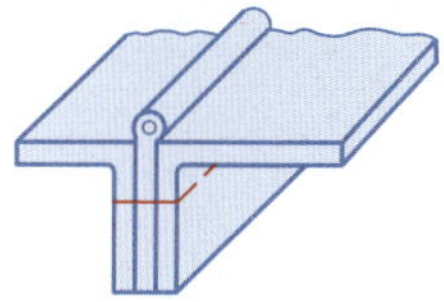 |

**Handnähte**
Ist aus fertigungstechnischen Gründen die maschinelle Verbindung von zwei Stoffteilen nicht möglich, dann werden sie durch Handnähte verbunden. In der Regel handelt es sich um alle Näharbeiten, die am Polstermöbel durchgeführt werden.

Man unterscheidet folgende Handnähte:

| Stichart | Stichbild | Anwendung |
|---|---|---|
| Vorderstich | 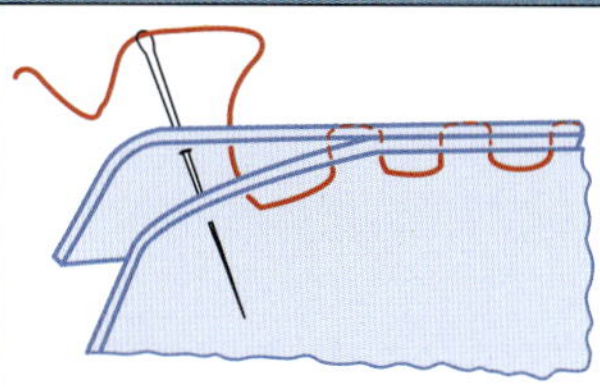 | Zum Zusammennähen von zugeschnittenen Stoffteilen, auch als Heftstich zum Vorheften für eine Maschinennaht. |
| Hinterstich | 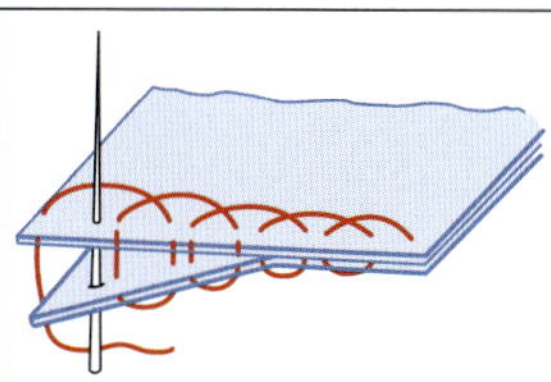 | Zum festen Zusammennähen von zwei Stoffteilen. Auf der Vorderseite gleicht das Nahtbild einer Maschinennaht. |

| Stichart | Stichbild | Anwendung |
|---|---|---|
| **verzogener Stich** | 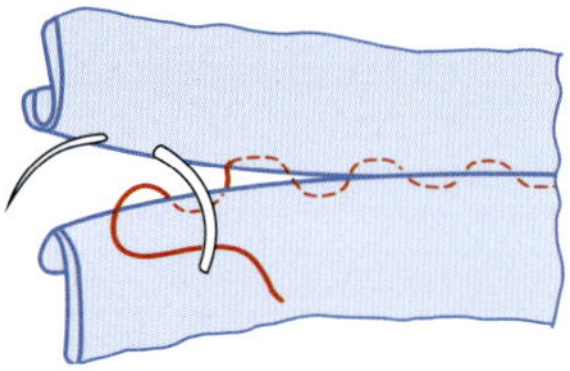 | Zum Zusammennähen von zwei Stoffteilen, bei denen Nahtstiche nicht sichtbar sein sollen, so z. B. von Füllöffnungen bei Kissen, Verbinden von Bezugsstoffteilen an einem Polstermöbel. |
| **überwendlicher Stich** | 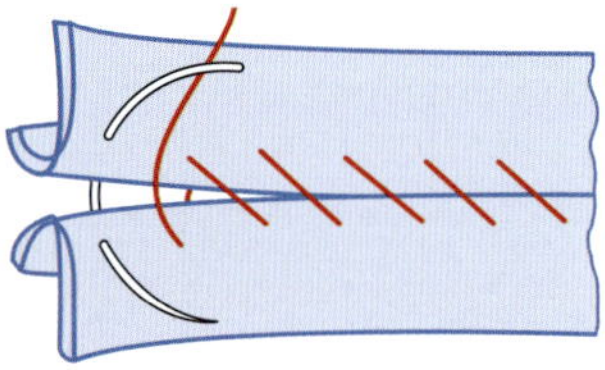 | Zum Zusammennähen von Nessel, Juteleinen usw. |
| **Schwertstich** | 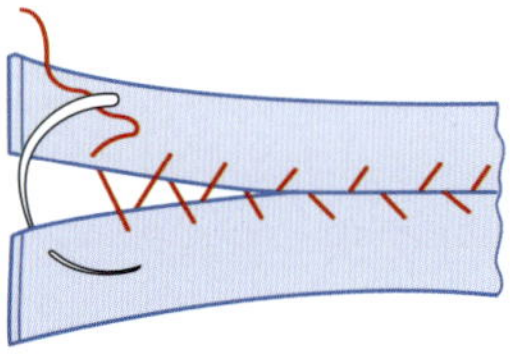 | Zum offenkantigen Zusammennähen von zwei Stoff- oder Lederteilen. |
| **Zierstich** | 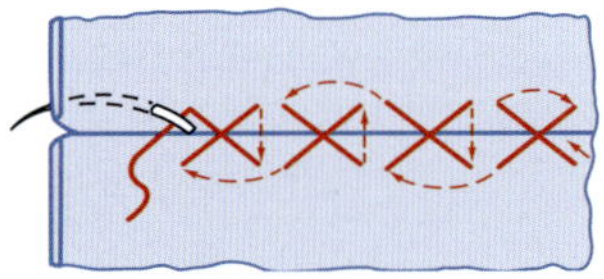 | Zum offenkantigen Zusammennähen von zwei Stoffteilen, z. B. Nessel bei einem Weißpolster. In den meisten Fällen wird ein farbiger Nähfaden benutzt. |
| **Schlingstich** | 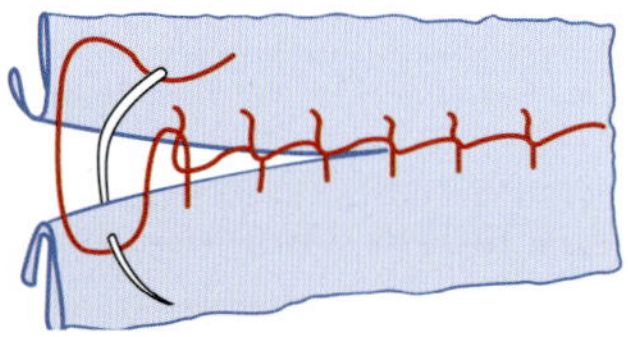 | Zum Schließen von Ecken bei Formpolstern, Umstechen von Gewebekanten, Annähen von Federleinen. |

Beim Handnähen ist darauf zu achten, dass durch eine gleichbleibende Entfernung des Einstichs und Lage des Stichs sowie durch gleichmäßigen Anzug des Nähfadens eine gleichmäßige Naht erfolgt. Die Nähte werden in den meisten Fällen mit gebogenen Nähnadeln von rechts nach links durchgeführt. Nadel- und Fadenstärke müssen aufeinander abgestimmt sein. Um den Handnähfaden leichter durch den Stoff ziehen zu können und um Schlingen zu vermeiden, sollte er durch ein Stück Bienenwachs gezogen werden.

### 4. Kleben

Als Kleben bezeichnet man das Verbinden von zwei Werkteilen (Fügeteile) mit Klebstoff. Die Festigkeit einer Klebeverbindung ist im Wesentlichen von den Zusammenhangkräften der Moleküle im Klebstoff und den Anhangskräften zwischen den Klebstoff- und Werkstoffmolekülen abhängig.

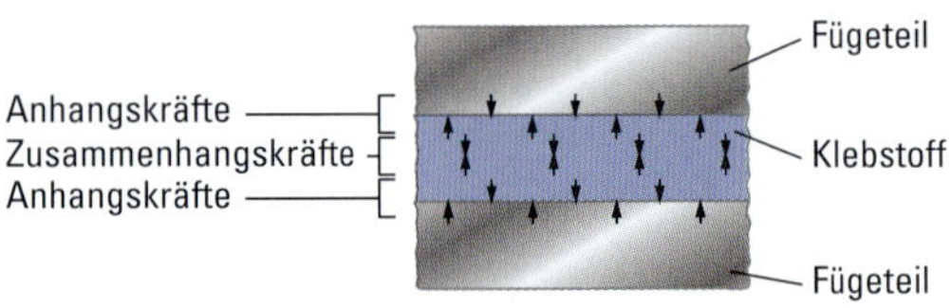


*Prinzip einer Klebeverbindung*

Bei Werkstoffen mit porösen Oberflächen, wie z. B. Textilien, Schaumstoffen usw., dringt der Klebstoff in die Poren des Werkstoffs ein, wodurch zusätzlich eine Verankerung des Klebstoffs in dem Werkstoffgefüge stattfindet. Verschmutzte und feuchte Oberflächen der Fügeteile mindern die Anhangskräfte und somit die Haltbarkeit einer Klebeverbindung. Klebearbeiten werden im Raumausstatter-Handwerk bei Polsterarbeiten sowie beim Wandbekleiden und Bodenbelegen durchgeführt. Dafür stehen je nach Untergrund und Werkstoff unterschiedliche Klebstoffe zur Verfügung. Beim Einsatz lösemittelhaltiger Klebstoffe, wie sie z. B. bei Polster- und vereinzelt noch bei Bodenbelagarbeiten vorkommen, sind besondere Sicherheitsvorschriften zu beachten.

**Sicherheitsvorschriften beim Verarbeiten lösemittelhaltiger Klebstoffe**

- *Rauchen, offenes Feuer und Funkenbildung sind während der Klebearbeiten verboten.*
- *Für gute Belüftung sorgen.*
- *Bei längeren Klebearbeiten Atemschutz benutzen.*
- *Klebstoffbehälter gut verschließen und an einem sicheren Ort aufbewahren.*
- *Klebstoffreste nicht in Abwässer gießen.*
- *Spritzpistolen nie auf Menschen richten.*

*Feuer, offenes Licht und Rauchen verboten*

*Atemschutz benutzen*

5

**Aufgaben**

1. Schildern Sie die Sicherheitsvorschriften, die bei Trennarbeiten zu beachten sind.
2. Welche Sicherheitsvorschriften müssen Sie bei der Benutzung von Druckluft- bzw. Elektronagelgeräten (-tackern) beachten?
3. Vergleichen Sie die Merkmale und Eigenschaften eines a) Doppelsteppstichs, b) Einfachkettenstichs und c) Doppelkettenstichs.
4. Welche Sicherheitsvorschriften müssen beim Umgang mit Nähmaschinen beachtet werden?
5. Schildern Sie, wie man eine gleichmäßige Handnaht erzielt.
6. Welche Sicherheitsvorschriften müssen Sie beim Verarbeiten lösemittelhaltiger Klebstoffe beachten?

## 5.2 Prüfverfahren

Bei der Herstellung einer Polster-, Dekorations-, Wandbekleidungs- oder Bodenbelagarbeit müssen die Maße, die zu verarbeitenden Werkstoffe und ggf. die Untergründe geprüft werden. Geprüft wird vor, während und nach der Fertigung.

**Vor der Fertigung** bzw. vor dem Zuschnitt sind Möbelbezugs-, Gardinen-, Dekorations- und Wandbekleidungsstoffe sowie Bodenbeläge zu prüfen auf:
- Länge und Breite,
- Farbausfall,
- Rapportgenauigkeit,
- sichtbare Fehler, z. B. Flecken, mechanische Beschädigungen, Fadenverschiebungen.

Die festgestellten Mängel sind dem Lieferanten sofort zu melden, um je nach Grad der Fehlerhaftigkeit eine einwandfreie Ersatzlieferung oder eine Minderung des Kaufpreises zu erhalten.

Beim Erkennen von versteckten Mängeln, die erst während der Fertigung oder Montage sichtbar werden, ist die Arbeit sofort einzustellen und der Lieferant zu benachrichtigen. Versteckte Fehler können z. B. Fadenverschiebungen, Warenverzüge und leichte Flecken sein, die nur im Gegenlicht sichtbar werden.

Untergründe müssen vor einer Arbeit darauf geprüft werden, ob sie den Anforderungen für die jeweilige Installationsart von Wand- oder Bodenbelägen entsprechen.

**Während der Fertigung** finden in vielen Fällen Prüfungen statt, ob Maße und Formen eingehalten werden und ob sich Werkstoffe durch das Fertigungsverfahren verändern.

**Nach der Fertigung** wird festgestellt, ob vorgegebene Maße und Formen eingehalten wurden und die erstellte Arbeit frei von Fehlern ist.

Prüfen kann man mit den **Sinnen** und mit **Prüfgeräten**.

Prüfungen durch Sinneswahrnehmungen sind vom jeweiligen Prüfer abhängig. Sie werden **subjektive Prüfungen** genannt.

Subjektive Prüfungen können durch Inaugenscheinnahme und Fühlen (Tasten) durchgeführt werden.

**Beispiel**
Prüfen des Faltenfalls bei einer Raffgardine durch Inaugenscheinnahme.

Prüfungen mit Geräten erlauben genaue Aussagen anhand von Werten. Sie werden **objektive Prüfungen** genannt. Objektive Prüfungen sind z. B.: das Prüfen der Fertighöhe einer Dekoration mit einem Gliedermaßstab oder einem Maßband bzw. das Prüfen der Feuchtigkeit des Untergrunds für eine Bodenbelagarbeit mit einem Feuchtigkeitsmesser.

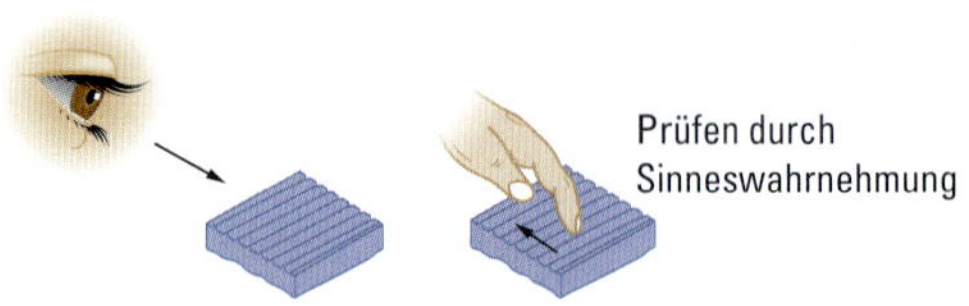


*Subjektive Prüfung durch Sinneswahrnehmung*

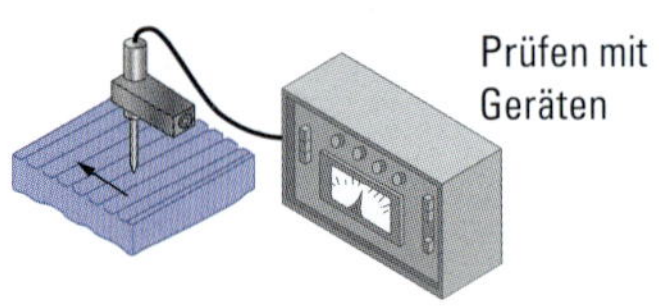


*Objektive Prüfung mit Geräten*

Im Raumausstatter-Handwerk werden objektive Prüfungen durch Messen mit einem Gliedermaßstab, Stahlbandmaß, Rollmaßband oder Laser-Messgerät sowie durch branchenübliche Werkzeuge und Geräte durchgeführt. Die fachspezifischen Prüfverfahren, Prüfgeräte und etwaige Toleranzen werden in den jeweiligen Kapiteln beschrieben.

*Laser-Messgerät*

### *Aufgaben*

1. *Erklären Sie den Unterschied zwischen subjektiver und objektiver Prüfung. Nennen Sie Beispiele dazu.*
2. *Womit können Sie im Raumausstatter-Handwerk objektive Prüfungen vornehmen?*
3. *Welche Prüfungen müssen Sie vor dem Zuschnitt eines Dekostoffs durchführen?*
4. *Erklären Sie, was ein versteckter Fehler ist. Was müssen Sie nach dem Erkennen eines solchen Fehlers unternehmen?*

# 6 Herstellen und Instandsetzen von Polsterungen

## 6.1 Fertigungstechniken

Polstermöbel gibt es für die verschiedensten Verwendungsbereiche mit sehr unterschiedlichem Aufbau. Einen möglichen Polsteraufbau eines Vollpolstersessels zeigt die folgende Abbildung.

① *Unterfederung aus gewebten Gummigurten*

② *Mehrschichtiges Grundpolster aus Schaumstoff in verschiedenen Stärken und Härten, Abdeckung mit Polyesterwatte*

③ *Loses Rückenwendekissen mit Nackenkissen, Mehrkammerkissen mit einer Füllung aus Dacron Comforel®-Rhombo-fill®-Federn*

④ *Mehrschichtiger Schaumstoffaufbau mit abgestuften Raumgewichten, Abdeckung mit Polyesterwatte*

⑤ *Verstärkte Bourletschnur*

⑥ *Loses Sitzwendekissen aus Schaumstoff im Sandwich-Aufbau mit härterer Mittellage, Abdeckung mit Polyesterwatte*

⑦ *Schaumstoffgrundpolster, Abdeckung mit Polyesterwatte*

⑧ *Mini-Bonnellfederkern mit spezieller Drahtverstärkung in den Randzonen*

⑨ *Unterfederung aus Wellenfedern, abgedeckt mit Federleinen und einer Filzplatte*

⑩ *Blindholzgestell aus Buchenholz mit verleimter Dübelverbindung*

*Aufbau eines Vollpolstersessels*

## 6.1.1 Arten der Polstermöbel und ihre maß- und formgerechte Gestaltung

Es gibt verschiedene Arten von Polstermöbeln, die entsprechend den Proportionen des menschlichen Körpers maß- und formgerecht gestaltet werden.

### 6.1.1.1 Arten der Polstermöbel

Polstermöbel können nach ihrer Verwendung und der Art ihrer Polsterung unterschieden werden:

| Unterscheidung nach | Verwendung | | Polsterhöhe | |
|---|---|---|---|---|
| **Arten** | **Sitzmöbel** | **Liegemöbel** | **Flachpolster** | **Hochpolster** |
| **Beispiele** | Hocker<br>Polsterstühle<br>Sessel<br>Sitzelemente<br>Sofas, Couchs | Liegen<br>Bettcouchs | fest montiert<br>mit Einlegerahmen<br>mit Auflegerahmen | Federhochpolster<br>Schaumstoffpolster |

Bei den Polstermöbeln unterscheidet man ferner:

- **Vollpolstermöbel**, die vollkommen überpolstert sind, und
- **Polstermöbel mit Sichtholzgestell**, deren oberflächenbehandeltes Gestell mehr oder weniger sichtbar ist.

Hoch gepolsterte Sitzmöbel als Vollpolstermöbel oder mit Sichtholzgestell kommen vor als:
- **Festpolster**, bei denen die Polsterung mit dem Gestell fest verbunden ist, oder als
- **Kissenpolster** mit losen Sitz- und/oder Rückenkissen.

Die aufgeführten Polstermöbel werden von dem Raumausstatter in **moderner Polstertechnik** mit Federkern- und/oder Schaumstoffpolsterung oder **klassischer Polstertechnik** mit geschnürter Federung und einem von Hand aufgelegten Formpolster aus losen Füllstoffen unter Berücksichtigung ästhetischer, ergonomischer und funktionaler Grundsätze entweder von Grund auf neu angefertigt oder nach mehrjähriger Nutzung und den damit verbundenen Verschleißerscheinungen wieder instand gesetzt.

### 6.1.1.2 Maß- und formgerechte Gestaltung der Polstermöbel

#### 1. Funktionsmaße der Polstermöbel

„Der Mensch ist das Maß aller Dinge."[1] Die Funktionsmaße der Polstermöbel basieren deshalb auf den Proportionen und der Anatomie des menschlichen Körpers, um dem Benutzer ein bequemes und ermüdungsfreies Sitzen bzw. Liegen mit einem gewissen Freiraum zu ermöglichen.

Die Funktionsmaße müssen beim Entwurf eines Polstermöbels und beim Aufbau einer Polsterung berücksichtigt werden. Bedingt durch die verschiedenen Formen der Polstermöbel (Sessel, Sofas, Couchs, Polsterstühle), die auch optisch gut wirken müssen, sind

[1] *Protagoras, griechischer Philosoph, etwa 481–411 v. Chr.*

bei ihnen keine einheitlichen Funktionsmaße anzutreffen. Dennoch bewegen sie sich in einem engen Rahmen.

#### Funktionsmaße bei Sesseln

Die **Sitzhöhe** wird bei einem Sessel von der Länge des Unterschenkels bestimmt und beträgt je nach Sesselform zwischen 38 und 45 cm. Nach hinten soll die Sitzhöhe leicht abfallen.
Die **Sitztiefe** soll zwischen 50 und 56 cm betragen.

Sitzhöhe und Sitztiefe stehen in einer engen Beziehung zueinander. Je geringer die Sitzhöhe ist, desto größer muss die Sitztiefe sein und umgekehrt. Dadurch wird gewährleistet, dass bei den verschiedenen Sesselformen unterschiedliche Körperhaltungen eingenommen werden können. Sitzhöhe und Sitztiefe sollen zusammen etwa 93–96 cm betragen.

Die **Sitzbreite** muss so beschaffen sein, dass Haltungsänderungen im Sessel möglich sind. Dafür werden 52–57 cm vorgesehen.

Die **Armlehnhöhe** muss so bemessen sein, dass die Unterarme auf den Armlehnen ruhen können. Sie sind in Höhen von 58–63 cm anzutreffen.

Die **Rückenlehnhöhen** sind entsprechend der Funktion der Sessel verschieden. Bei hohen Rücken kann durch Kopfanlegen die Nackenmuskulatur entspannt werden. Niedrige Rücken erlauben häufiger einen Haltungswechsel. Im Einzelnen unterscheidet man Rückenhöhen

- bis zur Schulter mit 75–80 cm,
- bis zum Nacken mit 90–95 cm,
- bei einem Backensessel mit 105–110 cm.

#### Funktionsmaße bei Sofas und Couchs

Die Maße der Sofas und Couchs entsprechen bis auf die Sitzbreite im Wesentlichen denen der Sessel. Zweisitzige Sofas haben Sitzbreiten von 108–114 cm, dreisitzige von 162–180 cm.

#### Funktionsmaße bei Polsterstühlen

Bei gepolsterten Stühlen sind folgende Maße anzutreffen:

- Sitzhöhe: 45–47 cm,
- Sitztiefe: 42–45 cm,
- Sitzbreite: 42–47 cm,
- ganze Höhe: 78–96 cm,

#### Funktionsmaße der Liegemöbel

Liegemöbel besitzen etwa eine Höhe, die der Sitzhöhe der Sessel entspricht. In der Breite und Tiefe müssen die Abmessungen der Körperhaltung eines liegenden Menschen angepasst sein. Bei den Liegeflächen sind Breiten von 70–120 cm und Längen von 180–210 cm anzutreffen.

### 2. Individuelle Errechnung der Funktionsmaße

Im Raumausstatter-Handwerk kommt es oft vor, dass Sessel individuell für eine bestimmte Körpergröße mit den dafür erforderlichen Funktionsmaßen angefertigt werden müssen. Da der Körperbau eines Menschen weitgehend den Proportionen des Goldenen Schnitts entspricht, teilt man die betreffende Körpergröße in 20 gleiche Teile und multipliziert das Ergebnis mit den Teilen, die für die einzelnen Sesselbereiche festgelegt wurden.

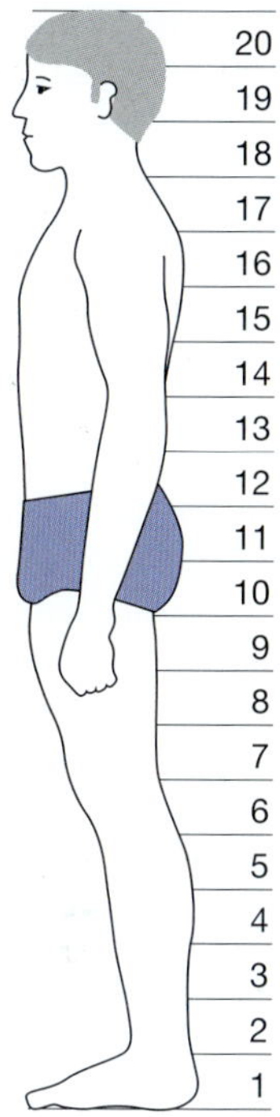


Für die **Sitzhöhe** (vom Boden bis zu den Kniekehlen) werden **5 Teile** zugrunde gelegt. Um ein bequemes Sitzen zu ermöglichen, muss der Sitz nach hinten eine leichte Sitzneigung von ca. 4 cm besitzen.

Für die **Sitztiefe** werden **6** Teile gerechnet.

**Sitzhöhe und Sitztiefe** müssen immer **11 Teile** ergeben. Je geringer die Sitzhöhe ist, desto größer muss die Sitztiefe sein und umgekehrt.

Für die **Sitzbreite** werden **6 Teile** zugrunde gelegt, zuzüglich ca. 2–4 cm für Kleidung.

Bei der Berechnung der Rückenlehnhöhe geht man von der **hinteren Sitzhöhe** aus **und rechnet hinzu:**

**5 Teile** bei einer **Rückenlehnhöhe bis zur Schulter**,

**7 Teile** bei einer **Rückenlehnhöhe bis zum Nacken**,

**9 Teile** bei einer **Rückenlehnhöhe bis zum Kopf** (Backensessel).

Von dem errechneten Maß werden je nach Nachgiebigkeit des Sitzpolsters 5–8 cm abgezogen.

Für die Berechnung der **Armlehnhöhe** werden **7,5 Teile** zugrunde gelegt. Auch hier werden je nach Nachgiebigkeit des Sitzpolsters von dem errechneten Maß 5–8 cm abgezogen.

**Beispiel:**
Raumausstatter Müller soll für eine 2,10 m große Person einen Backensessel herstellen. Welche Maße muss er für den Sessel zugrunde legen?

210 cm : 20 Teile = 10,5 cm/Teil
Sitzhöhe: 5 Teile · 10,5 cm/Teil = 52,5 cm = **53 cm**
Sitztiefe: 6 Teile · 10,5 cm/Teil = **63 cm**
Sitzbreite: 6 Teile · 10,5 cm/Teil = 63 cm + 2 cm = **65 cm**

| | |
|---|---|
| Rückenlehnhöhe: 9 Teile · 10,5 cm/Teil | = 94,5 cm |
| + hintere Sitzhöhe: 52,5 cm – 4,0 cm | = 48,5 cm |
| | 143,0 cm |
| – Nachgiebigkeit des Sitzpolsters | 5,0 cm |
| | **138,0 cm** |

Armlehnhöhe: 7,5 Teile · 10,5 cm = 78,75 cm – 5 cm = 73,75 cm = **74 cm**

## 3. Formgerechte Gestaltung der Sitzpolstermöbel

### Gestaltung der Sitze

Der Sitz soll nach hinten ein leichtes Gefälle besitzen, wodurch ein bequemes Sitzen ermöglicht wird. Die Polsterung soll an der Sitzkante etwas härter sein und zur Rückenlehne hin weicher werden. So entsteht durch die nach hinten zunehmende Nachgiebigkeit ein besserer Sitzkomfort und bei der Benutzung eine Sitzmulde, die die Wirbelsäule zur Entlastung benötigt.

**Gestaltung der Rückenlehnen**

Die Rückenlehnen haben eine leichte Ausladung nach hinten. Dadurch entsteht zwischen der Sitzfläche und der Rückenlehne ein stumpfer Winkel. Bei Sesseln beträgt der Winkel zwischen 95° und 105°. Mit zunehmender Ausladung werden die Unterschenkel schräger gestellt. Dies hat zur Folge, dass die Sitzhöhe verringert und die Sitztiefe vergrößert werden muss. Ausgesprochene Ruhesessel mit großer Ausladung haben deshalb eine geringe Sitzhöhe und eine große Sitztiefe.

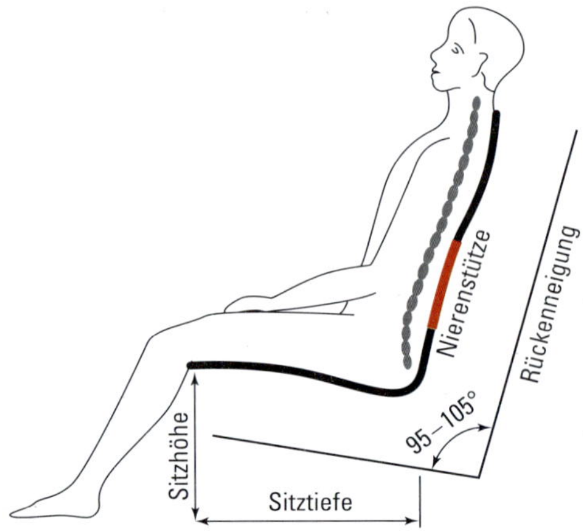

*Körpergerechte Form einer Rückenlehne bei Sesseln*

Um ein entspanntes Sitzen zu gewährleisten, sollten die Rückenlehnen dem Verlauf der menschlichen Wirbelsäule folgen und in der Lendengegend sog. Rücken- oder Nierenstützen besitzen. Durch sie wird der beim Sitzen auf die Lendengegend wirkende Körperdruck aufgefangen und die Wirbelsäule entlastet. Beim Aufbau der Polsterung wäre für eine solche Rückenlehne zu beachten, dass die Rückenstütze weniger elastisch ist als die übrige Rückenlehnfläche, damit auch die stützende Funktion gewährleistet wird.

***Aufgaben***

1. *Erklären Sie den Unterschied zwischen moderner und klassischer Polstertechnik.*
2. *Auf welcher Grundlage basieren die Funktionsmaße der Polstermöbel?*
3. *Nennen Sie die Funktionsmaße für einen Sessel mit einer Rückenhöhe bis zum Nacken.*
4. *Für eine 1,95 m große Person soll ein Sessel gefertigt werden. Errechnen Sie die genauen Funktionsmaße für diesen Sessel.*
5. *Wie müssen die Sitze bei den Polstermöbeln gestaltet sein?*
6. *Schildern Sie die körpergerechte Gestaltung der Rückenlehne bei einem Polstermöbel.*
7. *Wie verhalten sich bei einem Polstermöbel Winkel der Ausladung, Sitzhöhe und Sitztiefe zueinander?*

## 6.1.2 Flachpolster

Als Flachpolster bezeichnet man flache Polsterungen mit meist geringer elastischer Polsterwirkung. Sie sind vorwiegend als Sitzpolster bei Stühlen, Bänken und Hockern, aber auch bei Rückenlehnpolsterungen bei Polsterstühlen anzutreffen. Man kann sie nach dem **Polstergrund**, der **Verbindung mit dem Gestell** und dem **Polsteraufbau** unterscheiden.

### 6.1.2.1 Flachpolster unterschieden nach den Polstergründen

#### 1. Feste Polstergründe

Feste Polstergründe werden für stark beanspruchte Stühle, wie z. B. Küchenstühle oder Bürostühle, verwendet, die mit dem Gestell fest verbunden sind. Man setzt dafür Furniersperrholz- und Holzfaserplatten ein.

#### 2. Polstergrund aus Textilgurten

Verwendet werden **unelastische Gurte**, z. B. Jutegurte, Synthetikgurte oder **gewebte Gummigurte**, die mit einer vorgegebenen Dehnung gespannt und offenkantig mit diagonal gesetzten Heftklammern befestigt werden.
Die Gurte werden in leinwandbindiger Verflechtung auf dem Sitzrahmen befestigt. In Bezug auf den Abstand der Gurte unterscheidet man **Enggurtungen** mit einem Gurtabstand von ca. 1 cm und **Weitgurtungen**.

**Gurten des Polsterrahmens**
Das Gurten eines Polsterrahmens erfolgt in folgenden Arbeitsschritten:

- Innenkanten des Sitzrahmens durch Raspeln brechen und mit Schleifpapier sauber nachschleifen, damit die aufliegenden Gurte bei der späteren Benutzung nicht durchscheuern.
- Die Mitte des Polsterrahmens festlegen und die Gurte zu beiden Seiten gleichmäßig verteilen.
- Die Gurte mit doppelt umgelegten Gurtenden auf den hinteren Rahmen mit fünf Gurtstiften versetzt annageln. Das Einschlagen der Gurtstifte erfolgt mit einem Gurthammer, den es in verschiedenen Ausführungen gibt.
- Den mittleren Gurt mit dem Gurtspanner auf den vorderen Rahmen spannen. Beim Spannvorgang greifen die Stahlspitzen des Gurtspanners in den Gurt, während die Nut am unteren Ende an der Kante des Rahmens angesetzt wird und so ein Wegrutschen verhindert. Um Spannungsunterschiede im Gurt auszugleichen, streicht man mehrmals mit dem Hammerkopf über den gespannten Gurt.
- Den gespannten Gurt mit einem aufgelegten Pappstreifen, der die Andrückfläche vergrößert, mit drei Gurtstiften auf dem Vorderrahmen befestigen.
- Das Ende des abgeschnittenen Gurts doppelt umlegen und mit zwei Gurtstiften versetzt zu den vorher eingeschlagenen Gurtstiften befestigen.
- Die anderen Längs- und Quergurte werden in der gleichen Art gespannt und befestigt, wobei die Quergurte vor dem Spannen und Befestigen mit den Längsgurten verflochten werden.
- Die Ecken der Gurtumschläge können noch mit Kammzwecken angenagelt werden.

Neben der beschriebenen Art der Gurtbefestigung gibt es noch verschiedene andere Varianten. So kann z. B. der mit einem Pappstreifen belegte und gespannte Gurt zunächst mit vier versetzt eingeschlagenen Gurtstiften und das doppelt umgeschlagene Gurtende mit drei Gurtstiften befestigt werden, wobei die Gurtstifte des Umschlags gegenüber den vorher eingeschlagenen Gurtstiften ebenfalls versetzt werden.

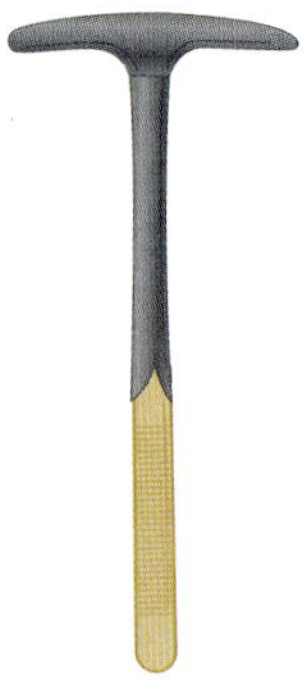

Gurthammer

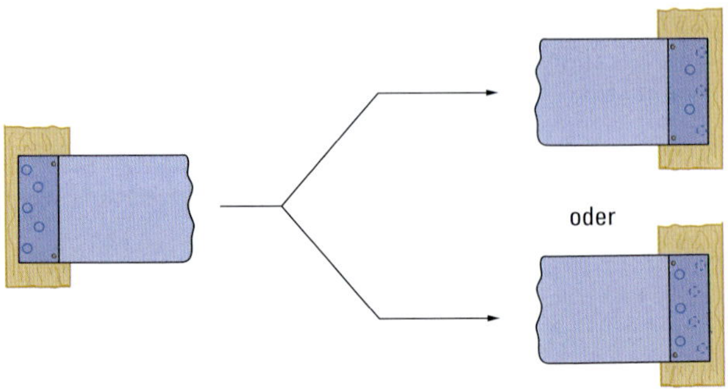


Befestigung der Gurte mit Gurtstiften

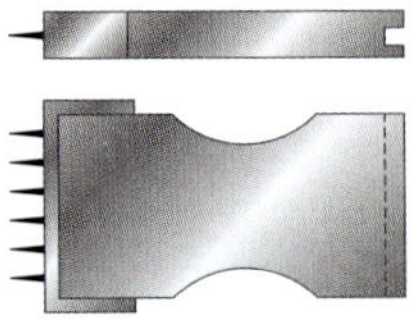

Gurtspanner

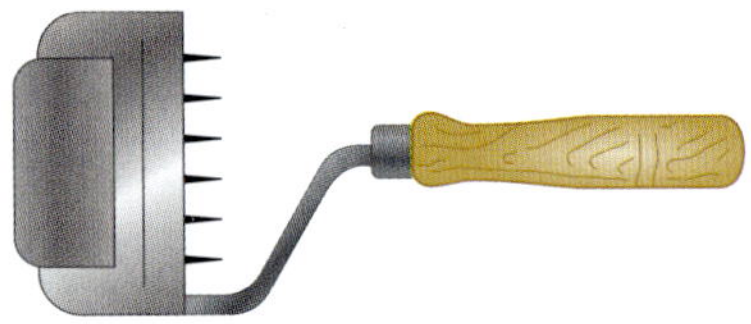

Hebelgurtspanner

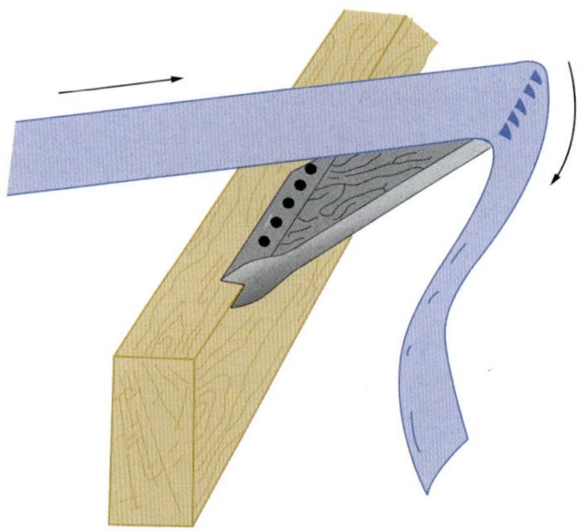

Spannen der Gurte mit dem Gurtspanner

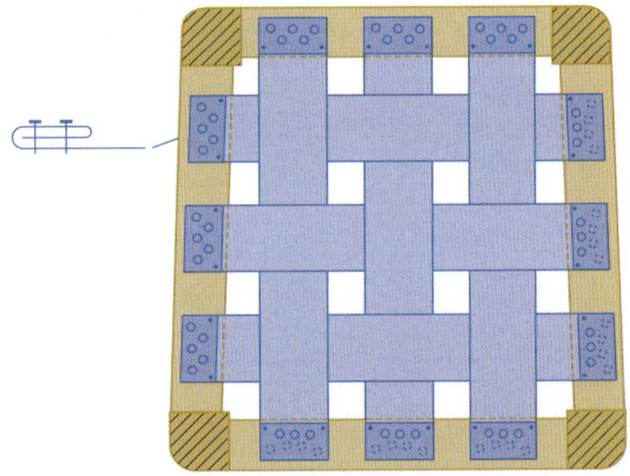

Gegurteter Sitzrahmen

Werden die Gurte mit Heftklammern befestigt, so werden diese ca. 10 mm vom Gurtende diagonal eingeschossen. Als Richtzahl für die Anzahl der Heftklammern gilt: Gurtbreite + 1 bis 2 Heftklammern. Für einen 7 cm breiten Gurt benötigt man demnach 8 bis 9 Klammern. Die Befestigung der Gurte erfolgt offenkantig.

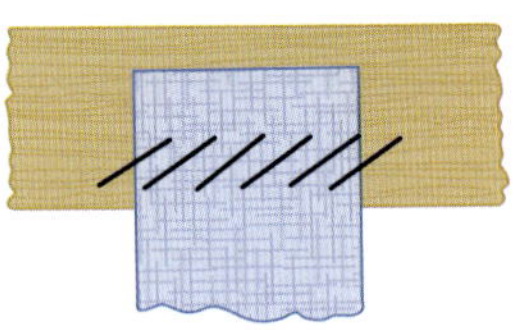

Diagonales Setzen der Klammern beim Gurten

### 3. Polstergrund aus Wellen- oder Schlangenfedern

Durch einen Polstergrund aus Wellen- oder Schlangenfedern erzielt man eine größere Nachgiebigkeit des Flachpolsters. Die Befestigung der Federn erfolgt in Längsrichtung des Rahmens mit kunststoffummantelten Scharnieren, die mit Nägeln oder Klammern auf dem Rahmen befestigt werden. Die Scharniere sind so anzubringen, dass sie mit den

Innenkanten des Rahmens abschließen. Dadurch wird gewährleistet, dass sich die Feder im Scharnier frei bewegen kann und so die größtmögliche Federwirkung erzielt wird. Die Länge der Federn, die von einer endlosen Rolle abgeschnitten werden, ist so zu wählen, dass die gespannte Feder in der Mitte der Sitzwölbung ca. 3 cm über dem Rahmen steht. Damit die Wellenfedern nicht aus den Scharnieren gleiten, müssen ihre Enden umgebogen werden. Um eine gleichmäßige Federung zu erreichen, werden die Federn untereinander mit Verbindungshaken, Gummiringen oder auch durch Schnürfäden verbunden. Zu diesem Zweck ändert man bei jeder folgenden Feder die Richtung der Federbögen, sodass an den entgegengesetzt liegenden Federbögen die Verbindungen angebracht werden können.

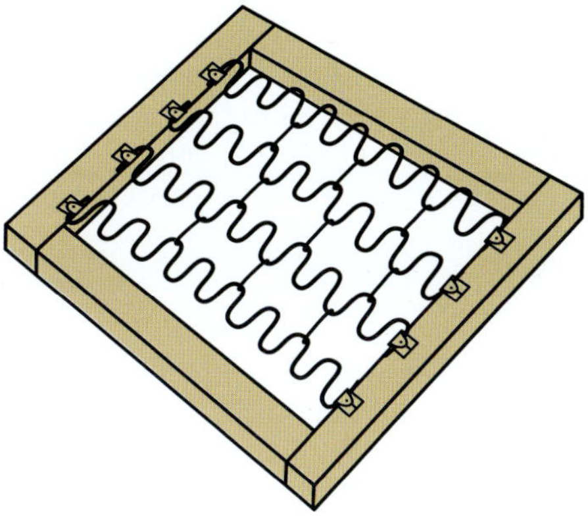

Sitzrahmen mit Wellenfedern, die mit Verbindungshaken verbunden sind

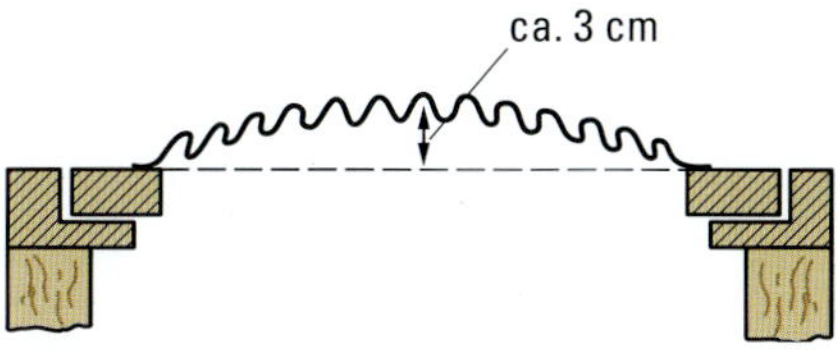


Wölbung mit Wellenfedern

#### 4. Polstergrund aus Federkörben

Federkörbe stellen den elastischsten Polstergrund bei Flachpolstern dar. Sie werden mit ihren Stahlbändern auf den Sitzrahmen genagelt. Durch Anziehen und Festnageln der seitlichen Spannketten werden die Federkörbe heruntergespannt, wodurch auch eine leichte Wölbung der Oberfläche erzielt wird.

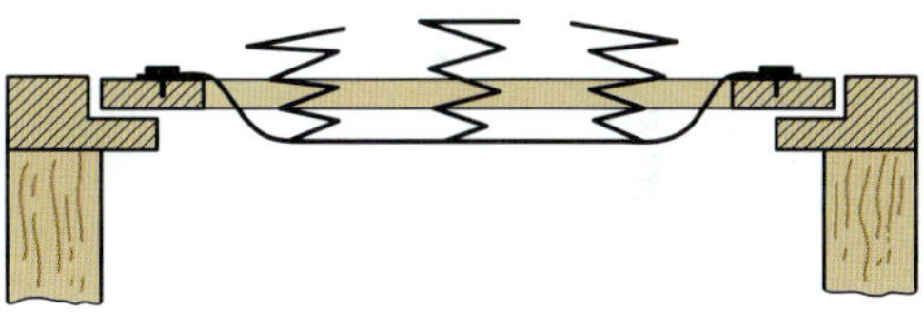

Schnitt durch einen Sitzrahmen mit einem Federkorb

### 6.1.2.2 Flachpolster unterschieden nach der Verbindung mit dem Gestell

Flachpolster können mit dem Gestell auf verschiedene Art verbunden werden. Man unterscheidet:

#### 1. Fest montierte Flachpolster

Bei dieser Polsterart ist das Flachpolster fest mit dem Gestell verbunden. Dabei kann es sich einmal um einen Polstergrund aus Textilgurten, aus Wellenfedern oder um einen Federkorb handeln, der auf dem Zargenkranz des Gestells befestigt wird. Darauf wird anschließend die Polsterung aufgebaut.

Zum anderen kann es sich um einen festen Polstergrund handeln, der mit einer darauf aufgelegten Polsterung aus Afrik, Elancrin oder Rosshaar mit einer Watteabdeckung und dem Bezugsmaterial in einem Arbeitsgang in den Falz des Gestells genagelt wird. Eingeschlagene Ziernägel bilden den Abschluss der Polsterung. Flachpolster mit fest montiertem festen Untergrund sind nur noch dann anzutreffen, wenn Polsterstühle vergangener Stilepochen stilgerecht nachgebaut werden sollen.

Bei den durchzuführenden Polsterarbeiten muss bei dieser Flachpolsterart besonders darauf geachtet werden, dass das oberflächenbehandelte Stuhlgestell nicht beschädigt wird.

### 2. Flachpolster mit Einlegerahmen

Eingelegte Flachpolstersitze werden getrennt vom Stuhlgestell gepolstert. Nach ihrer Fertigstellung werden sie lediglich in den Falz der Stuhlzarge eingelegt. Der besondere Vorteil dieser Flachpolsterart besteht darin, dass durch die separate Fertigung der Sitzpolster Beschädigungen am Stuhlgestell während der Polsterarbeiten vermieden werden. Einlegesitze können einen Polstergrund aus Textilgurten, Wellenfedern oder Federkörben aufweisen.

### 3. Flachpolster mit Auflegerahmen

Auch bei dieser Flachpolsterart wird das Sitzpolster getrennt vom Gestell gefertigt. Der gepolsterte Sitz wird nach seiner Fertigstellung mit Dübeln auf der Stuhlzarge befestigt. Dadurch, dass er über den Zargenrand des Stuhlgestells hinausragt, besitzt er gegenüber dem Einlegesitz an den Sitzrändern eine größere Weichheit. Da die Sitzkanten der Flachpolster mit Auflegerahmen stärker beansprucht werden als die der Einlegesitze, sind für diese Flachpolster strapazierfähige Bezugsstoffe zu empfehlen. Für die Auflagerahmen kommen die gleichen Untergründe infrage wie bei den Einlegesitzen.

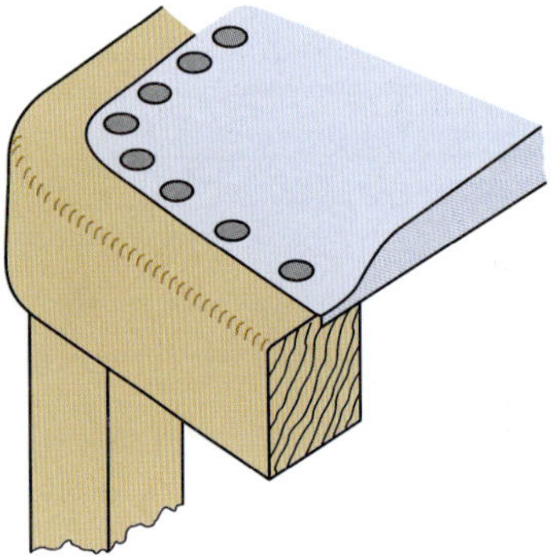

*Fest montiertes Flachpolster*

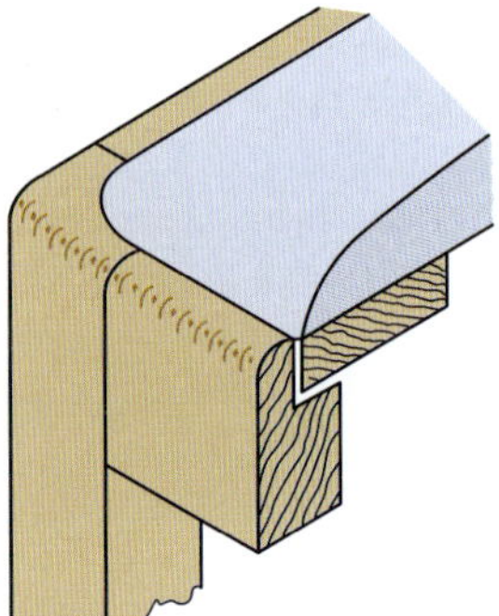

*Flachpolster mit Einlegerahmen*

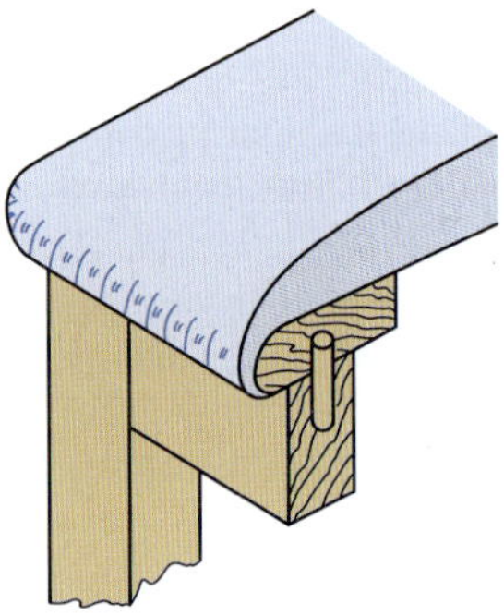

*Flachpolster mit Auflegerahmen*

## 6.1.2.3 Flachpolster unterschieden nach dem Polsteraufbau

Flachpolster können mit ihren verschiedenen Polstergründen einen unterschiedlichen Polsteraufbau besitzen. Besteht der Polstergrund aus Textilgurten, Wellenfedern oder Federkörben, so wird darüber fadengerade Spann- oder Federleinen geheftet, das mit umgeschlagener Kante mit Kammzwecken oder Heftklammern auf dem Rand des Sitzrahmens befestigt wird. Bei Federkörben wird das Spannleimen an den Federringen noch angenäht.

### 1. Flachpolster in moderner Polstertechnik

Flachpolster in moderner Polstertechnik werden ausnahmslos mit Schaumstoff hergestellt, der auf allen Polstergründen aufgebracht werden kann.
Der dabei zum Einsatz kommende Polyether-Weichschaumstoff sollte mindestens eine Stärke von 30–40 mm und ein RG von 35 besitzen.

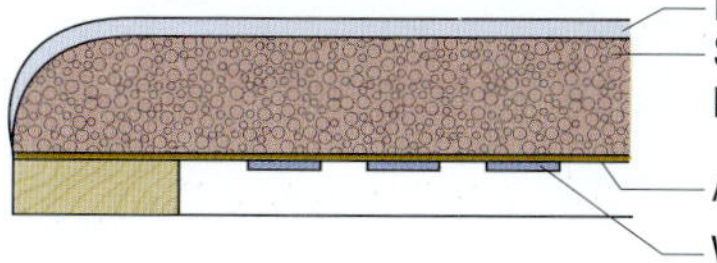

*Einlegerahmen mit bündig aufgeklebter Schaumstoffplatte*

Die Schaumstoffplatte wird entsprechend der Größe des Sitzrahmens zugeschnitten. Je nach der Abrundung der Polsterkanten muss ringsum zu dem Grundflächenmaß eine halbe bis ganze Plattendicke dazugegeben werden. Um die gewünschte Rundung an den Kanten zu erhalten, kann es notwendig sein, die Kanten der Schaumstoffplatte etwas auszuschärfen. Die zugeschnittene Schaumstoffplatte wird auf den übergehefteten Polstergrund gelegt, der mit einer Lage Polsterwatte abgedeckt werden kann, und mit eingeschlagenen Schnittkanten so auf den Sitzrahmen geklebt, dass sie mit den Außenkanten des Rahmens bündig abschließt. Dadurch erhält das Flachpolster zu den Seiten hin eine abgerundete Form.

Bei Auflegesitzen wird die Schaumstoffplatte so aufgeklebt, dass die eingeschlagenen Schnittkanten mit der Unterkante des Sitzrahmens abschließen.
Entsprechend den Erfordernissen kann auf den Polstergrund ein Sandwich-Aufbau aus zwei Schaumstoffen aufgeklebt werden, wobei der untere Schaumstoff ein höheres Raumgewicht besitzt als der obere. Man erzielt dadurch eine größere Weichheit der Polsterung. Anstelle der unteren Schaumstoffplatte kann auch eine Platte aus Verbundschaum verwendet werden.

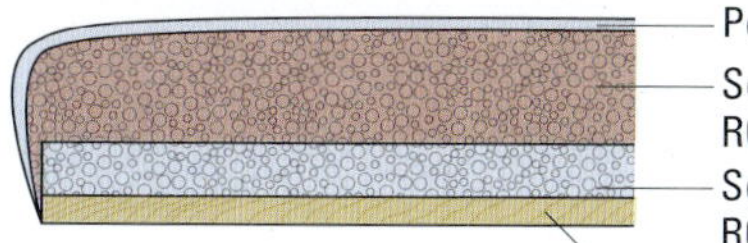

*Flachpolster mit Sandwich-Aufbau auf festem Untergrund*



Erhöhte Flachpolster erhält man, wenn entlang des Sitzrahmens ein Kantenprofil aus Verbundschaum und in den mittleren Bereich ein tragfähiger Schaumstoff aufgeklebt wird, der durch einen genauen Schrägschnitt an das Kantenprofil anzupassen ist.

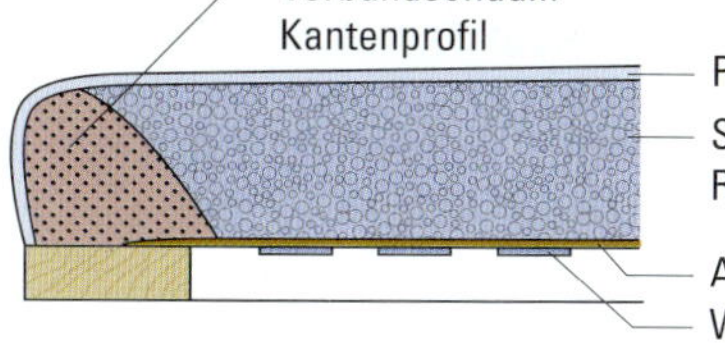

*Erhöhtes Flachpolster*

Die aufgeklebte Schaumstoffpolsterung muss abschließend immer mit einer Lage Watte abgedeckt werden, um eine Radierwirkung zwischen der Rückseite des Bezugsmaterials und der Schaumstoffoberfläche zu verhindern. Anstelle von Watte kann auch Nessel, Trikot oder ein Vliesstoff verwendet werden.

Bei Schaumstoffpolsterungen mit festem Untergrund, z. B. Furniersperrholz, und einem Kunstlederbezug müssen in die Platte Löcher gebohrt werden, damit beim Zusammendrücken des Schaumstoffs die Luft entweichen kann.

Der Zuschnitt der für ein Flachpolster benötigten Schaumstoffplatte erfolgt mit einer handgeführten Schaumstoffsäge, die elektrisch oder mit Druckluft angetrieben wird und zwei schmale nebeneinanderliegende und sich sehr schnell gegenläufig auf- und abwärts bewegende Sägeblätter besitzt.

*Schaumstoffsäge*

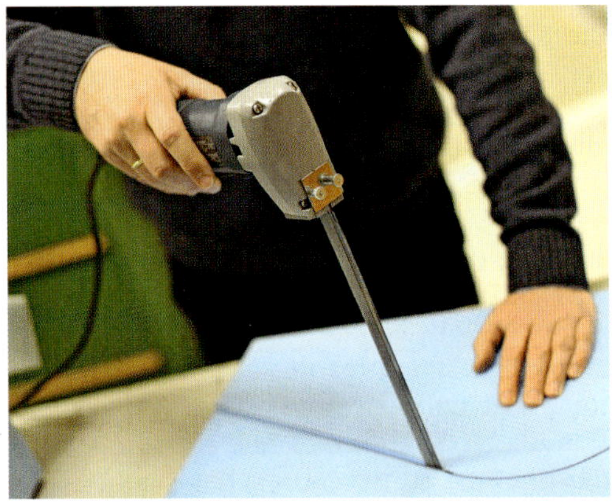

*Zuschnitt von Schaumstoff*

**Sicherheitsvorschrift bei der Benutzung von Schaumstoffsägen**

- *Die nicht führende linke Hand darf nicht in den Arbeitsbereich der Sägeblätter gelangen.*

Zum Kleben von Schaumstoff verwendet man lösemittelhaltige Schaumstoffklebstoffe, die mit einem Flachpinsel oder einer druckluftbetriebenen Spritzpistole dünn und gleichmäßig auf die zu verklebenden Flächen der Fügeteile aufgetragen werden. Die Größe der Düsenöffnung bestimmt den Klebstoffauftrag. Durch Verdrehen der Düse, bei manchen Spritzpistolen auch durch Drehen eines Stellknopfs, kann die Form des Spritzstrahls eingestellt werden.

Nach dem Verdunsten des Lösemittels (der Klebstoff darf beim Betasten mit dem Finger keine Fäden mehr ziehen und sich nicht mehr nass anfühlen) werden beide Fügeteile vorsichtig zusammengedrückt, wodurch eine feste Klebeverbindung entsteht. Da die in dem Klebstoff enthaltenen Lösemittel leicht entzündlich sind und gesundheitsschädliche Dämpfe entwickeln, müssen beim Verarbeiten dieser Klebstoffe besondere Sicherheitsvorschriften beachtet werden.

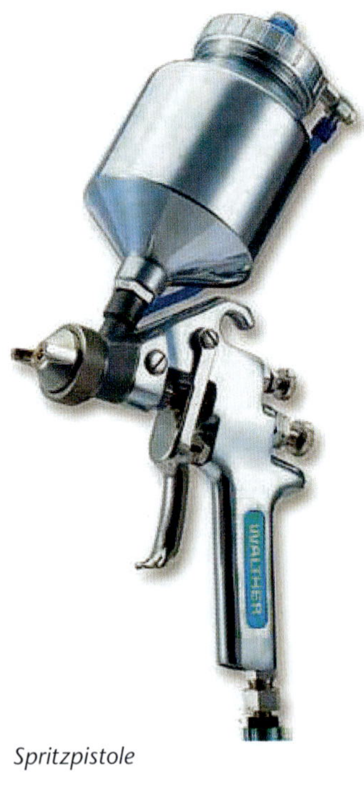

*Spritzpistole*

**_Sicherheitsvorschriften beim Kleben mit lösemittelhaltigen Schaumstoffklebstoffen_**

- *Rauchen, offenes Feuer und Funkenbildung sind während der Klebearbeiten verboten.*
- *Es muss für eine gute Belüftung gesorgt werden.*
- *Bei längeren Klebearbeiten ohne Abzugsvorrichtung einen Atemschutz tragen.*
- *Klebstoffbehälter gut verschließen und an einem sicheren Ort aufbewahren.*
- *Klebstoffreste nicht in Abwässer gießen.*
- *Spritzpistolen nie auf Menschen richten.*

## 2. Flachpolster in klassischer Polstertechnik

In klassischer Polstertechnik hergestellte Flachpolster besitzen in der Regel einen gegurteten oder festen Untergrund und eine Polsterung aus losen Füllstoffen.

Beim Aufbau dieser Flachpolsterart geht man von einem mit Spannleinen übergehefteten Polstergrund aus, wobei auf dem Spannleinen im Abstand von 5 cm zu den Außenkanten 12–15 cm lange Lasierstiche zum Einhängen von losen Füllstoffen gezogen werden. Jeder Lasierstich wird in mehreren Arbeitsgängen gefüllt. Dabei ist zu beachten, dass der Füllstoff gut verzupft und ohne Löcher oder Anhäufungen unter die Lasierstiche geschoben wird, sodass eine gleichmäßige Polsterschicht entsteht. Im vorderen und mittleren Sitzbereich, also den am stärksten beanspruchten Stellen, wird etwas mehr Füllstoff einlasiert. Der höchste Punkt soll dabei im ersten Drittel des Flachpolsters liegen. Um eine glatte und gleichmäßige Oberfläche des Flachpolsters zu erhalten, wird das aufgelegte Füllmaterial mit einer Lage Watte oder mit einer dünnen Schaumstoffplatte und einer Lage Watte abgedeckt. Bei besseren Flachpolsterungen überspannt man die mit Watte abgedeckte Polsterung mit Nessel. Dabei wird das zugeschnittene Nesselstück leicht gespannt provisorisch an den Außenkanten des Rahmens mit Kammzwecken befestigt. Nachdem das Polster mit den Händen gut durchgedrückt wurde, wird das Nesselstück nachgespannt und anschließend auf den Seitenflächen des Rahmens, bei Auflegesitzen unter dem Rahmen, mit Kammzwecken oder Heftklammern befestigt. Mit Nessel überzogene Polster bezeichnet man als **Weißpolster**.

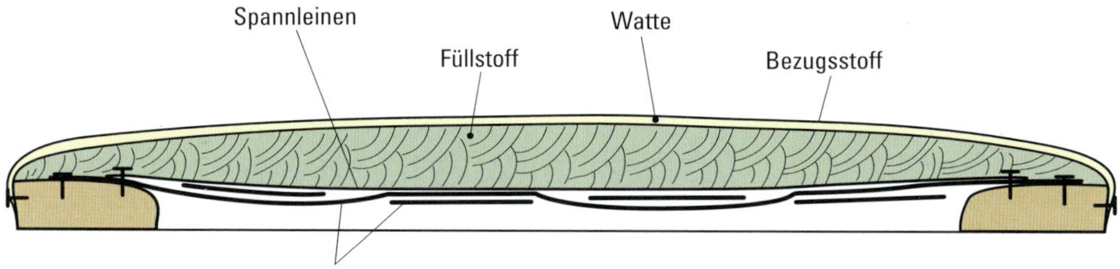


*Schnitt durch ein Flachpolster mit Einlegerahmen und einer Polsterung mit losen Füllstoffen*

6

Als lose Füllstoffe können bei einem Flachpolster z. B. Afrik, Elancrin oder Rosshaar infrage kommen, die in Form von Strängen angeliefert werden. Um einen gut verzupften Polsterfüllstoff zu erhalten, müssen die Stränge durch Strangaufdrehmaschinen aufgedreht und auf Zupfmaschinen verzupft werden, bei denen durch eine rotierende Trommel mit Stahlrechen, die mit Stahlnadeln besetzt ist, der Füllstoff in der gewünschten Feinheit aufgelockert wird. Neuere Zupfmaschinen besitzen eine integrierte Strangaufdrehvorrichtung und eine Absaugvorrichtung. Zupfmaschinen müssen einen Einlauf- und Auslaufschutz besitzen, damit man mit den Händen nicht an die rotierenden Walzen gerät.

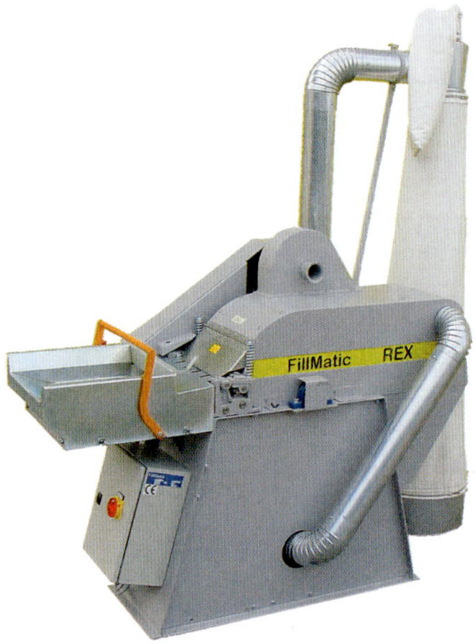


*Zupfmaschine mit Strangaufdrehvorrichtung*

**Sicherheitsvorschriften für den Umgang mit Zupfmaschinen**

- *Der Einlauf- und Auslaufschutz darf nicht abmontiert oder außer Funktion gesetzt werden.*
- *Bei älteren Maschinen ohne automatische Strangauflösung muss das Zupfgut mit einem Holzstab den Zuführungswalzen vorgelegt werden.*
- *Bei Maschinen ohne Absaugvorrichtung bei staubenden Füllstoffen Atemschutz tragen.*
- *Reinigungsarbeiten dürfen nur bei stillstehender Maschine durchgeführt werden.*

## 3. Erhöhte Flachpolster in klassischer Polstertechnik

Erhöhte Flachpolster sind anzutreffen, wenn Stilmöbel aus der Zeit vor etwa 1760, als es noch keine Federpolsterungen gab, stilgerecht restauriert werden sollen. Die dabei durchzuführenden Arbeiten entsprechen den grundlegenden Polstertechniken und sollen deshalb nachfolgend beschrieben werden. Als Polstergrund besitzen diese Polster Jutegurte, heute können auch Wellenfedern verwendet werden. Man unterscheidet erhöhte Flachpolster mit der Formkante aus dem Polstergrund und solche mit Randformpolster (Bourlet).

### Erhöhte Flachpolster mit der Formkante aus dem Polstergrund

Bei diesen Flachpolstern ist der Polstergrund in der Regel fest mit dem Gestell verbunden. Auf dem Spannleinen, das in der vorangehend beschriebenen Art übergeheftet wird, werden in der bekannten Art Lasierstiche gezogen und der Füllstoff wird einlasiert. Entsprechend der Höhe des Polsters wird bei dieser Flachpolsterart mehr Füllstoff unter die Lasierstiche geschoben, wobei im Außenbereich mehr Füllstoff aufgelegt wird als in der Mitte der Sitzfläche. Auf den gut verzupften Füllstoff wird Fassonleinen aufgelegt und unter leichter Spannung in die an den Außenkanten des Rahmens halb eingeschlagenen

Heftnägel (Kammzwecken) fadengerade eingehängt. Damit sich der aufgelegte Füllstoff beim Sitzen nicht verschiebt, wird das Polster mit einer Doppelspitze durchgenäht. Die äußeren Durchnähstiche sollten im Abstand von 8–10 cm zu den Außenkanten gesetzt werden. Im Mittelteil sind sie versetzt anzuordnen, um eine gleichmäßige Oberfläche zu erhalten. Jeder Durchnähstich sollte ca. 10 cm lang sein und parallel zum Fadenverlauf des Fassonleinens liegen. Nach dem gleichmäßigen Anziehen der Durchnähfäden werden ihre Enden vorläufig durch Schleifenknoten verbunden.

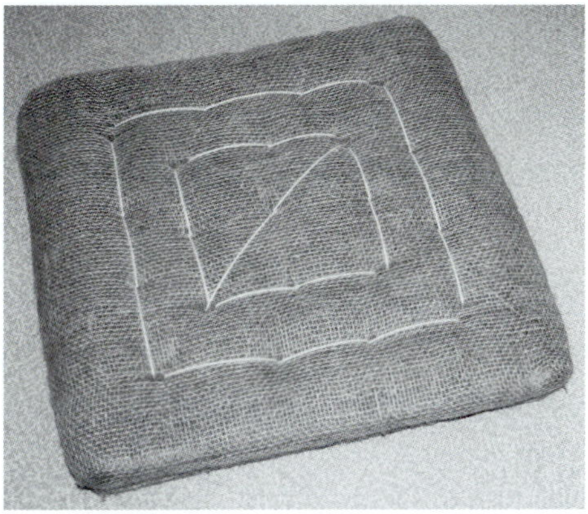

Durchgenähtes erhöhtes Flachpolster

*Doppelspitze*

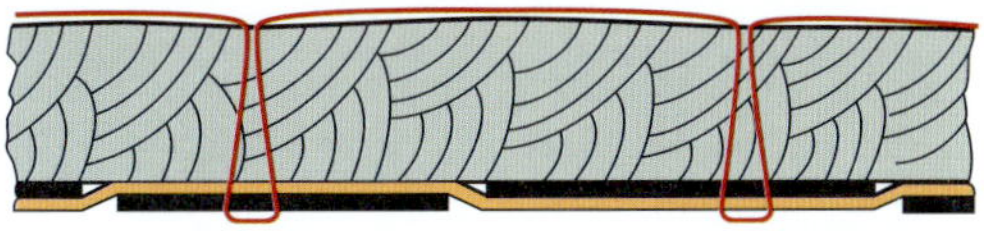

*Schnitt durch ein durchgenähtes erhöhtes Flachpolster*

Anschließend wird die provisorische Befestigung des Fassonleinens gelöst, die Kante geformt und zugeschlagen, indem das Fassonleinen an den Seitenflächen des Sitzrahmens befestigt wird. Es folgt dann das Garnieren der Kanten.



### Garnieren der Kanten

Unter Garnieren versteht man das Zusammendrücken, Verfestigen und Abnähen des von Hand aufgelegten losen Füllmaterials an der Kante eines Form- oder Fassonpolsters oder eines handgeformten Bourlets (Kantenwulst). Angewendet werden **Leiter-**, **Vorder-** und **Hinterstiche**. Sie können als einfache oder verknotete Stiche durchgeführt werden, wobei die verknoteten Stiche einen besseren Halt besitzen und die genannten Wirkungen erhöhen. Die Ecken werden mit besonderen Stichen garniert.

Grundsätzlich ist beim Garnieren darauf zu achten, dass in der Kante genügend Füllmaterial vorhanden ist. Die Garnierstiche werden mit einer gebogenen Garniernadel und einem Garnierfaden immer von links nach rechts durchgeführt. Dabei drückt die linke Hand den Füllstoff in der Kante fest zusammen. Die gebildete Form wird vom Garnierstich, der gleichmäßig, aber nicht übermäßig fest angezogen werden muss, festgehalten. Eine falsch garnierte Kante kann durch Garnierstiche nicht korrigiert werden.

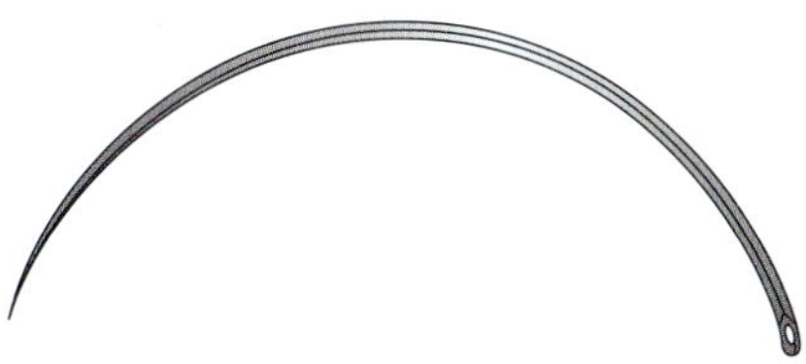

*Gebogene Garniernadel*

## Garnieren der Ecken

Die Ecken erhöhter Flachpolster, die stark beansprucht und deshalb besonders verfestigt werden müssen, garniert man zuerst. Die Garnierung erfolgt mit besonderen Garnierstichen, die das Polster an drei Seiten zusammenziehen. Es gibt verschiedene Möglichkeiten, diese Eckgarnierungen durchzuführen. Eine Möglichkeit zeigt die nebenstehende Abbildung.

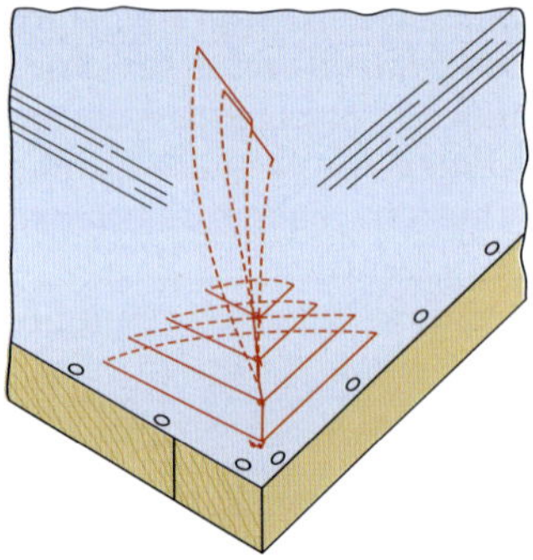

*Lage der Garnierstiche bei einer Eckgarnierung*

## Garnieren der Leiterstiche

Nach dem Garnieren der Ecken wird in den meisten Fällen zuerst der Leiterstich garniert, der das lose Füllmaterial in der Kante zusammendrückt. Er wird so gesetzt, dass der Garnierfaden auf der Kante einen Winkel von 45° bildet. Dabei kann der schräg verlaufende Garnierfaden von hinten links nach vorn rechts oder umgekehrt verlaufen.

Bei der Stichlage von hinten links nach vorn rechts sticht man mit der Nadel zunächst von unten schräg nach hinten und anschließend von oben nach vorn unten. Beim Anziehen des Garnierfadens wird das Füllmaterial nach vorn gezogen, wodurch man eine leicht nach vorn geneigte Kante erhält.

Bei dem Garnierstich mit der Stichlage von vorn links nach hinten rechts sticht man mit der Nadel von unten nach oben und anschließend von hinten rechts schräg nach vorn unten. Durch diese Stichfolge wird das Füllmaterial zur Mitte gezogen. So erhält man eine fast senkrechte Kante.

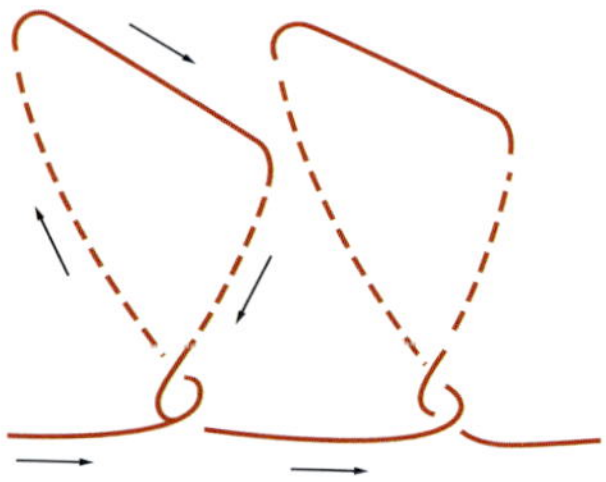

*Einfacher Leiterstich: Stichlage von hinten links nach vorn rechts*

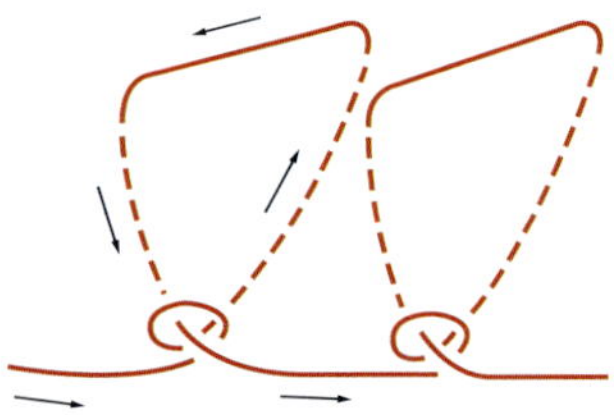

*Verknoteter Leiterstich: Stichlage von vorn links nach hinten rechts*

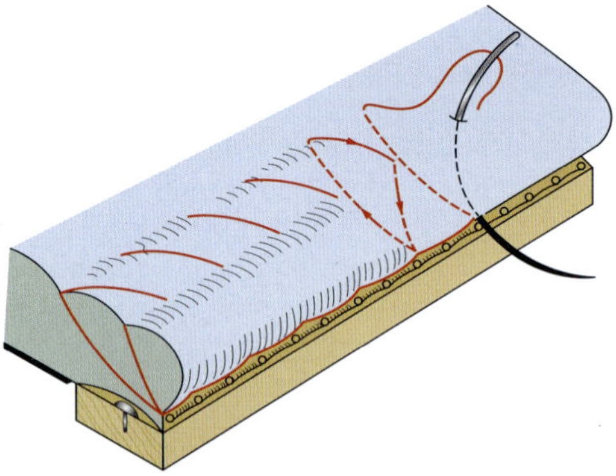

*Lage des Leiterstichs in einer Kante: Stichlage hinten links nach vorn rechts*

### Garnieren der Vorder- und Hinterstiche

Nach dem Leiterstich werden ein oder zwei Stichreihen mit einem Vorder- oder Hinterstich garniert. Beide Sticharten ziehen den Füllstoff in der Kante nahtartig zusammen. In den meisten Fällen wird nach dem Leiterstich der Hinterstich garniert, weil er gegenüber dem Vorderstich einfacher durchzuführen ist. Beim Garnieren ist darauf zu achten, dass die Stiche immer im gleichen Abstand parallel zur Kante verlaufen. Der Hinterstich wird auch oft als Kettenstich bezeichnet.

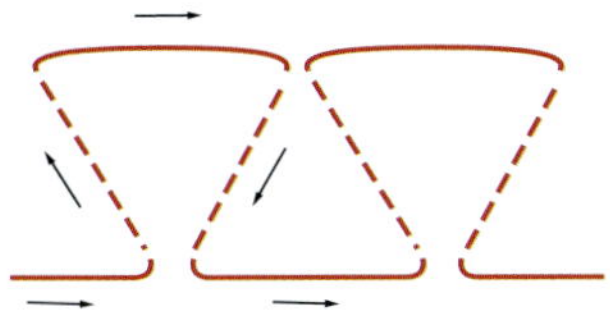

Einfacher Vorderstich

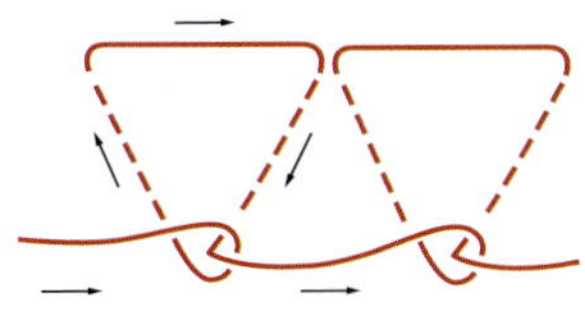

Verknoteter Vorderstich

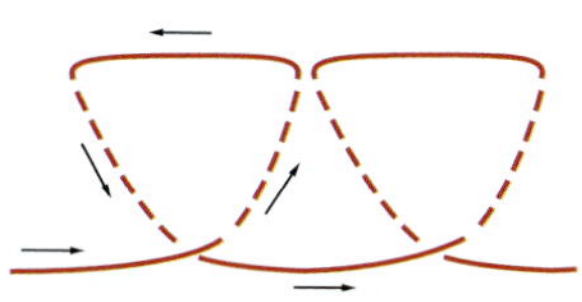

Einfacher Hinterstich

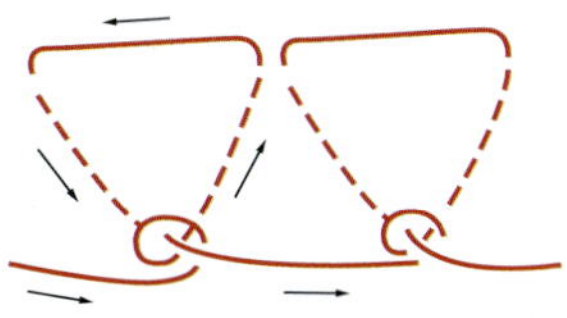

Verknoteter Hinterstich

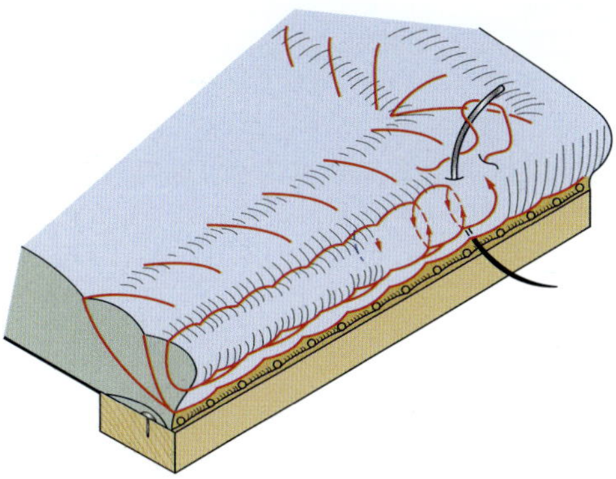

*Lage des verknoteten rechtwinkligen Hinterstichs in einer Kante*

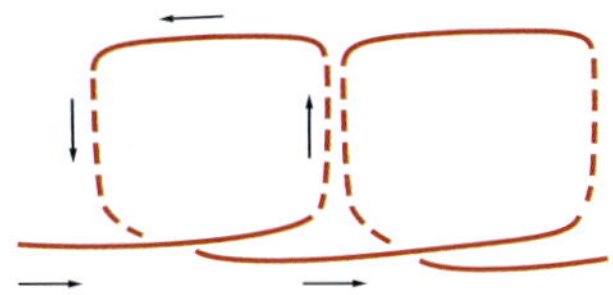

*Rechtwinkliger Hinterstich*

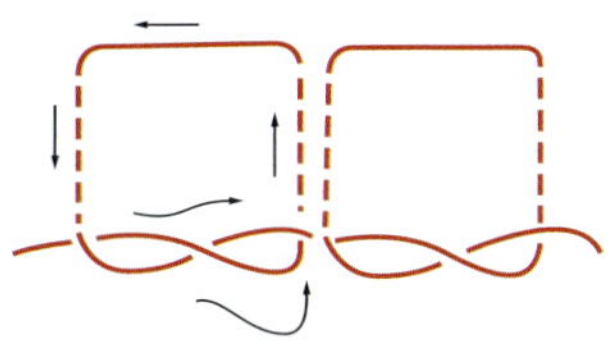

*Verknoteter rechtwinkliger Hinterstich*

### Auflegen der Pikierung

Nachdem die Kanten durch das Garnieren ihre Form und Festigkeit erhalten haben, wird das Polster gut durchgedrückt bzw. durchgesessen, wodurch das Füllmaterial zusammengedrückt wird. Danach werden die Durchnähfäden nachgezogen und ihre Enden verknotet. Auf dem jetzt vorliegenden Formpolster[1] muss eine Pikierung aufgelegt werden. Sie hat die Aufgabe, die Unebenheiten eines Formpolsters, die durch das Durchnähen und Garnieren entstanden sind, auszugleichen und die Elastizität des Polsters zu erhöhen.

Dazu werden auf dem Formpolster in bekannter Art Lasierstiche gezogen, unter die in üblicher Weise feineres Füllmaterial, als es für das Grundpolster verwendet wurde, z. B. Elancrin oder Rosshaar, einlasiert wird. Abschließend wird die Pikierung mit Watte abgedeckt. Bei Bedarf kann in „Weiß“ gepolstert werden.

Mit den heute zur Verfügung stehenden Polstermaterialien kann eine Pikierung abweichend von der vorhin beschriebenen Art auch anders aufgebaut werden. So kann auf das

[1] *Formpolster = Polster aus von Hand aufgelegten losen Füllstoffen, das mithilfe von Fassonleinen, Durchnähen und Garnieren der Kanten seine Form erhalten hat. Auch oft als Fassonpolster bezeichnet.*

durchgenähte Formpolster zunächst Polsterwatte aufgelegt werden, mit der auch größere Unebenheiten ausgeglichen werden können. Danach wird eine Schaumstoffplatte aufgelegt, die mit eingeschlagenen Schnittkanten bündig auf die garnierte Kante geklebt wird. Eine darauf zu legende Watteabdeckung verhindert die Radierwirkung zwischen dem Schaumstoff und dem Bezugsmaterial.

**Erhöhte Flachpolster mit Randformpolster (Bourlet)**

Bei dieser Polsterart wird die garnierte Kante getrennt von der Grundpolsterung in Form eines Bourlets erstellt, das am Rand des Polsterrahmens eine feste Wulst bildet. Solche Flachpolster besitzen in der Mitte eine größere Weichheit und werden deshalb außer für Sitzpolster auch für Rückenlehnpolster verschiedener Polsterstühle verwendet. Äußerlich unterscheiden sie sich nicht von Flachpolstern, deren Formkanten aus dem Grundpolster gebildet wurden.

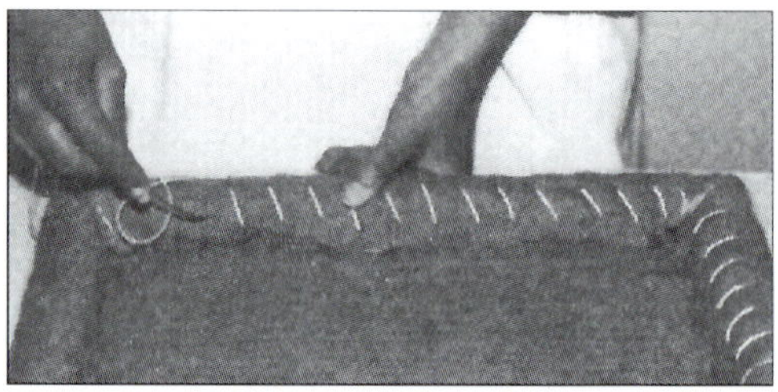

*Garnieren des Leiterstichs bei einem Bourlet*

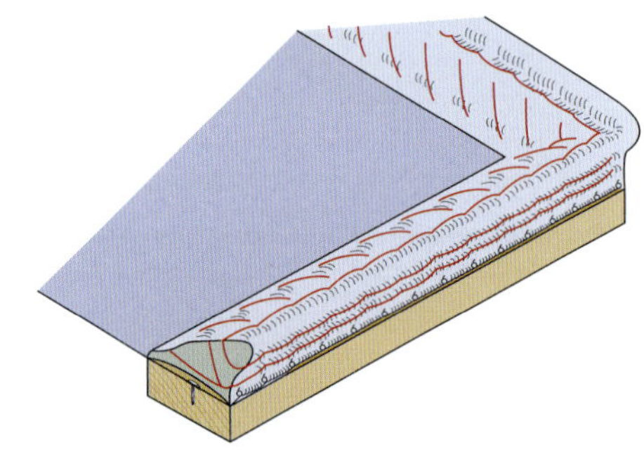

*Ausschnitt eines garnierten Bourlets bei einem Randformpolster*

Bei der Herstellung dieser Flachpolsterart geht man wieder von einem mit Spannleinen überhefteten Polstergrund aus Jutegurten oder Wellenfedern aus. Dann wird ein ca. 12–15 cm breiter Streifen Spannleinen fadengerade mit nach innen umgeschlagener Kante etwa auf die Mitte des Rahmens mit Heftklammern angeschossen, wobei der Streifen an den Ecken leicht eingekräuselt wird. Mit einem ca. 1 cm breiten Pappstreifen wird der Streifen Spannleinen bündig mit der Außenkante des Rahmens mit Heftklammern angeschossen. Auf den Rahmen wird dann in ausreichender Menge Füllstoff aufgelegt und zusammengedrückt in das Spannleinen eingerollt. Während dieser Arbeit wird das Bourlet ausgeformt, sodass eine gleichmäßig geformte Kantenwulst entsteht. Mit der nach innen eingeschlagenen Außenkante des Spannleinens wird anschließend das Bourlet an der vorher markierten Anlegelinie mit Kammzwecken oder mit Heftklammern auf dem Rahmen zugeschlagen. Das zugeschlagene Bourlet wird dann mit einem Leiter- und einem verknüpften Hinterstich garniert.

Der weitere Aufbau des Formpolsters erfolgt in der Weise, indem jetzt auf dem mit Spannleinen überhefteten Polstergrund Lasierstiche gezogen werden, unter die der Füllstoff gleichmäßig verzupft eingeschoben wird, sodass eine zusammenhängende ebene Schicht entsteht. Über den einlasierten Füllstoff wird dann fadengerade ein maßgerecht zugeschnittenes Stück Fassonleinen geheftet, das mit nach innen eingeschlagenen Kanten mit überwendlichen Stichen an dem Bourlet angenäht wird. Schließlich wird das Polster in der bekannten Art durchgenäht, womit das Formpolster fertiggestellt wäre. Alle nun folgenden Arbeiten und die noch aufzubringende Pikierung werden in der gleichen Art durchgeführt, wie sie bei dem erhöhten Flachpolster mit der Formkante aus dem Grundpolster beschrieben wurden.

*Aufgaben*

1. *Beschreiben Sie das Gurten eines Sitzrahmens für ein Flachpolster mit Jutegurten und ihre Befestigung mit Gurtnägeln.*
2. *Der Rahmen eines Flachpolsters soll einen Untergrund aus Wellenfedern erhalten. Beschreiben Sie in der richtigen Reihenfolge das Anbringen dieser Federn auf dem Rahmen. Was ist dabei besonders zu beachten?*
3. *Schildern Sie den Aufbau eines Flachpolsters mit einem Auflegerahmen und einer Schaumstoffpolsterung.*
4. *Ein Flachpolster soll eine Schaumstoffpolsterung im Sandwich-Aufbau erhalten. Beschreiben Sie das Verkleben der Schaumstoffzuschnitte. Welche Sicherheitsmaßnahmen sind dabei zu beachten?*
5. *Ein Stuhlsitz soll ein erhöhtes Flachpolster mit einer Formkante aus dem Polstergrund erhalten. Erläutern Sie stichwortartig in der richtigen Reihenfolge die Arbeitsgänge.*
6. *Beschreiben Sie die Arbeitsgänge für die Herstellung des Bourlets bei einem erhöhten Flachpolster mit einem Randformpolster.*

### 6.1.3 Hohe Sitzpolsterungen (Hochpolster)

Hohe Sitzpolster kommen bei Sesseln, Sofas und Couchs vor. Sie können in moderner oder klassischer Polstertechnik hergestellt werden.



#### 6.1.3.1 Hohe Sitzpolsterungen in moderner Polstertechnik

In moderner Polstertechnik hergestellte hohe Sitzpolsterungen besitzen in der Regel einen Federkern und ein Grundpolster aus Schaumstoff, seltener aus einer Polstermatte, oder die Sitzpolster sind vollkommen aus Schaumstoff aufgebaut.

#### 1. Hohe Sitzpolsterungen in moderner Polstertechnik mit Federkernen

Bei guten Sitzpolstermöbeln erhalten die Sitze vorwiegend eine Federkernpolsterung. Diese Polsterart besitzt im Vergleich zu einer geschnürten Federung nicht nur eine annähernd gleiche Federwirkung, sondern ist darüber hinaus durch den geringen Zeitaufwand bei der Herstellung auch preiswerter. Zum Einsatz kommen vorwiegend Zylinder- und Bonnellfederkerne, seltener auch Taschenfederkerne.

**Herstellen der Unterfederung**
Federkernpolsterungen erhalten in der Regel eine Unterfederung aus Wellen- oder Schlangenfedern. Deshalb bezeichnet man diese Federungskombination auch als **Doppelfederung**.

Das Anbringen der Wellenfedern wurde bereits in Kapitel 6.1.2.1 beschrieben. Zusätzlich zu der Verbindung der Federn durch Verbindungshaken, Gummiringe oder Schnürfäden werden bei der Unterfederung die seitlichen Federn mit den Seitenschwingen durch kleine Spiralfedern oder Lederschlaufen verbunden. Über die Unterfederung wird fadengerade Federleinen oder eine schwere Qualität Spannleinen aufgelegt und auf der Zarge mit Heftklammern angeschossen. Um ein Durchscheuern des Federleinens sowie störende Geräusche bei der Benutzung des Sitzmöbels zu vermeiden, werden auf das Federleinen eine Lage Polsterwatte, eine dünne Filzplatte oder Stoffreste aufgelegt. Anstelle des Federleinens und der aufgelegten Polsterwatte kann auch eine dickere Filzplatte über die Wellenfedern gelegt und auf der Zarge befestigt werden.

### Befestigen und Schnüren des Federkerns

Der Federkern wird mit Krampen oder Spezialklammern auf der Zarge befestigt. Bei den Gestellen, bei denen der Federkern seitlich und/oder hinten nicht auf der Zarge aufliegt, werden die frei liegenden unteren Kanten des Federkerns mit umgelegten Gurten auf der Zarge befestigt. Nach dem Befestigen wird der Federkern durch Schnüren gerichtet und gestellt.

Das **Richten** verfolgt den Zweck, dass der Federkern gerade über der Zarge steht. Zu diesem Zweck befestigt man rechts und links oben am hinteren Federkernrahmen je einen Schnürfaden und zieht mit ihnen den Federkern auf das gewünschte Maß nach vorn. Die Schnürfäden werden auf der Vorderschwinge befestigt. Schief stehende Zylinderfederkerne können auch in der Weise gerichtet werden, indem man die Laschen, die die Zylinderfedern mit dem Bandstahlrahmen verbinden, mit dem Gurthammer in die entgegengesetzte Richtung schlägt, in die der Federkern verändert werden soll.

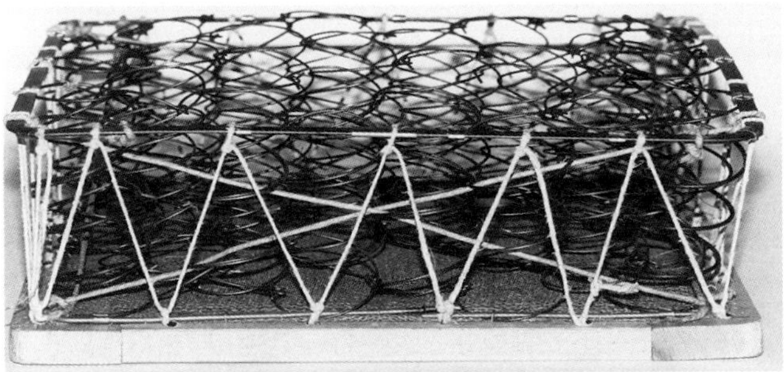

*Geschnürter Zylinderfederkern für einen Hocker*

Durch **Stellen** kann der Federkern eine gewünschte Höhe und ggf. auch eine leichte Wölbung erhalten, wobei der höchste Punkt der Wölbung im vorderen Drittel des Sitzes liegen soll. Das Stellen erfolgt durch einen zickzackartig geführten Schnürfaden, der am Bandstahlrahmen geknotet und nach dem Spannen auf die Zarge genagelt wird. Nach dem Stellen und Richten werden die Ecken des oberen hinteren Federkernrahmens mit Gurten an den Rückenlehnstützen befestigt. Um ein seitliches Ausweichen des Federkerns zu verhindern, kann man von den oberen Seiten des Federkernrahmens zur gegenüberliegenden Seitenschwinge Schnürfäden spannen.

### Schaumstoff-Grundpolster

Grundpolster aus Schaumstoff sind die verbreitetste Polsterart bei Federkernpolsterungen. Sie können in verschiedenen Variationen hergestellt werden. Grundsätzlich benötigt ein solcher Polsteraufbau über dem Federkern, der mit Feder- oder Spannleinen übergespannt sein kann, einen festen Polsterträger.

Als feste Polsterträger kommen infrage:

- Pressflore aus Gummihaar, Gummikokos oder Filzplatten, die an den Bandstahlrahmen des Federkerns angenäht oder mit einer Garnierzange angeklammert werden. Zur Kantenbildung kann ein Kantenprofil aus Gummikokos oder Verbundschaum aufgeklebt oder eine Jutefilzkante angarniert werden.
- Formkappen aus Gummihaar oder Gummikokos, die bereits ausgebildete Kantenformen besitzen und nur über den Federkern gestülpt werden müssen.

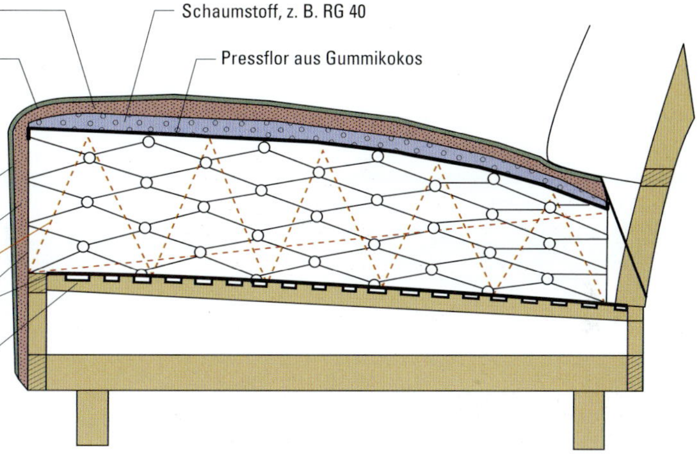


*Federkernpolster mit einem Schaumstoff-Grundpolster*



Auf diese Polsterträger wird dann eine Schaumstoffplatte aufgeklebt, die mit eingeschlagenen Schnittkanten entweder bündig mit der Sitzkante abschließt oder um die Sitzkante herum geklebt wird. In den meisten Fällen wird aber anstelle einer Schaumstoffplatte eine zweischichtige Schaumstoffkombination mit unterschiedlichen Stärken und Raumgewichten aufgeklebt, wobei die obere Schicht eine geringere Stärke und ein geringeres Raumgewicht aufweist als die untere. Dieser Polsteraufbau, der auch als **Sandwich-Aufbau** bezeichnet wird, muss abschließend mit einer Lage Polyesterwatte abgedeckt werden.

Hohe Sitzpolster mit Federkernen und Schaumstoff-Grundpolster können aufgrund der zur Verfügung stehenden Federkernarten und des Polsteraufbaus sowie des zu erzielenden Sitzkomforts sehr unterschiedlich aufgebaut sein. Die folgenden Abbildungen zeigen verschiedene Möglichkeiten.

*1 = Untergrund aus Wellenfedern mit einer Filzplatte abgedeckt*

*2 = Bonnellfederkern mit eingeschobenen Schaumstoffstreifen zur Verbesserung des Sitzkomforts*

*3 = seitliche Sitzabdeckung mit Schaumstoff*

*4 = Filzplatte* *6 = Polyestervlies*

*5 = Schaumstoff* *7 = Bezugsstoff*

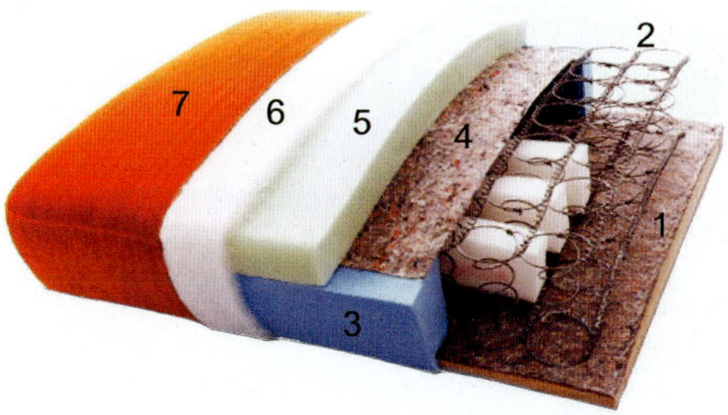


*Aufbau eines Sitzes mit einem Bonnellfederkern und Schaumstoffpolsterung*

*1 = Wellenfedern, abgedeckt mit Polsterfilz*
*2 = Bonnellfederkern, abgedeckt mit Polsterfilz*
*3 = Schaumstoff, abgedeckt mit Vliesstoff*
*4 = seitliche Schaumstoffabdeckung*
*5 = Polyestervlies*
*6 = Bezugsstoff*

*Aufbau eines Sitzes mit einem Bonnellfederkern und Schaumstoffpolsterung*

*1 = Wellenfedern, abgedeckt mit Polsterfilz*
*2 = Bonnellfederkern, gerichtet, abgedeckt mit Polsterfilz*
*3 = Schaumstoff, abgedeckt mit Vliesstoff*
*4 = seitliche Schaumstoffabdeckung*
*5 = Polyestervlies*
*6 = Bezugsstoff*

*Aufbau eines Sitzes mit einem Bonnellfederkern und Schaumstoffpolsterung*

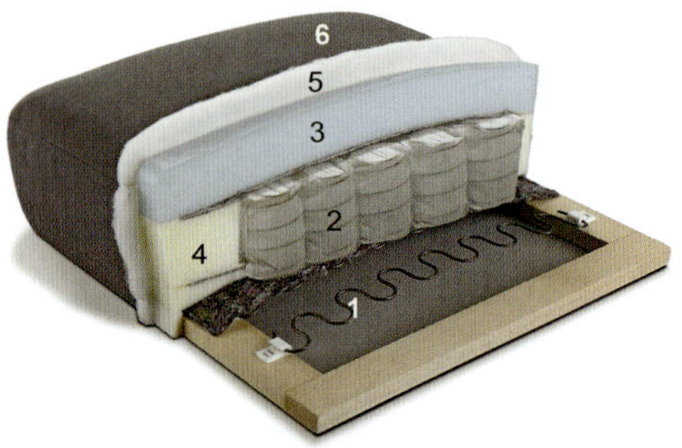


*1 = Wellenfedern, abgedeckt mit Polsterfilz*
*2 = Taschenfederkern, abgedeckt mit Polsterfilz*
*3 = Schaumstoff, abgedeckt mit Vliesstoff*
*4 = seitliche Schaumstoffabdeckung*
*5 = Polyestervlies*
*6 = Bezugsstoff*

*Aufbau eines Sitzes mit einem Taschenfederkern und Schaumstoffpolsterung*

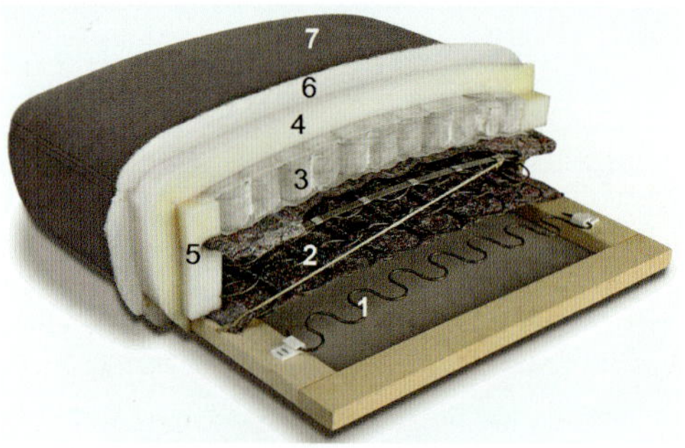


*1 = Wellenfedern, abgedeckt mit Polsterfilz*
*2 = Bonnellfederkern, gerichtet, abgedeckt mit Polsterfilz*
*3 = Taschenfederkern, abgedeckt mit Vliesstoff*
*4 = Schaumstoff, abgedeckt mit Vliesstoff*
*5 = seitliche Schaumstoffabdeckung*
*6 = Polyestervlies*
*7 = Bezugsstoff*

*Aufbau eines Sitzes in Boxspringtechnik mit Bonnell- und Taschenfederkern und Schaumstoffpolsterung*

*(Abb. Gruber-Polstermöbel)*

**Grundpolster mit Poistermatte und angarnierter Filzkante**
Über den Federkern wird fadengerade Feder- oder Spannleinen gelegt und am Bandstahlrahmen und den Federringen angenäht. Die herabfallenden Enden werden ohne Spannung auf die Zarge genagelt bzw. mit Heftklammern angeschossen. Anschließend wird an den Bandstahlrahmen des Federkerns eine Jutefilzkante mit einem Hinterstich angarniert oder mit einer Garnierzange angeklammert. Auf diesen vorbereiteten Federkern wird mit der Faserseite nach unten eine Polstermatte aufgelegt und mit den nach innen umgeschlagenen Schnittkanten an die angarnierte Filzkante angenäht. Als Pikierung kann eine Lage ungeleimte Polsterwatte aufgelegt und eine ca. 2 cm starke Schaumstoffplatte (RG 18–25) mit eingeschlagenen Schnittkanten bündig mit der angarnierten Kante aufgeklebt oder um die Kante herumgeklebt werden. Abschließend muss vor dem Beziehen die Schaumstoffplatte noch mit Polyesterwatte abgedeckt werden.
Die Verwendung von Polstermatten stellt gegenüber dem Einsatz von losen Füllstoffen eine Vereinfachung des Polsteraufbaus dar, da durch ihren Einsatz eine Reihe von Arbeitsgängen eingespart werden.

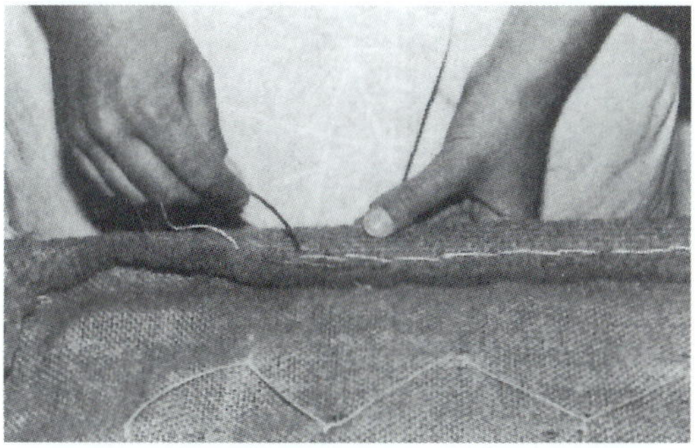

*Angarnieren der Filzkante bei einer Federkernpolsterung für einen Hocker*

*Druckluft-Garnierzange*



## 2. Hohe Sitzpolsterungen in moderner Polstertechnik mit Schaumstoffpolsterung

Diese Polsterart ist vollkommen aus Schaumstoff im **Sandwich-Aufbau** hergestellt.
Schaumstoffpolsterungen besitzen in der Regel eine Unterfederung aus Wellenfedern, die mit Federleinen bzw. einer Filzplatte überspannt wird. Über diese Unterfederung wird eine zweischichtige aufeinander abgestimmte konfektionierte Schaumstoffkombination geklebt, bei der die untere Schaumstoffschicht stärker ist und sowohl ein höheres Raumgewicht als auch eine höhere Stauchhärte besitzt als die obere. Durch diesen Polsteraufbau (Sandwich-Aufbau) wird eine progressive Polsterwirkung erzielt. Auf diese Schaumstoffkombination wird je nach der zu erzielenden Weichheit der Sitzfläche eine unterschiedlich dicke Lage Polyesterwatte aufgeklebt. Entsprechend dem modellspezifischen Polsteraufbau kann anstelle der Watteauflage ein Kammerkissen geklebt werden, das mit Füllfasern (Holofil®, Quallofil®), Rhombo-fill®, Daunen oder einer Mischung aus Füllfasern oder Rhombo-fill® und Daunen gefüllt sein kann. In der Polsterindustrie ist es üblich, die Wattelage oder die Kammerkissen auf Spezialnähmaschinen mit dem Bezug zu vernähen, wodurch aus der Auflage und dem Bezugsmaterial eine Einheit entsteht.

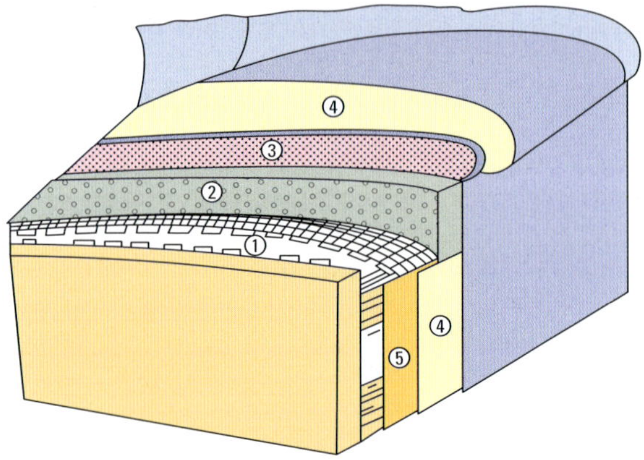


① *Unterfederung aus Wellenfedern mit Federleinen überspannt*
② *Schaumstoff RG 40*
③ *Schaumstoff RG 25*
④ *Polyesterwatte*
⑤ *Polsterpappe*

*Schnitt durch einen Sitz mit Schaumstoffpolsterung*

Je nach dem zu erzielenden Sitzkomfort können Schaumstoffkombinationen mit unterschiedlichen Stärken und Raumgewichten gewählt werden. Die beiden folgenden Abbildungen zeigen Möglichkeiten des Sandwich-Aufbaus für ein Sitzpolster.

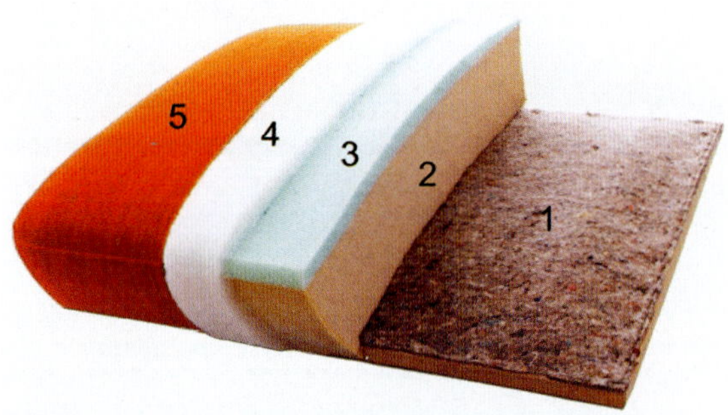


*1 = Untergrund aus Wellenfedern mit einer Filzplatte abgedeckt*
*2 = Schaumstoff RG 40*
*3 = Schaumstoff RG 25*
*4 = Polyestervlies*
*5 = Bezugsstoff*

*Schnitt durch den Sandwich-Aufbau einer Schaumstoffpolsterung*

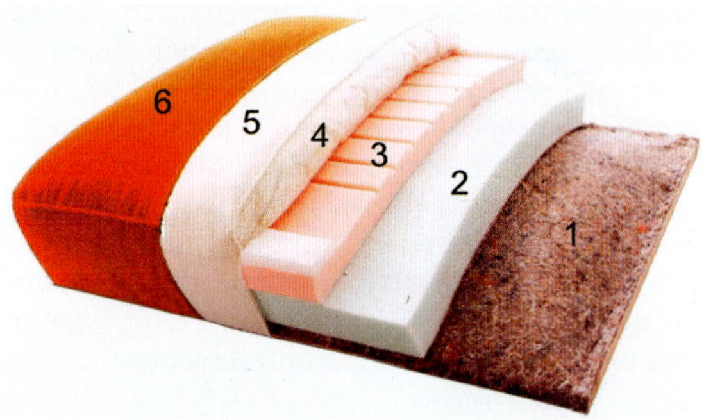


*1 = Untergrund aus Wellenfedern mit einer Filzplatte abgedeckt*
*2 = Schaumstoff RG 40*
*3 = Schaumstoff RG 25. Die quer verlaufenden Kanäle unterstützen den Luftaustausch.*
*4 = Kissen mit QUADROfill®-Füllung*
*5 = Abdeckung mit PES-Vliesstoff*
*6 = Bezugsstoff*

*Schnitt durch den Sandwich-Aufbau einer Schaumstoffpolsterung mit QUADROfill® gefülltem Kissen*

*Aufgaben*

1. *Welche Vorteile besitzt eine Polsterung mit einem Federkern gegenüber einer Polsterung mit einer geschnürten Federung?*
2. *Welchen Zweck verfolgt das Richten und Stellen eines Federkerns?*
3. *Schildern Sie das Richten und Stellen eines Zylinderfederkerns.*
4. *Beschreiben Sie Möglichkeiten des Aufbaus eines Schaumstoffgrundpolsters über einem Federkern.*

### 6.1.3.2 Hohe Sitzpolsterungen in klassischer Polstertechnik

Die klassische Polstertechnik ist gekennzeichnet durch eine geschnürte Federung und ein von Hand aufgelegtes Formpolster aus losen Füllstoffen. Zur Vereinfachung des Polsteraufbaus wird oft anstelle der geschnürten Federung auch ein Federkern eingesetzt.

#### 1. Hohe Sitzpolsterungen in klassischer Polstertechnik mit geschnürter Federung

Das Grundprinzip dieser Polsterart besteht darin, dass Taillenfedern durch ein Schnürungssystem eine bestimmte Höhe, Spannung und Stellung erhalten, sodass sie sich bei einer Be- und Entlastung nur ab- und aufwärts bewegen und nicht zur Seite ausweichen können. Der besondere Vorteil eines geschnürten Federhochpolsters besteht darin, dass durch eine entsprechende Auswahl der Federn dem Polster eine individuelle Federwirkung gegeben werden kann.

Da die Herstellung dieser Federungsart sehr aufwendig und damit auch teurer als vergleichbare andere Hochpolsterungen ist, wird sie nur selten angewendet. Sie gehört aber zu den elementaren Polstertechniken des Raumausstatters.



**Auswahl der Federn**
Für Sitzpolsterungen werden im Allgemeinen 6- bis 9-gängige Taillenfedern mit Federhöhen zwischen 17 und 34 cm und Drahtdurchmessern von 3,2 bis 4,0 mm verwendet. Je größer der Drahtdurchmesser ist, desto größer ist auch die Tragfähigkeit des Polsters. Da die Sitzkante etwas höher als die übrige Polsterfläche ist und auch stärker belastet wird, wählt man für die vordere Federreihe Federn mit größerer Gangzahl und größerem Drahtdurchmesser. In diesem Bereich werden die Federn auf ca. 2/3 ihrer Höhe heruntergeschnürt. Zur Erzielung des Sitzgefälles und der größeren Nachgiebigkeit nehmen die Federn nach hinten hin in der Gangzahl und im Drahtdurchmesser ab. Sie werden auf nur ca. 4/5 ihrer Höhe heruntergeschnürt. Zu stark heruntergeschnürte Federn ergeben wenig nachgebende und harte Polsterungen. Bedingt durch die größere Belastung der seitlichen Außenkanten werden auch für diese Federn größere Drahtdurchmesser gewählt.

**Gurten des Gestells**
Geschnürte Federhochpolster besitzen als Polstergrund eine Gurtung aus Jutegurten. Das Gurten des Gestells erfolgt im Prinzip in der gleichen Weise wie bei einem Flachpolster. Abweichend von dieser Polsterart werden aber bei einem geschnürten Federhochpolster die Gurte auf der Unterkante der Zarge befestigt. Dadurch gewinnt man eine größere Höhe für die Federn und somit auch eine größere Weichheit der Polsterung.

**Verteilung, Stellung und Befestigung der Federn**

Bei einer Enggurtung, wo die Gurte eng beieinanderliegen, kann die Verteilung der Federn beliebig vorgenommen werden. Bei einer Weitgurtung wird jede Feder auf eine Gurtkreuzung gestellt. Deshalb muss bereits vor dem Gurten die Verteilung der Federn festgelegt und die Gurte müssen mit entsprechenden Abständen befestigt werden.

Damit die Federknoten von der Schnürung nicht erfasst werden, müssen die Federn so gestellt werden, dass die Knoten der oberen Federringe in diagonaler Richtung zu den längs und quer gespannten Gurten verlaufen. Die Knoten der Außenfedern müssen außerdem nach innen gerichtet sein.

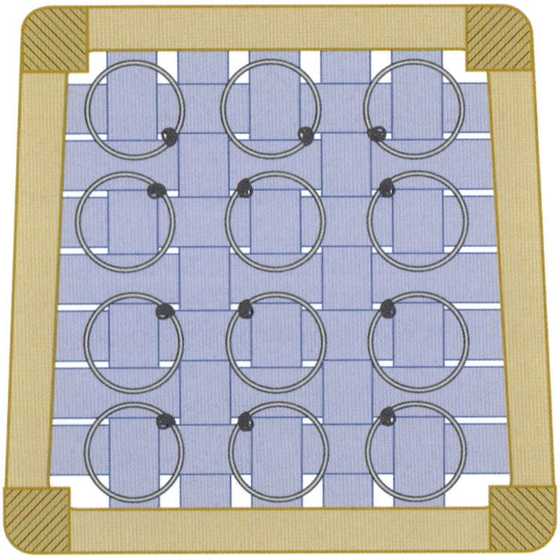

*Stellung der Federn*

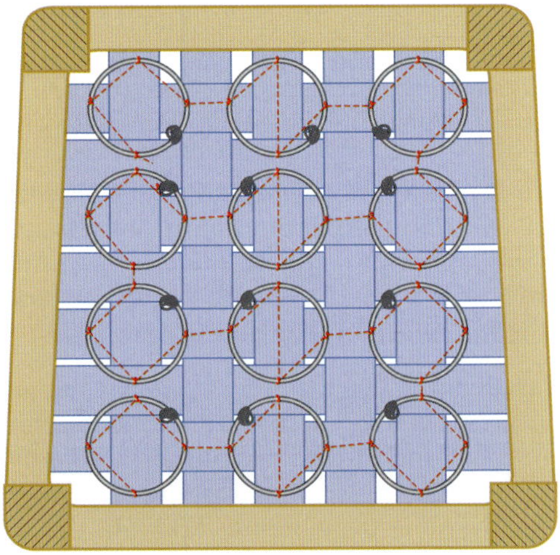

*Verlauf der Aufnähstiche*

Die Federn werden in der richtigen Stellung mit mindestens vier Stichen auf die Gurte aufgenäht. Das Aufnähen erfolgt mit einem Aufnähfaden und einer runden Nähnadel. Je nach Wahl des Stichs kann der Aufnähfaden den Federring halb oder ganz umschlingen. Die letztere Möglichkeit ergibt einen festeren Halt. In jedem Fall müssen die Nähstiche dicht an den Federringen in die Gurte gestochen und gut angezogen werden, damit sich die Federn nicht verschieben lassen. Auf der Rückseite liegende Aufnähstiche dürfen keine Schlingen aufweisen.

*Federaufnähung mit halber Umschlingung* *Federaufnähung mit ganzer Umschlingung*

Sitzmöbel mit vorgebauter Sitzkante, geteiltem Boden oder Kissenmarkierungen erhalten eine hochgestellte Vorderkante, indem die Federn der vorderen Reihe auf der Vorderschwinge der Zarge bzw. auf eine dort angebrachte Holzleiste mit Krampen befestigt werden. Ein vorher dort aufgenagelter Jutegurt oder ein Stück Juteleinen verhindert bei der Benutzung des Polstermöbels störende Geräusche. Durch das Hochstellen werden Federn mit geringerer Gangzahl benötigt.

**Schnüren der Federn**
Zum Schnüren der Taillenfedern verwendet man dreifache Schnürfäden der Qualität WI. Das Schnürungssystem besteht aus **Stell-**, **Knoten-** und **Retourfaden**. Bei sehr hohen Federungen kommt noch ein zusätzlicher **Herzfaden** hinzu. Diese Fadenarten werden in dem Schnürungssystem mit folgenden Befestigungsarten eingesetzt:

- **Schlaufe oder Schlinge:** Sie wird immer dort angewendet, wo später mit dem Knotenfaden noch ein Knoten gemacht wird. Bei ihrer Anbringung ist zu beachten, dass der zu schnürende Faden immer rechts am bereits gespannten Faden vorbeigeführt wird. Nach ihrer Anbringung können die Federn noch in ihrer Stellung verändert werden.
- **Bohne oder Schleifenknoten:** Die Bohne erfasst die Federringe an den Stellen, die nicht überknotet werden. Gegenüber der Schlaufe gibt sie der Feder mehr Halt und verhindert ihr späteres Verschieben.
- **Knoten:** Er wird dort geknüpft, wo die Federringe durch den Knotenfaden fest verbunden werden sollen. Bei seiner Anbringung ist darauf zu achten, dass er gut angezogen wird und auf dem Federring liegt.
- **Doppelbohne oder Kreuzknoten:** Mit dieser Verknüpfungsart werden Zwischenfäden zur Überbrückung von Zwischenräumen bei einer Französischen Schnürung eingebunden.
- **Verbindungsknoten:** Er wird angewendet, wenn zu kurze Schnürfäden miteinander verbunden werden müssen.

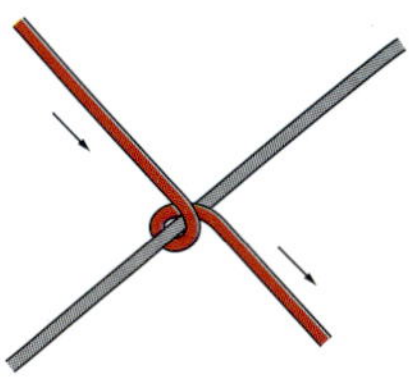
*Schlaufe oder Schlinge*

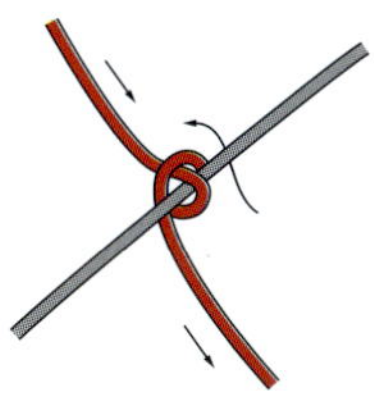
*Bohne oder Schleifenknoten*

*Knoten*

*Doppelbohne oder Kreuzknoten*

*Verbindungsknoten*

**Längsschnürung**
Nachdem auf der Oberkante der Zarge von Vorder- zur Hinterschwinge eine Messschnur gezogen wurde, von der aus immer die jeweilige Schnürhöhe gemessen wird, beginnt man von hinten nach vorn mit dem Schnüren der Längsfäden, die zunächst auf der Hinterschwinge und nach dem Schnüren auf der Vorderschwinge mit Nägeln befestigt werden.

### Schnüren des Stellfadens

Der Stellfaden wird zuerst geschnürt. Durch ihn wird die Stellung der Federn und die zukünftige hintere Sitzhöhe festgelegt, indem er vorn den oberen Ring der vierten und hinten den oberen Ring der dritten Feder auf die gewünschte Höhe herunterspannt. Beim Schnüren des Stellfadens werden alle im Schnurverlauf liegenden Federringe mit einer Bohne gefasst. Nach dem Anspannen und Herunterziehen auf die festgelegte Höhe wird der Stellfaden auf die Vorderschwinge genagelt. Anschließend erhalten die einzelnen Federn die gewünschte Stellung. Durch die Befestigungen mit Schlaufen und Bohnen ist dies noch möglich. So bekommt die hintere Federreihe eine leichte Neigung nach hinten, die beiden mittleren stehen senkrecht und die vordere bekommt eine leichte Neigung nach vorn, sodass sie mit der Außenkante der Vorderschwinge abschließt.

*S = Schlaufe*
*B = Bohne*

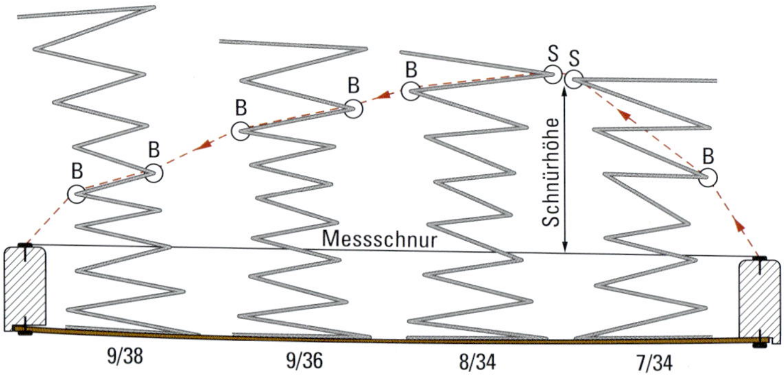


*Verlauf des Stellfadens*

### Schnüren des Knotenfadens

Durch den Knotenfaden wird die Form des Sitzpolsters festgelegt und die Federn werden in ihrer festgelegten Stellung gehalten. Der auf der Hinterschwinge angenagelte Knotenfaden fasst zunächst hinten den oberen Ring der vierten Feder mit einem Knoten und zieht ihn auf die richtige Höhe herunter. Er wird dann bis hinten zum oberen Federring der zweiten Feder über die Federringe geführt, wobei jeder überquerte Federring geknotet wird. Anschließend wird er zur Vorderschwinge geführt. Die hier im Schnurverlauf liegenden Federringe werden mit einer Bohne festgehalten. Unter Berücksichtigung der späteren Sitzform und Sitzhöhe wird der Knotenfaden angespannt und auf die Vorderschwinge genagelt.

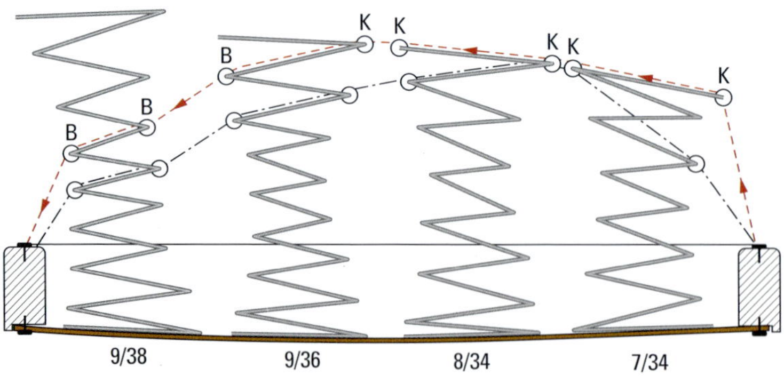


*B = Bohne*
*K = Knoten*

*Verlauf des Knotenfadens*

### Schnüren des Retourfadens

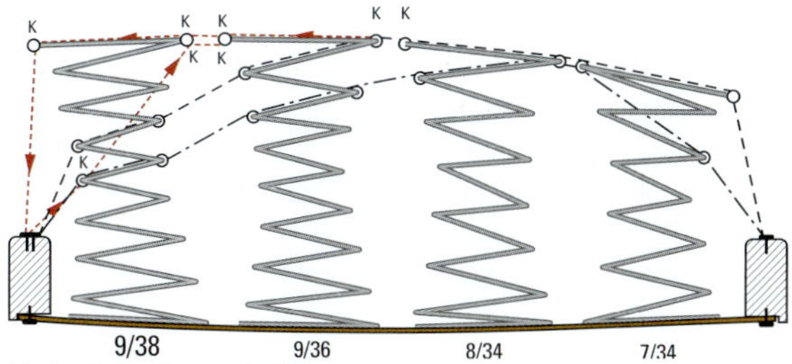

*Verlauf des Retourfadens*

Mit dem Retourfaden schnürt man die Vorderkante auf die gewünschte Höhe und gibt ihr den erforderlichen Halt. Er wird vorne am oberen Ring der dritten Feder angeknotet, über die oberen Ringe der zweiten und ersten Feder zur Vorderschwinge und von dort nach vorn zum oberen Ring der zweiten Feder geführt. Die im Schnurverlauf liegenden Federringe werden geknotet.

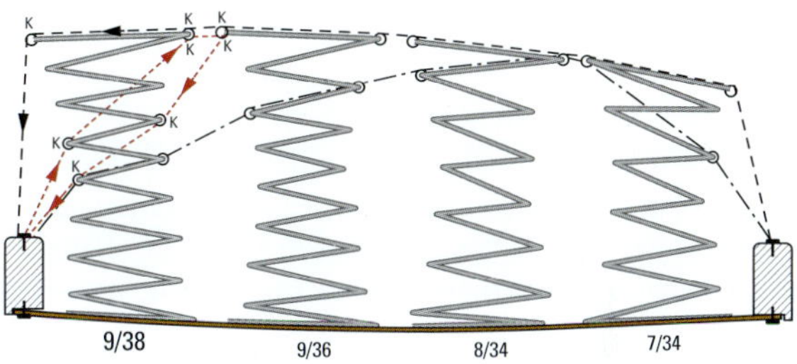

*Verlauf des freien Endes des Knotenfadens als Retourfaden bei einer stabileren Sitzkante*

Die Schnürung des Knoten- und Retourfadens kann in der Weise erfolgen, dass man einen Knotenfaden länger abschneidet, ihn entgegen der vorhin genannten Schnürungsart über die erste Feder bis zur Vorderschwinge führt, ihn dort befestigt und das freie Ende als Retourfaden zurückschnürt. Von der Vorderschwinge aus wird der Retourfaden bis hinten zum oberen Ring der ersten Feder und von dort zum oberen Ring der zweiten Feder geschnürt, wo er normalerweise endet.

Bei hohen Federungen kann man der Sitzkante mehr Stabilität geben, indem man den Retourfaden vom oberen Ring der zweiten Feder wieder zur Vorderschwinge zurückführt und die im Schnurverlauf liegenden Ringe der ersten Feder noch zweimal fasst. Diese Möglichkeit besteht natürlich auch bei der Schnürung des angeknoteten Retourfadens.

6

### Schnüren des Herzfadens

Bei hohen Federungen, deren Federn mehr als acht Gänge besitzen, wird etwa in die Mitte der Federn ein Herzfaden eingeknüpft. Er soll verhindern, dass die hohen Federn bei einer Druckbelastung aus ihrer Stellung ausweichen bzw. umknicken. Außerdem erreicht man durch ihn auch eine etwas festere Federung.

### Querschnürung

Sind die Fäden von hinten nach vorn geschnürt, so folgt anschließend die Querschnürung. Sie besteht ebenfalls aus **Stell-**, **Knoten-** und **Retourfaden** und soll verhindern, dass sich die Federn seitlich verschieben. Die Knüpfweise ist ähnlich der Längsschnürung. Die Knotenfäden werden jedoch in der Mitte des Sitzes vorn am oberen Ring der dritten bzw. hinten am oberen Ring der zweiten Feder eingeknüpft und jedes Fadenende zu seiner Seitenschwinge geführt und dort angenagelt. Dabei wird jeder Federring und jede Fadenkreuzung mit einem Knoten gefasst. Das freie Ende des Knotenfadens wird dann als Retourfaden bis zur zweiten Feder hochgeknüpft. Zur Erzielung stabilerer Kanten kann der Retourfaden von dort wieder zur Seitenschwinge zurückgeführt und dort angenagelt werden.

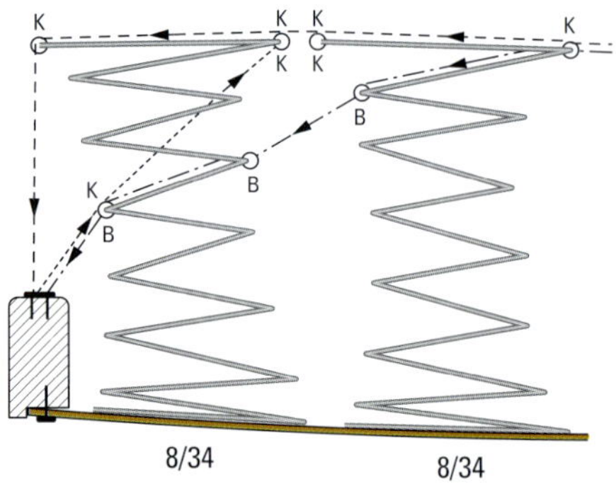


*Querschnürung*

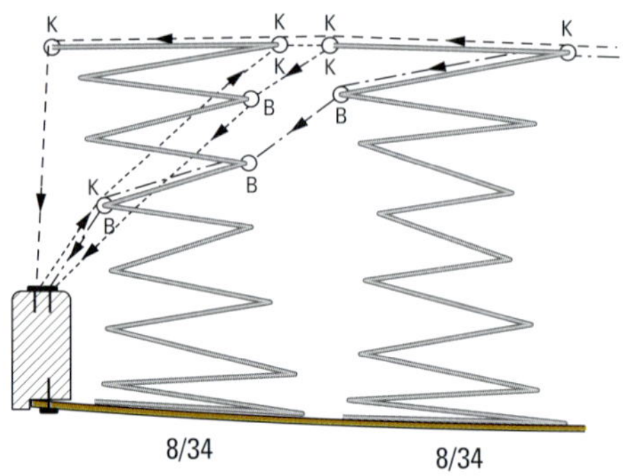


*Querschnürung mit stabilerer Kante*

## Anbringen des Kantendrahts

Nach erfolgter Schnürung wird ein Kantendraht passend eingebogen und mit einem doppelten Garnierfaden bzw. einem Schnürfaden oder mit Kantendrahtklammern an den Federringen befestigt. Durch ihn soll erreicht werden, dass auch bei einer Belastung die Form des Grundrisses erhalten bleibt. Außerdem bildet der Kantendraht die Grundlage für die Bildung der Kante.

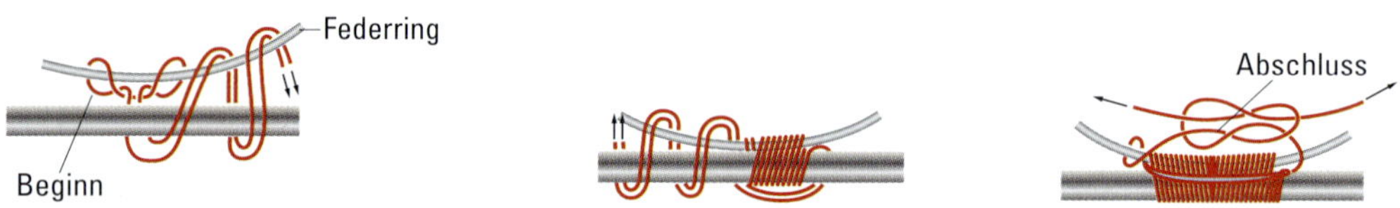


*Befestigung des Kantendrahts mit einem doppelten Garnierfaden*

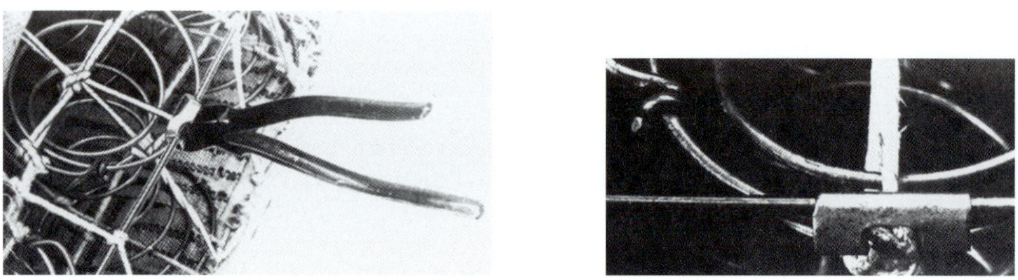

*Befestigung des Kantendrahts mit Drahtklammern*

## Schnüren der Zwischenfäden

Um die Zwischenräume zwischen den einzelnen Federn und den Federringen zu überbrücken und so ein Durchsinken der nachfolgenden Polsterung zu vermeiden, werden Zwischenfäden eingeknüpft. Die Verknüpfung erfolgt mit Bohnen, Doppelbohnen oder Knoten. Die eingeknüpften Zwischenfäden können entweder rechtwinklig oder diagonal verlaufen.

Die **rechtwinklige Schnürung**, auch unter der Bezeichnung **Französische Schnürung** bekannt, fasst die oberen Federringe viermal. Damit die Zwischenfäden die Knoten dieser Federringe nicht erfassen, müssen sie schon beim Aufnähen der Federn auf den Gurten in einem Winkel von 45° ausgerichtet werden. Zwischen den Federreihen werden je nach Federabstand ein bis zwei Zwischenschnüre eingeknotet.

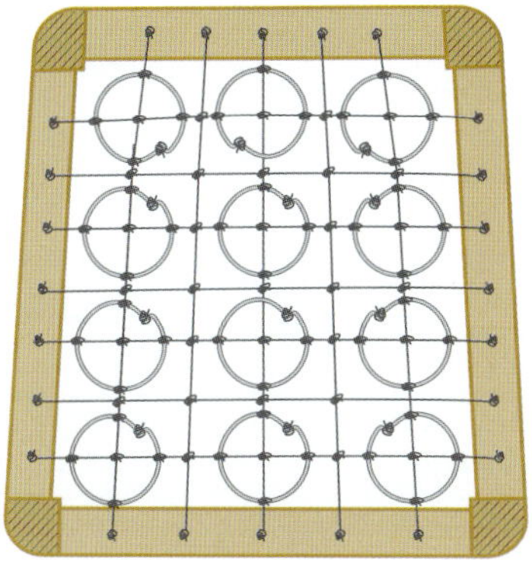

*Rechtwinklige Schnürung*

*Rechtwinklige Schnürung bei einem restaurierten Sesselsitz*

Bei der **diagonalen Schnürung**, die auch als **Deutsche Schnürung** bekannt ist, werden die oberen Federringe achtmal gefasst. Die Knoten der oberen Federringe müssen etwa im Winkel von 22,5° ausgerichtet sein. Diese Schnürungsart ergibt gegenüber der Französischen Schnürung eine härtere Federung, da die oberen Federringe öfter von Schnürfäden erfasst werden.

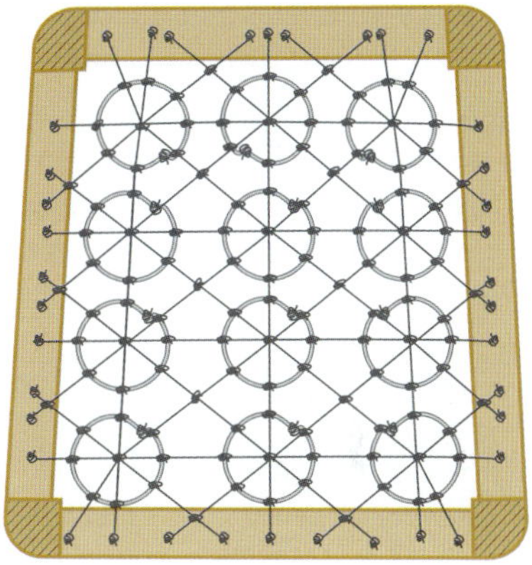

*Diagonale Schnürung*

**Geschnürte Sitzpolster mit hoch gestellter frei federnder Vorderkante**

Bei stark beanspruchten Sitzmöbeln mit geschnürtem Federhochpolster kann es aufgrund der stärkeren Belastung der Vorderkante vorkommen, dass die Längsschnüre im Laufe der Zeit hinten ausreißen. Um diesen Fehler von vornherein auszuschalten, wird die erste Federreihe hoch gestellt und völlig für sich geschnürt, sodass keine Verbindung zu den hinteren Federreihen entsteht. Dabei wird die vordere Federreihe stärker heruntergeschnürt als die übrigen Federn des Sitzes. Durch diese Schnürungsart erhält man ein strapazierfähiges Sitzpolster mit stark beanspruchbarer Kante und weicher Mittelfederung. Bei Schnürungen mit hoch gestellter frei federnder Vorderkante wird zunächst jede Feder der vorderen Federreihe einzeln geschnürt. Mit dem Knotenfaden wird die Feder auf die richtige Höhe heruntergeschnürt, wobei der obere Ring vorne etwas tiefer liegen sollte als hinten. Der auf der hinteren Seite der Holzleiste mit einem freien Ende befestigte Knotenfaden fasst zuerst hinten den unteren Ring der Feder, der etwas über die Leiste hinausragen sollte, mit einem Knoten. Dann wird er über den oberen Ring geführt, wo er ihn an beiden Seiten mit Knoten fasst, und mit einem freien Ende auf die Vorderschwinge angenagelt. Die auf beiden Seiten vorhandenen freien Enden werden jeweils diagonal als Retourfaden, der die Kante in ihrer Stellung stabilisiert, durch die Feder geführt und mit dem Federring verknotet. Die im Schnurverlauf liegenden Federringe werden ebenfalls geknotet.

Eine etwas andere Schnürungsweise, die eine festere Kante ergibt, wäre, wenn das freie Ende des bereits auf der Vorderschwinge angenagelten Knotenfadens als Retourfaden diagonal nach oben durch die Feder, über den oberen Ring und schließlich wieder diagonal nach unten zur hinteren Seite der Holzleiste geführt und dort angenagelt wird. Die im Schnurverlauf liegenden Federringe sowie der obere Federring werden mit Knoten gefasst.

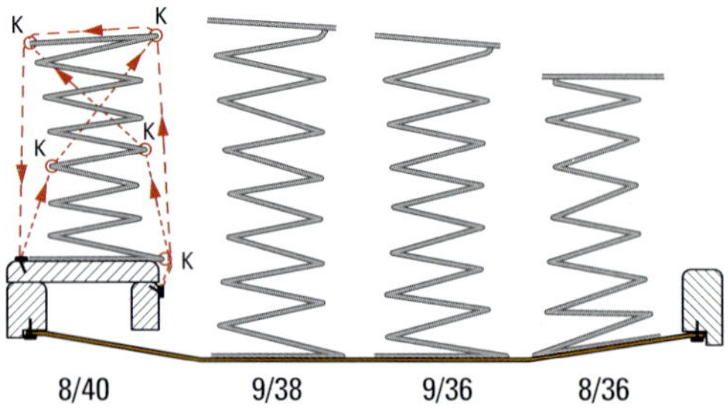

*Schnurverlauf bei einer hoch gestellten frei federnden Vorderkante*

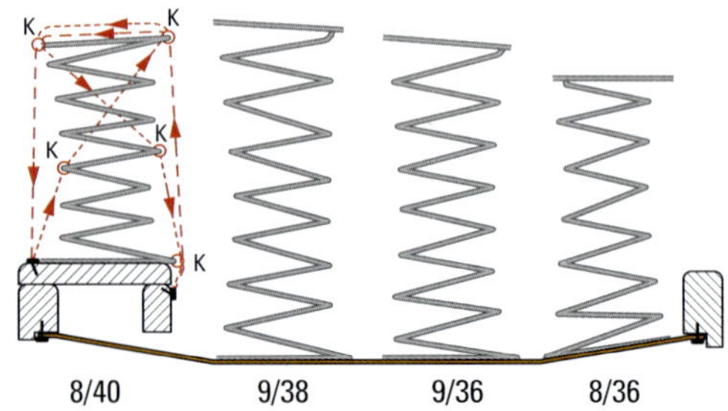

*Schnurverlauf bei einer stabileren hoch gestellten frei federnden Vorderkante*

Nachdem jede Feder einzeln geschnürt wurde, erfolgt die Querschnürung der ersten Federreihe. Sie besteht aus Stell-, Knoten- und Retourfaden und wird in der bereits bekannten Art durchgeführt. Ist die erste Federreihe geschnürt, werden die übrigen Federn auf die Gurte genäht. Es folgt dann die Längsschnürung dieser Federn. Der Verlauf des Stell-, Knoten-, Retour- und Herzfadens ist aus den nachfolgenden Abbildungen zu entnehmen.

Um einen funktionierenden Graben zwischen der ersten und zweiten Federreihe bilden zu können, wird der Knotenfaden vom oberen Ring der zweiten Feder nach unten zum dritten Gang der gleichen Feder und von dort zur Vorderschwinge geführt. Das freie Ende des Knotenfadens wird als Retourfaden zurückgeschnürt.

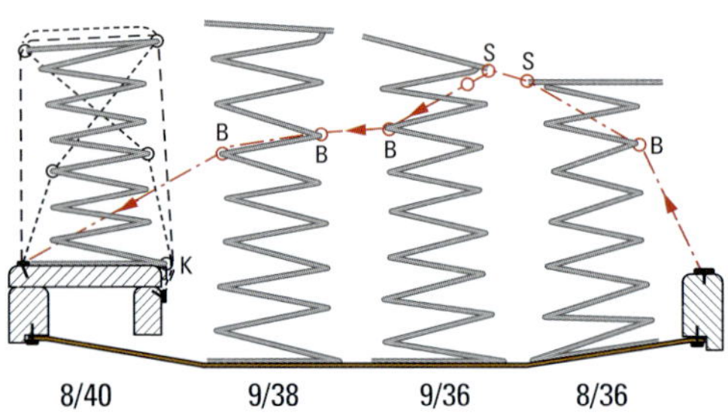

*Verlauf des Stellfadens*

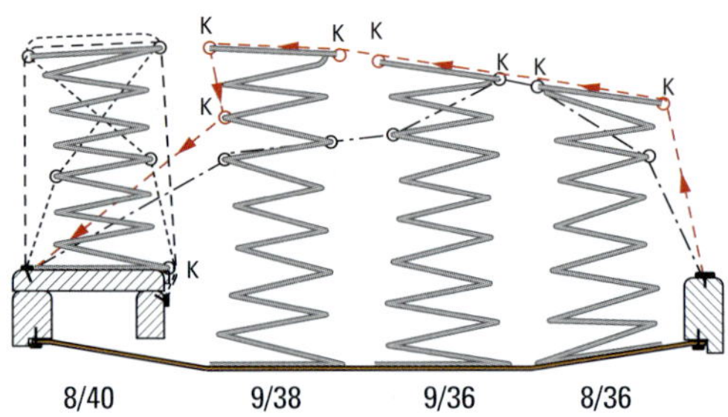

*Verlauf des Knotenfadens*

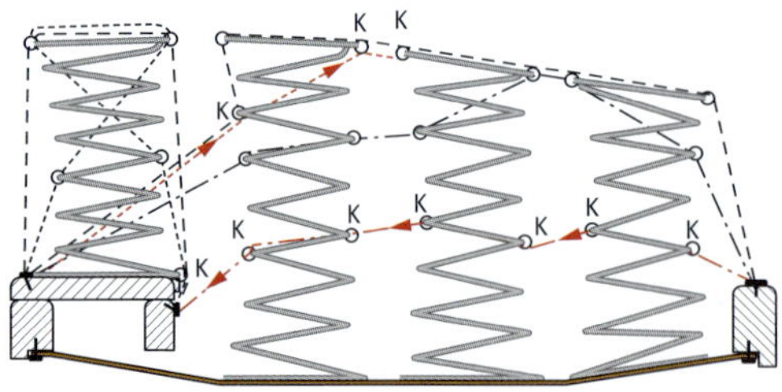

*Verlauf des Retour- und Herzfadens*

*Geschnürter Sitz mit hoch gestellter frei federnder Vorderkante*

Nach der Längsschnürung wird in der bekannten Art die Querschnürung durchgeführt, der Kantendraht angebracht und die Zwischenfäden gezogen. Neben den in diesem Kapitel aufgezeigten Schnürungsarten kann es in Bezug auf den Verlauf und die Art der Verbindung mit den Federringen bei den Stell-, Knoten- und Retourfäden Abweichungen geben, die von der Federhöhe, der Nachgiebigkeit der Federung und der individuellen Gewohnheit beim Schnüren abhängig sind.

**Herstellen des Formpolsters bei einer geschnürten Federung**

Über die geschnürte Federung wird fadengerade Federleinen gelegt und die herabfallenden Enden ohne Spannung auf die Zarge genagelt bzw. mit Heftklammern angeschossen. Das Federleinen wird dann an den Kantendraht und die Federringe angenäht.

*Gefüllter Polstergraben bei einer frei federnden Vorderkante*

Bei Sitzpolsterungen mit frei federnder Vorderkante bildet man zwischen der ersten und zweiten Federreihe mit dem Federleinen einen „Polstergraben", der ausreichend mit Füllstoff gefüllt und anschließend zugenäht wird. Durch ihn wird erreicht, dass die beiden Federreihen nicht aneinander reiben.

Die weiteren Aufbauarbeiten des Formpolsters entsprechen im Wesentlichen denen eines Flachpolsters in klassischer Polstertechnik:

- Ziehen der Lasierstiche auf dem Federleinen
- Einlasieren des gut verzupften losen Füllstoffs
- fadengerades Überheften des Fassonleinens
- Durchnähen der aufgelegten Polsterung, wobei die Durchnähstiche die Federringe und Schnürfäden nicht erfassen dürfen, da sie sonst durchscheuern würden
- Formen und Ausstecken der Kante, die bis zu 2 cm über die Vorderschwinge hinausragen soll
- Garnieren der Kante mit einem Leiter- und Hinter- oder Vorderstich. Dabei ist zu beachten, dass der Leiterstich unter den Kantendraht nach hinten und anschließend über den Kantendraht wieder nach vorn gestochen wird. Vor dem Kantendraht macht man eine Doppelschlinge und zieht den Garnierfaden fest an.
- Durchsitzen der Polsterung und Nachziehen der Durchnähfäden
- Ziehen der Lasierstiche auf der durchgenähten Polsterung
- Auflegen der Pikierung und Abdecken mit Watte
- ggf. mit Nessel beziehen (Weißpolster)

### 2. Hohe Sitzpolsterungen in klassischer Polstertechnik mit Federkernen

Zur Vereinfachung der Polsterarbeit wird anstelle einer geschnürten Federung auch oft ein Federkern eingesetzt. Das Anbringen der Unterfederung und des Federkerns erfolgt wie in Kapitel 6.1.3.1 beschrieben. Bei dieser Polsterart unterscheidet man folgende Grundpolster:

**Formpolster**
Formpolster über Federkerne werden in der gleichen Art aufgebaut und hergestellt, wie sie schon bei einer geschnürten Federung beschrieben wurden.

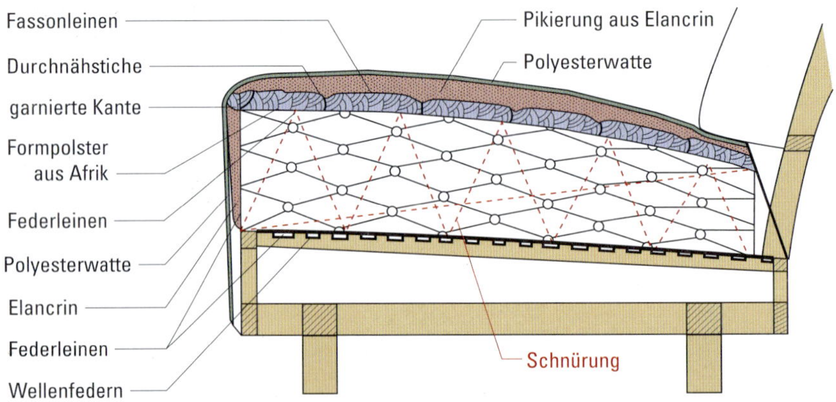


*Schnitt durch ein Sitzpolster mit Zylinderfederkern und Formpolster*

**Grundpolster mit losen Füllstoffen und angarnierter Filzkante (Halbfasson)**
Dieses Grundpolster stellt eine weitere Vereinfachung des Polsteraufbaus dar. Zunächst wird bei dem mit Feder- oder Spannleinen überspannten Federkern an den Bandstahlrahmen eine Jutefilzkante angarniert, die aber auch vor dem Überheften des Feder- bzw. Spannleinens angarniert werden kann.
Danach folgt der eigentliche Aufbau des Grundpolsters. Auf dem Feder- bzw. Spannleinen werden Lasierstiche gezogen, ca. 3 cm Füllstoff (Afrik oder Elancrin) aufgelegt und gut verzupft unter die Lasierstiche geschoben. Es folgt dann das Überheften des Fassonleinens, das Durchnähen der aufgelegten Polsterung, das Durchsitzen und das Nachziehen der Durchnähfäden. Als Pikierung kann eine Lage ungeleimte Polsterwatte aufgelegt und eine ca. 2 cm starke Schaumstoffplatte (RG 18–25) mit eingeschlagenen Schnittkanten bündig mit der angarnierten Kante aufgeklebt oder um die Kante herumgeklebt werden. Vor dem Beziehen wird die Schaumstoffplatte mit Polyesterwatte abgedeckt.

### 6.1.3.3 Kanten und Vorderböden bei hohen Sitzpolsterungen

Die Kanten und Vorderböden der Polstermöbel mit hohen Sitzpolsterungen können unterschiedlich gestaltet sein und richten sich nach dem zu erzielenden Gesamteindruck.

#### 1. Kanten bei hohen Sitzpolsterungen

**Glatte Kante**
Diese Kantenform, auch als einfache Kante bezeichnet, kann bis zu 2–3 cm vor der Vorderschwinge stehen und bildet mit der Sitzfläche und dem Boden einen zusammenhängenden Block.

Bei moderner Polstertechnik kann sie durch Angarnieren einer Filzkante oder durch Formkappen aus Gummihaar oder Gummikokos mit entsprechender Kantenform gebildet werden. Der Boden kann durch ein entsprechendes Schaumstoffteil mit niedrigem Raumgewicht ausgelegt werden, das auf das Feder- bzw. Spannleinen aufgeklebt und mit Polyesterwatte abgedeckt wird. In verschiedenen Fällen wird auf den überspannten Boden auch nur eine Lage Watte geklebt.

Bei klassischer Polstertechnik mit Formpolstern werden am Boden kleine Lasierstiche gezogen, in die nicht zu viel Füllmaterial, z. B. Elancrin, einlasiert und mit einer Lage Watte abgedeckt wird.

**Vorgebaute Kante**

Diese Kantenform, die auch als „Englische Kante" bezeichnet wird, steht mit einer starken Wulst über der Vorderschwinge. Durch sie kommt es zu einer klaren Trennung zwischen Sitzfläche und Boden. In ihrer fertigen Form muss sie rechtwinklig von dem unter ihr liegenden Boden abstehen.

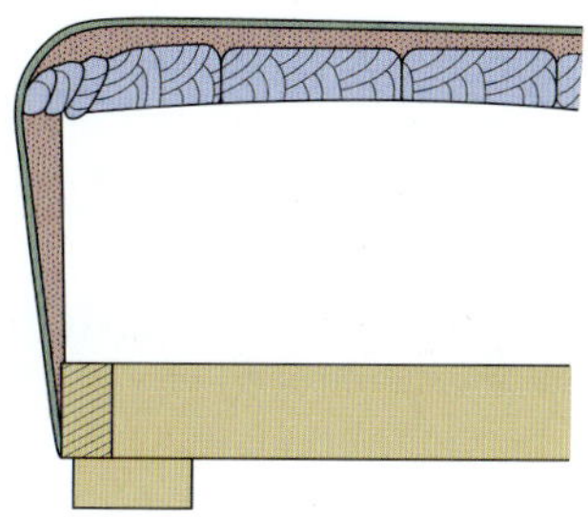

*Glatte oder einfache Kante*

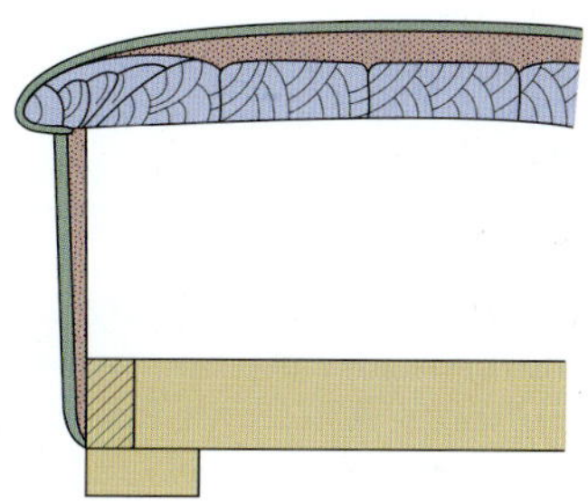

*Vorgebaute oder „Englische" Kante*

Bei moderner Polstertechnik kann diese Kante mit entsprechenden Formteilen aus Verbundschaum bzw. Gummihaar oder Gummikokos gebildet werden, die auf den überspannten Federkern geklebt wird. Der Boden kann wie bei einer glatten Kante ausgelegt werden.

Bei klassischer Polsterung mit einem von Hand aufgelegten Formpolster wird die Kante durch Formen und Garnieren mit einem Leiter- und mindesten zwei Hinterstichen gebildet. Die durch das Garnieren an der Kante entstehenden Unebenheiten müssen besonders mit Watte ausgelegt werden.



## 2. Vorderböden bei hohen Sitzpolsterungen

Bei Sitzmöbeln mit niedrigen Füßen entstehen hohe Vorderböden, die den Gesamteindruck des Polstermöbels mindern. Um dem Boden und damit dem ganzen Sitzmöbel eine bessere optische Wirkung zu geben, werden verschiedene Polstertechniken angewendet, um den Boden zu unterteilen.

**Geteilte oder doppelte Böden**

Bei klassischer Polstertechnik mit geschnürten Federungen und höheren Federkernpolsterungen kann der Boden durch eine tiefer liegende Mulde, in die eine Möbelschnur eingenäht wird, unterteilt werden. Für die Unterteilung schneidet man zunächst für den Boden ein entsprechendes Nesselstück zu, das man in der gewünschten Höhe der Unterteilung umlegt und an der Umbugstelle mit der Maschine eine schmale Schlaufe abnäht. In diese Schlaufe wird ein Kantendraht eingezogen, den man mit dem Nessel in einer proportional gut wirkenden Höhe mit überwendlichen Stichen fest an das Feder- oder Spannleinen der überspannten geschnürten Federung oder des Federkerns annäht.

Die zurückgebogenen Enden des Kantendrahts werden an den Seitenböden angenäht. Ober- und unterhalb des Kantendrahts werden dann auf dem Feder- oder Spannleinen kleine Lasierstiche gezogen, in die nicht zu viel Füllmaterial einlasiert wird. Mit einer Lage Watte wird das Füllmaterial abgedeckt. Anschließend wird das Nesselstück gleichmäßig darüber gespannt, wobei der obere Teil an die Kante angenäht wird. Der untere Teil wird auf oder unter der Zarge befestigt. Nach dem Beziehen wird in die entstandene Mulde eine Möbelschnur eingenäht, die die Teilung bzw. den doppelten Boden unterstreicht.

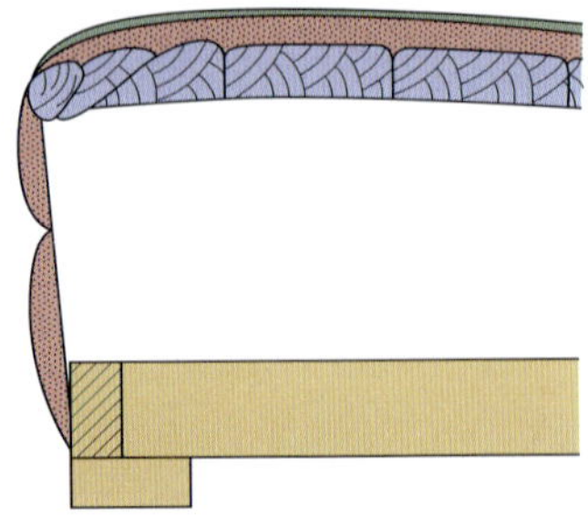

*Sitz mit geteiltem Boden*

### Kissenmarkierungen

Durch das Polstern einer Kissenmarkierung soll bei einem Sitzmöbel ein vorstehendes oder bündig aufgelegtes loses Sitzkissen vorgetäuscht werden. Diese Wirkung kann auf verschiedene Weise erzielt werden.

Bei Federkernpolsterungen mit einer modernen Polstertechnik kann man eine Kissenmarkierung erzielen, indem man den Federkern etwas vor den Gestellrahmen stellt oder den oberen Teil des Bodens im Bereich des Federkerns stärker auslegt. In beiden Fällen wird ein vorstehendes Kissen vorgetäuscht.

Ein bündig aufgelegtes Kissen kann bei einer modernen Polstertechnik in der Weise angedeutet werden, indem man den Bezugsstoff für den Boden in der gewünschten Kissenhöhe teilt und in die Naht ein Effilé mit Schnitt- oder Schlingenfransen oder einen Keder einnäht.

Bei klassicher Polstertechnik polstert man zunächst den Sitz mit einer etwas vorstehenden Kante und bringt an einer festgelegten Höhe am Feder- oder Spannleinen der überspannten Federung ein Bourlet an, das in dem gleichen Maß wie die Kante vorsteht. Für die Herstellung des Bourlets wird ein ca. 20 cm breiter Streifen Nessel benötigt, bei dem in der gleichen Art wie beim geteilten Boden eine Schlaufe abgenäht und ein Kantendraht eingezogen wird. Der Kantendraht wird dann mit dem Nesselstreifen an das Feder- bzw. Spannleinen der überspannten Federung angenäht. Anschließend wird in den doppelten Nesselstreifen Füllstoff eingefüllt, ein Bourlet geformt und mit einem Leiter- und mindestens zwei Hinterstichen garniert. Zwischen der vorstehenden Sitzkante und dem Bourlet werden kleine Lasierstiche gezogen, in die gut verzupft Füllstoff eingehängt wird. Mit einer Lage Watte wird dann die obere Kissenmarkierung und der unter ihr liegende Boden abgedeckt.

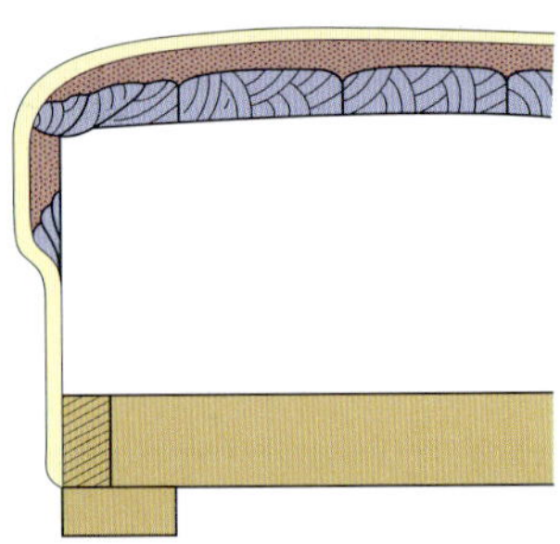

*Kissenmarkierung durch ein Bourlet*

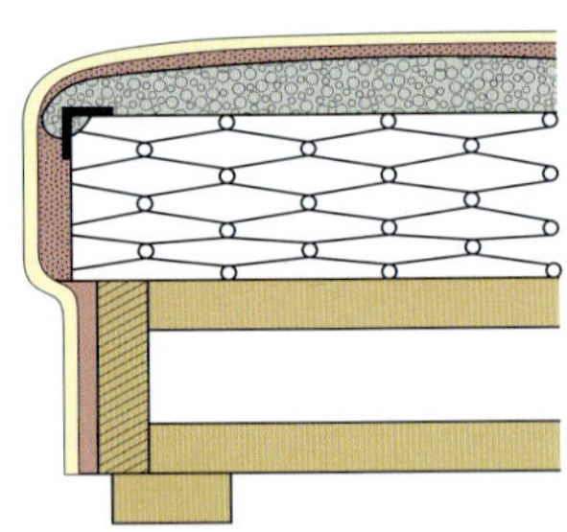

*Kissenmarkierung durch vorgestellten Federkern*

Bei Kissenmarkierungen wird der Bezugsstoff für den Boden entsprechend der vorstehenden Kissenmarkierung geteilt, wobei in die Nähe eingefügte Keder oder Effilé die Kissenmarkierung unterstreichen.

*Aufgaben*

1. *Schildern Sie das Grundprinzip sowie die Vor- und Nachteile eines geschnürten Sitzpolsters.*
2. *Was ist bei der Auswahl der Federn für ein Sitzpolster und bei ihrer Verteilung, Stellung und Befestigung auf den Gurten zu beachten?*
3. *Erklären Sie den Unterschied im Aufbau und in der Federwirkung zwischen einer a) Französischen und b) Deutschen Schnürung.*
4. *Erläutern Sie, was man unter einer „Englischen Kante" versteht und wie sie in a) moderner und b) klassischer Polstertechnik hergestellt werden kann.*

## 6.1.4 Armlehnpolsterungen

Die Armlehnen der Polstermöbel unterscheiden sich durch die von den Gestellen vorgegebene Art – sie können bis zum Rücken reichen oder an ihm vorbeigeführt werden – und durch den Aufbau ihrer Polsterung. Am Rücken vorbeigeführte Armlehnen können mit dem Gestell fest verbunden oder anschraubbar sein, wie es im letzteren Fall bei verschiedenen Sesselformen moderner Machart häufig der Fall ist. Anschraubbare Armlehnen werden völlig für sich gepolstert und bezogen und anschließend an das fertig gepolsterte Gestell angeschraubt.

Die Armlehnen müssen so gestaltet und aufgebaut sein, dass

- sie das beim Aufstehen durch Abstützen einwirkende Gewicht des Benutzers aufnehmen (ca. 35–50 % des Benutzergewichts),
- beim Sitzen die Unterarme auf einer weichen Aufliegefläche ruhen können.

Erreicht wird dies durch ein festes Grundpolster mit einer weichen Abdeckung.



### 6.1.4.1 Kantenbildung bei den Armlehnstützen

Zu Beginn der Polsterung wird bei den Armlehnen der Vollpolstermöbel an den Kanten der Armlehnstützen ein Bourlet angebracht, um

- die Form der Armlehnen zu verbessern oder zu vollenden,
- Gewebe, z. B. Fassonleinen, Nessel, Bezugsstoff, annähen (nicht bei Kunststoff- und Verbundschaumbourlets) oder Schaumstoff ankleben zu können,
- mit dem Bezugsmaterial Zierfalten in die Rundungen legen zu können,
- in der entstandenen Vertiefung eine Stoffchatose abnageln oder eine Holzchatose mit Dübeln anbringen zu können.

#### 1. Bourletarten bei moderner Polstertechnik

Bei Polsterungen in moderner Polstertechnik werden vor allem fabrikmäßig hergestellte Bourlets wie **Bourletschnüre** sowie die in vielen Formen angebotenen **Kunststoff**- und **Verbundschaumbourlets** verwendet, die auf die Kanten mit Heftklammern nur angeschossen oder auch aufgeklebt werden müssen.

### 2. Bourletarten bei klassischer Polstertechnik

Bei Polsterungen klassischer Polstertechnik werden folgende Bourletarten gebildet:

**Handgeformtes garniertes Bourlet**
Diese sehr aufwendig herzustellende Bourletart entspricht im Aufbau und in den durchzuführenden Arbeiten im Wesentlichen der eines Randformpolsters bei einem erhöhten Flachpolster.

Ein ca. 15–20 cm breiter Streifen Spannleinen wird auf die Vorderkante der Armlehnstütze mit Heftklammern angeschossen. An den Ecken und Rundungen wird das Spannleinen etwas eingehalten und in kleine Falten gelegt. Mit einem schmalen Pappstreifen, der ca. 1 cm vor der Kante steht, wird das Spannleinen angenagelt oder mit Heftklammern angeschossen. Dann wird auf die Armlehnstütze das lose Füllmaterial (Afrik oder Elancrin) aufgelegt, in das Spannleinen eingerollt und zu einer Wulst geformt. Nach dem Zuschlagen des Spannleinens wird das Bourlet mit einem Leiter- und Hinterstich garniert.

**Gurtbourlet**
Bei dieser Bourletart, die vorwiegend bei preiswerteren Polstermöbeln anzutreffen ist, wird ein kräftiger oder doppelter angefeuchteter Pappstreifen mit einem Jutegurt umlegt und mit einem Überstand auf die Kante der Armlehnstütze mit Heftklammern angeschossen oder angenagelt.

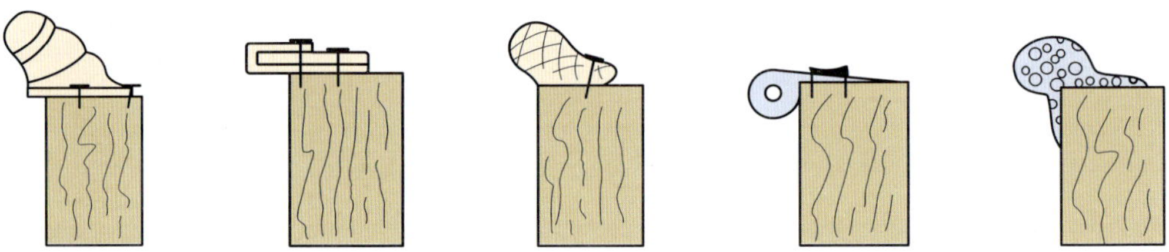

*Handgeformtes garniertes Bourlet* *Gurtbourlet* *Bourletschnur* *Kunststoffbourlet* *Verbundschaumbourlet*

### 6.1.4.2 Arten der Armlehnpolsterungen

Die Polsterungen der Armlehnen können sehr unterschiedlich sein. Bei fest gepolsterten Vollpolstermöbeln reichen sie bis zur Sitzfläche, bei Kissenpolsterungen bis zur Zarge.

### 1. Armlehnpolsterungen in moderner Polstertechnik

Die Polsterung der Armlehnen moderner Polstermöbel erfolgt heute üblicherweise mit Schaumstoffen in der Sandwich-Bauweise. Dabei werden entweder einfache Zuschnitte oder vorgefertigte Formteile eingesetzt. Durch die Verwendung der Schaumstoffe lassen sich die Armlehnen nicht nur leichter und schneller und damit auch preiswerter polstern. Darüber hinaus kann durch eine entsprechende Auswahl der Schaumstoffe eine gewünschte Weichheit und Elastizität der Armlehnpolster bestimmt werden.

Nach der Überprüfung des Gestells wird an den Kanten der Armlehnstützen ein Bourlet, in der Regel eine Bourletschnur, ein Kunststoff- oder Verbundschaumbourlet, angebracht. Auf die Innenseite der Armlehne wird dann mit Heftklammern eine Pappe angeschossen. Anschließend werden auf das Armlehnbrett von hinten nach vorn die passend zugeschnittenen Schaumstoffzuschnitte, z. B. aus Verbundschaum und Schaumstoff (RG 30–35), geklebt. Über die Innenpappe und die Schaumstoffzuschnitte klebt man eine weiche Schaumstoffabdeckung (RG 18–25), die bündig mit dem Bourlet an der Armlehnstütze abschließt. Wird ein vorgefertigtes Armlehnformteil verwendet, das ebenfalls bündig mit dem Bourlet verklebt wird, so erübrigt sich in der Regel eine Schaumstoffabdeckung, weil diese schon in dem Formteil enthalten ist. Die seitliche Schaumstoffabdeckung reicht dann nur bis zu dem aufgeklebten Formteil.

Vor dem Beziehen wird die gesamte Polsterung mit einer mehr oder weniger dicken Lage Polyesterwatte abgedeckt.

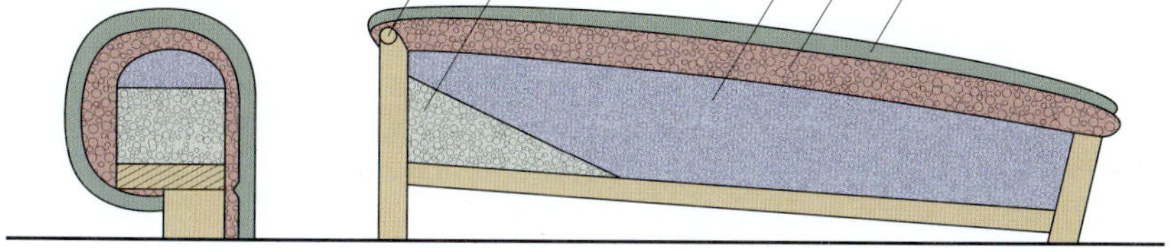


## 2. Ungefederte Armlehnpolsterungen in klassischer Polstertechnik mit Formpolster

Diese Polsterung wird kaum noch angewendet, es sei denn, es sollen Polstermöbel stilgerecht restauriert werden. Die hierfür durchzuführenden Arbeiten entsprechen im Wesentlichen denen eines erhöhten Flachpolsters. Besitzen die Armlehnbretter auf ihren Oberflächen Kanten, dann muss auf ihnen in bekannter Art ein handgeformtes garniertes Bourlet angebracht werden. Bei runden Armlehnhölzern erübrigt sich diese Arbeit. Die folgende Abbildung zeigt im Schnitt den Aufbau solcher Polsterungen.

① *Formpolster*
② *Pikierung (Elancrin, Rosshaar)*
③ *Polyesterwatte*
④ *garniertes Bourlet*

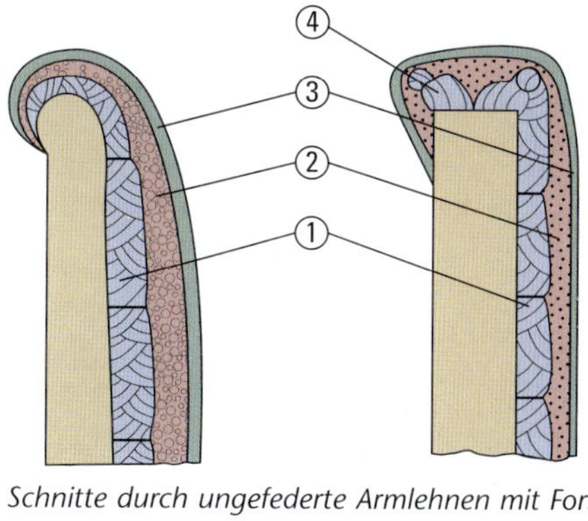


*Schnitte durch ungefederte Armlehnen mit Formpolster*

## 3. Armlehnpolsterung in klassischer Polstertechnik mit geschnürter Federung

Polstermöbel mit geschnürter Sitzfederung erhalten in der Regel auch eine geschnürte Federung der Armlehnen. Vor dem Anbringen der Armlehnfederung bringt man an den Vorderkanten der Armlehnstützen in bekannter Art ein handgeformtes garniertes Bourlet an.

### Auswahl der Federn

Für Armlehnpolsterungen verwendet man in der Regel 5- bis 7-gängige Taillenfedern mit Drahtdurchmessern zwischen 2,2 und 2,8 mm. Die Höhe der Federn richtet sich nach der Höhe und Form der Armlehne. Im Allgemeinen soll sie nach dem ersten Drittel leicht abfallen, sodass für die dritte und vierte Feder einer Armlehne niedrigere Gangzahlen benötigt werden.

### Befestigung der Federn

Die Federn werden mit Krampen auf das Armlehnfederbrett genagelt. Um ein Klappern der Federn auf dem Federbrett zu vermeiden, belegt man es mit einem Stück Federleinen oder man nagelt über die untersten Ringe der Federn einen Jutegurt.

### Schnüren der Federn

Zum Schnüren der Federn verwendet man Aufnähfäden. Zuerst wird die **Querschnürung** durchgeführt, wobei jede Feder einzeln für sich geschnürt wird. Der Knotenfaden, der mit einem freien Ende auf der Innenseite des Armlehnfederbretts befestigt wird, schnürt die Federn auf die gewünschte Höhe herunter. Die erste Feder sollte etwa 1 cm höher als das Bourlet geschnürt werden, die zweite etwa 1,5 cm höher als die erste, die dritte und vierte entsprechend dem Gefälle der Armlehne etwas tiefer. Von der Innenkante des Armlehnfederbretts wird der Knotenfaden über den oberen Ring geführt und fasst ihn an beiden Seiten mit einem Knoten. Mit einem freien Ende wird er auf der Außenkante des Armlehnfederbretts befestigt. Die freien Enden werden als Retourfäden diagonal durch die Feder geführt und mit dem oberen Federring verknotet. Die im Schnurverlauf liegenden Ringe werden ebenfalls geknotet.

Nach der Querschnürung folgt die **Längsschnürung**, die aus Stell-, Knoten- und Retourfaden besteht und von hinten nach vorn durchgeführt wird.

Der Stellfaden wird an einer an der Rückenlehnstütze eingeschlagenen Krampe befestigt. Er wird in der gleichen Art wie bei einem Sitzpolster mit Schlaufen und Bohnen geknüpft und an einer an der Armlehnstütze eingeschlagenen Krampe festgeknotet. Nach dem Schnüren des Stellfadens werden die Federn gestellt. Die erste Feder erhält eine leichte Neigung nach vorn, die letzte eine leichte Neigung nach hinten. Die beiden mittleren Federn erhalten eine aufrechte Stellung.

Der an der Rückenlehnstütze befestigte Knotenfaden fasst hinten den oberen Federring der vierten Feder mit einem Knoten und zieht ihn auf die richtige Höhe herunter. Er wird dann über die Federringe der anderen Federn zur Armlehnstütze geführt, wo er mit einem freien Ende an der eingeschlagenen Krampe befestigt wird. Das freie Ende des Knotenfadens wird als Retourfaden zurückgeschnürt. Er wird über den oberen Federring der ersten Feder bis vorn zum oberen Federring der zweiten Feder und von dort wieder zurück zur Armlehnstütze geführt und dort an der Krampe angeknotet. Die im Schnurverlauf des Knoten- und Retourfadens liegenden Ringe werden geknotet, die quer laufenden Knotenfäden werden mit einer Doppelbohne gefasst.

*Bourlet an der Armlehne und Ausschnitt einer geschnürten Armlehnfederung*

Um die geschnürte Federung wird abschließend in bekannter Art ein nicht zu dicker Kantendraht angebracht.

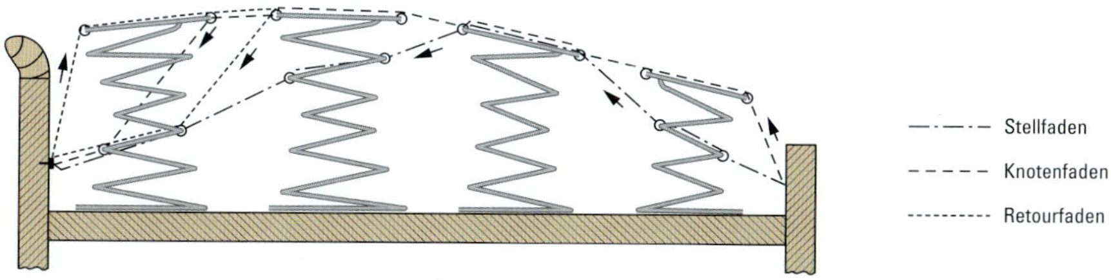


**Herstellen des Formpolsters**
Der Aufbau des Formpolsters erfolgt bei einer geschnürten Armlehnfederung in zwei Teilen.

Zuerst befestigt man auf der Innenseite der Armlehne Spannleinen, das an der Armlehnstütze, dem Armlehnfederbrett, der Armlehnspannleiste und der Rückenlehnstütze befestigt wird. Auf dem Spannleinen werden Lasierstiche gezogen, unter die gut verzupft Afrik oder Elancrin geschoben wird. Über den aufgelegten Füllstoff wird fadengerade Fassonleinen geheftet und die Polsterung in Querrichtung durchgenäht.

Dann heftet man über die geschnürte Federung fadengerade Spannleinen und befestigt es an den Seiten des Armlehnfederbretts und an der Rückenlehnstütze. An die Armlehnstütze nagelt man das Spannleinen mit einem leichten „Graben" an, damit es beim Herunterdrücken der Federung nicht abreißt. Anschließend wird das Spannleinen mit einem Schlingstich an den Kantendraht angenäht. Auf dem Spannleinen werden dann Lasierstiche gezogen, unter die gut verzupft Afrik oder Elancrin einlasiert wird. Über das aufgelegte Füllmaterial wird fadengerade Fassonleinen geheftet und mit ein oder zwei Reihen durchgenäht, wobei keine Federringe oder Schnürfäden gefasst werden dürfen. Nach dem Formen und Ausstecken der Kanten wird das Fassonleinen an den Kantendraht genäht. Beide Seiten des Armlehnpolsters werden dann garniert, wobei in den meisten Fällen ein Leiterstich ausreicht. Auf dem Formpolster und der Innenseite der Armlehne werden für die Pikierung Lasierstiche gezogen, in die zum Ausgleich der Unebenheiten gut verzupft Elancrin oder Rosshaar eingehängt wird. Mit einer Lage Watte wird die gesamte Polsterung abschließend abgedeckt. Bei einem „Weißpolster" wird die Armlehne wie bei einer Sitzpolsterung mit Nessel bezogen.



***Aufgaben***

1. *An Armlehnen muss eine Bourlet angebracht werden. Nennen Sie*
   *a) die Gründe, warum ein Bourlet angebracht wird,*
   *b) die Bourletarten, die bei Polstermöbeln mit moderner Polstertechnik zum Einsatz kommen. Wie werden sie befestigt?*
2. *Beschreiben Sie die Arbeitsgänge bei der Herstellung eines in klassischer Polstertechnik von Hand geformten garnierten Bourlets bei einer Armlehne.*
3. *Beschreiben Sie den Polsteraufbau einer Armlehne in moderner Polstertechnik mit Schaumstoffen.*
4. *Schildern Sie die Auswahl der Federn und den Aufbau einer geschnürten Armlehnfederung.*

### 6.1.5 Rückenlehnpolsterungen

Die Rückenlehnen der Polstermöbel können sehr verschiedenartig gestaltet sein. Sie unterscheiden sich durch ihre

- **Höhe:** Schulter, Nacken oder Kopf (Backensessel),
- **Form:** gerade oder gewölbt,
- **Polsterung.**

Der Polsterung der Rückenlehnen kommt besondere Bedeutung zu, denn sie sollte so aufgebaut sein, dass sie die Wirbelsäule stützt, entlastet und sich ihr anpasst. Dies kann erreicht werden durch eine etwas festere Polsterung im unteren Rückenlehnenbereich, wodurch die Wirbelsäule gestützt und entlastet wird. Die weichere Polsterung im oberen Rückenlehnenbereich lässt sich leichter zusammendrücken und passt sich somit der Form der Wirbelsäule an.

#### 6.1.5.1 Vorbereiten des Gestells

Um die harten Außenkanten der Rückenlehne zu verdecken, bringt man an der Kopfleiste, den Rückenlehnstützen und evtl. Backenhölzern ein Bourlet an. Dadurch wird nicht nur die Form der Rückenlehne verbessert, sondern je nach Art des Bourlets (handgeformtes garniertes Bourlet, Bourletschnur oder ein Kunststoff- oder Verbundschaumbourlet) dient es auch zum Annähen von Fassonleinen, Nessel, Bezugsstoff (nicht bei Kunststoff- und Verbundschaumbourlets) oder zum Ankleben von Schaumstoff.

#### 6.1.5.2 Rückenlehnen in moderner Polstertechnik

##### 1. Rückenlehnen in moderner Polstertechnik mit Schaumstoffpolsterung

Die Rückenlehnen klassischer und moderner Polstermöbel werden heute üblicherweise vollkommen aus Schaumstoff gepolstert. Der Grund für die Dominanz dieser Polsterart ist darin zu sehen, dass mit den zur Verfügung stehenden Raumgewichten, Stauchhärten und Formgebungsmöglichkeiten der Schaumstoffe eine optimale Rückenpolsterung aufgebaut werden kann, die sich der Form der Wirbelsäule anpasst, sie stützt und entlastet.

Als Unterfederung kommen bei dieser Polsterart entweder Wellenfedern oder Gummigurte zum Einsatz. Die Wellenfedern werden in bekannter Art in Längsrichtung montiert und mit Federleinen oder einer Filzplatte überspannt. Gummigurte werden nach einer vorgeschriebenen Vorspannung (je nach Gurtart zwischen 30 und 100 %) mit schräg gesetzten Heftklammern auf dem Gestellrahmen befestigt. Bei geraden Rückenlehnformen werden sie in den meisten Fällen mit geringen Abständen in Querrichtung angebracht. Dabei besteht die Möglichkeit, im unteren Rückenlehnbereich weniger nachgebende Gummigurte zu verwenden, um der Wirbelsäule einen größeren Halt zu geben. Es gibt aber auch Gestellformen, bei denen die Gurte in Längs- und Querrichtung verflochten oder nur in Längsrichtung angebracht werden, wie dies bei nach innen gewölbten Rückenlehnen nur möglich ist.
Über die Gummigurte bzw. über die mit Spannleinen überspannten Wellenfedern wird eine im Sandwich-Aufbau zweischichtige Schaumstoffkombination aufgeklebt. Dabei sollte der untere dickere und härtere Schaumstoff ein Raumgewicht zwischen 30 und 35, der darüber liegende dünnere und weichere Schaumstoff ein Raumgewicht zwischen 18 und 25 besitzen. Sollen Rückenlehnen eine Nierenstütze erhalten, so verwendet man

für sie ebenfalls Schaumstoff mit einem höheren Raumgewicht und einer höheren Stauchhärte als für den oberen Teil. Die für die Rückenlehne verwendeten Schaumstoffzuschnitte bzw. konfektionierten Formteile werden entweder um die Kante der Rückenlehne herumgeklebt oder sie schließen mit dem Bourlet der Rückenlehne ab. Modellabhängig wird auf den unteren Teil der Schaumstoffkombination ein Zugstreifen aufgeklebt, mit dem sie nach unten bzw. nach hinten weggezogen werden kann. Je nach der zu erzielenden Weichheit wird die Schaumstoffpolsterung mit einer mehr oder weniger dicken Lage Polyesterwatte abgedeckt.

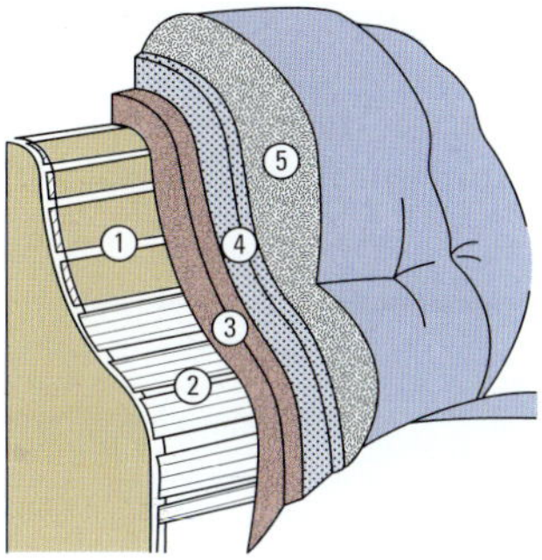


① *Gummigurte mit hoher Elastizität*
② *Gummigurte mit geringerer Elastizität*
③ *Schaumstoff RG 30–35*
④ *Schaumstoff RG 18–25*
⑤ *Polyesterwatte*

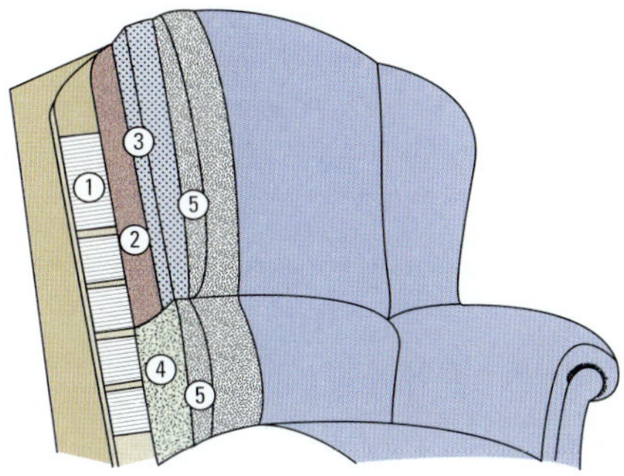


① *Gummigurte*
② *Schaumstoff RG 30–35*
③ *Schaumstoff RG 18–25*
④ *Schaumstoff RG 38 (Nierenstütze)*
⑤ *Polyesterwatte*

*Schnitte durch Rückenlehnen mit Schaumstoffpolsterung*

6

## 2. Rückenlehnen in moderner Polstertechnik mit Federkernen

Durch die Verwendung von Federkernen will man bei der Polsterung der Rückenlehnen eine ähnliche, aber preiswertere Federwirkung erzielen, als dies mit einer geschnürten Federung möglich ist. Für eine Rückenlehnpolsterung können alle Federkernarten verwendet werden.

### Untergrund oder Unterfederung und Befestigung des Federkerns

Als Untergrund verwendet man Jutegurte oder eine Unterfederung aus Wellenfedern. Die Jutegurte werden in bekannter Art auf dem Rückenlehnrahmen befestigt. Entsprechend der Gestellform können sie in Längsrichtung in Abständen von ca. 3 cm oder in verflochtener Art in Längs- und Querrichtung angebracht werden.

Werden Wellenfedern für die Unterfederung verwendet, so wählt man Federn mit geringerer Drahtdicke (2,5–3,2 mm) als für eine Sitzunterfederung. Sie werden in die auf Kopf- und Rückenlehnspannleiste befestigten Scharniere eingehängt. Zu beachten ist, dass die Federn untereinander mit Gummiringen oder Verbindungshaken sowie mit den Rückenlehnstützen durch Zugfedern oder Gummigurtstücke verbunden werden.
Über die Jutegurte bzw. Wellenfedern wird anschließend fadengerade Federleinen oder eine schwere Qualität Spannleinen gespannt und mit umgeschlagenen Kanten am Rückenlehnrahmen mit Heftklammern angeschossen. Eine aufgelegte Lage Polsterwatte

verhindert bei einer Unterfederung aus Wellenfedern das Durchscheuern des Federleinens und spätere Geräusche. Anstelle des Federleinens und der Watteauflage kann auch eine dickere Filzplatte verwendet werden.

Das Befestigen des Federkerns auf dem Rückenlehnrahmen sowie das Richten erfolgt in der gleichen Art wie bei einem Sitzpolster.

**Aufbau des Schaumstoff-Grundpolsters**

Über den befestigten Federkern wird ohne Spannung fadengerade eine schwere Qualität Spannleinen gelegt und an den Bandstahlrahmen und den Federringen angenäht. An den Seiten wird es auf den Gestellrahmen mit Heftklammern angeschossen.

An den Rahmen wird eine Filzkante angarniert, die auch schon vor dem Überspannen des Spannleinens angebracht werden kann. Es folgt dann der Aufbau des Grundpolsters mit Schaumstoff.

Auf den überspannten Federkern wird eine Lage Polsterwatte aufgelegt, die mit einigen Nähstichen befestigt werden kann. Darüber klebt man eine ca. 4 bis 5 cm dicke Schaumstoffplatte (RG 30 bis 35), die mit eingeschlagenen Kanten auf die Filzkante geklebt wird. Auf die untere Seite der Schaumstoffplatte klebt man einen Zugstreifen, mit dem die Platte nach unten bzw. nach hinten weggezogen werden kann. In den meisten Fällen wird anstelle einer Schaumstoffplatte eine im Sandwich-Aufbau zweischichtige Schaumstoffkombination aus einem unteren härteren (RG 30–35) und oberen weichen Schaumstoff (RG 18–25) als Grundpolster aufgeklebt.

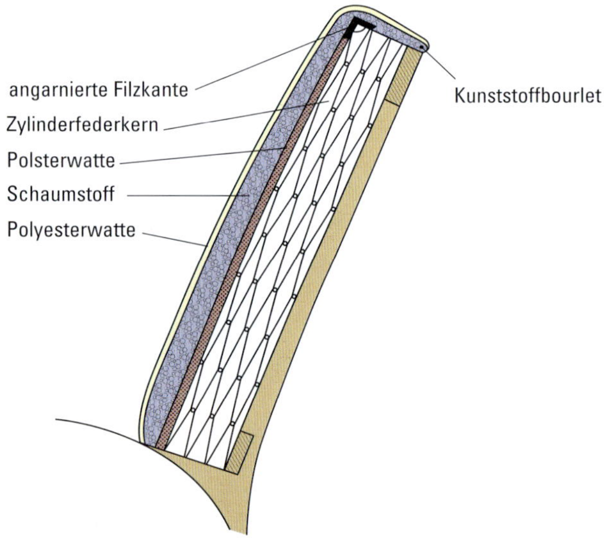


*Schnitt durch eine Rückenlehne mit Federkern*

Nach der Polsterung der Rückenflächen werden die Böden des Rückenlehnpolsters ausgelegt, indem ein entsprechend zugeschnittenes Schaumstoffteil auf das Spannleinen geklebt wird.

Vor dem Beziehen wird die gesamte Polsterung mit einer Lage Polyesterwatte abgedeckt.

Bei Bedarf, was allerdings selten vorkommt, können Rückenlehnen mit Federkernen auch ein Grundpolster in klassischer Polstertechnik wie bei einem hohen Sitzpolster erhalten.

### 6.1.5.3 Rückenlehnen in klassischer Polstertechnik

#### 1. Flach gepolsterte Rückenlehnen in klassischer Polstertechnik

Diese Polsterart kommt ausschließlich bei Polsterstühlen und Polstermöbeln verschiedener Stilepochen vor und ist mit den Flachpolsterarten der Sitze identisch.

Deshalb wird an dieser Stelle auf die weitere Beschreibung dieser Polsterart verzichtet und auf das Kapitel 6.1.2.3 verwiesen.

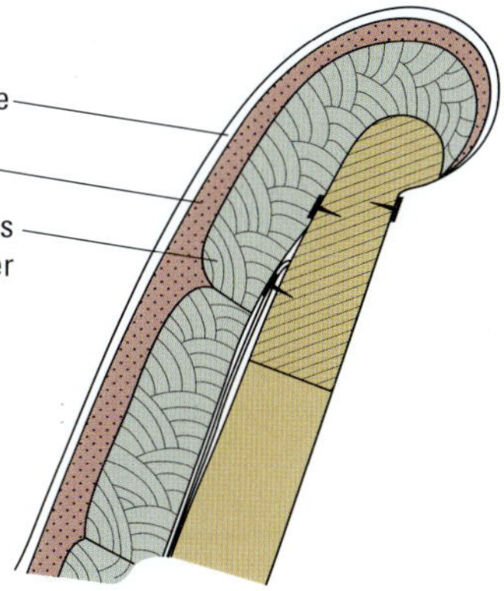


*Schnitt durch eine flach gepolsterte Rückenlehne*

#### 2. Rückenlehnen in klassischer Polstertechnik mit geschnürter Federung

Die geschnürte Federung für eine Rückenlehne wird ähnlich wie bei einem Sitzpolster hergestellt. Als Untergrund erhält die Rückenlehne eine Weitgurtung. Die Gurte können entweder auf der Rückseite oder den Innenseiten des Rückenlehnrahmens befestigt werden. Im letzten Fall werden die Längsgurte bis auf die Rückenlehnspannleiste gespannt und auf ihrer Rückseite befestigt. Wird nicht auf jede Gurtkreuzung eine Feder gestellt, dann überspannt man die Gurtung mit Federleinen, das mit umgeschlagenen Kanten an den Innenseiten des Rückenlehnrahmens mit Heftklammern angeschossen wird.

6

**Auswahl der Federn**

Für Rückenlehnfederungen verwendet man 5- bis 7-gängige Taillenfedern mit Drahtdurchmessern von 2,2 bis 3,0 mm, die entsprechend der Form und der Weichheit der Federung eingesetzt werden. Für die untere Federreihe verwendet man meist 7-gängige Federn mit Drahtdurchmessern von 2,8 bis 3,0 mm. Für die oberen Federreihen nimmt die Gangzahl und Drahtdicke ab.

**Schnüren der Federn**

Sofern die Federn nicht auf einer Gurtkreuzung stehen, werden sie auf der mit Federleinen überspannten Gurtung gleichmäßig verteilt. Die Knoten der oberen Federringe müssen in diagonaler Richtung stehen, damit sie die Schnürung nicht behindern. Bei den Außenfedern müssen die Knoten nach innen gerichtet sein. Danach werden die Federn wie bei einem Sitzpolster auf den Untergrund aufgenäht.

Die Schnürung einer Rückenlehnfederung besteht aus einer **Längs-** und **Querschnürung**, wobei jede Feder einzeln geschnürt wird. Dadurch kann jede Feder einzeln federn und man erreicht eine weichere Federung. Zum Schnüren verwendet man einen stärkeren Aufnähfaden.

Mit dem Knotenfaden der Längsschnürung werden zuerst die Federn der unteren Reihe geschnürt, wobei die Federn unter Berücksichtigung der Sitztiefe und dem aufzubringenden Grundpolster auf die richtige Höhe heruntergeschnürt werden.

Der Knotenfaden wird mit einem freien Ende auf der Rückenlehnspannleiste befestigt. Ist dies nicht möglich, wird er mit einer Aufnähnadel um den untersten Federring gestochen und dort festgeknotet. Der Knotenfaden wird dann über den oberen Federring geführt, der an beiden Seiten geknotet wird. Er wird dann nach unten geführt und mit der Aufnähnadel um den untersten Federring gestochen. Nachdem die Feder auf die richtige Höhe heruntergezogen wurde, wird er mit einem Doppelknoten über dem untersten Federring festgeknotet. Die freien Enden des Knotenfadens werden als Retourfaden diagonal zum oberen Federring geführt. Die im Schnurverlauf liegenden Ringe werden geknotet. Mit den übrigen Federn verfährt man ebenso.

Der Knotenfaden der Querschnürung wird ohne Retourfäden in der gleichen Weise wie bei der Längsschnürung geschnürt.

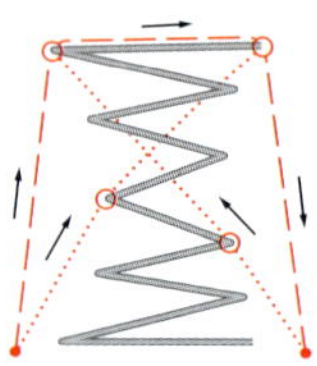

Knotenfaden
Retourfaden

*Längsschnürung einer Feder*

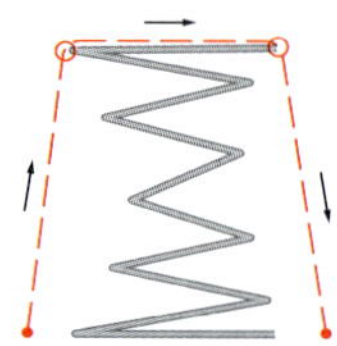

*Querschnürung einer Feder*

Abweichend von der beschriebenen Schnürungsart gibt es noch andere Varianten. Je nach der zu erzielenden Federwirkung besteht die Möglichkeit, die einzelnen Querreihen, nur die untere Querreihe oder die äußeren Federn und die untere Querreihe zusammenhängend zu schnüren.

Nach dem Schnüren wird passgerecht ein Kantendraht gebogen und in bekannter Art an den Außenfedern befestigt.

**Herstellen des Formpolsters bei einer geschnürten Rückenlehnfederung**
Über die geschnürte Rückenlehnfederung wird fadengerade Federleinen gelegt. Damit die Einzelfederung jeder Feder nicht unterbunden wird, drückt man zwischen den Federn in das Federleinen Vertiefungen, die mit einer Doppelspitze an den Polstergrund angenäht werden. Die Vertiefungen müssen so tief sein, dass eine etwa bis zur Hälfte heruntergedrückte Feder ihre Nachbarfedern durch das überspannte Federleinen etwas mit herunterzieht. Das Federleinen wird dann an den Federringen und am Kantendraht angenäht und mit umgeschlagener Kante an der Kopfleiste, den Rückenlehnstützen und der Rückenlehnspannleiste mit Heftklammern angeschossen.
Nachdem die Vertiefungen leicht mit Füllstoff ausgelegt und mit Zickzackstichen übernäht wurden, wobei keine Federringe gefasst werden dürfen, erfolgt in bekannter Art der Aufbau des Formpolsters mit dem Ziehen von Lasierstichen, Einhängen des Füllstoffs, Überheften des Fassonleinens und Durchnähen des Formpolsters, wobei die Durchnähstiche nicht durch die Vertiefungen verlaufen dürfen.
Bei nach innen gewölbten Rückenlehnformen muss das Fassonleinen in leichte Längsfalten gelegt werden, und die Durchnähstiche müssen in Längsrichtung verlaufen. Dadurch wird verhindert, dass bei der Benutzung das Formpolster spannt und die Federwirkung behindert. Die Oberkante des Formpolsters wird mit einem Leiterstich, die beiden Seitenkanten werden aufgrund der größeren Belastung mit einem Leiter- und Hinterstich garniert. Nach dem Auslegen der Böden mit Füllstoff und dem Auflegen der Pikierung wird die gesamte Rückenlehnpolsterung mit Watte abgedeckt und bei Bedarf in „Weiß“ gepolstert.

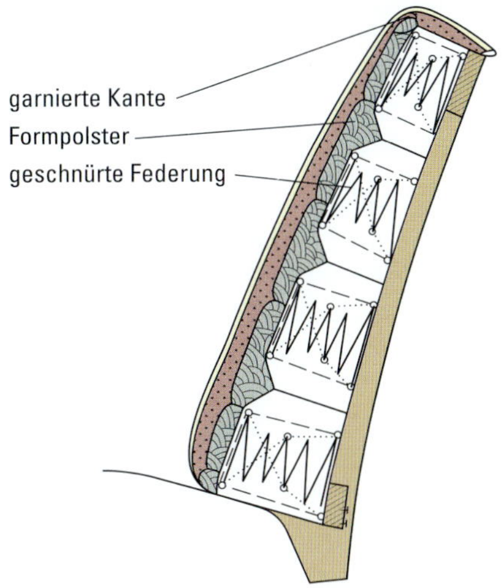


*Schnitt durch eine geschnürte Rückenlehne mit einem Formpolster*

*Geschnürte Rückenlehne mit Formpolster*

### 6.1.5.4 Möglichkeiten der Aufteilung von Rückenflächen

Aufgeteilte Rückenflächen verleihen den Polstermöbeln eine besondere Optik und können je nach Art der Aufteilung dem Betrachter auch das Gefühl einer größeren Weichheit vermitteln. Rückenflächen können durch Heftungen, Pfeifen, Bossennähte und Knöpfe unterteilt werden.

6

#### 1. Heftungen

Unter einer Heftung versteht man eine Polsterfläche mit flach gewölbten geometrischen Heftfeldern. Sie entsteht, indem der Polsterbezug an spiegelbildlich markierten Stellen mithilfe von Heftstichen durch eine elastische Polsterauflage (Rosshaar, Schaumstoff) bis auf das Grundpolster gezogen und dort befestigt wird. Nach der Form der Heftfelder unterscheidet man Rauten, Rauten mit Pfeifen, halbe Rauten mit Pfeifen, Quadrate und Rechtecke.

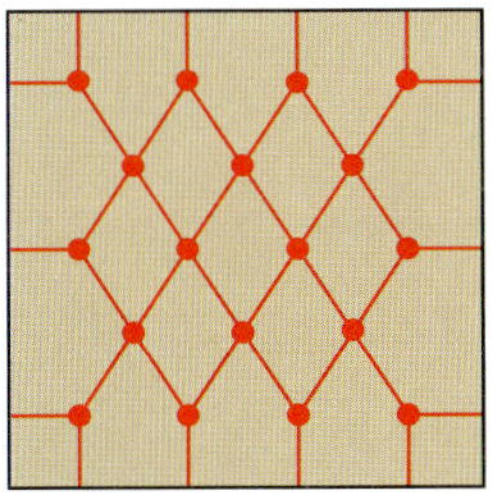

*Rautenheftung*

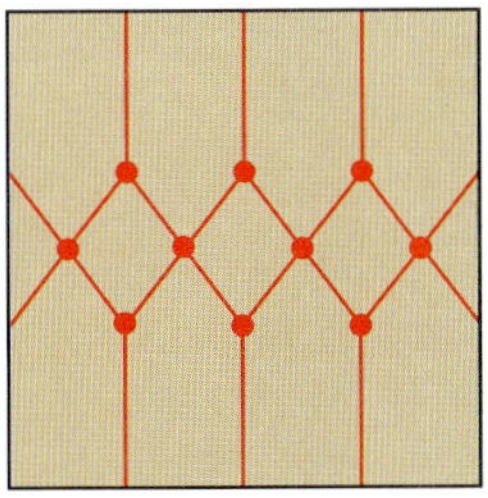

*Rautenheftung mit Pfeifen*

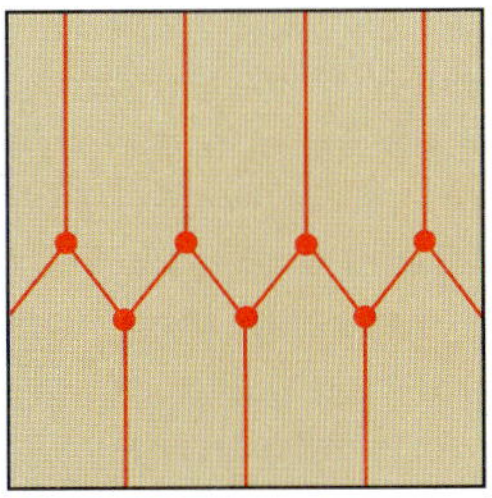

*Heftung mit halben Rauten und Pfeifen*

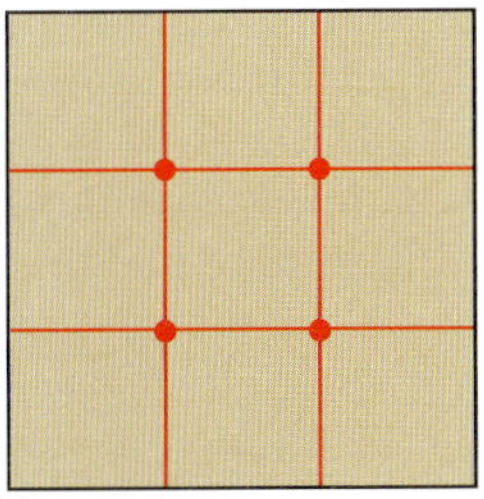

*Quadratheftung*

Grundlage jeder Heftung ist, dass Höhe und Breite der Heftform in einem harmonisch gut wirkenden Verhältnis zur Rückenfläche und zum Polstermöbel stehen. Größere Rückenflächen erlauben größere und höhere Heftformen. Bei kleineren Rückenflächen sind kleinere und niedrigere Heftformen angebracht.

Zu beachten ist auch die Auswahl und Musterung des Bezugsmaterials. Feste und steife Stoffe sind für eine Heftung ungeeignet. Problematisch ist auch die Verwendung von Bezugsstoffen mit großrapportigen ausgeprägten floralen oder ornamentalen Musterungen. Durch die bei den Heftungen entstehenden Falten und Vertiefungen wird ihre Musterwirkung aufgehoben bzw. verzerrt. Ideal eignen sich für Heftarbeiten einfarbige und klein gemusterte Möbelbezugsstoffe.

Ausgangsbasis für eine Heftarbeit ist eine Rückenlehne mit einem aufgebrachten Form- oder Schaumstoffpolster und bei der an der Kopfleiste und den Rückenlehnstützen bzw. Backenhölzern ein handgeformtes garniertes Bourlet oder ein Bourlet aus einer Bourletschnur angebracht wurde.

### Rautenheftungen

Die für eine Heftarbeit vorgesehene Rautenform soll in ihrer Breite und Höhe den Maßverhältnissen des „Goldenen Schnitts", Rautenbreite : Rautenhöhe = 5 : 8, entsprechen.

Um eine gleichmäßige **Aufteilung der Rückenfläche** zu erhalten, fertigt man zweckmäßigerweise von der Rückenfläche eine Papierschablone an, auf der zunächst grob die Lage der Heftstiche markiert wird. Danach wird auf einer ebenen Fläche die exakte symmetrische Aufteilung der Heftfelder vorgenommen. Nach einer Überprüfung der Schablone an der Rückenfläche werden an den Markierungsstellen der Heftstiche kleine Löcher herausgeschnitten, durch die anschließend auf die Rückenfläche die Markierungspunkte für die Heftstiche übertragen werden.

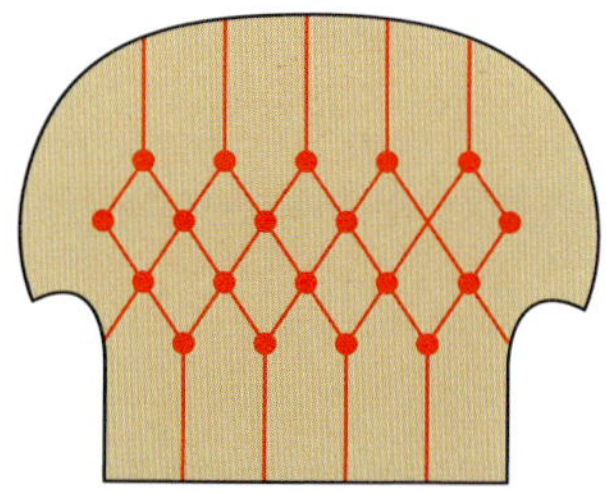

*Schablone für eine Rautenheftung mit Pfeifen*

### Einziehen der Heftfäden

An jedem Markierungspunkt werden mit einer Doppelspitze bei Heftungen in moderner Polstertechnik durch das Federleinen des überspannten Untergrunds, bei Heftungen in klassischer Polstertechnik durch das Formpolster und das Federleinen des überspannten Untergrunds Heftfäden eingezogen, die im Abstand von ca. 1 cm diagonal zur Fadenrichtung zurückgestochen werden. Durch die diagonale Stichlage werden gleichermaßen Kett- und Schussfäden des Federleinens gefasst, wodurch die Heftfäden eine größere Festigkeit gegen ein Ausreißen erhalten.

### Heftungen in moderner Polstertechnik

Für Heftungen in moderner Polstertechnik verwendet man in Sandwich-Art konfektionierte Schaumstoffkombinationen, auf die Markierungspunkte für die Heftstiche übertragen werden. Auf diesen Markierungspunkten werden mit einem Locheisen Stanzlöcher in der Größe der Heftknöpfe geschlagen, damit diese bis auf den Grund durchgezogen werden können. Bei auslaufenden Pfeifen wird die Schaumstoffkombination bis kurz vor den Stanzlöchern durchgeschnitten. Nach dem Auflegen einer dickeren Lage Polyesterwatte werden die Heftstiche durch die Schaumstoffkombination und die aufgelegte Polyesterwatte gezogen. Anschließend folgen das Überheften des Bezugsmaterials und die Heftarbeiten.

*Rautenheftung mit auslaufenden Pfeifen bei der Rückenlehne eines Vollpolstersessels*

### Heftungen in klassischer Polstertechnik

Heftungen in klassischer Polstertechnik bestehen aus einem Formpolster mit einer Rosshaarauflage, da für die Heftarbeit ein sprungelastisches Füllmaterial benötigt wird. Das Einziehen der Heftfäden erfolgt wie vorangehend beschrieben, wobei sie auf dem Formpolster mit einem Schleifknoten provisorisch verbunden werden.

Auf dem mit Fasson- oder Spannleinen bezogenen Formpolster werden nun zwischen den übertragenen Markierungspunkten in geringen Abständen Lasierstiche gezogen, unter die gut verzupftes Rosshaar geschoben wird. Beim Einlasieren ist darauf zu achten, dass eine gut verzupfte und dicht zusammenhängende Haarauflage entsteht. Während dieser Arbeit werden die Heftfäden durch die Haarauflage gezogen und ihre Einstichstellen mit den Fingern auf dem Formpolster freigelegt, sodass in diesen Bereichen kleine Mulden entstehen. Dadurch kann beim Verknoten der Heftfäden das Bezugsmaterial bis auf das Formpolster gezogen werden.

Bei in Pfeifen auslaufenden Rauten legt man zwischen die Haarauflage der einzelnen Pfeifen einen Pappstreifen, sodass an diesen Stellen das Formpolster nicht mit Rosshaar bedeckt wird.

Bei guten Polstermöbeln legt man über die Haarschichten eine Lage Polsterwatte. An den Stellen der Heftstiche durchlöchert man sie, zieht die Heftfäden hindurch und drückt sie bis auf das Formpolster herunter.

### Ermittlung der Heftzugabe und Überheften des Nessels

Heftarbeiten in der klassischen Polstertechnik erhalten nach der Rosshaarauflage einen Nesselbezug. Durch die gewölbten Heftflächen müssen der Nesselbezug und der Bezugsstoff größer zugeschnitten werden.

Am zweckmäßigsten ermittelt man die Zugabe mit schmal zugeschnittenen Pappstreifen, indem man sie in Längs- und Querrichtung einer Raute bis zur gewünschten Höhe des Heftfelds wölbt. Nach ihrem flachen Auslegen misst man ihre Längen und erhält so die Maße der Raute für den Zuschnitt. Enthält die Heftung auch halbe Rauten, so ist für sie in der Länge auch nur die halbe Zugabe erforderlich. Bei auslaufenden Pfeifen ist in der Länge keine Zugabe erforderlich.

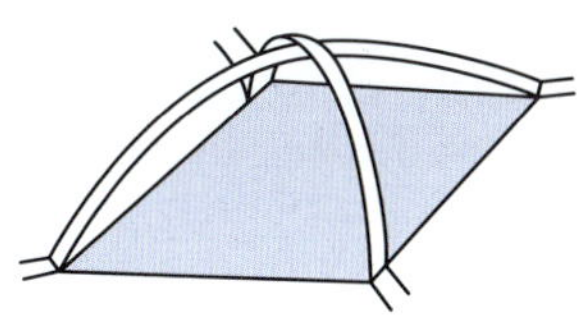

*Ermittlung der Zugabe mit Pappstreifen*

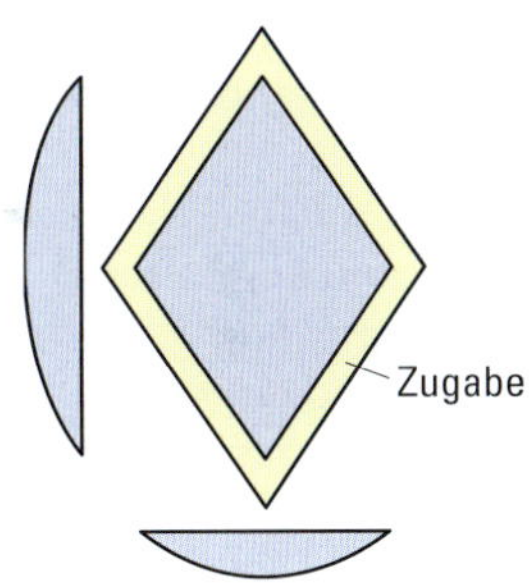


*Zuschnitt einer Raute (mit Zugabe)*

Auf einen gespannten Nesselzuschnitt wird dann mit den neuen Maßen die vergrößerte Rautenform gezeichnet.

Es folgen nun die eigentlichen Heftarbeiten, indem man den Nesselzuschnitt zunächst auf die Haarauflage legt. Dann werden von der Mitte aus die Heftfäden im Abstand von ca. 8 mm durch den Nessel gestochen und auf der Oberseite mit einem leicht angezogenen Schleifenknoten verbunden. Sind alle Heftfäden durchgezogen, wird der Nessel an der Kante angesteckt. Anschließend zieht man die Heftfäden nach, wobei gleichzeitig die Falten nach unten in Rauten gelegt und die Heftfelder nachgeformt werden. Nach der Überprüfung der Heftarbeit und der Falten werden die Heftfäden verknotet. Die Falten werden dann ausgesteckt und mit verzogenen Stichen vernäht.

**Überheften des Bezugsstoffs**
Hat man festgestellt, dass die ermittelten Zugaben ausreichen, dann überträgt man die Markierungspunkte für die Heftstiche auf den Bezugsstoff. Im anderen Fall müssen jetzt Korrekturen vorgenommen werden. Der Bezugsstoff wird von der Mitte aus geheftet, wobei darauf geachtet werden muss, dass die Falten immer nach unten gelegt werden müssen. Abschließend werden die Heftfäden mit einem Knopf verknotet. Nach Beendigung der Heftarbeiten wird der Bezugsstoff an dem Bourlet des Gestellrahmens angenäht.

**Quadrat- und Rechteckheftungen**
Diese Heftungsart wird vorwiegend bei Polstermöbeln mit großen Polsterflächen angewendet. Der Aufbau der Polsterung, die Festlegung der Heftfeldgröße und der Markierungspunkte für die Heftstiche, die Ermittlung der Heftzugabe und die Durchführung der Heftarbeiten erfolgt wie bei einer Rautenheftung. Bei den Quadrat- und Rechteckheftungen unterscheidet man folgende Herstellungsarten:

**Heftungen mit Falten über den Heftwölbungen**
Um bei dieser Heftungsart exakt liegende Falten zu erhalten, muss der Nessel und Bezugsstoff diagonal im Winkel von 45° verarbeitet werden. Deshalb eignen sich für diese Heftungen nur einfarbige und klein gemusterte Bezugsmaterialien. Es entsteht außerdem ein größerer Verschnitt beim Zuschneiden.

**Heftungen mit abgenähten Falten**
Sollen bei einer Quadratheftung auf dem gewölbten Heftfeld keine Falten liegen, so wird beim Nessel und Bezugsmaterial auf jeder Seite der Heftfelder die Heftzugabe in einem flach verlaufenden Bogen abgenäht. Im Einzelnen geht man in der Weise vor, dass man nach der Festlegung der Zugabe eine Schablone für ein Heftfeld erstellt, bei der von Ecke zu Ecke bis zur Höhe der Zugabe ein flacher Bogen verläuft. Die Form dieser Schablone überträgt man nach und nach auf die linke Seite des ausgespannten Nessels, wobei sich die Ecken immer berühren müssen. Danach wird der Nessel so gefaltet, dass die aufgezeichneten Umrisse der Schablone in Längs- und Querrichtung mit der Maschine abgenäht werden können. Der in dieser Art abgenähte Nesselbezug wird dann über die mit Watte abgedeckte Haarauflage gelegt und von der Mitte aus in der bekannten Art geheftet. Mit dem folgenden Bezugsstoff verfährt man in der gleichen Weise.

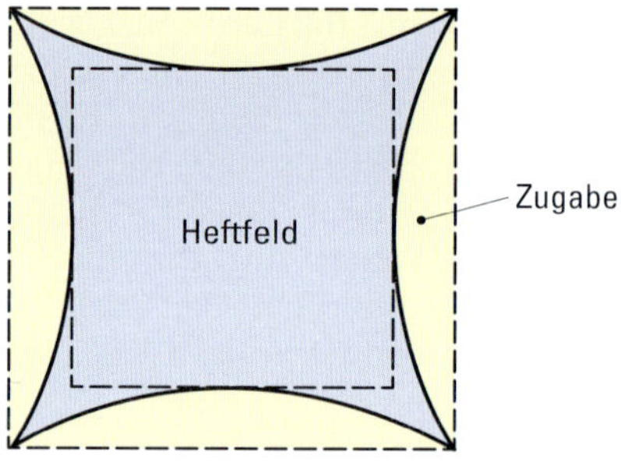

*Form der Schablone bei einer Heftung mit abgenähten Falten*

## 2. Pfeifen

Als Pfeifen bezeichnet man die bei einer Rückenfläche in Längsrichtung verlaufenden schmalen gewölbten Heftfelder, die an die Form von Orgelpfeifen erinnern. Für die Pfeifeneinteilung erstellt man zunächst eine Papierschablone der Rückenfläche, auf die

Form und Abstände der Pfeifen übertragen werden. Die einzelnen Pfeifen werden dann ausgeschnitten, und unter Berücksichtigung der Zugabe für die Wölbung, die wie bei einer Rautenheftung ermittelt wird, erstellt man für jede Pfeife eine Schablone. Die Umrisse der Schablone werden auf das Bezugsmaterial übertragen.

Die Pfeifen selbst können in verschiedenen Techniken erstellt werden.

Einmal kann man den Rückenzuschnitt mit Polyesterwatte und Schaumstoff unterlegen und alle drei Materialien entsprechend der vorher markierten Pfeifenform auf einer Steppmaschine versteppen. Durch die Steppnaht entstehen tiefe Einschnitte, sodass auf der Oberfläche gewölbte Pfeifen entstehen.

Zum anderen kann man den zugeschnittenen und markierten Bezugsstoff mit Nessel unterlegen und beide Teile entsprechend der Pfeifenform vernähen.

Die Zwischenräume zwischen Bezugsstoff und Nessel werden anschließend mithilfe entsprechend der Pfeifenform zugeschnittener Blech- oder Pappschablonen mit Watte gefüllt. Auch in diesem Fall entsteht eine Oberfläche mit gewölbten Pfeifen.

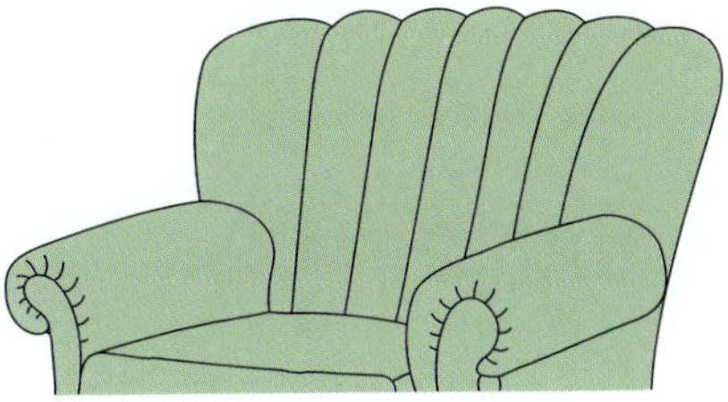

*Rückenfläche mit Pfeifen*

Abschließend wird die Rückenfläche mit dem versteppten oder gefüllten Rückenzuschnitt bezogen.

### 3. Bossennaht

Als Bossennaht bezeichnet man eine gerade oder gewölbte Naht, die den Bezugsstoff mit dem Grundpolster verbindet und an dieser Stelle eine tiefe Einschnürung des Polsters in Erscheinung treten lässt.

Solche Einschnürungen lassen sich erreichen, indem man

- den Zuschnitt für den Rücken in der gedachten Höhe der Bossennaht umlegt, in den Umbug einen Schnürfaden einlegt und ihn mit der Nähmaschine abnäht. An der vorher festgelegten Markierung wird er an das Grundpolster angenäht.
- auf der Rückseite des Rückenzuschnitts in Höhe der Bossennaht mit der Nähmaschine einen ca. 3 cm breiten Stoffstreifen annäht, den man möglichst nahe der Maschinennaht an der markierten Stelle des Grundpolsters annäht.

### 4. Knöpfe

Die einfachste Art, eine Rückenfläche zu beleben und ihr leichte Wölbungen zu geben, kann durch Einziehen von Knöpfen erzielt werden. Die in harmonischen Abständen auf einer Polsterfläche verteilten Knöpfe werden mithilfe einer Abheftnadel und eines dickeren synthetischen Nähfadens entsprechend tief in die Polsterung eingezogen. Damit alle Knöpfe die gleiche Einzugstiefe besitzen, müssen sie mit der gleichen Fadenspannung verknotet werden. Bei Kissenpolsterungen ist in den meisten Fällen auf der Rückseite ein Abheftknopf angebracht, der mit dem Nähfaden des Knopfs der Vorderseite verknotet ist.

6

*Bossennaht*

*Unterteilung der Rückenfläche durch Knöpfe*

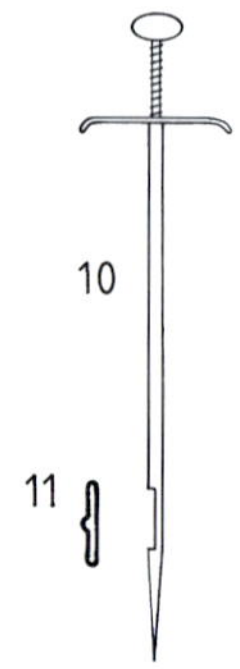


*Abheftnadel mit Abheftklammer*

***Aufgaben***

1. *Welche Anforderungen werden an den Polsteraufbau der Rückenlehnen gestellt und wie kann ihnen entsprochen werden?*
2. *Schildern Sie den heute üblichen Aufbau einschließlich der Unterfederung einer Rückenlehnpolsterung in moderner Polstertechnik.*
3. *Welche Federn werden für eine geschnürte Rückenlehnfederung verwendet und was ist bei ihrer Anordnung auf dem Polstergrund zu beachten?*
4. *Warum wird bei einer geschnürten Rückenlehnfederung jede Feder einzeln geschnürt?*
5. *Was ist hinsichtlich der Größe und Form einer Raute bei einer Rautenheftung zu beachten?*
6. *Beschreiben Sie die Herstellung einer Rautenheftung in moderner Polstertechnik mit Schaumstoff.*

### 6.1.6 Kissenpolster

Verschiedene Polstermöbeltypen werden mit losen Sitz- und Rückenkissen hergestellt, die entweder als beidseitig benutzbare **Wendekissen** oder als einfache **Auflegekissen** gearbeitet sein können. Die Unterseite der Auflegekissen kann aus Kostengründen anders bezogen und mitunter auch anders gepolstert sein.

Polstermöbel mit losen Kissen können sehr unterschiedlich aufgebaut sein. Sie unterscheiden sich in der Art und im Aufbau der Kissen und in der Art der Kissenauflage, auf die die Kissen auf- bzw. angelegt werden. Als Kissenauflage kommt in der Regel eine Unterfederung aus Wellenfedern oder Gummigurten infrage, die in bekannter Weise angebracht und mit Feder- oder Spannleinen überspannt wird. Mitunter kann die Unterfederung auch mit einer dünnen Polsterauflage aus einer Filzplatte oder Schaumstoff sowie einer Lage Polyesterwatte abgedeckt werden. Modellbedingt kann bei Sitzen auch ein Federkern mit einem dünnen Schaumstoff-Grundpolster oder ein Schaumstoffpolster als Kissenauflage dienen. Die Kissenauflage kann ganz oder teilweise mit dem Bezugsmaterial bezogen werden.

Die Bezüge der Kissenpolster können mit einem Reißverschluss versehen werden, damit sie bei Verschmutzung abgenommen und gereinigt werden können.

### 6.1.6.1 Schaumstoffkissen

Schaumstoffkissen werden ausnahmslos in der Sandwich-Bauweise aus zwei Schaumstoffen mit aufeinander abgestimmten Raumgewichten und Stauchhärten mit einem härteren Kern und einer weichen Oberfläche hergestellt.

Im Allgemeinen verwendet man für den Kern Schaumstoff mit einem RG 40–45, für die Abdeckung Schaumstoff mit einem RG 18–25. Mitunter wird zur Abdeckung des Kissenkerns auch Latexschaum verwendet. Aufgrund der vielen Kombinationsmöglichkeiten mit verschiedenen Raumgewichten und Stauchhärten sowie durch die Verwendung von Latexschaum lassen sich sehr unterschiedliche Polstereffekte erzielen.

Beim Zuschnitt der Schaumstoffteile ist darauf zu achten, dass in Länge und Breite je nach Weichheit des Schaumstoffs bis zu 2 cm zugegeben werden müssen, um einen strammen Sitz der Kissenhülle zu gewährleisten. Schaumstoff-Kisseneinlagen müssen vor dem Einziehen in eine Kissenhülle mit Polyesterwatte abgedeckt werden.

Schaumstoffkissen können verschiedene Formen besitzen und unterschiedlich aufgebaut sein.

Gewölbte Seitenböden erzielt man bei konfektionierten Kisseneinlagen, indem man die obere und untere Deckplatte an jeder Seite um die halbe Höhe des Kerns größer zuschneidet und sie um den Kern mit den Schnittkanten zusammenklebt.

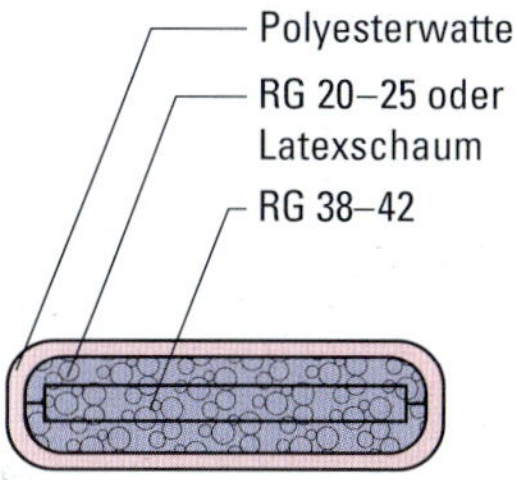


*Konfektionierte Kisseneinlage mit gewölbten Seitenböden*

Bombierte Oberflächen erhält man bei diesen Kisseneinlagen, wenn man zwischen zwei Schaumstoffplatten einen Formzuschnitt mit abgeschrägten Kanten oder einen entsprechenden Zuschnitt eines Faservlieses klebt.

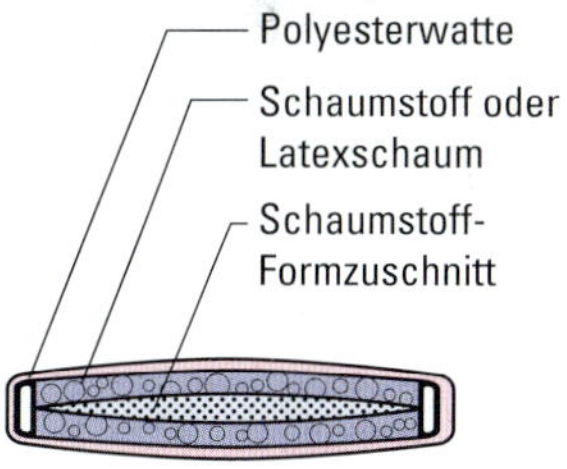


*Konfektionierte Kisseneinlage mit bombierten Oberflächen*

Durch eine zwischen zwei Schaumstoffplatten geklebte Gummikokos- oder Gummihaarplatte kann eine besondere Versteifung der Kisseneinlage erreicht werden.

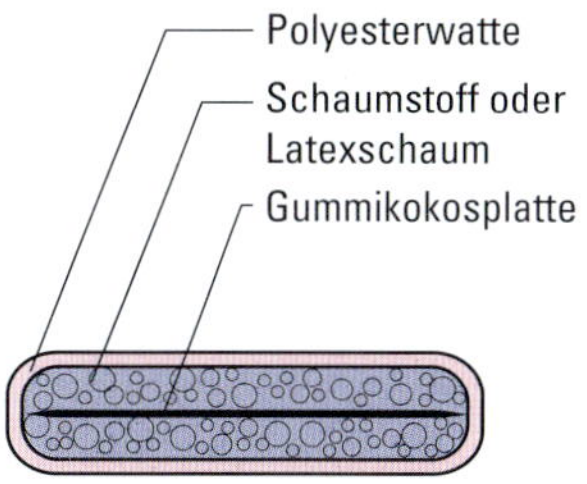


*Konfektionierte Kisseneinlage mit gewölbten Seitenböden und Versteifung*

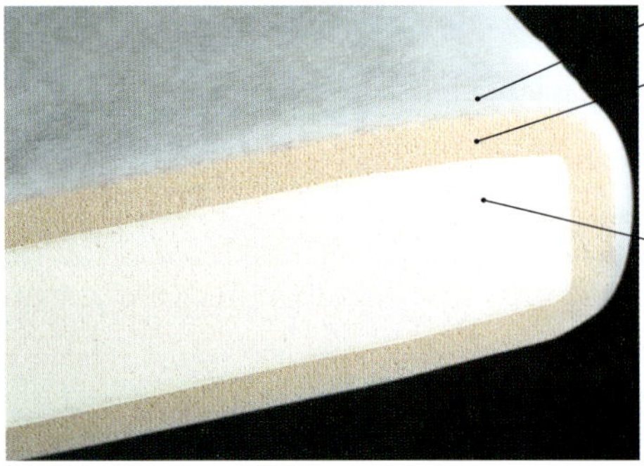


*Konfektioniertes Schaumstoffkissen*

### 6.1.6.2 Mehrkammerkissen

Um ein Verrutschen oder Klumpen eines losen Füllmaterials in einer Kissenhülle zu verhindern, unterteilt man sie in Kammern. In jede Kammer wird dann eine festgelegte Menge Füllmaterial eingefüllt. Als **Füllmaterial** wird für diese Kissen verwendet:

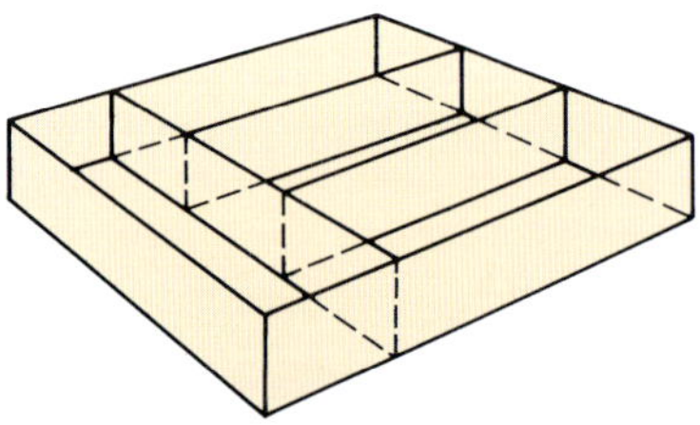

*Kissenhülle eines Mehrkammerkissens*

- Daunen, die in verschiedenen Qualitäten verwendet werden können. Daunen sind besonders weich und leicht und sind vornehmlich bei hochwertigen Polstermöbeln anzutreffen. Für die Kissenhülle müssen daunen- und federdichte Gewebe wie Inlett, Daunenperkal, Einschütte oder daunendichte Satins verwendet werden.
- Füllfasern, z. B. Comforel®, Quallofil®, Hollofil®
- Rhombo-fill®, QUADROfill®
- Mischungen aus Daunen oder kielfreien Federn mit Füllfasern oder Rhombo-fill®

Aufgrund der vielen Füllmaterialien und Mischungsmöglichkeiten lassen sich Kissen mit unterschiedlichen daunenartigen Eigenschaften erzielen.

Besonders hohe Mehrkammerkissen, wie sie mitunter als Sitzwendekissen verwendet werden, erhält man durch doppelseitige Kammerhüllen, die zwischen den beiden Kammerflächen eine stabilisierende Schaumstoffplatte besitzen.

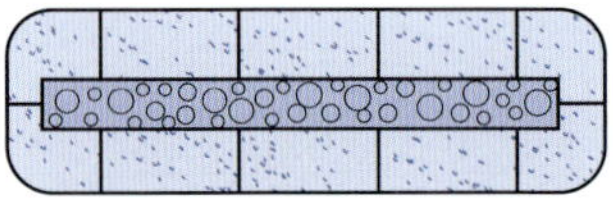

*Schnitt durch ein doppelseitiges Mehrkammerkissen mit stabilisierender Schaumstoffplatte*

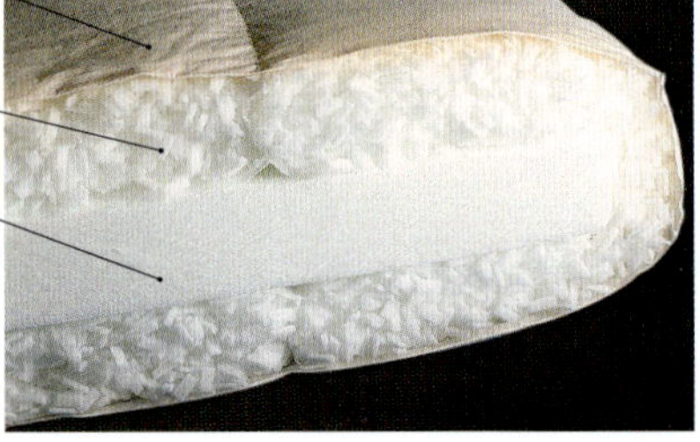


*Doppelseitiges Mehrkammerkissen mit stabilisierender Schaumstoffplatte*

### 6.1.6.3 Federkernkissen

Für diese sehr aufwendig herzustellenden Kissen verwendet man Zylinder-, Bonnell- und Taschenfederkerne, für Rückenkissen auch GR-Federkerne. Für die Herstellung eines solchen Kissens wird der Federkern in eine Hülle aus Spannleinen oder Vliesstoff eingenäht. Danach folgt in den verschiedenen Möglichkeiten und Techniken ein Polsteraufbau, wie er für einen fest montierten Sitz mit Federkern beschrieben wurde (s. Kapitel 6.1.3.1).

Federkernkissen, die als Wendekissen verwendet werden, besitzen auf beiden Seiten den gleichen Polsteraufbau. Dagegen ist bei einem einfachen Auflegekissen die Unterseite nicht gepolstert und erhält hier lediglich eine Abdeckung mit einer Filz- oder Schaumstoffplatte.

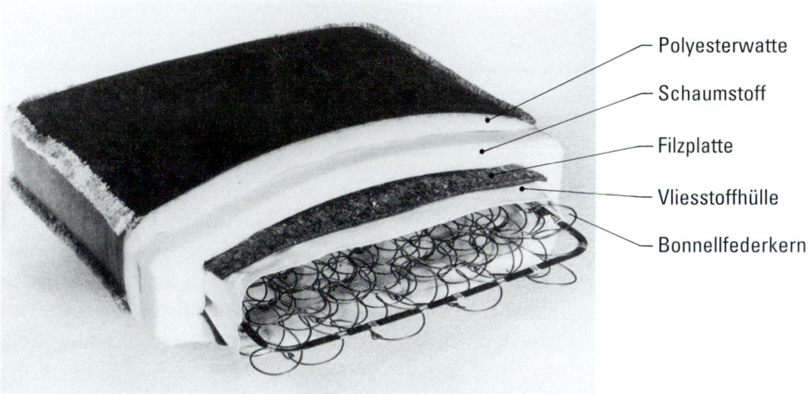


*Federkernkissen mit einem Schaumstoff-Grundpolster*

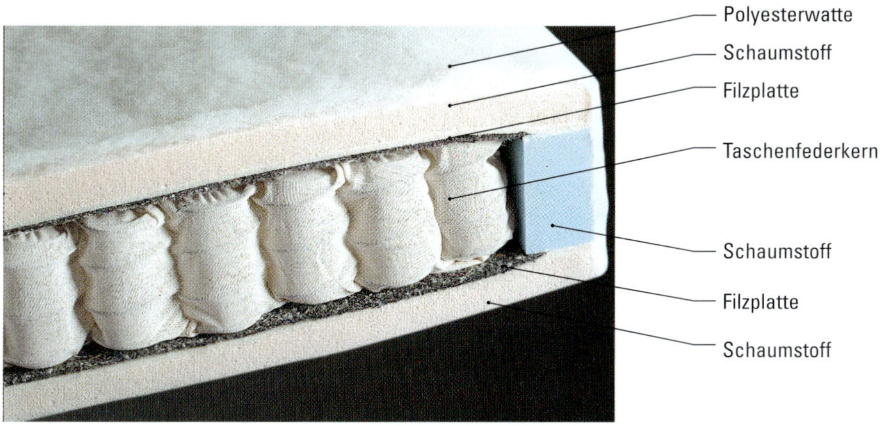


*Federkernkissen mit einem Schaumstoff-Grundpolster*

### 6.1.6.4 Rosshaarkissen

Bei der Herstellung der Rosshaarkissen wird in eine aus Nessel genähte Kissenhülle gut aufgelockertes Rosshaar eingefüllt, wobei die Kanten und Ecken sauber ausgearbeitet werden müssen. Nach dem Schließen der Füllöffnung wird das Kissen durchgenäht und die Kanten werden mit einem Hinterstich garniert. Um die durch das Durchnähen entstandenen Unebenheiten auszugleichen, werden auf beiden Seiten Lasierstiche gezogen, unter die lose Watte einlasiert wird. Zum Schluss wird die Kisseneinlage allseitig mit einer Lage Watte abgedeckt und in eine Bezugsstoffhülle gesteckt.

***Aufgaben***

1. *Beschreiben Sie das Prinzip und die Vorteile einer konfektionierten Kisseneinlage.*
2. *Für eine Couch sollen drei Kissen mit einem Zylinderfederkern in moderner Polstertechnik gefertigt werden. Beschreiben Sie die Herstellung dieser Kissen.*
3. *Für einen in klassischer Polstertechnik hergestellten Sessel soll ein mit Rosshaar gefülltes Kissen gefertigt werden. Beschreiben Sie die Arbeitsgänge für die Herstellung dieses Kissens.*
4. *Was versteht man unter Mehrkammerkissen, welche Funktion haben diese und mit welchen Füllmaterialien werden sie gefüllt?*

### 6.1.7 Beziehen der Polstermöbel

Bei der Herstellung der Polstermöbel werden verschiedene Bezugstechniken angewendet, wodurch unterschiedliche Wirkungen erzielt werden. Bei Polstermöbeln in klassischen oder konventionellen Formen werden die Bezugsmaterialien straff über die feste Polsterung gespannt. Sie erhalten dadurch ein korrektes, mitunter strenges Aussehen. Bei Polstermöbeln moderner Machart werden in Verbindung mit einer dickeren weichen Vliesauflage die Bezugsmaterialien salopp und faltenreich verarbeitet. Dadurch besitzen diese Polstermöbel ein legeres Aussehen.

#### 6.1.7.1 Zuschnittermittlungen

Bezugsstoffe müssen vor dem Zuschnitt auf die in Kapitel 5.2 Prüfverfahren aufgeführten Kriterien hin geprüft werden.

Zu Beginn einer Bezieharbeit werden alle zu beziehenden Flächen unter Berücksichtigung von Umschlägen und Nahtzugaben ausgemessen. Dabei ist zu beachten, dass die Sitzfläche um so viel größer zugeschnitten werden muss, dass sie hinten von dem Rückenpolster und an den Seiten von den Armlehnen abgedeckt wird. Ebenso gibt man bei den Arm- und Rückenlehnteilen in der Länge etwas zu, damit sie unter das Sitzpolster reichen.

Von Bezugsflächen mit Rundungen, wie z. B. Backenspannteile, Rückenlehnflächen mit runden Ausschnitten für die Armlehnen, fertigt man zweckmäßigerweise eine Papierschablone an, nach der die betreffenden Teile ausgeschnitten werden.

Mit den ermittelten Maßen erstellt man in einem verkleinerten Maßstab einen Zuschnittplan, in den alle Teile unter Beachtung der Kett- und Schussrichtung eingezeichnet werden. Durch eine günstige Legeweise kann ein geringer Verschnitt erreicht werden.

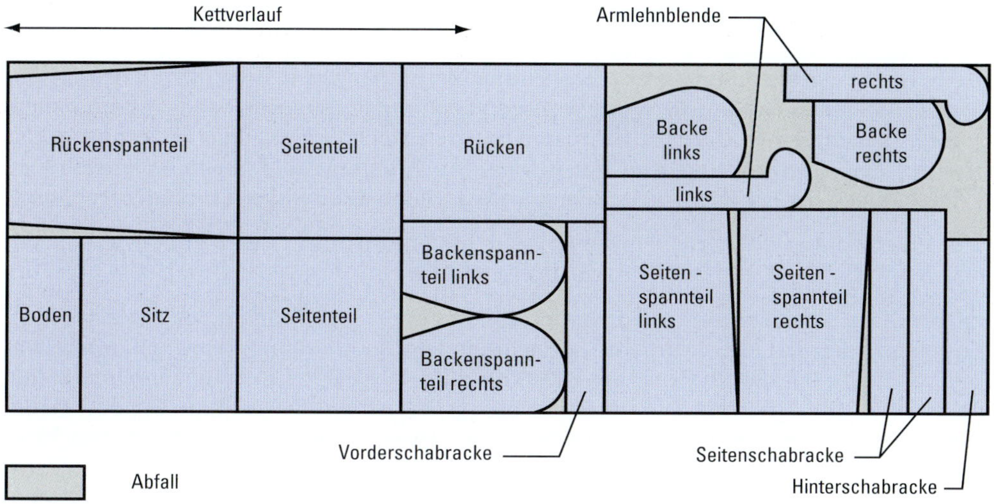


*Zuschnittplan*

Beim Einzeichnen der Bezugsflächen sind folgende Grundsätze zu beachten:

- Bei großrapportigen Bezugsstoffen werden markante Muster oder Musterteile immer in die Mitte der zu beziehenden Sitz-, Rücken- oder Spannteilfläche gelegt.
- Bezugsstoffe mit floralen oder ornamentalen Musterungen müssen so verarbeitet werden, dass die jeweilige Musterung aufrecht steht.
- Bei breit gestreiften Bezugsstoffen müssen die Polsterflächen mit dem gleichen Streifenfeld abschließen, wie sie begonnen wurden.
- Bei gemusterten Bezugsstoffen ist darauf zu achten, dass mustergenaue Übergänge, z. B. zwischen Boden und Sitz, Sitz und Rücken usw., geschaffen werden.
- Velours müssen so bezogen werden, dass ihr Strich bei der Rückenlehne, dem Rückenseitenteil, Rückenspannteil, Armlehnspannteil, der Armlehnblende, dem Sitzboden **von oben nach unten**, beim Sitz und Rückenboden **von hinten nach vorn**, bei Armlehnen **von außen nach innen** verläuft[1].

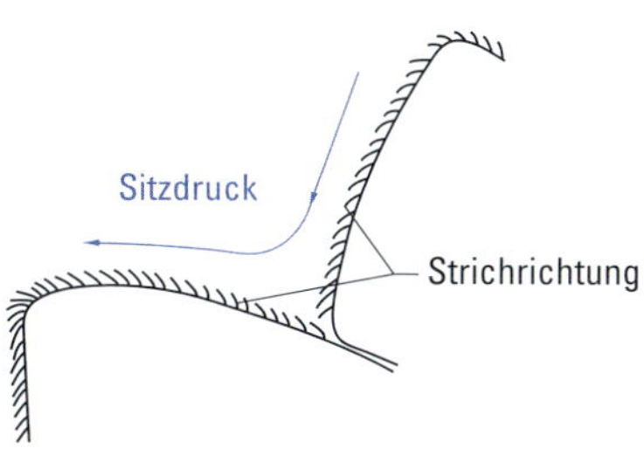


*Sitzdruck und Strichrichtung beim Rücken und Sitz*

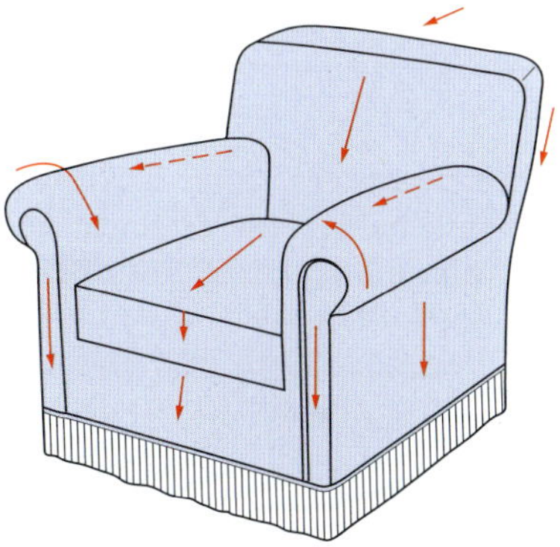

*Strichrichtung bei den einzelnen Polsterflächen*

---

[1] *Sach- und fachgerechte Verarbeitung von Velours lt. dem Bundesverband der vereidigten Sachverständigen des Raumausstatter-Handwerks.*

6

In verschiedenen Fällen lässt man aber auch aus modell- und zuschnittbedingten Gründen den Strich bei den Armlehnen von hinten nach vorn verlaufen.

Der Grund für diese Beziehweise liegt einmal darin, dass bei der Benutzung des Polstermöbels beim Rücken ein Sitzdruck von oben nach unten und beim Sitz von hinten nach vorn entsteht. So wird der Flor an den benutzten Stellen nicht aufgerichtet und behält seine Lage. Zum anderen wird durch diese Strichrichtung auch beim Abbürsten und Staubsaugen der Flor nicht aufgerichtet und der Staub nicht in den Flor hineingebürstet.

- Quergerippte kurzflorige Velours können in Querrichtung verarbeitet werden, der Strich muss dann von rechts nach links verlaufen.

Entsprechend dem Zuschnittplan werden die Maße der geradlinigen Bezugsflächen mit Schneiderkreide auf die Stoffbahn gezeichnet. Ebenso werden Papierschablonen von Bezugsflächen mit Rundungen auf die Stoffbahn aufgelegt und mit Schneiderkreide umzeichnet. Der Zuschnitt der einzelnen Bezugsflächen erfolgt mit Zuschneidescheren, Elektroscheren oder elektrischen Handzuschneidemaschinen. In einzelnen Fällen kann es notwendig sein, dass bei gröberen Bezugsstoffen die Kanten umkettelt werden müssen, um ein Ausfransen zu vermeiden.

### 6.1.7.2 Bezugstechniken

Grundsätzlich ist bei allen Bezugsarbeiten darauf zu achten, dass die Bezugsstoffe fadengerade verarbeitet werden. Um bei Geweben aufgrund ihrer diagonalen Dehnung beim Beziehen Falten zu vermeiden, müssen sie immer von der Mitte aus gespannt werden. Die bei kürzeren Diagonalzügen auftretenden kleineren Falten lassen sich in den meisten Fällen ohne Mühe wegziehen (Gewebe dehnen sich in Kettrichtung nicht, in Schussrichtung kaum).

#### 1. Beziehen von Flachpolstern

Bei normal hohen Flachpolstern mit Auflege- und Einlegerahmen wird der passend zugeschnittene Bezugsstoff auf das Polster gelegt und auf die Unterseite des Rahmens angeheftet. Sofern es sich nicht um eine Polsterung in „Weiß" handelt, wird das Polster mit den Händen gut durchgedrückt. Nach gleichmäßigem und fadengeradem Ausspannen wird der Bezugsstoff bei Einlegerahmen auf die Seitenflächen, bei Auflegerahmen auf die Unterseite des Rahmens mit Heftklammern angeschossen. Nach dem Abschneiden des überstehenden Bezugsmaterials wird die Heftklammerreihe mit einem Klebeband abgeklebt.

Bei erhöhten Flachpolstern kann es notwendig sein, den Bezug in Sitzplatte und Boden zu unterteilen und beide Teile getrennt anzubringen. Dabei wird zunächst die maßgerecht zugeschnittene Sitzplatte an den Ecken der garnierten Kanten bzw. des Bourlets mit Steckern angeheftet, nach allen Seiten fadengerade ausgespannt und mit nach innen umgeschlagener Kante mit überwendlichen Stichen an das Bourlet angenäht. Anschließend wird der Boden ebenfalls mit umgeschlagener Kante fadengerade an die Sitzplatte gesteckt und nach gleichmäßigem Anziehen auf der Unterseite des Rahmens provisorisch mit Kammzwecken befestigt. Danach wird der Boden mit verzogenem Stich an die Sitzplatte angenäht. Schließlich wird die provisorische Befestigung des Bodens gelöst und der Boden mit Watte ausgelegt, um Unebenheiten auszugleichen. Nach dem gleichmäßigen Ausspannen wird der Boden mit nach innen umgeschlagener Kante auf der Unterseite des Rahmens mit Heftklammern angeschossen.

## 2. Beziehen von Vollpolstermöbeln

Bei allen Bezugsstoffteilen, die auf der Zarge befestigt werden, näht man an den betreffenden Seiten mit einer einfachen Kappnaht Zugstreifen an, die von der angrenzenden Polsterung verdeckt werden, um Bezugsmaterial sparen zu helfen. Als Zugstreifen verwendet man, möglichst in der Grundfarbe des Bezugsstoffs, Drell, Bezugsstoffreste oder feste Futterstoffe.

### Beziehen des Sitzes

Bei einem Polstermöbel wird zuerst der Sitz bezogen. Der zugeschnittene Bezugsstoff wird zunächst an die Vorderkante angesteckt. Hinten und an den Seiten wird er unter gleichzeitigem Anspannen mit den Zugstreifen auf der Zarge angeheftet. Dann wird er an der Vorderkante mit einem schmalen Umschlag ausgesteckt und mit einem verzogenen Stich dort angenäht. Bei einer Englischen Kante wird der Bezugsstoff unterhalb der Kante angenäht. Anschließend wird der Boden an die Vorderkante angesteckt und auf oder unter der Zarge befestigt. Nach einem sauberen Anstecken wird er mit einem schmalen Umschlag mit einem verzogenen Stich gegen die Sitzfläche genäht. Die Seiten des Bodens werden zwischen Armlehnstützen und Sitz durchgezogen und an die Seitenfläche des Sitzes angenäht.

Bei einem geteilten Boden wird der Zuschnitt an der festgelegten Stelle mit der Rückseite an den angenähten Draht angenäht. Danach wird der obere Teil wie vorangehend beschrieben an die Sitzfläche genäht. Der untere Teil wird nach unten ausgesteckt und auf oder unterhalb der Zarge befestigt.
Bei Kissenmarkierungen wird der mit einem Effilé oder Keder unterteilte Boden in der vorangehend beschriebenen Art befestigt.

6

### Beziehen der Armlehnen

Der fadengerade aufgelegte Armlehnzuschnitt wird hinten zwischen Arm- und Rückenlehne gezogen, wobei ein im Zugstreifen in Armlehnhöhe vorgenommener Einschnitt das Durchziehen wesentlich erleichtert. Nach dem Glätten und Beseitigen evtl. Falten wird der Armlehnzuschnitt an die Rückenlehnstütze mit Heftklammern angeschossen. An den Außenseiten wird er unterhalb des Armlehnpolsters am Armlehn(feder)brett, auf der Innenseite an der Armlehnstütze und unten mit dem Zugstreifen auf der Seitenschwinge befestigt. Der am Armlehnkopf überstehende Bezugsstoff wird mithilfe eines eingezogenen Kräuselfadens in Falten gelegt und auf der Armlehnstütze abgenagelt.

### Beziehen der Rückenlehnen

Nach dem fadengeraden Überheften wird der Rückenlehnzuschnitt mit den Zugstreifen an den Seiten und unten nach hinten durchgesteckt. Nach dem Ausheften wird der Zuschnitt an der Rückenlehnstütze, der Rückenlehnspannleiste sowie an der Kopfleiste und evtl. Backenhölzern mit Heftklammern angeschossen. Bei ausgeschnittenen Armlehnrundungen näht man anstelle der Zugstreifen, damit diese nicht sichtbar werden, an die Ausschnitte einen ca. 5 cm breiten Bezugsstoffstreifen. Dieser Streifen sollte diagonal zugeschnitten werden, wodurch in den Armlehnrundungen ein faltenfreies Ausheften ermöglicht wird.

**Beziehen der Spannteile**

Nach dem Beziehen der gepolsterten Flächen wird an den hohlen Außenflächen der Armlehnen und der Rückenlehne eine ca. 1,5–2,0 mm dicke Pappe mit Heftklammern angeschossen. Auf diese Pappe wird eine Lage Polyesterwatte geklebt. Darüber werden anschließend die Armlehn- und Rückenlehnspannteile geheftet, die an den vorangehend bezogenen Bezugsstoffteilen geradlinig mit verzogenen Stichen angenäht oder mit Ziernägeln abgenagelt werden. An den Armlehnstützen sowie auf oder unter der Zarge werden die Spannteile mit Heftklammern angeschossen.

**Abschlussarbeiten beim Beziehen**

Um die sichtbaren Nähte an den Spannteilen, der Vorderkante des Sitzes sowie in der Mulde bei geteilten Böden und bei Kissenmarkierungen zu verdecken, wird mit einer gebogenen Nadel eine Kordel angenäht. Beim Sitz wird die Kordel allerdings schon vor dem Beziehen der Innenseiten der Armlehnen angenäht, damit ihre Enden an den Seiten des Sitzes auslaufen und dort angenäht werden können.

Vorn an der Armlehnstütze bringt man eine Chatose (Blende) an. Modellabhängig kann es eine mit Ziernägeln abgenagelte Stoffchatose, eine mit Dübeln befestigte und mit Bezugsstoff bezogene Holzchatose oder eine polierte Holzchatose sein.

Als unteren Abschluss können zum Verdecken der Füße Fransen oder Schabracken angenäht werden.

### 3. Beziehen von Kissenpolstern

Zum Beziehen der Kissen verwendet man Kissenhüllen, deren einzelne Teile auf Nähmaschinen zusammengenäht werden. In der Regel ist die Kissenöffnung mit einem Reißverschluss versehen.

Für den Zuschnitt der Kissenhüllen gibt es folgende Möglichkeiten:

- **Einzelzuschnitt:** Alle Teile einer Kissenhülle werden einzeln zugeschnitten. Der Kissenbezug weist an allen Kanten Nähte auf.
- **Mantelzuschnitt:** Aus den beiden Deckböden sowie dem Vorder- und Hinterboden wird ein Mantel zugeschnitten, in den die beiden Seitenböden eingesetzt werden.
- **Zuschnitt mit umlaufenden Böden:** In die beiden einzeln zugeschnittenen Deckböden werden die zusammenhängend zugeschnittenen Vorder-, Hinter- und Seitenböden eingesetzt.
- **Kreuzzuschnitt:** Alle Kissenteile werden zusammenhängend als ein Kreuz zugeschnitten.
- **Matratzenzuschnitt:** Die beiden Deckböden werden mit halben Böden an den Seiten zusammenhängend zugeschnitten.

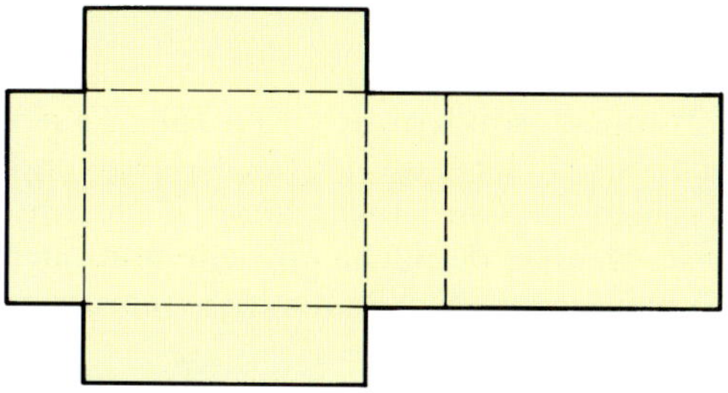

Kreuzzuschnitt

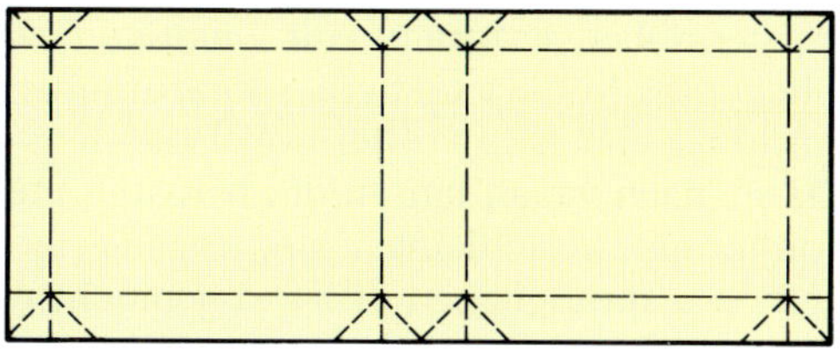

Matratzenzuschnitt

### 4. Bezugstechniken mit Leder

Leder wird bekanntlich in Häuten geliefert, die innerhalb ihrer Flächen unterschiedliche Festigkeiten und mitunter auch Fehler aufweisen. Um Fehler weitgehend zu umschneiden und einen möglichst geringen Verschnitt zu erhalten, werden die Papierschablonen der einzelnen Polsterflächen so gelegt, dass eine optimale Nutzung der Haut erreicht wird. Bei der Verteilung der Schablonen ist darauf zu achten, dass die stark beanspruchten Teile wie Sitz- und Rückenflächen aus dem Kern geschnitten werden. Bedingt durch die größere Breitendehnung des Leders legt man die **Vorderkante des Sitzes in Längsrichtung**. Lederzuschnitte, die glatt über Rundungen bezogen werden sollen, walkt (reckt) man über ein ca. 3 cm breites abgerundetes Brett, wodurch sie auch geschmeidiger werden. Die durchzuführenden Beziehearbeiten sind mit denen der Bezugsstoffe identisch. Verschiedene Polsterflächen, so z.B. Sitz und Boden, werden mit einem dazwischengelegten Keder zusammengenäht, der aus einem schmalen ca. 2 cm breiten Lederstreifen und einem eingelegten Schnürfaden als Kederschnur hergestellt wird.

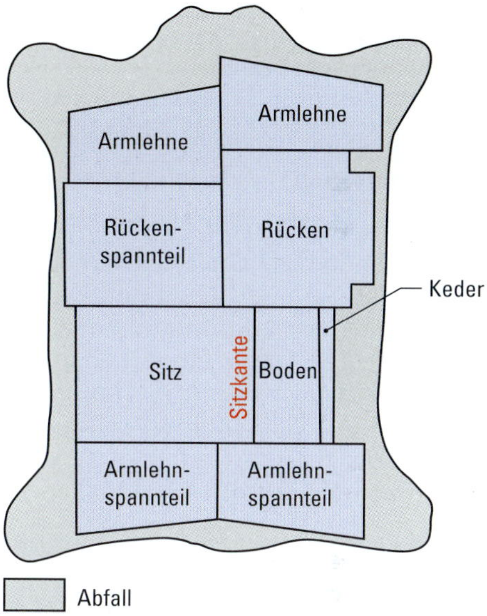


*Aufteilung einer Lederhaut für den Zuschnitt*

***Aufgaben***

1. *Was ist beim Zuschnitt bzw. Beziehen eines Sessels mit einem großrapportigen floral gemusterten Bezugsstoff zu beachten?*
2. *Wie muss der Strich eines Velours a) beim Rücken, b) beim Sitz und c) bei den Armlehnen verlaufen? Begründen Sie Ihre Antwort.*
3. *Schildern Sie das Beziehen eines Flachpolsters mit einem Einlegerahmen.*
4. *Nennen Sie Möglichkeiten, eine Kissenhülle zuzuschneiden.*
5. *Was ist beim Zuschnitt einer Sitzfläche aus einer Lederhaut zu beachten?*

### 6.1.8 Instandsetzen von Polstermöbeln

Polstermöbel sind nicht nur wichtige Gebrauchsmöbel, sondern in vielen Fällen auch Blick- oder Mittelpunkt eines Wohnraums, wobei es sich dabei oft um hochwertige und mitunter epochale Polstermöbel handelt, von denen man sich nicht trennen möchte. Da sie nach vielen Jahren der Nutzung mehr oder weniger deutliche optische und/oder funktionale Verschleißerscheinungen zeigen, können sie von dem Raumausstatter wieder in den ursprünglichen Zustand gebracht werden.

Das Instandsetzen kann Folgendes beinhalten:

- **Neupolstern**[1]: Alle Materialien werden vom Gestell entfernt und erneuert; ggf. muss noch das Gestell stabilisiert werden.
- **Aufpolstern**[1]: Die Federung wird repariert oder erneuert und der weitere Polsteraufbau einschließlich Bezugsstoff wird erneuert.
- **Aufarbeiten**[1]: Fasson und Form werden nachgearbeitet oder erneuert und der weitere Polsteraufbau einschließlich Möbelstoff wird erneuert.
- **Neubeziehen**[1]: Der abgenutzte alte Möbelstoff und die darunterliegende Watteauflage werden entfernt und erneuert.

Das Instandsetzen eines Polstermöbels erfordert als erstes eine genaue Bestandsaufnahme über den optischen und inneren Zustand des Möbels, der schriftlich dokumentiert und je nach Erfordernis auch fotografisch festgehalten wird. Damit wird eine Grundlage geschaffen, um mit dem Kunden ein Gespräch über eine lohnende bzw. nicht lohnende Instandsetzung zu führen.
Eine solche Dokumentation sollte enthalten: die Art des Polstermöbels, ggf. epochale Zuordnung, Polster-/Gestellart, Fertigmaße, äußere und/oder innere Schadensbeschreibung, verwendete Polstermaterialien, angewendete Polstertechnik, Gestellzustand.

Nachdem die Fertigmaße des Polstermöbels festgehalten wurden, beginnt das Instandsetzen mit dem Abschlagen des Möbelstoffs bzw. der alten Polsterung. Dabei sollte das Abschlagen nie gedankenlos vorgenommen werden, denn bei dieser Tätigkeit können Fehler gemacht werden, die spätere Arbeiten erschweren.

Insbesondere ist darauf zu achten, dass

- das richtige Werkzeug (Holzhammer, Geißfuß, Zange, Klammerheber, Druckluftnagelheber) verwendet wird,
- das hölzerne Polstergestell schonend behandelt wird, und das nicht nur bei Polstermöbeln mit sichtbarem Holzgestell.

Die beim Abschlagen in Erscheinung tretenden Materialien und Polstertechniken sind in der Dokumentation zu vermerken, da diese Angaben bei einer originalgetreuen Neupolsterung benötigt werden. Anhand der freigelegten Polsterung kann auch festgestellt werden, welche Fehler vorher gemacht wurden und was jetzt bei einer Neupolsterung besser gemacht werden kann.

---

[1] *Begriffsdefinition des Bundesverbandes der vereidigten Sachverständigen für Raum und Ausstattung und des Zentralverbandes Raum und Ausstattung.*

Das nach dem Abschlagen freigelegte Holzgestell muss im Hinblick auf seine Funktionalität überprüft werden:

- Lose und nicht festsitzende Holzverbindungen müssen gefestigt werden, z. B. durch Nachleimen, mit Holzdübeln oder durch eine Schraubverbindung.
- Evtl. gebrochene Gestellteile müssen ausgebaut und von einem Tischler erneuert werden.
- Nagellöcher im Gestell müssen mit Holzkitt ausgefüllt werden.
- Am Gestell noch vorhandene Kanten müssen mit Schleifpapier oder mit einer Raspel gebrochen werden.

Bei Sichtholzgestellen muss ggf. die alte Farbe entfernt (abgebeizt) und je nach Erfordernis wieder neu gebeizt oder lackiert werden.

Das Neupolstern, Aufpolstern und Aufarbeiten kann in verschiedenen Polstertechniken und mit verschiedenen Polstermaterialien durchgeführt werden. Da in der Regel überwiegend hochwertige und mitunter epochale Polstermöbel wieder in den ursprünglichen Zustand versetzt werden, kommt für diese Polstermöbel die klassische Polstertechnik mit geschnürter Federung und einem von Hand aufgelegten Formpolster zum Einsatz. Selbstverständlich können diese Polstermöbel nach Absprache mit dem Kunden auch in moderner Polstertechnik mit Federkern und Schaumstoffpolsterung wieder instand gesetzt oder umgearbeitet werden.

Die Arbeitsschritte einer möglichen Neupolsterung eines gepolsterten Stuhls mit geschnürter Federung zeigen die folgenden Abbildungen.

*Stuhl im alten Zustand*

*Sitzrahmen nach der Entfernung der Polsterung*

*Sitzrahmen mit Jutegurten gegurtet*

*Taillenfedern auf den Gurten aufgenäht*

*Längs- und Querschnürung der Stell- und Knotenfäden*

*Kantendraht an den Federringen angebracht*

*Zwischenfäden diagonal in die Schnürung eingeknüpft*

*Geschnürte Federung mit Federleinen abgedeckt, am Kantendraht und den Federringen angenäht und die Enden auf dem Rahmen angeschossen*

*Elancrin auf die abgedeckte Polsterung aufgelegt und unter die Lasierfäden geschoben*

*Fassonleinen über das aufgelegte Elancrin fadengerade übergeheftet*

*Polsterung mit Durchnähstichen durchgenäht*

*Provisorische Befestigung des Fassonleinens gelöst, Kante geformt und das Fassonleinen unterhalb des Kantendrahts angenäht, Durchnähfäden nachgezogen und verknotet*

*Kante mit Vorder- und Leiterstich garniert*

*Pikierung aus Elancrin auf das Fassonpolster und den Boden aufgelegt*

*Pikierung mit Polsterwatte abgedeckt*

*Sitz und Boden mit Polyesterwatte abgedeckt*

*Über die mit Polyesterwatte abgedeckte Polsterung den Bezugsstoff fadengerade übergeheftet*

*Von Grund auf neu gepolsterter Stuhl und mit Bezugsstoff bezogen, der mit Ziernägeln auf dem Sitzrahmen befestigt ist*

### Aufgaben

1. *Beschreiben Sie, welche Tätigkeiten das Instandsetzen von Polstermöbeln beinhalten kann.*
2. *Was sollte grundsätzlich vor dem Instandsetzen eines Polstermöbels gemacht werden?*
3. *Was muss beim Abschlagen eines Polstermöbels beachtet werden?*
4. *Welche Arbeiten sind im Hinblick auf die Funktionalität eines Polstergestells durchzuführen?*

### 6.1.9 Pflege und Reinigung der Polstermöbel

Polstermöbel unterliegen einer ständigen Staub- und Kontaktverschmutzung. Deshalb müssen ihre Bezugsmaterialien, Möbelstoffe und Leder, regelmäßig gepflegt und gereinigt werden. So gehört es auch zu einer vollständigen Kundenberatung, dass Informationen über die Pflege- und Reinigungsmethoden weitergegeben werden.
Die vom Verbraucher durchzuführende Reinigung setzt sich zusammen aus der **Unterhaltsreinigung, Fleckenentfernung** und **Zwischenreinigung**. Eine **Grundreinigung** sollte einem Reinigungsfachmann für Polstermöbel überlassen werden, der über die notwendigen Maschinen, Geräte, Mittel und Erfahrungen verfügt.

#### 1. Pflege und Reinigung textiler Bezüge

**Unterhaltsreinigung**
Zur regelmäßigen Unterhaltsreinigung textiler Bezüge gehört das Abbürsten, Staubsaugen und Abreiben mit einem feuchten Leder. Die aus den verschiedenen Faserrohstoffen bestehenden Bezugsstoffarten müssen wie folgt behandelt werden:

| Bezug | Faserrohstoff | Behandlungsart | | |
|---|---|---|---|---|
| | | Bürsten | Saugen | Abreiben |
| **Flachgewebe** | Baumwolle, Leinen, Wolle, Seide, zellulosische und synthetische Chemiefasern | mit weicher Bürste (z. B. Kleiderbürste) abbürsten | mit glatter Polsterdüse (ohne Borsten) absaugen | mit feuchtem Leder abreiben |
| **Polgewebe** z. B. ▪ Velours ▪ Epinglé | Baumwolle, Leinen, Wolle, Mohair, Seide, zellulosische und synthetische Chemiefasern | mit weicher Bürste (z. B. Kleiderbürste) in Strichrichtung abbürsten | mit Polsterdüse (weiche Borsten) absaugen | mit feuchtem Leder in Strichrichtung (leichter Druck) abreiben |

**Fleckenentfernung**
Die Fleckenentfernung sollte normalerweise von einem Reinigungsfachmann vorgenommen werden. Wird sie dennoch vom Verbraucher durchgeführt, so ist Folgendes zu beachten:

- Flecken in textilen Bezügen lassen sich am leichtesten unmittelbar nach ihrer Entstehung beseitigen.
- Vor jeder Fleckenentfernung das Polstermöbel absaugen und an einer nicht sichtbaren Stelle mit dem Fleckenentfernungsmittel eine Vorprüfung vornehmen, damit man die Reaktion des Stoffs erfährt.
- Feuchte Flecken mit saugfähigem Tuch oder Papier abtupfen. Rückstände mit verdünntem Teppich- oder Polstershampoo nachbehandeln (Herstellerangaben beachten).
- Trockene Flecken wie die Rückstände feuchter Flecken behandeln. Bei verbleibenden Fleckenresten etwas Waschbenzin auf ein weißes Tuch geben und nachtupfen.
- Fleckenentfernungsmittel nie direkt auf den Möbelbezugsstoff, sondern auf ein weiches weißes Tuch auftragen und den Fleck von außen nach innen abtupfen. Durch Reiben kann sich die Oberfläche des Bezugsstoffs verändern.

6

- Flecken unbekannter Herkunft zuerst mit einer Lösung aus lauwarmem Wasser und Polstershampoo behandeln. Sollte diese Vorgehensweise ohne Erfolg sein, dann den Fleck mit Waschbenzin, Spiritus oder handelsüblichem Fleckenwasser behandeln.

Behandlungsmöglichkeiten der einzelnen Fleckenarten sind der folgenden Übersicht zu entnehmen:

| wasserlösliche Flecken | Behandlung |
|---|---|
| Blut, Ei, Kot, Urin | Mit kaltem Wasser, evtl. mit Lösung aus Shampoo und Wasser nachbehandeln, kein heißes Wasser verwenden, da Eiweiß gerinnt. |
| Erbrochenes, Kaffee mit Milch, Milch, Sahne, Kakao, Majonnaise, Suppen, Soßen, Lippenstift, Parfüm, Tinte | Mit lauwarmer Lösung aus Shampoo und Wasser behandeln. Ist der Fleck damit nicht zu beseitigen, so kann nach dem Trocknen mit Spiritus bzw. Waschbenzin oder Fleckenwasser nachbehandelt werden. |
| Spirituosen, Bier, Cola, Rot- und Weißwein, Fruchtsäfte, Limonaden, Kaffee, Tee, Obst | Nicht eintrocknen lassen, sofort mit lauwarmer Lösung aus Shampoo und Wasser behandeln. |
| **wasserunlösliche Flecken** | **Behandlung** |
| Butter, Bohnerwachs, Farbe (Lacke), Fett, Harz, Kohle, Kopierstift, Öl, Ruß, Teer, Kugelschreiber, Schuhcreme, Ölfarbe | Mit Lösemitteln wie Waschbenzin, Spiritus oder handelsüblichen Fleckenwassern behandeln. |
| Kerzenwachs | So weit wie möglich zerbröckeln und vorsichtig abheben. Bei Velours besteht die Gefahr der Oberflächenbeschädigung. Mit Waschbenzin nachbehandeln. |
| Kaugummi, Knetgummi | Handelsübliche Vereisungssprays nach Vorschrift benutzen. Bei Velours besteht die Gefahr der Oberflächenbeschädigung. |
| Rost, gealtertes Blut | Zitronensäurelösung (1 Esslöffel mit 10 ml kaltem Wasser) auf ein weißes Tuch geben und den Fleck von außen nach innen betupfen. Zum Schluss mit sauberem, warmem Wasser nachbehandeln. |
| Nagellack | Weißes Tuch mit Aceton tränken und den Fleck damit behandeln, Vorsicht: löst Acetat, Triacetal, Modacryl. |

**Zwischenreinigung**
Sie wird zur Auffrischung des Möbelbezugsstoffs, Beseitigung einer allgemeinen Verschmutzung und von Rändern nach einer Fleckenentfernung angewendet, wobei immer eine optisch zusammengehörige Fläche zu behandeln ist. Vor einer Zwischenreinigung muss das Polstermöbel gründlich abgesaugt und mit dem Reinigungsmittel, das auf ein sauberes weißes Tuch aufgetragen wird, an einer verdeckten Stelle des Polsterbezugs durch Reiben die Farbechtheit und die Veränderung der Bezugsstoffoberfläche geprüft werden. Die Gebrauchsanweisung des jeweiligen Reinigungsmittels ist unbedingt zu beachten.

| Bezug | Faserrohstoff | Behandlungsart | | |
|---|---|---|---|---|
| | | Trockenshampoo | Flüssigshampoo | Hinweise |
| **Flachgewebe** | Seide | nicht behandeln | nicht behandeln | |
| | Baumwolle, Leinen, Wolle, zellulosische und synthetische Chemiefasern | auf wasserfeuchten, ausgedrückten Schwamm aufsprühen und einreiben | | verschmutztes Möbelteil ganzflächig behandeln |
| **Polgewebe** z. B. ▪ Velours ▪ Epinglé | Seide | nicht behandeln | nicht behandeln | |
| | Baumwolle, Leinen, Wolle, Mohair, zellulosische und synthetische Chemiefasern | auf wasserfeuchten, ausgedrückten Schwamm aufsprühen und einreiben | Flüssiges Shampoo mit Schwamm aufschäumen und nur den Schaum auftragen | verschmutztes Möbelteil ganzflächig behandeln, nach jeder Behandlung Oberfläche in Strichrichtung mit weicher Bürste bürsten |

## 2. Pflege und Reinigung von Leder

Um den Wert der Ledermöbel dauerhaft zu erhalten, müssen sie vorsichtig und schonend gepflegt und nach Möglichkeit nur selten gereinigt werden. Zur Lederpflege verwendet man spezielle im Fachhandel erhältliche Lederpflegemittel, die das Leder weich und geschmeidig halten. Vor dem Gebrauch sind sie immer an einer verdeckten Stelle auszuprobieren, um die Reaktion des Leders zu überprüfen. Feinde des Möbelleders sind aggressive Mittel. Deshalb dürfen niemals Fleckenwasser, Lösemittel, Terpentin, Schuhcreme oder andere Poliermittel verwendet werden.
Ledermöbel dürfen nicht dem direkten Sonnenlicht ausgesetzt werden, da sie ausbleichen oder nachdunkeln können. Außerdem benötigt Leder eine ausreichende Luftfeuchtigkeit, damit es seine Anschmiegsamkeit und seinen angenehmen Griff behält. Deshalb müssen sie auch vor direkter Hitzeeinwirkung geschützt und dürfen nicht direkt vor Heizkörper gestellt werden.

Die Pflege und Reinigung der Möbelleder enthält die **Unterhaltsreinigung**, **Zwischenreinigung**, **Fleckenentfernung** und die **Grundreinigung**, die grundsätzlich einem Reinigungsfachmann überlassen werden sollte.

6

### Unterhalts- und Zwischenreinigung

| Lederart | Unterhaltsreinigung | Zwischenreinigung |
|---|---|---|
| **Glattleder** alle **Nappalederarten** wie ▪ **Anilinleder** ▪ **Semianilinleder** ▪ **pigmentierte Leder** sowie ▪ **gedeckte Spaltleder** ▪ **Blankleder** | Staub regelmäßig mit einem weichen Tuch entfernen. Alle 3 bis 6 Monate mit einem Lederpflegemittel für Anilinleder entsprechend der Gebrauchsanweisung pflegen. Zum Schutz vor Flecken jährlich mit einer Lederimprägnierung nachimprägnieren. | Staub alle 2 bis 3 Monate mit einem weichen Tuch entfernen. Stärkere Anschmutzungen mit einem Lederreiniger für Anilinleder entfernen. Anschließend mit Lederpflege für Anilinleder entsprechend der Gebrauchsanweisung pflegen und nachimprägnieren. |

| Lederart | Unterhaltsreinigung | Zwischenreinigung |
|---|---|---|
| **Rauleder**<br>z. B.<br>▪ **Nubuk**<br>▪ **Hunting**<br>▪ **Spaltvelours** | Regelmäßig mit einem Staubsauger (weiche Bürste) vorsichtig absaugen. Beanspruchte Stellen mit weicher Bürste, Nubuk-Pad oder Schaumstoffschwamm aufrauen. Alle 3 bis 6 Monate mit einem Sprüh-Lederpflegemittel für Rauleder entsprechend der Gebrauchsanweisung pflegen. Zum Schutz vor Flecken jährlich mit einer Raulederimprägnierung nachimprägnieren. | Staub mit einem Staubsauger (weiche Bürste) vorsichtig absaugen.<br>Stärkere Anschmutzungen mit einem Lederreiniger für Rauleder entsprechend der Gebrauchsanweisung entfernen. Anschließend mit Lederpflege für Rauleder entsprechend der Gebrauchsanweisung pflegen und nachimprägnieren. |

### Fleckenentfernung

| Lederart | Flüssigkeiten | Speisen und Fette |
|---|---|---|
| **Glattleder** alle **Nappalederarten** wie<br>▪ **Anilinleder**<br>▪ **Semianilinleder**<br>▪ **pigmentierte Leder**<br>sowie<br>▪ **gedeckte Spaltleder**<br>▪ **Blankleder** | Unverzüglich mit einem saugfähigen Tuch oder Papier von der Lederoberfläche abnehmen.<br>**Nicht reiben!**<br>Restflecken mit entsprechendem Lederreiniger nachreinigen, mit Pflegemittel nachbehandeln und imprägnieren. | Unverzüglich mit einem saugfähigen Tuch oder Papier von der Lederoberfläche abnehmen.<br>**Nicht reiben!** Fettflecken nicht weiter behandeln. Sie ziehen häufig in das Leder ein und werden unsichtbar.<br>Andere Restflecken mit entsprechendem Lederreiniger nachreinigen, mit Pflegemittel nachbehandeln und imprägnieren. |
| **Rauleder**<br>z. B.<br>▪ **Nubuk**<br>▪ **Hunting**<br>▪ **Spaltvelours** | Unverzüglich mit einem saugfähigen Tuch oder Papier von der Lederoberfläche abnehmen.<br>**Nicht reiben!**<br>Restflecken mit entsprechendem Lederreiniger nachreinigen, mit Pflegemittel nachbehandeln und imprägnieren. | Unverzüglich mit einem saugfähigen Tuch oder Papier von der Lederoberfläche abnehmen.<br>**Nicht reiben!**<br>Restflecken mit entsprechendem Lederreiniger nachreinigen, Fasern dann vorsichtig aufrauen, mit Pflegemittel nachbehandeln und nachimprägnieren. |

### *Aufgaben*

1. *Welche Empfehlungen geben Sie einem Kunden für die Unterhaltsreinigung bei einem Polstermöbel, das mit einem Mohair-Velours bezogen ist?*
2. *Was ist grundsätzlich bei der Entfernung von Flecken aus einem textilen Bezugsstoff zu beachten?*
3. *Wie muss eine Zwischenreinigung bei einem Polstermöbel durchgeführt werden, das mit einem Möbelstoff aus 100 % Polyester bezogen ist?*

4. *Welche grundsätzlichen Pflegehinweise geben Sie Kunden, die sich für einen mit Leder bezogenen Sessel entscheiden?*
5. *Worauf bezieht sich die regelmäßige Pflege von Polstermöbeln, die mit a) Anilinleder und b) Nubuk bezogen sind?*

## 6.2 Werkstoffe

Für das Herstellen und Instandsetzen von Polsterungen werden Polstergestelle, Federn und Federungssysteme, Polsterträger und Gurte, Polsterfüllstoffe, Bezugsmaterialien und Werkstoffe zum Schmücken der Polstermöbel eingesetzt.

### 6.2.1 Polstergestelle

Polstermöbel dienen zum bequemen Sitzen und Liegen und müssen deshalb so gestaltet sein, dass sie den Formen und Gliedmaßen des menschlichen Körpers und dem persönlichen Geschmack entsprechen. Baugerüst eines jeden Polstermöbels ist das Gestell, das durch seine Form, den verwendeten Werkstoff und seinen Aufbau das Aussehen und die Gebrauchstüchtigkeit eines Polstermöbels bestimmt. Es muss konstruktiv so beschaffen sein, dass es über viele Jahre hinaus einer seiner Funktion entsprechenden Belastung standhält.

6

#### 6.2.1.1 Holzgestelle

Holzgestelle bestehen aus mehreren Holzteilen. Zum Einsatz kommen Vollholz (Massivholz) und Holzwerkstoffe. Es gibt Vollholzgestelle und Gestelle aus Vollholz und Holzwerkstoffen.

Vollholzgestelle bestehen in der Regel aus der **Zargenanlage**, den beiden **Armlehnen** und der **Rückenlehne**.

Die **Zargenanlage** besteht aus:
- Vorderschwinge 1,
- Hinterschwinge 2,
- den beiden Seitenschwingen 3 und
- den vier Füßen 4.

Die **Armlehnen** bestehen aus:
- Armlehnstütze oder Vorderstollen 5,
- Armlehnbrett oder Armlehnfederbrett 6 und
- Armlehnspannleiste 7.

Die **Rückenlehne** besteht aus:
- den beiden Rückenlehnstützen oder Hinterstollen 8,
- der Rückenlehnspannleiste 9,
- der Kopfleiste 10 und
- den beiden Backenhölzern 11 (formabhängig).

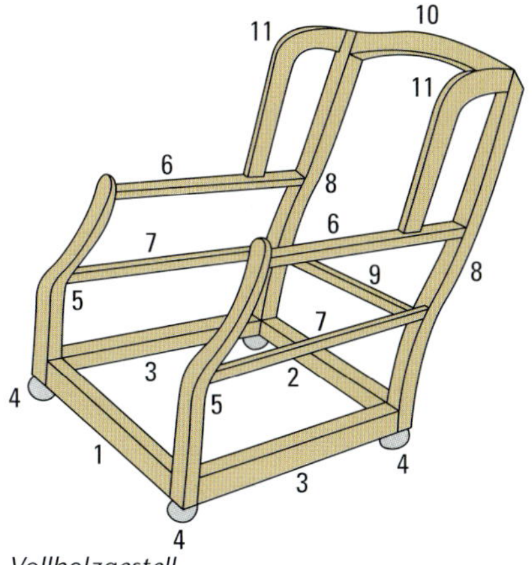

*Vollholzgestell*

Vollholz erhält man durch in Längs- und Querrichtung zersägte Baumstämme.

An Holzwerkstoffen werden verwendet:
- Schichtholz (mehrere verklebte Furnierschichten mit in Längsrichtung verlaufenden Holzfasern),
- Furniersperrholz (mehrere kreuzweise verklebte Furnierschichten),
- Holzfaserplatten (mit einem Bindemittel zu Platten verpresste Holzfasern),
- Holzspanplatten (mit einem Bindemittel zu Platten verpresste Holzspäne).

Die Gestellteile eines Polstergestells müssen zu einer haltbaren und festen Gestellkonstruktion verbunden werden. Die heute wichtigste Holzverbindung im Polstergestellbau ist die verleimte Dübelung. Durch eine exakte Verleimung und hochwertige Leimqualitäten wird eine hohe Stabilität des Gestells erreicht. Daneben können noch je nach Gestellform oder -art auch gezapfte, geschlitzte, gezinkte, überblattete sowie durchbohrte und gezapfte Holzverbindungen vorkommen. Bei verschiedenen Polstergestellen werden die einzelnen Gestellteile auch durch Steck- und Schraubverbindungen verbunden.

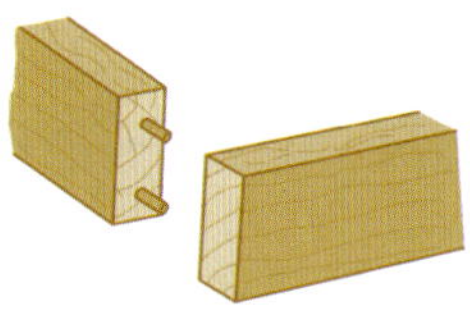

*gedübelt*

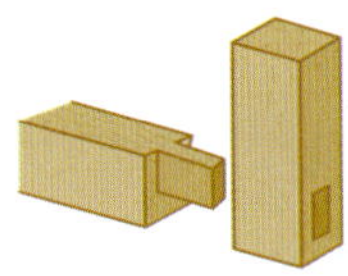

*gezapft*

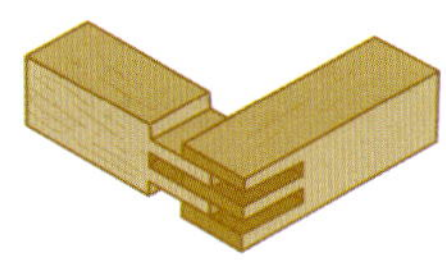

*geschlitzt*

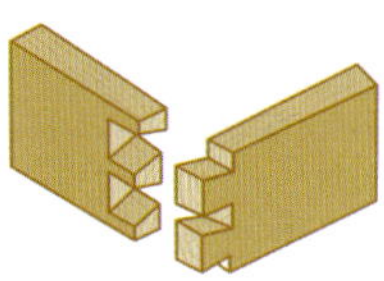

*gezinkt*

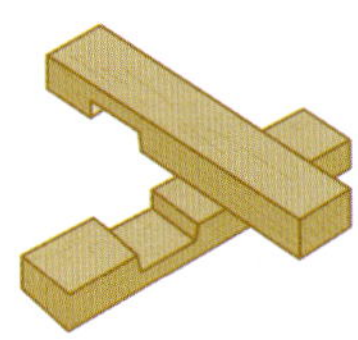

*überblattet*

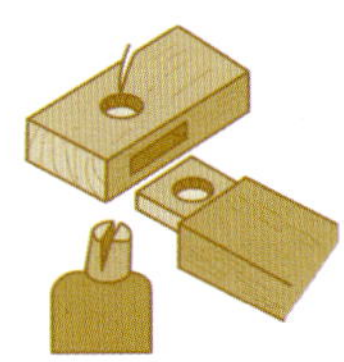

*durchbohrt und gezapft*

*Holzverbindungen bei Vollholzgestellen*

## 1. Blindholzgestelle

Bei dieser Gestellart werden alle Gestellteile überpolstert oder bezogen. Blindholzgestelle werden für Vollpolstermöbel und Polsterelemente verwendet. Je nach Form eines Vollpolstermöbels können jedoch evtl. Füße, Handknaufe der Armlehnen oder eine gebeizte Chatose[1] sichtbar sein.

Für die Herstellung von Blindholzgestellen verwendet man vorwiegend **Buchenholz**, weil es sehr hart und fest ist und durch Dampfbiegen gebogene Gestellteile, z. B. gebogene Armlehnen, Kopfleisten usw., herstellbar sind. Die einzelnen Gestellteile können aus Voll- oder Schichtholz bestehen. Für nicht tragende Teile wird auch oft Fichten- oder Kiefernholz eingesetzt. Bei bestimmten Polstermöbelformen, z. B. Polsterelementen, können verschiedene Gestellteile aus Furniersperrholz, Holzfaser- oder Holzspanplatten sein.

Der Aufbau eines Blindholzgestells ist von der Art und Funktion des jeweiligen Polstermöbels abhängig. Die folgenden Abbildungen zeigen, in welchen Variationen ein Blindholzgestell aufgebaut sein kann.

---

[1] *Chatose = eingelegte Holzblende in der Armlehnstütze.*

*Blindholzgestell aus Vollholz*

*Blindholzgestell aus Spanplatte und Furniersperrholz*

*Blindholzgestell aus Vollholz und Furniersperrholz für ein zweisitziges Sofa mit abklappbaren Armlehen*

## 2. Sichtholzgestelle

Aus der Bezeichnung dieser Gestellart geht die Eigenart dieser Holzgestelle hervor. Bei den Sichtholzgestellen können wesentliche Gestellteile sichtbar sein, z. B. der Zargenkranz bei einlegbaren Sitzkissen, die Armlehnen, die Rückenlehnstützen mit Kopfleiste und evtl. den Sprossen bei einlegbaren Rückenkissen. Welche Gestellteile sichtbar bleiben, hängt von der Art und Form des Polstermöbels ab.

Für Sichtholzgestelle verwendet man **Edelhölzer** wie z. B. Kirsche, Esche, Nussbaum. Aber auch finnische Birke, Eiche und Buche, die in der Art eines Edelholzes gebeizt werden. Durch eine entsprechende Oberflächenbehandlung erhalten die sichtbaren Gestellteile das gewünschte Aussehen wie Glanz und Farbe sowie eine widerstandsfähige Oberfläche gegenüber Schmutz und Abrieb.

*Sessel mit Sichtholzgestell*

Als Oberflächenbehandlungen kommen infrage:

- **Beizen:** Man versteht darunter das Verändern der natürlichen Holzfarbe durch farberzeugende Beizmittel, wobei die Maserung des Holzes erhalten bleibt. Als Beizmittel werden verwendet: Farbstoffbeizen, chemische Beizen und Kombinationsbeizen. Da die Beizen nicht wasserfest sind, ist nach dem Trocknen der Beize ein Klarlacküberzug notwendig.
- **Wachsen:** Holzflächen erhalten durch Auftragen eines Wachses einen leichten Glanz. Zum Einsatz kommen Natur- (z.B. Bienenwachs) und Kunstwachse. Die Wachsschicht ist zwar wasserabweisend, aber nicht kratz- und abriebfest. Beanspruchte Flächen verschmutzen leicht. Durch Nachwachsen können sie gepflegt werden.
- **Lackieren:** Durch das Auftragen eines Klarlacks oder einer Lackfarbe erhält eine Holzoberfläche eine haltbare, pflegeleichte, matte oder glänzende Schutzschicht. Zum Einsatz kommen z.B. säurehärtende Lacke (SH-Lacke), Polyurethanlacke, Polyesterlacke, Nitrozelluloselacke, Wasserlacke.

***Beim Polstern der Sichtholzgestelle muss man größte Sorgfalt walten lassen, damit die oberflächenbehandelten Gestellteile nicht beschädigt werden.***

### 6.2.1.2 Metallgestelle

Metallgestelle sind vorwiegend bei Büro-, Konferenz- und Küchenstühlen sowie bei Designermöbeln als sichtbare Gestelle aus verchromtem oder pulverbeschichtetem Stahlrohr oder Flachstahl anzutreffen. Auf ihnen ist der tragende Untergrund für die Polsterung befestigt. Metallgestelle erhalten in der Regel eine Flachpolsterung mit Schaumstoffen. Es gibt aber auch Metallgestelle mit lose aufgelegten Kissen und mit einer Hochpolsterung im Sitz mit Federkern.

*Armlehnstuhl mit verchromtem Metallgestell*

*Sessel mit verchromtem Metallgestell und Federkernpolsterung*

*(Abb. THONET GmbH)*

*Aufgaben*

1. *Welche Arten von Holzgestellen werden unterschieden und welche Holzarten kommen dabei zum Einsatz?*
2. *Aus welchen Gestellteilen besteht ein Vollholzgestell?*
3. *Welche Holzverbindungen können beim Aufbau von Vollholzgestellen zum Einsatz kommen?*
4. *Erklären Sie den Unterschied zwischen Blindholz- und Sichtholzgestellen und nennen Sie die Holzarten, die für die jeweilige Gestellart verwendet werden.*
5. *Beschreiben Sie die Oberflächenbehandlungen, die für Sichtholzgestelle infrage kommen können.*
6. *Schildern Sie den Aufbau der Metallgestelle und die bei ihnen vorkommenden Polsterungen.*

## 6.2.2 Federn und Federungssysteme

Durch Federungen sollen nachgiebige Polsterflächen geschaffen werden. Dafür stehen verschiedene aus Stahldraht gefertigte Federarten und Federungssysteme zur Verfügung, die durch Lackieren, Verzinken oder Verkupfern vor Korrosion geschützt sein können. Ferner setzt man für den gleichen Zweck elastische Gurte und elastische Gewebe ein.

### 6.2.2.1 Flachfedern

#### 1. Wellen- oder Schlangenfedern

Wellen- oder Schlangenfedern bestehen aus gehärtetem Federstahldraht, der wellenförmig zu einer Feder gebogen wurde. Sie werden in Stärken von 2,5–3,2 mm für Rückenlehnen und von 3,4–4,0 mm für Sitzpolster in Rollen mit 30–50 m geliefert. Je nach Bedarf werden von der Rolle die benötigten Längen abgeschnitten und mit kunststoffummantelten Scharnieren auf dem Polsterrahmen befestigt, in denen sich die Federn bei Belastungen geräuschlos bewegen können. Erst im gespannten Zustand erhalten sie die gewünschte Federkraft.

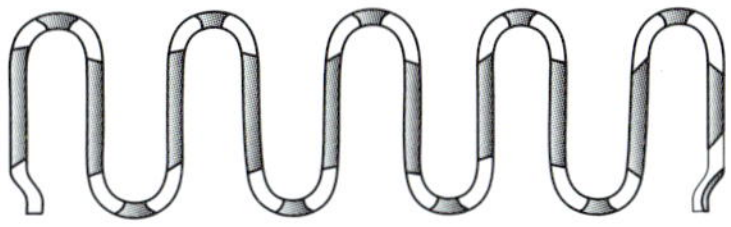

*Wellen- oder Schlangenfeder*

Wellen- oder Schlangenfedern werden als federnder Untergrund bei Flachpolstern sowie als Unterfederung für Sitz- und Rückenlehnpolsterungen bei Hochpolsterungen eingesetzt.

*Zugfeder*

*Federband*

#### 2. Zugfedern

Zugfedern, die auch als Spiralfedern bezeichnet werden, sind gewickelte Federn mit Durchmessern von 1,8–3,2 cm, deren Enden zu Ösen geformt sind. Sie werden als federnder Untergrund bei Sitz- und Rückenkissenpolsterungen sowie bei Matratzen eingesetzt.

### 3. Federbänder

Federbänder sind flache Spiralfedern mit einer Breite von ca. 1,5 cm. Sie werden als Unterfederungen bei Matratzen und als federnder Untergrund bei Sitz- und Rückenkissenpolsterungen eingesetzt.

### 6.2.2.2 Sprungfedern

Sprungfedern bestehen aus gehärtetem Federstahldraht, deren Enden mit dem letzten Federring verknotet sind. Man unterscheidet **Taillen-**, **Zylinder-** und **Kegelfedern**. Sie werden in verschiedenen Drahtdicken, Durchmessern, Höhen und mit unterschiedlicher Anzahl Windungen, sog. Gänge, hergestellt. Die genannten Faktoren bestimmen auch die Federeigenschaften. So ergeben Federn mit dünneren Federdrähten oder mit weniger Gängen weichere Federungen als Federn mit dickeren Federdrähten und hohen Gangzahlen.

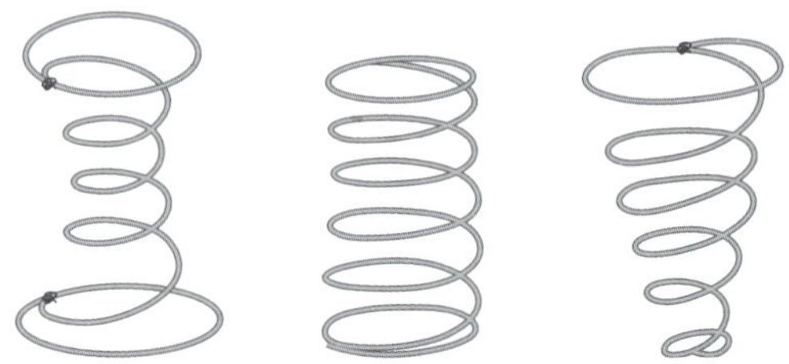

*Taillenfeder* *Zylinderfeder* *Kegelfeder*

Zur Bezeichnung einer Feder benötigt man außer der Federart

- die **Federhöhe**, die an der gegenüberliegenden Seite des Federknotens gemessen wird,
- den **Kopfdurchmesser**, bei Taillenfedern noch zusätzlich den Taillendurchmesser,
- die **Gangzahl**, die an der dem Knoten gegenüberliegenden Seite gezählt wird,
- die **Drahtdicke**, die in Zehntel Millimeter angegeben wird.

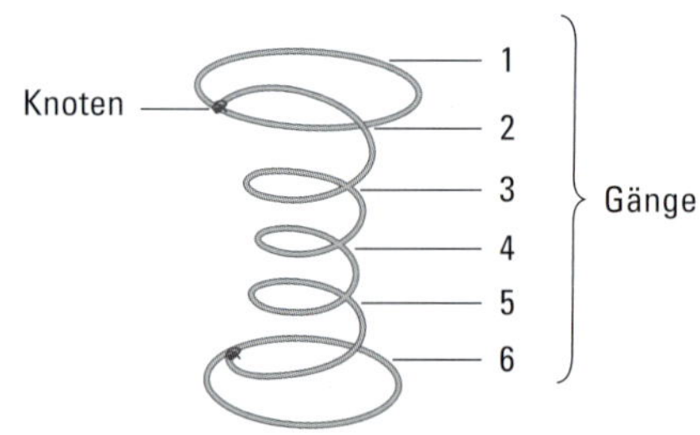


*Zählweise der Gänge bei einer Taillenfeder*

**Taillenfedern** werden für Bonnellfederkerne und für geschnürte Federungen verwendet. Für geschnürte Federungen kommen Sitzfedern mit Drahtdurchmessern von 3,2–4,0 mm, Höhen von 18–34 cm und Kopfdurchmessern von 8,5–13 cm sowie Lehnfedern mit Drahtdurchmessern von 2,4–3,0 mm, Höhen von 12–21 cm und Kopfdurchmessern von 9–11,5 cm zum Einsatz.
Für Bonnellfederkerne setzt man Taillenfedern mit Drahtstärken von 1,8–2,2 mm ein.

**Zylinderfedern** werden für Zylinder- und Taschenfederkerne, **Kegelfedern** für Federkörbe verwendet.

### 6.2.2.3 Federkerne

Federkerne sind geordnete Federungssysteme, die aus miteinander verbundenen Einzelfedern bestehen. Der besondere Vorteil der Federkerne ist, dass sie wesentlich preiswerter sind und einfacher angewendet werden können als geschnürte Federungen aus

Einzelfedern und dass sie entsprechend den Maßen und Formen eines Polstermöbels hergestellt werden können. Aufgrund der verwendeten Federart und des Aufbaus unterscheidet man folgende Federkernarten:

### 1. Zylinderfederkern

Die älteste und zugleich klassischste Federkernart ist der Zylinderfederkern. Er besteht aus zylindrischen Stahlfedern mit Drahtstärken von 1,3–1,8 mm. Sie werden von Hand ineinander gedreht, wodurch sie untereinander zu einer Federungseinheit verbunden werden. Der obere und untere Abschluss kann durch einen Bandstahlrahmen oder einen Stahldrahtrahmen gebildet werden. Der besondere Vorteil dieser Federkernart ist, dass an den stärker beanspruchten Stellen, z.B. Ecken und äußere Federreihen, Federn mit höheren Drahtstärken eingedreht werden können. Nachteilig ist der hohe Preis, da diese Federkernart manuell hergestellt wird. Zylinderfederkerne werden für Sitz- und Rückenlehnpolsterungen verwendet.

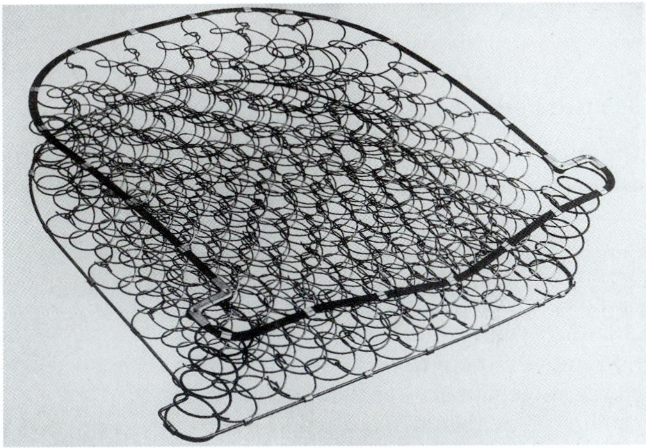

*Zylinderfederkern*

6

### 2. Bonnellfederkern

Bonnellfederkerne werden maschinell aus Taillenfedern hergestellt, die am oberen und unteren Federring durch Spiralfederzüge miteinander verbunden sind. Ein Bandstahl- oder Stahldrahtrahmen bildet den oberen, mitunter auch den unteren Rahmen.
Aufgrund ihrer besonderen Konstruktion arbeiten Bonnellfederkerne völlig geräuschlos. Der besondere Vorteil dieser Federkernart ist, dass sie durch die maschinelle Fertigung wesentlich preiswerter als Zylinderfederkerne sind. Sie werden für Sitz-und Rückenlehnpolsterungen verwendet. Man unterscheidet Normal- und Mini-Bonnellfederkerne.

**Normal-Bonnellfederkerne** mit einer geringeren Anzahl Federn als die Zylinderfederkerne. Die Federn besitzen einen größeren Kopfdurchmesser (ca. 8 cm) und sind aus Drahtstärken von 1,8–2,2 mm gefertigt. Die Zwischenräume der großen Kopfdurchmesser müssen mit einem festen Polsterträger überbrückt werden. Die verwendete Federart ergibt bei geringer Belastung einen weichen und bei stärkerer Belastung einen härteren Federungseffekt.

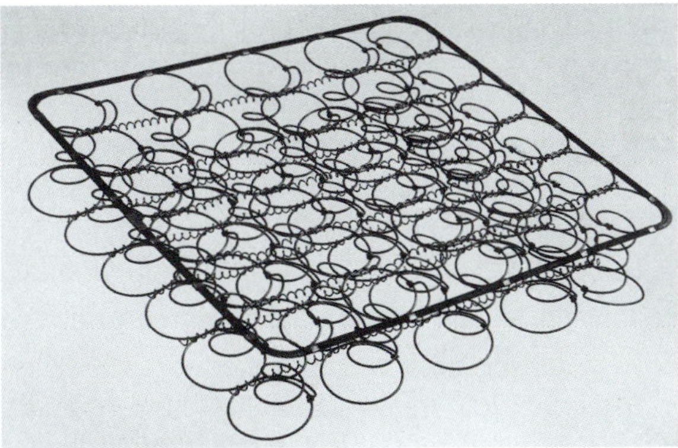

*Normal-Bonnellfederkern*

**Mini-Bonnellfederkerne**, die eine größere Anzahl Federn mit geringerer Drahtdicke (1,4 mm) und kleinerem Kopfdurchmesser (ca. 5 cm) besitzen. Dadurch wird ein Federungseffekt erzielt, der etwa dem eines Zylinderfederkerns entspricht, jedoch durch die maschinelle Fertigung wesentlich preiswerter ist.

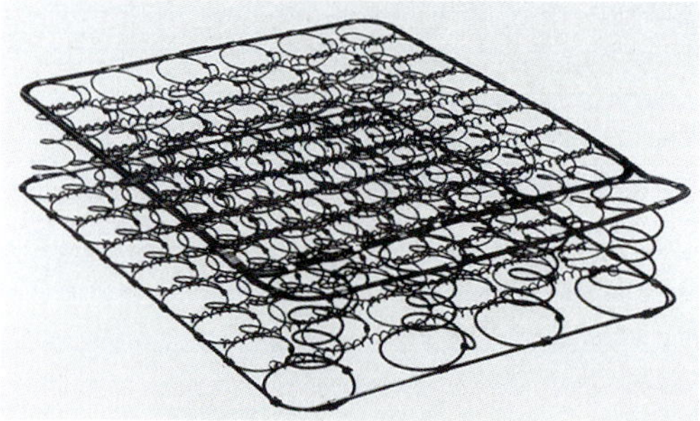

*Mini-Bonnellfederkern*

## 3. Taschenfederkern

Die qualitativ beste und zugleich teuerste Federkernart ist der Taschenfederkern. Er besteht aus Zylinderfedern, die in kleine Taschen aus Nessel oder Vliesstoff eingenäht sind. Es entsteht zunächst eine lange Reihe eingenähter Zylinderfedern, die zu einem Federkern geformt wird. Durch Klammern oder Bindfäden werden die Federn im Federkern miteinander verbunden. Der obere und untere Abschluss wird durch einen angenähten Kantendraht gebildet. Taschenfederkerne sind besonders weich, punktelastisch und anschmiegsam. Durch die vollkommene Stoffummantelung jeder einzelnen Feder arbeiten sie völlig geräuschlos. Aufgrund ihres hohen Preises werden sie nur bei hochwertigen Polstermöbeln, französischen Betten und Auflegematratzen eingesetzt.

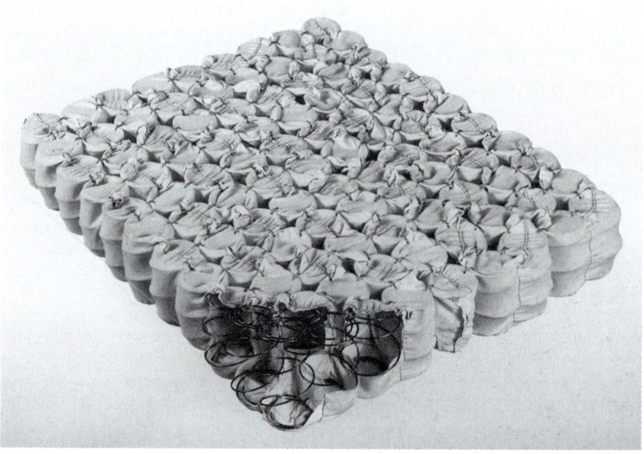

*Taschenfederkern*

## 4. GR-Federkern

Der GR-Federkern ist ein dem Zylinderfederkern nachempfundener, maschinell hergestellter Federkern. Er besteht aus einem endlosen Spezialdraht mit einer Drahtdicke von 1,4–1,8 mm, der zu rechts- und linksgängig gewundenen knotenlosen Zylinderfedern geformt wird. In dem Federkern sind die Federn ineinander verschlungen und oben und unten mit Spiralfederzügen verbunden. Der obere und untere Abschluss wird durch einen umlaufenden Stahldraht gebildet, der mit den äußeren Federn verbunden ist. Der besondere Vorteil des GR-Federkerns ist, dass er mit relativ geringen Federhöhen eine gute Tragfähigkeit und Elastizität besitzt. Darüber hinaus arbeitet er geräuscharm, ist wesentlich leichter und preiswerter als alle anderen Federkernarten. Er wird hauptsächlich für Auflegematratzen, französische Betten und Polsterliegen verwendet. In Sitzpolstermöbeln ist er nur selten anzutreffen und wenn, dann vorwiegend in Schaumstoff eingeschäumt.

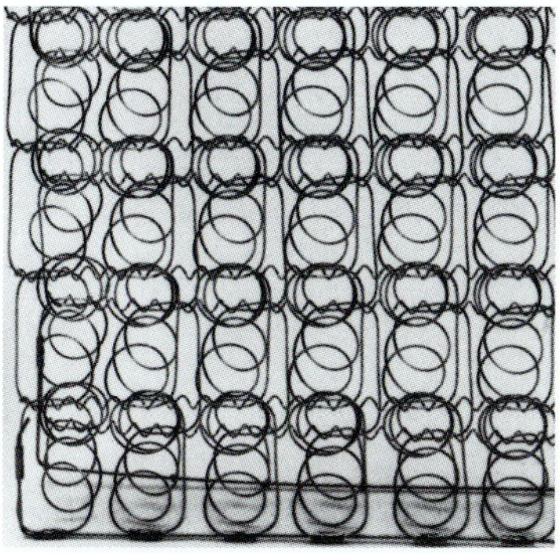

GR-Federkern

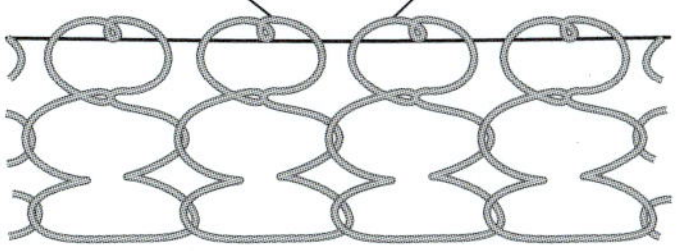


### 6.2.2.4 Federkörbe

Federkörbe bestehen aus kleinen Kegelfedern, die auf Bandstahlbändern befestigt und durch Klammern miteinander verbunden sind. Der obere Abschluss wird durch einen Stahldraht gebildet. Sie werden als federnder Untergrund bei Stühlen eingesetzt.

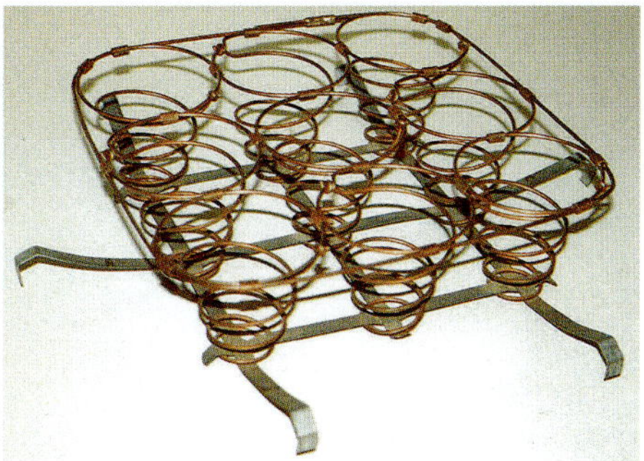

*Federkorb*

### 6.2.2.5 Elastische Polstergurte

Für elastische Polstergründe bei Sitz- und Rückenlehnpolsterungen verwendet man auch Polstergurte, die je nach Konstruktion eine mehr oder weniger hohe elastische Dehnung besitzen. Sie werden mit einer vorgeschriebenen Vorspannung auf dem Polsterrahmen befestigt. Man unterscheidet folgende Arten:

- **gewebte Gummigurte: ilira-elastic®-Gurte** sind nach einem besonderen Verfahren gewebt und enthalten in der Kette abwechselnd umsponnene Latexfäden und hochfeste gezwirnte Garne. Sie werden in Breiten von 35–80 mm mit unterschiedlichen Dehnungen angeboten.
- **Vollgummigurte:** Vollgummigurte bestehen ganz aus Gummi und werden in abgepassten Längen angeboten. An den Enden einvulkanisierte Verstärkungen bieten die erforderliche Ausreißsicherheit für die Nagelung.

### 6.2.2.6 Elastische Gewebe

Für die Herstellung von elastischen geschlossenen Polstergründen werden elastische Gewebe verwendet, die in verschiedenen Ausführungen und Breiten angeboten werden. Zum Einsatz kommen elastische Stützgewebe für Sitz- und Rückenpolsterungen aus Polyester, die unter der Bezeichnung DYMETROL® bekannt sind.

***Aufgaben***

1. *Welche Arten von Flachfedern werden für Polsterarbeiten verwendet?*
2. *Welche Sprungfederarten unterscheidet man, welche Angaben werden benötigt, um sie zu bezeichnen und wovon sind ihre Federungseigenschaften abhängig?*
3. *Beschreiben Sie die charakteristischen Merkmale sowie die Vor- und Nachteile eines Zylinderfederkerns.*
4. *Wodurch unterscheidet sich im Aufbau und in den Eigenschaften ein Bonnellfederkern von einem Zylinderfederkern?*
5. *Beschreiben Sie den Aufbau, die Eigenschaften und den Einsatz der Taschenfederkerne.*
6. *Schildern Sie den Aufbau und den Einsatz eines Federkorbs.*

## 6.2.3 Polsterträger, textile Polsterstoffe und Polstergurte

Beim Aufbau von Polsterungen kommen diverse Polsterträger, Polsterstoffe und Polstergurte zum Einsatz.

### 6.2.3.1 Polsterträger

Polsterträger dienen zum Abdecken von Flachfederungen, Federkernen und geschnürten Federungen, damit die darauf aufgebaute Polsterung getragen wird und nicht in die Zwischenräume der Federung eindringt. Außerdem sollen sie die Polsterung vor Scheuerungen schützen, die von dem Federungssystem ausgehen.

Es gibt verschiedene Polsterträger, die je nach Art der Federung und den Qualitätsansprüchen eingesetzt werden können. Zum Einsatz kommen folgende:

**Spannleinen** sind leinwandbindige Jutegewebe aus feinen Garnen mit mittlerer Fadendichte, die unter der Qualitätsbezeichnung **Hessian** geführt werden. Die Qualität dieser Gewebe wird mit dem Buchstaben **H** und dem Gewicht eines Quadratmeters angegeben (z. B. H 365 = 1 $m^2$ wiegt 365 g). Spannleinen wird in den Qualitäten H 320–H 395 zum Überspannen von Federkernen und von Gurtungen bei Flachpolsterungen verwendet.

**Federleinen** ist ein dichtes, schweres, leinwandbindiges Jutegewebe aus mittelfeinen Garnen, das die Qualitätsbezeichnung **Hessian-Bagging** führt. Für die Angabe der Qualität verwendet man die Buchstaben **HB** und das Quadratmetergewicht. Federleinen, eine gebräuchliche Qualität ist HB 520, wird zum Überspannen von geschnürten Federungen und von Federkernen eingesetzt.

**Vliesstoffe** sind textile Flächengebilde, die durch Verfestigung von Faservliesen entstehen. Als Polsterträger verwendet man Vliesstoffe aus Chemiefasern mit Gewichten zwischen 135 und 400 g/$m^2$. Die Verfestigung dieser Vliesstoffe kann thermisch oder mechanisch durch Nadeln (Verfestigung mit gekerbten Nadeln) und zusätzlich mit einem Bindemittel erfolgen. Der besondere Vorteil der Vliesstoffe ist, dass sie

- in allen Richtungen die gleiche hohe Reißfestigkeit besitzen,
- in beliebiger Richtung verarbeitbar sind, da kein Fadenverlauf zu beachten ist (geringer Verschnitt),
- an den Kanten nicht ausfransen und somit saubere Schnittkanten entstehen und
- eine hohe Flächen- und Dimensionsstabilität aufweisen.

Vliesstoffe werden zum Abdecken von Federkernen und als Zwischenlage zwischen einer Unterfederung aus Flachfedern und einem darauf angebrachten Federkern eingesetzt.

**Jutefilze** sind textile Flächengebilde, die durch Vernadeln von Jutefaservliesen auf einem Träger (Jutegewebe oder Folie) entstehen. Sie werden ebenfalls zum Abdecken von Federkernen und Flachfederungen verwendet.

**Pressflore aus Gummikokos** bestehen aus Kokosfaservliesen, die beidseitig mit Latex besprüht, gepresst und vulkanisiert sind. Sie haben eine Stärke von ca. 4 mm und werden zum Abdecken von Federkernen und Flachfederungen eingesetzt.

#### 6.2.3.2 Textile Polsterstoffe

Als Polsterstoffe werden solche Textilien verstanden, die unter dem Bezugsstoff zum Abdecken der einzelnen Polsterschichten sowie zum Zuspannen offener Flächen bei Polstermöbeln eingesetzt werden. Folgende Polsterstoffe können zum Einsatz kommen:

**Fassonleinen** ist ein leinwandbindiges Jutegewebe mit geringer Fadendichte, das sich dadurch gut formen lässt. Deshalb wird es auch oft als Formleinen bezeichnet. Fassonleinen wird ebenfalls unter der Bezeichnung Hessian geführt und in den Qualitäten H 185–H 220 angeboten. Es wird bei der Erstellung des Formpolsters zum Überheften über den von Hand aufgelegten Füllstoff eingesetzt.

**Schechterleinen** ist ein leinwandbindiges Gewebe aus Baumwolle, Leinen oder Viskose mit markierenden, andersfarbigen Fäden, die im Abstand von 10 cm in der Kette oder in Kette und Schuss eingewebt sind. Durch die andersfarbigen Fäden soll das fadengerade Verarbeiten erleichtert werden. Es wird wie Fassonleinen für Formarbeiten verwendet.

**Nessel** ist ein glattes leinwandbindiges Gewebe aus Baumwolle oder Viskose (Baumwollnessel bzw. Viskosenessel). Die Qualität ist von dem verwendeten Faserrohstoff und der Fadendichte abhängig. Nessel wird bei sog. „Weißpolstern“ verwendet, wo er über die Watteauflage geheftet wird, und zum Abdecken von Schaumstoffpolsterungen. Leichtere Qualitäten werden auch zum Zuspannen offener Polsterflächen eingesetzt.



**Zuspannstoff** ist ein leinwandbindiges Gewebe mit geringer Fadendichte aus Baumwolle oder Viskose. In mittleren bis dunklen Farben gefärbt, wird dieses Gewebe zum Zuspannen von Polstermöbeln verwendet.

**Vliesstoffe**: Leichtere Qualitäten in Gewichten von 20–120 g, die thermisch verfestigt aus Polypropylen oder Polyester hergestellt werden, setzt man zum Abdecken von Schaumstoffpolsterungen, Zuspannen von Polsterflächen, für Kissenhüllen und Bezugshilfen ein. In einem zeitgemäßen Aufbau der Polstermöbel sind diese Vliesstoffe kaum noch wegzudenken. Sie sind nicht nur preiswerter, sondern besitzen auch bessere Eigenschaften und lassen sich rationeller verarbeiten als vergleichbare Gewebe. Vliesstoffe aus Polypropylen werden u.a. unter den Marken Typar®, Corovin®, Lutrasil®, aus Polyester u.a. unter der Marke Lutradur® angeboten.

#### 6.2.3.3 Unelastische Polstergurte

Zum Aufbau eines Polsters benötigt man einen Polstergrund, für den unelastische Gurte verwendet werden. Zum Einsatz kommen folgende Gurte:

**Jutegurte** sind schmale leinwandbindige Gewebestreifen aus Jutegarnen in Breiten von 8 cm für Sitz- und 7 cm für Rückenlehnpolsterungen. Ausschlaggebend für ihre Qualität ist die Fadendichte und die Art der verwendeten Zwirne in der Kette (zwei- oder dreifach). Gurte für Sitzpolster bestehen in der Kette aus dreifachen Zwirnen, während die Gurte für Rückenlehnpolsterungen aufgrund der geringeren Belastung eine geringere Fadendichte und nur zweifache Zwirne in der Kette enthalten.

**Synthetic-Gurte** bestehen aus Polypropylen-Garnen und sind zweischüssig in Leinwandbindung gewebt. Neben einem geringen Materialeinsatz (leichteste synthetische Faser) besitzen sie eine ausgezeichnete Zugfestigkeit.

**PVC-Gurte** bestehen aus ca. 1 mm starken PVC-Folien mit eingelegten hochfesten Textilfäden, die den Gurten die erforderliche Zugfestigkeit verleihen. In Breiten von 57 und 43 mm werden sie für Sitz- bzw. Rückenlehnpolsterungen verwendet.

***Aufgaben***

1. *Für welche Zwecke werden Spann- und Federleinen bei Polsterarbeiten eingesetzt?*
2. *Welche Polsterträger können zum Abdecken von Federungen verwendet werden?*
3. *Wodurch unterscheidet sich ein Fassonleinen von einem Spann- und Federleinen und was besagen bei diesen Geweben die Bezeichnungen H 185 und HB 520?*
4. *Schildern Sie die Merkmale eines Nessels sowie seine Einsatzmöglichkeiten bei Polsterarbeiten.*

### 6.2.4 Polsterfüllstoffe

Die Nachgiebigkeit und die Anschmiegsamkeit einer Polsterung wird nicht nur durch das verwendete Federungssystem erzielt, sondern vor allem auch durch die Werkstoffe, die zum Aufbau einer Polsterung eingesetzt werden. Man bezeichnet sie als Polsterfüllstoffe. Sie besitzen alle die besondere Eigenschaft, dass sie sich mit einem mehr oder weniger großen Widerstand zusammendrücken lassen und aufgrund ihrer Elastizität nach der Entlastung wieder ganz oder annähernd in ihre ursprüngliche Form zurückkehren. Diese Eigenschaft wird bei Füllstoffen als **Füllkraft** bezeichnet. Durch das Zusammenwirken von Widerstand beim Zusammendrücken und Elastizität wird die **Polsterwirkung** eines Füllstoffs bestimmt. Dabei bestehen zwischen beiden Faktoren folgende Zusammenhänge:

| Widerstand beim Zusammendrücken | Elastizität (Füllkraft) | Polsterwirkung | Verwendung |
|---|---|---|---|
| gering | gut | weich | Pikierung, weiche Formpolster |
| groß | gering | hart | Formpolster |
| groß | gut | elastisch | elastische, strapazierfähige Formpolster |

Durch eine entsprechende Auswahl der Füllstoffe für das Formpolster und die Pikierung kann eine gewünschte Polsterwirkung erzielt werden.

Die Eigenschaften der Füllstoffe sind von ihrer Herkunft bzw. ihrem Aufbau abhängig. Sie lassen sich nach folgenden Gesichtspunkten unterteilen:

**Füllstoffe**

| pflanzliche Füllstoffe | tierische Füllstoffe | chemische Füllstoffe | industriell hergestellte Füllstoffe |
|---|---|---|---|
| Afrik<br>veredelte Kokosfasern<br>Hede (Werg)<br>Seegras<br>Alpengras | Rosshaar<br>Rinderhaar<br>Federn<br>Daunen | Polyether-Weichschaumstoff<br>Verbundschaum<br>Latexschaum | Watten<br>Polstermatten<br>Gummihaar und Gummikokos<br>Kissenfüllungen |

### 6.2.4.1 Pflanzliche Füllstoffe

Aus der großen Zahl der pflanzlichen Füllstoffe, die früher für Polsterarbeiten verwendet wurden, werden heute in geringem Umfang nur noch Afrik und veredelte Kokosfasern verarbeitet. Hede, See- und Alpengras werden nur noch für Restaurierungsarbeiten eingesetzt.

Die pflanzlichen Füllstoffe sind von Natur aus glatt und unelastisch. Für Polsterungen benötigt man aber Füllstoffe, die sich zusammendrücken lassen und elastisch sind. Um diese Eigenschaften zu erreichen, werden die Füllstoffe zu Strängen versponnen, die anschließend spiralförmig gedreht werden. Mit heißem Wasserdampf wird die den Strängen gegebene Spiralform fixiert. Durch diese Arbeitsgänge erhält man nach dem Aufzupfen der Stränge Füllstoffe mit dauerhafter Kräuselung, wodurch sie sich zusammendrücken lassen und nach der Entlastung wieder aufspringen.



**Afrik**

Afrik, auch Palmfaser genannt, wird aus den Blättern einer Zwergpalme gewonnen, die in afrikanischen Steppen wächst. Die fächerartigen Blätter werden zerfasert und nach dem vorangehend beschriebenen Verfahren gekraust. Es besitzt eine befriedigende Elastizität, die von der Feinheit der Fasern abhängig ist. Angeboten wird dieser Füllstoff in den Qualitäten Superieur I = fein-fein, Superieur II = fein, Mixte = mittelfein, Medio = mittelgrob und Spezial = grob. Afrik wird vornehmlich für Formpolster verwendet.

**Veredelte Kokosfasern**

Die kurzen, nicht verspinnbaren Kokosfasern werden einem besonderen Veredlungsprozess unterzogen und schwarz gefärbt. Nach dem Krausen erhält man einen sehr elastischen Füllstoff mit hoher Bauschkraft, der staubfrei zu verarbeiten ist. Veredelte Kokosfasern, die unter den Bezeichnungen **Elancrin** und **Sanocrin** auf dem Markt sind, werden für elastische Formpolster und für Pikierungen verwendet.

### 6.2.4.2 Tierische Füllstoffe

#### 1. Haare

Als Polsterfüllstoff kommen Ross- und Rinderhaare zum Einsatz. Beide Haararten sind vollkommen glatt und müssen deshalb wie die pflanzlichen Füllstoffe gekraust werden. Vor den dafür vorgesehenen Arbeitsgängen müssen sie aus hygienischen und gesundheitlichen Gründen gewaschen und desinfiziert werden.

Haare besitzen eine bessere Elastizität und damit eine bessere Füllkraft als die pflanzlichen Füllstoffe. Sie werden für Pikierungen und für hochwertige Form- und Kissenpolsterungen verwendet. Aus preislichen Gründen werden sie oft mit veredelten Kokosfasern gemischt. Man unterscheidet folgende Haarqualitäten:

**Rossschweifhaar:** Mit dieser Bezeichnung dürfen nur solche Füllstoffe bezeichnet werden, die überwiegend aus längeren als 15 cm langen Rossschweifhaaren bestehen.

**Schweifhaar:** Man versteht darunter einen Füllstoff, der aus mindestens 10 cm langen Ross- und Rinderschweifhaaren gemischt ist.

**Rosshaar:** Mit Rosshaar bezeichnet man einen Füllstoff, der aus Rossmähnen- und mindestens 20 % Rossschweifhaar besteht.

**Rossmähnenhaar:** Als Rossmähnenhaar darf der Füllstoff bezeichnet werden, der nur aus Rossmähnenhaar besteht, wobei nicht mehr als 10 % kürzer als 5 cm sein dürfen.

**Reines Haar:** Diese Bezeichnung darf ein Füllstoff führen, wenn er ausschließlich aus tierischen Haaren besteht.

#### 2. Federn und Daunen

Für hochwertige Kissenpolsterungen und lose Kissen verwendet man als Füllmaterial Federn und Daunen. Sie sind leichter und elastischer als andere Füllstoffe. Zum Einsatz kommen Federn und Daunen von Gänsen und Enten. Bei qualitativ geringeren Federfüllungen mischt man auch Hühnerfedern zu.

Das Bauprinzip aller Federn ist gleich. In der Mitte ist der hohle **Kiel**, dessen unteres Ende als **Pose** bezeichnet wird. Nach beiden Seiten zweigen haardünne Äste ab, die in ihrer Gesamtheit die **Fahne** bilden. Unterhalb der Fahne befindet sich der **Flaum**, der je nach Größe der Feder 1/4 bis 1/2 der Fahnenlänge ausmacht.

**Gänsefedern** besitzen eine runde, stumpfe Pose. Die Federn sind stark gebogen und besitzen eine gedrungene Form. Im oberen Bereich sehen sie wie abgeschnitten aus. Am unteren Ende besitzen sie oft einen reichen Flaum. Gänsefedern sind matt glänzend.

**Entenfedern** sind stark gebogen, klein und zierlich. Nach oben laufen sie strahlenförmig oder spitz zu. Sie besitzen einen spärlichen Flaum und ein mattes bis schillerndes Aussehen.

**Hühnerfedern** erkennt man an einem schmalen, durchsichtigen Bereich mit Flaum am unteren Teil des Federkiels.

**Daunen**, die nur Gänse und Enten besitzen, sehen aus wie hauchdünne Schneeflocken. Aus ihrem kaum sichtbaren Kern wachsen strahlenförmig seidenweiche Haare heraus. Sie sind sehr leicht.

*Gänsefeder*

*Entenfeder*

*Hühnerfeder*

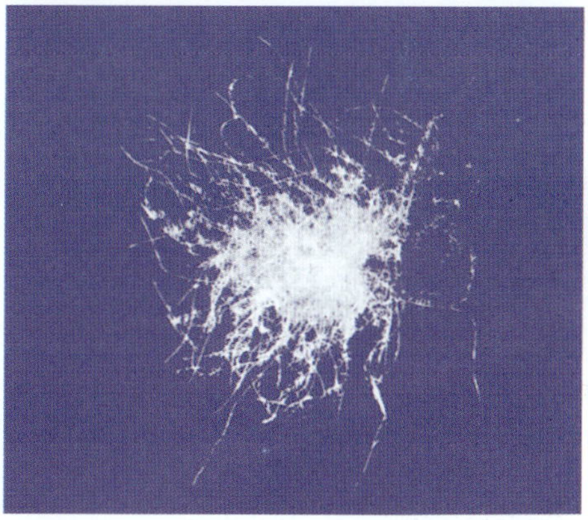

*Daune*

Die Bezeichnungen für Füllungen aus Daunen und Federn regelt die DIN EN 12934 wie folgt:

| Füllungen aus | Klassifikation | Gehalt an anderen Elementen[1] | Elemente und Zusammensetzung |
|---|---|---|---|
| **Wassergeflügel** (Gans und Ente) | **„Klasse I"** und/oder **„neu"** | bis 5 % | Daune … %, Feder … % |
| | **„Klasse II"** | über 5 % bis 15 % | Daune … %, Feder … % |
| | **„Klasse III"** | über 15 % | Daune … %, Feder … %<br>andere Elemente … % |
| **Landgeflügel** oder **Mischungen aus Land- und Wassergeflügel** | **„Klasse IV"** und/oder **„neu"** | bis 5 % | Daune … %, Feder … % |
| | **„Klasse V"** | über 5 % bis 15 % | Daune … %, Feder … % |
| | **„Klasse VI"** | über 15 % | Daune … %, Feder … %<br>andere Elemente … % |
| | **„Klasse VII"** | | unspezifizierte Zusammensetzung |

[1] *alte, wiederaufbereitete Federn und Daunen*

6

Federn und Daunen müssen vor ihrer Verarbeitung als Füllstoff gereinigt werden. Zu diesem Zweck werden sie in mehreren Arbeitsgängen **gewaschen**, bis alle Verunreinigungen entfernt sind. Anschließend werden sie bei Temperaturen über 100 °C **getrocknet** und dabei gleichzeitig **sterilisiert**. Das nun folgende **Sortieren** der Federn erfolgt mit einem Gebläse, indem sie in hintereinander angeordnete Kammern gewirbelt werden. Dabei fliegen kleine, leichte Federn am weitesten. Federn, die ihre Fluggrenze erreicht haben, bleiben in einer der vorderen Kammern zurück. Die durch die Sortierung gewonnenen unterschiedlichen Federgrößen können anschließend entsprechend einer gewünschten Federqualität gemischt werden.
Federn werden heute aus Qualitäts- und Kostengründen nicht mehr geschlissen, d.h., man reißt nicht mehr die Fahne rechts und links vom Kiel ab. Durch den Kiel besitzen sie eine bessere Elastizität und sind darüber hinaus durch den eingesparten Arbeitsgang des Schleißens preiswerter als geschlissene Federn.

***Aufgaben***

1. *Welche grundlegenden Eigenschaften müssen Polsterfüllstoffe besitzen?*
2. *Nach welchen Gesichtspunkten werden Polsterfüllstoffe unterteilt? Nennen Sie zu jeder Gruppe die infrage kommenden Füllstoffe.*
3. *Für eine Polsterarbeit wird als Füllstoff Elancrin verwendet. Was versteht man unter diesem Füllstoff und welche Eigenschaften besitzt er?*
4. *Welche Füllstoffeigenschaften besitzen Haare und für welche Zwecke werden sie verwendet?*
5. *Wie muss ein Füllstoff zusammengesetzt sein, wenn er als Rosshaar bezeichnet wird?*
6. *Für welche Polsterzwecke werden Federn und Daunen verwendet?*

### 6.2.4.3 Chemische Füllstoffe

#### 1. Polyether-Weichschaumstoff

Polyether-Weichschaumstoff, in der verarbeitenden Industrie und im Handwerk nur als „Schaumstoff" bezeichnet, ist ein voll synthetischer Schaumstoff aus der Gruppe der **Polyurethan-Schaumstoffe. Polyether-Polyol** und **Isocyanat** sind neben **Wasser, Stabilisatoren, Katalysatoren** und **Additiven** (z.B. Farben) die wesentlichen Ausgangsstoffe für die Herstellung dieses Schaumstoffs, die nach festgelegten Rezepturen miteinander gemischt werden. Dabei verbindet sich ein Teil des Isocyanats mit dem Polyether-Polyol zu dem eigentlichen **Polyether-Urethan-Polymer**, während ein anderer Teil mit Wasser reagiert, wodurch das zur Treibreaktion notwendige Kohlendioxid entsteht. Der Aufschäumprozess ist nach etwa zwei Minuten beendet. Die endgültige Aushärtung ist nach einigen Stunden erreicht.
Durch eine entsprechende chemische Zusammensetzung des Polyether-Polyols ist es möglich, hochelastische Polyether-Weichschaumstoffe herzustellen, die als **Kaltschaum** oder **HR-Schaum** (high resilient) bezeichnet werden.

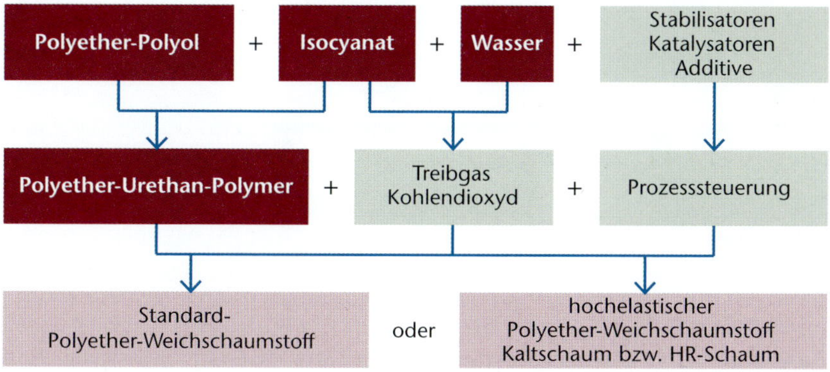


*Prozessschema für die Herstellung von Polyether-Weichschaumstoff*

Die Herstellung von Polyether-Weichschaumstoffen kann kontinuierlich in Form von **Schaumstoffblöcken** erfolgen, wo bei das Reaktionsgemisch auf eine u-förmig gefaltete Papierbahn aufgebracht wird und dort aufschäumt. Nach dem Aushärten werden die Blöcke durch Horizontalschnitte in Platten mit gewünschter Stärke geschnitten. Es besteht auch die Möglichkeit durch sog. Kopierschnitte, Formteile aus den Blöcken herauszuschneiden.

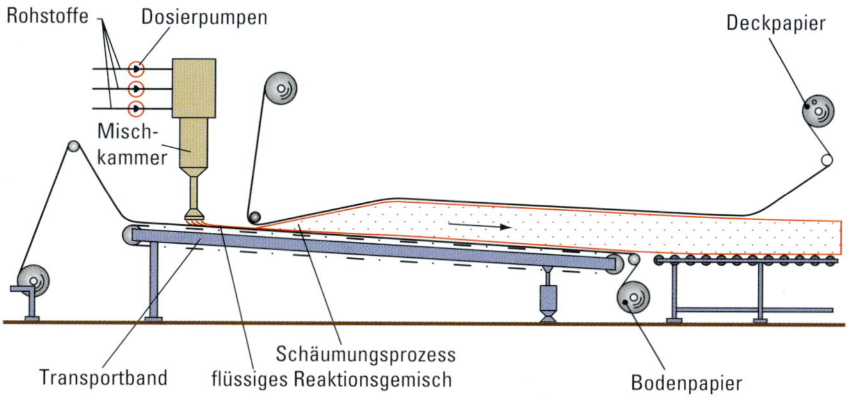


*Prinzip der Blockschaumherstellung*

Neben der Blockschaumfertigung gibt es noch die **Formschäumung**. Hierbei werden die gemischten Ausgangsstoffe in Formen gegossen, die anschließend geschlossen werden. Der von der Form vorgegebene Hohlraum wird dabei von der aufschäumenden Masse ausgefüllt. Die Formschäumung kommt dann zum Einsatz, wenn die Herstellung komplizierter Formen aus Blockschaum unwirtschaftlich oder technisch nicht durchführbar ist und wenn Fremdmaterialien mit eingeschäumt werden sollen. Der Nachteil der Formschäumung ist, dass eine rentable Fertigung erst ab ca. 5000 Teilen je Form möglich ist.

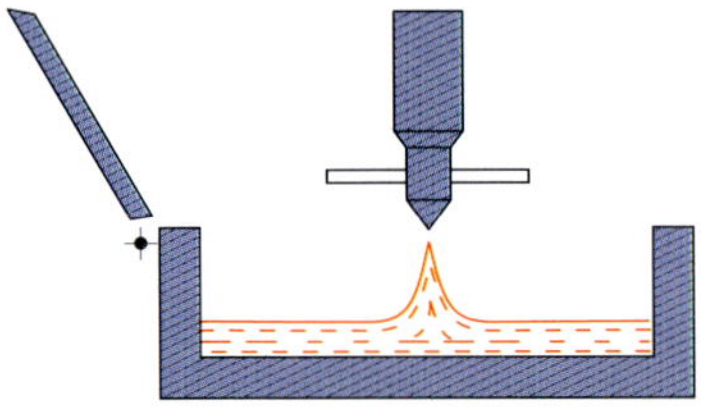
*Füllen der Form*

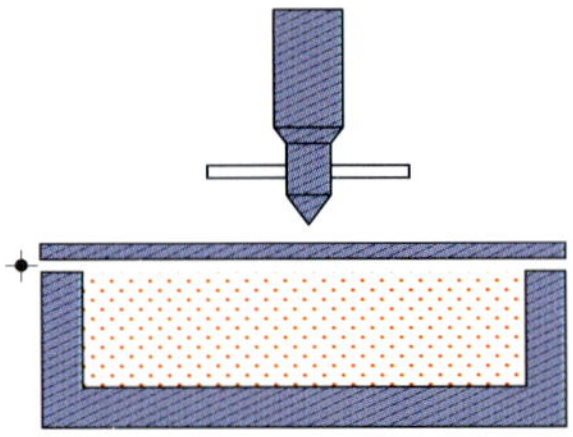
*Aufschäumen in der Form*

*Prinzip der Formschäumung*

**Eigenschaften**

Die verschiedenen Möglichkeiten der Fertigungsverfahren (Art der Rohstoffe und Rezeptur) erlauben, Polyether-Weichschaumstoffe mit unterschiedlichen Eigenschaften herzustellen. Sie können hart, weich, leicht, schwer, fein- oder grobporig sein. Standard-Polyether-Weichschaumstoffe weisen im Allgemeinen folgende Eigenschaften auf:

- **luftdurchlässig** aufgrund des offenzelligen Gefüges
- **elastisch**: Nach einer Druckbelastung kehren sie wieder in ihre Ausgangslage zurück.
- **alterungsbeständig**: Sie verlieren im Laufe der Zeit nicht ihre guten Eigenschaften.
- **formbeständig**
- **hygienisch**
- **staubfrei**, im Gegensatz zu den losen Polsterfüllstoffen

**Kaltschäume** oder **HR-Schäume** (high resilient) besitzen neben den Eigenschaften der Standard-Polyether-Weichschaumstoffe noch

- eine **bessere Elastizität**, wodurch der Polsterkomfort wesentlich erhöht wird, und
- eine **bessere Luftdurchlässigkeit.**

Allerdings müssen sie zur Erreichung vergleichbarer Tragfähigkeiten mit einem deutlich höheren Raumgewicht verarbeitet werden.

Speziell flammenhemmend hergestellte Polyether-Weichschaumstoffe erfüllen nationale und internationale Brandschutznormen.

Polyether-Weichschaumstoffe werden nach Oeko-Tex® Standard 100 zertifiziert (s. Seite 41) und sind physiologisch unbedenklich. Die eingesetzten Grundstoffe enthalten kein FCKW oder andere umweltschädliche Stoffe. Sie können mechanisch durch Verflockung oder Pulverisierung sowie chemisch durch Zerlegen in ihre Ausgangsstoffe recycelt und einer weiteren Wiederverwendung zugeführt werden. Auch eine Entsorgung auf den Hausmülldeponien ist ebenso möglich wie in Hausmüllverbrennungsanlagen.

**Qualitätsmerkmale**

Ein wichtiges Qualitätsmerkmal der Schaumstoffe ist ihr **Raumgewicht (RG)**, das in kg/m³ angegeben wird. Man versteht darunter das Verhältnis von fester Schaummasse in kg zu einem Volumen von 1 m³. So bedeutet z. B. RG 38, dass 1 m³ Schaumstoff 38 kg wiegt.

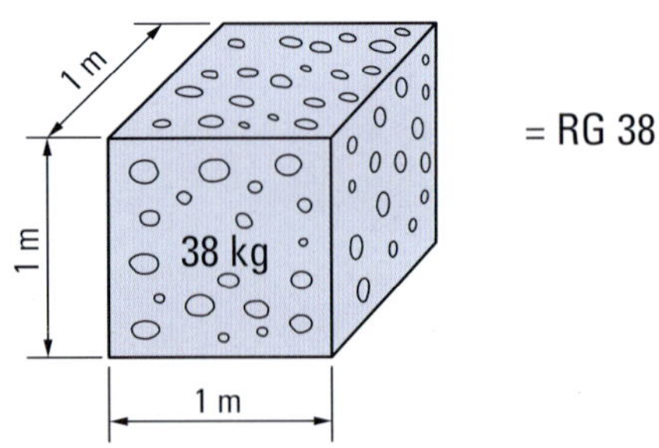

*Raumgewicht*

Ein weiteres wichtiges Kriterium zur Beurteilung der Schaumstoffe ist ihre **Stauchhärte**. Man versteht darunter den Druck, angegeben in kPa, der notwendig ist, um den Schaumstoff nach der DIN EN ISO 3386 um 40 % zusammenzudrücken.

### Einsatz

Polyether-Weichschaumstoff wird für Sitz-, Rücken- und Armlehnpolsterungen verwendet. Dabei geht man von der Tatsache aus, dass bei Zunahme der Belastung auch das Raumgewicht zunehmen muss. Für den Sitzbereich von Polstermöbeln ist daher wegen der größeren Beanspruchung ein höheres Raumgewicht notwendig als für Rücken- und Armlehnen.

Die in der RAL-GZ 430/3 aufgeführten Güte- und Prüfbestimmungen für Polstermöbel sehen für den Einsatz von blockgeschäumtem PE-Weichschaumstoff folgende Mindestwerte für Polsterdicken und Raumgewichte vor:

<table>
<tr><th rowspan="3">Einsatzbereich</th><th rowspan="3">Polsterdicke</th><th colspan="3">Polyether-Weichschaumstoff</th><th rowspan="2">Polyetherverbundschaum</th></tr>
<tr><th colspan="2">blockgeschäumt</th><th rowspan="2">Formschaum</th></tr>
<tr><th>Standard</th><th>hochelastisch</th><th>Polsterdicke</th></tr>
<tr><td>Abdeckung auf gefedertem<br>▪ Sitz<br>▪ Rücken</td><td><br>≥ 30 mm<br>≥ 30 mm</td><td><br>≥ RG 35<br>≥ RG 28</td><td><br>≥ RG 35<br>≥ RG 28</td><td rowspan="3"><br>≥ RG 40<br>≥ RG 40</td><td rowspan="3">≥ 30 mm<br><br>≥ RG 130<br>≥ RG 110</td></tr>
<tr><td>Grundpolster auf Metall- oder Gummigurtfederung und gefedertem<br>▪ Sitz<br>▪ Rücken</td><td><br>≥ 40 mm<br>≥ 40 mm</td><td><br>≥ RG 35<br>≥ RG 28</td><td><br>≥ RG 35<br>≥ RG 28</td></tr>
<tr><td>Kissen aus Schaumstoff<br>▪ Sitzkissen<br>▪ Rückenkissen</td><td><br>≥ 40 mm<br>≥ 40 mm</td><td><br>≥ RG 35<br>≥ RG 28</td><td><br>≥ RG 35<br>≥ RG 28</td></tr>
</table>

Um einen gewünschten Polsterkomfort oder eine notwendige Stabilität zu erreichen, können Zuschnittteile mit unterschiedlichen Raumgewichten und Stauchhärten kombiniert und durch Kleben verbunden werden. So hergestellte Formteile bezeichnet man als **konfektionierte Formteile**.

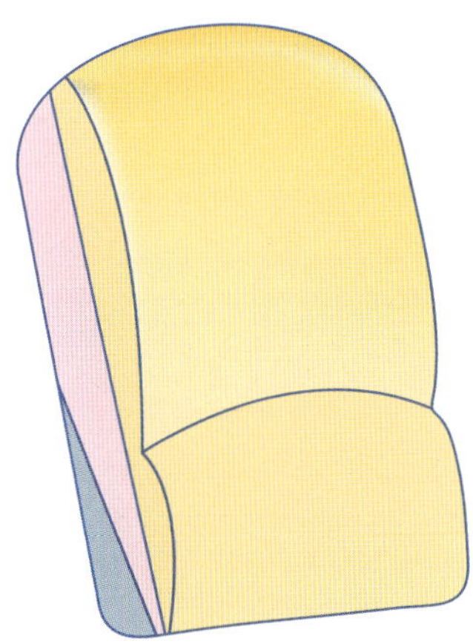

*Beispiel eines konfektionierten Rückenkissens*

## 2. Verbundschaum

Eine besondere Art des Polyether-Weichschaums ist der Verbundschaum. Er wird aus Schaumstoffresten hergestellt, die bei der Verarbeitung anfallen.

Die zu Flocken geschnittenen Reste werden unter Einsatz eines Bindemittels mit verschiedenen Verdichtungsgraden zu Verbundblöcken gepresst, die anschließend in gewünschte Formen zugeschnitten werden. Der Grad der

Verdichtung bestimmt im Wesentlichen die elastischen Eigenschaften. Verbundschäume haben je nach Raumgewicht (bis 250 kg/m³) eine weniger elastische bis harte Polsterwirkung. Sie werden hauptsächlich für Kantenverstärkungen und Kantenprofile sowie als Polsterträger bei Federkernpolsterungen eingesetzt.

### 3. Latexschaum

Ausgangsstoffe für die Herstellung von Latexschaum sind Naturlatex, der milchige Saft der Gummibäume, und synthetischer Latex, der im Gegensatz zum Naturlatex keinen Qualitätsschwankungen unterworfen ist. Bei der Herstellung von Latexschaum besitzt synthetischer Latex inzwischen einen Anteil von 40–60 %. Deshalb ist Latexschaum nicht immer ein Naturprodukt. Latexschaum wird nach dem Dunlop- oder Talalay-Verfahren hergestellt.

Beim **Dunlop-Verfahren** wird die mit Vulkanisationsmitteln (u. a. Schwefel), Alterungsschutzmittel und Stabilisatoren eingestellte Latexmischung durch Zusatz einer Seifenlösung zu einem Schaum mit 8- bis 12-fachem Volumen aufgeschlagen, in Formen gefüllt und bei ca. 100 °C vulkanisiert.

Beim **Talalay-Verfahren** wird die mit Vulkanisationsmitteln, Alterungsschutzmittel und Stabilisatoren eingestellte Latexmischung mithilfe von Sauerstoff auf das 10- bis 14-Fache zu einem sehr feinporigen Schaum aufgeschäumt, in Formen gegossen, bei –30 °C gefroren, wodurch die aufgeschäumten Luftporen ihre Form behalten, und anschließend bei ca. 100 °C vulkanisiert. Beim Talalay-Verfahren besitzen die Formen im Boden und Deckel unzählige feine Metallröhrchen zur Kälte- und Wärmeübertragung, wodurch die charakteristischen vertikalen Kanäle bei dem sog. Stiftloch-Latexschaum entstehen.

Nach erfolgter Vulkanisation werden bei beiden Verfahren die entstandenen Latexschaumplatten den Formen entnommen, gewaschen und getrocknet.

Latexschaum nach dem Talalay-Verfahren ist besonders weich und besitzt eine feinere und gleichmäßigere Porenstruktur als ein nach dem Dunlop-Verfahren hergestellter Latexschaum.

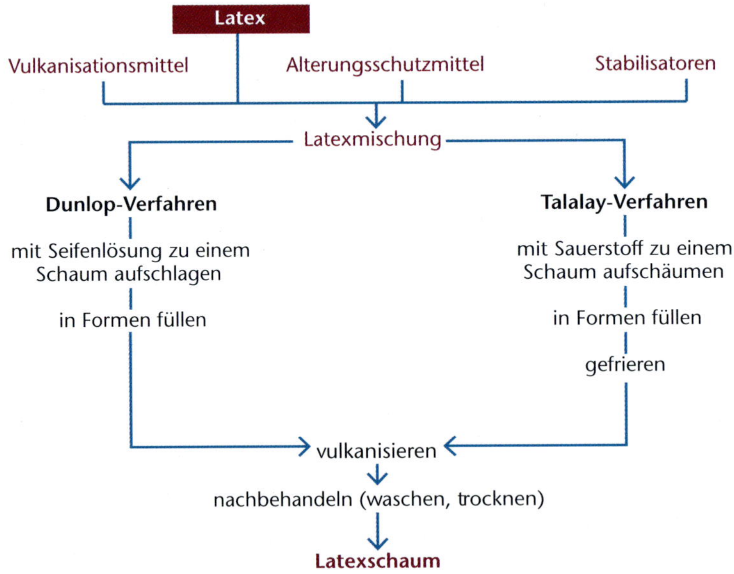

**Eigenschaften**

- hoch elastisch (elastischer als Polyether-Weichschaumstoff)
- hygienisch
- staubfrei
- weich
- formbeständig
- sehr lichtempfindlich

Durch die ultravioletten Strahlen des Lichts altert Latexschaum sehr schnell, wird brüchig und unelastisch. Diese negativen Folgen können ebenfalls durch verschiedene Farbstoffe von Bezugsstoffen hervorgerufen werden, aber auch durch Schweiß, Feuchtigkeit und Reinigungsmittel, die bei einer Oberflächenreinigung des Bezugsstoffs eingesetzt werden.

Um diese negativen Eigenschaften des Latexschaums nicht wirksam werden zu lassen, müssen die Polsterungen mit Watte oder Nessel abgedeckt werden.

**Qualitätsmerkmale**

Im Gegensatz zum Polyether-Weichschaumstoff wird Latexschaum nicht nach dem Raumgewicht, sondern nach sechs Härteklassen, meist firmeneigene Bezeichnungen, von „sehr weich" bis „sehr hart" beurteilt.

**Einsatz**

Latexschaum wird für hochwertige Sitz-, Rücken- und Kissenpolsterungen sowie für Matratzen verwendet, bei denen die Qualität und nicht der Preis (Latexschaum ist etwa doppelt so teuer wie Polyether-Weichschaumstoff) im Vordergrund steht. Darüber hinaus eignet sich Latexschaum ideal zum Kombinieren mit Polyether-Weichschaumstoff. Zwei Beispiele für den Einsatz bei Kissenpolsterungen sind in den folgenden Abbildungen gezeigt.



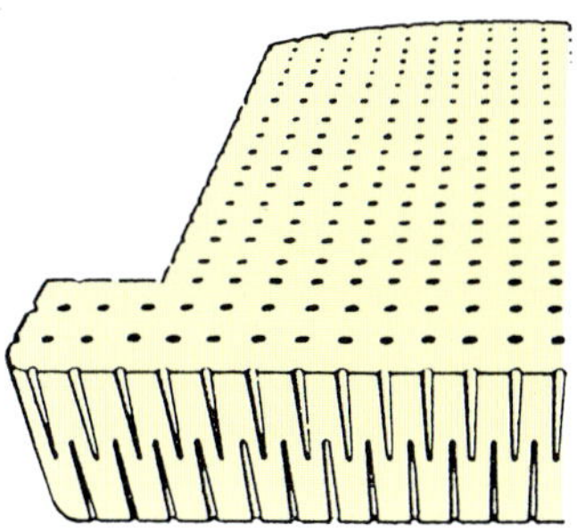

*Sitzkissen aus Stiftloch-Latexschaum*

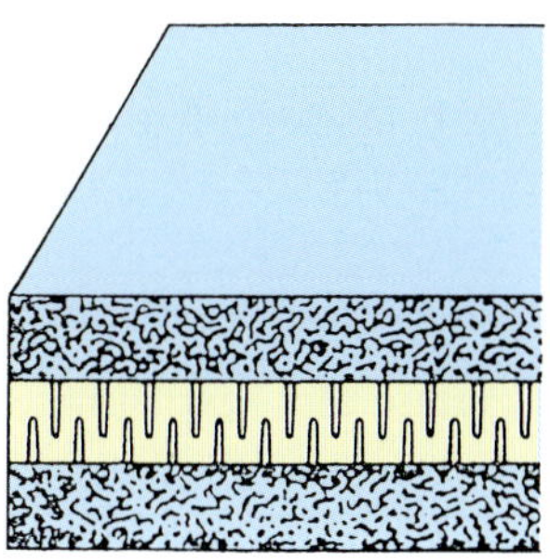

*Konfektioniertes Kissen aus Polyether-Weichschaumstoff mit einer Mittellage aus Latex*

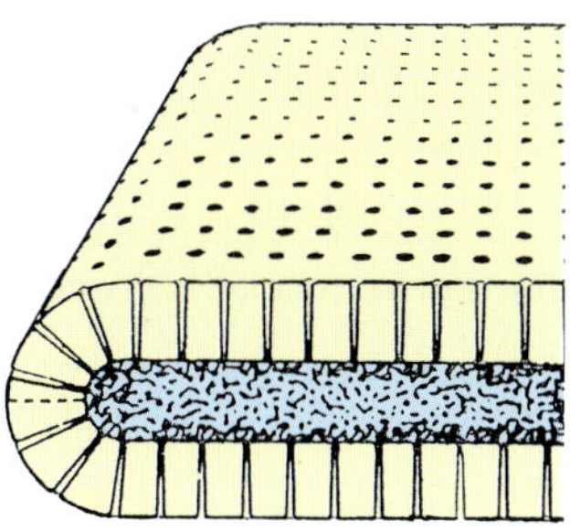

*Konfektioniertes Kissen aus Latexschaum mit einer Mittellage aus Polyether-Weichschaumstoff*

***Aufgaben***

1. *Beschreiben Sie die Herstellung von Polyether-Weichschaumstoff und die Eigenschaften, die ihn auszeichnen.*
2. *Was versteht man unter Kaltschaum? Durch welche Eigenschaften unterscheidet er sich vom Standard-Polyether-Weichschaumstoff?*

3. *Erklären Sie, was man bei Schaumstoffen unter a) Raumgewicht und b) Stauchhärte versteht.*
4. *Was versteht man unter einem Verbundschaum? Für welche Zwecke wird er bei Polsterarbeiten eingesetzt?*
5. *Schildern Sie die Verfahren, die bei der Herstellung von Latexschaum angewendet werden.*
6. *Welche Eigenschaften zeichnen Latexschaum aus? Für welche Polsterzwecke wird er verwendet?*

#### 6.2.4.4 Industriell hergestellte Füllstoffe

**Watten**

Watten sind lockere, meist hoch volumige Faserverbundstoffe, die aus mehreren übereinanderliegenden Faservliesen bestehen und durch die natürliche Haftung der Fasern zusammengehalten werden. In den meisten Fällen werden sie verfestigt, ohne dabei ihren Charakter zu verlieren.

Es gibt verschiedene Wattearten, die nach dem verwendeten **Faserrohstoff**, dem **Quadratmetergewicht** und der Art der **Verfestigung** beurteilt und unterschieden werden. Sie werden bei Polsterungen als letzte Auflage eingesetzt.

**Aufgaben der Watten:**
- Unebenheiten ausgleichen, um eine glatte Oberfläche des Polsters zu erhalten
- Weichheit des Polsters und textilen Griff des Bezugsstoffs verbessern
- Radiereffekt auf Schaumstoff- und Latexschaumpolsterungen vermeiden
- Durchscheuern der Polnoppen auf der Rückseite der Möbelvelours verhindern, vornehmlich bei Schaumstoffpolsterungen
- Gleitfähigkeit des Bezugsstoffs beim Beziehen verbessern
- lichtempfindliche Schaumpolsterungen, z. B. Latexschaum, vor ultravioletten Strahlen schützen

Für Polstermöbel kommen folgende Wattearten zum Einsatz:

**Polsterwatte:** Sie besteht aus zerfaserten Textilabfällen (Baumwolle, Wolle, Chemiefasern) bzw. Baumwolllinters. Zur Verbesserung der Verarbeitungseigenschaften wird sie durch ein- oder beidseitiges Leimen oder Vernadeln (auch auf Folien, Vliesstoffen, Schaumstoff usw.) verfestigt.

**Polyesterwatten oder Polyestervliese**[1] werden in Gewichten zwischen 50 und 600 g/m² hergestellt und sind heute die wichtigste und verbreitetste Watte- oder Vliesart für die Polstermöbelherstellung. Polyesterwatten oder Polyestervliese werden aus hoch voluminösen Faservliesen hergestellt und besitzen eine sehr gute Bauschelastizität. Sie werden in verschiedenen Ausführungen mit unterschiedlichen Eigenschaften hergestellt. Nach der Art ihrer Verfestigung unterscheidet man folgende Polyesterwatten:

- Bindemittelverfestigte Polyesterwatten oder Polyestervliese sind durch beidseitiges Besprühen mit einem Bindemittel verfestigt. Sie stellen die unterste Qualitätsstufe dieser Watte- oder Vliesart dar.

[1] *Die Herstellungsbetriebe bezeichnen ihre verfestigten Vlieserzeugnisse als Watten oder Vliese.*

- Thermisch verfestigte Polyesterwatten oder Polyestervliese sind durch Zumischen von Schmelzfasern und eine Hitzebehandlung verfestigt. Sie besitzen einen weichen Griff und ein sehr gutes Rückformvermögen.
- Ein- oder beidseitig auf Mull oder Charmeuse (= feine Maschenware) kaschierte (beklebte) oder versteppte Polyesterwatten oder Polyestervliese besitzen eine bessere Dimensionsstabilität und erleichtern die Weiterverarbeitung.

**Marenawatte** besteht aus Faservliesen aus Baumwolle, zerfaserten Textilabfällen, Wolle, Schurwolle oder Viskosespinnfasern, die durch Nähwirken verfestigt ist.

**Schurwollwatte** besteht aus Schurwoll-Faservliesen, die durch die natürliche Haftung der Fasern zusammengehalten wird. Sie besitzt eine sehr gute Bauschelastizität und nimmt in hohem Maße Körperfeuchtigkeit auf. Sie wird für hochwertige Polsterungen verwendet.

#### Gummihaar

Gummihaar besteht aus einem Vlies gekräuselter Schweinehaare, denen mitunter auch Rinderhaare zugemischt werden können. Das Vlies wird beidseitig mit Latex besprüht und in Formen vulkanisiert, wodurch die Haare untereinander fest verklebt werden. Aus Gummihaar werden Formteile für Sitz- und Rückenlehnpolsterungen (z. B. Formkappen, die über den Federkern gestülpt werden, Backen für Ohrensessel) hergestellt.

#### Gummikokos

Gummikokos wird in der gleichen Art wie Gummihaar aus gekräuselten Kokosfasern hergestellt und auch in der gleichen Weise eingesetzt. Darüber hinaus stellt man aus Gummikokos Pressflore her, die u. a. als Polsterträger verwendet werden.

Gummihaar- bzw. Gummikokosprodukte sind formbeständig, luftdurchlässig und besitzen eine gute Elastizität, die allerdings von der Faserdichte abhängig ist.



#### Polstermatten

Sie bestehen aus losen Füllstoffen (Afrik, Elancrin, Kokosfaser, Haare), die mit einem Jutegewebe durch Nähstiche fest verbunden werden. Polstermatten werden als Auflegepolster bei Federkernpolsterungen verwendet und erleichtern den Aufbau einer Polsterung.

#### Kissenfüllungen

Zum Füllen von Polsterkissen verwendet man neben tierischen Füllstoffen wie Rosshaar, Federn und Daunen noch folgende industriell hergestellte Füllmaterialien:

- **Schaumstoffflocken**, hergestellt durch Zerkleinern von Schaumstoffresten.
- **Rhombo-fill**® ist ein Füllmaterial aus rhombischen Stäbchen, die aus hochwertigem Polyether-Weichschaumstoff mit niedrigem Raumgewicht geschnitten werden.
- **QUADROfill**® ist ein Füllmaterial für Kissen aus kleinen leichten Schaumstoffwürfeln (RG 18) mit einer Kantenlänge von 4 mm. Es ist ein weiches, hochbauschiges Füllmaterial mit hoher Rückstellkraft.
- **Comforel**® ist ein Füllmaterial aus weichen, leichten und luftigen Polyester-Faserbällchen.

Die beiden zuletzt genannten Kissenfüllmaterialien besitzen neben einer guten Formbeständigkeit vor allem daunenartige Eigenschaften mit ausgezeichneten Hygiene- und Pflegevorteilen.

***Aufgaben***

1. *Aus welchen Gründen werden Watten für Polsterarbeiten eingesetzt?*
2. *Welche Wattearten kommen für Polsterarbeiten zum Einsatz und nach welchen Gesichtspunkten werden sie unterschieden bzw. beurteilt?*
3. *Welche industriell hergestellten Füllstoffe eignen sich für Kissenfüllungen?*
4. *Schildern Sie die Merkmale und die Eigenschaften von a) Comforel® und b) QUADROfill®.*

### 6.2.5 Hilfsstoffe für Polsterarbeiten

Bei der Herstellung von Polsterarbeiten werden verschiedene Hilfsstoffe u.a. zum Befestigen und Verbinden sowie zur Formgebung benötigt.

#### 1. Schnür-, Aufnäh- und Garnierfäden

Diese für Polsterarbeiten verwendeten Fadenarten bestehen aus Hanfgarnen, die zu zwei- oder dreifachen Zwirnen verzwirnt und zur Erreichung einer erforderlichen Glätte geleimt werden. Ihre Zugfestigkeit ist von der verwendeten Hanfart sowie von der Feinheit und der Anzahl der verzwirnten Garne abhängig. Deshalb enthält die Qualitätsbezeichnung dieser Fadenarten neben einer genaueren Bezeichnung der Hanfart noch in den meisten Fällen die Anzahl der Garne im Zwirn und die Garnnummer in Nummer metrisch (Nm).

**Beispiele für die Qualitätsbezeichnung:**

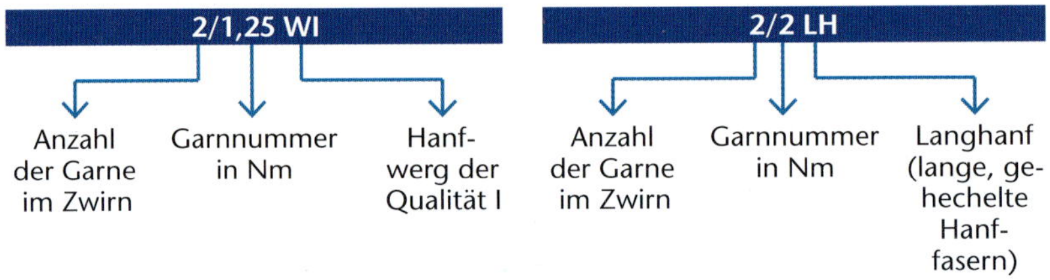


**Schnürfäden** sind in der Regel dreifache Zwirne, die aus Hanfwerg mit der Bezeichnung WI hergestellt werden. Geringere Qualitäten bestehen aus kürzerem Hanfwerg und führen die Bezeichnung WII. Schnürfäden der Qualität 3-fach WI werden zum Schnüren von Sprungfedern und zum Herunterschnüren von Federkernen verwendet.

**Aufnähfäden** werden zum Aufnähen der Sprungfedern auf die Polstergurte und zum Schnüren von Lehnfedern verwendet. Sie werden in den Qualitäten 2/1,25 WI, 3/1,25 WI und 3/2 WI angeboten.

**Garnierfäden** sind dünner als Aufnähfäden und werden aus langen, gehechelten Hanffasern hergestellt. Deshalb führen sie in der Qualitätsangabe die Bezeichnung LH. Sie werden in den Qualitäten 2/2 LH, 2/2,5 LH, 2/3 LH und 2/3,5 LH zum Garnieren von Polsterkanten und zum Durchnähen von Formpolstern verwendet.

### 2. Nähzwirne

Für Polsterarbeiten werden zwei- bis vierfache Nähzwirne verwendet, die von Hand oder maschinell vernäht werden. Man unterscheidet deshalb **Hand-** und **Maschinenzwirne**. An Nähzwirne werden folgende Anforderungen gestellt:

- hohe Zugfestigkeit,
- hoher Scheuerwiderstand,
- elastische Dehnung,
- hohe Gleichmäßigkeit,
- gute Gleitfähigkeit,

Diese Eigenschaften werden in besonderem Maße von Nähzwirnen aus **Polyester-Spinnfasergarnen**, **Polyester-Filamentgarnen**, **Polyamid-Filamentgarnen** und von **Umspinnungszwirnen** erreicht. Umspinnungszwirne besitzen eine Seele aus Polyester-Filamentgarn, die von Polyester- oder Baumwollspinnfasergarnen umsponnen ist. Ganz selten werden für Polsterarbeiten Nähzwirne aus Baumwolle oder Leinen verwendet. Während die Handnähzwirne in der Regel gröber sind und z. B. in den Garnnummern Nm 11/2, 11/3, 15/3, 18/3, 18/4 und 25/3 angeboten werden, verwendet man als Maschinenzwirne feinere Garnstärken z. B. Nm 25/2, 30/2, 30/3, 40/2, 40/3, 50/3. Feinheit, Art und Faserrohstoff eines Nähzwirns richtet sich immer nach dem zu nähenden Möbelbezugsstoff.

### 3. Nägel und Heftklammern

Zum Verbinden textiler und metallischer Polsterwerkstoffe mit Holz verwendet man Nägel und Heftklammern. Die zum Einsatz kommenden Nägel unterscheiden sich durch Form, Durchmesser und Länge. Durchmesser und Länge der Nägel werden durch zwei Zahlen zum Ausdruck gebracht, wobei die erste den Nageldurchmesser in Zehntel mm und die zweite die Nagellänge in mm angibt.

**Beispiel:**
Ein 20/25er Nagel besitzt einen Durchmesser von 2 mm und eine Länge von 25 mm.

Nägel werden nach Gewicht in Packungen von 1 kg und 2,5 kg angeboten.

Für Polsterarbeiten werden folgende Nagelarten verwendet:

**Gurtstifte** besitzen einen breiten, flachen Kopf und eine scharfe Spitze. Sie werden zum Aufnageln von Polstergurten verwendet. Längere Gurtstifte werden zum Befestigen von Schnürfäden auf dem Holzrahmen bei geschnürten Federungen und heruntergeschnürten Federkernen benutzt. Gebräuchliche Nagelgrößen: 20/20, 22/22, 25/25.

*Gurtstift*

**Kammzwecken** haben einen kleineren Kopf als die Gurtstifte und besitzen eine blaue Farbe. Sie dienen zum Befestigen der verschiedenen Polsterträger, Polsterstoffe und Möbelbezugsstoffe.
Gebräuchliche Nagelgrößen: 14/10, 14/13, 16/13, 16/16.

*Kammzwecke*

**Schnurstifte** werden aufgrund ihres kleinen Rundkopfs zum Befestigen von Möbelbezugsstoffen an sichtbaren Gestellteilen verwendet. Gebräuchliche Nagelgrößen: 10/13, 11/15.

*Schnurstift*

**Harpunennägel** haben einen halbrunden Kopf und über die ganze Länge feine Einkerbungen. Man verwendet sie zum Aufnageln der Scharniere für Wellenfedern. Gebräuchliche Größen: 20/20, 25/25.

*Harpunennagel*

**Krampen** dienen zum Befestigen von Sprungfedern auf Vorderschwingen oder Federbrettern und von Federkernen auf der Zarge.
Gebräuchliche Größen: 18/18, 20/20.

*Krampe*

**Heftklammern**: Mithilfe von Druckluft- und Elektronagelgeräten (-tackern) werden sie zum rationellen Befestigen von Polstergurten, Polsterträgern, Polsterstoffen und Möbelbezugsstoffen verwendet. Sie unterscheiden sich durch ihre Rückenlängen, die von der Art des Nagelgeräts abhängig sind, und verschiedene Schenkellängen.

*Heftklammer*

## 4. Klebstoffe für Polsterarbeiten

Zum Kleben bei Polsterarbeiten werden im Raumausstatter-Handwerk lösemittelhaltige Polsterklebstoffe, wasserbasierende Dispersionsklebstoffe und Schmelzklebstoffe verwendet.

### a) Lösemittelhaltige Polsterklebstoffe

Lösemittelhaltige Polsterklebstoffe bestehen aus einem Feststoffanteil (Kunstkautschuk oder Kunstharz), der mit einem organischen Lösemittel gelöst wird. Zur Verbesserung der Arbeitssicherheit, des Gesundheits- und Umweltschutzes enthalten die heutigen lösemittelhaltigen Polsterklebstoffe nur noch etwa ¼ des Lösemittelanteils früherer Polsterklebstoffe und einen Feststoffanteil von bis zu 80 % (früher etwa 15–35 %). Sie werden mit unterschiedlichen Eigenschaften (Weichheit der Klebenaht, Sprühbild, offene Zeit, Nachklebeeffekt usw.) angeboten. Man unterscheidet Kontakt- und Einseitklebstoffe.

- **Kontaktklebstoffe** sind die wichtigste Klebstoffart für das Kleben von Schaumstoff und Latexschaum sowohl untereinander als auch mit Holz, Holzwerkstoffen, Textilien, Gummihaar/Gummikokos und dgl. Sie werden auf beide Klebeflächen aufgetragen. Nach dem Verdunsten des Lösemittels werden die zu verklebenden Teile passgenau unter leichtem Druck zusammengefügt. Beim Berühren des Klebefilms mit dem Finger darf der Klebstoff keine Fäden mehr ziehen.
- **Einseitklebstoffe** werden nur auf eine Klebefläche aufgetragen und im feuchten Zustand unter leichtem Druck verklebt. Sie werden vorwiegend für das Verkleben von Schaumstoff auf Holz, Holzwerkstoffen und Pappe verwendet.

Lösemittelhaltige Polsterklebstoffe sind aufgrund ihres Lösemittelanteils leicht entzündlich. Deshalb sind bei ihrer Verarbeitung folgende Sicherheits- und Gesundheitsregeln zu beachten:

**Sicherheitsvorschriften bei der Verarbeitung lösemittelhaltiger Polsterklebstoffe**

- *Offenes Feuer und Funkenbildung vermeiden, nicht rauchen, elektrische Geräte abschalten, für gute Belüftung sorgen, Reste nicht in Abwasser schütten, Behälter gut schließen.*
- *Lösemittelhaltige Polsterklebstoffe werden nach der Gefahrstoffverordnung (GefStoffV) und der Betriebssicherheitsverordnung (BetrSichV) als leicht entzündlich (Flammpunkt unter 21 °C) eingestuft.*

*Gefahr*

*Achtung*

### b) Wasserbasierende Dispersionsklebstoffe

Aufgrund der schadstoffhaltigen Inhaltsstoffe der lösemittelhaltigen Polsterklebstoffe sind auf der Basis von Latex oder Kunstharzen wasserbasierende Dispersionsklebstoffe als **Einseit-** und **Kontaktklebstoffe** entwickelt worden. Ihre Klebewirkung wird durch Verdunsten des Wassers erreicht. Der Auftrag des Klebstoffs erfolgt je nach Klebstoffart durch Spitz- oder Walzenapplikation. Aufgrund der längeren Abbindezeit des Klebstoffs durch das Verdunsten des Wassers und die Verlängerung der offenen Zeit des Klebstoffs durch wechselnde Temperaturen und Luftfeuchten konnten sie sich noch nicht durchsetzen.

#### c) Schmelzklebstoffe

Schmelzklebstoffe bestehen aus thermoplastischem Kunstkautschuk in Form von Schmelzklebepatronen, die durch Schmelzen mit einer Klebepistole im heißen Zustand auf die Klebefläche aufgetragen werden. Mit ihnen können z. B. Fransen als unterer Abschluss bei einem Polstermöbel oder Borten bei Wandbekleidungen aufgeklebt werden.

### 5. Hilfsstoffe zur Formgebung

Bei der Herstellung von Polsterungen werden verschiedene Hilfsstoffe verwendet, die die Bildung der Kanten wesentlich erleichtern.

**Bourlets** (Bourlet = Wulst an der Polsterkante) aus Weich-PVC oder Verbundschaum werden zur Bildung bzw. zum Brechen scharfer Kanten bei Arm- und Rückenlehnen eingesetzt, indem sie lediglich auf das Gestell genagelt bzw. geheftet werden.

**Bourletschnur** besteht aus dicken Abfallgarnen oder Zellstoffrollen, die mit feinen Garnen zu einer rundlichen Schnur umwickelt werden. Sie werden zur Kantenbildung bei Arm- und Rückenlehnen eingesetzt, indem sie auf das Gestell genagelt werden.

**Rundschnüre** aus Weich-PVC werden als Kedereinlagen zur Verzierung und Verstärkung von Nähten für alle Bereiche der Polstermöbel und Kissenherstellung verwendet.

**Blindnahtprofile** aus Weich-PVC ergeben mit dem zwischen ihren Wulsten gehefteten Bezugsstoff unsichtbare Nähte und ersparen aufwendige Hand- und Maschinennähte.

**Kantenprofile aus Verbundschaum** werden als Formgebungselement in verschiedenen Härtegraden hergestellt und brauchen nur auf die Polsterkanten aufgeklebt zu werden.

**Jutefilzkanten** werden in verschiedenen Breiten und Stärken angeboten. Sie werden anstelle von geformten und garnierten Polsterkanten eingesetzt, indem sie an den Stahldraht- bzw. Bandstahlrahmen des Federkerns geklammert oder angenäht werden.

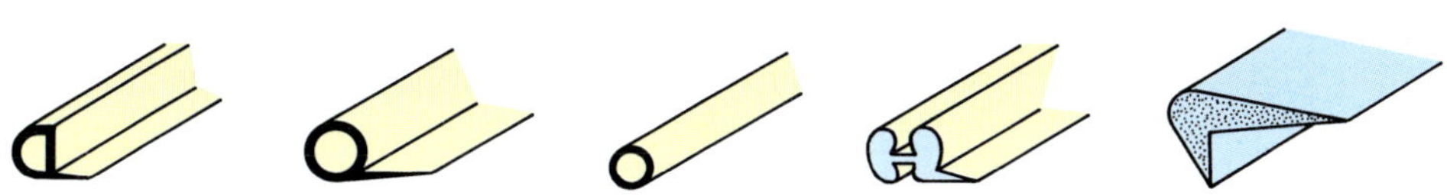

*Kunststoff-Bourlets* · *Rundschnur* · *Blindnahtprofil* · *Kantenprofil aus Verbundschaum*

#### *Aufgaben*

1. *Für welche Polsterarbeiten werden Schnür-, Aufnäh- und Garnierfäden verwendet? Erläutern Sie die bei diesen Fadenarten anzutreffenden Bezeichnungen WI, 3/1,25 WI, 2/2,25 LH. Für welche Fadenarten treffen diese Bezeichnungen zu?*
2. *Nennen Sie die verschiedenen Nagelarten und ihre Verwendung bei Polsterarbeiten. Was bedeutet die Angabe 20/25 bei Nägeln?*

3. *Nennen Sie die charakteristischen Merkmale der wichtigsten Klebstoffart, die zum Kleben von Polyether-Weichschaumstoff verwendet wird.*

4. *Erklären Sie, warum sich wasserbasierende Dispersionsklebstoffe für Polsterarbeiten nicht durchsetzen konnten.*

### 6.2.6 Möbelstoffe

Aufgrund der hohen Beanspruchungen, denen Polstermöbel mitunter ausgesetzt sind, werden auch an die Möbelstoffe hohe Anforderungen gestellt. Die Anforderungen beziehen sich auf die Gebrauchseigenschaften sowie auf ästhetische und ökologische Eigenschaften.

**Gebrauchseigenschaften** sind in der DIN EN 14465 aufgeführt, in der, bedingt durch die unterschiedlichen Einsatzbedingungen der Möbelstoffe, für jede Eigenschaft mehrere Kategorien mit festgelegten Werten aufgeführt sind, die auf der Grundlage anerkannter Prüfnormen (DIN, EN, ISO) geprüft werden. Möbelstoffe sollen folgende Gebrauchseigenschaften besitzen:

- **Scheuerbeständigkeit**: Sie ist ein wichtiges Kriterium für die Widerstandsfähigkeit eines Möbelstoffs gegen Abrieb (Verschleiß). Die Scheuerbeständigkeit wird in tausend Scheuertouren angegeben. Je höher die Anzahl der Scheuertouren ist, desto strapazierfähiger ist der Möbelstoff. Mitunter sind Möbelstoffe anzutreffen, die bis zu 300000 Scheuertouren aufweisen. Eine nutzungsabhängige Klassifizierung der Scheuertouren für Möbelstoffe gibt es nicht. Im Allgemeinen wird jedoch von den in der Übersicht aufgeführten Mindestrichtwerten ausgegangen.

| Scheuertouren (mindestens) | Nutzung/Gebrauch |
|---|---|
| 10000–15000 | privat/gering |
| 15000–25000 | privat/regelmäßig |
| 15000–25000 | öffentlich/regelmäßig |
| 25000–35000 | öffentlich/intensiv |
| 35000–45000 | öffentlich/sehr intensiv |

- **Lichtechtheit**: Sie gibt die Widerstandsfähigkeit eines Stoffs gegenüber natürlichem und künstlichem Licht an. Die Bewertung erfolgt in acht Stufen (Echtheitsnoten). Dunkle Farben haben im Prinzip höhere Lichtechtheiten als helle Farben.

| Lichtechtheit Echtheitsnote | |
|---|---|
| 1 = sehr gering | 5 = gut |
| 2 = gering | 6 = sehr gut |
| 3 = mäßig | 7 = vorzüglich |
| 4 = ziemlich gut | 8 = hervorragend |

- **Reibechtheit**: Sie gibt die Widerstandsfähigkeit einer Farbe gegenüber einem Abreiben an andere Textilien an. Man unterscheidet Trocken- und Nassreibechtheit. Die Bewertung erfolgt in fünf Stufen (Echtheitsnoten)

| Reibechtheit Echtheitsnote |
|---|
| 1 = sehr gering |
| 2 = mäßig |
| 3 = ziemlich gut |
| 4 = gut |
| 5 = sehr gut |

| Pillingbildung Echtheitsnote |
|---|
| 1 = sehr stark |
| 2 = stark |
| 3 = durchschnittlich |
| 4 = leicht |
| 5 = keine |

- **Pillingbildung**: Man versteht darunter kleine Knötchen, sog. Pills, die aus den herausgetretenen Fasern der aufgerauten Oberflächen einiger Flachgewebe bei ihrem Gebrauch entstehen. Die Bewertung erfolgt in fünf Stufen.
- **Zugfestigkeit**: Man versteht darunter die bis zum Bruch erforderliche Zugkraft einer in ein Prüfgerät eingespannten Gewebeprobe. Die Zugfestigkeit wird für die Kett- und Schussrichtung in N (Newton) angegeben.
- **Weiterreißfestigkeit**: Man versteht darunter den Widerstand, den ein eingeschnittener Möbelstoff dem Weiterreißen entgegensetzt. Die Weiterreißfestigkeit wird in N (Newton) angegeben und für die Kett- und Schussrichtung ermittelt.
- **Nahtschiebefestigkeit**: Sie gibt Auskunft über die Schiebefestigkeit des Möbelstoffs im Nahtbereich und wird für die Kett- und Schussrichtung in mm angegeben.

Die Werte der einzelnen Eigenschaften sind in den Produktdatenblättern aufgeführt, einige davon mitunter auch auf den Etiketten der Möbelstoffe.

Darüber hinaus werden von einem Möbelstoff verlangt:
- gutes Pflege- und Reinigungsverhalten,
- angenehmer, weicher Griff,

sowie zusätzlich bei Polgeweben[1]:
- gutes Wiedererholungsvermögen des Schnitt- oder/und Schlingenflors,
- hohe Polfestigkeit.

Die aufgeführten Anforderungen, die bei den einzelnen Möbelstoffen unterschiedlich ausgeprägt sein können, werden durch den Einsatz geeigneter Faserrohstoffe, Garnarten, Bindungen sowie Färbe- und Veredlungsverfahren erreicht. So kann es sein, dass ein Möbelstoff zwar eine gute Scheuerbeständigkeit aufweist, aber nur eine geringe Lichtbeständigkeit besitzt. Ein solcher Möbelstoff kann dann für ein strapazierbares Polstermöbel verwendet werden, dass in einem Raum wenig dem Sonnenlicht ausgesetzt wird.

So kommt es, dass bei den Möbelstoffen nahezu alle Faserrohstoffe, Garnarten und Gewebearten anzutreffen sind. Die wichtigsten und am meisten eingesetzten Fasern, u. a. auch Mikrofasern, die viele der vorhin genannten Anforderungen in hervorragendem Maße erfüllen, sind die synthetischen Chemiefasern **Polyacryl** und **Polyester**. Darüber hinaus kommen auch **Schurwolle**, **Mohair**, **Viskose** und **Baumwolle** zum Einsatz.

Die spezifischen Eigenschaften der aufgeführten Faserrohstoffe für die Möbelstoffe sind:

| Faserstoff | Eigenschaften und Verwendung |
|---|---|
| **Polyester (PES)** | Guter Scheuerwiderstand, angenehmer textiler Griff, sehr gutes Wiedererholungsvermögen → Druckstellen und Knitterfalten in den Geweben erholen sich schnell, pflegeleicht, modifizierte Fasertype (Trevira CS) ist schwer entflammbar. Einsatz: rein und in Mischungen |
| **Polacryl (PAN)** | Wollähnlichste synthetische Faser, guter Scheuerwiderstand (besser als Schurwolle), sehr gutes Wiedererholungsvermögen → Druckstellen und Knitterfalten in den Geweben erholen sich schnell, pflegeleicht. Einsatz: rein und in Mischungen |

[1] *Pol = Fadensystem, das auf der Oberseite eines Möbelbezugsstoffs oder eines Bodenbelags einen Schnitt- oder/und Schlingenflor bildet.*

6

| Faserstoff | Eigenschaften und Verwendung |
|---|---|
| **Polyamid (PA)** | Sehr guter Scheuerwiderstand, sehr gutes Wiedererholungsvermögen → Druckstellen und Knitterfalten in den Geweben erholen sich schnell, pflegeleicht. Einsatz: rein und in Mischungen |
| **Schurwolle (WV)** | Befriedigender Scheuerwiderstand, bestes Wiedererholungsvermögen aller Faserrohstoffe → Druckstellen und Knitterfalten in den Geweben erholen sich schnell, geringe Anschmutzneigung, antistatisch, schwer entflammbar. Einsatz: rein und in Mischungen |
| **Mohair (WM)** | Guter Scheuerwiderstand, eleganter Glanz, sehr gutes Wiedererholungsvermögen → Druckstellen in Möbelvelours erholen sich schnell, geringe Anschmutzneigung, antistatisch, schwer entflammbar. Einsatz: hochwertige Velours |
| **Viskose (CV)** | Preiswerteste Chemiefaser, geringer Scheuerwiderstand, geringes Wiedererholungsvermögen → Druckstellen und Knitterfalten gehen von allein nicht heraus, antistatisch. Einsatz: vorwiegend als Mischungskomponente mit anderen Fasern zur Preisreduzierung, selten in reiner Form |
| **Baumwolle (CO)** | Hoher Scheuerwiderstand, sehr gute Zugfestigkeit, geringes Wiedererholungsvermögen → Druckstellen und Knitterfalten gehen von allein nicht heraus, antistatisch, Einsatz: in reiner Form und als Mischungskomponente |

**Ästhetische Anforderungen**, die durch Farbe, Musterung und Oberflächenstruktur bestimmt werden, passen sich immer modischen Trends an und werden subjektiv empfunden. Die Wirkung der Farben ist immer von der Oberfläche des Möbelbezugsstoffs abhängig. Jede Farbe wirkt auf einer glatten, matten oder strukturierten Oberfläche anders. Gemusterte Möbelstoffe und Möbelstoffe mit strukturierten Oberflächen wirken als Blickfang und auffallend. Möbelstoffe mit glatten Oberflächen wirken hart, abstoßend und mitunter kalt, mit rauen und matten Oberflächen dagegen warm, behaglich und wohnlich.
Ein Möbelbezugsstoff muss sich mit seiner Farbe, Musterung und Struktur harmonisch in die vorhandene Inneneinrichtung einfügen und auf die Nutzungsart des Polstermöbels abgestimmt sein. So wird man für eine Familie mit Kindern und Haustieren für ein Polstermöbel im zentralen Wohnbereich einen strapazierfähigen klein gemusterten Möbelstoff in einer gedeckten Farbe wählen, während für ein Polstermöbel in einem repräsentativen Raum, in dem sich nur selten und dann wenige Personen aufhalten, einen hellen und qualitativ hochwertigen Möbelstoff wählen wird.
**Ökologische Anforderungen** an Möbelstoffe werden im Hinblick auf die darin enthaltenen gesundheitsgefährdenden Stoffe gestellt, die immer wieder im Mittelpunkt des ökologischen Interesses bei allen Textilien stehen. Aus diesem Grunde lassen viele Möbelhersteller ihre Möbelstoffe auf gesundheitsgefährdende Stoffe bei anerkannten Prüfinstituten prüfen, die bei entsprechenden Werten mit einem Label ausgezeichnet werden. Ein bekanntes Öko-Label für Textilien ist **Oeko-Tex® Standard 100 – Geprüft auf Schadstoffe** (s. Kapitel 4.2 Ökologie).

Möbelbezugsstoffe, die in einer Breite von 140 cm geliefert werden, können nach verschiedenen Gesichtspunkten unterschieden werden. Nach der Musterung unterscheidet man ein- und mehrfarbige Möbelstoffe, die **schaft**- oder **jacquardgemustert** sein können, sowie bedruckte Möbelstoffe. Am zweckmäßigsten unterteilt man die Möbelstoffe nach der Herstellungstechnik, wo auch die meisten der genannten Musterungsmöglichkeiten vorkommen.

### 6.2.6.1 Gewebte Möbelstoffe

#### 1. Flachgewebe

Unter dieser Gewebeart versteht man **zweidimensionale Gewebe** (Kette und Schuss) mit einer mehr oder weniger glatten Warenoberfläche, die oft durch Effektgarne oder -zwirne belebt werden kann.

Einfache Flachgewebe werden in den Grundbindungen und deren Ableitungen gewebt. Will man besondere Musterungen oder plastische Warenbilder erzielen, dann fügt man zu den bereits vorhandenen Fadensystemen Kette und Schuss noch weitere Fadensysteme hinzu. Man erhält auf diese Weise Flachgewebe mit mehreren Kett- und/oder Schussfadensystemen oder Doppelgewebe aus zwei aufeinanderliegenden Gewebelagen.

Die Qualität der Flachgewebe wird im Wesentlichen von dem verwendeten Faserrohstoff und der Fadendichte bestimmt. Aufgrund der vielfältigen Musterungsmöglichkeiten gibt es unzählige flach gewebte Möbelstoffe, die einem steten Modewandel unterworfen sind. Deshalb bezeichnet man die Möbelstoffe zweckmäßigerweise nach der Muster- und Herstellungsart. Beispiel: einfarbiges, jacquardgemustertes Flachgewebe. Darüber hinaus haben im Laufe der Zeit wichtige Flachgewebe bestimmte Stoffbezeichnungen erhalten. Dabei sind folgende besonders zu erwähnen:

**Möbelrips**

Diese Stoffart besitzt ausgeprägte Querrippen (Möbelbezugsstoffe als Schuss- oder Längsrips gibt es fast überhaupt nicht). Dieses Warenbild wird mit einer feinen, dicht eingestellten Kette entweder mit einer Querripsbindung oder mit der Leinwandbindung und groben Schussfäden erzielt. Möbelripse können entweder auf beiden oder nur auf der rechten Warenseite das Rippenbild aufweisen (gleichseitige oder einseitige Ripse) und einfarbig, längs gestreift oder jacquardgemustert sein. Sie sind im Allgemeinen sehr strapazierfähig. Nachteilig kann sich die Staubablagerung zwischen den Rippen auswirken, die durch Staubsaugen zu beseitigen ist.

*Einseitiger, jacquardgemusterter Möbelrips*

**Lancierte Möbelbezugsstoffe**

Bei diesen Geweben werden durch zusätzliche Lancierfäden in der Kette, seltener im Schuss, Schaft- oder Jacquardmuster auf der rechten Warenseite erzeugt. Die Lancierfäden sind nur dort auf der rechten Warenseite zu sehen, wo es das Musterbild erfordert. Sonst flottieren sie auf der Rückseite oder werden dort angebunden. Lancierte Möbelstoffe sind in der Regel leichte Stoffe, die Stilmusterungen, z. B. geblümte Streifenmusterungen (Biedermeierstreifen), zeigen. Sie werden hauptsächlich für Stilmöbel und Stildekorationen verwendet. Kettlancierte Möbelstoffe bezeichnet man auch als **Lisérés**.

*Kettlancierter Möbelbezugsstoff*

### Steppgewebe

Steppgewebe bestehen aus mehreren Kett- und Schussfadensystemen und zeigen plastische Schaft- oder Jacquardmuster mit steppartigem Charakter. Sie entstehen dadurch, dass eine Steppkette oder ein Steppschuss in das Obergewebe einbindet. So entstehen tiefe Einschnitte in dem Gewebe. Bei den Steppgeweben unterscheidet man: **Piqués** mit einem leinwandbindigen Obergewebe, in das eine Steppkette einbindet. **Matelassés** besitzen leinwand- und kettatlasbindige Musterflächen. An den Wechselstellen der Bindungen bindet ein Steppschuss in das Obergewebe ein und erzeugt tiefe Einschnitte.

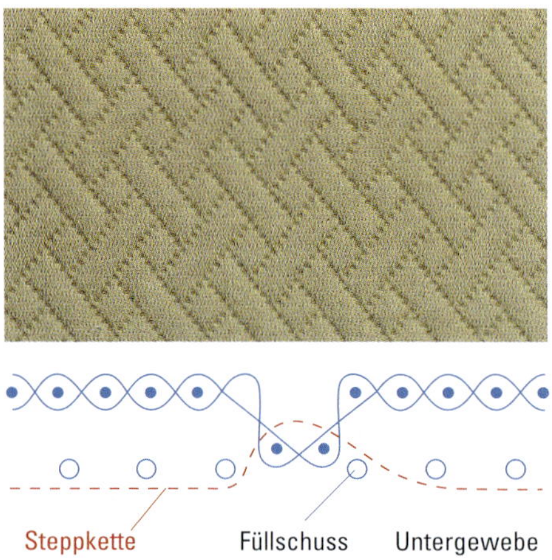


*Piqué mit Querschnitt*

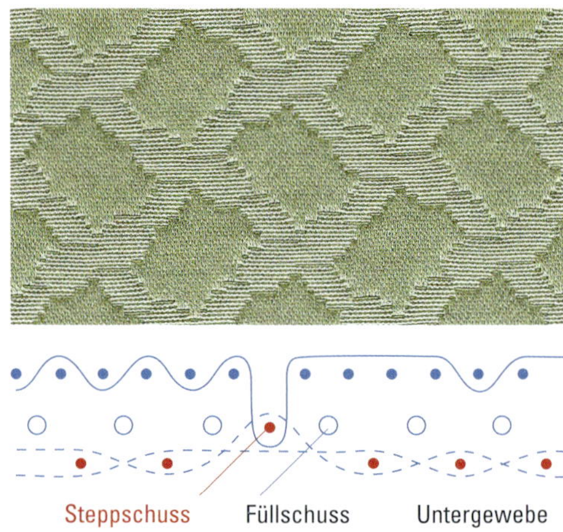


*Matelassé mit Querschnitt*

### Möbeldamast

Möbeldamast ist ein feinfädiger, jacquardgemusterter Möbelstoff mit matten und glänzenden Musterflächen, die durch Zusammensetzen von Kett- und Schussatlasflächen entstehen (Jacquarddamast). Die Musterkonturen sind abgerundet. Durch den Zusatz anderer Bindungen, z. B. Köper, kann die schattierende Wirkung dieser Stoffe noch verstärkt werden. Möbeldamaste können ein- oder mehrfarbig gemustert sein. Sie werden für Stilmöbel und Stildekorationen verwendet.

### Möbeldamassé

Möbeldamassé ist ein den Damasten nachgebildetes mehrfarbig gemustertes Jacquardgewebe. Die von dem einfarbigen Kettatlasgrund sich scharf abhebenden mehrfarbigen Mustermotive werden von zwei verschiedenfarbigen Schussfadensystemen gebildet. Damassés werden wie die Damaste eingesetzt. Längere Schussflottierungen in den Mustermotiven können die Gebrauchstüchtigkeit beeinträchtigen.

*Möbeldamast*

*Möbeldamassé*

### Möbelgobelin[1]

Zum Beziehen von gepolsterten Stilmöbeln verwendet man oft maschinengewebte Gobelins. Sie zeigen mehrfarbige Jacquardmuster in klassischen oder zeitlosen Blatt-, Blumen- oder Ornamentmustern, die von einem einfarbigen oder einfarbig wirkenden Grund umgeben sind. Ihre Oberfläche ist meist leinwandbindig. Gobelins bestehen in Kette und Schuss aus mehreren Fadensystemen. Man unterscheidet folgende Gobelins:

*Kettgobelin*

**Kettgobelin:** Bei dieser Gobelinart wird das mehrfarbige Jacquardmuster und der einfarbig wirkende Grund von Kettfäden gebildet. Durch die Verwendung einer feinen, dicht eingestellten Kette und dicken Schussfäden besitzt der Kettgobelin ein querripsartiges Aussehen. Auf der Rückseite sind vorwiegend Kettfäden zu sehen.

**Schussgobelin:** Bei einem Schussgobelin wird das mehrfarbige Jacquardmuster und der einfarbige Grund von Schussfäden gebildet. Auf der rechten und linken Warenseite sind nur Schussfäden zu sehen. Kettfäden treten kaum hervor. Sie haben nur die Aufgabe, die Schussfadensysteme zu verbinden. Da die längeren Schussflottierungen leicht aufrauen, kann die Gebrauchstüchtigkeit dieser Gobelinart eingeschränkt sein.

**Gemischt gemusterter Gobelin:** Bei diesem Gobelin wird das mehrfarbige Jacquardmuster von Kett- und Schussfäden, der einfarbige Grund von Schussfäden gebildet. Auf der Rückseite sind Musterkonturen sichtbar. Auch bei dieser Gobelinart kann die Gebrauchstüchtigkeit durch die längeren Schussflottierungen eingeschränkt sein.

*Schussgobelin*

*Gemischt gemusterter Gobelin*

### Möbelbrokat

*Möbelbrokat*

Unter einem Brokat versteht man ein glänzendes, mehrfarbig gemustertes Jacquardgewebe mit goldenen oder silbernen Lurexfäden (= beschichtete Aluminiumbändchen in metallisierten Farben) im Schuss. Im Allgemeinen handelt es sich bei dieser Gewebeart um ein Doppelgewebe mit einem einfarbigen, glänzenden Grund und einem mehrfarbigen Jacquardmuster, das vorwiegend Schussfäden aufweist. Brokate werden zum

[1] *Echte Gobelins sind bildhaft gemusterte Wandteppiche, die von Hand geknüpft werden.*

Beziehen von Stilmöbeln und für Stildekorationen verwendet. Die Gebrauchstüchtigkeit der Brokate bei einem Einsatz als Möbelstoff ist von der Fadendichte und der Länge der Schussflottierungen abhängig, die leicht aufrauen und an denen man hängen bleiben kann.

**Brokatell**

Bei diesem Möbelstoff handelt es sich um ein Doppelgewebe mit einem mehrfarbigen von Kettfäden beherrschtem Jacquardmuster, das von einem einfarbigen, plastisch wirkenden damastartigen Grund umgeben ist. Das plastische Warenbild wird ähnlich wie bei einem Piqué erzielt, indem Kettfäden aus dem Untergewebe mustermäßig in den Damastgrund einbinden. Brokatelle werden hauptsächlich für Stilmöbel verwendet.

*Brokatell*

Neben diesen klassischen Flachgeweben gibt es entsprechend den jeweiligen Modetendenzen noch eine Vielzahl ein- und mehrfarbiger schaft- und jacquardgemusterter Flachgewebe.

*Mehrfarbig schaftgemustertes Flachgewebe*

*Mehrfarbig schaftgemustertes Flachgewebe*

***Aufgaben***

1. *Welche technischen und allgemeinen Anforderungen werden an einen Möbelstoff gestellt?*
2. *Was versteht man unter flach gewebten Möbelstoffen? Von welchen Faktoren ist ihre Qualität abhängig?*
3. *Schildern Sie die charakteristischen Merkmale eines kettlancierten Möbelstoffs.*
4. *Welcher Unterschied besteht zwischen einem Jacquarddamast und einem Möbeldamassé?*
5. *Welche typischen Warenbilder zeigen Möbelgobelins? Wodurch unterscheiden sich in der Musterbildung Kett-, Schuss- und gemischt gemusterte Möbelgobelins?*
6. *Welche Flachgewebe eignen sich für die Herstellung von Stilmöbeln?*

## 2. Polgewebe

Polgewebe ist die Sammelbezeichnung für alle Gewebe, die auf einem Grundgewebe eine Poldecke aus einem Schlingen- oder/und Schnittflor besitzen. Im Gegensatz zu den Flachgeweben sind es **dreidimensionale Gewebe** (Kette, Schuss, Pol).

Die Poldecke kann von Polkett- oder Polschussfäden gebildet werden. Da sie bei diesen Geweben die eigentliche Benutzungsfläche darstellt, hängt der Gebrauchswert der Polgewebe von dem verwendeten Faserrohstoff für die Poldecke, der Poldichte und der Polfestigkeit ab.

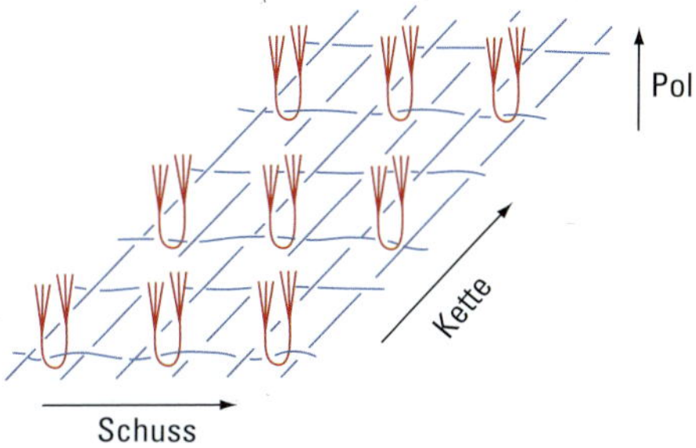

*Prinzip eines Polgewebes mit einer Poldecke aus Polkettfäden*

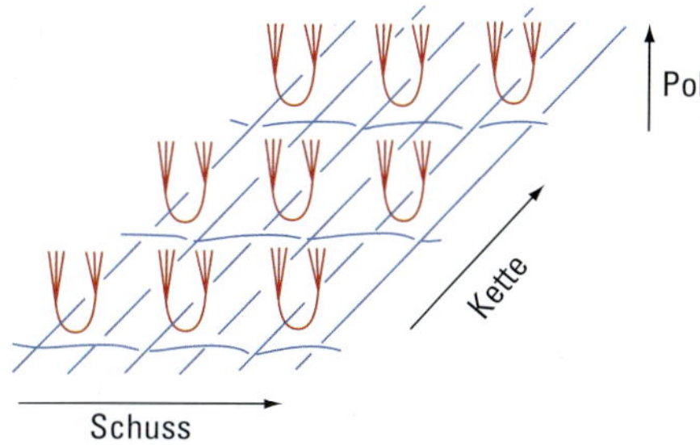

*Prinzip eines Polgewebes mit einer Poldecke aus Polschussfäden*

Je nach der Art der Einbindung der Polfäden in das Grundgewebe erhalten die Noppen (= Fadenstücke, die in ein Grundgewebe eingebunden sind) eine V-, U- oder W-Form. Man unterscheidet deshalb bei Polgeweben **V-**, **U-** und **W-Noppen**.

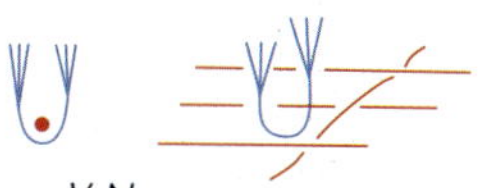
*V-Noppe*

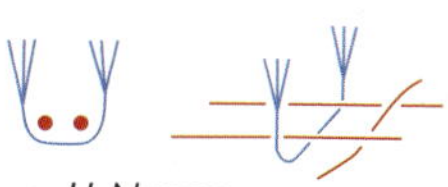
*U-Noppe*

*W-Noppe*

Während die V-Noppe nur von einem Kett- oder Schussfaden gehalten wird, bindet die U-Noppe unter zwei Kett- oder Schussfäden. Die W-Noppe benötigt drei Kett- oder Schussfäden zur Einbindung, wodurch sie bei gleicher Fadendichte fester in ein Grundgewebe eingebunden wird als die beiden anderen Noppenformen. Selbstverständlich lassen sich auch mit der V- oder U-Noppe bei entsprechenden Fadendichten Polgewebe mit der erforderlichen Noppenfestigkeit herstellen.

Man unterscheidet bei den Polgeweben Kett- und Schusspolgewebe.

### Kettpolgewebe

#### a) Möbelvelours

Für Polgewebe mit einem Schnittflor (Faserflor), der von Polkettfäden gebildet wird und höher als 2,5 mm ist, hat sich in den letzten Jahren die Bezeichnung Velours durchgesetzt. Sie können einfarbig oder mehrchorig[1] schaft- oder jacquardgemustert sein.

Wichtigstes Polmaterial bei den Velours ist Polyacryl, gefolgt von Polyester, Mohair, Viskose und Schurwolle sowie Fasermischungen aus den genannten Faserrohstoffen. Inzwischen werden auch Mikrofasern für das Polmaterial verwendet. Vereinzelt wird auch Baumwolle und Leinen eingesetzt.

---

[1] *Chor = farbiges Polkettfadensystem bei der Herstellung eines mehrfarbigen Polgewebes.*

Für die Grundgewebe, die in Leinwandbindung, Quer- oder Längsripsbindungen gewebt sein können, verwendet man Zwirne, ggf. auch einfache Garne im Schuss. Bevorzugter Faserrohstoff für die Grundgewebe ist Baumwolle, weil dieser Faserrohstoff eine hohe Nassfestigkeit, eine geringe Dehnung im nassen Zustand, eine gute Färbbarkeit besitzt und den eingebundenen Noppen einen guten Halt bietet. Darüber hinaus werden auch Polyacryl, Modal und Fasermischungen Baumwolle/Viskose, Baumwolle/Modal und Baumwolle/Polyester eingesetzt.

Möbelvelours werden ausnahmslos im **Doppelwebverfahren** gewebt.

Zwei Grundgewebe werden in einem bestimmbaren Abstand übereinander gewebt und mit einer Polkette verbunden. Ein hin- und hergehendes Messer an der Webmaschine trennt in der Abstandmitte die Polkettfäden. Es entstehen zwei Polgewebe mit einem Schnittflor. Durch den Abstand der beiden Grundgewebe kann die Polhöhe bestimmt werden.

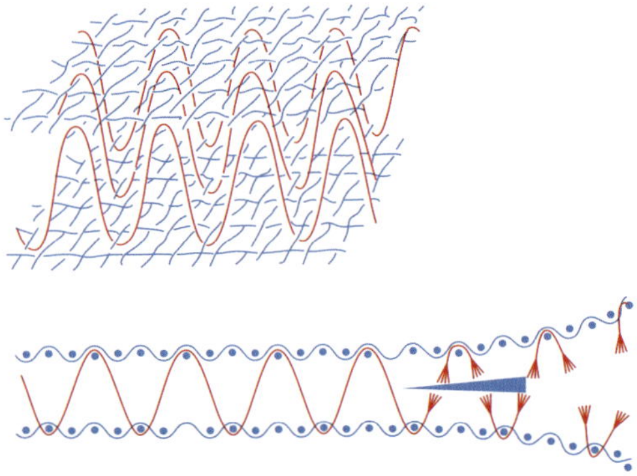

*Prinzip des Doppelwebverfahrens*

Velours unterscheiden sich durch die verwendeten **Polmaterialien**, **Polhöhen**, **Poldichten**, vor allem aber durch ihre **Polflächen**, die durch entsprechende Bindungen und Garne zu erzielen sind. Danach unterscheidet man:

**Stehvelours:** Sie besitzen einen aufrecht stehenden Schnittflor. Auch oft bezeichnet als Velours mit Stehflor.

**Antik-Stehvelours:** Durch die Verwendung von Flammengarnen (Effektgarn mit Verdickungen) im Schuss des Grundgewebes entstehen im Schnittflor mehr oder weniger große Lücken, die Mottenfraß in der Poldecke imitieren und so dem Velours einen „antiken“ Charakter geben.
Mitunter werden die Antik-Stehvelours aufgrund des ungleichmäßigen Schussgarnes als **Schlunzenvelours** bezeichnet.

*Antik-Stehvelours*

**Hochflor-Stehvelours** besitzen eine aufrecht stehende Poldecke, die höher als 3 mm ist.

**Kräuselvelours:** Kennzeichen dieser Veloursart ist ein gekräuselter Schnittflor mit Hell-Dunkel-Effekten. Diese Poldecke wird durch glänzende, gekräuselte (texturierte) Polgarne erzielt.

*Kräuselvelours*

**Lagevelours:** Dieser Velours besitzt einen gelegten Schnittflor, der durch eine besondere Figurkette und eine entsprechende Bindung erzielt wird. Als Polmaterialien eignen sich hierfür besonders biegeelastische und glänzende Faserrohstoffe wie z.B. Mohair, Polyacryl, Polyester und die Fasermischung Mohair/Viskose. Diese Veloursart wird auch oft als Velours mit gelegtem Flor bezeichnet.

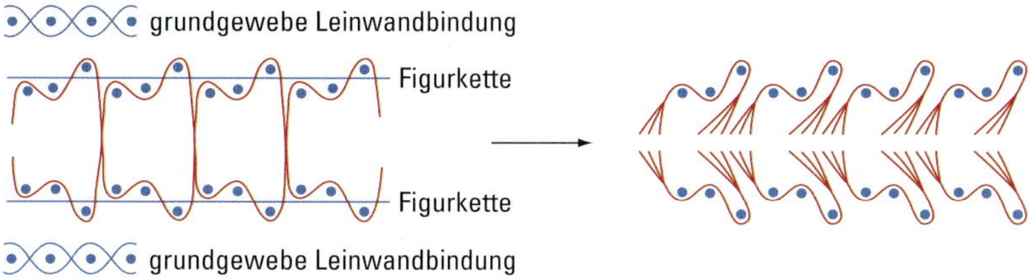


*Bindungsprinzip eines Lagevelours*

**Antik-Lagevelours:** Wie bei dem Stehvelours kann auch bei einem Lagevelours durch die Verwendung von Flammengarnen im Schuss des Grundgewebes ein „antiker" Charakter des gelegten Schnittflors erzielt werden.

**Schattenvelours:** Sie werden aus den gleichen Polmaterialien und in der gleichen Art wie die Lagevelours hergestellt. Ihr schaft- oder jacquardgemusterter Schnittflor ist in zwei verschiedene Richtungen gelegt. Evtl. kann zur Musterbildung noch ein Stehflor hinzukommen. Durch die Verwendung eines glänzenden Polmaterials wird das auffallende Licht in verschiedene Richtungen reflektiert, wodurch Hell-Dunkel-Effekte, sog. Schatten, entstehen.

*Jacquardgemusterter Schattenvelours*

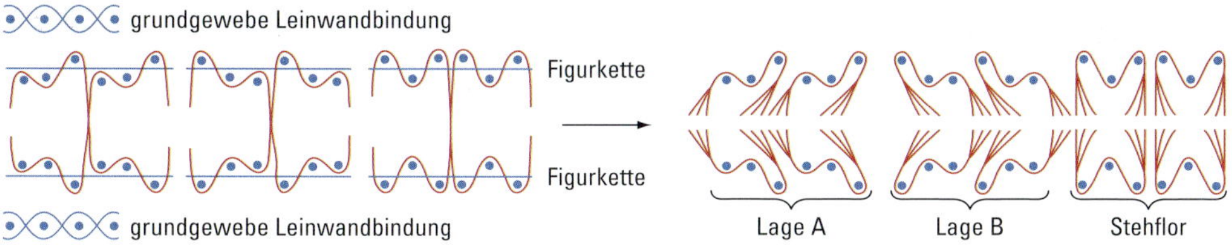


*Bindungsprinzip eines gestreiften Schattenvelours*

**Spiegelvelours:** Diese Veloursart besitzt einen jacquardgemusterten einfarbigen oder mehrchorigen Schnittflor mit florfreien Stellen, in denen sog. Spiegelkettfäden oder/und Figurschüsse mustermäßig über dem Grundgewebe flottieren. Dabei können zur Erzielung eines Spiegeleffekts auch größere Kettatlasflächen entstehen.

**Prägevelours:** Man versteht darunter einen Velours, dessen einfarbige Poldecke aus Polyacryl- oder Polyesterfasern durch Prägen eine Musterung erhalten hat.

*Spiegelvelours mit Spiegelkette und Figurschüssen*

6

**Druckvelours:** Die Poldecke dieses Velours ist mehrfarbig mit meist großrapportigem Muster bedruckt worden.

**Modische Velours:** Neben den vorangehend aufgeführten und als „klassisch“ zu bezeichnenden Veloursarten entstehen durch den stetigen Modewandel immer wieder neue Velours mit modischen Oberflächen. Zu nennen wären mehrchorige schaft- und jacquardgemusterte Velours sowie Velours, die auf ihren geometrischen oder floralen ausgesparten florfreien Veloursflächen einen andersartigen und oft gemusterten Gewebegrund zeigen.

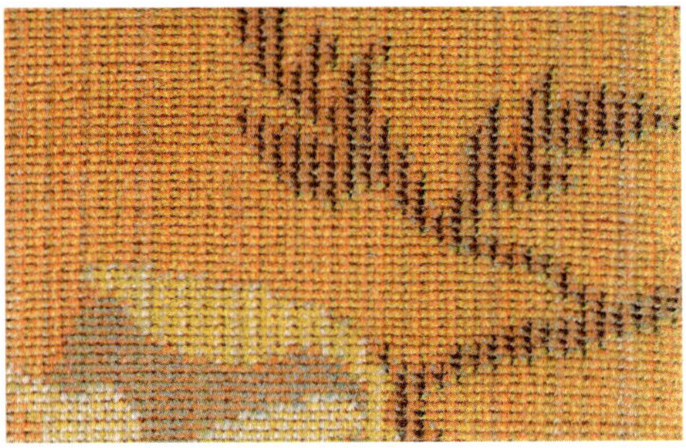

*Mehrchoriger, jacquardgemusterter Stehvelours*

*Einfarbiger Velours mit flach gewebten gemusterten Längsstreifen in der ausgesparten Veloursfläche*

*Mehrchoriger Velours mit Chenillegrund in der ausgesparten Veloursfläche*

**Bezeichnung der Velours:**
Velours werden in der Regel mit dem verwendeten Polmaterial und/oder der angewandten Musterungsart bezeichnet. Beispiele: zweichoriger Acryl-Stehvelours, Mohair-Lagevelours, gestreifter Mohair-Schattenvelours usw.

**Gebrauchsverhalten der Velours:**
In einigen Fällen können bei Velours oder Möbelchenille durch den Einfluss von Körperfeuchtigkeit, -wärme und -druck Druckstellen in Form von Florverlagerungen auftreten, die als **Sitzspiegel** oder **Gebrauchslüster** bezeichnet werden. Es handelt sich hierbei um eine warentypische Eigenschaft und nicht um einen Qualitätsmangel. Der Kunde muss darüber aufgeklärt werden. Durch Abdecken mit feuchten Baumwoll- oder Leinentüchern oder durch eine Dampfbehandlung können die Druckstellen bei Mohair-Velours gemindert, ggf. beseitigt werden. Bei Velours mit Chemiefasern im Pol wird dies kaum möglich sein. Ferner dürfen sie nicht mit Dampf behandelt werden, da es sonst zu irreparabler Florveränderung kommt.

### b) Epinglé

Der Epinglé ist ein schaft- oder jacquardgemusterter einfarbiger oder mehrchoriger Möbelstoff, der auf der rechten Warenseite kleine Polschlingen zeigt, die in Querrichtung verlaufende feine Rippen ergeben. Gewebt wird er auf sog. Rutenwebmaschinen. Epinglés bestehen aus einem leinwandbindigen Grundgewebe und einer Polkette, die über Zugruten hinweg in das Grundgewebe einbindet. Nach und nach werden die eingewebten Zugruten wieder herausgezogen und es entsteht das charakteristische Warenbild der

Epinglés. Mustermäßig lassen sich bei den Epinglés interessante Warenbilder erzielen. Durch unterschiedliche Durchmesser oder Querschnittsformen (rund, oval, rechteckig) oder mit besonderen Profilen ausgestattete Zugruten können die Epinglés verschiedene Schlingenformen und -höhen erhalten.

*Zweichoriger schaftgemusterter Epinglé*

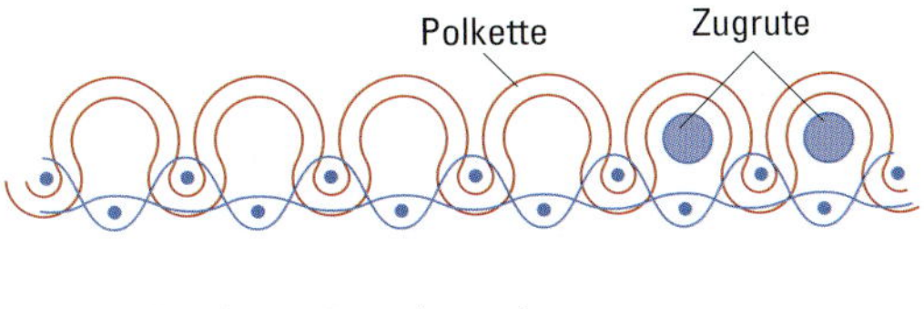


*Bindungsprinzip eines Epinglés*

Darüber hinaus können die Polkettfäden durch entsprechende Bindungen mustermäßig in das Grundgewebe einbinden, dadurch entsteht eine florlose Stelle, oder über mehrere Zugruten geführt werden, wodurch größere Schlingen entstehen.

**c) Frisé**

Der Frisé ist ebenso wie der Epinglé ein in Rutentechnik hergestelltes schaft- oder jacquardgemustertes einfarbiges oder mehrchoriges Polgewebe. Das Besondere bei diesem Möbelbezugsstoff ist, dass er eine Poldecke aus **Polschlingen** und einem **Schnittflor** besitzt. Diese Warenoberfläche wird dadurch erzielt, dass die Polkettfäden mustermäßig über Zug- und Schnittruten geführt werden. Während beim Herausziehen der Zugruten Polschlingen entstehen, werden beim Herausziehen der Schnittruten die darüber liegenden Polkettfäden aufgeschnitten, wodurch ein Schnittflor entsteht. Aufbau und Musterungsmöglichkeiten sind wie beim Epinglé.

*Schaftgemusterter Frisé*

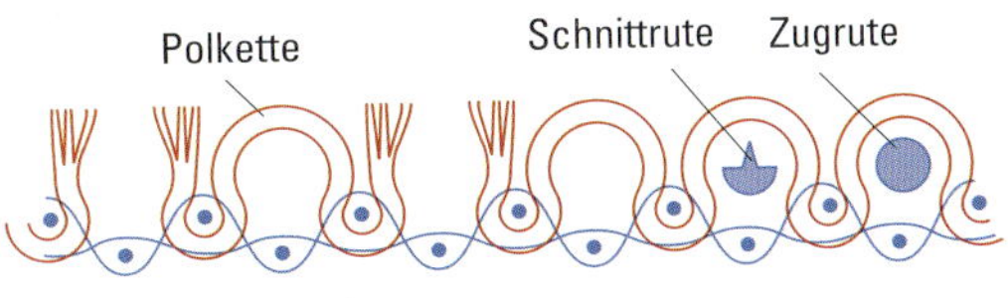


*Bindungsprinzip eines Frisés*

## Schusspolgewebe

Das einzige Polgewebe, bei dem heute noch die Poldecke durch Schussfäden gebildet wird, ist der **Cordsamt**. Er besitzt auf einem leinwand- oder köperbindigen Grundgewebe einen längs gerippten, aufrecht stehenden Schnittflor, der nicht höher als 2,5 mm ist.

Im Gegensatz zu den Kettpolgeweben wird er auf normalen Webmaschinen gewebt. Je nach der zu erzielenden Florrippe werden nach jedem Schuss des Grundgewebes zwei bis vier Polschüsse eingetragen, die über mehrere Kettfäden flottieren und anschließend in das Grundgewebe einbinden. Dadurch entstehen auf dem Grundgewebe aufliegende Schlaufen. Sein eigentliches Warenbild erhält der Cordsamt erst in der Ausrüstung, wo die Schlaufen von Rundmessern aufgeschnitten werden. Nach mehrmaligem Bürsten, wodurch die aufgeschnittenen Schussfäden zerfasert und die so entstandenen Faserbüschel aufgerichtet werden, sowie durch Dämpfen, Scheren und Sengen erhält man eine aufrecht stehende und längs gerippte Poldecke.

Mustermäßig unterscheiden sich die Cordsamte durch ihre Rippenstärken und Rippenformen. Für Möbelbezugsstoffe werden meist Cordsamte mit breiteren Rippen verwendet. Sie werden aus Baumwolle sowie aus Fasermischungen Polyester/Baumwolle oder Polyacryl/Baumwolle hergestellt.

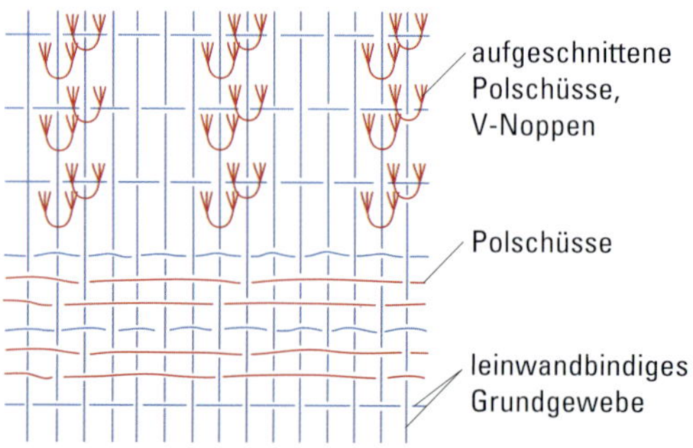


*Bindungsprinzip eines Cordsamts*

*Cordsamt mit unterschiedlich breiten Rippen*

### 3. Chenillegewebe

Unter dieser Bezeichnung versteht man einen schaft- oder jacquardgemusterten ein- oder mehrfarbigen Möbelstoff mit einer veloursartigen Warenoberfläche. Sie wird durch sog. Chenillegarne im Schuss erzielt, die mit ihren vielen kleinen abstehenden Fasern ein raupenartig-haariges Aussehen besitzen (chenille = franz. Raupe). Um ihren Charakter auf der rechten Warenseite voll zur Geltung kommen zu lassen, werden Möbelchenille mit schussaktiven Bindungen gewebt. Für Möbel- und Dekostoffe werden die Chenillegarne heute vorwiegend durch Zwirnen hergestellt (Zwirnchenille). Als Flormaterial verwendet man Polyacryl, Polyester und Viskose. Die Florfestigkeit dieser Gewebe ist geringer als bei vergleichbaren Velours.

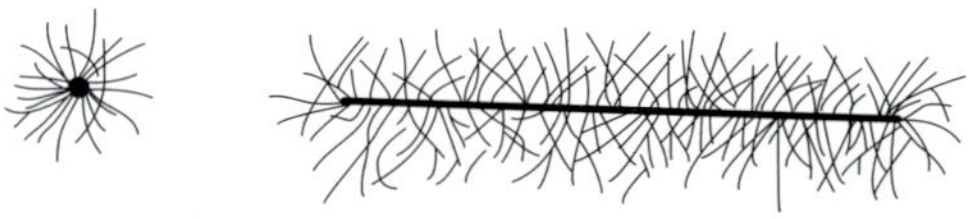

*Zwirnchenille*

*Jacquardgemusterter Möbelchenille*

***Aufgaben***

1. *Beschreiben Sie den Aufbau eines Polgewebes und nennen Sie die Faktoren, die den Gebrauchswert eines Polgewebes bestimmen.*
2. *Beschreiben Sie Merkmale eines Möbelvelours und nennen Sie die Polmaterialien, die bei diesem Möbelstoff zum Einsatz kommen. Welche Arten der Möbelvelours unterscheidet man?*
3. *Wie entsteht der antike Charakter bei einem Antik-Steh- bzw. einem Antik-Lagevelours?*
4. *Ein Kunde möchte einen Sessel mit einem Möbelvelours beziehen lassen. Was müssen Sie dem Kunden über das Gebrauchsverhalten eines Möbelvelours mitteilen?*
5. *Beschreiben Sie den Aufbau und die Entstehung der Warenoberfläche bei einem Epinglé.*
6. *Beschreiben Sie das charakteristische Warenbild eines Chenillegewebes, das als Möbelstoff zum Einsatz kommt.*

### 6.2.6.2 Gewirkte Möbelbezugsstoffe – Raschelvelours

Raschelvelours sind gewirkte,[1] d. h. durch Maschenbildung erzeugte Möbelvelours. Ihr Aufbau und ihre Herstellung entsprechen im Prinzip den gewebten Velours. Sie bestehen aus einer gewirkten Grundware und einer Poldecke mit einem Schnittflor. Für die gewirkte Grundware verwendet man Polyester-, Polypropylen- und vereinzelt Polyamid-Filamentgarne. Als Polmaterial setzt man für Möbelbezugsstoffe vorwiegend Zwirne aus Polyacryl-, Polyester- und seltener Polyamidgarnen ein.

6

Raschelvelours werden auf Raschelmaschinen[2] mit zwei Nadelbarren hergestellt, wobei an jeder Nadelbarre[3] ein Grundgewirk gearbeitet wird. Beide Grundgewirke werden mit von Kettbäumen abgezogenen Polfäden verbunden. Die Polhöhe wird durch den Abstand der beiden Nadelbarren bestimmt. Die auf diese Weise erhaltene Doppelware wird auf einer separaten Schneidemaschine auseinandergeschnitten. Man erhält so zwei gleichwertige Raschelvelours.

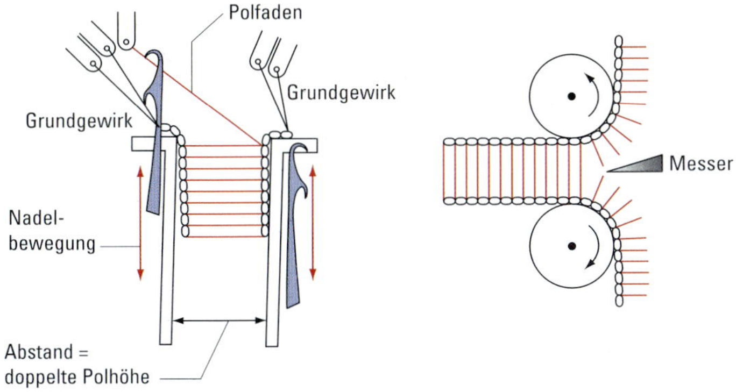


*Herstellungsprinzip der Raschelvelours*

---

[1] *Herstellungsart textiler Flächengebilde durch Maschenbildung, wobei im Gegensatz zum Stricken alle Maschen einer Reihe auf einmal gebildet werden.*

[2] *Wirkmaschinenart, deren Bezeichnung auf den Namen der französischen Sängerin Rachel zurückzuführen ist.*

[3] *Maschinenelement, das die Wirknadeln aufnimmt.*

Gegenüber gewebten Velours besitzen sie folgende Vorteile:

- Sie sind **dehnbarer** und bieten so Vorteile beim Beziehen. Sie passen sich besonders gut den Rundungen der Polsterung an. Der Grad der Dehnung kann auf den Verwendungszweck hin abgestellt werden.
- Sie zeichnen sich durch eine **sehr hohe Polfestigkeit** aus. Die Polnoppe wird von dem Grundgewirk viermal abgebunden.
- Sie sind **preiswerter** durch geringeren Materialeinsatz und höhere Produktion der Raschelmaschinen.

Raschelvelours werden in einfarbigen und gemusterten Qualitäten angeboten.
Bei den Musterungen überwiegen geometrische Musterungen, während Jacquardmusterungen seltener vorkommen.
Der Gebrauchswert der Raschelvelours wird von dem verwendeten Polmaterial und der Poldichte bestimmt. Sie eignen sich für Festpolsterungen und besonders für Softpolsterungen mit salopper und legerer Faltenbildung.

*Rechte Warenseite Raschelvelours*

*Linke Warenseite mit erkennbarem Maschenbild*

### 6.2.7 Mikrofaser-Vliesstoffe

Als Mikrofaser-Vliesstoffe bezeichnet man lederähnliche Möbelstoffe mit velours-, nubuk- und nappaartigen Warenoberflächen. Sie werden deshalb auch oft als „Lederaustauschstoffe auf Mikrofaserbasis" bezeichnet. Aufgrund ihres mikrofeinen Fasermaterials, das in den meisten Fällen zu einem Wirbelvlies verarbeitet und mit Polyurethan imprägniert wird, erhalten die Mikrofaser-Vliesstoffe eine sehr dichte und verflochtene Faserstruktur, die dem natürlichen Leder sehr nahe kommt. Aufgrund ihres Aufbaus und ihres synthetischen Fasermaterials erhalten sie auch einige Eigenschaften, die dem natürlichen Leder sogar überlegen sind.

Mikrofaser-Vliesstoffe werden mit unterschiedlichem Aufbau und nach unterschiedlichen Verfahren hergestellt. Man unterscheidet deshalb Mikrofaser-Vliesstoffe mit einem Wirbelvlies und Mikrofaser-Vliesstoffe mit einem Träger.

### 1. Mikrofaser-Vliesstoffe mit einem Wirbelvlies

Bauelement dieser Vliesstoffe ist ein Wirbelvlies aus superfeinen Mikrofasern zwischen 0,001 und 0,1 dtex. Um diese Feinheiten überhaupt verarbeiten zu können, werden beim Spinnprozess bis zu 1000 Mikrofasern in eine Matrix aus Polystyrol eingelagert, sodass dann Fasern mit Feinheiten von etwa 20 dtex entstehen, die anschließend dreidimensional zu einem Vlies verwirbelt werden. Im weiteren Produktionsgang wird das Polystyrol mit einem Lösemittel chemisch herausgelöst, sodass auf diese Weise ein Wirbelvlies aus Mikrofasern entsteht, das anschließend mit einem porösen atmungsaktiven Polyurethan imprägniert wird, wodurch die mechanischen Eigenschaften, der Griff und die Elastizität des späteren Endprodukts verbessert werden. Bei der Herstellung von Alcantara wird das imprägnierte Wirbelvlies auf eine gewünschte Stärke von 0,35–0,65 mm gespalten.

Mit imprägnierten Wirbelvliesen können folgende Warenoberflächen erzielt werden:

- Nubuk- und veloursartige Warenoberflächen werden durch Schleifen, Färben, Waschen und Bürsten erzielt (z. B. Alcantara®, Amaretta™).
- Nappaartige Oberflächen mit dem Charakter eines Glattleders entstehen, wenn man während der Imprägnierung das poröse Polyurethan an der Oberfläche gerinnen lässt.

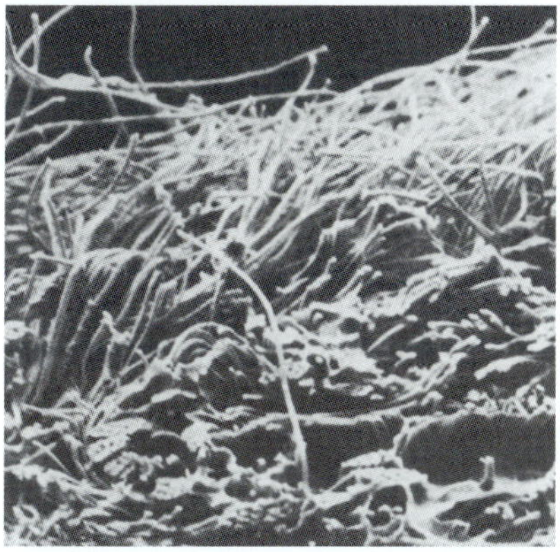

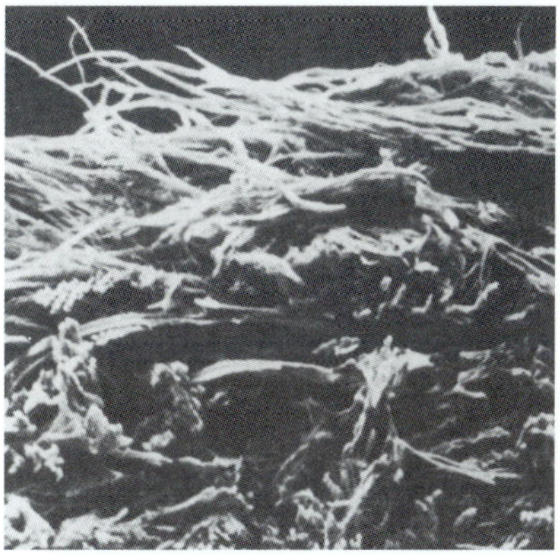

*Alcantara®* *Chamoisnaturleder*
*Querschnitte unter dem Mikroskop*

### 2. Mikrofaser-Vliesstoffe mit einem Träger

Diese Mikrofaser-Vliesstoffe besitzen einen Träger in Form eines Gewebes oder eines Gewirks, auf den eine dichte und geschlossene Oberfläche aus Mikrofasern aufgebaut wird.

Einen Mikrofaser-Vliesstoff mit veloursartiger Oberfläche erhält man mit einem

- Gewirk aus Polyester und Polyamid, bei dem das Fasermaterial chemisch zu Mikrofasern aufgesplittet, mit Polyurethan imprägniert, gefärbt, geschliffen und gebürstet wird (z. B. Belleseime).
- dreilagigen Aufbau aus zwei Mikrofaser-Wirbelvliesen und einem dazwischen liegenden feinen Polyester-Trägergewebe, durch den von oben und unten aus mikrofeinen Düsen mit hohem Druck Wasser hindurchgepresst wird, wodurch die Wirbelvliese mit dem Polyestergewebe vernetzt und verwirbelt werden. Nach einer Imprägnierung mit Polyurethan und dem Färben erhält man durch Schleifen und Bürsten die veloursartige Warenoberfläche (z. B. Dinamica®).

Mikrofaser-Vliesstoffe, die als Bezugsmaterial für Polstermöbel inzwischen eine dominierende Stellung eingenommen haben, zeichnen sich durch folgende Eigenschaften aus:

- leichter als Naturleder (nur ca. 180–360 g/m$^2$),
- hautsympathisch,
- weicher, anschmiegsamer Griff,
- scheuerfest,
- einfaches Zuschneiden und Nähen,
- pflegeleicht (waschbar bzw. abwaschbar),
- reinigungsbeständig,
- form- und maßbeständig,
- atmungsaktiv,
- geringer Verschnitt,
- einheitliche Struktur über die ganze Fläche.

Die bekanntesten Mikrofaser-Vliesstoffe für den Einsatz als Möbelbezugsstoffe mit ihren Oberflächen, Zusammensetzungen und Bauelementen sind:

| Produkt | Oberfläche | Zusammensetzung | Bauelement |
|---|---|---|---|
| **Alcantara®** | Velours | 60 % Polyester/<br>40 % Polyurethan | vernadeltes und gespaltenes Mikrofaser-Wirbelvlies |
| **Amaretta™ KX** | Nubuk | 60 % Polyamid<br>40 % Polyurethan | Mikrofaser-Wirbelvlies |
| **Dinamica®** | Velours | 88 % Polyester<br>12 % Polyurethan | zwei Mikrofaser-Wirbelvliese mit dazwischen liegenden Polyester- Trägergewebe |
| **Lorica®** | Nappa | 49 % Polyamid<br>49 % Polyurethan<br>2 % sonst. Stoffe | vernadeltes Mikrofaser-Vlies |

Um die besonderen Anforderungen an ein Bezugsmaterial in Bezug auf die Festigkeit, Strapazierfähigkeit und Langlebigkeit zu erfüllen, wird bei manchen Mikrofaser-Vliesstoffen mit einem Wirbelvlies, so z. B. bei Alcantara® und Amaretta™KX, auf die Rückseite ein Gewebe oder eine Wirkware aus Baumwolle oder Polyester aufkaschiert.

*Mikrofaser-Vliesstoff mit genarbter Oberfläche*

Neben den aufgeführten Mikrofaser-Vliesstoffen gibt es aufgrund ihrer hervorragenden Eigenschaften für Polsterarbeiten noch eine Vielzahl anderer Vliesstoffe mit unterschiedlichen Eigenschaften und Oberflächen.

### *Aufgaben*

1. *Schildern Sie den prinzipiellen Aufbau der beiden grundsätzlichen Arten der Mikrofaser-Vliesstoffe.*
2. *Welche Vorteile besitzen die als Bezugsmaterial zum Einsatz kommenden Mikrofaser-Vliesstoffe?*

### 6.2.8 Flock-Möbelstoffe

Im Gegensatz zu den gewebten Polgeweben wird die Oberfläche (Nutzschicht) der beflockten Möbelstoffe nicht von Polfäden, sondern aus kurzen und gleichmäßig lang geschnittenen Fasern, dem Flock, gebildet, der in einem elektrischen Feld aufgeladen und auf einen mit Klebstoff versehenen textilen Träger senkrecht aufgeschossen und ausgerichtet wird. Durch eine anschließende Trocknung wird der Flock auf dem textilen Träger fixiert.

Als Flockmaterial kommen vorwiegend Mikrofasern aus Polyamid mit Feinheiten von 0,9 dtex bis ca. 3,0 dtex und Faserlängen von ca. 0,5 mm bis ca. 2,0 mm zum Einsatz.

Für den textilen Träger verwendet man Gewebe aus Polyester/Baumwolle. Der Klebstoff, der das Trägergewebe mit dem Flock verbindet, muss auf das Fasermaterial, den späteren Verwendungszweck und die Reinigung des Stoffs abgestimmt sein.

Beflockte Möbelstoffe werden einfarbig oder bedruckt mit samtiger, veloursartiger oder wildlederähnlicher Oberfläche angeboten. Durch Prägen oder Verwirbeln des Faserflors können auch strukturierte sowie lederähnliche Oberflächen erzielt werden.

Beflockte Möbelstoffe sind pflegeleicht und besitzen eine sehr gute Strapazierfähigkeit. Unter Beachtung der Pflegehinweise erfüllen sie hohe Ansprüche an Langlebigkeit und Haltbarkeit. Es dürfen nur vorgeschriebene Pflegemittel verwendet werden, die den Flock nicht vom textilen Träger ablösen.

Beflockte Möbelstoffe werden u. a. unter der Marke LONGLIFE by Microfibres® angeboten.

### 6.2.9 Kennzeichnung der Möbelstoffe

Um Verarbeitern und Verbrauchern Hinweise über die Eignung der Möbelstoffe im Hinblick auf ihren vorgesehenen Einsatz zu geben, werden sie den Beanspruchungsklassen – „gering", „normal" und „stark" – zugeordnet, die durch Piktogramme gekennzeichnet werden.

| Piktogramme | 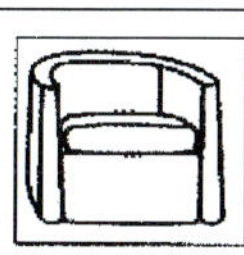 geringe Beanspruchung | 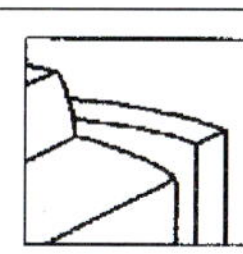 normale Beanspruchung | 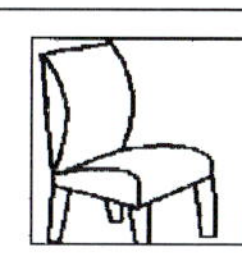 starke Beanspruchung |
|---|---|---|---|
| **Kurzzeichen** | G | N | S |

Diese Piktogramme dürfen nur verwendet werden, wenn die nach anerkannten Prüfmethoden (DIN, EN, ISO) geprüften Materialeigenschaften bestimmte Mindestanforderungen in Bezug auf die Scheuerbeständigkeit, Pillbildung, Nahtschiebefestigkeit, Lichtechtheit und Reibechtheit erfüllen.

Sollte die Verwendung der Piktogramme nicht möglich sein, so können dafür die Buchstaben G, N und S verwendet werden.

### 6.2.10 Leder

Als Leder bezeichnet man ein Material, das aus ungespaltenen oder gespaltenen Häuten oder Fellen[1] durch Gerben unter Erhaltung der natürlich gewachsenen Faserstruktur hergestellt ist. Aufgetragene Beschichtungen aus Kunststoff, Folie oder Lack dürfen nicht stärker als 0,15 mm sein[2].

Leder wird aus Häuten und Fellen vieler Tiere für verschiedene Verwendungszwecke hergestellt. Für Möbelleder verwendet man zu ca. 95 % großflächige **Rindhäute**, aus denen man große Zuschnittteile herausschneiden kann.

Bei den Rindhäuten unterscheidet man **Zahmhäute** und **Wildhäute**. Zahmhäute stammen von europäischen Haustieren, während die überseeischen Tiere, die sich aufgrund der Witterungsverhältnisse das ganze Jahr im Freien aufhalten können, sog. Wildhäute liefern. Bedingt durch die Lebensverhältnisse in Europa sind die Zahmhäute qualitativ besser und werden bevorzugt in der Lederfertigung eingesetzt. Die besten Zahmhäute liefern die Rinder der rotbunten Höhenrassen in Süd- und Südwestdeutschland.

#### 6.2.10.1 Aufbau und Einteilung einer Haut

Eine Tierhaut besteht chemisch aus Wasser, Eiweißstoffen, Fettsubstanzen und Mineralstoffen.

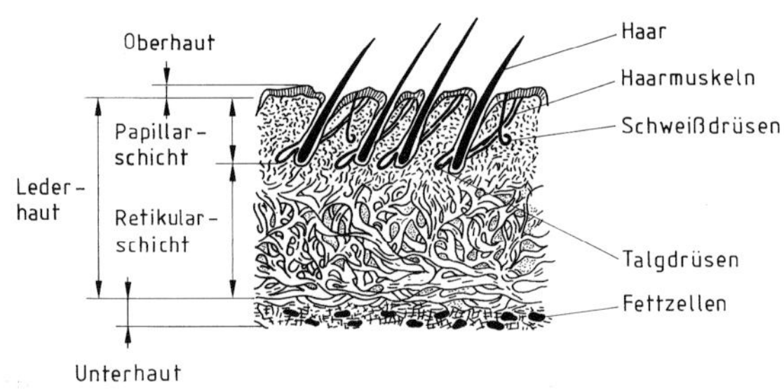

*Schnitt durch eine Tierhaut*

Bei einem Querschnitt sind drei Schichten zu erkennen. Die hornartige **Oberhaut** macht ca. 1 % der Gesamtdicke einer Haut aus und ist für die Lederherstellung unbrauchbar. Nur aus der folgenden **Lederhaut**, die ca. 85 % der Hautdicke einnimmt, kann Leder hergestellt werden. Ihre obere Schicht, die Papillarschicht, bildet den Narben (Porenbild auf der Außenseite einer Haut). Sie besteht aus sehr feinen und dicht verflochtenen Fasern und wird von Haarbälgen, Schweiß- und Talgdrüsen durchzogen. Die Retikularschicht bildet die untere Schicht der Lederhaut und besteht aus dickeren Fasern und Faserbündeln, die viel unregelmäßiger verflochten und verwachsen sind. Die **Unterhaut** besteht aus einem losen Fasergeflecht, in das Fettzellen und Blutgefäße eingelagert sind. Sie nimmt ca. 14 % der Hautstärke ein. Für die Lederherstellung ist sie unbrauchbar und muss entfernt werden.

Eine Tierhaut besitzt nicht über die ganze Fläche ein gleichmäßiges Fasergefüge und eine gleichmäßige Stärke. In ihr gibt es qualitative Unterschiede. Den besten Teil bildet der **Kern**, auch **Croupon** genannt. Er wird in Schild-, Hals- und Seitenkern unterteilt und besteht weitgehend aus einem gleichmäßig dicken, festen und dichten Fasergefüge. In einer guten Haut soll er mindestens 50 % der Gesamtfläche einnehmen. Die den Kern umgebenden Teile wie Kopf, Hals, Bauch, Klauen, Flämen und Kratze bezeichnet man als **Nichtkern** oder **Garnitur**. Sie besitzen ein loses, schwammiges Fasergefüge und eine ungleichmäßige Dicke.

---

1 *Bei kleineren Tieren vom Kalb abwärts spricht man von Fellen.*

2 *Abgrenzung des Begriffs Leder gegenüber anderen Materialien nach RAL 060 A2.*

Das Größenverhältnis von Kern zum Nichtkern oder zur Garnitur bezeichnet man als **Stellung**. Eine Haut ist gut gestellt, wenn sie über eine große Fläche ein gleichmäßig dickes, festes und dichtes Fasergefüge besitzt, das nach außen nur allmählich abnimmt. Eine schlechte oder abfällige Stellung weist eine Haut auf, wenn sie nur einen kleinen Kern besitzt und nach außen hin schnell dünner und loser wird. Bei Rindhäuten ist die Stellung vor allem vom Alter und Geschlecht abhängig. Je jünger ein Tier ist, umso feiner und fester ist das Fasergeflecht. Kuhhäute haben ein loseres Fasergeflecht und einen kleineren Kern als Ochsen- oder Bullenhäute.

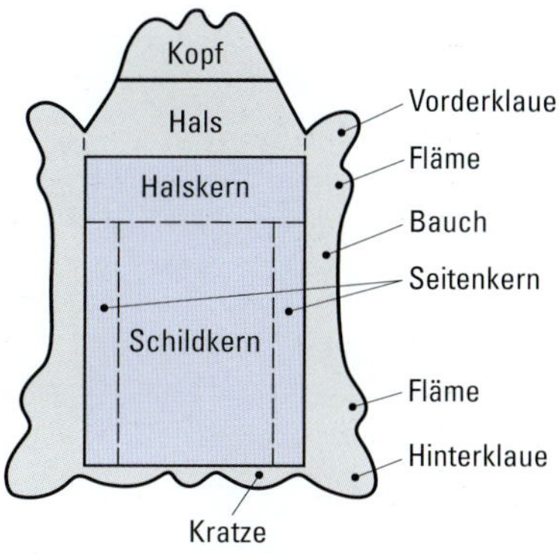

*Flächenmäßige Einteilung einer Tierhaut*

### 6.2.10.2 Ledererzeugung

#### 1. Vorbereitung der Rohhaut

**Konservieren:** Die in den Schlachthöfen anfallenden Häute bezeichnet man als **Grünhäute**. Damit sie auf dem Transport und während der Lagerung von Fäulnisbakterien nicht zerstört werden, müssen sie mit Salz konserviert werden. Es entzieht ihr die Feuchtigkeit, die die Fäulnisbakterien als Lebensgrundlage benötigen.

**Weichen:** Durch Weichen in Wasser erhält die Haut wieder ihre ursprüngliche Feuchtigkeit zurück und wird außerdem von Schmutz, Blut und Salz befreit.

**Äschern:** Mit Chemikalien, vorwiegend Kalk, werden die Oberhaut und die Haare gelockert. Außerdem wird das Fasergefüge der Lederhaut für die zu erzielende Weichheit aufgelockert.

**Enthaaren und Entfleischen:** Nach der Haarlockerung wird die Oberhaut mit den Haaren chemisch enthaart (aufgelöst) und die Unterhaut durch scharfe Messerwalzen von der Lederhaut entfernt. Die enthaarte und entfleischte Tierhaut bezeichnet man als **Blöße**.

**Spalten:** Die Blöße ist in der natürlichen Stärke für Möbelleder zu dick und wird deshalb auf Spaltmaschinen durch ein endloses Bandmesser horizontal gespalten. Den oberen Spaltteil mit der Narbenseite bezeichnet man als **Narbenspalt**, den unteren als **Fleischspalt**. Wird eine Haut in drei Teile gespalten, so erhält man noch einen **Mittelspalt**.

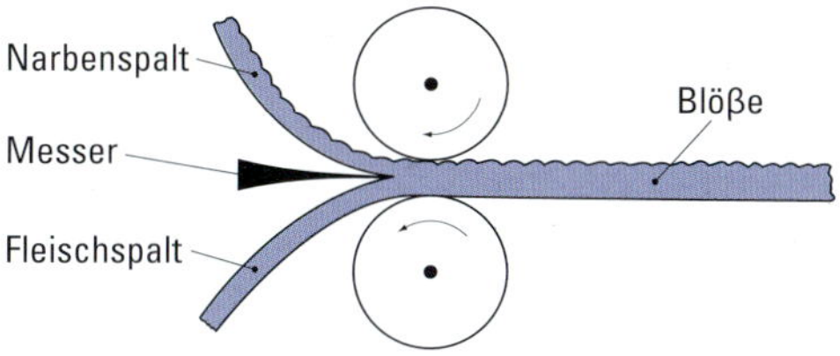

*Prinzip des Spaltvorgangs*

**Entkälken und Beizen:** Für die bevorstehende Gerbung müssen die in der gespaltenen Blöße enthaltenen Kalkreste mit Chemikalien neutralisiert werden. Durch Beizen mit Enzymen[1] wird das Fasergefüge weiter aufgeschlossen.

**Pickeln:** Bei Chromgerbungen wird die gespaltene Blöße mit Säuren und Salz behandelt, um den Restkalk zu entfernen und sie für die Gerbung vorzubereiten.

[1] *Enzyme = Eiweißstoffe, die chemische Umsetzungen beschleunigen.*

6

*Einführen einer Blöße in die Spaltmaschine*

## 2. Erzeugung des Rohleders durch Gerben

Um den natürlichen Fäulnisprozess der Haut aufzuheben, muss sie gegerbt werden. Die dabei verwendeten Gerbstoffe verbinden sich mit den Fasern der Haut und überführen sie zu weichen, geschmeidigen und haltbaren Lederfasern. Durch das Gerben wird eine Haut in Leder überführt.

Die zur Verfügung stehenden Gerbstoffe verleihen den Ledern verschiedene Eigenschaften und unterschiedliches Aussehen. Der Gerbprozess wird heute nur noch in rotierenden Fässern durchgeführt.

*Chromgegerbtes Leder*

Für die Herstellung von Möbelleder wendet man folgende Gerbverfahren an:

**Mineralgerbung:** Die bekannteste Art der Mineralgerbung ist die **Chromgerbung**, bei der mit Chromsalzen gegerbt wird. Sie ist die heute am meisten eingesetzte Gerbart bei der Herstellung von Möbelleder. Die Gerbdauer beträgt nur 6 bis 8 Stunden. Chromgegerbtes Leder ist weich, schmiegsam, reißfest und besitzt eine bläulich-grüne bis blau-graue Farbe.

**Vegetabilgerbung:** Zum Gerben verwendet man **pflanzliche Gerbstoffe**, die aus Rinden (z.B. Eichen-, Fichten-, Birken-, Mimosarinde usw.) oder Hölzern (z.B. Eiche, Kastanie, Quebracho usw.) gewonnen werden. Vegetabilgegerbtes Leder besitzt einen härteren und festeren Griff als chromgegerbtes Leder und ist sehr strapazierfähig. Es besitzt eine gelblich-braune Farbe. Der Gerbvorgang dauert 16 bis 18 Stunden.

### 3. Herstellung des Fertigleders durch Zurichten

Nach der Gerbung ist das Leder noch keine verkaufsfähige Handelsware. Erst durch chemische und physikalische Zurichtprozesse, die je nach Lederart unterschiedlich sein können, erhält das Leder optische (z.B. Farbe, Glanz, Schliff) und griffliche Eigenschaften, durch die es für die verschiedenen Verwendungszwecke geeignet wird.

Zu den wichtigsten Arbeitsgängen der Lederzurichtung gehören:

**Abwelken:** Nach dem Gerben enthält das Leder noch einen Großteil der Gerbflotte, die auf einer Abwelkpresse durch Walzen abgequetscht wird.

**Falzen:** Zur Egalisierung der Lederstärke und zum Ausgleich von Unebenheiten werden auf der Rückseite des Leders feine Lederspäne abgehoben.

**Nachgerben:** Die meisten Leder werden vor dem Färben mit einem zweiten Gerbstoff nachgegerbt. Man spricht dann von einer **Kombinationsgerbung**. Sie hat den Zweck, die guten Eigenschaften der zum Einsatz kommenden Gerbstoffe zu summieren und dem Leder bestimmte Eigenschaften bzw. einen besonderen Charakter zu geben. In der Regel dominiert der zuerst angewendete Gerbstoff. Häufig wird die Kombination von Chrom- und Vegetabilgerbung angewendet. Entweder wird mit Chromsalzen vorgegerbt und vegetabil nachgegerbt oder umgekehrt. Es besteht aber auch die Möglichkeit, vegetabil- oder chromgegerbtes Leder mit synthetischen Gerbstoffen nachzugerben. Ca. 80 % der Möbelleder erhalten eine Kombinationsgerbung.

**Färben:** Durch Färben erhalten Möbelleder ihr modisches Aussehen. Dabei werden folgende Färbeverfahren angewendet:

**Fassfärbung:** In Färbemaschinen mit rotierenden Fässern wird das Leder mit wasserlöslichen Farbstoffen im ganzen Querschnitt durchgefärbt. Das natürliche Narbenbild bleibt erhalten. Durch die unterschiedliche Farbstoffaufnahme der loseren und dichteren Hautpartien entsteht ein wolkiges Farbbild. Da bei dieser Färbung alle Unregelmäßigkeiten einer Haut (z.B. vernarbte Dornen- und Heckenrisse, Insektenstiche usw.) sichtbar bleiben, eignen sich nur ausgesuchte Häute (ca. 15 % der Häute) für diese Färbmethode. Diese Färbung wird u.a. angewandt bei **Anilinleder (Nappaleder, naturbelassen)**.

6

Gibt man den wasserlöslichen Farbstoffen geringe Mengen von Pigmentfarbstoffen zu, so treten kleinere Hautunregelmäßigkeiten und Farbunterschiede weniger in Erscheinung, das natürliche Narbenbild bleibt aber erhalten.

Mit dieser Farbstoffkombination werden **Semianilinleder (Nappaleder, leicht pigmentiert)** gefärbt.

**Pigmentfärbung** oder **Deckfarbenzurichtung**: Bei dieser Färbemethode wird eine deckende Farbschicht mit gleichmäßiger Farbtönung auf die Lederoberfläche aufgespritzt. Unterschiedliche Hautstrukturen und Unregelmäßigkeiten werden verdeckt. Das natürliche Narbenbild tritt nicht oder kaum in Erscheinung. Evtl. muss ein künstlicher Narben aufgepresst werden. Die Lederporen sind mit Farbpigmenten ausgefüllt und gewährleisten nicht mehr im vollen Umfang die Atmung, die Leder im Gebrauch so angenehm macht. Diese Färbung wird bei **pigmentiertem Leder (Nappaleder pigmentiert)** angewandt.

**Fettlickern:** Um das Leder weich und geschmeidig zu machen, wird es nach dem Färben mit Emulsionen aus Öl oder Tran gefettet.

**Trocknen:** Für die nachfolgenden Arbeitsgänge muss das Leder getrocknet werden. Dabei können verschiedene Trocknungsmethoden zum Einsatz kommen (Hängetrocknung, Rahmentrocknung oder Vakuumtrocknung durch Absaugen der Feuchtigkeit).

**Weichmachen des Leders:** Die beim Trocknen verklebten Lederfasern müssen durch **Millen** (Walken des Leders in einem Fass ohne Flotte) oder durch **Stollen** (Biegen, Kneten und Dehnen auf einer Stollmaschinen) voneinander gelöst werden.

**Bügeln:** Durch das Bügeln bekommt das Narbenbild eine gleichmäßige, glatte Oberfläche, und der Glanz des Leders wird verbessert.

**Narbenpressen:** Um bestimmte modische Lederoberflächen zu erhalten, oder bei pigmentgefärbtem Leder, kann mit entsprechend gravierten Platten ein künstlicher Narben aufgepresst werden.

**Anschleifen:** Bei bestimmten Lederarten kann die Narben- oder Fleischseite angeschliffen werden, um einen samt- oder veloursartigen Effekt zu erzielen.

### 6.2.10.3 Lederarten

Zum Beziehen von Polstermöbeln werden nach DIN 68871 folgende Lederarten unterschieden: Nappa-, Rau-, Spalt-, Schrumpf- und Blankleder.

#### 1. Nappaleder

Als Nappaleder werden alle weichen und vollnarbigen Möbelleder bezeichnet, deren Oberfläche glatt oder geprägt (aufgepresster Narben) sein kann.

Nach der Art ihrer Oberflächenbehandlung unterscheidet man:

**Anilinleder (Nappaleder, naturbelassen):** Diese Leder sind mit wasserlöslichen Farbstoffen im ganzen Querschnitt durchgefärbt und zeigen ein natürliches, offenporiges Narbenbild. Ein wolkiges Farbbild und Strukturunterschiede, die sich naturgemäß aus den unterschiedlichen Hautpartien ergeben, sowie sichtbare vernarbte Hecken-, Dornen- und Striegelrisse oder Insektenstiche sind zulässig und keine Fehler, sondern typische Naturmerkmale dieser Lederart.

*Anilinleder mit Narbenprägung*

**Semianilinleder (Nappaleder, leicht pigmentiert):** Man versteht darunter Leder, die mit wasserlöslichen Farbstoffen und geringen Mengen Pigmentfarbstoffen im ganzen Querschnitt durchgefärbt werden. Durch den Zusatz von Farbpigmenten werden kleinere Hautunregelmäßigkeiten verdeckt, das natürliche, offenporige Narbenbild bleibt aber erhalten.

**Pigmentiertes Leder (Nappaleder, pigmentiert):** Durch Aufspritzen einer gleichmäßigen, deckenden Farbschicht (Pigmentfärbung) werden das natürliche Narbenbild sowie Hautunregelmäßigkeiten vollständig überdeckt. Die glatten oder geprägten Oberflächen sind durch den schützenden Farbfilm weniger empfindlich als naturbelassene und leicht pigmentierte Nappaleder.

Durch besondere Färbeverfahren können Nappaleder mehrfarbige, schattierende Farbbilder zeigen, mit denen ein alter, antiker Charakter nachgeahmt werden soll. Nappaleder mit schattierendem Farbeffekt entstehen, wenn auf einem hellen Untergrund dunkle, gelöste Farbstoffe in Wolken aufgespritzt werden. Am bekanntesten sind die sog. **Nappa-Wischleder**. Sie werden mit wasserlöslichen Farben vorgefärbt und anschließend mit hellen Pigmentfarben grundiert. Mit einer dunklen Farbe bekommen sie einen Schlussauftrag, der am gepolsterten Möbelstück mit einem Lösemittel verwischt wird. Man erhält auf diese Weise Hell-Dunkel-Effekte. Durch Übersprühen mit einem farblosen Lack wird die Farbe gefestigt.

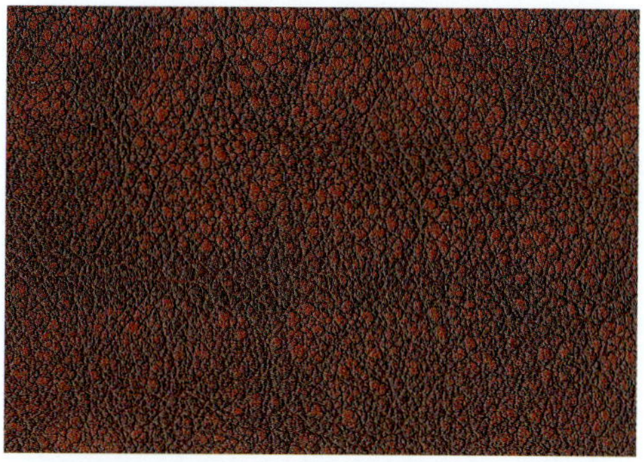

*Nappa-Wischleder mit Narbenprägung*

## 2. Rauleder (Veloursleder)

Unter dieser Bezeichnung versteht man weiche Leder mit aufgerauter Oberfläche. Im Volksmund werden diese Leder fälschlicherweise als Wildleder bezeichnet. Diese Bezeichnung darf nur für geschliffene Leder benutzt werden, die von wild lebenden Tieren (Reh, Hirsch, Elch usw.) stammen. Obwohl Rauleder meistens schmutz- und wasserabweisend ausgerüstet werden, sind sie wesentlich empfindlicher als Nappaleder. Bei Möbelledern unterscheidet man folgende Rauleder:

**Nubuk**: Es ist ein auf der Narbenseite leicht angeschliffenes Kalb- oder Rindleder mit samtartiger, weicher Oberfläche mit Schreibeffekt.

**Hunting**: Man versteht darunter auf der Fleischseite angeschliffene Rauleder, bei denen die Narbenseite die Rückseite des Leders bildet. Sie sind nicht so fein und samtig wie Nubuk.

*Nubuk mit grober Narbenprägung*

## 3. Spaltleder

Sie werden aus dem Fleischspalt der Häute hergestellt. Dabei unterscheidet man:
**Gedeckte Spaltleder:** Man versteht darunter mit Pigmentfarben zugerichtete Leder, die glatte oder mit aufgepressten Narbenbildern versehene Oberflächen besitzen.
**Spaltvelours:** Diese Leder besitzen eine aufgeraute Oberfläche.

Spaltleder dürfen nur für nicht tragende Polsterflächen eingesetzt werden.

6

### 4. Schrumpfleder

Unter dieser Bezeichnung versteht man Leder, deren Narbenschicht durch eine besondere Gerbung zum Schrumpfen gebracht wurde. Dadurch erhält der Narben eine ausgeprägte Struktur mit unregelmäßigen Falten und Rillen. Schrumpfleder werden hauptsächlich für Polstermöbel mit sichtbaren Nähten in handwerklicher Art verarbeitet.

### 5. Blankleder

Als Blankleder bezeichnet man dicke, kernige, meist vegetabil gegerbte Rindleder, die oft in ihrer hellbraunen Naturfarbe für selbsttragende Stuhl- und Sesselbespannungen verwendet werden.

## 6.2.10.4 Eigenschaften der Möbelleder

Möbelleder ist ein wertvolles Naturprodukt, das in verschiedenen Ausführungen mit unterschiedlichen Eigenschaften verarbeitet wird. Je nach Gerbung, Färbung und Zurichtung kann es weich bis fest, glänzend, matt oder samtig sein. Trotz dieser Unterschiede besitzen alle Möbelleder folgende gemeinsame Eigenschaften:

- geschmeidig,
- luftdurchlässig,
- atmungsaktiv,
- speichern Körperfeuchtigkeit,
- verhindern einen Wärmestau,
- sehr haltbar und strapazierfähig,
- passen sich den wechselnden Raumtemperaturen an und sind zu jeder Jahreszeit gleichermaßen angenehm,
- leicht zu pflegen.

Inzwischen sind durch besondere Herstellungsverfahren ausgesprochen pflegeleichte Möbelleder entwickelt worden, die gegenüber problematischen Flüssigkeiten schmutzunempfindlich sind.

## 6.2.10.5 Lederprüfung

Möbelleder wird in Häuten gehandelt, die in $m^2$ gemessen werden. In seltenen Fällen wird auch noch der englische Quadratfuß ($1f^2 = 929\ cm^2$) angewendet.
Die fertigen Lederhäute können Fehler aufweisen, wodurch ihr Wert und ihre Verwendbarkeit stark beeinträchtigt werden können. Aus diesem Grunde müssen sie vor der Verarbeitung auf sichtbare und unsichtbare Fehler untersucht werden. Während die sichtbaren Fehler meist als Flecken aus den Herstellungsgängen (Konservieren, Äschern, Gerben, Färben usw.) oder Rohhautschäden (offene und größere vernarbte Stellen, Brandzeichen usw.) durch Augenschein zu erkennen sind, kann der Raumausstatter unsichtbare Fehler nur in wenigen Fällen feststellen, da ihm chemische und mechanische Untersuchungsverfahren nicht zur Verfügung stehen. Dennoch lassen sich ohne großen Aufwand einige Prüfungen durchführen, um vor unliebsamen Folgen verschont zu bleiben.

Die Oberfläche eines Leders, in den meisten Fällen die Narbenseite, muss ein einheitliches Aussehen zeigen und frei von stumpfen oder rauen Stellen sein. Ein gleichmäßiges Farbbild wird mit Ausnahme von Ledern mit Deckfarbenzurichtung aus den bekannten Gründen nicht feststellbar sein. Dies ist kein Fehler, sondern ein Echtheitsmerkmal, ebenso wie kleinere vernarbte Hecken-, Dornen- und Striegelrisse oder Insektenstiche. Sie beeinträchtigen die Qualität und Haltbarkeit eines Leders nicht.

*Vernarbte Oberfläche eines Rindleders (7-fache Vergrößerung)*

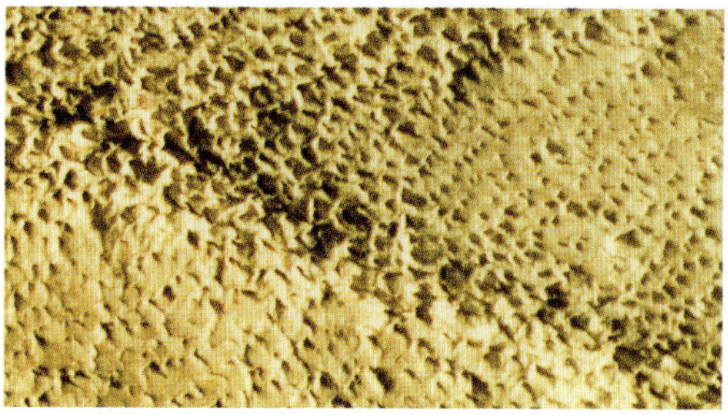

*Durch Räude (Hautkrankheit) angegriffene Oberfläche eines Rindleders (7-fache Vergrößerung)*

Leder muss gleichmäßig durchgegerbt sein. Bei einem Schnitt in Querrichtung feststellbare helle Streifen deuten auf ein nicht durchgegerbtes, dunkle Streifen auf ein zu stark gegerbtes Leder hin. Geringere Haltbarkeit und harter Griff sind die Folgen dieser Fehler. Bei einem Querschnitt ist auch die Faserstruktur des Leders zu erkennen. Je feiner und dichter sie ist, umso wertvoller ist das Leder. Durch Griffproben können Geschmeidigkeit, Festigkeit und Elastizität des Leders festgestellt werden. Eine Haut muss über eine große Fläche eine weitgehend gleiche Festigkeit, Stärke und weichen Griff besitzen. Nach außen dürfen diese Eigenschaften nur langsam abnehmen.

Die Unterseite (Fleischseite) darf keine Schnitte (Fleischerschnitte) oder Fleischteile enthalten.

Die gefärbten Leder müssen reibecht sein und dürfen bei der Benutzung des Polstermöbels nicht auf die Kleidung abfärben. Bei einer Reibprobe mit einem trocknen oder nassen Baumwollläppchen dürfen keine stärkeren Abfärbungen feststellbar sein.

Der Narben des Leders muss mit der darunterliegenden Retikularschicht fest verbunden sein. Biegt man das Leder mit der Narbenseite nach innen zusammen, so dürfen nur geringe Falten auftreten. Verschwinden sie beim Zurückbiegen nicht, liegt ein loser Narben vor. Wird das Leder mit der Narbenseite nach außen geknickt oder über einen kantigen Gegenstand gezogen, dann darf der Narben oder die aufgespritzte Deckschicht nicht brechen.

Bei einem natürlichen Narbenbild ist auch die Herkunft eines Leders feststellbar. Die folgenden Abbildungen zeigen in achtfacher Vergrößerung die unterschiedlichen Narbenbilder der verschiedenen Lederarten.

*Rindleder*

*Schafleder*

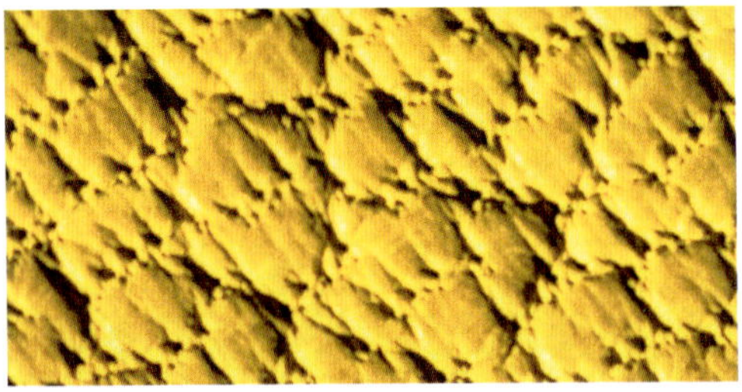

*Ziegenleder*

*Büffelleder*

*Schweinsleder*

*Rossleder*

*Narbenbilder verschiedener Lederarten*

***Aufgaben***

1. *Beschreiben Sie die flächenmäßige Aufteilung und die einzelnen Schichten einer Tierhaut.*
2. *Bei der Herstellung von Möbelleder kommen verschiedene Gerbarten zum Einsatz. Schildern Sie die Gerbarten mit ihren Gerbmitteln sowie die Erkennungsmerkmale und Eigenschaften der gegerbten Leder.*
3. *Welche Eigenschaften und Merkmale besitzt a) Anilinleder und b) Semianilinleder?*
4. *Welcher Unterschied besteht zwischen den beiden Lederarten Nubuk und Hunting?*
5. *Was versteht man unter Spaltleder? Welche Arten dieser Lederart unterscheidet man?*
6. *Welche Eigenschaften kann man allen Möbelledern zuordnen?*

## 6.2.11 Kunstleder

Als Kunstleder werden flexible Flächengebilde bezeichnet, die lederähnliche Eigenschaften und/oder lederähnliche Oberflächen besitzen.

Da Leder im Wesentlichen ein Nebenprodukt der Fleischgewinnung ist, hängt die Lederproduktion vom Angebot und der Nachfrage von Fleisch ab. Davon sind auch Menge und Preis des Leders abhängig. Um von diesen Abhängigkeiten befreit zu werden, versucht man deshalb seit Langem, ein gleichwertiges Ersatzmaterial zu schaffen, das den mengenmäßigen und preislichen Schwankungen nicht unterworfen ist. Wenn dies bis heute noch nicht gelungen ist, so liegt es an dem einzigartigen Aufbau der tierischen Haut, der künstlich nicht herzustellen ist.

Dennoch sind im Laufe der Zeit einige Kunstlederqualitäten geschaffen worden, die in verschiedenen Einsatzgebieten, z.B. Fahrzeug- und Schuhindustrie, nicht mehr wegzudenken sind. Sie werden immer dann eingesetzt, wenn Leder aus preislichen Gründen nicht verwendet werden kann oder die Eigenschaften des Leders nicht verlangt werden. Auch für Polstermöbel und für Bürostühle werden Kunstleder eingesetzt, die wie folgt unterteilt werden:

**Folienkunstleder**: Es besteht aus Weich-PVC, das in gewünschter Breite und Stärke ausgewalzt wird. In die Oberfläche wird durch gravierte Walzen ein künstlicher Narben eingeprägt. Es wird sehr selten und dann auch nur für nicht belastete Polsterflächen verwendet.

**Gewebekunstleder**: Es besteht aus einem Gewebe als Schichtträger, auf das eine Deckschicht aus Weich-PVC aufgebracht und mit ihr fest verbunden wird. Auf die Deckschicht wird später ein künstlicher Narben eingeprägt. Das Gewebe kann aus Baumwolle, Baumwolle/Polyester oder Viskose bestehen und in Leinwand- oder Köperbindung gewebt sein.

**Schaumkunstleder**: Es stellt eine Weiterentwicklung der Gewebekunstleder dar und besteht im Wesentlichen aus einer
- Maschenware oder einem Nadelvlies als Schichtträger,
- PVC-Schaumschicht und
- PVC-Deckschicht, auf die später ein künstlicher Narben eingeprägt wird.

Durch diesen Aufbau haben Schaumkunstleder einen weicheren Griff und höhere Elastizität als Gewebekunstleder. Verschiedene Qualitäten erhalten durch eine mikrofeine Perforierung eine gute Luft- und Wasserdampfdurchlässigkeit sowie durch einen PU-Finish eine leicht zu reinigende Oberfläche.

6

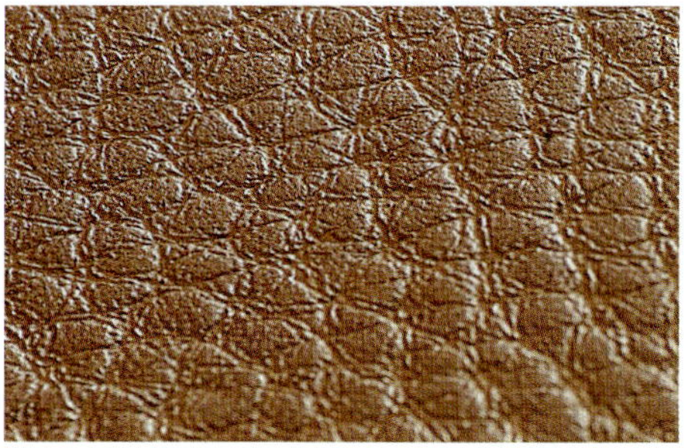

*Kunstleder mit naturgetreuem Narben*

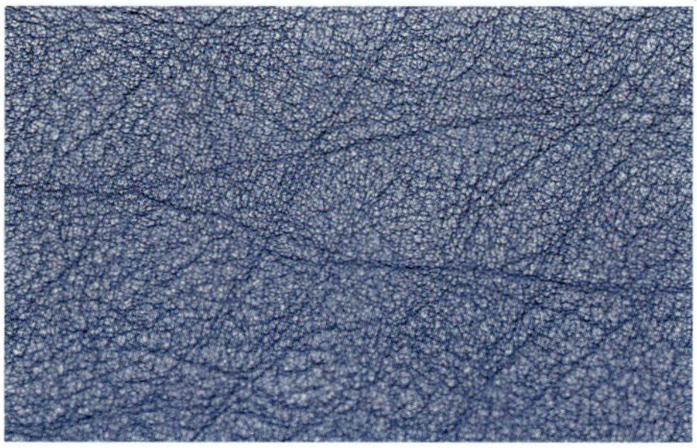

*Kunstleder mit naturgetreuem Narben*

### Vor- und Nachteile von Kunstleder gegenüber Leder:

| Vorteile | Nachteile |
|---|---|
| ▪ einheitliche und gleichmäßige Qualität mit festgelegter Breite<br>▪ keine Narbenfehler<br>▪ geringer Abfall beim Zuschneiden<br>▪ besonders pflegeleichte Deckschichten<br>▪ niedriger Preis | ▪ geringere Festigkeit<br>▪ geringere Dehnung und Elastizität<br>▪ empfindliche Deckschichten gegenüber mechanischen Einwirkungen<br>▪ keine Luftdurchlässigkeit, mit Ausnahme der Qualitäten, die eine mikrofeine Perforierung besitzen<br>▪ keine Aufnahme der Körperfeuchtigkeit<br>▪ geringere Widerstandsfähigkeit bei Dauerbelastung |

*Aufgaben*

1. *Beschreiben Sie die Kunstleder mit ihrem Aufbau, die zum Beziehen von Polstermöbeln verwendet werden.*
2. *Welche Vor- und Nachteile besitzt Kunstleder?*

### 6.2.12 Werkstoffe zum Schmücken der Polstermöbel

Um den Gesamteindruck eines Polstermöbels optisch zu verbessern, werden in den meisten Fällen sichtbare Nähte, Stoffabschlüsse und Kanten verdeckt und verziert. Dafür verwendet man Posamenten, Keder, Schabracken und Ziernägel.

#### 1. Posamenten

Posamenten sind textile Schmuckartikel, die meistens aus glänzenden Faserrohstoffen (Viskose, Polyester, Polyacryl) entweder farblich passend oder in Kontrast zu dem Möbelbezugsstoff zum Verdecken und Schmücken von sichtbaren Nähten und Kantenabschlüssen verwendet werden. Für Polstermöbel kommen folgende Posamenten zum Einsatz:

**Möbelschnur**: Sie ist ein- oder mehrfarbig und besteht aus drei oder vier glatten, z. T. auch gekrausten Biesen[1], die zu einer Schnur zusammengedreht werden. In Durchmessern bis zu 8 mm wird sie zum Abdecken von sichtbaren Nähten und Nagelreihen verwendet.

*Möbelschnur*

**Fransen**: Sie bestehen aus einem schmalen Abschlussband, oft mit einer Möbelschnur als oberen Abschluss, und herabhängenden zusammengedrehten Schnüren. In verschiedenen Ausführungen als Stängel-, Quasten- und Glockenfransen werden sie als unterer Abschluss bei Polstermöbeln eingesetzt, um Füße bzw. Rollen zu verdecken.

*Stängelfranse*

*Stängelfranse mit Quasten*

**Effilé:** Man versteht darunter eine 20–30 mm breite Borte mit Schnitt- oder Schlingenfransen. Sie wird zwischen zwei Stoffteile genäht und verdeckt so die Naht.

---

[1] *Biese = meist dickere Einlage aus billigem Material, die mit feinen Fäden dicht umwickelt ist.*

*Effilé mit Schnittfransen*

*Effilé mit Schlingenfransen*

**Marabu:** Als Marabu bezeichnet man eine 10–25 mm breite gewölbte Borte, die auf der Oberfläche kleine Schlingen oder einen Velourseffekt besitzt. Bei Sitz- und Rückenkissen wird er als Besatz zum Verdecken von Nähten aufgenäht.

*Marabu*

**Gimpenborte:** Darunter versteht man eine schmale Borte mit plastisch aufliegenden Gimpen. Als Abschlussverzierung wird sie auf den Bezugsstoff geklebt oder genagelt.

### 2. Keder

Als Keder bezeichnet man eine dünne Wulst, die zum Verdecken und Verzieren von sichtbaren Nähten sowie zur Nahtverstärkung zwischen die zu verbindenden Bezugsteile genäht wird. Keder werden aus schmalen Streifen des jeweiligen Bezugsmaterials mit einer Kedereinlage (Kederschnur, Rundschnur aus Weich-PVC) genäht.

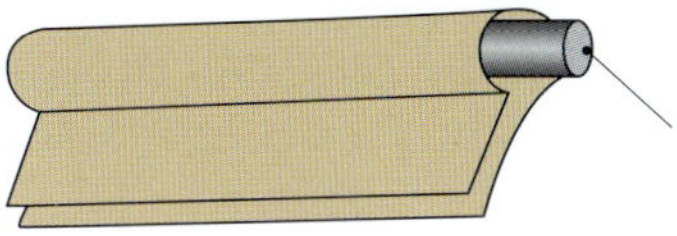

*Aufbau eines Keders*

### 3. Schabracke

Schabracke, auch manchmal fälschlicherweise als Volant bezeichnet, ist ein glatter, aus dem Bezugsmaterial genähter unterer Abschluss für Polstermöbel, der in der Regel mit entsprechenden Einlagen versteift ist. Sie hat die gleiche Funktion wie die Fransen.

### 4. Ziernägel

Ziernägel werden in verschiedenen Größen, Farben, vernickelt und vermessingt, mit glatten und fassonierten Kopfoberflächen angeboten. Sie dienen sowohl zur Befestigung als auch zur Verzierung von Abschlüssen bei Bezugsmaterialien. Um eine gute Wirkung zu erzielen, müssen sie dicht und in gleichmäßigen Abständen eingeschlagen werden.

*Verschiedene Kopfformen von Ziernägeln*

***Aufgaben***

1. *Was sind Posamenten, welche Aufgaben erfüllen sie und welche Arten kommen bei Polstermöbeln zum Einsatz?*
2. *Was ist ein Keder, wie ist er aufgebaut und wofür wird er verwendet?*

## 6.3 Kundenaufträge

### 6.3.1 Herstellen von flach gepolsterten Stuhlsitzen mit Einlegerahmen

Ihr Ausbildungsbetrieb erhält von einem Kunden den Auftrag, für sechs Esszimmerstühle flach gepolsterte Stuhlsitze mit Einlegerahmen zu polstern. Der trapezförmige Einlegerahmen, dessen Zargen 60 mm breit und 20 mm hoch sind, hat die Maße 480 mm / 390 mm x 480 mm.
Die Stuhlsitze sollen eine Schaumstoffpolsterung erhalten. Der zu verwendende Möbelstoff soll strapazierfähig und unempfindlich sein sowie farblich zu den kirschholzfarbenen Stuhlgestellen passen.

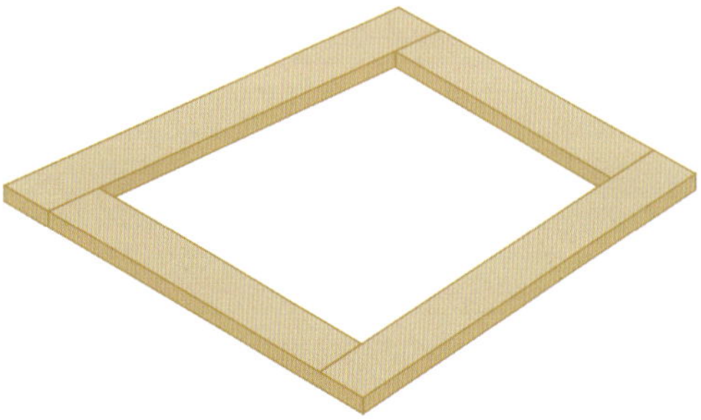

#### 1. Analyse

Machen Sie sich mit den Angaben des Auftrags vertraut und sammeln Sie Informationen, die für die Ausführung des Auftrags erforderlich sind.

#### 2. Planung

1. Erstellen Sie eine Übersicht über den Ablauf der durchzuführenden Arbeiten mit den dazugehörigen Werkzeugen, Geräten und Maschinen.
2. Wählen Sie einen geeigneten Untergrund für den Polsteraufbau.
3. Treffen Sie eine Entscheidung über die Art des Polsteraufbaus und den/die einzusetzenden Schaumstoff(e).
4. Zeichnen Sie
   a) im Maßstab von 1 : 5 den Einlegerahmen mit dem ausgewählten Untergrund,
   b) im Maßstab von 1 : 2 den Frontalschnitt durch das Flachpolster mit dem Einlegerahmen.
5. Wählen Sie aufgrund der Anforderungen einen geeigneten Möbelstoff.
6. Erstellen Sie eine Übersicht mit allen Hilfs- und Werkstoffen und ermitteln Sie
   a) den Bedarf für den gewählten Untergrund.
   b) mithilfe eines Zuschnittplans den Schaumstoffbedarf in $m^2$ und den Verschnitt in %. Schaumstoff liegt in Plattengrößen von 100 x 200 cm vor.
   c) mithilfe eines Zuschnittplans den Bedarf an Polyesterwatte, die in einer Breite von 140 cm zur Verfügung steht.
   d) mithilfe eines Zuschnittplans den Bedarf an Möbelstoff in m und den Verschnitt in %. Der Stoff steht in einer Breite von 140 cm zur Verfügung.

### 3. Fertigung

1. Schildern Sie die durchzuführenden Tätigkeiten
   a) bei der Vorbereitung des Einlegerahmens und der Anbringung des Polstergrunds,
   b) beim Aufbau der Polsterung,
   c) beim Beziehen der flach gepolsterten Stuhlsitze,
   d) bei den durchzuführenden Abschlussarbeiten.
2. Welche Maßnahmen zum Umwelt-, Gesundheits- und Unfallschutz müssen Sie bei den durchzuführenden Arbeiten beachten?

### 4. Qualitätskontrolle

Schildern Sie die Maßnahmen zur Qualitätskontrolle bei der durchgeführten Polsterarbeit.

### 5. Kundenübergabe

Welche Gebrauchseigenschaften sowie Pflege- und Reinigungshinweise können Sie dem Kunden für den gewählten Bezugsstoff nennen?

### 6. Dokumentation und Präsentation

Erstellen Sie eine Dokumentation und Präsentation Ihres Lösungsvorschlags.

## 6.3.2 Herstellen von gepolsterten Esszimmerstühlen

Ein Raumausstatterbetrieb soll vier Esszimmerstühle polstern, für die nebenstehendes Stuhlgestell verwendet werden soll. Die Stühle sollen im Sitz einen Federkorb und im Rücken als Untergrund eine Gurtung erhalten. Als Polsterung sind für die Sitze und die Rücken eine Schaumstoffpolsterung vorgesehen. Die Rückseiten der Rücken werden mit Spannteilen versehen, die fachgerecht abgedeckt werden. Die Stühle werden einschließlich der Sitzzargen und der seitlichen Rückengestelle mit einem kleingemusterten strapazierfähigen Flachgewebe bezogen.
Die Stuhlgestelle haben folgende Maße:
Breite vorn: 45 cm, Breite hinten: 40 cm, Sitzhöhe: 42 cm, Rückenlehnhöhe: 53 cm, ganze Höhe: 95 cm, Zargenhöhe: 6 cm.
Der angebrachte Federkorb steht mit einer Höhe von 3 cm über die Sitzzarge. Die fertig gepolsterte Sitzhöhe soll 49 cm betragen.

### 1. Analyse

Machen Sie sich mit den Angaben des Auftrags vertraut und sammeln Sie weitere Informationen, die für die Ausführung des Auftrags erforderlich sind.

## 2. Planung

1. Erstellen Sie eine Übersicht über den Ablauf der durchzuführenden Arbeiten mit den dazugehörigen Werkzeugen und Geräten.
2. Treffen Sie eine Entscheidung über den fachgerechten Polsteraufbau und die dafür erforderlichen Werkstoffe für den
   a) Sitz,
   b) Rücken.
3. Wählen Sie ein den Anforderungen entsprechendes Flachgewebe als Bezugsmaterial aus.
4. Legen Sie die Zuschnittmaße für den Schaumstoff fest für den
   a) Sitz,
   b) Rücken.
5. Legen Sie unter Berücksichtigung fachgerechter Zugaben für Nähte und Klammerbefestigungen die Zuschnittmaße für die Bezugsflächen fest für den
   a) Sitz,
   b) Rücken.
6. Ermitteln Sie mithilfe eines Zuschnittplans
   a) den Schaumstoffbedarf in $m^2$ und den Verschnitt in % für vier Polsterstühle. Schaumstoff liegt in Plattengrößen von 100 x 200 cm vor.
   b) den Bedarf für das Flachgewebe in m und den Verschnitt in %. Das Gewebe steht in einer Breite von 140 cm zur Verfügung.

## 3. Fertigung

1. Schildern Sie die durchzuführenden Tätigkeiten beim
   a) Vorbereiten des Stuhlgestells.
   b) Anbringen und Abdecken des Federkorbs.
   c) Aufbau der Sitzpolsterung.
   d) Anbringen und Abdecken der Gurtung für den Rücken.
   e) Aufbau der Rückenpolsterung.
   f) Anbringen und Abdecken des Rückenspannteils.
   g) Zuschneiden des Flachgewebes.
   h) Beziehen des Sitzes und des Rückens.
2. Welche Maßnahmen zum Umwelt-, Gesundheits- und Unfallschutz müssen Sie bei den durchzuführenden Arbeiten beachten?

## 4. Qualitätskontrolle

Schildern Sie die Maßnahmen zur Qualitätskontrolle der durchgeführten Polsterarbeit.

## 5. Kundenübergabe

Welche Gebrauchseigenschaften sowie Pflege- und Reinigungshinweise können Sie dem Auftraggeber für das verwendete Flachgewebe nennen?

## 6. Dokumentation und Präsentation

Erstellen Sie eine Dokumentation und Präsentation Ihres Lösungsvorschlags.

### 6.3.3 Herstellen von gepolsterten Hockern

Ein Raumausstatterbetrieb soll zur Komplettierung einer Polstergarnitur zwei Hocker mit quadratischer Sitzfläche und angedeutetem Kissen herstellen. Die Hocker sollen in moderner Polstertechnik mit einem Federkern und einer Schaumstoffpolsterung mit einer Höhe von ca. 43 cm und einer Breite/Tiefe von ca. 60 cm hergestellt werden.

Zur Verfügung stehen 12 cm hohe und 56 cm breite/tiefe Zylinderfederkerne mit acht viergängigen Zylinderfedern je Breiten-/Tiefenreihe mit einem Kopfdurchmesser von 7 cm und Hockergestelle lt. folgendem Frontalschnitt. Bezogen werden die Hocker mit dem Mikrofaser-Vliesstoff Alcantara®.
Alle Bezugsflächen werden einzeln zugeschnitten (Nähte in den Kanten).

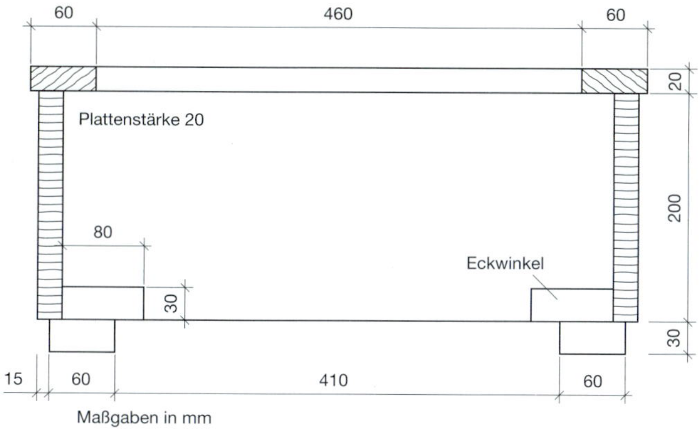


#### 1. Analyse

Machen Sie sich mit den Angaben des Auftrags vertraut und sammeln Sie weitere Informationen, die für die Ausführung des Auftrags erforderlich sind.

#### 2. Planung

1. Treffen Sie eine Entscheidung über den fachgerechten Polsteraufbau mit den einzusetzenden Werkstoffen und zeichnen Sie von Ihrem Vorschlag im Maßstab 1 : 3 mit den vorgegebenen Fertigmaßen den Frontalschnitt des Hockers (Gestell mit Polsterung).
2. Erstellen Sie eine Übersicht über den Ablauf der durchzuführenden Arbeiten mit den dazugehörigen Werkzeugen und Geräten.
3. Legen Sie unter Berücksichtigung fachgerechter Zugaben für Nähte und Klammerbefestigungen die Zuschnittmaße der einzelnen Bezugsflächen fest und ermitteln Sie mithilfe eines Zuschnittplans den Bedarf des Mikrofaser-Vliesstoffs Alcantara in m². Der Stoff steht in einer Breite von 140 cm zur Verfügung.
4. Ermitteln Sie mithilfe eines Zuschnittplans den Schaumstoffbedarf in m². Schaumstoff liegt in Plattengrößen von 100 x 200 cm vor.

6

### 3. Fertigung

1. Schildern Sie die durchzuführenden Tätigkeiten
   a) bei der Vorbereitung des Hockergestells.
   b) beim Anbringen und Abdecken des Untergrunds bzw. der Unterfederung.
   c) beim Befestigen und Schnüren des Federkerns.
   d) beim Aufbau der Polsterung.
   e) beim Abdecken der Gestellflächen.
   f) beim Zuschnitt der einzelnen Bezugsflächen und Beziehen des Hockers.
2. Welche Maßnahmen zum Umwelt-, Gesundheits- und Unfallschutz müssen Sie bei den durchzuführenden Arbeiten beachten?

### 4. Qualitätskontrolle

Schildern Sie die Maßnahmen zur Qualitätskontrolle bei der durchgeführten Polsterarbeit.

### 5. Kundenübergabe

Welche Gebrauchseigenschaften sowie Pflege- und Reinigungshinweise können Sie dem Kunden für den verwendeten Mikrofaser-Vliesstoff Alcantara nennen?

### 6. Dokumentation und Präsentation

Erstellen Sie eine Dokumentation und Präsentation Ihres Lösungsvorschlags.

## 6.3.4 Polstern eines Vollpolstersessels

Ein Raumausstattermeister soll mit nebenstehendem Sesselgestell einen Vollpolstersessel in moderner Polstertechnik mit Schaumstoff polstern. Der Sitz soll einen 15 cm hohen Bonnellfederkern erhalten, der auf einem Rahmen befestigt wird. Die Höhe bis zur Oberkante des Rahmens beträgt 25 cm. Die angestrebte Sitzhöhe soll 45 cm betragen. Der Sitz soll vorn ein bündig aufgelegtes Kissen vortäuschen, wobei die Nähte des angedeuteten Kissens mit einem Posament abgedeckt werden sollen. Als Bezugsstoff wurde ein heller gestreifter Mohair-Schattenvelours gewählt.

### 1. Analyse

Machen Sie sich mit den Angaben des Auftrags vertraut. Sammeln Sie weitere Informationen, die für die Ausführung des Auftrags erforderlich sind.

## 2. Planung

1. Erstellen Sie eine Übersicht über den Ablauf der durchzuführenden Arbeiten mit den dazugehörigen Werkzeugen, Geräten und Maschinen.
2. Treffen Sie eine Entscheidung über einen fachgerechten Polsteraufbau für
   a) den Sitz,
   b) die Rückenlehne,
   c) die Armlehnen
   und wählen Sie die dafür erforderlichen Werkstoffe aus.
3. Wählen Sie die erforderlichen Hilfsstoffe für den Aufbau der Polsterungen aus.
4. Zeichnen Sie im Maßstab 1 : 3 den Vertikalschnitt des gepolsterten Sitzes mit dem Sitzrahmen. Der Sitzrahmen hat eine Tiefe von 680 mm und eine Höhe von 20 mm. Der Bonnellfederkern hat eine Tiefe von 660 mm und eine Höhe von 150 mm. Er hat in der Tiefe elf viergängige Taillenfedern mit einem Kopfdurchmesser von 6 cm.

## 3. Fertigung

1. Schildern Sie die durchzuführenden Tätigkeiten beim
   a) Vorbereiten des Gestells.
   b) Anbringen und Abdecken des Untergrunds für den Federkern.
   c) Befestigen und Schnüren des Federkerns.
   d) Aufbau der Sitzpolsterung.
   e) Anbringen und Abdecken des Untergrunds für die Rückenlehnpolsterung.
   f) Aufbau der Rückenlehnpolsterung.
   g) Aufbau der Armlehnpolsterung.
   h) Anbringen und Abdecken der Armlehn- und Rückenspannteile.
   i) Zuschnitt der einzelnen Bezugsflächen.
   j) Beziehen des Sessels.
2. Welche Maßnahmen zum Umwelt-, Gesundheits- und Unfallschutz müssen Sie bei den durchzuführenden Arbeiten beachten?

## 4. Qualitätskontrolle

Schildern Sie die Maßnahmen zur Qualitätskontrolle bei der durchgeführten Polsterarbeit.

## 5. Kundenübergabe

Welche Gebrauchseigenschaften sowie Pflege- und Reinigungshinweise können Sie dem Kunden für den verwendeten Mohair-Schattenvelours nennen?

## 6. Dokumentation und Präsentation

Erstellen Sie eine Dokumentation und Präsentation Ihres Lösungsvorschlags.

# 7 Herstellen und Montieren von Fenster- und Raumdekorationen

## 7.1 Fertigungstechniken

Fensterdekorationen sind wichtige Gestaltungselemente der Raumausstattung, die ihre Form und ihr Aussehen durch entsprechende Zuschnitte, Faltenzugaben und Nähtechniken erhalten.

*Vollständige Fensterdekoration*

### 7.1.1 Funktionen der Fensterdekorationen

Vollständige Fensterdekorationen bestehen aus einer Gardine oder einem Store und zusätzlichen seitlichen und oberen Dekorationsabschlüssen. Sie sind ein wichtiges Element der Wohnraumgestaltung und sollen

- das Fenster dekorieren und
- ein harmonisches Ganzes mit der Inneneinrichtung bilden.

Darüber hinaus soll die dort enthaltene Gardine bzw. der Store

- den Raum vor Indiskretionen schützen,
- den Ausblick nach draußen ermöglichen,
- einen genügenden Lichteinfall ermöglichen,
- das einfallende grelle Sonnenlicht dämpfen,
- die Raumakustik verbessern.

Die dekorative Wirkung einer Fensterdekoration wird bestimmt von

- der Dekorationsart und
- Art, Musterung und Farbe des Gardinen- und Dekostoffs.

### 7.1.2 Maßermittlung und Fertigmaße der Fensterdekorationen

#### 1. Maßermittlung

Die Fertigmaße einer Fensterdekoration werden von den Fenstermaßen oder den Maßen der Fensterwand bestimmt. Welche Maße ermittelt werden müssen, hängt von der Art der Dekoration und den räumlichen Gegebenheiten ab. Zweckmäßig ist es, eine Skizze anzufertigen, in die alle für die Fertigung benötigten Maße und evtl. besondere bauliche Gegebenheiten (vorstehende Heizkörper, Vor- und Überstand der Fensterbank usw.) aufgenommen werden. Die folgende Skizze zeigt, welche Maße für Dekorationen benötigt werden können.

A = Wandbreite oder Schienenlänge bei einer Dekoration von Wand zu Wand
B = Schienenlänge
C, $C_1$ = Höhe von der Unterkante Schiene bis zum Fußboden
D, $D_1$ = Höhe von der Unterkante Schiene bis zum Fensterbrett
E = Lichte Türbreite
F = Lichte Türhöhe bzw. Höhe von der Oberkante des Fensters bis zum Fußboden
G = Lichte Fensterbreite
H = Lichte Fensterhöhe
I = Höhe von der Fensterbank bis zum Fußboden
J = Breite von der Wand bis zur Tür
K = Zwischenraum von der Tür bis zum Fenster
L = Breite von dem Fenster bis zur Wand

7

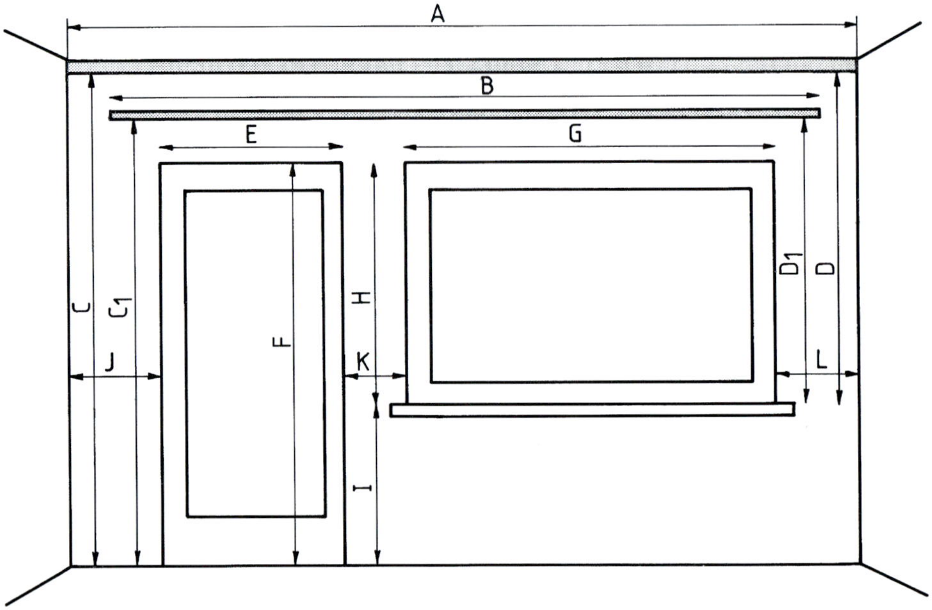


*Maße für Fensterdekorationen*

Die Maßermittlung selbst erfolgt mit Gliedermaßstäben, Stahlbandmaßen, Maßbändern und mit bis zu 5 m ausziehbaren Teleskop-Maßstäben sowie mit feingliedrigen Ketten oder mit Bleiband für die Bestimmung von Bogenverläufen.

## 2. Fertigmaße

Die Fertighöhe einer Dekoration wird von der Unterkante der Vorhangschiene bzw. -stange gemessen. Bei **bodenlangen Dekorationen** soll ein Bodenabstand von 3 cm nicht überschritten werden. **Fensterbankhohe Dekorationen** reichen bis zur Fensterbank oder einem beliebigen Maß darüber. Gardinen und Stores sollen 1–2 cm kürzer als die Dekoschals sein. Auf jeden Fall sollte die Fertighöhe bzw. der Bodenabstand mit dem Kunden vereinbart werden. Bei der Fertigung von bodenlangen oder fensterbankhohen Dekorationen beträgt die Maßtoleranz in der Höhe ± 1 cm.

Die Fertigbreite der **Stores** und **Gardinen** entspricht der lichten Fensterbreite zuzüglich 15 cm auf jeder Seite, damit ein seitlicher Einblick verhindert wird. Bei **Raffgardinen** muss die Fertigbreite jedes Raffschals festgelegt werden, da die Raffschals aneinanderstoßen oder ein bestimmtes Maß übereinander dekoriert werden können.

**Dekoschals** sollen eine Mindestbreite von ca. 25 cm besitzen. Sie können bodenlang, fensterbankhoch oder mit einer beliebigen Länge (mindestens 15 cm) auf dem Fußboden aufliegen.

Die Fertigmaße der **Scheibengardinen** werden in der Breite von den Maßen des Fensterrahmens, in der Höhe von individuellen Wünschen bestimmt.

Um die erforderlichen Maße für den Zuschnitt zu erhalten, müssen zu den festgelegten Fertigmaßen noch Zugaben für die Faltenbildung, Säume und Nähte hinzugerechnet werden.

Die **Zuschnitthöhe** setzt sich folgendermaßen zusammen:

Fertighöhe
\+ Zugaben für obere und untere Abschlüsse
\+ Nahtzugaben
Zuschnitthöhe

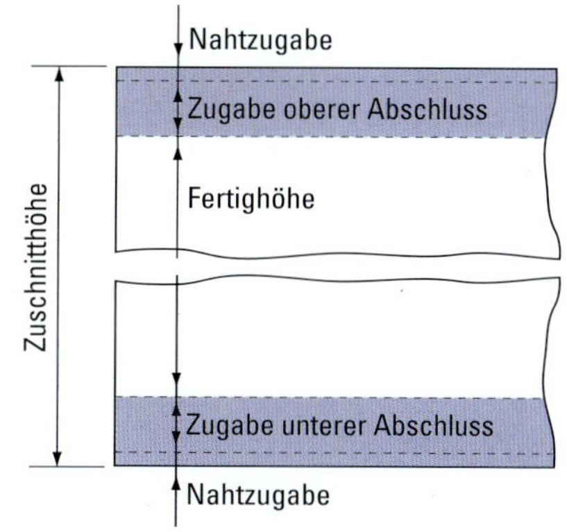

*Zusammensetzung der Zuschnitthöhe*

Bei Dekorationen mit senkrechter Raffung, z. B. Wolken-Raffrollos, kommt noch eine Zugabe für die Faltenbildung hinzu.

Die **Zuschnittbreite** setzt sich zusammen aus der Fertigbreite und einer Faltenzugabe, die je nach der Dekorations- und Stoffart 60–200 % betragen kann. Nahtzugaben für seitliche Säume werden bei diesen Faltzugaben nicht berücksichtigt.

| | |
|---|---|
| Fertigbreite | = 100 % |
| + Faltenzugabe | = 60 bis 200 % |
| Zuschnittbreite | = 160 bis 300 % |

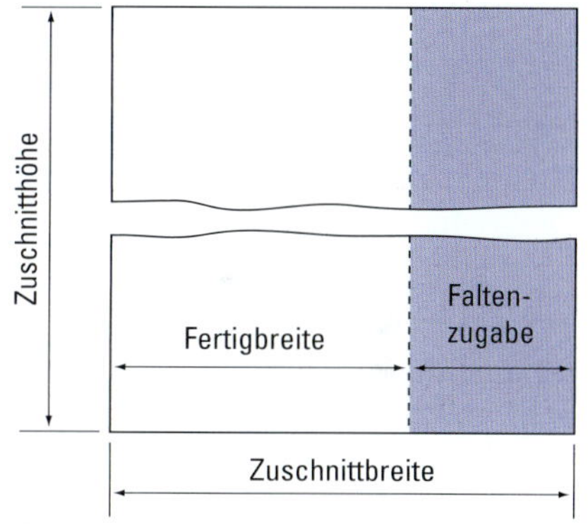

*Zusammensetzung der Zuschnittbreite*

Glatte Dekorationsteile, z. B. Faltrollos, erhalten keine Faltenzugabe. In diesen Fällen sind zu der Fertigbreite Zugaben für seitliche Säume hinzuzurechnen.

Die oberen und unteren Abschlüsse, wie Köpfchen, Säume usw., werden bei den verschiedenen Dekorationen unterschiedlich gestaltet. Auf die bei jeder Dekorationsart zum Einsatz kommenden Abschlüsse wird in den einzelnen Abschnitten besonders hingewiesen.

### 7.1.3 Faltenarten und Raffungen bei Fensterdekorationen

Ein wichtiges Merkmal jeder Dekoration ist die Art der gebildeten Falten und eine evtl. Raffung. Welche Faltenart gewählt wird, hängt von der Dekorationsart, der zur Verfügung stehenden Stoffmenge (Fertigbreite oder -höhe + Faltenzugabe) und dem persönlichen Geschmack ab. Man unterscheidet folgende Faltenarten:

#### 1. Kräuselfalten

Sie entstehen durch Aufschieben der Gardine oder des Dekoschals auf der Zugschnur eines Kräuselbands oder auf eine Gardinenstange. Durch die entstehende willkürliche Faltenbildung werden sie auch als wilde Falten bezeichnet.

Bedingt durch ihre geringe Faltentiefe sind sie bei Scheibengardinen, engen Laufabständen der Gardinenschiene, einfachen Fensterdekorationen und Abtrennungsvorhängen anzutreffen. Kräuselfalten, die mithilfe von Kräuselbändern gebildet werden, können durch eingesetzte Rollringe zu Faltengruppen zusammengefasst werden.

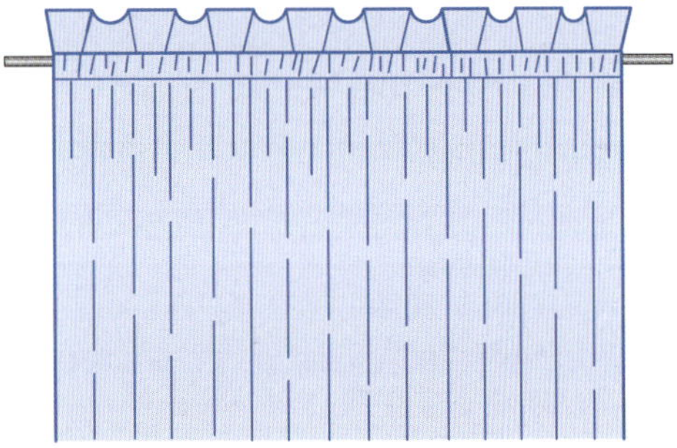

*Kräuselfalten durch Stangenaufschub*

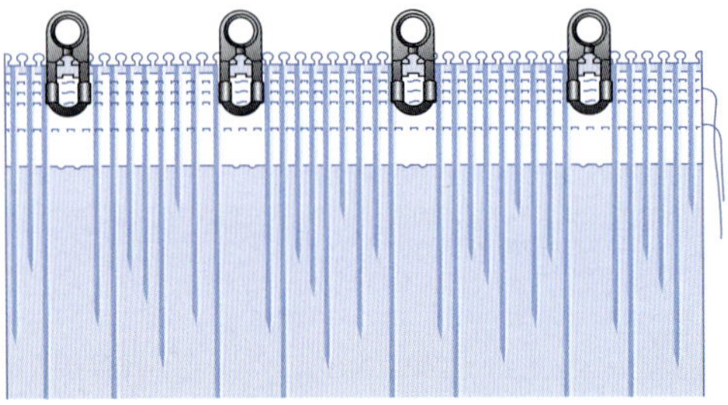

*Kräuselfalten durch Kräuselband erzielt*

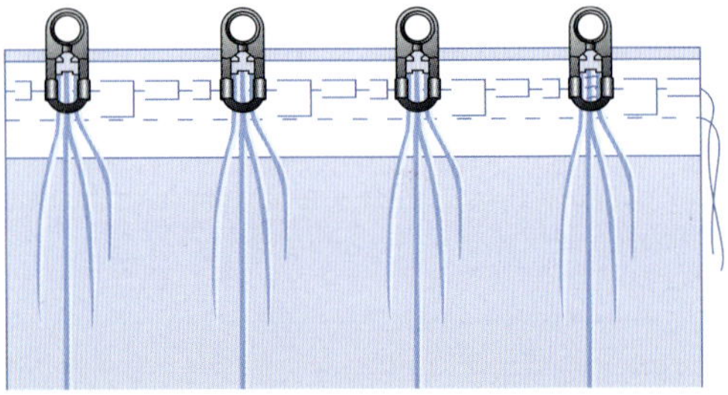

*Kräuselfalten zu Faltengruppen zusammengefasst*

## 2. Gelegte Falten

Gelegte Falten entstehen durch Faltenbänder, die auf die Rückseite der Gardine oder des Dekoschals aufgenäht werden (s. Kapitel 7.2.6.1 Faltenbänder). Je nach der Art des verwendeten Faltenbands unterscheidet man:

- **Stehfalten**, die als Einzelfalten oder in Faltengruppen (bis zu 7 Falten je Gruppe) angeordnet sind.
- **Flachfalten**: zu ihnen zählen **einfache Falten** sowie **einfache** und **doppelte Quetsch- oder Tollfalten.**
  In Längsrichtung angeordnete einfache Falten bezeichnet man als **Stufenfalten.**

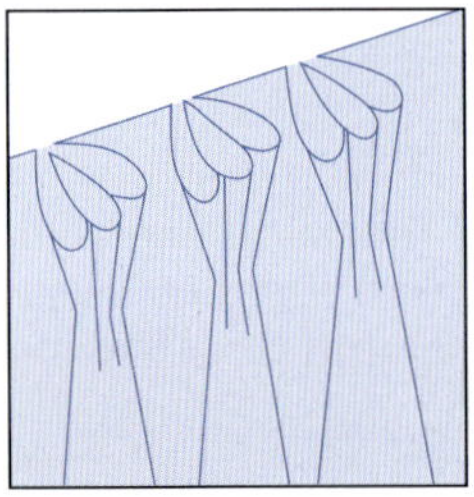

*Faltengruppe aus 3 Stehfalten*

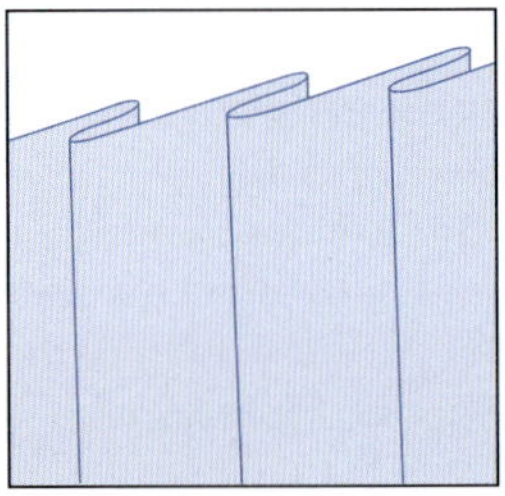

*Einfache Falten*

*Einfache Quetschfalte*

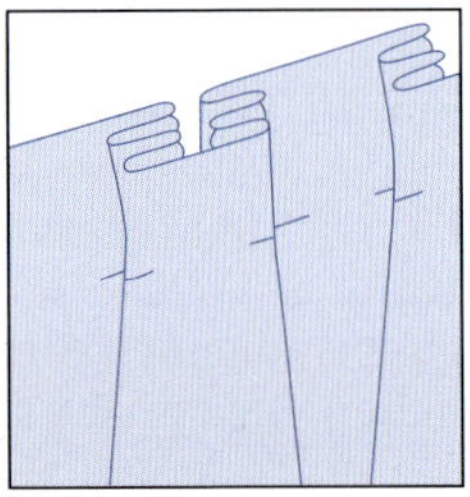

*Doppelte Quetschfalte*

### 3. Raffungen

Raffungen verleihen Gardinen sowie seitlichen und oberen Dekorationsabschlüssen eine besondere ausdrucksvolle Wirkung. Sie können in waagerechter oder senkrechter Richtung durchgeführt werden. Um bei größeren Bogendurchhängen einen einwandfreien Faltenfall zu erhalten, muss das entsprechende Dekorationsteil einen besonderen Zuschnitt erhalten. Raffungen in waagerechter Richtung werden von Raffhaltern, Raffschnüren oder Raffspangen gehalten.

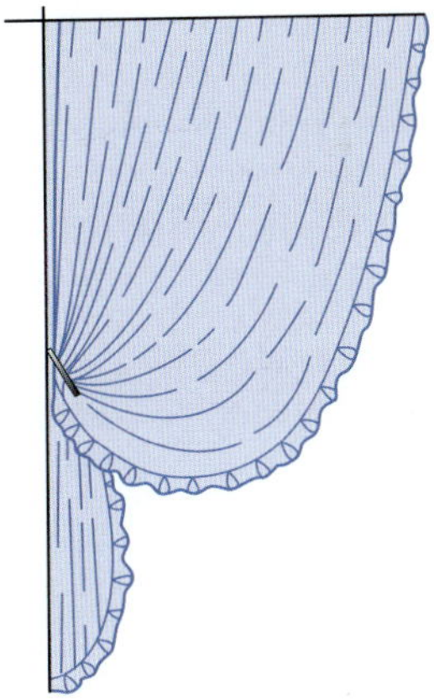

*Raffung in waagerechter Richtung*

*Raffung in senkrechter Richtung*

***Aufgaben***

1. *Welche Funktionen haben Fensterdekorationen bei der Wohnraumgestaltung und welche Faktoren bestimmen ihre dekorative Wirkung?*
2. *Welche Aufgabe soll ein Store bzw. eine Gardine in einer Fensterdekoration erfüllen?*
3. *Welche Maße müssen Sie von einer Fensterwand nehmen, wenn sich der Kunde über die Art der Fensterdekoration noch im Unklaren ist?*
4. *Welche Faltenarten unterscheidet man bei Fensterdekorationen?*

## 7.1.4 Gardinenarten

7

Bei den Fensterdekorationen unterscheidet man folgende Gardinenarten: Scheibengardinen, Stores, Bogenstores, Wolkenstores, Raffgardinen, Landhausgardinen, Kaffeehausgardinen und Rollos.

### 7.1.4.1 Scheibengardinen

Als Scheibengardinen bezeichnet man einfache Gardinen, die mit Vitragenstangen direkt auf den Fensterrahmen montiert werden. Sie werden meist für kleinere Fenster verwendet, die sie ganz oder teilweise bekleiden können. Durch Aufschieben auf die Vitragenstangen bilden sich bei den Scheibengardinen Kräuselfalten (wilde Falten). Man unterscheidet:

- **Scheibenspanngardinen**, die unter leichter Spannung oben und unten mit Vitragenstangen befestigt werden.
- **Scheibenhänger**, die nur auf einer oben angebrachten Vitragenstange aufgeschoben werden und spannungslos herunterhängen.

Beide Scheibengardinenarten können in verschiedenen Formen gefertigt werden. Der obere Abschluss einer Scheibengardine wird über dem **Stabsaum**, auch oft als **Schaube** bezeichnet, von einem einfachen oder doppelten Köpfchen oder nur von einem einfachen Umschlag gebildet. Als Köpfchen bezeichnet man bei Gardinen einen 1–3 cm breiten Ziersaum mit rüschenartigem Aussehen. Die Höhe des Stabsaums ist von der Breite der Vitragenstange abhängig.

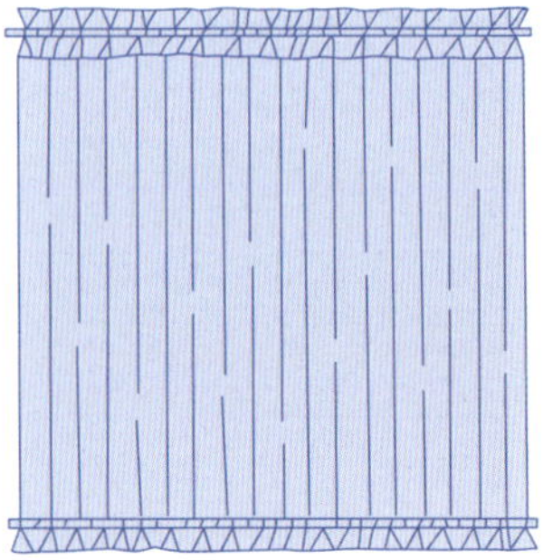

*Scheibenspanngardine*
*Oberer Abschluss: doppeltes Köpfchen*
*Unterer Abschluss: einfaches Köpfchen*

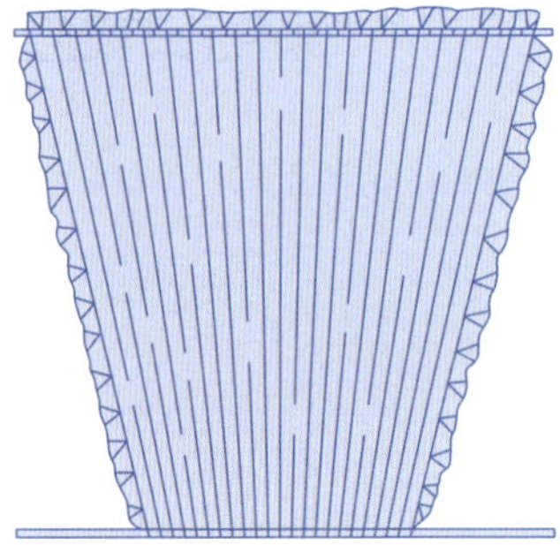

*Scheibenspanngardine unten gerafft mit seitlichem Volant*
*Oberer Abschluss: einfaches Köpfchen*
*Unterer Abschluss: einfacher Umschlag*

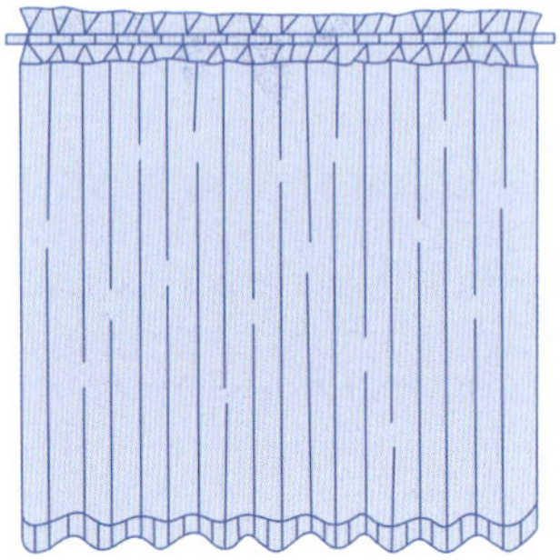

*Scheibenhänger*
*Oberer Abschluss: doppeltes Köpfchen*
*Unterer Abschluss: angenähte Borte*

Der untere Abschluss kann bei Spanngardinen in den gleichen Möglichkeiten wie beim oberen Abschluss gebildet werden. Bei Scheibenhängern kann als unterer Abschluss ein schmaler Volant (stark gekräuselter Gardinenabschluss) oder eine Borte angenäht werden.

### Zuschnitt der Scheibengardinen

Die **Fertighöhe** einer Scheibengardine reicht bei Spanngardinen von der Oberkante der oberen Vitragenstange bis zur Unterkante der unteren Vitragenstange, bei Scheibenhängern von der Oberkante der Vitragenstange bis zur Unterkante der Scheibengardine.

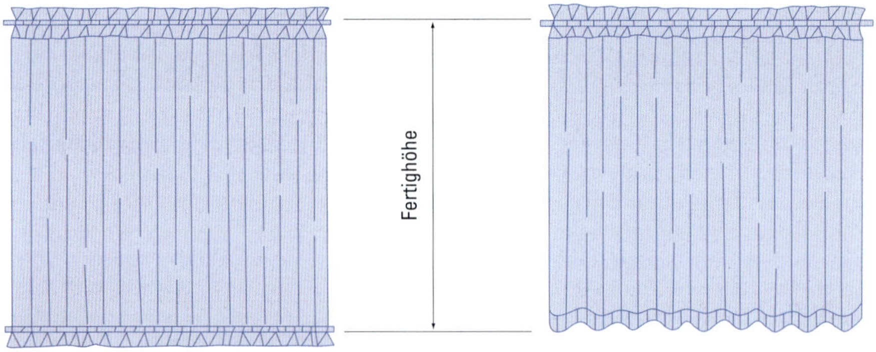


*Fertighöhen bei Scheibengardinen*

Der Zuschnitt gerader Scheibengardinen ist rechteckig. Geraffte Spanngardinen erhalten einen trapezförmigen Zuschnitt, da durch die Raffung längere Seitenkanten notwendig sind. Bei Scheibenhängern mit gebogter Abschlusskante muss die Unterkante des Zuschnitts in Bogenformen ausgeschnitten werden.

Die Zugabe in der Breite für die Faltenbildung, die durch Aufschieben der Scheibengardine auf die Vitragenstange entsteht, richtet sich nach der Dichte des Gardinenstoffs und kann zwischen 60 und 100 % betragen. Die Nahtzugabe für die seitlichen Säume (Saumnaht) wird nicht berücksichtigt. Sie ist mit der Breitenzugabe abgegolten.

Die **Zugaben** für die Zuschnitthöhe sind für die einzelnen Abschlüsse aus den folgenden Abbildungen zu entnehmen.

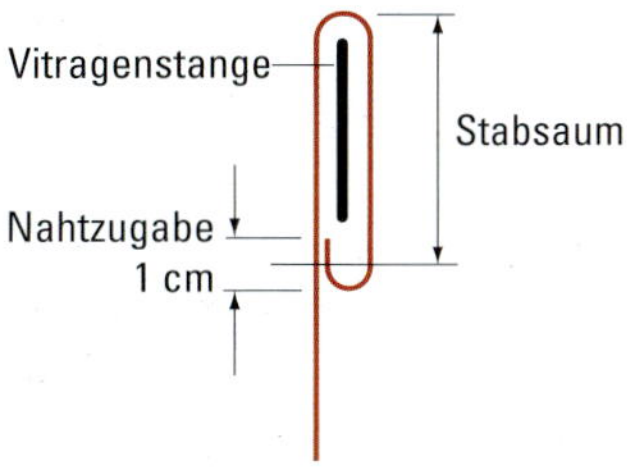


*Einfacher Umschlag*

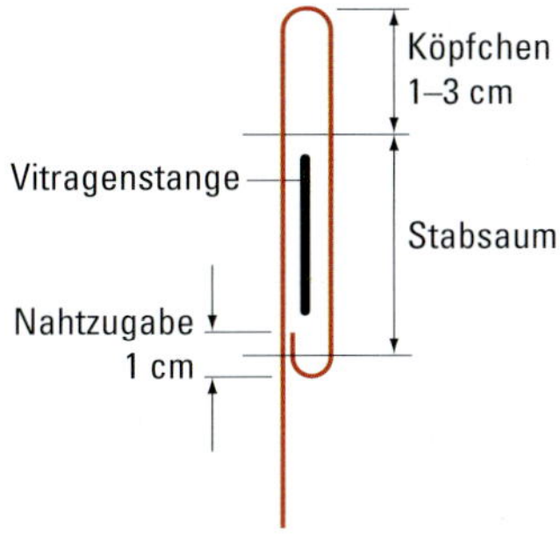


*Einfaches Köpfchen*

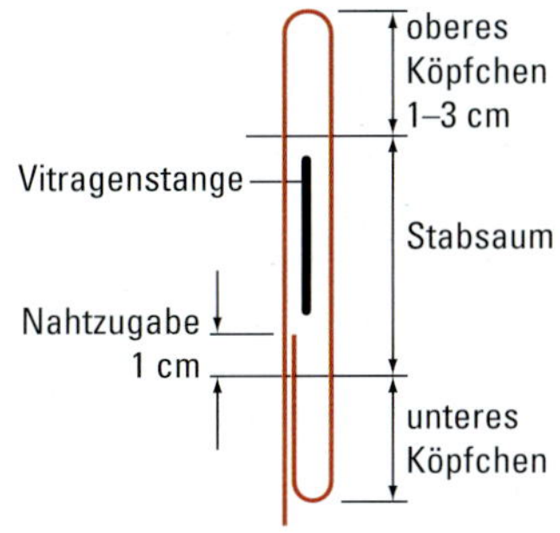


*Doppeltes Köpfchen*

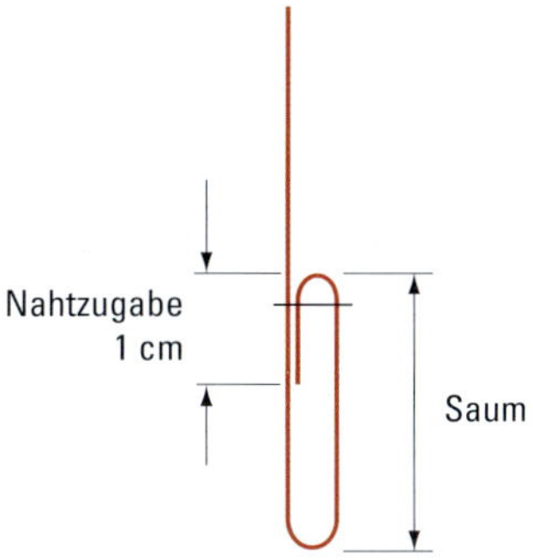


*Saumkante*

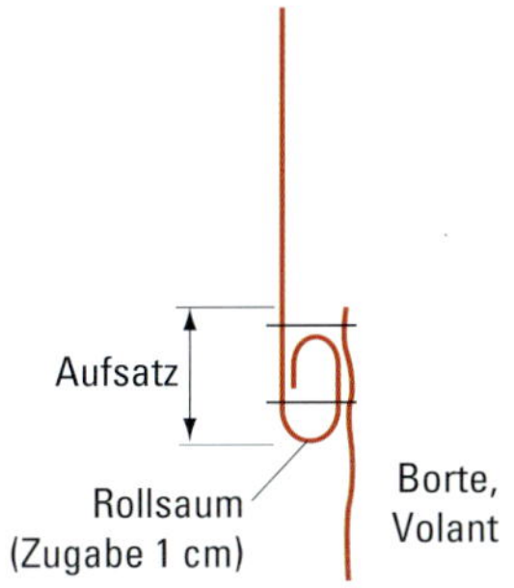


*Aufgenähte Borte/aufgenähter Volant*

*Untere Abschlüsse bei Scheibenhängern*

### 7.1.4.2 Stores

Als Store bezeichnet man eine einteilige glatt herabhängende Gardine mit vertikalen Falten. Man unterscheidet bodenlange **Langstores** und **Halbstores**, die in verschiedenen Längen bis zur Fensterbank reichen können.

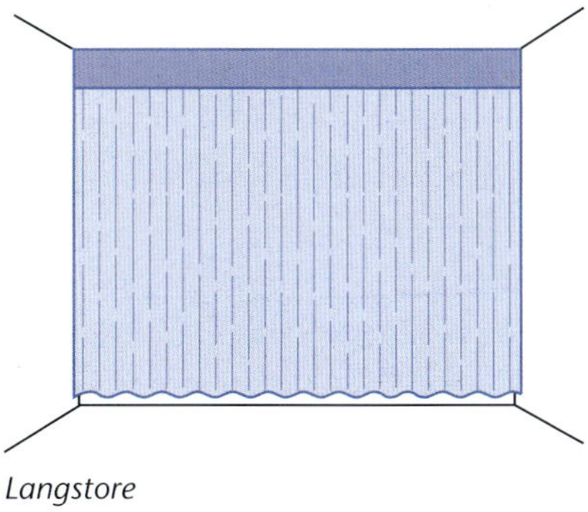

*Langstore*

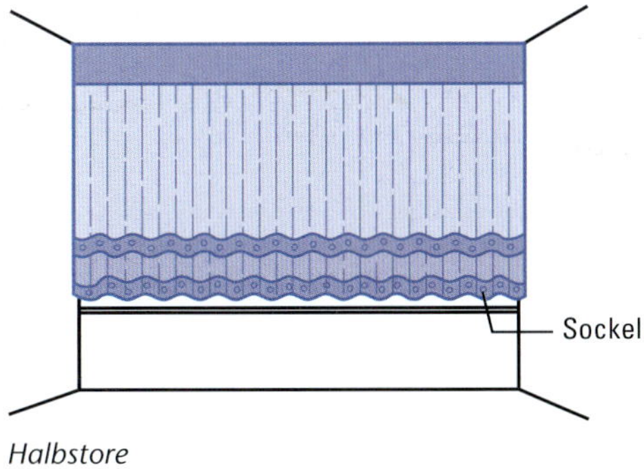


*Halbstore*

Die Faltenbildung erfolgt mit Falten- oder Kräuselbändern, die auf der Rückseite direkt oder mit einfachem Saum aufgenäht werden. Um einen exakten dauerhaften Faltensitz auch nach der Wäsche zu erhalten, können die Falten verriegelt oder abgenäht werden. Bei der Verwendung von Kräuselbändern müssen die Falten gesteckt werden.

Der obere Abschluss kann bei den Stores ein Köpfchen sein, oder das Automatik- bzw. Faltenlegeband wird mit geringem Abstand direkt unterhalb der Saumkante aufgenäht.

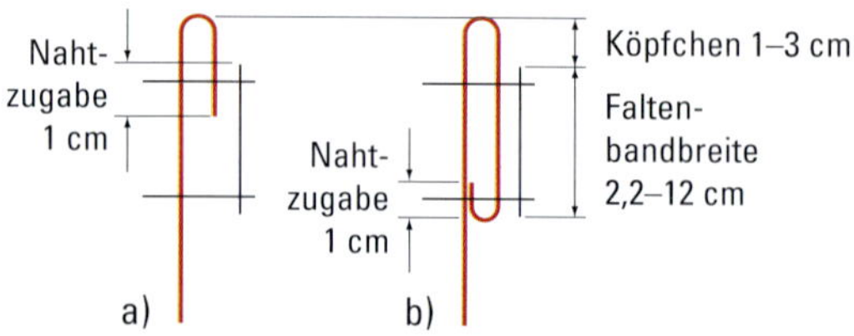


*Oberer Abschluss mit Köpfchen, Faltenband a) direkt, b) mit einfachem Saum aufgenäht*

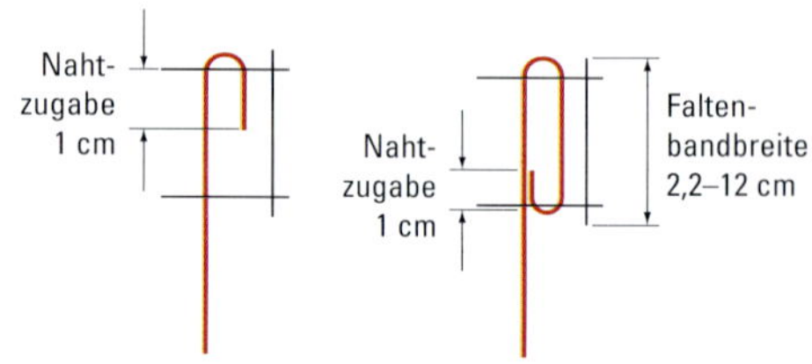


*Oberer Abschluss mit Saumkante, Faltenband a) direkt, b) mit einfachem Saum aufgenäht*

Den unteren Abschluss bildet bei den Stores ein

- **Bleibandabschluss** (das Bleiband ist entweder schon in den Gardinenstoff eingearbeitet oder wird später angenäht),
- **Sockel**, der entweder schon in dem Gardinenstoff eingearbeitet ist oder angenäht wird,
- angenähter **Volant**,
- angenähter **Fransenabschluss**,
- einfacher oder doppelter **Saum**. Die Saumhöhe ist von der Höhe der Dekoration abhängig und kann zwischen 10 und 20 cm betragen.

Bei angenähten Volants, Sockeln oder Fransen muss für den guten Faltenfall im Nahtverlauf der Unterkante ein Bleiband eingenäht werden.

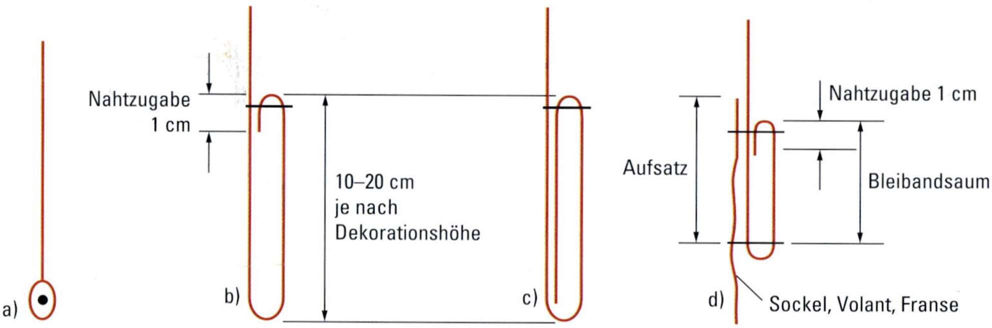


*a) Bleibandabschluss, b) einfacher Saum, c) doppelter Saum, d) angenähter Sockel, Volant, Franse*

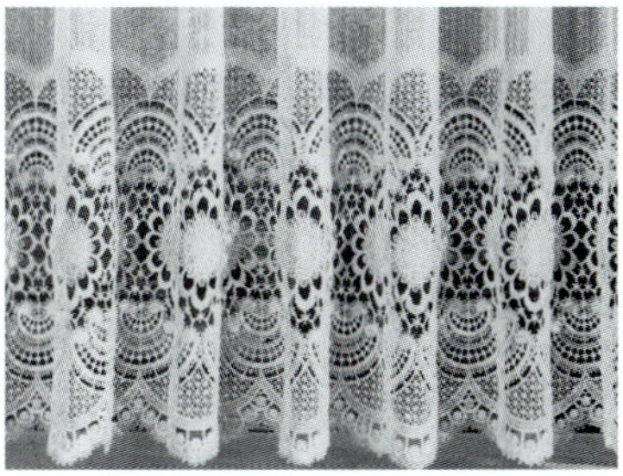

*Macramé-Sockel*

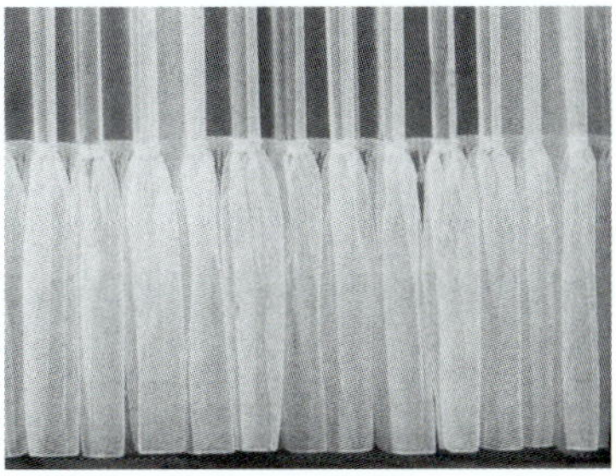

*Volant*

**Zuschnitt des Stores**

Stores haben einen unproblematischen rechteckigen Zuschnitt. Die Fertighöhe reicht von der Oberkante des Köpfchens oder der Saumkante bis zur Unterkante des unteren Abschlusses. Der Zuschnitt muss in der Höhe die Zuschläge für die oberen und unteren Abschlüsse und in der Breite für die Faltenbildung enthalten. Die Zuschläge für die oberen und unteren Abschlüsse sind aus den vorangegangenen Abbildungen zu entnehmen.

Bei der Bestimmung der **Fertigbreite** geht man von der lichten Fensterbreite aus, wobei zur Verhinderung des seitlichen Einblicks an jeder Seite ca. 15 cm hinzugegeben werden. Gardinenschienen bzw. -stangen sind mit entsprechender Breite zu montieren.

Das Maß für die **Faltenzugabe** richtet sich nach der Dichte und Schwere des jeweiligen Gardinenstoffs. Als Erfahrungssätze gelten folgende Zuschläge, die jedoch entsprechend der Stoffart abgeändert werden können:

- Feingardinen ca. 200 %
- Strukturgardinen ca. 150–170 %
- Gardinen-Inbetweens ca. 120 %

Die Breitenzugabe schließt den Stoffbedarf für die Seitensäume ein.

Bei den Automatik-Faltenbändern ist das Maß für die Faltenzugabe fest eingearbeitet. Um Stores und auch andere Gardinenformen in den erforderlichen großen Zuschnittbreiten, 12 m sind keine Seltenheit, ohne störende Längsnähte fertigen zu können, werden die Gardinenstoffe um 90° gedreht, sodass die Gardinenstoffbreite der Höhe der Gardine am Fenster entspricht.

7

### 7.1.4.3 Bogenstores

Bogenstores sind im Prinzip Halbstores, deren Unterkanten in verschiedenen Bogenformen ausgeschnitten sind. Von wenigen Ausführungen abgesehen, reichen ihre Unterkanten nicht ganz bis zur Fensterbank, sodass der untere Teil des Fensters nicht bekleidet ist und einen freien Blick nach draußen gestattet. Deshalb eignet sich diese Gardinenart für zu Gärten hin gerichtete Fenster und für Blumenfenster.

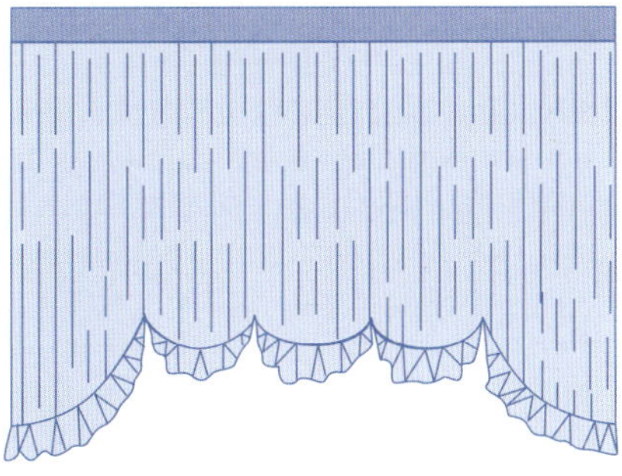

*Bogenstore mit Volant*

In Bezug auf die Maßermittlung des Zuschnitts und die oberen Abschlüsse gilt das Gleiche wie bei den Stores. Als untere Abschlüsse können Volants, Macramé-Sockel oder Fransen angenäht werden.

**Zuschnitt des Bogenstores**

Für den Zuschnitt wird zunächst eine maßstabgerechte Zeichnung erstellt. In diese Zeichnung werden folgende Maße aufgenommen:

- Höhe der Anschnittpunkte der Bögen, gemessen von der Unterkante der Vorhangschiene (A),
- Höhe der Scheitelpunkte der Bögen, gemessen von der Unterkante der Vorhangschiene (B),
- Abstände der Bogenanschnittpunkte (C),
- Abstände der Anschnittbögen von der Außenkante der Gardine (D).

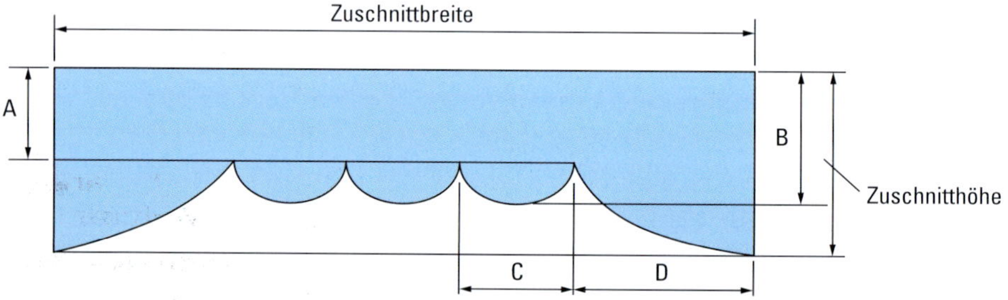


*Zuschnitt eines Bogenstores (durch die Faltenzugabe fallen die Bögen jedoch flacher aus)*

Sind Zuschnittbreite und äußere Zuschnitthöhe festgelegt, wird der Gardinenzuschnitt mit den Außenkanten nach innen zusammengelegt. Man erhält dadurch einen symmetrischen Zuschnitt. Dann überträgt man unter Berücksichtigung der erforderlichen Stoffzugabe für die Faltenbildung die Punkte A-D sowie für den Bogenverlauf weitere Höhenmaße. Nach dem Auslegen der Bögen mit einer Kette bzw. einer Schablone können sie aufgezeichnet und anschließend ausgeschnitten werden.

## 7.1.4.4 Wolkenstores

Als Wolkenstore bezeichnet man eine einteilige Gardine, deren Fläche in längs laufenden Wolken mit in Bogen durchhängenden Falten unterteilt ist.

Diese Gardinenart vermittelt eine besondere repräsentative Wohnatmosphäre und wird insbesondere bei Stildekorationen eingesetzt. Sie kann bodenlang oder halblang für Blumenfenster gefertigt werden. Die Breite der Wolken muss in einem richtigen Verhältnis zur Fensterbreite stehen und sollte zwischen 30 und 40 cm betragen. Im Gegensatz zu den anderen Gardinenarten erfolgt hier die Zugabe für die Faltenbildung in der Längs- und Querrichtung. In der Längsrichtung beträgt sie je nach Dichte des Gardinenstoffs und der gewünschten

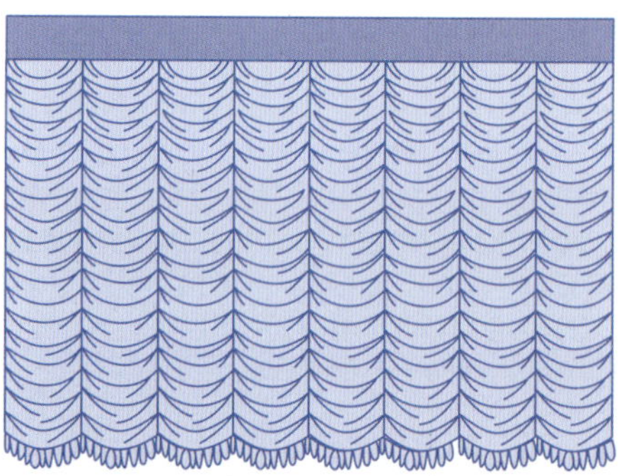

*Wolkenstore mit Volant*

Stofffülle der Wolken zwischen 100 und 200 %. Die Breitenzugabe richtet sich nach dem gewünschten Bogendurchhang und beträgt zwischen 25 und 50 % der Wolkenbreite.

**Zuschnitt der Wolkenstores**
Voraussetzung für den exakten Fall eines Wolkenstores ist der richtige Zuschnitt. Der Bogendurchhang der Falten wird schnitttechnisch durch **keilförmige Ausschnitte** (K), die oben an jeder Seite einer Wolke vorgenommen werden, und die Breitenzugabe erzielt. Die Tiefe der Ausschnitte beträgt 30–70 cm. Für die in diesem Bereich durchzuführende Naht muss an jeder Seite eine Nahtzugabe von 1 cm berücksichtigt werden. Unten erhalten alle Wolken einen Bogenschnitt von 2–3 cm.

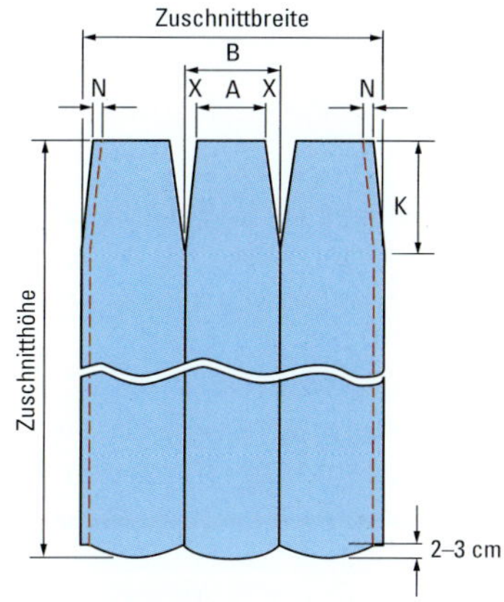


*Zuschnitt eines Wolkenstores aus einem Stoffteil*

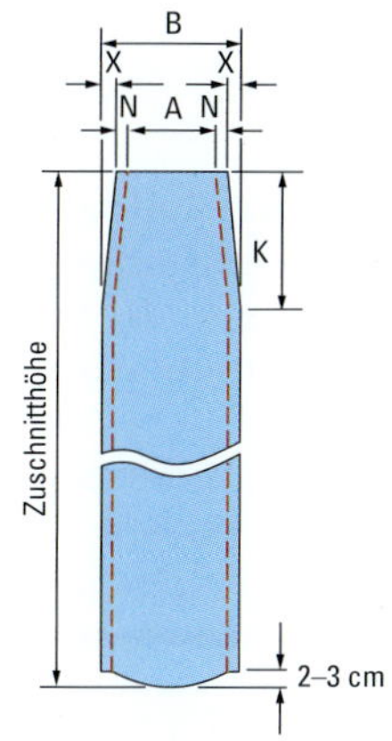


*Zuschnitt einer einzelnen Wolke*

Die Fertighöhe der Wolkenstores wird wie bei den Stores von der Oberkante des oberen Abschlusses bis zur Unterkante des unteren Abschlusses ermittelt. Als oberen Abschluss erhalten sie eine glatte Saumkante mit einem darunter angenähten Faltenband. Als unteren Abschluss besitzen sie meist einen Volant, seltener einen Sockel oder eine Franse. Die Fertigbreite der Wolkenstores wird wie bei den Stores ermittelt. An den Außenkanten erhalten sie ein Köpfchen, für das eine entsprechende Zugabe einschließlich des Saums erforderlich ist.

Wolkenstores können aus einem Stoffteil oder aus einzeln zugeschnittenen Wolken gefertigt werden. Im Prinzip ist der Zuschnitt in beiden Fällen gleich.

Bei der Fertigung aus einem Stoffteil werden die Zuschnittbreiten der einzelnen Wolken auf dem Gardinenstoff markiert. Entlang dieser Markierung werden die Kräuselbänder aufgenäht, mit denen die Wolkenstores auf die gewünschte Höhe eingekräuselt werden.

Wird jede Wolke einzeln zugeschnitten, so muss zu den ermittelten Zuschnittmaßen an jeder Seite der Wolke eine Nahtzugabe hinzugerechnet werden. Die einzelnen Wolken werden an den Seiten mit einer Faltenlegeeinrichtung der Nähmaschine in Falten gelegt (gekräuselt) und durch eine Maschinennaht mit einem ca. 4 cm breiten unterlegten Gardinenstoffstreifen verbunden.

### 7.1.4.5 Raffgardinen

Als Raffgardine bezeichnet man eine aus zwei Schals bestehende Gardine, die durch Raffen einen in Bogen durchhängenden Faltenfall erhält. Durch ihre geschwungene Form vermittelt sie einen harmonischen und eleganten Gesamteindruck sowie eine anspruchsvolle Wohnatmosphäre. Raffgardinen werden für zeitlose und stilbetonte Fensterdekorationen eingesetzt. Die Gestaltungsmöglichkeiten sind bei dieser Gardinenart sehr groß. Man unterscheidet einfache, doppelte und dreifache Raffgardinen, deren Raffschals voreinander oder beliebig weit übereinander dekoriert werden können, sowie Englische Raffgardinen. Je nach Dekorationsart kann auch nur ein Raffschal dekoriert werden.

Die Innenkanten der Schals können mit einem schmalen Volant, einer Borte oder einer Franse abgeschlossen werden. Die Faltenbildung und die oberen Abschlüsse entsprechen denen der Stores.

**Einfache Raffgardinen**
Bei einer einfachen Raffgardine verlaufen die in Bogen durchhängenden Falten von der Oberkante der Gardine zu einem im unteren Bereich festgelegten seitlichen Raffpunkt. Die Raffung wird durch Raffhalter, Raffschnüre oder Raffspangen gehalten.

**Zuschnitt der einfachen Raffgardinen**
Sollen die Raffschals übereinander dekoriert werden, so ist vorher der Schnittpunkt festzulegen, an dem sich die beiden Raffschals überschneiden. Die Lage dieses Punkts ist entscheidend für den Ausblick ins Freie. Er soll höher liegen als der seitliche Raffpunkt. Für die Ermittlung des Zuschnitts wird zunächst eine Zeichnung im Maßstab 1:5 oder 1:10 angefertigt, in die die Fenstermaße, die Lage der Vorhangschiene und der Fensterbank sowie die Mittelachse des Fensters aufgenommen werden.

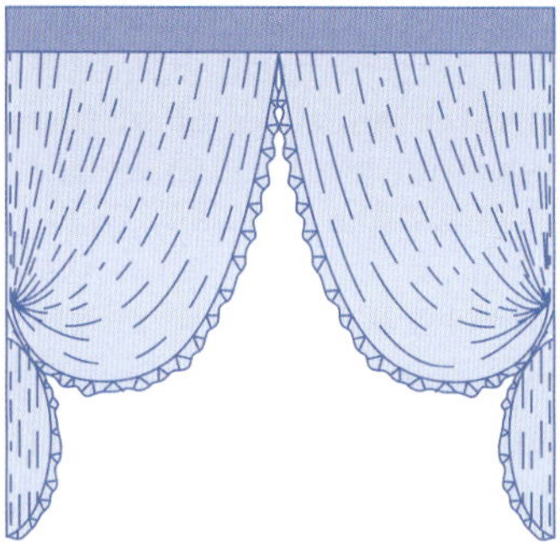

*Einfache Raffgardine*

Auf der an der Wand befestigten Zeichnung wird mit einer feingliederigen Kette oder einem Bleiband der Bogenverlauf des Raffschals bestimmt. An der Vorhangschiene wird der Punkt C festgelegt, von dem aus die Kette unter Berücksichtigung des Schnittpunkts S zum seitlichen Raffpunkt R und von dort ca. 10 cm nach unten zum Punkt D geführt wird.

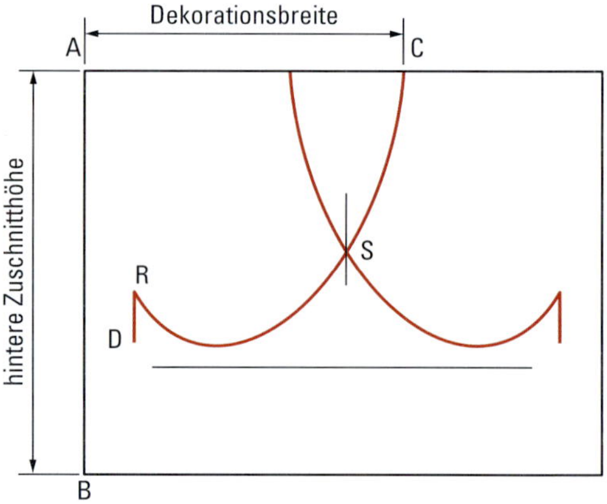


*Maßermittlung für den Zuschnitt einer einfachen Raffgardine*

Durch die Weiterführung zum Punkt D erhält der Raffschal vom Raffpunkt aus einen stufigen Fall nach unten. Will man unten einen geraden Abschluss, muss der Punkt D weiter nach unten verlegt werden, sofern es die Breite des Gardinenstoffs zulässt. Die gebogt ausgelegte Kette ergibt unter Berücksichtigung des Maßstabs die **vordere Zuschnitthöhe** zuzüglich der Zugaben für den oberen und unteren Abschluss.

Die Breite des anzunähenden Abschlusses an der Innenkante des Raffschals wird durch Verschieben des Kettenverlaufs berücksichtigt.

Die **hintere Zuschnitthöhe** A-B ergibt sich aus dem Abstand von der Unterkante der Vorhangschiene bis zum Fußboden abzüglich 5 cm Bodenfreiheit zuzüglich der Zugaben für obere und untere Abschlüsse.

Nach dem Vorliegen der Zuschnittmaße werden die Stoffbahnen der beiden Raffschals mit ihren rechten Seiten aufeinandergelegt, wodurch beide Schals in einem Arbeitsgang geschnitten werden können. Nachdem die Zuschnittbreite sowie die hintere und vordere Zuschnitthöhe auf den Gardinenstoff übertragen wurden, wird der Zuschnitt wie folgt ermittelt:

- Festlegen des Anschnittpunkts E für den Bogenschnitt an der Vorkante des Raffschals, der um 10 % der Zuschnittbreite von der Vorderkante eingerückt markiert wird (Strecke Z).
- Vom Anschnittpunkt E den Bogenverlauf an der Vorderkante bis zum Punkt F, der 75 % der Zuschnitthöhe von der Unterkante entfernt liegt (Strecke Y), mit einer Kette auslegen und markieren.

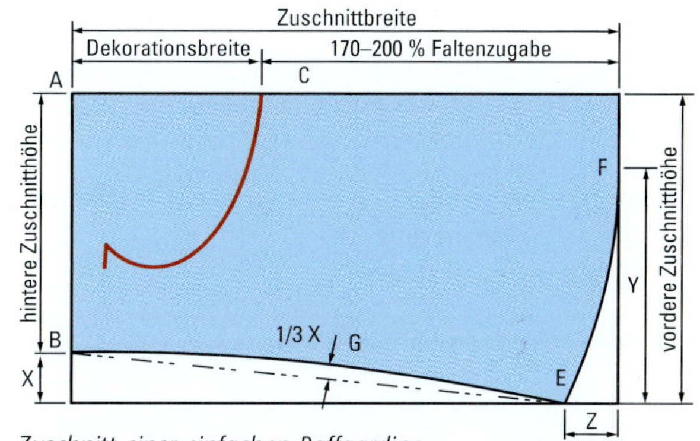

*Zuschnitt einer einfachen Raffgardine*

- Den Punkt B der hinteren Zuschnitthöhe und den Punkt E des Anschnittbogens durch eine Hilfslinie verbinden. Den Punkt G markieren, der im Abstand von 1/3 der Strecke X über der Mitte der Hilfslinie liegt. Die Punkte B und E über den Punkt G mit einem leichten Innenbogen verbinden.

Abweichend von dem dargestellten Zuschnitt gibt es in der Praxis zur Erzielung bestimmter Bogenformen verschiedene Varianten. So können/kann z. B.

- die Anschnittpunkte E und F (Strecken Z und Y) leicht verändert werden,
- der Anschnittpunkt E rund geschnitten werden,
- der äußere Teil der Unterkante B-E etwa 1/3 der Zuschnittbreite gerade geschnitten werden, man erhält dadurch einen gleichmäßigen Faltenfall unterhalb des Raffhalters,
- die Unterkante gerade geschnitten werden, wobei der Anschnittpunkt E auf der Höhe der hinteren Zuschnitthöhe B liegt.

Bei der Bestimmung der **Zuschnittbreite** geht man von der Dekorationsbreite A-C eines Raffschals aus, wobei beachtet werden muss, dass die Raffschals zur Verhinderung des seitlichen Einblicks an jeder Fensterseite ca. 15 cm über die lichte Fensterbreite hinausreichen müssen. Von der Dekorationsbreite wird die Breite des Volants abgezogen und je nach Dichte des Gardinenstoffs eine Faltenzugabe von 170–200 % hinzugerechnet.

**Zuschnitt der doppelten Raffgardinen**

Beim Zuschnitt sind einige Besonderheiten zu beachten, um beim Anschnittbogen einen natürlichen Faltenfall zu erzielen.

Man fertigt wie bei einer einfachen Raffgardine zunächst eine Zeichnung im Maßstab 1:5 oder 1:10 an, in der zuerst die hintere Zuschnitthöhe A-B und der Punkt C auf der Vorhangschiene markiert wird, von dem der äußere Teil zum unteren Raffpunkt R1 und von dort ca. 10 cm nach unten zu Punkt D verläuft. Anschließend wird auf der Vorhangschiene der Punkt H festgelegt, von dem aus der Verlauf des Anschnittbogens bis zum äußeren Teil und Raffpunkt R2 bestimmt wird. Dann wird die Oberkante des Anschnittbogens gedrittelt (Markierungen 1–3) und von jeder Markierung mit einer Kette der Verlauf der Falten bis zum Raffpunkt R2 festgelegt.

Unter Berücksichtigung des Maßstabs wird die hintere Zuschnitthöhe sowie die Zuschnittbreite des äußeren Teils und des Anschnittbogens auf die mit den rechten Seiten nach innen zusammengelegten Stoffbahnen der beiden Raffschals übertragen.

Der Zuschnitt des äußeren Teils entspricht dem einer einfachen Raffgardine mit gerader Unterkante, wobei das ausgelegte Kettmaß C-D die vordere Zuschnitthöhe ergibt. Er soll an dieser Stelle nicht noch einmal erläutert werden.

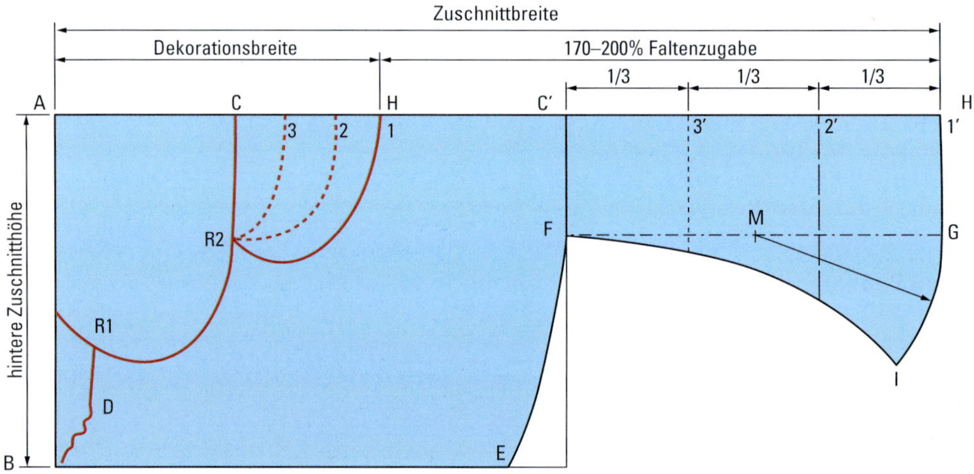


*Zuschnitt einer doppelten Raffgardine*

Der Zuschnitt des Abschnittbogens wird wie folgt ermittelt:

- Von den Punkten C´ und H´ Senkrechten nach unten ziehen und darauf den Raffpunkt R2 (Rosettenhöhe) mit den Punkten F und G festlegen.
- Die Punkte F und G durch eine Hilfslinie verbinden und vom Mittelpunkt aus über G einen Kreisbogen nach unten schlagen.
- Man erhält den Bogenverlauf des Anschnittbogens, wenn das Kettmaß 1 auf der Geraden H´-G und dem Kreisbogen abgetragen wird. Das Ende des Kettmaßes ergibt den Punkt I.
- Die Zuschnittbreite des Anschnittbogens dritteln und von den Markierungen aus die Kettmaße 2 und 3 nach unten übertragen.
- Die Punkte F und I über die Endpunkte der Kettmaße 2´ und 3´ mit einer leichten Rundung verbinden, wobei die ersten 10 cm am Punkt F gerade verlaufen.

Abweichend von der dargestellten Zuschnittermittlung kann der Anschnittbogen auch in der Weise konstruiert werden, wie dies bei dem Zuschnitt eines Doppelmittelbogens aufgezeigt wird (s. Seite 220).

**Dreifache Raffgardinen** bestehen aus einem äußeren Teil und zwei Anschnittbögen. Der Zuschnitt für den zweiten Anschnittbogen wird in der gleichen Weise wie beim ersten durchgeführt.

### Englische Raffgardinen

Englische Raffgardinen, die auch oft als Amerikanische Raffgardinen bezeichnet werden, bestehen aus zwei bis zur Fensterbank oder kurz darunter reichenden Schals mit in Bogen durchhängenden Falten, die von der Oberkante zu der auf eine festgelegte Fertighöhe eingekräuselten Außenkante verlaufen. Im Gegensatz zu den anderen Raffgardinenarten unterscheiden sie sich durch eine andere Faltenführung und durch das Fehlen des bis zum Fußboden reichenden unteren Teils des Raffschals.

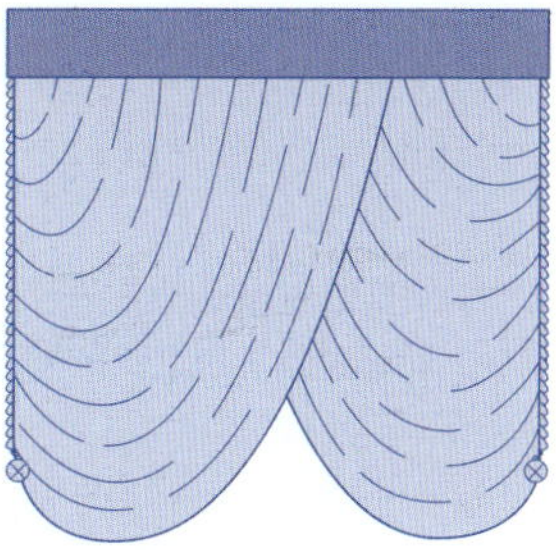

*Englische Raffgardine*

### Zuschnitt der Englischen Raffgardinen

Die Zuschnittermittlung erfolgt in der gleichen Weise wie bei den anderen Raffgardinenarten, also mit dem Anfertigen einer Zeichnung und dem Aushängen des Bogenverlaufs. Zu der festgelegten Dekorationsbreite (Strecke A-C) erfolgt eine Zugabe von 170–200 % für die Faltenbildung. Das ausgelegte Kettmaß C-B ergibt unter Berücksichtigung des Maßstabs die vordere Zuschnitthöhe. Die hintere Zuschnitthöhe ergibt sich aus dem Zuschnitt.

Nachdem die Zuschnittbreite und die vordere Zuschnitthöhe auf den mit den rechten Seiten nach innen zusammengelegten Stoffbahnen übertragen wurden, erfolgt der Zuschnitt.

- Festlegen des Anschnittpunkts D für den Bogenverlauf an der Vorderkante, der um 20–25 % der Zuschnittbreite eingerückt markiert wird (Strecke X).
- Vom Anschnittpunkt D den Bogenverlauf an der Vorderkante bis zum Punkt E, der 2/3 der Zuschnitthöhe von der Unterkante entfernt liegt (Strecke Y), mit einer Kette auslegen und markieren.
- Vom Punkt A eine ca. 10–20 cm lange Senkrechte mit dem Endpunkt F nach unten ziehen.
- Die Punkte D und F durch eine Hilfslinie verbinden und die Strecke im Verhältnis 2 : 1 unterteilen.
- An der Teilungsstelle im Abstand von 1/3 der Strecke A-F den Punkt G markieren.
- Die Punkte F und G durch eine Gerade verbinden, zwischen den Punkten G und D mit einer Kette einen leichten Bogen auslegen und markieren.

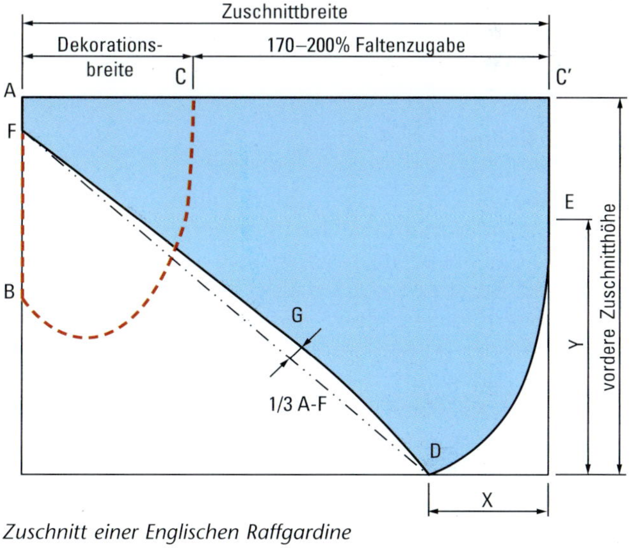


*Zuschnitt einer Englischen Raffgardine*

Abweichend von dem dargestellten Zuschnitt gibt es auch die Möglichkeit, die Punkte D und F nur durch eine Gerade zu verbinden, sodass der Hohlschnitt an dieser Seite entfällt.

### 7.1.4.6 Landhausgardinen

Unter dieser Bezeichnung versteht man Gardinen in verschiedenen Dekorationsformen für kleine Fenster, die mit Stangen direkt am Fensterrahmen montiert werden. Als Dekorationsformen kommen hauptsächlich zwei gerade geschnittene Gardinenschals infrage, die zur Seite gerafft werden, oder eine glatt herabhängende Gardine mit vertikalen Falten, deren Unterkante in der Art eines Bogenstores ausgeschnitten ist. Die Faltenbildung erfolgt entweder durch Faltenbänder oder durch das Zusammenfassen der Stangen- bzw. Ringöffnungen. Für Landhausgardinen verwendet man überwiegend Gardinenstoffe mit mittleren und gröberen Strukturen.

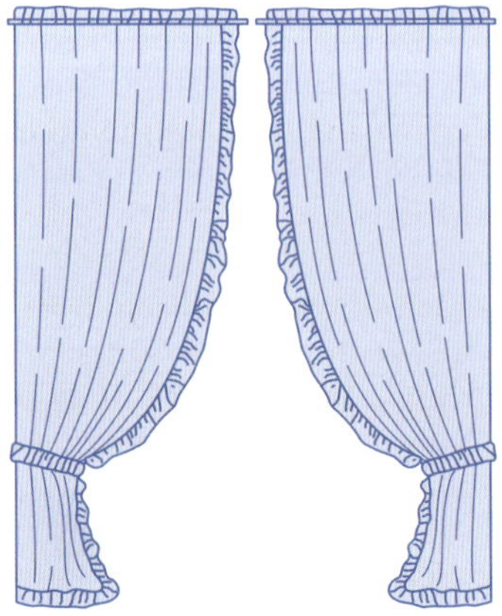

*Landhausgardine*

### 7.1.4.7 Kaffeehausgardinen

Als Kaffeehausgardinen bezeichnet man in Falten glatt herabhängende Kurzgardinen mit gegenständlicher Musterung (Panneaux), die mit Stangen am Fensterrahmen montiert werden. Die Faltenbildung erfolgt durch Zusammenfassen von Stangen- oder Ringöffnungen. Um das Gesamtbild des Fensterkleids zu vervollständigen, werden Kaffeehausgardinen mit angerafften Seitenschals oder Faltenquerbehängen aus dem Stoff der Kurzgardine ergänzt.

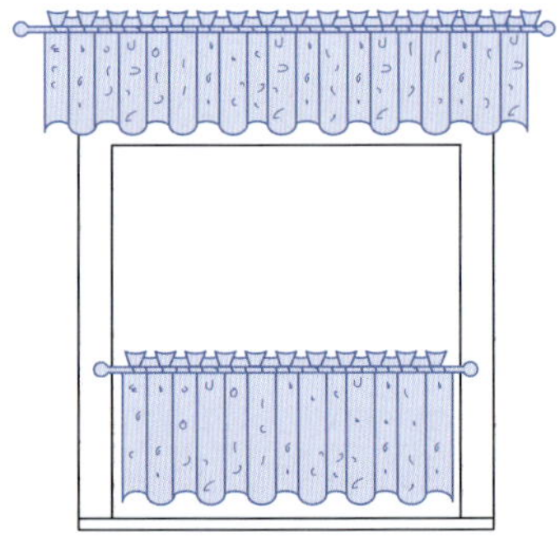

*Kaffeehausgardine mit gekräuseltem Querbehang*

### 7.1.4.8 Rollos

**Faltrollos** sind in waagerechten Falten hochziehbare Fensterdekorationen aus Gardinenstoffen oder leichten Dekostoffen. Sie besitzen einen rechteckigen Zuschnitt. Nach dem Zuschnitt werden als seitliche Abschlüsse einfache Seitensäume genäht. Auf die Rückseite des Stoffs werden an den Außenkanten und anschließend in gleichen Abständen von 35–40 cm Faltrollobänder aufgebügelt und nachgenäht, wobei zu beachten ist, dass jeweils eine Schlaufe des Faltrollobands das untere Ende bildet. Als unterer Abschluss wird ein einfacher Saum genäht, der den Beschwerungsstab aufnimmt. Den oberen Abschluss bildet entweder ein kleines Köpfchen oder eine Saumkante. Auf die Rückseite des oberen Abschlusses wird entsprechend der jeweiligen Faltrollotechnik ein Flauschband oder ein Rollo-Taschenband mit Flausch aufgenäht, das die Zugschnurösen aufnimmt. Nach dem Bügeln des Faltrollos

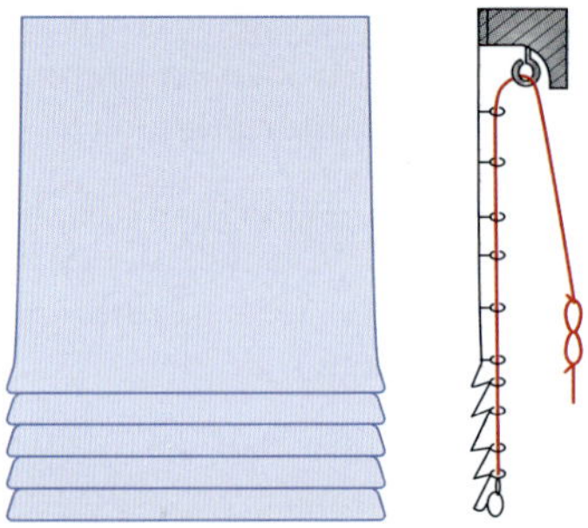

*Prinzip eines Faltrollos*

werden die Zugschnüre unten an der ersten Schlaufe oder an einer am Saum angebrachten Öse befestigt und durch die Schlaufen der Faltrollobänder geführt. Die weitere Führung der Zugschnüre ist von der jeweiligen Faltrollotechnik abhängig. So unterscheidet man u. a. die folgenden Techniken:

- Alle Zugschnüre werden durch die in ein Rollo-Taschenband eingesetzten Zugschnurösen geführt
  - zu einem Schnurstopp (Abb. 1) bzw. Schnurschloss, mit dem die Zugschnüre arretiert und gelöst werden können, um so das Falltrollo in jede beliebige Höhe zu bringen.
  - zu einem Kettenzug, in dem sie befestigt werden und über den das Faltrollo stufenlos bewegt werden kann (Abb. 2).
  - zu einem Schnurbeschwerer, mit dem ohne Fixieren der einzelnen Zugschnüre das Faltrollo auf eine bestimmte Höhe eingestellt werden kann.

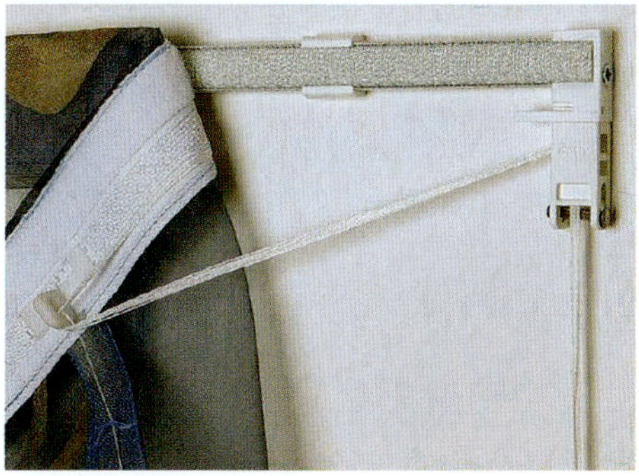

*Abb. 1*

*Abb. 2*

- Jede einzelne Zugschnur wird mit einem Schnurclip auf der Welle des Trägers (Abb. 3) bzw. auf einer auf der Welle angebrachten Wickelspule befestigt. Über einen Kettenzug erfolgt die Auf- und Abwicklung der Zugschnüre.
- Horizontal verlaufende Abschnitte der in die Zugschnurösen eingezogenen Zugschnüre werden durch die Bedienung des Kettenzugs von einem auf der Welle angebrachten Schnurmitnehmer erfasst, wodurch die senkrecht verlaufenden Zugschnüre auf der Welle aufgewickelt werden (Abb. 4).

7

*Abb. 3*

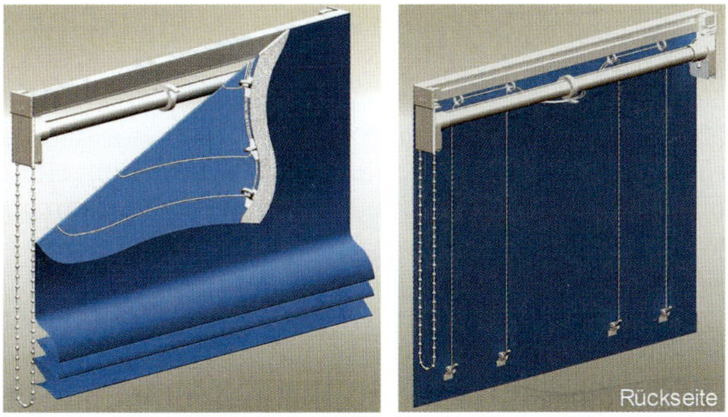


*Abb. 4*

Nach der Befestigung bzw. abschließenden Führung der Zugschnüre wird das Faltrollo an den mit einem Klettband versehenen Träger angeklettet, der Beschwerungsstab eingeführt und das Faltrollo auf eine waagerechte Höhe fixiert.

Faltrollos werden in verschiedenen Variationen hergestellt. Neben den einfachen Faltrollos, in die auch Biesen oder Abnäher eingenäht werden können, gibt es noch solche mit eingelegten Querstäben, die mit Überhangfalten oder fächerartigen Aufteilungen **(Fächer-Faltrollos)** vielfältig gestaltet werden können.

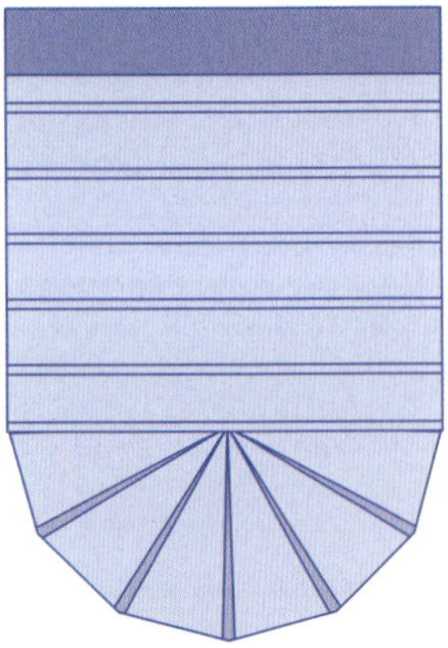

*Fächer-Faltrollo*

Eine optische Aufwertung können die Faltrollos durch eine andersfarbige Einfassung oder durch einen Schabrackenabschluss erhalten.

**Raffrollos** bestehen aus einem rechteckigen glatten Stoffteil, dessen unterer Bereich mit in Bögen durchhängenden Falten hochgerafft ist. Diese Dekorationsform wird durch Anziehen der in den Faltrollbändern geführten Zugschnüre erreicht. Die Faltrollobänder werden 5 cm neben den Seitensäumen und anschließend in gleichen Abständen von 35–45 cm aufgebügelt und nachgenäht, wobei die Bogenbreite in einem proportional angemessenen Verhältnis zur Breite des Rollos stehen sollte.
Die Faltenbildung, für die eine Breitenzugabe von ca. 75 % notwendig ist, kann mit einem Kräuselband oder einem Smokfaltenband erfolgen. Die Zugabe in der Höhe kann je nach gewünschter Faltenbildung in den Bögen zwischen 20 und 60 cm betragen.

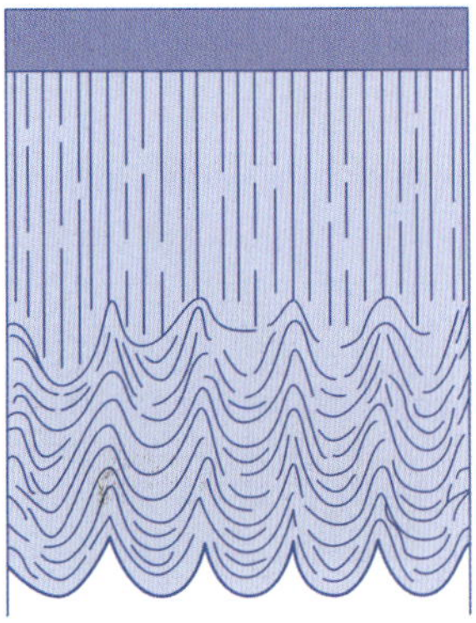

*Wolken-Raffrollo*

Bei sog. **Wolken-Raffrollos**, die eine größere Fläche mit in Bogen durchhängenden Falten besitzen, beträgt die Zugabe in der Höhe ca. 50 % der Fertighöhe. Einen exakten Fall des Wolken-Raffrollos wird durch an den beiden äußeren Rollobändern mit S-Haken befestigte Bleiquasten oder durch seitlich geführte Spannfäden erreicht.

Obere Abschlüsse und Säume sind wie bei den Faltrollos.

**Zentral gefasste Raffrollos** werden in glatter Ausführung ohne Breitenzugabe und in faltiger Ausführung mit einer Breitenzugabe von ca. 50 % gefertigt. Die Faltenbildung kann durch ein Kräuselband oder ein Smokfaltenband gebildet werden. In die an den Seiten und unten des rechteckigen Zuschnitts befindlichen ca. 2–4 cm breiten Hohlsäume wird ein 30 g schweres Bleiband eingezogen. Für die Höhenraffung werden zu der Fertighöhe neben den Nahtzugaben etwa 30 % zugegeben. Ca. 40–50 cm von der Unterkante wird mittig auf den Zuschnitt ein Faltrolloband aufgebügelt und nachgenäht, in das die Zugschnur eingeführt und unten am Anfang befestigt wird. Durch Anziehen der Zugschnur erhält man die „Schwalbenschwanz"-Form dieses Raffrollos. Aus optischen Gründen sollten bei dieser Dekorationsform eine Fertigbreite von 150 cm nicht überschritten werden.

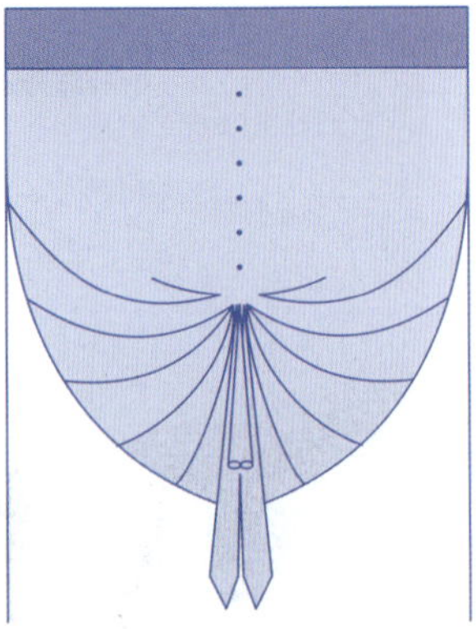

*Zentral gefasstes Raffrollo*

Die Fertigung und Montage der Raffrollos erfolgt wie bei den Faltrollos.

***Aufgaben***

1. *Welche Angaben sind für den Zuschnitt eines Bogenstores erforderlich? Verdeutlichen Sie Ihre Antwort durch eine Skizze.*
2. *Nennen Sie die Maße, die für den Zuschnitt einer einfachen Raffgardine benötigt werden, und schildern Sie mithilfe einer Skizze den Zuschnitt.*
3. *Was versteht man unter einer Englischen Raffgardine? Schildern Sie mithilfe einer Skizze den Zuschnitt dieser Raffgardine.*
4. *Beschreiben Sie den Zuschnitt und die Fertigung eines Faltrollos.*
5. *Wodurch unterscheidet sich im Aussehen und in der Fertigung ein Wolken-Raffrollo von einem Faltrollo?*
6. *Für ein Fenster sollen drei zentral gefasste Raffrollos gefertigt werden. Beschreiben Sie deren Fertigung.*

## 7.1.5 Seitliche Dekorationsabschlüsse

Fensterdekorationen erhalten an ihren Seiten einen Abschluss durch Dekoschals. Zum Einsatz kommen gerade, angeraffte, taillierte und aufliegende Dekoschals sowie Dekoschals mit Anschnittbogen.

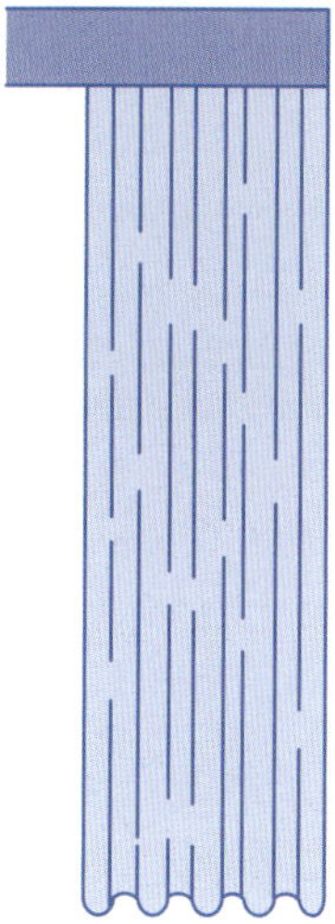

*Gerader Dekoschal*

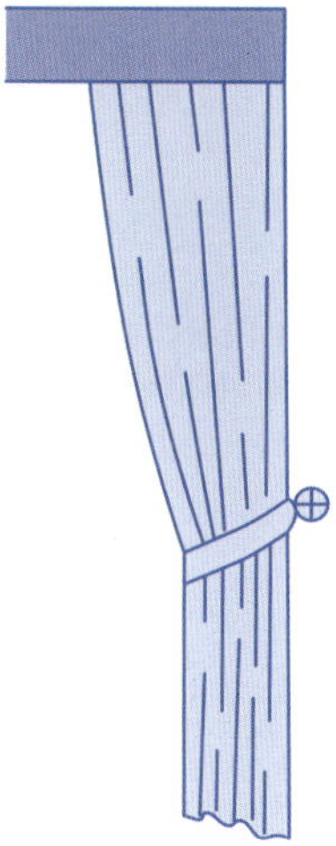

*Gerader, angeraffter Dekoschal*

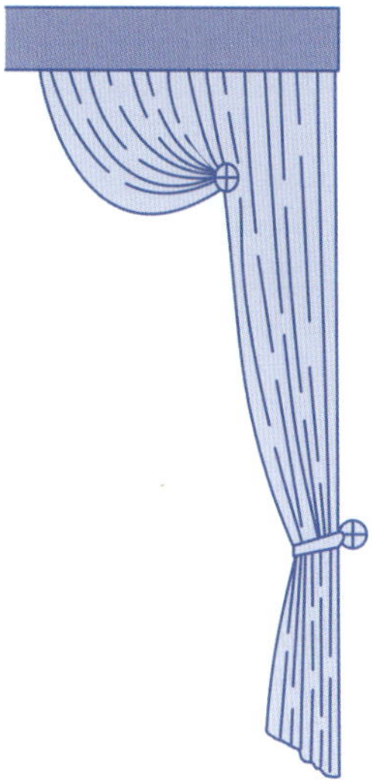

*Dekoschal mit Anschnittbogen*

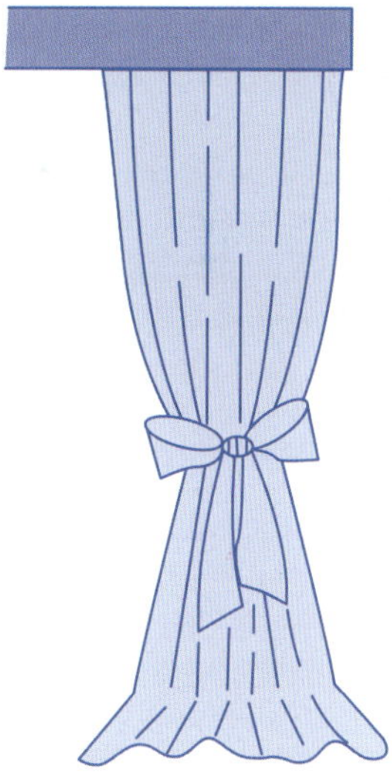

*Taillierter, aufliegender Dekoschal*

## 1. Gerade Dekoschals

Gerade Dekoschals besitzen vertikal verlaufende Falten. Sie können glatt herunterhängen oder mit Raffhaltern oder -schnüren angerafft werden. Durch Besatz mit Posamenten, Einfassen mit Blenden oder eine wattierte Einfassung an den Seiten und unten sowie durch einen seitlich eingenähten Keder kann ihre dekorative Wirkung noch besonders unterstrichen werden. Entsprechend der Dekorations- und/oder der Stoffart können Dekoschals auch abgefüttert werden.

**Zuschnitt gerader Dekoschals**
Die Fertighöhe der Dekoschals wird von der Oberkante des oberen Abschlusses bis zur Unterkante des unteren Abschlusses angegeben. Bodenlange Dekoschals sollen etwa 3 cm über dem Fußboden enden und 1–2 cm länger als die Gardine sein. Bei verschiedenen Dekorationen können die Schals auch mit einer Mindestlänge von 15 cm drapiert auf dem Boden aufliegen, wofür eine besondere Stoffzugabe in der Höhe notwendig ist.

Die Breite der Schals sollte in einem proportional ausgewogenen Verhältnis zu der Breite der Gardine stehen und auf die Maße der Fensterwand abgestimmt sein. Ihre Mindestbreite sollte ca. 25 cm betragen. Im Allgemeinen verwendet man je nach Stoffart und Dekorationsbreite 1 oder 1,5 Stoffbreiten je Dekoschal, die in der festgelegten Breite mit Kräusel- oder Faltenbändern in Falten gelegt werden.

Bei einer Wand-zu-Wand-Dekoration füllen die Dekoschals den Zwischenraum zwischen Fenster und Wand aus.

Die oberen Abschlüsse der Dekoschals und die dafür notwendigen Zugaben entsprechen denen der Stores. Die Kräusel- oder Faltenbänder werden mit einer ihrer Breite entsprechenden Nahtzugabe direkt oder mit einem einfachen Saum aufgenäht.

Als untere Abschlüsse kommen einfache oder doppelte Säume in Höhen von 10–15 cm infrage, in die für einen exakten Faltenfall ein entsprechendes Bleiband eingelegt werden muss. Verschiedene raumhohe Dekostoffe besitzen bereits einen Bleibandabschluss, sodass sich ein unterer Saum erübrigt.

Glatt herunterhängende, angeraffte, aufliegende und taillierte Dekoschals erhalten einen rechteckigen Zuschnitt. Die Zuschnitthöhe der Dekoschals errechnet sich aus der Fertighöhe und den Zugaben für die oberen und unteren Abschlüsse.

## 2. Dekoschals mit Anschnittbogen

Für stilbetonte Fensterdekorationen werden oft Dekoschals mit Anschnittbogen eingesetzt. Sie bestehen aus einem äußeren Teil, der einem geraden Dekoschal, und einem Anschnittbogen im oberen Bereich, der dem einer doppelten Raffgardine entspricht. Der äußere Teil besitzt vertikale, der Anschnittbogen in Bogen durchhängende Falten.

In Bezug auf die oberen und unteren Abschlüsse sowie die erforderlichen Höhen- und Breitenzugaben gilt das Gleiche wie bei den geraden Dekoschals.

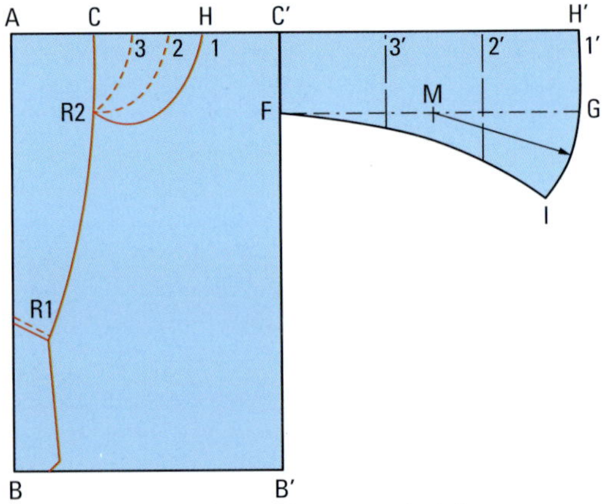


*Zuschnitt eines Dekoschals mit Anschnittbogen*

Der Zuschnitt setzt sich aus einem äußeren rechteckigen Teil und einem Anschnittbogen zusammen, dessen Ermittlung wie bei der doppelten Raffgardine durchgeführt wird und hier nicht noch einmal beschrieben werden soll.

***Aufgaben***

1. *Wie ermitteln Sie die Zuschnittmaße bei geraden Dekoschals?*
2. *Beschreiben Sie mit einer Skizze den Zuschnitt für einen Dekoschal mit Anschnittbogen.*

### 7.1.6 Obere Dekorationsabschlüsse

Fensterdekorationen sollen durch möglichst attraktive obere Abschlüsse vollendet werden. Je nach Art des Abschlusses verdecken sie auch die Vorhangschiene, die Aufhängung und eine evtl. Zugeinrichtung. Zum Einsatz kommen Blenden, Schabracken oder Lambrequins, gekräuselte Querbehänge, Mittelbögen, Zipfel, Schärpen und Freihanddekorationen.

#### 1. Blenden

Blenden werden in Breiten von 5–15 cm aus Kunststoff und Holz in Weiß, verschiedenen Holztönen und Metallic-Lackierungen mit gerader und gebogter Unterkante (Stillblenden) angeboten. Sie werden an den Vorhangschienen angebracht (s. Kapitel 7.2.5.1 Vorhangschienen).

*Blende*

#### 2. Schabracken oder Lambrequins

Unter einer Schabracke oder einem Lambrequin versteht man einen glatten, versteiften, ca. 30 cm hohen mit Stoff bezogenen Querbehang einer Fensterdekoration. Die Unterkante kann in verschiedenen Formen ausgeschnitten sein und mit einer aufgenähten oder aufgebügelten Borte verziert werden. Einige gebräuchliche Schabrackenformen zeigen die folgenden Abbildungen.

7

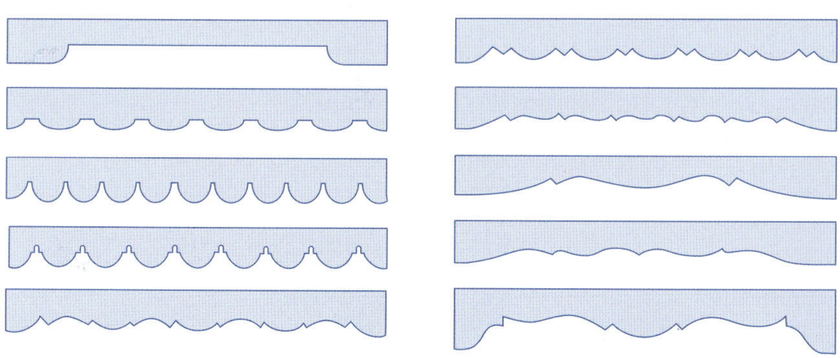

*Schabrackenformen*

Für den Zuschnitt erstellt man zunächst im Maßstab 1 : 1 eine Schablone, die anschließend auf die Schabrackeneinlage bzw. die Schabracke übertragen wird. Bei einigen Schabrackeneinlagen sind bereits verschiedene Schabrackenformen aufgedruckt. Schabracken können auf verschiedene Weise hergestellt werden (s. Kapitel 7.1.7.6 Fertigungstechniken bei Schabracken).

### 3. Querbehänge

Querbehänge sind obere Dekorationsabschlüsse, die es in verschiedenen Ausführungen gibt.

**Faltenquerbehänge**, deren Faltenbildung mit Faltenbändern erfolgt, besitzen vertikale Falten. Ihre geraden oder gebogten Unterkanten können durch aufgenähte Posamenten oder Volants verziert werden. Querbehänge mit gebogten Unterkanten erfordern entsprechende Zuschnitte.

**Bogenquerbehänge** erhält man, wenn innen an der Unterkante eines doppelt gelegten Stoffzuschnitts in Abständen der gewünschten Bogenbreite Zwirnfäden verknotet, innen hochgezogen und an der Unterkante des für die Faltenbildung angebrachten Faltenbands befestigt werden.

**Wolkenquerbehänge** besitzen oben vertikale und unten in Bogen verlaufende Falten. Diese besondere Form wird erzielt durch aneinandergenähte Zuschnittteile, die wie bei einem Mittelbogen ermittelt werden, und mit einer Faltenzugabe in der Höhe von 100 % und in der Breite von 50 % gefertigt werden.

*Faltenquerbehang mit gerader Kante*

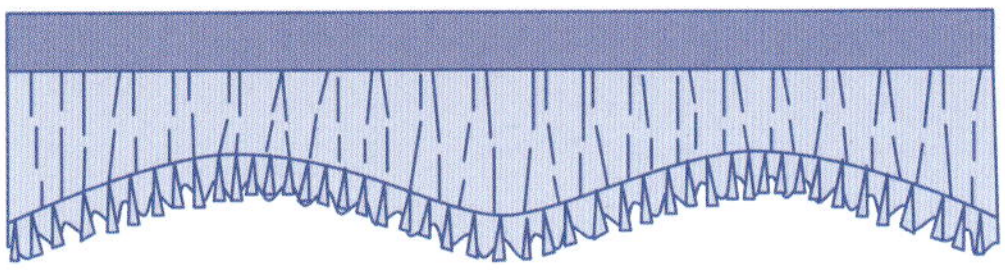

*Faltenquerbehang mit gebogter Unterkante und angenähtem Volant*

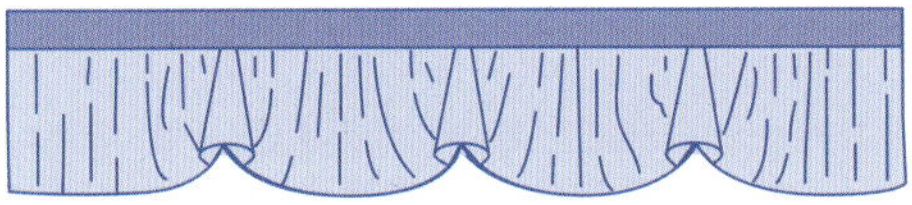

*In Bogen hochgeraffter Faltenquerbehang*

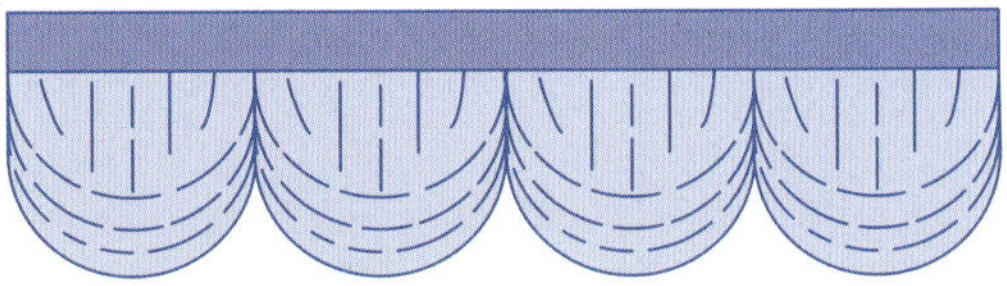

*Wolkenquerbehang*

### 4. Bogendekorationen für obere Dekorationsabschlüsse

Bogendekorationen sind beliebte obere Dekorationsabschlüsse, die in verschiedenen Formen in Bogen durchhängende Falten aufweisen. Sie werden entweder einzeln oder in einer bestimmten Anzahl nebeneinander als Querbehang auf Stangen oder an Vorhangschienen dekoriert. Aufgrund ihrer Form und ihres Faltenzulaufs unterscheidet man folgende Bogenarten:

- **Mittelbogen**
  - mit angelegten Falten, die auf eine Waagerechte zulaufen
  - mit zentral gefassten Falten, die auf einen Punkt zulaufen
  - mit gezogenen Falten, die auf eine Senkrechte zulaufen

- **Gestreckte Mittelbogen** mit den Faltenzulaufsarten, wie sie bei den Mittelbogen aufgeführt sind
- **Doppelmittelbogen**
- **Doppelmittelbogen mit Mittelfalte**
- **Muschelbogen**, deren Falten von der Waagerechten eines eingekräuselten Mittelteils auf die gebogte Außenkante zulaufen
- **Spitzbogen**, deren Falten von einer Waagerechten zur Mitte hin spitz zulaufen

Verschiedene dieser Bogenarten können in ihrer Gestaltung noch variiert werden. So gibt es Mittelbogen, deren Falten auf eine Waagerechte und Senkrechte oder auf eine Waagerechte und einen Punkt zulaufen oder deren Falten ungleich hoch angelegt sind.

Entscheidend für das Aussehen einer Bogendekoration ist das proportionale Verhältnis von Breite und Höhe (Mindesthöhe 30 cm) sowie die Stoffwahl. Neben der Optik des Stoffs spielt auch sein Griff eine wichtige Rolle. Weich fließende Stoffe ergeben einen runden Faltenfall. Bei weniger fließenden Stoffen entsteht ein „gebrochener" Faltenfall, der jedoch nicht negativ bewertet werden darf und den Charakter der jeweiligen Stoffart unterstreicht.

Wenn die Stoffbreite es zulässt, werden Bogendekorationen diagonal im Winkel von 45° zugeschnitten. Durch diese Zuschnittart erhält man ebenfalls je nach Stoffart einen runden Faltenfall.

Ist der diagonale Zuschnitt nicht möglich, dies ist bei sehr breiten und flachen Bögen der Fall, dann entsteht je nach Stoffart ebenfalls ein mehr oder weniger deutlicher „gebrochener" Faltenfall, der formentypisch ist und nicht als Fehler angesehen werden darf.

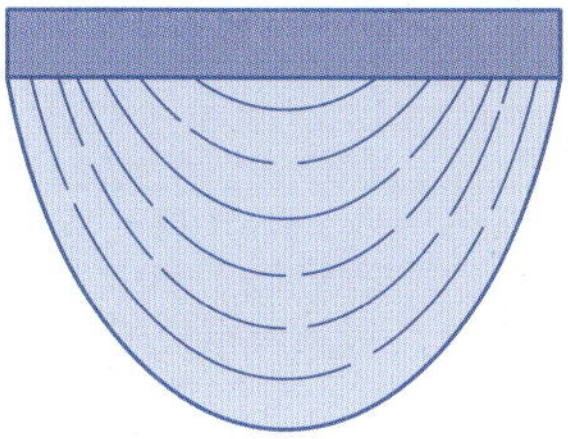

*Mittelbogen mit angelegten Falten*

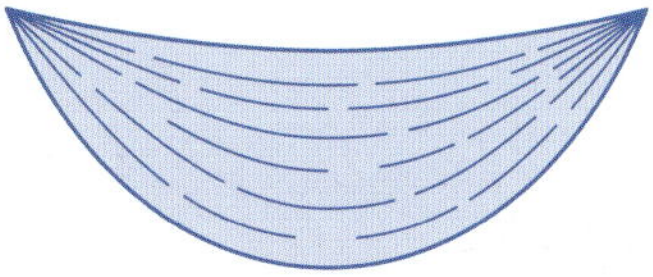

*Mittelbogen mit zentral gefassten Falten*

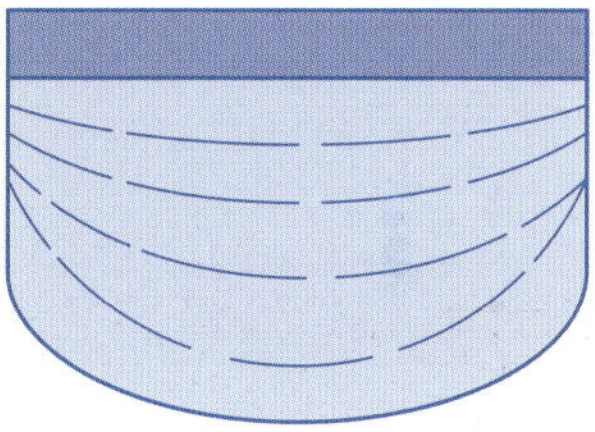

*Mittelbogen mit gezogenen Falten*

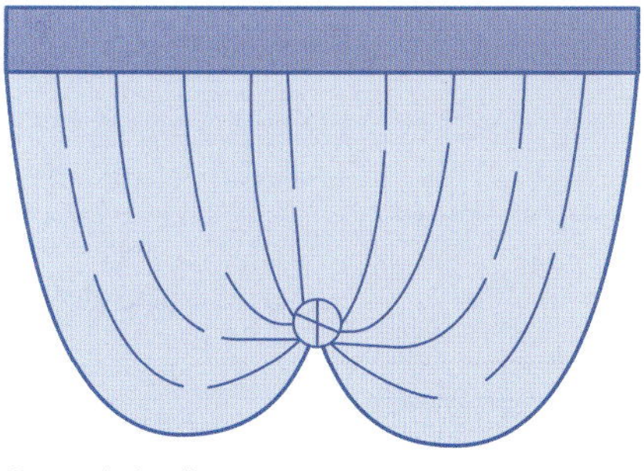

*Doppelmittelbogen*

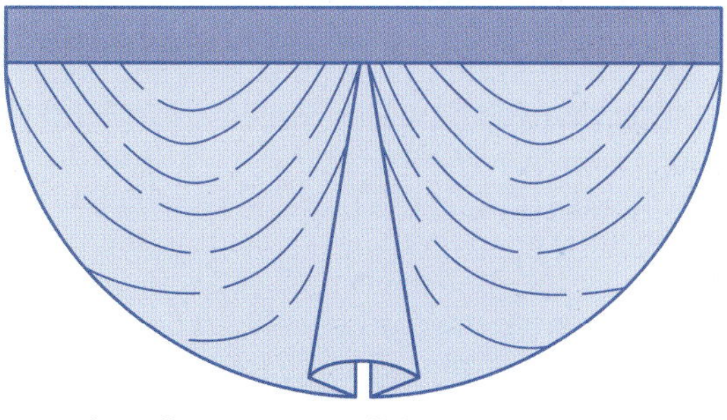

*Doppelmittelbogen mit Mittelfalte*

7

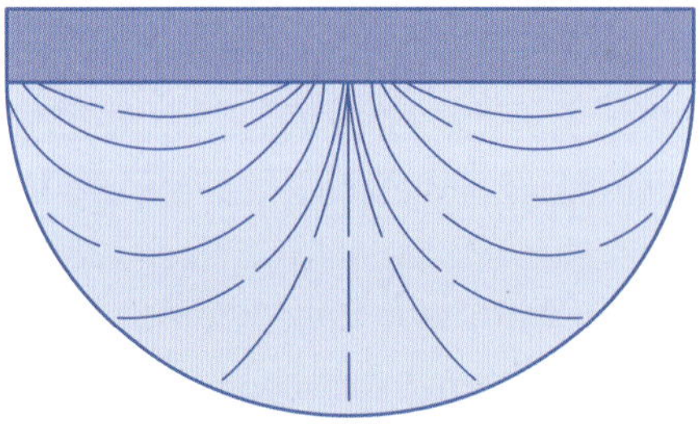

*Muschelbogen*

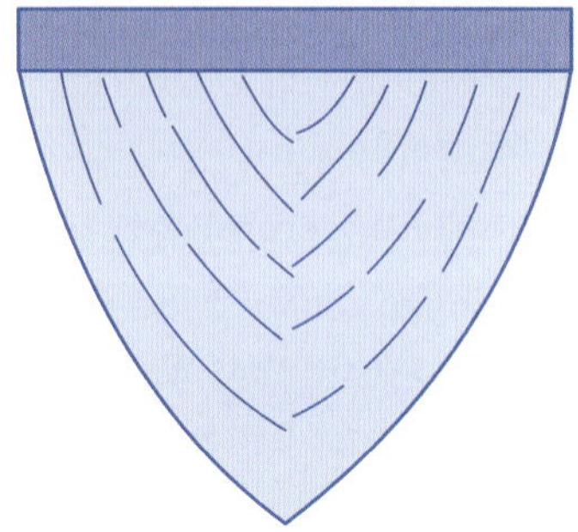

*Spitzbogen*

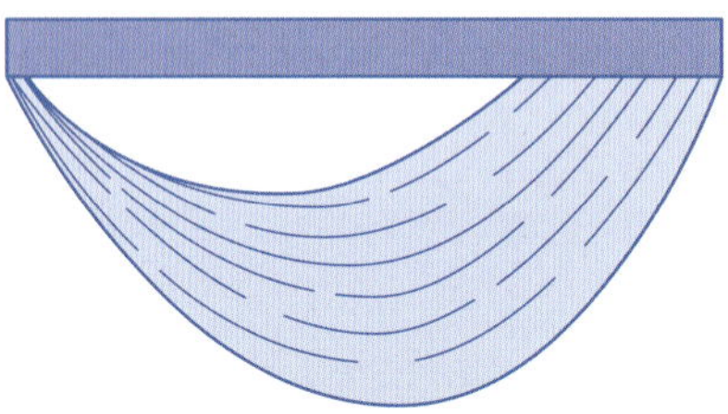

*Bogen mit zentral gefassten und angelegten Falten*

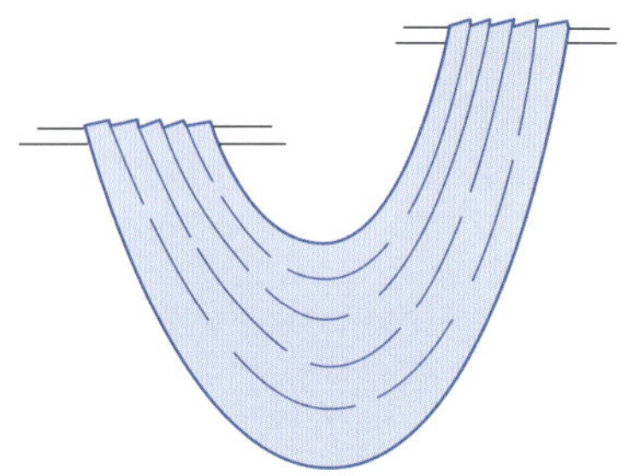

*Bogen mit unterschiedlich hoch angelegten Falten*

Für die Erstellung der einzelnen Bogenarten sind besondere Zuschnitte sowie je nach Stoffart und Faltenfülle eine Faltenzugabe von 70–200 % erforderlich. Für die bekanntesten Bogenformen sind die Zuschnitte im Folgenden aufgeführt.

**Zuschnitt eines Mittelbogens mit angelegten Falten**

Für den Zuschnitt ist eine maßgerechte Schablone aus Papier notwendig, die in folgenden Schritten erstellt wird:

- Die Dekorationsbreite A-D sowie die Anlegestrecken der Falten A-B und C-D auf einer Waagerechten markieren. Empfehlenswert ist, die Strecke A-D zu dritteln.
- Von der Mitte der waagerechten Linie aus eine senkrechte Hilfslinie nach unten ziehen.
- Von den Endpunkten A-D aus mit einer Kette den gewünschten Bogenverlauf ermitteln und den tiefsten Punkt des Bogendurchhangs E (Fertighöhe) auf der senkrechten Hilfslinie markieren. Auf der durchhängenden Kette werden ebenfalls die Endpunkte A-D sowie der Schnittpunkt mit der senkrechten Hilfslinie gekennzeichnet.

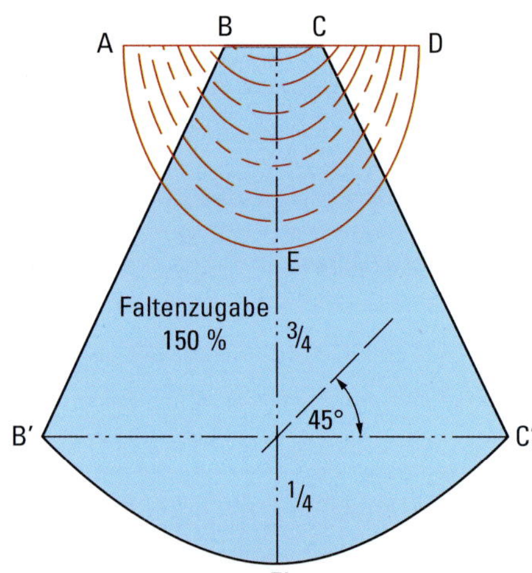


*Zuschnitt eines Mittelbogens mit angelegten Falten*

- Festlegen der Zuschnitthöhe E′ unter Berücksichtigung einer Faltenzugabe von 70–200 % je nach Stoffart.
- Zuschnitthöhe im Verhältnis 3/4 zu 1/4 durch eine Waagerechte unterteilen. Der obere größere Teil wird für das Einlegen der Falten, der untere kleinere Teil für den Bogendurchhang benötigt.
- Mit der Kette die Unterkante des Bogens aushängen. Ihre mittlere Markierung muss mit dem Punkt E′ und ihre äußeren Markierungen mit der Waagerechten übereinstimmen. Den ausgehangenen Bogenverlauf markieren. Die erhaltenen Endpunkte B′ und C′ stellen die untere Zuschnittbreite dar. Anschließend die Punkte B-B′ und C-C′ verbinden.

Um einen ohne Knicke verlaufenden Faltenfall zu erhalten, erfolgt der Zuschnitt mit der im Winkel von 45° aufgelegten Schablone.

Abweichend von dem dargestellten Zuschnitt gibt es noch verschiedene Varianten. So kann z. B. die Zuschnitthöhe im Verhältnis 4/5 zu 1/5 oder 2/3 zu 1/3 durch eine Waagerechte unterteilt werden. Für welche Variante man sich entscheidet, hängt von den persönlichen Erfahrungen ab.

### Zuschnitt eines Mittelbogens mit zentral gefassten Falten

Der Zuschnitt erfolgt im Prinzip wie bei einem Mittelbogen mit angelegten Falten. Das obere Kettmaß A-B wird allerdings in einer leichten Bogenform A′-B′ auf eine Waagerechte übertragen. Die Seiten erhalten für den exakten Faltenfall einen Hohlschnitt.

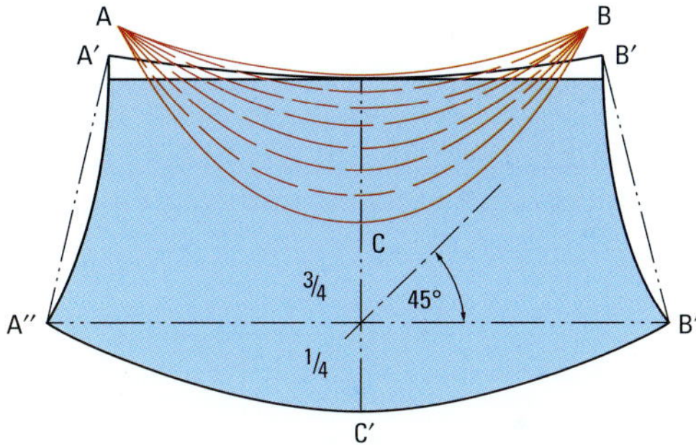


*Zuschnitt eines Mittelbogens mit zentral gefassten Falten*

### Zuschnitt eines Doppelmittelbogens

Die Zuschnittermittlung erfolgt mithilfe einer Zeichnung im Maßstab 1 : 5 oder 1 : 10, auf die die Dekorationsbreite B1-A-B2 übertragen und mit einer Kette der Bogendurchhang mit dem Raffpunkt R bestimmt wird. Jede Hälfte des Mittelbogens wird dann in fünf Teile gegliedert und von jeder Markierung das Kettmaß des Bogenverlaufs bis zum Raffpunkt R ermittelt.

Unter Berücksichtigung des Maßstabs und einer Faltenzugabe von 170–200 % wird die Zuschnittbreite B1′-B2′ errechnet. Die Zuschnitthöhe ergibt sich aus dem gestreckten Kettmaß B1-R bzw. B2-R. Der weitere Zuschnitt ist aus der folgenden Abb. ersichtlich, wobei die Anschnittpunkte C1 und C2 10–15 % der Zuschnittbreite von den Außenkanten eingedrückt sind und die Strecken D1 und D2 von Kettmaß zu Kettmaß um 1/5 verringert werden. Die Verbindung der Endpunkte ergibt den unteren Bogenschnitt.

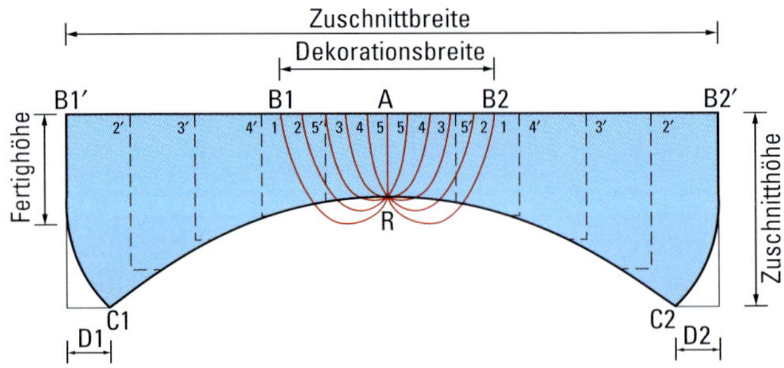


*Zuschnitt eines Doppelmittelbogens*

Der Zuschnitt eines Doppelmittelbogens kann auch in der Art des Anschnittbogens einer doppelten Raffgardine erfolgen.

**Zuschnitt eines Muschelbogens**

Die Fertigbreite eines Muschelbogens setzt sich links und rechts aus der ungekräuselten Stoffhöhe A-B und C-D sowie einem eng gekräuselten Mittelteil B-C zusammen. Die Aufteilung der ungekräuselten Strecken zu der gekräuselten soll etwa 2 : 1 : 2 betragen. Im Prinzip ist der Zuschnitt rechteckig, wobei die unteren Ecken in Höhe und Breite ca. 10 % abgeschrägt werden können. Das ausgehängte Kettmaß A-D ergibt die Zuschnittbreite. Da dünne Stoffe stärker, dickere Stoffe dagegen weniger eingekräuselt werden, muss die obere Zuschnittbreite nach Erfahrungswerten ergänzt oder reduziert werden. Dadurch ergeben sich für diese Stoffe unterschiedliche trapezförmige Zuschnitte. Die Seiten B-A und C-D werden ungekräuselt auf die Gardinenschiene aufgeschoben und ergeben mit dem eingekräuselten Mittelteil B-C die Dekorationsbreite A-D.

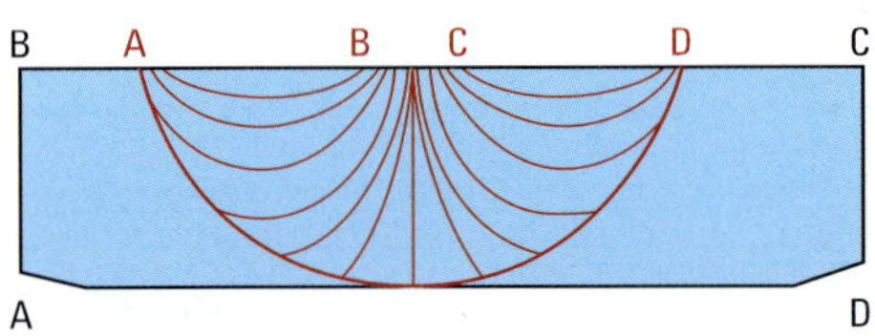


*Rechteckiger Zuschnitt*

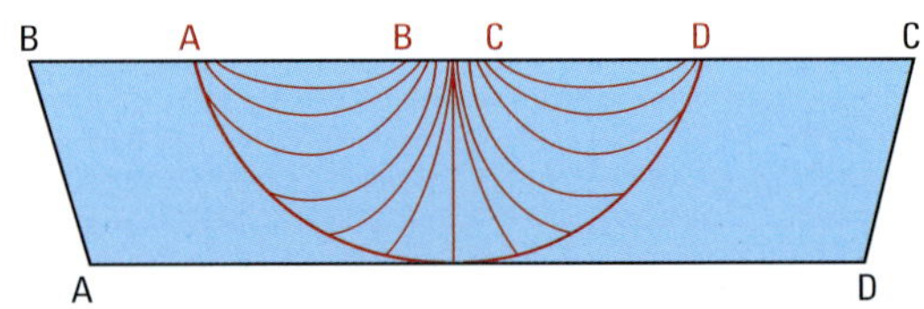


*Trapezförmiger Zuschnitt für dünne Stoffe*

## 5. Zipfel

Als Zipfel bezeichnet man konische Dekorationsteile mit aufeinanderliegenden, schräg abgestuften Falten. Sie werden in der Regel als seitliche Abschlüsse bei Mittelbogen-Querbehängen verwendet. Doppelzipfel werden meistens in der Mitte eines Mittelbogen-Querbehangs angebracht.

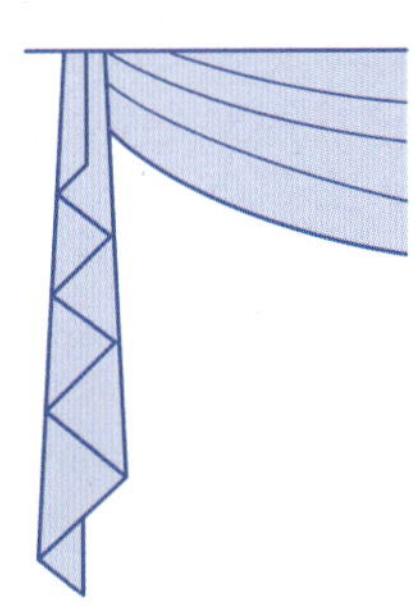

*Zipfel*

*Doppelzipfel*

Für die Erstellung eines Zipfels ist ein besonderer Zuschnitt erforderlich, für den zunächst eine Schablone im Maßstab 1 : 1 angefertigt werden muss. Dabei geht man in folgender Weise vor:

- Nach dem Aufzeichnen des Zipfels, die Zickzacklinien der Falten müssen alle im gleichen Winkel verlaufen, werden die Seitenlinien verlängert. Der Schnittpunkt der Linien ergibt den Punkt A.
- Im Abstand von ca. 10 cm wird eine Senkrechte gezeichnet, auf die der Punkt A sowie die Faltenpunkte 1–10 übertragen werden.
- Von Punkt A´ aus werden mit einem Zirkel oder einem Bleiband von den Schnittpunkten auf der Senkrechten nach rechts Kreisbogen geschlagen.
- Von Punkt 1´ aus mit einem Zirkel die Faltenstrecke 1–2 mit einer Zugabe von 5 mm für den Faltenumbug auf den Kreisbogen von Punkt 2 übertragen. Es entsteht der Schnittpunkt 2´. Die folgenden Faltenstrecken werden jeweils vom letzten auf den nächsten Kreisbogen übertragen.
- Von Punkt 1´ die Schnittpunkte 2´–9´ zu einer gleichmäßig verlaufenden Bogenlinie verbinden. Von Punkt 9´ wird eine Gerade zum Punkt A´ gezogen. Mit dem Kreisbogen vom Faltenpunkt 10 entsteht der Schnittpunkt 10´.

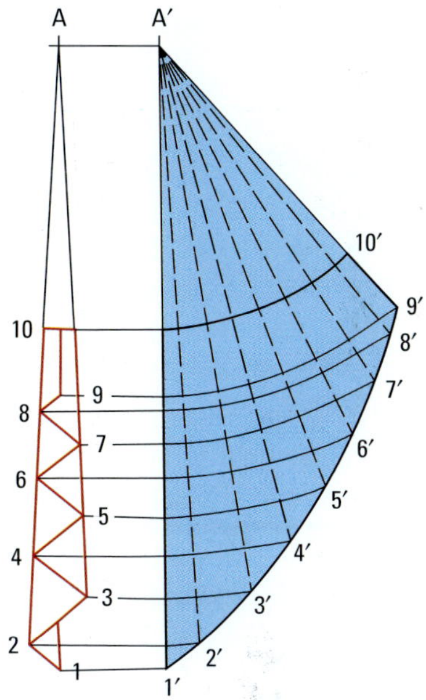

*Zuschnitt eines Zipfels*

Nach dieser Schablone wird der Dekostoff mit einer Nahtzugabe von 1 cm zugeschnitten. Besitzt der Zipfel an der Seite noch eine Retoure, so muss der dafür erforderliche Stoff an der Seite der Senkrechten berücksichtigt werden. Zipfel werden doppelseitig gefertigt. Der Zuschnitt für einen Doppelzipfel wird analog dieser Vorgehensweise erstellt.

## 6. Schärpen

Schärpen sind kurze herabhängende Dekorationsteile mit einfachen Falten (Lauffalten), die von den Außenkanten aus schräg nach oben verlaufende Unterkanten besitzen. Sie werden als seitliche Abschlüsse bei Mittelbogen-Querbehängen verwendet. Doppelschärpen werden in der Mitte dieser Querbehänge platziert.



Schärpen werden mit einer Faltenzugabe von 100–150 % erstellt. Dafür ist ein besonderer Zuschnitt notwendig, für den eine Schablone angefertigt werden muss. Dabei geht man in folgenden Schritten vor:

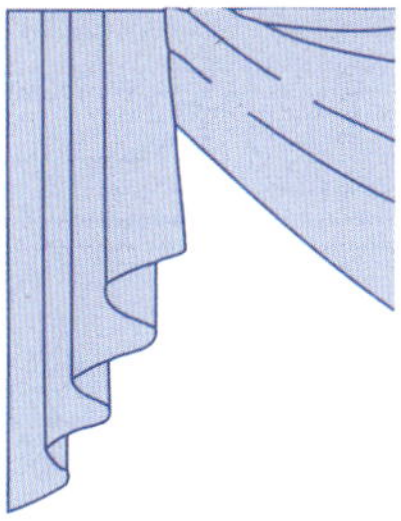
*Schärpe*

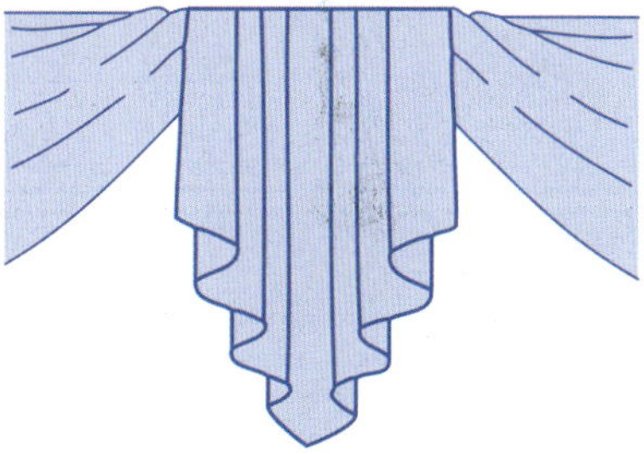
*Doppelschärpe*

- Bei der im Maßstab 1:1 aufgezeichneten Schärpe, die Zickzacklinien müssen im gleichen Winkel verlaufen, wird als Verlängerung der Strecke 1–2 eine winkelgleiche Hilfslinie gezogen, auf der nacheinander die Faltenstrecken 2–3, 3–4 usw. mit einer Zugabe von ca. 5 mm für den Faltenumbug übertragen werden.
- Vom Punkt 6 aus wird eine Waagerechte gezogen. Sollten die Punkte 6 und 6´ nicht auf dieser Waagerechten liegen, dann muss die Lage der diagonalen Linie so verschoben werden, dass beide Punkte auf dieser Linie liegen.
- Durch Verlängern der Waagerechten von Punkt 7 aus und Ziehen einer Senkrechten von Punkt 6´ wird der Eckpunkt 7´ ermittelt.

Nach der erstellten Schablone wird der Dekostoff mit einer Nahtzugabe von 1 cm zugeschnitten. Besitzt die Schärpe eine Retoure, so ist der dafür notwendige Stoffbedarf an der Seite zu berücksichtigen.

Schärpen werden doppelseitig gefertigt.

Der Zuschnitt für eine Doppelschärpe kann analog der beschriebenen Art abgewandelt werden.

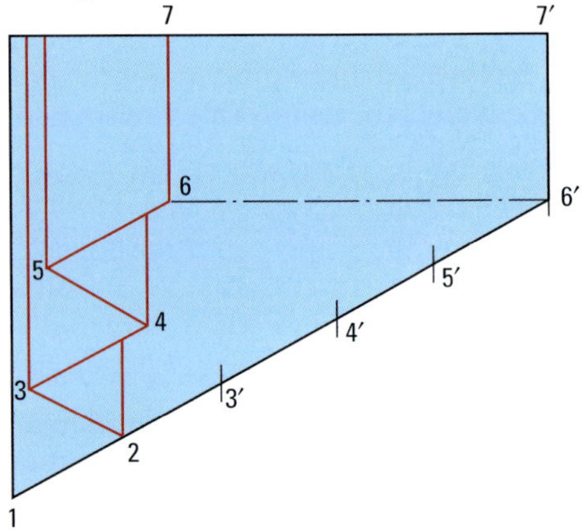

*Zuschnitt einer Schärpe*

## 7. Freihanddekorationen

Als Freihanddekoration bezeichnet man einen aus einer rechteckigen Stoffbahn von Hand herausdekorierten oberen Dekorationsabschluss, der je nach Art verschiedene Bögen, Zipfel, Schärpen und Rosetten enthalten kann.

Diese Dekorationsformen können einmal durch geschicktes Zusammenfassen und Abbinden von Rafflinien erzielt werden, die auf die Stoffbahn markiert wurden. Diese Technik setzt jedoch viel Erfahrung und Fertigkeit voraus.
Die beschriebenen Dekorationsformen können auch erzielt werden durch Anziehen und Verknoten von Fäden, die entsprechend einer Schablone in den Stoff eingezogen und dort befestigt wurden sowie durch aufgenähte und zusammengezogene Kräuselbänder. Die dadurch entstandenen Falten und Dekorationsformen müssen anschließend noch von Hand geformt werden.

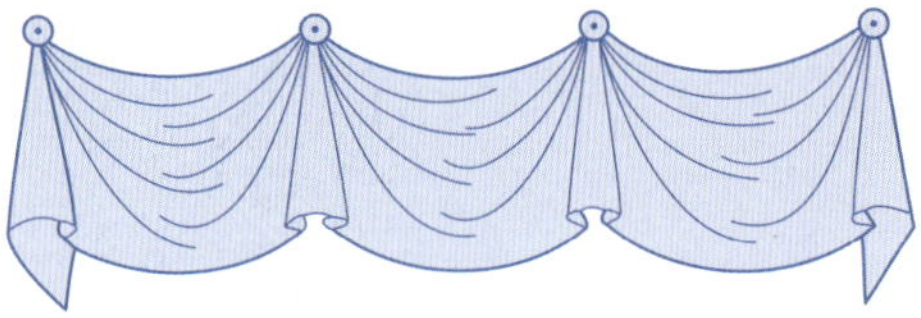
*Freihanddekoration*

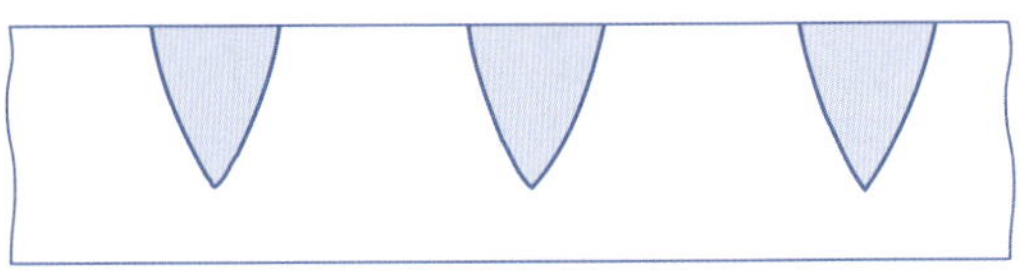
*Stoffbahn mit den herauszugreifenden Stoffflächen*

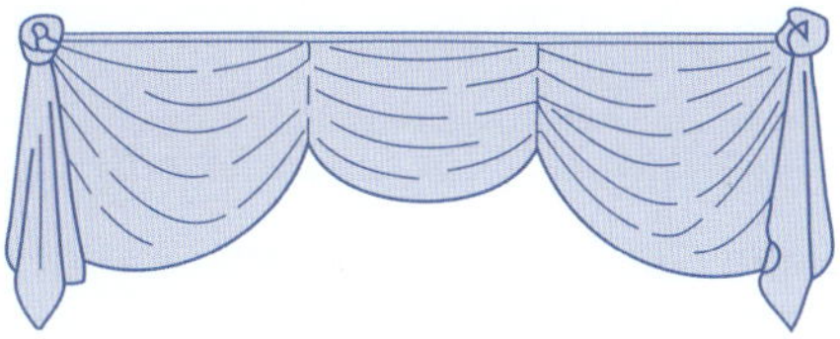

*Freihanddekoration*

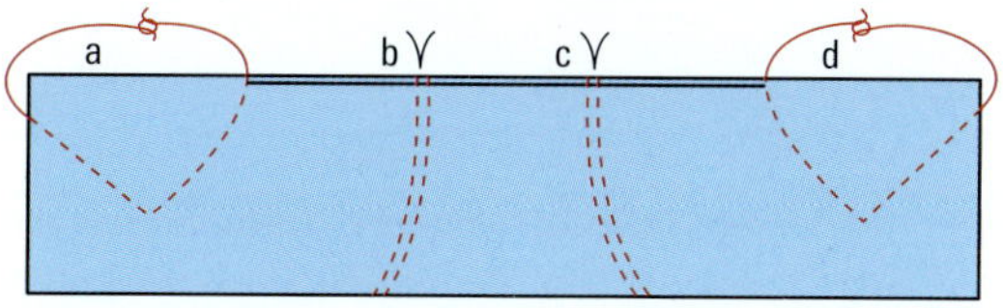


*Stoffbahn mit eingezogenen Anziehfäden (a, d) und aufgenähten Kräuselbändern (b, c)*

Für über Stangen dekorierte Freihanddekorationen verwendet man am zweckmäßigsten beidseitig verwendbare Stoffe. Stehen nur einseitig verwendbare Stoffe zur Verfügung, dann müssen die einzelnen Teile der Dekoration mit rechten und linken Warenseiten zugeschnitten und anschließend so zusammengenäht werden, dass eine rechteckige Stoffbahn mit wechselnden Warenseiten entsteht.

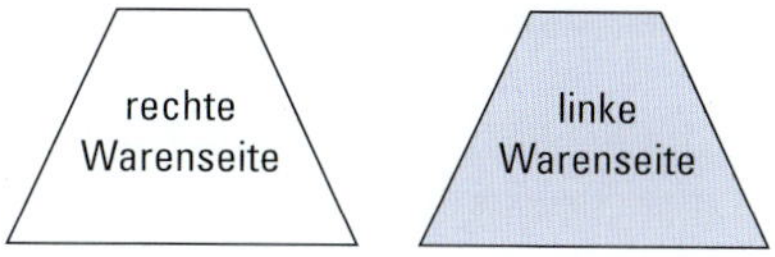


*Zuschnitte der Einzelteile*

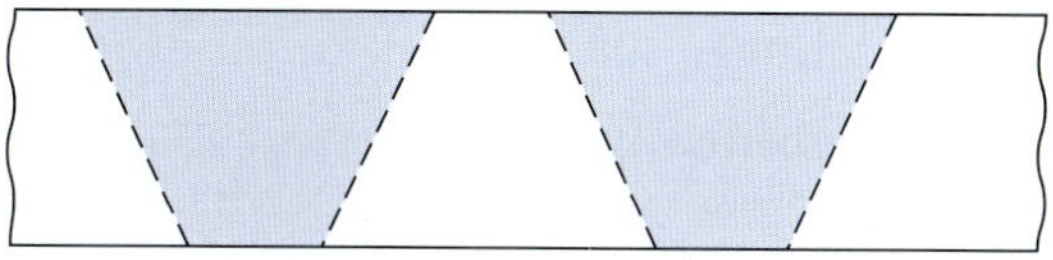

*Aneinandergenähte Einzelteile*

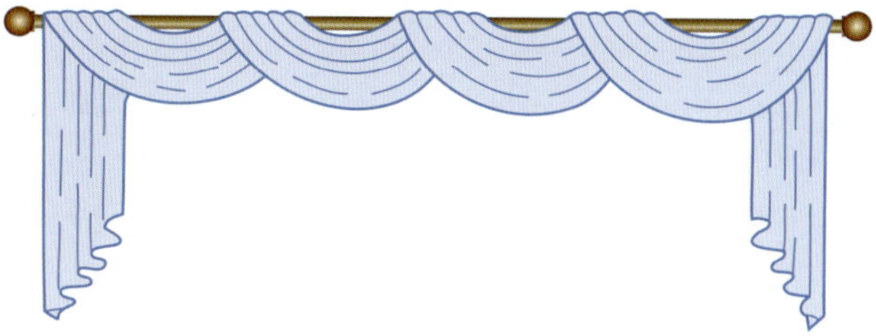

*Freihanddekoration über eine Stange dekoriert, aus einseitig verwendbarem Stoff*

Effektvolle Freihanddekorationen mit Rosetten, langgestrecktem Bogen und leger herunterhängenden Schals lassen sich aus rechteckig zugeschnittenen Stoffbahnen mithilfe von Drapierhaken erzielen.

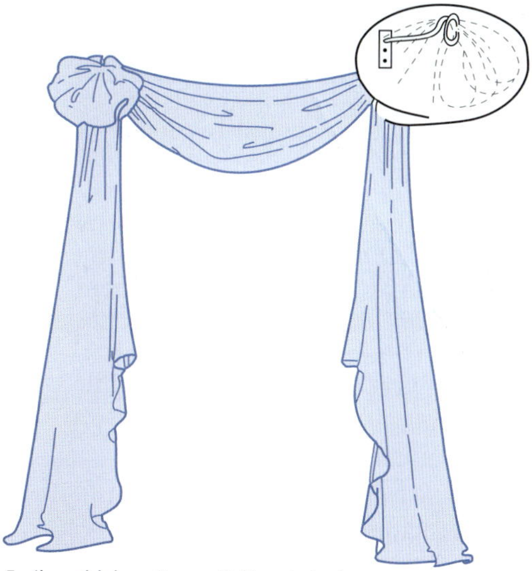

*Freihanddekoration mit Drapierhaken*

7

***Aufgaben***

1. *Schildern Sie das Herstellungsprinzip eines in Bogen hoch gerafften Faltenquerbehangs.*
2. *Für einen Auftrag sollen drei Mittelbogen mit angelegten Falten gefertigt werden.*
   a) *Beschreiben Sie mithilfe einer Skizze den Zuschnitt.*
   b) *Was ist hinsichtlich des Aussehens, der Stoffauswahl und des Zuschnitts bei einem Mittelbogen zu beachten?*
3. *Aus einem leichten, dünnen Dekostoff soll ein Muschelbogen gefertigt werden. Beschreiben Sie mithilfe einer Skizze den Zuschnitt für diesen Bogen.*
4. *Schildern Sie die Herstellungsmöglichkeiten von Freihanddekorationen.*

## 7.1.7 Zuschnitt-, Näh- und Montagetechniken

Dekorationsarbeiten können nur korrekt ausgeführt werden, wenn unter Berücksichtigung des verwendeten Stoffs, der Dekorationsform und des optischen Erscheinungsbildes entsprechende Zuschnitt-, Näh- und Montagetechniken angewendet werden.

### 7.1.7.1 Zuschnitttechniken

Gardinen- und Dekorationsstoffe sind vor dem Zuschnitt auf die in Kapitel 5.2 Prüfverfahren aufgeführten Kriterien zu prüfen.

Verschiedene Dekostoffe neigen je nach Rohstoffart zum Krumpfen (z. B. Seide) oder zum Einlaufen während der Wäsche (z. B. Leinen). Durch Bügeln vor dem Zuschnitt kann das Krumpfen vermieden werden. Das spätere Einlaufen kann durch Waschen vor dem Zuschnitt verhindert oder durch einen Waschsaum ausgeglichen werden.

Gardinen sowie obere und seitliche Dekorationen müssen in den meisten Fällen nach erstellten Zuschnitten bzw. Zuschnittschablonen zugeschnitten werden. Der Zuschnitt erfolgt mit Stoff- oder Zuschneidescheren, Elektroscheren oder elektrischen Zuschneidemaschinen. Synthetische Stoffe, hier sind insbesondere Gardinenstoffe zu nennen, können auch mit einem elektrischen Heißschneidegerät, das eine aufgeheizte Schneidspitze besitzt, getrennt werden, wodurch die Schnittkanten verschweißt werden und nicht mehr ausfransen.

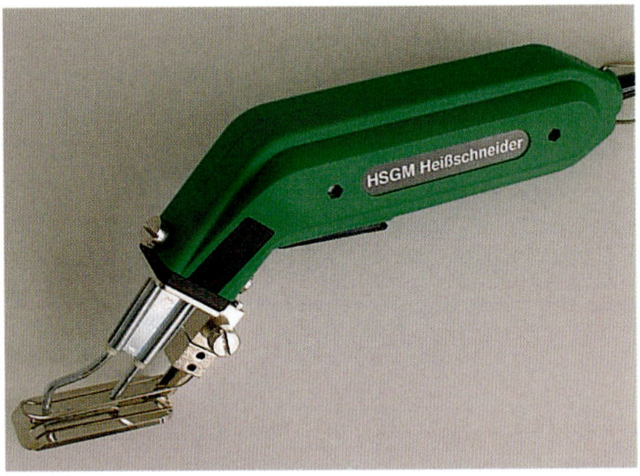

*Elektrisches Heißschneidegerät*

Mit Ausnahme von Bogendekorationen werden alle Dekorationsteile fadengerade oder mustergerade zugeschnitten.

**Fadengerade Zuschnitte** erhält man bei Flachgeweben, wenn an der gedachten Schnittstelle ein Faden herausgezogen wird. In der entstandenen Fadenlücke wird der Schnitt dann durchgeführt.

**Mustergerade Zuschnitte** erhält man bei gemusterten Stoffen, wenn der Zuschnitt entsprechend der Musterung zugeschnitten wird.

Die für eine Dekoration erforderlichen Zuschnitte sind grundsätzlich von einem Stoffballen zu entnehmen. Dadurch werden Farbabweichungen zwischen einzelnen Dekorationsteilen vermieden.

Bei gemusterten Stoffen ist darauf zu achten, dass beide Dekoschals mustergleich geschnitten werden.

Werden für einen Dekoschal oder einen Querbehang zwei oder mehrere Stoffbahnen benötigt, so muss beim Zuschnitt auf den mustergetreuen Übergang zwischen den einzelnen Bahnen geachtet werden.

Webkanten sollten bei jedem Zuschnitt abgeschnitten werden, da sie durch ihre dichtere Webart den Fall des Saums ungünstig beeinflussen.

Bei dem Zuschnitt von Dekosamten muss die Strichrichtung beachtet werden. Sie kann durch Überstreichen mit den Fingerspitzen oder mit einer aufgelegten Münze festgestellt werden, die sich beim Schlagen auf den Stoff in die Strichrichtung bewegt. Mit welcher Strichrichtung ein Dekosamt verarbeitet werden soll, darüber gibt es unterschiedliche Auffassungen.

Verläuft der Strich von oben nach unten, so kann der Staub nicht so leicht in den Faserflor eindringen. Außerdem lässt sich bei dieser Strichlage der Dekosamt leichter mit dem Staubsauger absaugen oder mit einer Bürste abbürsten.

Bei einer Strichlage von unten nach oben wirken die Farben tiefer und leuchtender. Für welche Strichlage man sich entscheidet, hängt nicht zuletzt von den persönlichen Erfahrungen ab und sollte in jedem Fall mit dem Kunden abgesprochen werden.

#### 7.1.7.2 Nähtechniken



Gardinen und Dekoschals werden je nach Ausstattung des Betriebs auf Universalnähmaschinen mit und ohne Zusatzeinrichtungen sowie auf Spezialnähmaschinen genäht. Im Einzelnen werden dabei folgende Näharbeiten durchgeführt:

##### 1. Säumen

Man unterscheidet durchgenähte Säume und Blindstichsäume.

Bei **durchgenähten Säumen** werden beim Nähen die Stoffkanten entweder von Hand oder je nach Ausstattung der Nähmaschine durch eine Zusatzeinrichtung umgelegt.

**Blindstichsäume** werden mit Blindstichnähmaschinen genäht, bei denen schwingende Bogennadeln den Stoff nur anstechen, sodass handnahtähnliche, unsichtbare Nähte entstehen. Blindstichsäume sind bei Dekosamten und dichten Dekorationsstoffen anzuwenden. Bei dünneren Stoffen lassen sich leichte Durchstiche nicht vermeiden.

*Doppelsteppstichmaschine mit Obertransport und Kantenumschlagvonichtung*
*(Abb. © Dürkopp-Adler AG)*

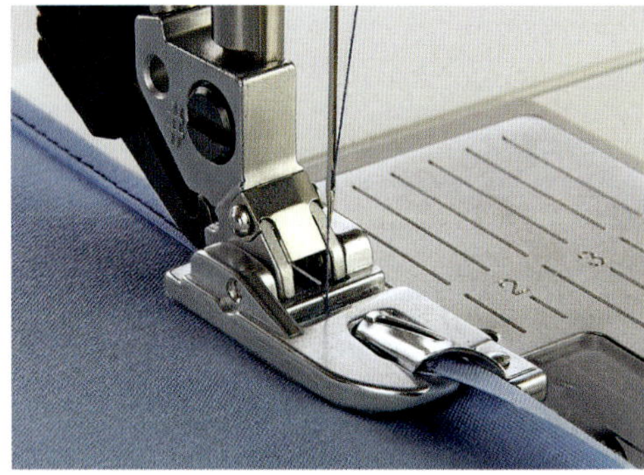

*Doppelsteppstichmaschine mit Rollsaumfuß*
*(Abb. VSM-Deutschland–Pfaff)*

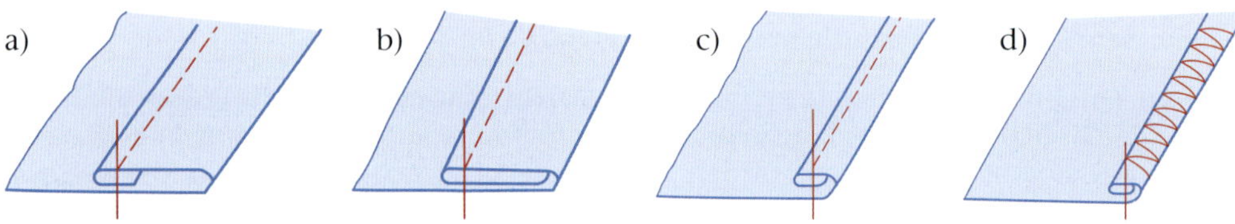


*Durchgenähte Säume*
*a) einfacher Saum mit Einschlag, b) Doppelsaum, c) Rollsaum, d) Rollsaum mit Zickzackstich*

*Blindstichnähmaschine*

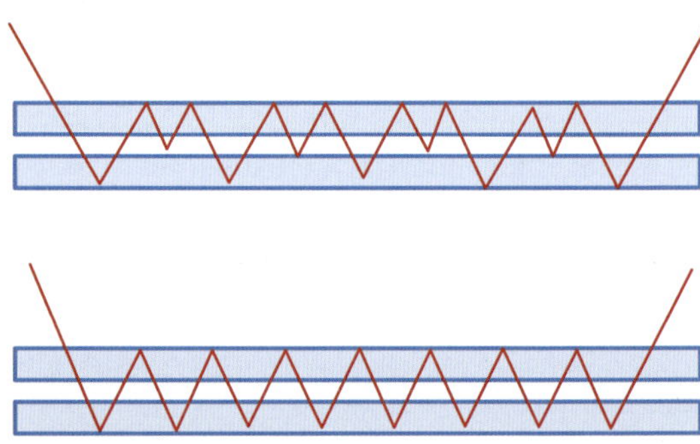

*Blindstichnähte*

**Seitensäume**

Bei Gardinen sowie oberen und seitlichen Dekorationsabschlüssen sollen die Seitensäume doppelt eingeschlagen sein und eine Breite von 2–3 cm haben. Bei Gardinen werden sie immer durchgenäht, bei Dekostoffen können sie je nach Gewebestruktur durchgenäht oder blindgenäht werden. Um bei Dekostoffen spannungsfreie Säume zu erhalten, sollte die Webkante abgeschnitten werden.

**Abschlusssäume**

Untere Abschlusssäume können einfach oder doppelt sein und je nach Stoffart durchgenäht oder blindgenäht werden. Einfache untere Säume haben einen Einschlag von 1 cm, doppelte Säume haben einen Einschlag in voller Saumhöhe.

Bei Dekosamten, dickeren Dekostoffen und Gardinenstoffen können die Säume auch ohne Einschlag, jedoch mit abgekettelter Schnittkante gefertigt werden.

Die Höhe der Säume soll in einem angemessenen Verhältnis zu der Gardinen- bzw. Dekoschalhöhe stehen und mindestens 10 cm betragen. Bei aufliegenden Dekoschals kann dieses Maß unterschritten werden.

Ist bei Gardinen- oder Dekostoffen ein Einlaufen während des Waschens bzw. der Reinigung zu erwarten, so sind doppelte Säume oder Waschfalten anzufertigen.

### 2. Verbindungsnähte

Sollen zwei Stoffteile durch eine Verbindungs- oder Stürznaht verbunden werden, so werden sie mit ihren rechten Warenseiten aufeinandergelegt und mit einem Geradstich zusammengenäht. Nach dem Nähvorgang werden beide Teile aufgeklappt und die Nahtzugabe nach hinten verstürzt.

Stoffbahnen für ungefütterte Dekoschals an großflächigen Fenstern ohne Stores, die von außen einsehbar sind, und Türvorhänge müssen durch Kappnähte verbunden werden, damit ihre Schnittkanten nicht sichtbar sind.

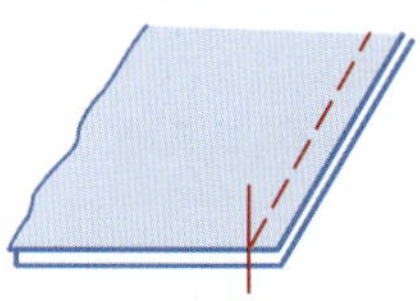

*Geradstich bei einer Stürznaht*

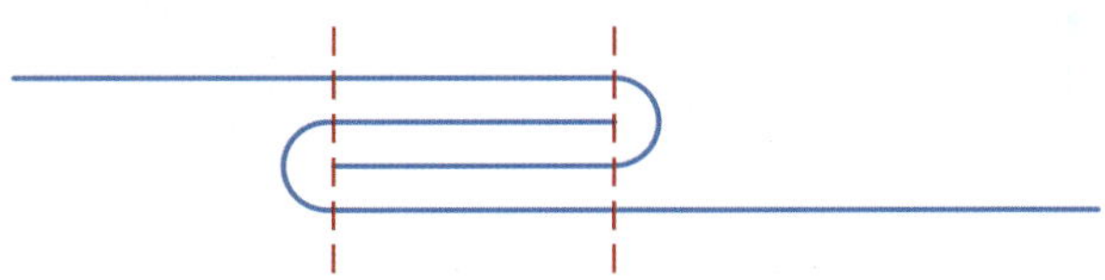

*Eingeschlagene Kappnaht*

Verbindungsnähte müssen immer lotrecht hängen. Bei einer Dekorationshöhe von 250 cm wird eine Abweichung von ±3 cm toleriert. Nähtechnisch bedingte Nahtspannungen gelten als Mangel.

### 3. Versäubern der Schnittkanten

Das Versäubern der Schnittkanten kann erfolgen mit Zickzacknähten, durchgeführt mit Doppelsteppstichnähmaschinen mit Zickzackeinrichtung, oder mit Überwendlichnähten, die mit Spezialnähmaschinen genäht werden.

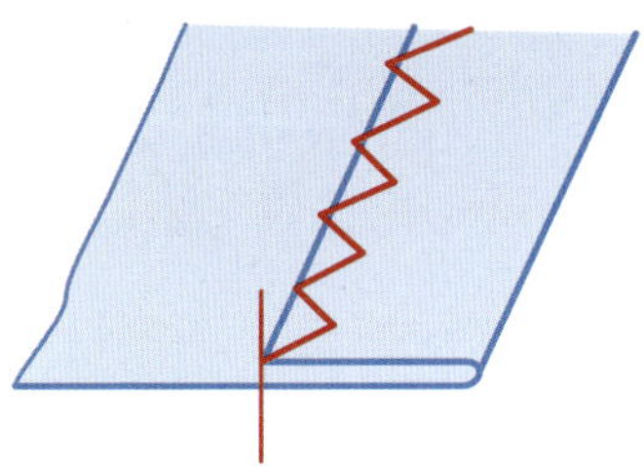

*Versäubern mit einem Zickzackstich*

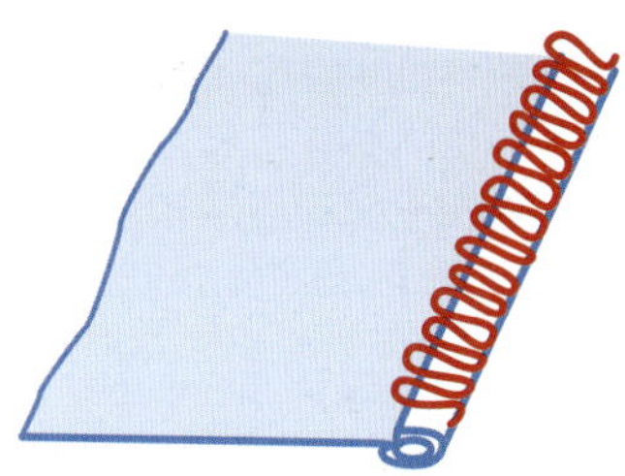

*Versäubern mit einem Überwendlichstich*



### 4. Aufnähen des Falten- oder Kräuselbandes

Auf den umgeschlagenen Gardinen- oder Dekostoff wird direkt unter der Saumkante oder unterhalb eines Köpfchens mit zwei nacheinander ausgeführten parallelen Nähten das Falten- oder Kräuselband aufgenäht. Das Aufnähen kann auch mit einer Spezialnähmaschine mit zwei Nadeln in einem Nähgang erfolgen.

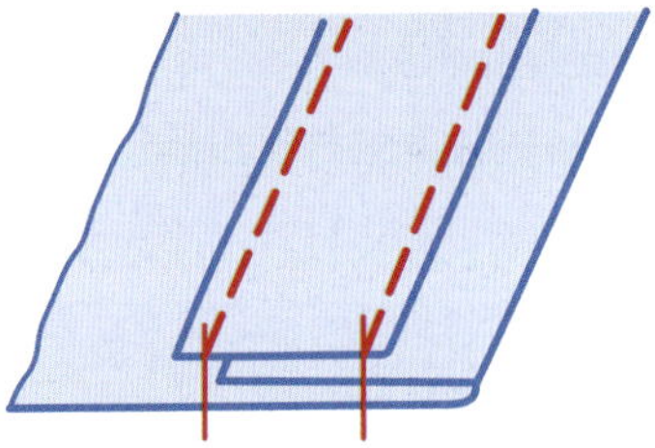

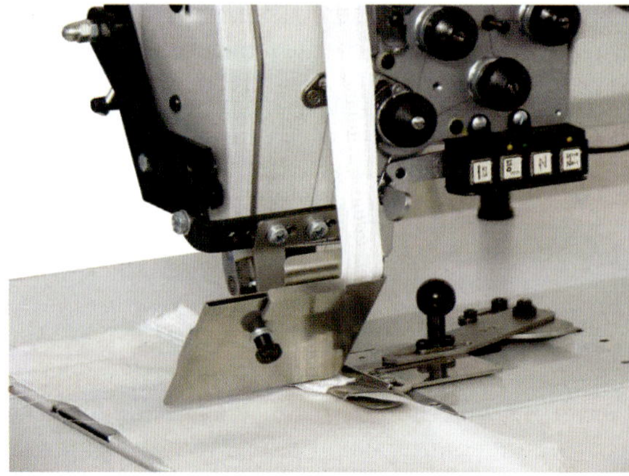

*Aufnähen des Faltenbands mit einer Zweinadel-Doppelsteppstichmaschine (Abb. © Dürkopp-Adler AG)*

### 5. Einnähen des Bleibandes

Das von einer Zusatzeinrichtung (Bleibandsäumer) geführte Bleiband wird in die umgeschlagene Kante des Gardinen- oder Dekostoffs mit einem Gerad- oder Zickzackstich eingenäht.

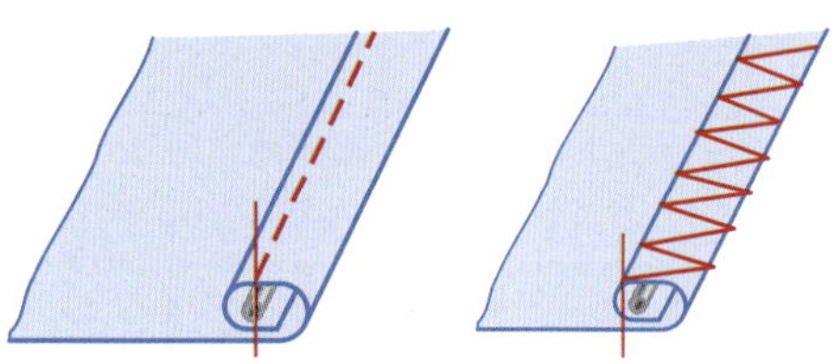

*Einnähen des Bleibands mit einer Spezialnähmaschine*

### 6. Faltennähen

Mit zusätzlich angebrachten Faltenaggregaten können einfache Falten sowie einfache und doppelte Quetsch- oder Tollfalten gelegt und mit ein oder zwei Nähten fixiert werden. In dieser Art können z. B. Faltenquerbehänge genäht werden.

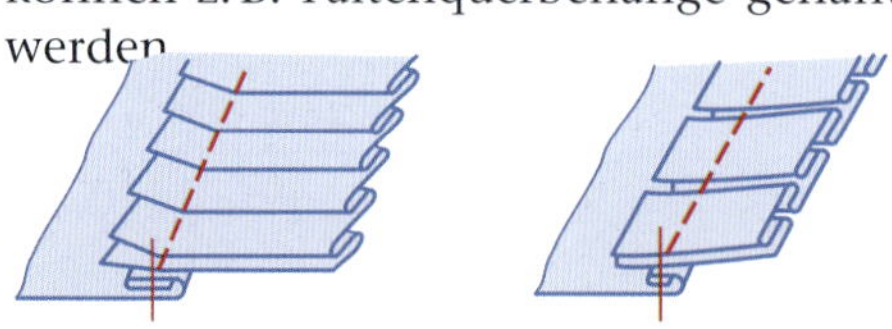

*Einfachfalten* *Quetsch- oder Tollfalten*

*Einfachfalten mit einem Faltenaggregat nähen*

### 7. Verarbeitungshinweise für kräuselfreie Nähte

Voraussetzung für das gute Erscheinungsbild einer Dekoration sind kräuselfreie Nähte, die auch nach einer Wäsche oder Reinigung ihr ursprüngliches Aussehen behalten sollen. Sie werden beeinflusst durch:

- Nähfaden,
- Nadelstärke,
- Stichlänge,
- Fadenspannung.

Die für Dekorationsarbeiten verwendeten **Nähfäden** müssen auf den Gardinen- oder Dekostoff abgestimmt sein. Da nahezu alle Gardinen waschbar und viele Dekostoffe pflegeleicht sind, müssen Nähfäden verwendet werden, die bei diesen Pflegearbeiten nicht einlaufen. Aus diesem Grunde eignen sich zum Nähen von Dekorationen Nähfäden aus Polyester-Spinnfasergarnen sowie Polyester-Umspinnungszwirne, die nach der Wäsche nicht nur kräuselfreie Nähte ergeben, sondern darüber hinaus noch eine gute Lichtbeständigkeit besitzen. Zum Einsatz kommen Nähfäden der Garnstärke Nr. 100 und 120 (= Nm des Einzelgarns im Zwirn). Zum Versäubern der Nähte verwendet man Polyester-Filament-Nähfäden der Nr. 120. Zum Nähen schwer entflammbarer Stoffe müssen entsprechend hitzebeständige Nähfäden eingesetzt werden.

Die **Nadelstärke** ist von der Feinheit des Nähfadens abhängig. Es werden verwendet:

| Garnstärke | Nr. 120 | Nr. 100 |
|---|---|---|
| Nadelstärke | Nm 70–80 | Nm 80–90 |

Ein wichtiges Kriterium für das Erreichen eines einwandfreien Nahtausfalls ist die **Stichlänge**. Dabei ist zu beachten, dass je größer die Stichlänge, desto geringer die Kräuselneigung ist. Einwandfreie Nahtbilder erhält man, wenn mit 4–5 Stichen je cm genäht wird.

Die Nähte sollten nach Möglichkeit mit geringer **Fadenspannung** genäht werden. Bei Doppelsteppstichnähmaschinen ist das Einstellen der Ober- und Unterfadenspannung eine wichtige Voraussetzung für eine kräuselfreie Naht. Man stellt zuerst die Unterfadenspannung ein, die so niedrig wie eben möglich sein sollte. Darauf wird die Oberfadenspannung eingestellt. Das Nahtbild ist optimal, wenn sich Ober- und Unterfaden in der Mitte des Nähguts verschlingen.

Beim Doppelkettenstich muss bei leichter Fadenspannungseinstellung die Nadelfadenschlinge auf der Rückseite des Nähguts punktförmig sichtbar sein.

### 8. Bügeln

Nach dem Nähen erhalten die Gardinen und Dekoschals durch Bügeln ihr korrektes Aussehen. Dabei werden unerwünschte Falten beseitigt sowie Nähte und Kanten abgeflacht. Zur Verfügung stehen normale Elektrobügeleisen sowie Dampfbügeleisen, mit denen durch den austretenden Wasserdampf eine wesentlich bessere Bügelwirkung erreicht und die Bügelzeit verkürzt wird.

Rationelle Bügelarbeiten lassen sich mit Bügelautomaten durchführen, die in verschiedenen Ausführungen auf dem Markt sind. Bei diesen Bügelautomaten wird der zu bügelnde Stoff über eine bewegliche Bügelfläche immer um eine Bügelbreite weiter bewegt. Der Bügeleffekt wird durch eine über ein Thermostat geregelte Tischheizung und eine Absaugvorrichtung erreicht. Vorn und hinten sind an den Automaten Stoffauffangmulden angebracht, die die großen Stoffmengen der Dekorationen aufnehmen.

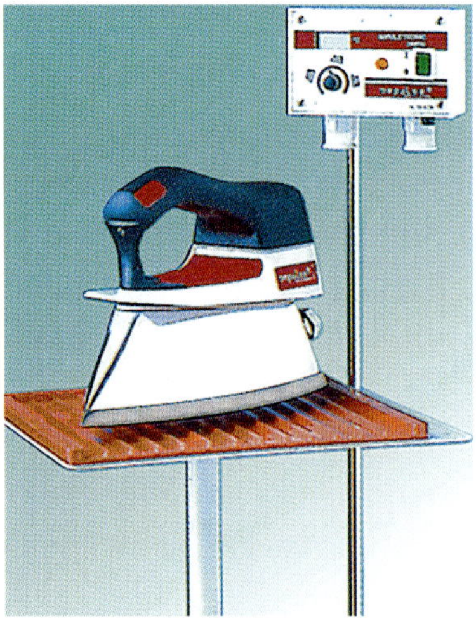

*Dampfbügelanlage*

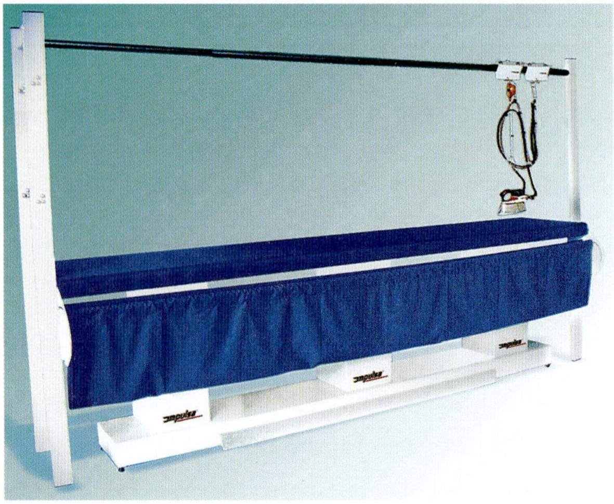

*Bügelautomat*

## 9. Abschlussarbeiten

Nach dem Bügeln erfolgt das **Bilden der Falten**, indem der Gardinen- oder Dekostoff auf den verknoteten und an einem festen Gegenstand befestigten Zugschnüren des Falten- oder Kräuselbands aufgeschoben wird, und das Einschlaufen von Rollringen bzw. Gleitern.

Zum Abschluss wird die Dekoration auf einen Ständer oder ein Ablänggerät aufgehängt, um Ausführung (z. B. Faltenfall, Faltenabstände usw.) und Fertigmaße zu kontrollieren.

Das Ablänggerät dient nicht nur zur **Kontrolle**, sondern auch zum Messen und Beschneiden von Dekorationen. Die an drei Seiten fertig genähte Dekoration wird in einen oben am Gerät befindlichen Klammerbalken eingelegt. Über der unteren Stoffklemmeinrichtung befindet sich eine elektrische Abschneidevorrichtung, mit der die Dekoration auf die festgelegte Fertighöhe geschnitten wird.

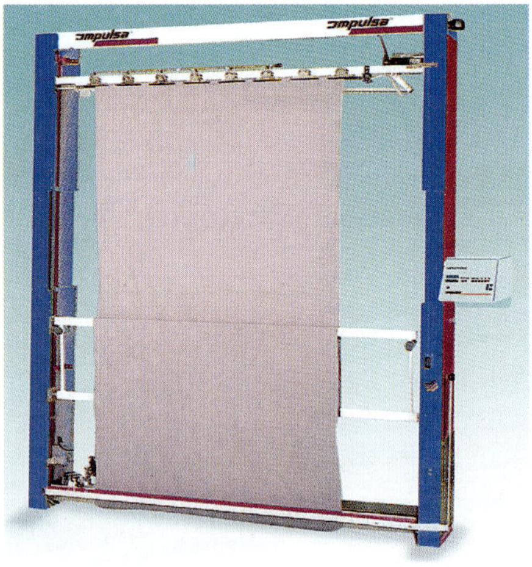

*Ablänggerät*

### 7.1.7.3 Warenbedingte Fertigungstechniken

Bei einigen Dekorationsstoffen sind aufgrund ihrer warentypischen Eigenschaften besondere Fertigungstechniken erforderlich.

#### 1. Dekosamte

Dekosamte müssen bedingt durch ihre empfindliche Faserflordecke besonders behandelt werden.

- Auf Rollen gewickelte Dekosamte müssen stehend gelagert werden. Bei einer liegenden Lagerung bilden sich Druckstellen.
- Dekoschals müssen mit Futterstoff abgefüttert werden, um
  - warentypische Lichtpunkte (herstellungsbedingte Florausfallstellen) abzudecken,
  - die etwas raue Stoffrückseite vor mechanischen Schäden zu schützen, um einen Florausfall zu vermeiden,
  - den Samt und seine Farbe vor Lichteinflüssen zu schützen.
  - Der Futterstoff wird oben mit dem Dekosamt durch eine Naht verbunden, unten bleibt er frei hängend und soll 2–3 cm kürzer als der Dekosamt sein. An den Seiten wird er verstürzt eingenäht, wobei man den Dekosamt 3–5 cm zurückspringen lässt.
- Nach dem Nähen die Dekoschals möglichst hängend oder in der ganzen Fläche ausgelegt lagern.
- Nicht bügeln, nur von der linken Warenseite dämpfen.
- Nur in Ausnahmefällen zur Entfernung starker Druckstellen auf einer Spezialauflage von der linken Warenseite mit geringster Bügeleiseneinstellung (ein Punkt) und ohne Druck bügeln.

#### 2. Dekostoffe aus Seide

Dekostoffe aus Seide müssen vor dem Zuschnitt gebügelt werden, um ein späteres Krumpfen des Stoffs zu vermeiden. Die aus seidenen Stoffen hergestellten Dekoschals müssen mit Futterstoff abgefüttert werden, um sie vor Lichtschäden (Festigkeitsverlust und Farbveränderung) zu schützen. Die Abfütterung erfolgt wie bei den Dekosamten.

#### 3. Dekorips

Bei Bögen und Raffungen kann ein gebrochener Faltenfall entstehen. Wird der Stoff um 90° gedreht verarbeitet, die Rippen verlaufen dann längs, erzielt man einen weicheren Faltenfall.

#### 4. Crash

Gecrashte Dekostoffe besitzen keine Flächen- und Maßstabilität, sodass Winkelzuschnitte in Breite und Höhe sowie lineare Seitenbegradigungen erforderlich sind. Seitensäume können auslängen. Crashs dürfen nicht gebügelt werden.

### 5. Moiré

Moirés dürfen nicht gewaschen und nur mit geringer Temperatur ohne Dampf gebügelt werden, da sie sonst ihre wellenförmigen Spiegeleffekte verlieren.

### 6. Chintz

Bei der Verarbeitung und beim Gebrauch von Chintz lässt sich eine Knitterbildung nicht vermeiden. Bei Bögen und Raffungen entsteht ein gebrochener Faltenfall. Durch Wäsche oder chemische Reinigung vermindert sich der Glanz und kann nach mehreren Wäschen oder Reinigungen ganz verloren gehen.

### 7. Dekodrucke

Je nach Stoffart ist oft ein fadengerades Bedrucken nicht möglich, sodass solche Stoffe nicht fadengerade, sondern mustergerade zugeschnitten und verarbeitet werden müssen. Beim Zusammennähen bedruckter Dekostoffbahnen kann es zu geringfügigen Rapportverschiebungen kommen. Maßdifferenzen bis zu 1 % liegen im Rahmen der Toleranz.

## 7.1.7.4 Montage der Fensterdekorationen

Für das Aufhängen einer Fensterdekoration ist eine Aufhängevorrichtung in Form von Vorhangschienen oder -stangen erforderlich, die in den verschiedensten Ausführungen zur Verfügung stehen (s. Kapitel 7.2.5 Vorhangschienen und -stangen). Welches Schienen- oder Stangensystem gewählt wird, ist von der Art der Dekoration, den baulichen Gegebenheiten und dem gewünschten Aussehen abhängig.

Sofern es sich nicht um eine Wand-zu-Wand-Dekoration handelt, müssen die Vorhangschienen und Vorhangstangen über die lichte Fensterbreite hinausragen. Eine Regel für die Ermittlung des seitlichen Überstands gibt es nicht. Er richtet sich nach der Breite des Dekoschals, der nicht schmaler als ca. 25 cm sein und mit dem Fensterrahmen abschließen sollte, damit das Licht ungehindert in den Raum einfallen kann.

Die Vorhangschienen und -stangen werden entsprechend den baulichen Gegebenheiten entweder unter der Decke oder mit Winkeleisen an der Wand angebracht. Die Befestigung erfolgt durch Dübeln und Schrauben.

Die Befestigung in Betondecken und im Mauerwerk erfolgt mit Spreizdübeln und entsprechenden Schrauben. Bei abgehängten Gipskartondecken verwendet man **Federklappdübel, Kippdübel, Nylon-Hohlraumdübel** und **Hohlraum-Metalldübel** (s. Kapitel 7.2.8 Werkstoffe für Anschläge).

Die Dübellöcher werden mit **Schlagbohrmaschinen** und **Bohrhämmern** gebohrt. Diese Maschinen werden in verschiedenen Stärken und Ausführungen angeboten. Ihre Drehzahl kann stufenlos über eine Drehzahlvorwahl oder über Gänge bestimmt werden. Verschiedene Maschinentypen werden auch mit integrierter Staubabsaugung oder Akkubetrieb angeboten.

Schlagbohrmaschine

Leichter Bohrhammer mit integrierter Staubabsaugung

***Sicherheitsvorschriften beim Umgang mit Schlagbohrmaschinen und Bohrhämmern***

- *Bei der Benutzung von Bohrmaschinen muss ein Gehörschutz und bei Maschinen ohne integrierte Staubabsaugung muss bei Bohrarbeiten an der Decke gegen herabfallenden Bohrstaub eine Schutzbrille getragen werden.*

Zum Eindrehen der Schrauben werden neben Schraubendrehern überwiegend **Akku-Bohrschrauber** eingesetzt, mit denen ohne große Kraftanstrengung die Schrauben eingedreht werden können. Sie werden in verschiedenen Ausführungen und Leistungsstärken mit stufenloser Drehzahlsteuerung und Rechts- und Linkslauf angeboten.

*Akku-Bohrschrauber*

Das Bohren der Dübellöcher, das Befestigen der Vorhangschienen bzw. -stangen sowie das Aufhängen einer Dekoration wird von Leitern aus durchgeführt.

Die **Aufhängung** einer Fensterdekoration erfolgt über Gleiter oder Rollringe, die in die Läufe der Vorhangschienen oder -stangen eingeschoben werden, oder über Ringe, Ösen, Schlaufenbänder, Bindebänder, die auf die Stangen aufgeschoben werden, oder bei festeren Dekostoffen mit Schaube und einem hohen Stehkopf durch Stangenaufschub. An den Enden der Läufe der Vorhangschienen und -stangen werden Feststeller eingesetzt, damit die Gleiter oder Rollringe nicht aus den Läufen gleiten.

Die meisten Gardinen werden mit einem Schleuderwagen oder -gleiter und einem dazugehörigen Schleuderstab montiert, der mit einem Karabinerhaken an dem am Anfang der Gardine eingesetzten Schleuderwagen bzw. -gleiter befestigt wird.

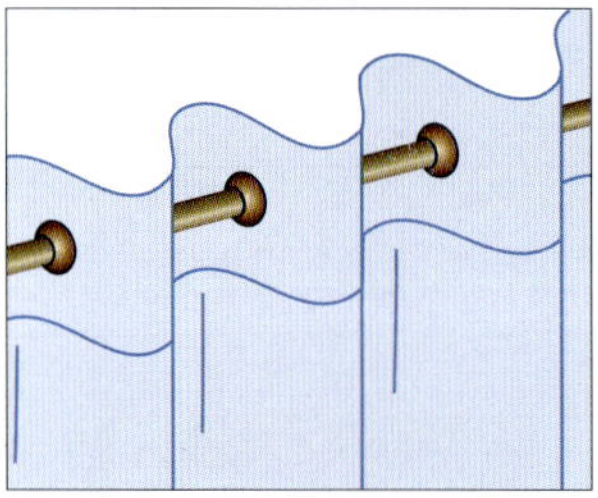

*Aufhängung mit Ösen*

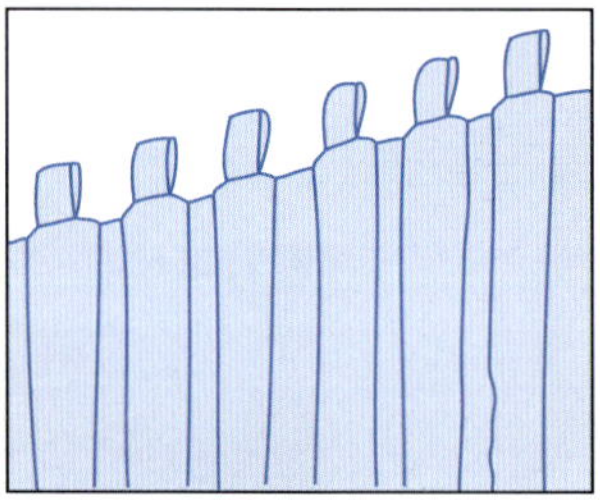

*Aufhängung mit Schlaufenbändern*

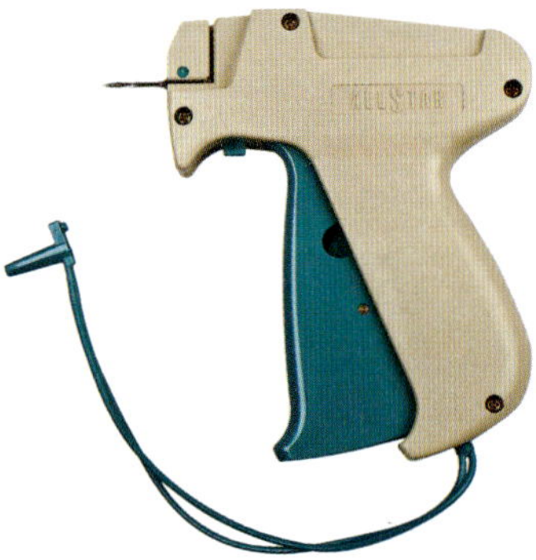

*Faltensteckerpistole*

*Aufhängung mit Bindebändern*

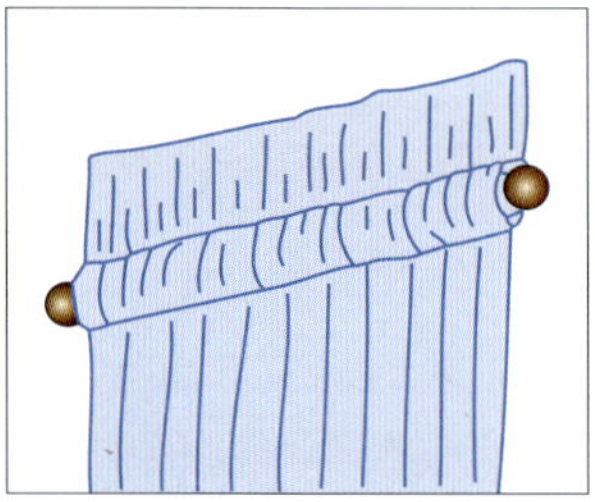

*Aufhängung mit Schaube und Stangenaufschub*

Nach dem Aufhängen der Dekoration werden soweit erforderlich am Saum, bei Raffgardinen im Raffhalter, die Falten gesteckt. Bei Gardinen benutzt man dazu Kunststoffstecknadeln oder Faltenstecker, bei Dekoschals vernickelte Messingstecknadeln. Das Halten der Falten kann auch mit 7–50 mm langen Kunststofffaltensteckerfäden erfolgen, die mit einer **Faltensteckerpistole** in die gebildete Falte eingeschossen werden.

## 7.1.7.5 Zugeinrichtungen bei Fensterdekorationen

Gardinen und Vorhänge können mit angebrachten Zugeinrichtungen auf- und zugezogen werden. Es gibt Zugeinrichtungen für einteilige und zweiteilige Gardinen und Vorhänge. Nach der Art der Führung der Zugschnüre unterscheidet man:

- **offene Züge**, bei denen die Zugschnur ohne Spannung geführt wird und ihre Enden mit daran befestigten Quasten frei herunterhängen. Bei dieser Zugart kann die Zugschnur leicht durchhängen und das Gleiten der Gardine oder des Vorhangs beim Auf- und Zuziehen behindern. Aus diesem Grunde sind diese Züge nur selten anzutreffen.
- **Endloszüge**, bei denen die Enden der unter leichter Spannung geführten Zugschnur verknotet werden, sodass eine „endlose" Zugschnur entsteht.

### Montage eines Endloszuges für eine zweiteilige Gardine

An der Seite, an der die Gardine auf- und zugezogen werden soll, wird an der Wand ein Schnurspanner (1) und oben an der Vorhangschiene eine doppelte Zugrolle (2) angebracht. An der gegenüberliegenden Seite der Vorhangschiene wird eine Umlenkrolle (3) befestigt.

Am Anfang der beiden Gardinenschals wird als erstes Röllchen ein Schleuderwagen eingesetzt. Die Zugschnur wird zunächst an den Schleuderwagen des vorderen Schals (4) mit einem kurzen Ende angeknotet, um die Umlenkrolle (3) zu dem Schleuderwagen des hinteren Schals (5) geführt und dort ebenfalls angeknotet. Von dort aus wird die Zugschnur über die hintere Zugrolle (2), den Schnurspanner (1), die vordere Zugrolle (2) zum Schleuderwagen des vorderen Schals (4) geführt, wo sie mit dem anderen Ende verknotet wird.

Analog dieser Vorgehensweise ist auch ein Endloszug für eine einteilige Gardine zu montieren. Bei einem offenen Zug entfällt der Schnurspanner.

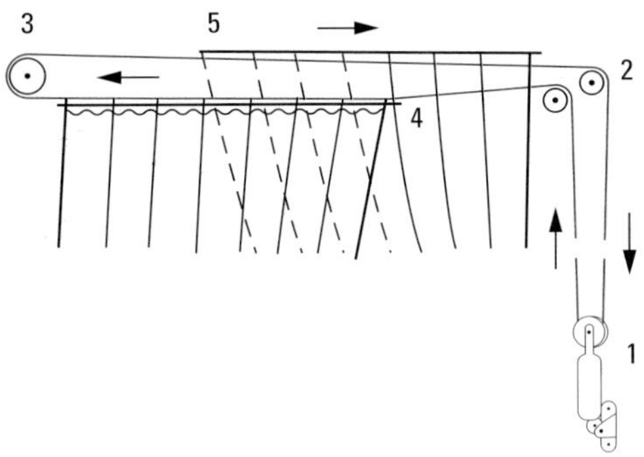


*Endloszug für eine zweiteilige Gardine*

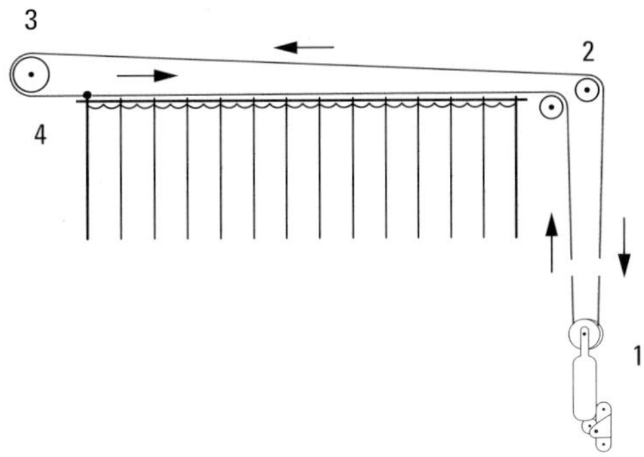


*Endloszug für eine einteilige Gardine*

### 7.1.7.6 Fertigungstechniken bei Schabracken

Schabracken können auf verschiedene Weisen hergestellt werden. Das Grundprinzip der Schabrackenfertigung besteht darin, dass der Dekostoff auf eine versteifende Einlage aufgebracht wird. Als **versteifende Einlagen** kommen infrage:

- mit Heißsiegelklebstoff ein- und beidseitig beschichtete Schabrackeneinlagen, auf die der Dekostoff aufgebügelt oder mit einer Fixierpresse aufgepresst wird,
- mit Haftklebstoff beschichtete Schabrackeneinlagen, auf die der Dekostoff aufgeklebt wird,
- eine Sperrholz- oder Holzfaserplatte, die mit dem Dekostoff bezogen wird.

Die Verarbeitung des Stoffs für eine Schabracke kann bahnenweise mit senkrechten Nähten oder nahtlos quer erfolgen. Fachlich ist jedoch die bahnenweise Verarbeitung zu empfehlen, da nur so die farbliche Übereinstimmung mit den dazugehörigen Dekoschals gewährleistet ist. Bei der nahtlosen Querverarbeitung kann eine unterschiedliche Farbwirkung gegenüber dem senkrecht verarbeiteten Stoff der Dekoschals entstehen.

Von den genannten Einlagen werden am meisten die mit Heißsiegelklebstoff beschichteten Schabrackeneinlagen verwendet. Aus diesem Grunde werden Möglichkeiten der Fertigung der Schabracken mit diesen Einlagen beschrieben.

## Fertigung von Schabracken mit Heißsiegelklebstoff beschichteten Schabrackeneinlagen

Solche Schabrackeneinlagen werden in verschiedenen Qualitäten und Ausführungen angeboten. Welche Art eingesetzt wird, ist u.a. von dem verwendeten Dekostoff abhängig. Für Deko-Chenille und Dekosamte werden besondere Schabrackeneinlagen empfohlen. Die Fertigung einer Schabracke kann abhängig sein von der

- Art der Schabrackenbeschichtung, z.B. ein- oder beidseitig beschichtet, einseitig beschichtet mit Veloursabfütterung,
- Art des Abschlusses an der Unterkante, der offenkantig mit Bortenabschluss oder mit verstürzt angenähtem Rückseitenstoff (Deko- oder Futterstoff) ohne Bortenabschluss durchgeführt werden kann.

### Schabracke ohne Bortenabschluss mit verstürzt angenähtem Unterstoff

Für die Herstellung der Schabracke wird eine beidseitig beschichtete Einlage verwendet. Um ein Krumpfen des Dekostoffs beim Aufbügeln auf die Einlage zu vermeiden, muss er vorher abgedämpft oder abgebügelt werden. Die weitere Herstellung erfolgt entsprechend den nachfolgenden Fotos in folgenden Schritten:

- Die Form der Schabracke auf die Einlage (3) aufzeichnen, ausschneiden (1) und auf Silikonpapier (2) legen.
- Den abgedämpften Oberstoff (5) an der Ober- und Unterkante (4) mit einem Überstand von 2,5 cm auflegen und mit Stecknadeln anstecken.

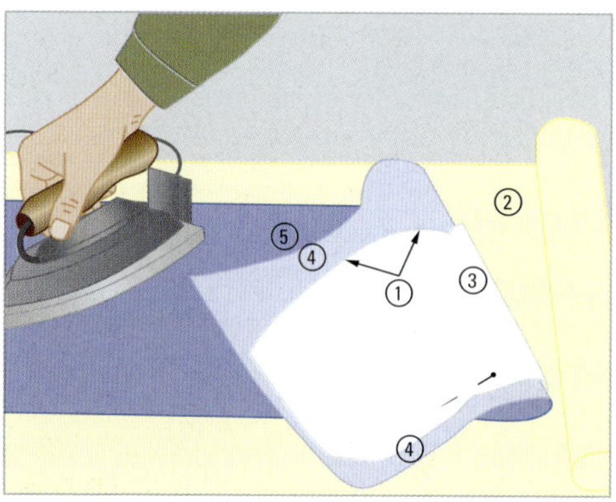


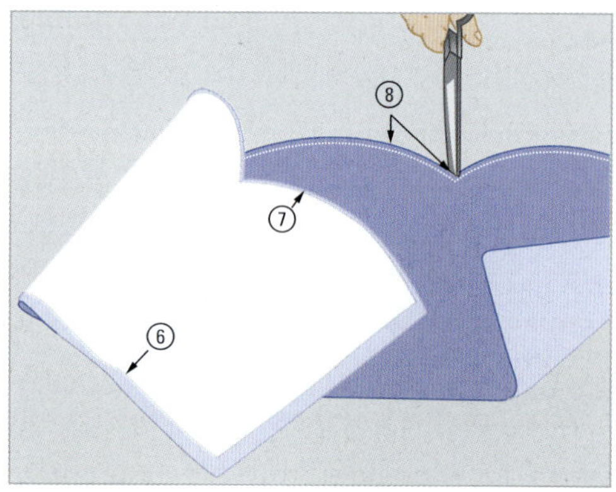


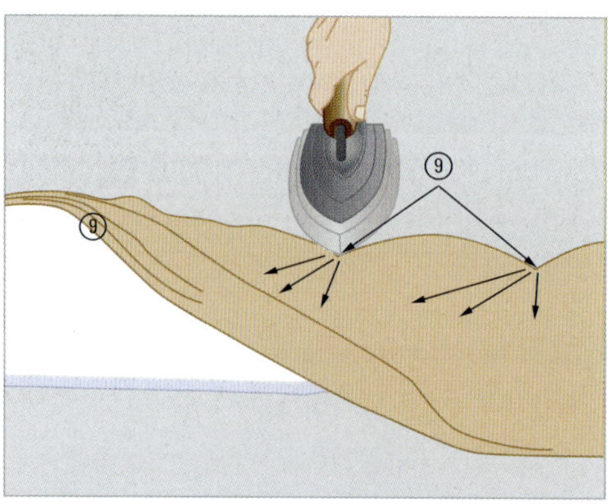

- Bügelunempfindliche Dekostoffe mit einem Bügeleisen, empfindliche mit einem Industriedampfbügeleisen auf die Einlage aufbügeln oder aufdämpfen. Anschließend das Silikonpapier abziehen.
- Den an der Oberkante und den Seitenkanten überstehenden Oberstoff auf die Rückseite umlegen und aufbügeln (6).
- Den Rückseitenstoff unter den mit der Einlage verbundenen Oberstoff legen und mit einem Abstand von 2–3 mm von der Schabrackeneinlage verstürzt annähen (7).
- Unterkante ca. 5–10 mm von der Naht abschneiden und die Ecken gut einschneiden (8).
- Den Rückseitenstoff verstürzen und auf die Rückseite der Einlage von der Mitte aus strahlenförmig aufbügeln (9).
- An der Oberkante und den Seitenkanten den Rückseitenstoff bündig mit der Einlage abschneiden und mit einem 1 cm breiten beidseitigen Klebeband im Randbereich verkleben. Anschließend an der Oberkante und den Seitenkanten das Flauschband für die Haftung an dem Halt- oder Pilzband aufbügeln (11), wodurch auch die Anstoßstelle (10) verdeckt wird.

**Schabracke mit offenkantiger Unterkante und Bortenabschluss**
Der abgedämpfte Oberstoff wird wie vorangehend beschrieben mit einem Überstand von 2,5 cm an der Oberkante und den Seitenkanten auf eine beidseitig beschichtete rechteckige Schabrackeneinlage aufgebügelt. Die Überstände werden umgelegt und auf der linken Seite aufgebügelt. Der Unterstoff wird dann auf die linke Seite der Einlage aufgebügelt, anschließend bündig mit der Oberkante und den Seitenkanten abgeschnitten und der Randbereich mit einem 1 cm breiten beidseitigen Klebeband verklebt. Dann wird an der Oberkante und den Seitenkanten das Flauschband aufgebügelt. Abschließend wird die Schabrackenform aufgezeichnet und ausgeschnitten. Nach dem Abketteln der Schnittkante wird die Borte aufgenäht oder mit einem entsprechenden Klebeband aufgebügelt. Die Bortenenden werden nach hinten umgeschlagen.

Bei der Verwendung einer einseitig beschichteten Einlage mit Veloursabfütterung erübrigt sich das Aufbügeln des Rückseitenstoffs. Die Überstände des Oberstoffs müssen dann auf der Rückseite mit einem doppelseitigen Klebeband verklebt werden.



***Aufgaben***

1. *Für das Foyer eines Hotels soll eine stilbetonte Dekoration aus einem Dekosamt gefertigt werden. Welche warenbedingten Fertigungstechniken müssen bei der Anfertigung der Dekoration beachtet werden?*
2. *Begründen Sie, warum seidene Dekostoffe vor dem Zuschnitt gebügelt und daraus hergestellte Dekoschals abgefüttert werden müssen.*
3. *Schildern Sie die Abfütterung eines Dekoschals.*
4. *Aus einem Crash sollen Dekoschals gefertigt werden. Was müssen Sie bei der Verarbeitung dieses Stoffs beachten?*

5. *Beschreiben Sie das Anbringen einer Vorhangschiene unter einer abgehängten Gipskartondecke.*

6. *Beschreiben Sie mithilfe einer Skizze die Montage eines Endloszugs für eine zweiteilige Gardine.*

### 7.1.8 Schmucktechniken bei Fensterdekorationen

Durch angebrachte Posamenten und andere schmückende Dekorationselemente wird das Aussehen einer Fensterdekoration wirkungsvoll unterstützt. Die Art ihrer Anbringung ist von der jeweiligen Schmuckart abhängig.

#### 7.1.8.1 Schmucktechniken bei Gardinen

Bei Gardinen können als seitliche und untere Abschlüsse Borten, Besätze, Spitzen, Macramé und Fransen aufgenäht werden.

Einen besonders wirkungsvollen Effekt erhalten Gardinen durch angenähte **Volants**, die in verschiedenen Höhen und Breiten gefertigt werden können. Bei der Festlegung ihrer Zuschnitthöhe müssen Zuschläge für Saum und Köpfchen berücksichtigt werden. Die Zuschnittbreite errechnet sich aus der Zuschnittbreite der Gardine zuzüglich einer Faltenzugabe von 100–150 %. Beim Nähen des Volants können die Falten entweder von Hand oder durch eine Faltenlegevorrichtung an der Nähmaschine gelegt werden (s. Nähtechniken Kapitel 7.1.7.2–6. Faltennähen). Je nach Art der Faltenlegevorrichtung können Volants mit einfachen Falten oder mit Quetsch- oder Tollfalten gefertigt werden. Nach dem Nähen wird der Volant ausgebügelt und auf die untere oder seitliche Kante der Gardine genäht. Bei Stores muss jedoch zuvor entlang des Nahtverlaufs ein Bleiband eingenäht werden, um einen optimalen Faltenfall zu erhalten.

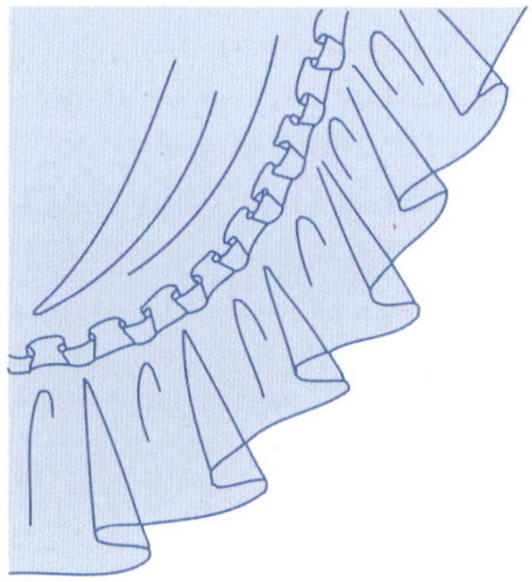

*Volant als seitlicher Abschluss*

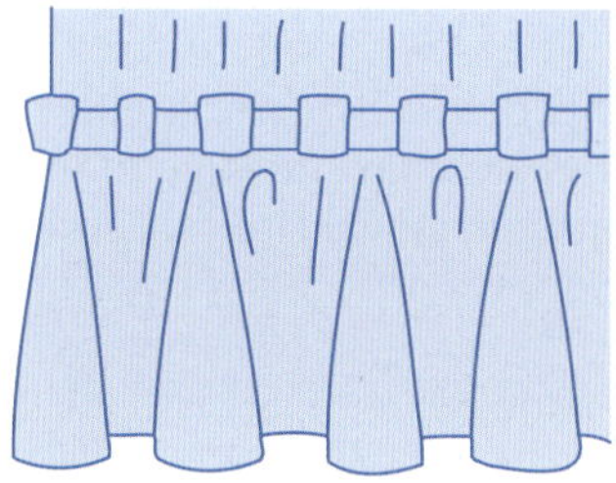

*Volant als unterer Abschluss*

#### 7.1.8.2 Schmucktechniken bei seitlichen und oberen Dekorationsabschlüssen

Die Außenkanten der seitlichen und oberen Dekorationsabschlüsse können durch aufgenähte oder aufgebügelte Borten appliziert werden. Für Falten- und Mittelbogen-Querbehänge kommen ferner noch schmale Volants infrage.

**Formraffhalter** sind sowohl Schmuckstück als auch Halterung zugleich. Ihre Form kann zwar individuell gestaltet werden. Sie muss jedoch dem Gesamtbild der Dekoration angepasst werden. Die Fertigung eines Formraffhalters kann in der gleichen Art wie bei einer Schabracke mit einer aufbügelbaren Einlage erfolgen (s. Kapitel 7.1.7.6). Den dafür erforderlichen Zuschnitt zeigt die Abbildung. Durch auf die Ränder aufgenähte oder aufgebügelte Borten kann eine gute optische Verbindung zu den Dekoschals und der Schabracke geschaffen werden.

*Formraffhalter*

**Stoffrosetten** können zur Verzierung und Abdeckung der Enden eines Zipfels oder Formraffhalters angebracht werden. Für die Herstellung ist ein kreisrunder Zuschnitt erforderlich. Nach dem Abketteln des Zuschnitts wird am Rand ein Reihfaden eingezogen, der auf der Rückseite der Rosette verknotet wird. Durch Zusammenziehen des Reihfadens entstehen kleine Falten, die der Rosette das Aussehen einer gefächerten Blüte geben.

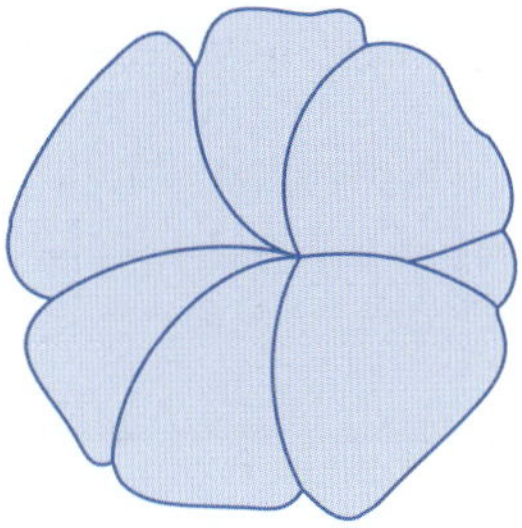

*Rosette*

Zur Verzierung der Raffhalter werden oft **Schleifen** verwendet, die der Dekoration einen romantischen Eindruck verleihen. Für die Herstellung benötigt man einen schmalen, doppellagigen Stoffzuschnitt mit den rechten Warenseiten nach außen, der in verschiedenen Techniken zu einer Schleife gebunden werden kann.

*Doppelschleife mit einem Stoffring gehalten*

Neben diesen anzufertigenden Schmuckteilen werden noch von der Industrie verschiedene Schmuckelemente angeboten, wie Raffhaken, -bügel, Abstandhalter usw. Sie werden entsprechend dem Gesamtbild der Dekoration ausgesucht und mit Dübeln und Schrauben an der Wand befestigt.

### 7.1.9 Pflege und Reinigung der Fensterdekorationen

#### 1. Pflege und Reinigung der Gardinen

Gardinen werden fast ausnahmslos aus Polyester hergestellt. Sie sind daher formbeständig, pflegeleicht und können gewaschen werden. Ggf. können die Hersteller besondere Pflegehinweise geben. Das Waschen kann mit der Waschmaschine oder von Hand durchgeführt werden. Stecknadeln, Faltenstecker, Rollringe, Gleiter, loses Bleiband und Bleistäbchen müssen vor der Wäsche entfernt werden, da sie sonst den Gardinenstoff beschädigen. Ggf. kann der obere Gardinenteil mit Rollringen und Gleitern in einen speziellen Waschbeutel eingebunden werden. Ebenso sollte ein evtl. Fransenabschluss in einen Waschbeutel eingebunden werden, um ihn vor Beschädigungen während des Waschvorgangs zu schützen.

Um eine gründliche Durchspülung bei der **Maschinenwäsche** zu erreichen, benötigen die Gardinen in der Waschmaschine viel Platz und Wasser. Daher darf die Waschmaschine nur zu einem Viertel der sonst üblichen Waschmenge gefüllt werden. Als Richtmenge gilt für Waschmaschinen mit einem Fassungsvermögen von 5 kg höchstens

12 m² Gardinenfläche. Gewaschen wird mit Fein- oder Spezialwaschmitteln bei einer Waschtemperatur von 30 °C.

Die Waschdauer sollte 20–25 Minuten nicht überschreiten. Durch einen anschließenden Spülvorgang müssen die Waschmittelreste restlos entfernt werden. Gardinen dürfen **nicht geschleudert** werden.

Gardinen mit einem Flächenmaß über 12 m² sollen in der Badewanne **von Hand** gewaschen werden. Dort werden sie zuerst kalt ausgespült und anschließend mit Voll- oder Spezialwaschmitteln bei 30–40 °C durch Hin- und Herschwenken und Durchdrücken gewaschen. Auf keinen Fall dürfen sie gerieben und gewrungen werden. Nach dem Waschvorgang mehrmals klarspülen, bis das letzte Spülbad klar und schaumfrei ist.

Nach der Maschinen- oder Handwäsche wird die Gardine nach kurzem Abtropfen feucht wieder aufgehängt, geordnet und in Falten gelegt.

Je nach Stoffart kann trotz sorgfältiger Behandlung eine leichte Knitterbildung entstehen, die sich durch leichtes Bügeln der noch feuchten Gardine mit einem Dampfbügeleisen problemlos entfernen lässt.

**Pflegeleicht heißt nicht bügelfrei.**

## 2. Pflege und Reinigung der seitlichen und oberen Dekorationsabschlüsse

Einheitliche Reinigungs- und Pflegehinweise sind bei diesen Dekorationsabschlüssen nicht möglich, denn die dafür verwendeten Dekorationsstoffe können aus den verschiedensten Faserrohstoffen und Fasermischungen hergestellt sein und eine unterschiedliche Farbgebung erfahren haben. Schabracken besitzen außerdem versteifende Einlagen, auf die bei der Reinigung ebenfalls Rücksicht genommen werden muss. Aus diesem Grund weisen die Hersteller durch Pflegesymbole die Pflege und Reinigung des jeweiligen Dekostoffs oder Dekoteils aus. Die gültigen internationalen Pflegesymbole von GINETEX Germany sind auf der nächsten Seite aufgeführt.

### Pflege und Reinigung seitlicher und oberer Dekorationsabschlüsse aus Dekosamt

Wie bei der Verarbeitung so müssen bei der Pflege und Reinigung Dekorationsteile aus Dekosamt besonders behandelt werden. Sie sollten in bestimmten Zeitabständen in Strichrichtung mit der flachen Düse des Staubsaugers abgesaugt oder mit einer weichen Bürste abgebürstet werden. Nach längerer Zeit sollten sie je nach Verschmutzungsgrad chemisch gereinigt werden.

### *Aufgaben*

1. *Schildern Sie Pflege und Reinigung eines Stores aus 100 % Polyester.*
2. *Begründen Sie, warum Gardinen mit einer Fläche von über 12 m² von Hand gewaschen werden sollten und was bei der Handwäsche beachtet werden muss.*
3. *Ein Dekostoff besteht aus einer Fasermischung 70 % PES/30 % CO. Was ist bei der Pflege (waschen, bügeln) dieses Stoffs zu beachten? Begründen Sie Ihre Antwort.*
4. *Wie müssen Sie Dekoschals pflegen und reinigen, die aus einem Dekosamt gefertigt wurden?*

## INTERNATIONALE TEXTILPFLEGESYMBOLE

**WASCHEN** (Waschbottich)

| 95 | 60 | 60 | 40 | 40 | 40 | 30 | 30 | 30 | | |
|---|---|---|---|---|---|---|---|---|---|---|
| Normalwaschgang | Normalwaschgang | Schonwaschgang | Normalwaschgang | Schonwaschgang | Spezialschonwaschgang | Normalwaschgang | Schonwaschgang | Spezialschonwaschgang | Handwäsche | Nicht waschen |

Die *Zahlen* im Waschbottich entsprechen den *maximalen Waschtemperaturen*, die nicht überschritten werden dürfen. Der eine *Balken* unterhalb des Waschbottichs verlangt eine milde Behandlung mit reduzierter Waschmenge und geringer Drehzahl beim Schleudern. Der *doppelte Balken* bedeutet eine sehr milde Behandlung mit reduzierter Mechanik (z. B. Wollwäsche).

**BLEICHEN** (Dreieck)

| | | |
|---|---|---|
| Chlor- oder Sauerstoffbleiche zulässig | nur Sauerstoffbleiche zulässig / keine Chlorbleiche | Nicht bleichen |

**TROCKNEN IM WÄSCHE-TROCKNER** (Quadrat mit Kreis)

| | | |
|---|---|---|
| Trocknen im Wäschetrockner möglich Normale Trocknung | Trocknen im Wäschetrockner möglich Schonende Trocknung | Nicht im Wäschetrockner trocknen |

Die *Punkte* kennzeichnen die Trocknungsstufe im Wäschetrockner.

**BÜGELN** (Bügeleisen)

| | | | |
|---|---|---|---|
| Heiß bügeln (200 °C) | Mäßig heiß bügeln (150 °C) | Nicht heiß bügeln (110 °C) Vorsicht beim Bügeln mit Dampf | Nicht bügeln |

Die *Punkte* kennzeichnen die Temperaturbereiche der Reglerbügeleisen.

**PROF. TEXTILPFLEGE** (Kreis)

| P | P | F | F | |
|---|---|---|---|---|
| Professionelle Trockenreinigung Normales Verfahren | Professionelle Trockenreinigung Schonverfahren | Professionelle Trockenreinigung Normales Verfahren | Professionelle Trockenreinigung Schonverfahren | Nicht Trockenreinigen |

Die *Buchstaben* sind für den professionellen Textilpfleger bestimmt. Sie geben einen Hinweis auf die in Frage kommenden *Lösemittel*. Der *Balken* unterhalb des Kreises verlangt bei der Reinigung nach einer *Beschränkung* der mechanischen Beanspruchung, der Feuchtigkeitszugabe und/oder der Temperatur.

| W | W | W | W |
|---|---|---|---|
| Professionelle Nassreinigung Normales Verfahren | Professionelle Nassreinigung Schonverfahren | Professionelle Nassreinigung Spezialschonverfahren | Nicht Nassreinigen |

Dieses Symbol bezeichnet Artikel, die im *Nassreinigungsverfahren* behandelt werden können. Es wird in der zweiten Zeile *unter dem Symbol für die Trockenreinigung* angebracht. Die *Balken* unterhalb des Kreises verlangen bei der Nassreinigung nach einer *Beschränkung* der mechanischen Beanspruchung. Der *doppelte Balken* kennzeichnet ein noch *milderes Verfahren*.

## 7.2 Werkstoffe

Für die Herstellung und Montage von Fensterdekorationen werden Dekorations- und Gardinenstoffe, Vorhangschienen und -stangen, Hilfsmittel, wie z.B. Faltenbänder, sowie Schmuckmittel und Werkzeuge für Anschläge benötigt.

### 7.2.1 Dekorations- und Vorhangstoffe

Dekorations- und Vorhangstoffe (nachfolgend kurz Dekostoffe genannt) sind dichte, undurchsichtige Stoffe, die als Schal oder Übergardine mit der Gardine zur kompletten Fensterdekoration arrangiert werden. Sie haben die Aufgabe, die von ihnen umrahmten Fenster durch ihre Farben, und Musterungen zu dekorieren und mit der Wohnungseinrichtung ein harmonisches Ambiente zu bilden. In einigen Fällen werden sie auch in Form von zuziehbaren Vorhängen als Sichtschutz oder Verdunkelung verwendet. Folgende **Gebrauchseigenschaften** müssen sie aufweisen

- Pflegeleichtigkeit,
- Maß- und Formbeständigkeit,
- gute Färbbarkeit in brillanten Farben,
- hohe Lichtbeständigkeit der Farben,
- guter Faltenfall.

Die Gebrauchseigenschaften und warentypischen Eigenschaften eines jeden Dekorationsstoffs sind abhängig von

- dem verwendeten Faserrohstoff,
- der Garnart,
- der Herstellungstechnik (z.B. Bindung),
- der Veredlung (z.B. Farbgebung, mechanische und chemische Veredlung).

Der Faserrohstoff, der die genannten Gebrauchseigenschaften am besten erfüllt, ist **Polyester.** Aus diesem Grunde werden heute sehr viele Dekorationsstoffe aus diesem Faserrohstoff hergestellt. Darüber hinaus werden für Dekorationsstoffe **Baumwolle, Viskose, Polyacryl, Fasermischungen** sowie in geringem Umfang **Seide, Leinen** und andere Chemiefasern eingesetzt.

Dekostoffe für den Objektbereich müssen mitunter aufgrund der hohen Sicherheitsauflagen unbrennbar oder schwer entflammbar sein. Zur Verfügung stehen einmal Dekostoffe aus unbrennbaren **Glasfasern.** Flammenhemmende Eigenschaften können Dekostoffe durch den Einsatz von **Trevira CS, Viscose FR** oder durch eine **flammenhemmende Ausrüstung** erhalten.

Dekostoffe werden in Breiten von 120, 140 cm und in Warengewichten zwischen 180 und 300 g/m$^2$ angeboten. Raumhohe Dekostoffe, die um 90° gestürzt eine nahtlose Verarbeitung in beliebiger Breite gestatten, sind bis zu einer Breite von 300 cm im Handel erhältlich.

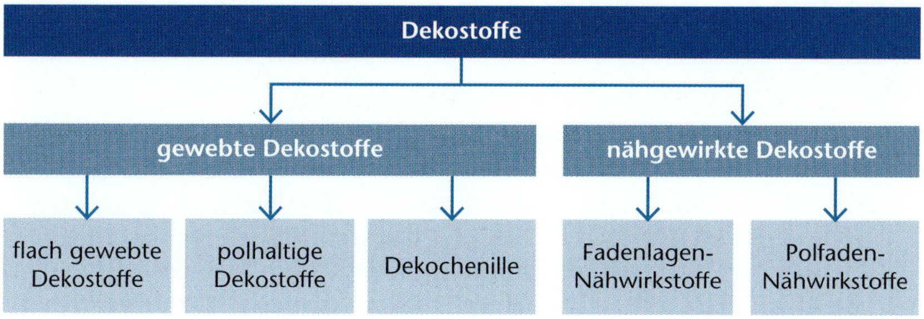


Eine besondere Art der gewebten und nähgewirkten Dekostoffe sind die **Dekodrucke**, die in vielen Dessins und Farbstellungen angeboten werden.

### 7.2.1.1 Gewebte Dekostoffe

#### 1. Flach gewebte Dekostoffe

Flach gewebte Dekostoffe sind **zweidimensionale Gewebe** mit einem mehr oder weniger glatten Warenbild. Sie haben den größten Anteil bei den gewebten Dekostoffen. Aus diesem Grunde gibt es eine Vielzahl solcher Gewebe in den verschiedensten Musterungen und Konstruktionen. Man kann sie wie folgt unterteilen:

- Einfarbige und mehrfarbig gemusterte Flachgewebe in den Grundbindungen Leinwand, Köper, Atlas und deren Ableitungen. Zu dieser Gruppe gehören u.a. **Dekosatins, Dekoripse** usw.
- Einfarbige und mehrfarbig jacquardgemusterte Flachgewebe. Die Musterungsvariationen dieser Dekostoffe sind unbegrenzt. Sie reichen von kleinen einfarbigen bis zu mehrfarbigen großrapportigen Musterungen. In diese Gruppe gehören in leichteren Gewichten u.a. auch **Damaste, Damassés, Brokate** und **lancierte Gewebe**, wie sie bei den Möbelstoffen vorkommen und dort beschrieben wurden.

*Einfarbiger jacquardgemusterter Dekostoff*

*Mehrfarbiger jacquardgemusterter Dekostoff*

In vielen Fällen wird die Oberfläche der flach gewebten Dekostoffe noch durch Effektgarne oder -zwirne belebt. Je nach Feinheit der verwendeten Effekte entstehen dann auf der Warenoberfläche unterschiedliche Strukturen. Solche Dekostoffe bezeichnet man dann als **Struktur-Dekos**, z.B. Struktur-Satin, Struktur-Jacquard usw.

## 2. Polhaltige Dekostoffe

Polhaltige Dekostoffe sind **dreidimensionale** Gewebe. Sie besitzen auf einem Grundgewebe eine Poldecke aus einem Schnitt- oder Schlingenflor.

Unter einem **Dekosamt** versteht man ein Polgewebe, das auf einem leinwandbindigen Grundgewebe einen dichten, aufrecht stehenden Schnittflor (Faserflor) besitzt, der nicht höher als ca. 2,5 mm ist. Da der Faserflor von Kettfäden gebildet wird, gehören die Dekosamte zur Gruppe der **Kettpolgewebe**. Sie sind wie die Möbelvelours aufgebaut (Grundgewebe, Noppenformen) und werden auch in der gleichen Technik im Doppelwebverfahren hergestellt.

Durch den Einsatz von Flammengarnen im Schuss des Grundgewebes entstehen **Antik-Dekosamte** oder **Struktur-Dekosamte** mit mehr oder weniger großen Lücken in ihrem aufrechten Faserflor. Dadurch wird ein **„antiker“ Charakter** imitiert bzw. eine Struktur in der Flordecke erzielt.

Die Gebrauchseigenschaften eines Dekosamts sind von dem verwendeten Faserrohstoff der Polkette, bevorzugt werden Baumwolle und Polyacryl, der Poldichte und der Polfestigkeit abhängig.

Dekosamte erfordern aufgrund ihrer empfindlichen Warenoberfläche besondere Verarbeitungstechniken (s. Kapitel 7.1.7.3 Warenbedingte Fertigungstechniken).

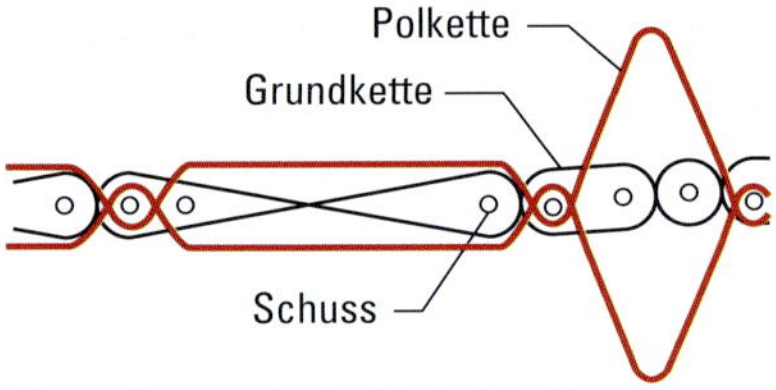

*Herstellungsprinzip für beidseitige Frottiergewebe*

**Frottiergewebe** besitzen auf der rechten und linken oder nur auf der rechten Warenseite einen Schlingenflor. Man unterscheidet deshalb zwei- und einseitige Frottiergewebe. Einseitige Frottiergewebe sind sehr selten anzutreffen, da dieser Warencharakter in der Nähwirktechnik wesentlich preiswerter herzustellen ist. Frottiergewebe bestehen aus zwei Kettfadensystemen, einer straffen Grundkette und einer lockeren Polkette, die den Schlingenflor bildet, sowie einem Schussfadensystem. Sie werden auf besonderen Webmaschinen mit einer sog. Knicklade gewebt. Der Schlingenflor dieser Waren entsteht, indem nach jedem Schussanschlag drei oder vier Schüsse in einem größeren Abstand eingetragen und alle auf einmal an die bereits gewebte Ware angeschlagen werden. Dabei gleiten die Schussfäden über die straffen Grundkettfäden, während sich die lockeren Polkettfäden nach oben und unten oder nur nach oben zu Schlingen zusammenschieben.

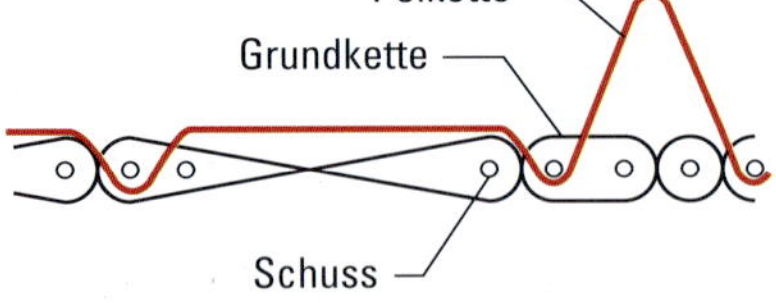

*Herstellungsprinzip für einseitige Frottiergewebe*

Werden die Schlingen der Frottiergewebe in der Ausrüstung aufgeschnitten, so erhält man einen **Frottiervelours**. Als **Walkfrottier** werden solche Waren bezeichnet, die als Polkette einfache Garne besitzen und die in der Ausrüstung durch einen besonderen Veredlungsgang gekrumpft werden. Sie werden dadurch dichter und erhalten einen weichen Griff. Frottiergewebe, bei denen für die Polkette ein Zwirn verwendet wird, bezeichnet man als **Zwirnfrottier**.

Frottiergewebe, die einfarbig, gemustert oder bedruckt in den Handel kommen, werden hauptsächlich aus Baumwolle hergestellt. In Verbindung mit dem dichten Schlingenflor besitzen sie eine gute Feuchtigkeitsaufnahme. In der Raumausstattung werden Frottiergewebe als Dekostoffe im Nassbereich (Bad usw.) eingesetzt.

Frottiergewebe werden sehr oft unter der Bezeichnung „Frottee“ geführt. Diese Bezeichnung ist für diese Waren nicht richtig. Als **„Frottee“** bezeichnet man lediglich Gewebe aus zwei Fadensystemen (Kette und Schuss), bei denen ein frottierähnliches **Warenbild durch Effektzwirne** (Schlingen-, Schleifen-, Frotteezwirne) erzielt wird.

### 7.2.1.2 Nähgewirkte Dekostoffe

Nähwirkstoffe bestehen aus einem flächigen Grundmaterial, in das durch einen Wirkvorgang Fäden eingebunden werden (DIN 61211). Als Grundmaterial kommen Faservliese, kreuzende Fadenlagen und Grundwaren infrage.
Der besondere Vorteil der Nähwirkstoffe ist, dass sie aufgrund der hohen Produktion der Nähwirkmaschinen preiswerter sind als vergleichbare Textilien, die in anderen Techniken hergestellt werden. Nachteilig wirken sich bei ihnen die geringen Musterungsmöglichkeiten aus, sodass diese Stoffe vorwiegend einfarbig oder bedruckt angeboten werden. Für Dekorationsarbeiten haben sie nur eine geringe Bedeutung.

#### 1. Fadenlagen-Nähwirkstoffe

Fadenlagen-Nähwirkstoffe bestehen aus diagonal kreuzenden Schussfäden und lose aufliegenden Kettfäden oder nur aus diagonal kreuzenden Schussfäden. Die textile Fläche entsteht, indem die kreuzenden Fadenlagen durch maschenbildende Nähfäden verbunden werden. Musterungen sind bei diesen Stoffen durch Versatz der Kettfäden möglich.

#### 2. Polfaden-Nähwirkstoffe

Sie bestehen aus einer vorgefertigten Grundware, meistens ein Gewebe, in die zu Schlaufen geformte Polfäden eingenäht werden. Man erhält auf diese Weise einseitige Polwaren, die einem einseitigen Frottiergewebe sehr ähnlich sind. Auf der Warenrückseite sind Maschenteile sichtbar. Polfaden-Nähwirkstoffe werden vorwiegend für Dekorationen im Nassbereich (Bad usw.) eingesetzt.

*Durch Kettfadenversatz gemusterter Fadenlagen-Nähwirkstoff aus Kett- und Schussfäden*

*Bedruckter Polfaden-Nähwirkstoff*

7

### 7.2.1.3 Dekodrucke

Dekodrucke nehmen innerhalb der Dekostoffe eine wichtige Rolle ein. Sie können nicht nur in vielen interessanten, z.T. auch sehr großflächigen Dessins und mehrfarbigen Farbstellungen hergestellt werden, sondern man kann durch sie sehr schnell auf neu aufkommende Modetendenzen reagieren, da das Drucken solcher Stoffe relativ schnell zu realisieren ist. Angewendet werden Walzen-, Flachfilm-, Rotations-, Digital- und Transferdruck. Als Druckgrundwaren verwendet man:

- Flachgewebe in den drei Grundbindungen, den Ableitungen der Leinwandbindung sowie in Fantasiebindungen. In vielen Fällen enthalten diese Gewebe zur Belebung der Warenoberfläche auch Effektgarne oder -zwirne,
- Polgewebe, wie Dekosamte und Frottiergewebe,
- Fadenlagen- und Polfaden-Nähwirkstoffe.

Diese Grundwaren werden vorwiegend aus Baumwolle hergestellt, weil bei diesem Faserrohstoff am leichtesten lichtechte Farben zu drucken sind. Daneben verwendet man noch Fasermischungen aus Polyester/Baumwolle sowie Viskose, Leinen und in geringem Umfang Seide und Polyester.

*Dekostoff mit floralem Muster*

*Dekostoff mit grafischem Druckmuster*

**Bezeichnungen bei Dekodrucken**
Bei den leinwandbindigen Geweben aus Baumwolle, die als Rohware die Bezeichnung **Nessel** führen, unterscheidet man die Grundqualitäten **Cretonne**, **Renforce** und **Kattun**. Diese Waren unterscheiden sich in der Reihenfolge ihrer Aufzählung durch ihre zunehmende Feinheit und Fadendichte. Die genannten Bezeichnungen sind auch oft bei bedruckten Baumwollgeweben anzutreffen.

**Chiné:** Kennzeichen dieses leinwandbindigen bedruckten Dekostoffs sind die auf beiden Warenseiten feststellbaren unscharfen Musterkonturen. Dieses Warenbild entsteht, indem die Kette des Gewebes vor dem Weben bedruckt wird (Kettdruck) und ein einfarbiger Schuss eingetragen wird.

**Englisch-Leinen:** Unter dieser Bezeichnung versteht man ein bedrucktes gröberes Leinengewebe, bei dem der Charakter des Leinens deutlich in Erscheinung tritt. Dieses Gewebe wird auch zum Beziehen von Polstermöbeln verwendet.

### 7.2.1.4 Dekostoffe in besonderen Herstellungstechniken[1]

**Deko-Chenille:** Man versteht darunter einen schaft- oder jacquardgemusterten Dekostoff, dessen kurzer Flor durch Chenillegarne (Zwirnchenille) entstanden ist. Durch eine besondere Bindung kommt der raupenartige, haarige Charakter dieser Zwirne, die heute ausschließlich aus Polyacryl oder Polyester hergestellt werden, auf der Oberfläche dieses Stoffs voll zur Geltung. Durch besonders feine Chenillegarne entstehen sog. Feinchenille (s. Kapitel 6.2.6.1 Gewebte Möbelstoffe, 3. Möbel-Chenille).

**Chintz:** Dichtes, bedrucktes oder einfarbiges Baumwollgewebe, bei dem auf die Oberseite Kunstharzkondensate, Wachs- oder Paraffinemulsionen aufgetragen und durch Pressen eine glatte und stark glänzende Oberfläche erzielt wird.

**Lamé:** Schaft- oder jacquardgemusterter Dekostoff mit Lurexfäden im Schuss, wodurch ein glänzender Effekt erzielt wird.

**Lancé:** Dekostoff, bei dem durch zusätzliche Lancierfäden in der Kette oder im Schuss Schaft- oder Jacquardmuster auf der rechten Warenseite erzeugt werden (s. auch Kapitel 6.2.6.1 Gewebte Möbelstoffe, 1. Flachgewebe, hier: Lancierte Möbelbezugsstoffe).

*Kettlancierter Dekostoff*

**Cloqué:** Die Oberfläche dieses Gewebes zeigt ein blasenartiges, welliges Aussehen, das durch unterschiedlich schrumpfende Fäden, durch örtliches Bedrucken mit Quellmitteln, bei Baumwollgeweben z. B. mit Natronlauge, und durch Prägen erzielt werden kann.

**Moiré:** Querrips oder Taft mit wellen- bzw. wasserlinienförmigen Spiegeleffekten auf der Warenoberfläche, die durch Kalandern (Pressen) von zwei aufeinandergelegten angefeuchteten Stoffbahnen (echte Moirés) oder durch Prägen mit heißen Walzen (unechte Moirés) entstehen.

*Cloqué*

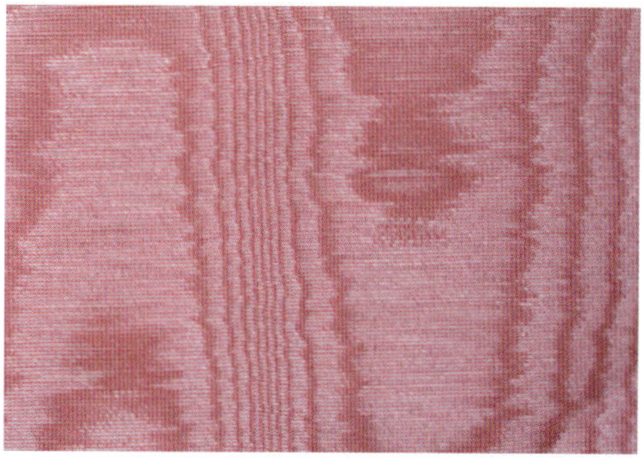

*Moiré*

[1] *S. Kapitel 7.1.7.3 Warenbedingte Fertigungstechniken.*

7

**Taft (Dekotaft)** ist ein glattes, glänzendes und dichtes leinwandbindiges Gewebe aus Filamentgarnen (CV, CA, PES), das je nach Gewebeeinstellung und den verwendeten Garnfeinheiten eine leichte querripsartige Struktur besitzen kann. Tafte werden uni, changierend, kariert oder gestreift angeboten. Durch den etwas steifen Griff sind sie knitteranfällig.

**Seersucker:** Dekostoff mit streifenweise angeordneten blasenartigen Aufwerfungen. Dieser besondere Warencharakter kann durch unterschiedliche Spannungen oder unterschiedlich schrumpfende Kettfäden sowie durch Prägen erzielt werden.

**Crash:** Ein- oder mehrfarbiger Dekostoff mit gewolltem Knittereffekt, der durch verschiedene Veredlungsgänge, bei synthetischen Stoffen durch Stauchen und Thermofixieren, erzielt wird.

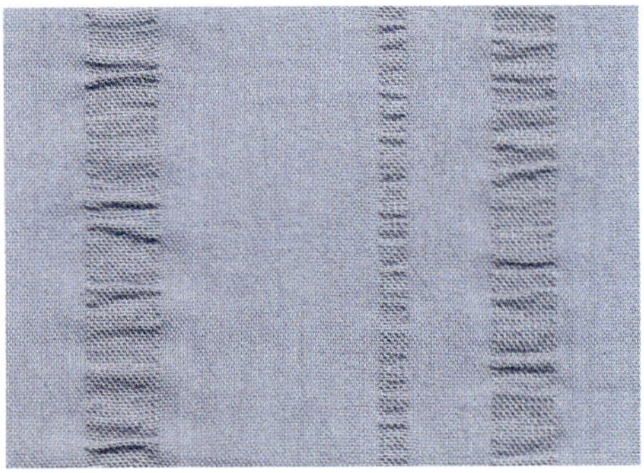

*Seersucker*

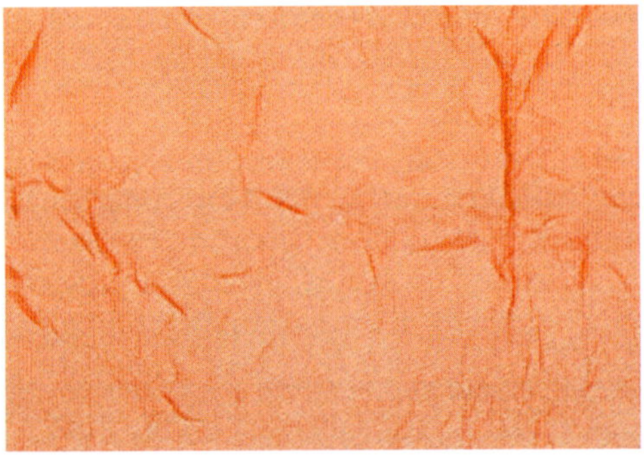

*Crash*

**Webgestickte Dekostoffe in der ORW-Technik:** Anders als bei dem herkömmlichen Stickverfahren, bei dem das zuerst hergestellte Gewebe anschließend auf Stickmaschinen mustermäßig bestickt wird, wird bei der neu entwickelten **O**pen-**R**eed-**W**eave (ORW)-Technik das Sticken in den Webprozess integriert, sodass in einem Arbeitsgang gewebt und gestickt wird.

*Dekostoff in ORW-Technik*
*Originalwarenbild des Art. 12957 von drapilux*

*Verkleinertes Gesamtbild der Musterung des Art. 12957 von drapilux*

Bei dieser Technik werden Zusatzmusterfäden (Stickfäden) mithilfe von mustermäßig steuerbaren Fadenführern durch ein oben offenes Webblatt dem Webprozess zugeführt. Nach dem Schusseintrag und dem Abbinden der Stickfäden in dem Gewebe entsteht auf der Gewebeoberfläche ein Schusseffekt, der mit Stick- und Scherlimustern vergleichbar ist. Bei dieser Herstellungstechnik entstehen auf der Unterseite des Gewebes keine Flottierungen, da die Stickfäden fest in dem Gewebe eingebunden werden und auf der Rückseite kaum sichtbar sind, wodurch auch die Stabilität der Gewebe erhöht wird.

***Aufgaben***

1. *Schildern Sie, welche qualitativen Anforderungen an einen Dekostoff gestellt werden. Von welchen Faktoren sind seine Gebrauchseigenschaften abhängig?*
2. *Nennen Sie die charakteristischen Merkmale eines Dekosamts und die Faktoren, die seine Gebrauchseigenschaften bestimmen.*
3. *Welche besonderen Warenmerkmale besitzt ein Chintz?*
4. *Beschreiben Sie das Warenbild eines Moirés sowie den Unterschied zwischen einem echten und einem unechten Moiré.*
5. *Was versteht man unter einem Taft? Welche Eigenschaften zeichnen diesen Stoff aus?*
6. *Schildern Sie, wie das typische Warenbild bei einem Crash entsteht.*

### 7.2.2 Inbetweens

Als Inbetween werden Stoffe bezeichnet, die im Gewicht und Transparenzgrad zwischen den Dekostoffen und den Gardinenstoffen liegen. In der Regel hängen sie anstelle von Dekoschals oder Gardinen allein am Fenster.

Man unterscheidet:

- **Deko-Inbetweens** mit Gewichten zwischen 100 und 180 g/m$^2$, wenn sie mehr zu den Dekostoffen tendieren, und
- **Gardinen-Inbetweens** mit Gewichten zwischen 80 und 120 g/m$^2$, wenn sie mehr zu den Gardinenstoffen tendieren.

Inbetweenstoffe sind als **Gewebe**, **Kettengewirkte** und **Fadenlagen-Nähwirkstoffe** anzutreffen, die einfarbig, gemustert oder bedruckt sein können.

### 7.2.3 Gardinenstoffe

Gardinenstoffe sind durchbrochene und/oder transparente textile Flächengebilde, die glatt oder gemustert sein können. In verschiedenen Dekorationsformen sind sie das wichtigste Element einer Fensterdekoration. Aufgrund ihres besonderen Einsatzes am

Fenster werden an sie in Bezug auf ihre Gebrauchseigenschaften hohe qualitative Anforderungen gestellt, wie

- hohe Lichtbeständigkeit (kein Vergilben durch Sonnenlichteinstrahlung),
- Pflegeleichtigkeit (problemloses Waschen, kurze Trocknungszeit, kein Bügeln),
- Form- und Maßstabilität (kein Einlaufen beim Waschen, Längen oder Beuteln),
- gute Schiebefestigkeit (gute Festigkeit gegen ein Verschieben der Fäden),
- guter Faltenfall.

Diese Anforderungen werden durch eine entsprechende **Flächenkonstruktion** und durch den Einsatz von **Polyesterfasern** erreicht, die fast ausschließlich für Gardinenstoffe eingesetzt werden. Zur Erzielung verschiedener Effekte und Strukturen setzt man Effektgarne und -zwirne ein, die teilweise auch aus Polyacrylfasern hergestellt werden.

Für Gardinen im Objektbereich, wo aus Sicherheitsgründen oft ein bestimmter Brandschutz vorgeschrieben ist, verwendet man für schwer entflammbare Gardinen **Trevira CS**, für unbrennbare Gardinen **Glasfasern**.

Gardinenstoffe werden vorwiegend aus Filament-, aber auch aus Spinnfasergarnen hergestellt.

### 7.2.3.1 Einteilung der Gardinenstoffe

Gardinenstoffe kann man zunächst nach dem Warengewicht einteilen. Dabei unterscheidet man:

- **Feingardinen**: 40–50 g/m², mit hoher Transparenz aus feinen, glatten Garnen,
- **Strukturgardinen**: 50–80 g/m², mit mittelfeiner bis ausgeprägter Oberfläche, erzielt durch Effektgarne oder -zwirne.

Da die Gewichtseinteilung nur eine grobe Unterscheidung darstellt, unterteilt man die Gardinenstoffe zweckmäßigerweise nach ihrer Herstellungstechnik.

### 7.2.3.2 Gewebte Gardinenstoffe

**Organza** ist ein sehr feiner, transparenter Gardinenstoff, der in Kette und Schuss vornehmlich mit Polyester-Monofilamenten in Leinwandbindung gewebt wird. Charakteristisch für diesen Stoff ist der steife Griff, der eine leichte, aber gewollte Knitterbildung zur Folge hat. Verwendet man im Schuss Multifilgarne, so können halbtransparente bis blickdichte Qualitäten **(Semi-Organza)** erzielt werden.
Warentypische Eigenschaft: Organza besitzt nur eine begrenzte Schiebefestigkeit.

**Mull** ist ein leichter, leinwandbindiger Gardinenstoff mit geringer Fadendichte, der nur eine geringe Transparenz besitzt. Dafür werden heute ausschließlich Polyester-Spinnfasergarne verwendet. Durch eine entsprechende Ausrüstung mit Thermofixierung wird die erforderliche Schiebefestigkeit erreicht.

Warentypische Eigenschaft: Durch äußere Einflüsse können Fadenverschiebungen und Fadenzüge entstehen.

**Batist** ist ein dichter, leinwandbindiger Gardinenstoff aus sehr feinen, hochwertigen Kammgarnen, wodurch ein guter Faltenfall erreicht wird.
Warentypische Eigenschaft: Durch äußere Einflüsse können Fadenverschiebungen und Fadenzüge entstehen.

**Voile** ist ein dünner, leinwandbindiger Gardinenstoff aus **hochgedrehten Filamentgarnen**, wodurch ein glatter, körniger Griff und eine gute Schiebefestigkeit erzielt werden. In geringem Umfang werden für Voiles auch hochgedrehte bzw. hochgezwirnte Polyester-Kammgarne eingesetzt. Durch die Verwendung von sehr feinen Effektgarnen im Schuss, Jacquard- und Scherlimusterungen kann diesem klassischen Gardinenstoff eine modische Note gegeben werden.
Warentypische Eigenschaft: Bei Voiles kann eine leichte Nahtkräuselung entstehen.

### Dreherbindige Gardinenstoffe

Das Grundprinzip dieser Gardinenstoffe besteht darin, dass zwei oder drei benachbarte Kettfäden durch eine Drehervorrichtung in der Webmaschine verdreht oder umschlungen werden, wodurch der eingetragene Schuss von ihnen fest eingebunden wird.

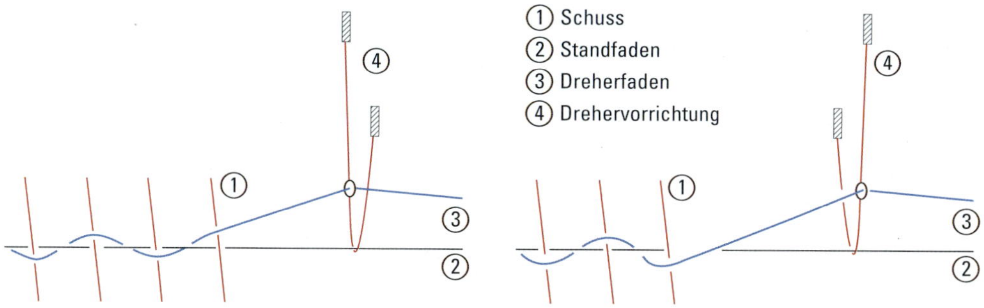


*Prinzip der Drehertechnik*

Die in einem Drehergewebe befindlichen Kettfäden werden in Gruppen, sog. Schnüre, eingeteilt, die aus Stand- und Dreherfäden bestehen. Man unterscheidet sog. Zweifadendreher aus einem Stand- und einem Dreherfaden und sog. Dreifadendreher aus zwei Stand- und einem Dreherfaden. Nach jedem eingetragenen Schuss erfolgt eine halbe Drehung des Dreherfadens. Deshalb bezeichnet man diese Drehergewebe als sog. Halbdreher. Der besondere Vorteil der Drehtechnik liegt darin, dass man mit geringen Fadendichten noch schiebefeste Gardinenstoffe herstellen kann.

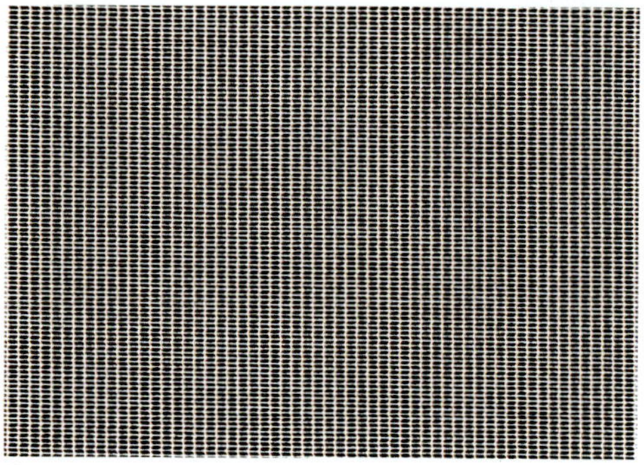

*Dreherbindiger Gardinenstoff gefertigt auf Webmaschinen mit EasyLeno®-Technik, Art. 8309 drapilux*

Neben der beschriebenen klassischen Drehertechnik gibt es für die Herstellung von Drehergeweben eine bahnbrechende Neuentwicklung: die von DORNIER patentierte EasyLeno®-Technik, mit der völlig neuartige innovative Drehergewebe vom leichten Gardinenstoff bis zum Möbelstoff hergestellt werden können. Sie werden als „Gedrebe“ bezeichnet. Gegenüber der klassischen Drehertechnik mit Schäften und Dreherlitzen arbeiten die mit der EasyLeno®-Technik ausgerüsteten Webmaschinen mit Nadelrieten ohne separate Fachbildeeinrichtung und haben eine fast doppelt so hohe Leistung.

**Marquisette** ist der bekannteste dreherbindige Gardinenstoft. Er wird in verschiedenen Qualitäten und Musterungsvarianten aus hochgedrehten Filament- oder gezwirnten Spinnfasergarnen hergestellt. Bei schaft- und jacquardgemusterten Marquisettes wird die Dreherbindung mustermäßig aufgehoben und durch die Leinwandbindung ersetzt. Am verbreitetsten sind die ungemusterten **ein-** und **dreischüssigen Marquisettes** mit ihren gitterartigen Warenbildern. Während beim einschüssigen Marquisette nach jedem eingetragenen Schuss eine halbe Drehung des Dreherfadens erfolgt, werden beim dreischüssigen Marquisette nach jeder halben Drehung des Dreherfadens drei Schussfäden in Leinwandbindung gewebt.

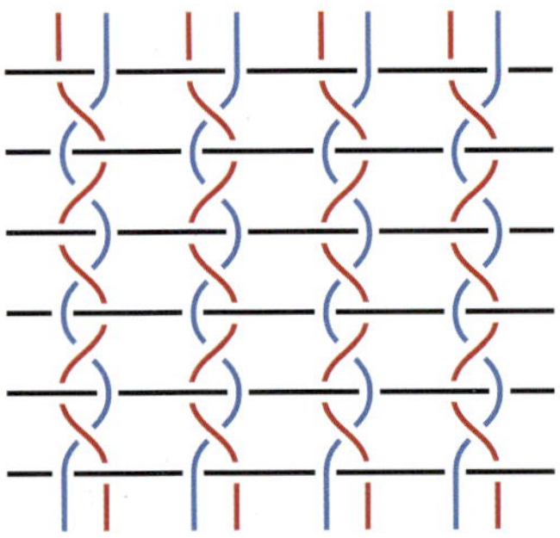

*Bindungsprinzip eines einschüssigen Marquisettes*

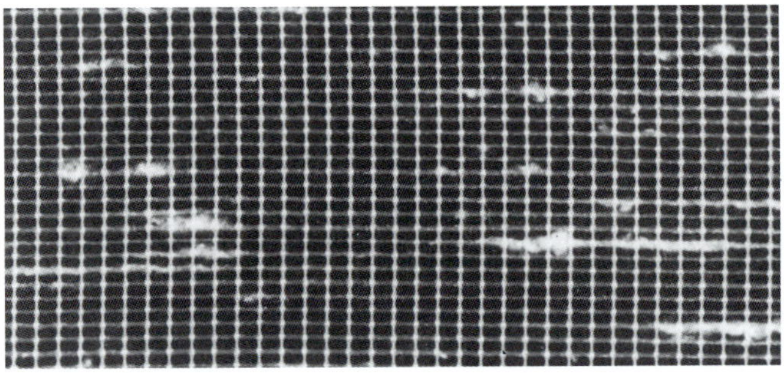

*Einschüssiger Marquisette*

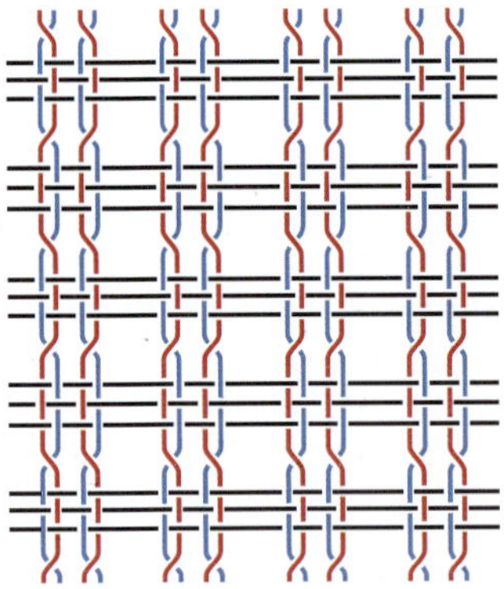

*Bindungsprinzip eines dreischüssigen Marquisettes*

*Dreischüssiger Marquisette*

Warentypische Eigenschaft: Bei Marquisettes können je nach Fadendichte durch äußere Einflüsse Fadenzüge entstehen.

**Gewebte Gardinenstoffe mit Scherli-Musterung**
Scherli-Musterung ist eine besondere Musterung bei gewebten Gardinenstoffen, bei der in Kett- oder Schussrichtung füllige Musterfäden geführt werden, die nur an den Musterflächen in das Gewebe einbinden (Lanciertechnik). Die auf der Rückseite flottierenden Fäden werden später auf einer Spezialmaschine abgeschnitten. Charakteristisch für diese Musterungsart sind plastisch aufliegende Motive mit ausfransenden Rändern.

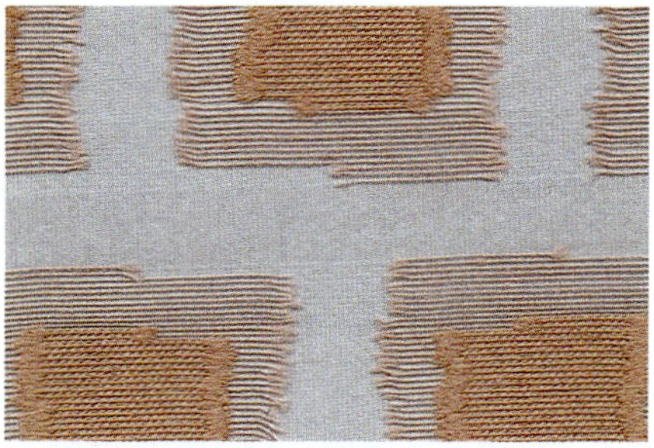

*Semi-Organza mit Scherli-Musterung*

### 7.2.3.3 Gardinenstoffe in Bobinettechnik

Die Bobinettechnik (engl: „bobbin“ = Klöppel, Spule, „net“ = Netz) ist ein Verfahren zur Herstellung durchbrochener Gardinenstoffe, dem das Prinzip des Flechtens, Umschlingens und Umzwirnens zugrunde liegt. Durch die Weiterentwicklung der Wirktechnik, mit der alle Musterungsarten und Oberflächenstrukturen bei Gardinenstoffen zu erzielen sind, ist die Bobinettechnik aufgrund der geringen Produktionsgeschwindigkeit der Maschinen und dem daraus resultierenden Preis für diese Stoffe als überholt anzusehen. In Europa gibt es nur noch wenige Maschinen, auf denen diese hochwertigen Gardinenstoffe hergestellt werden.

#### 1. Bobinettüll

Man versteht darunter einen ungemusterten, netzartigen Gardinenstoff. Er besteht aus **zwei Fadensystemen**, den senkrecht verlaufenden Kettfäden und den Bobinenfäden, die kreuzweise durch die Kettfäden geführt werden und sie dabei umschlingen. Nach jeder Umschlingung werden sie diagonal nach rechts bzw. links zum nächsten Kettfaden geführt. Bobinettülle werden mit verschiedenen Durchbrechungsformen hergestellt. Man unterscheidet:

- **Wabentüll** mit sechseckiger Wabenstruktur,
- **Erbstüll** mit fast runder Durchbrechungsform,
- **Gittertüll** mit quadratischer Durchbrechungsform.

Als **Florentiner Tüll** bezeichnet man einen bestickten Wabentüll.

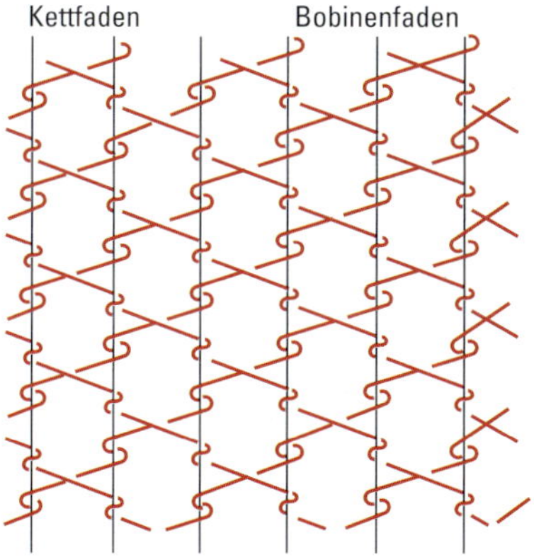


*Bindungsprinzip eines Wabentülls (Das Wabenbild entsteht erst nach dem Entspannen der Ware.)*

*Florentiner Tüll (bestickter Wabentüll)*

7

## 2. Bobinetgardinen

Bobinetgardinen zeichnen sich durch eine hohe Transparenz und durch nicht zu übertreffende Musterungsvariationen aus. Im Gegensatz zu den Bobinettüll bestehen sie aus **mindestens drei Fadensystemen**:

- senkrecht verlaufende Kettfäden, die das Gerüst des Stoffs bilden,
- Musterfäden, die über bis zu vier Kettfäden seitlich hin- und zurückgeführt werden,
- Bobinenfäden, die alle Fadensysteme umschlingen und sie somit fest miteinander verbinden.

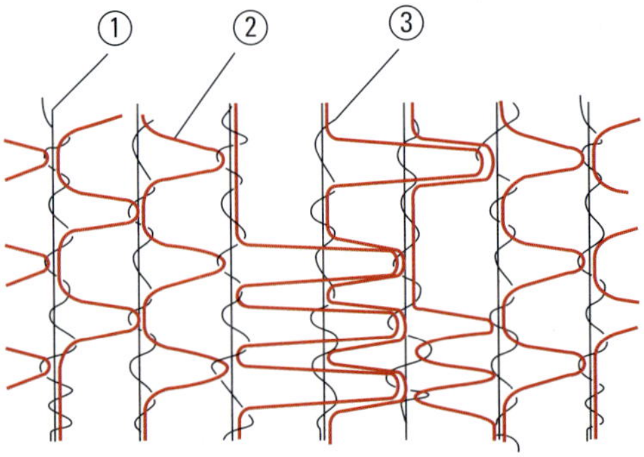


① Kettfaden
② Musterfaden
③ Bobinenfaden

*Bindungsprinzip einer Jacquardbindung (Single-tie)*

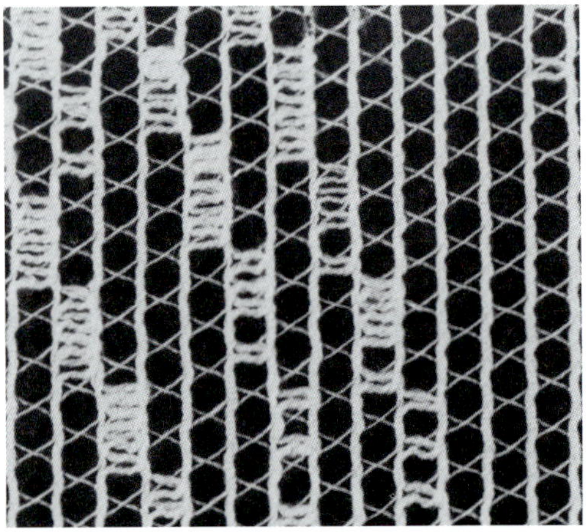

*Kreuzgrundtüll, Bobinetgardinenstoff in Schienengrundbindung mit kreuzenden Grundfäden*

Bobinetgardinen werden hergestellt in:

- **Jacquardbindungen** (Single-tie, Double-tie, Double-action),
- **Schienengrundbindungen**, wobei ein viertes Fadensystem, die Grundfäden, durch seitlichen Versatz quadratische, rechteckige, sechseckige oder kreuzende Grundzellen bildet,
- **Kombinationsbindungen**, bei denen die Kettfäden zur Musterbildung herangezogen werden, wodurch interessante Musterungen mit größeren Durchbrechungen möglich sind. Sie können auch mit Jacquard- und Schienengrundbindungen kombiniert werden.

**Warentypische Eigenschaften bei Bobinettüll und Bobinetgardinen:** Ein Auslängen des Stoffs ist möglich. Deshalb ist bei gerade fallenden Gardinen nicht immer ein exakter Abschluss zu erreichen. Besonders im Bereich der Seitensäume ist die Formstabilität nicht immer gegeben. Deshalb ist bei den aus diesen Stoffen gefertigten Gardinen eine Zugvorrichtung oder ein Schleuderstab zu empfehlen.

### 3. Bobinetspitzen

Bobinetspitzen, die im Prinzip wie Bobinetgardinen aufgebaut und hergestellt werden, zeichnen sich durch eine Vielfalt von Fondformen und feinste Abschattierungen der Musterfiguren aus. Eventuelle Konturfäden verleihen den Musterfiguren eine plastische Wirkung.

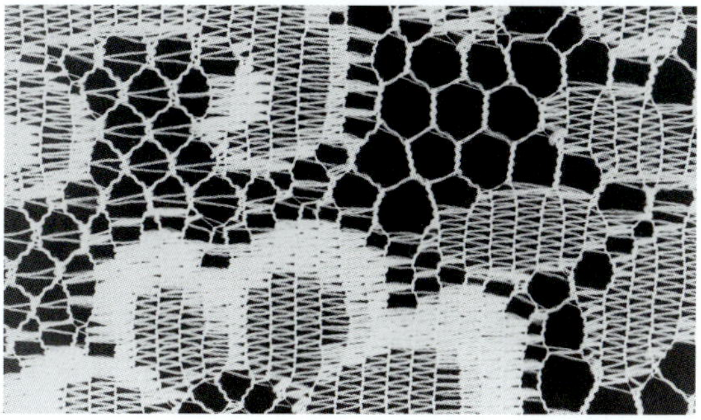

*Bobinetspitze*

## 7.2.3.4 Kettengewirkte Gardinenstoffe

Der überwiegende Teil der Gardinenstoffe wird heute kettengewirkt. Der besondere Vorteil dieser Stoffe ist, dass sie eine sehr hohe Schiebefestigkeit besitzen, in nahezu allen Musterungs- und Warenarten und im Vergleich zu anderen Herstellungstechniken der Gardinenstoffe rationeller hergestellt werden können.

Kettengewirkte Gardinenstoffe werden auf Kettenwirkautomaten, Raschelmaschinen[1] und Häkelgalonmaschinen hergestellt.

*Raschelmaschine*

Während auf Kettenwirkautomaten vorwiegend feine, ungemusterte Gardinenstoffe hergestellt werden, produzieren Häkelgalonmaschinen grobe Waren mit klarem Warenbild. Beide Maschinenarten haben nur einen geringen Anteil an der Gardinenproduktion.



Vom technologischen Aufbau her gesehen, gehören sie zur Gruppe der Maschenwaren. Im Prinzip bestehen sie aus

- einem in Fransen (Maschenstäbchen[2]) gelegten Kettfadensystem und
- mehreren Schussfadensystemen[3], die als Teilschüsse und/oder Vollschüsse von den Fransen fest eingebunden werden und die Querverbindung zwischen den Fransen darstellen.

Mit den Bindungselementen Franse und Schuss lassen sich ungemusterte und gemusterte Gardinenstoffe herstellen.

---

[1] *Bezeichnung nach der Pariser Sängerin Elisabeth Rachel, die die auf diesen Maschinen gefertigten Spitzenschals populär machte.*

[2] *hintereinanderliegende Maschen*

[3] *aus der Weberei übernommener Begriff für in Querrichtung verlaufende Fäden*

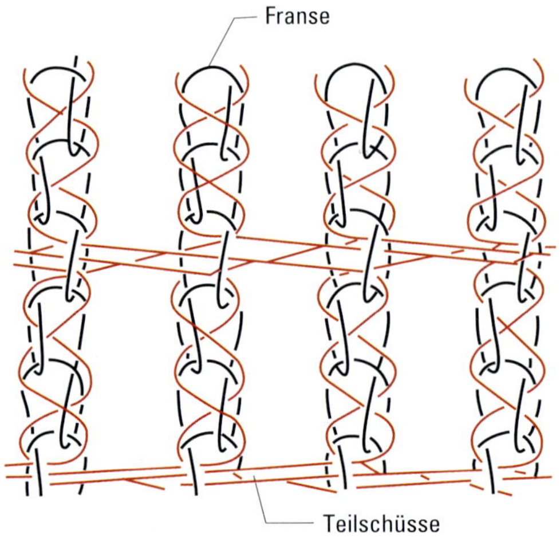


*Aufbau eines kettengewirkten Gardinenstoffs mit Teilschüssen*

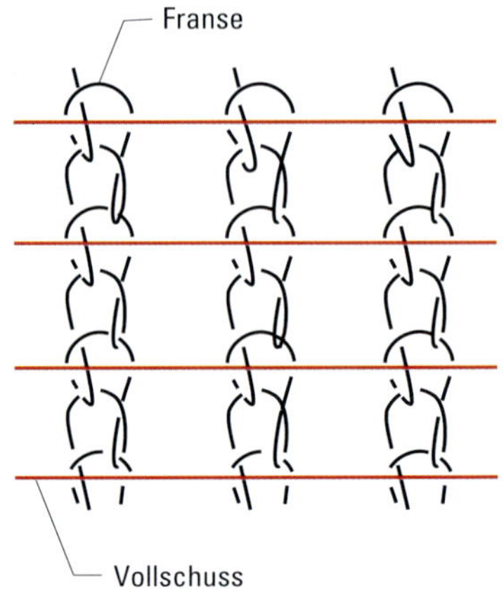


*Aufbau eines kettengewirkten Gardinenstoffs mit Vollschüssen*

Die meisten Gardinenstoffe werden auf Raschelmaschinen produziert, auf denen alle Musterungs- und Warenarten hergestellt werden können. Aufgrund ihrer Dominanz auf dem Gardinenmarkt führen sie auch die Bezeichnung **Raschelgardinen**.

### Funktion einer Raschelmaschine

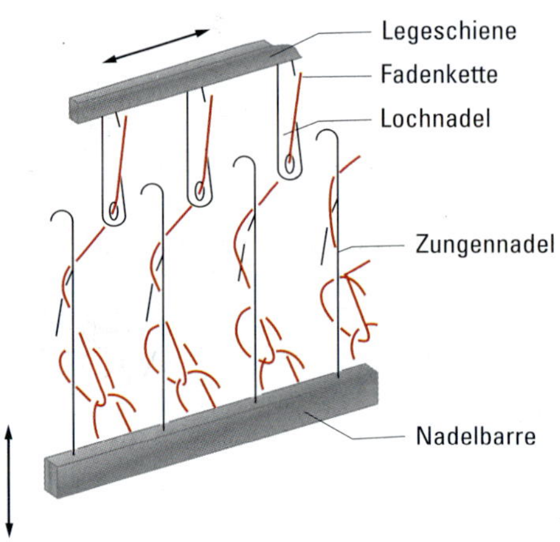


*Prinzip der Maschenbildung bei Raschelmaschinen*

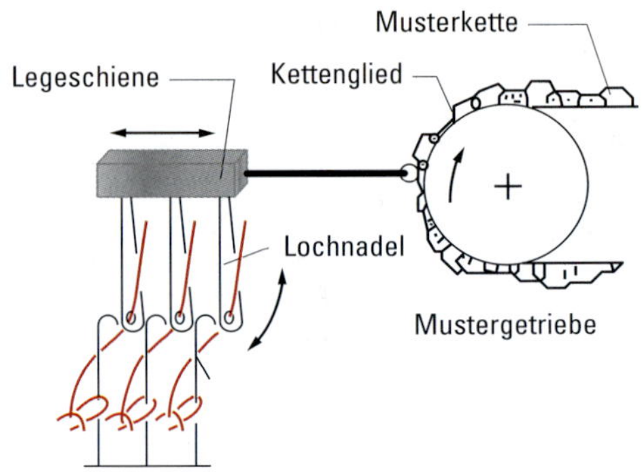


*Prinzip der Steuerung der Legeschienen*

Die von Teilkettbäumen abgezogenen Kettfäden werden von den in Legeschienen angeordneten Lochnadeln um die Zungennadeln gelegt. Durch ihre Abwärtsbewegung wird der neu gelegte Faden durch die vorher gebildete Masche zu einer neuen Masche hindurchgezogen. Die Verbindung der gebildeten Fransen (Maschenstäbchen) erfolgt durch Teilschüsse, die ebenfalls von Teilkettbäumen abgezogen und von den Lochnadeln der Legeschienen über 1 bis 3 Zwischenräume hin- und zurückgeführt werden.

Je nach Maschinentyp sind bis zu 30 Legeschienen zur Steuerung der Schussfäden vorhanden. Durch ihren seitlichen Versatz, der gesteuert werden kann, sind viele Musterungsmöglichkeiten gegeben. Unbegrenzte Musterungsmöglichkeiten bieten Jacquard-Raschelmaschinen, bei denen jede einzelne Lochnadel steuerbar ist. Auf ihnen können großrapportige Gardinenmuster gefertigt werden. Auf sog. Vollschussmaschinen können Vollschüsse, die von Garnkörpern abgezogen werden, über die ganze Warenbreite gelegt werden.

*Einzelsteuerung der Lochnadeln mithilfe von Zugschnüren durch eine Jaquardmaschine*

## 1. Ungemusterte kettengewirkte Gardinenstoffe

Als ungemustert werden solche Gardinenstoffe bezeichnet, die in Form und Größe gleichmäßige Durchbrechungen sowie einen gleichmäßigen optischen Gesamteindruck aufweisen. Zu ihnen zählen:

- **Schussfilets** mit ihren viereckigen Durchbrechungen. Bei quadratischen Durchbrechungen bezeichnet man eine solche Ware als **Karo-Schussfilet**.
- **Wirkvoile**, bei dem zwischen den Fransen in dichter Folge feine Schussfäden binden.
- **Wirktülle**, die wabenförmige Durchbrechungen besitzen.

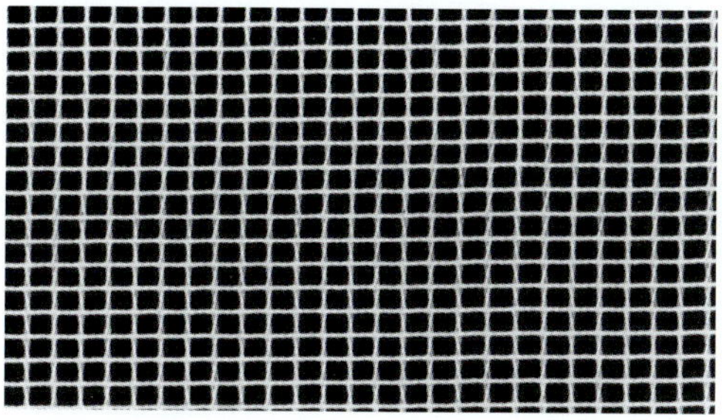

*Karo-Schussfilet*

*Wirkvoile*

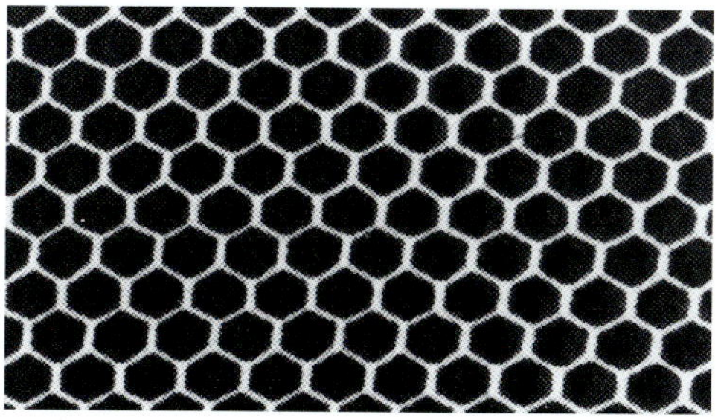

*Wirktüll*

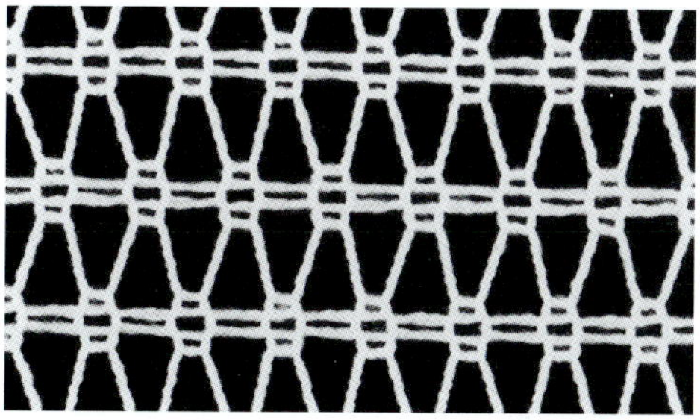

*Schusstüll in Verzugstechnik*

- **Schusstüll**: Die Fransen dieser Ware werden durch Schussfäden zusammengezogen, sodass wabenförmige, runde, ellipsenförmige oder rautenförmige Durchbrechungsformen entstehen. Diese Durchbrechungen können auch mit Schussfäden ausgefüllt sein.

## 2. Gemusterte kettengewirkte Gardinenstoffe

Gemusterte Gardinenstoffe, sie weisen einen figürlichen optischen Gesamteindruck auf, enthalten in den meisten Fällen neben den Schussfäden für das Grundgewirk noch Musterschussfäden, die zur Musterbildung herangezogen werden. Es werden folgende gemusterte Gardinenstoffe unterschieden:

**Raschelgardinen mit Linienmusterung**: Durch ein Grundgewirk werden linienförmig zusätzliche Musterfäden geführt, meistens Effektzwirne, die von dem Grundgewirk abgebunden werden.

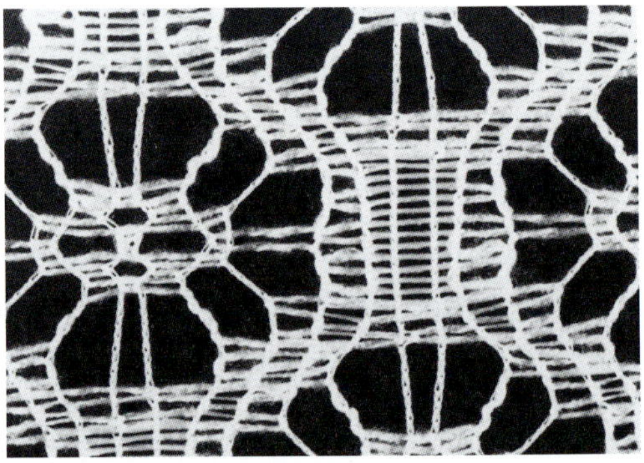

*Raschelgardine mit Flächenmusterung ohne Grundgewirk*

**Raschelgardinen mit Flächenmusterung**: Flächenmusterungen können einmal durch Auslegen von Flächen eines Grundgewirks gebildet werden. Bei Waren ohne Grundgewirk werden mehr oder weniger geometrische Flächenmusterungen durch die Grund- und Musterschüsse erzielt.

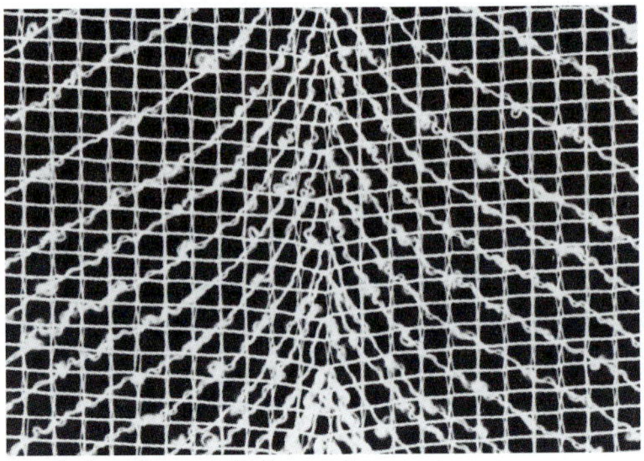

*Raschelgardine mit Linienmusterung*

**Fallblechgardinen**: Auf ein Grundgewirk werden stickereiähnlich plastisch wirkende Musterfäden aufgelegt und von den Fransen abgebunden. Für die Musterfäden verwendet man texturierte Filamentgarne oder Effektzwirne, durch die man ein größeres Volumen der aufgelegten Musterung erzielt.

**Architektentüll**: Man versteht darunter gröbere gewirkte Gardinenstoffe mit größeren unterschiedlichen und meist geometrischen Durchbrechungen.

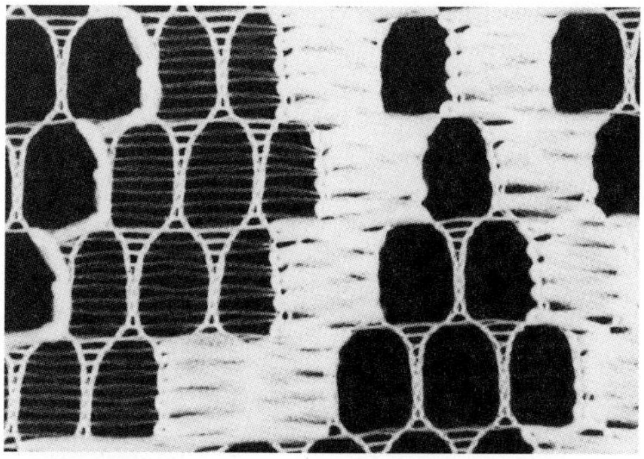

*Fallblechgardine*

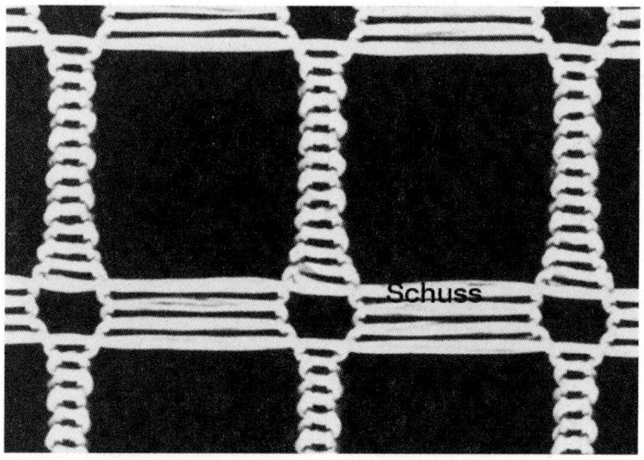


*Architektentüll*

**Struktur-Raschelgardinen**: Diese Gardinen besitzen meist rechteckige Durchbrechungen und über die ganze Warenbreite verlaufende Effektzwirne, die als Vollschüsse eingetragen werden. Je nach Größe der Durchbrechungen und der Feinheit der verwendeten Effektzwirne weisen diese Gardinenstoffe mittelfeine bis grobe Oberflächenstrukturen auf.

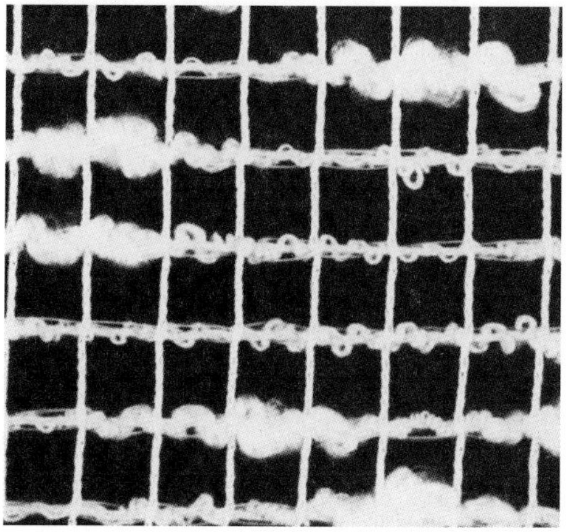

*Grobstruktur-Raschelgardine*

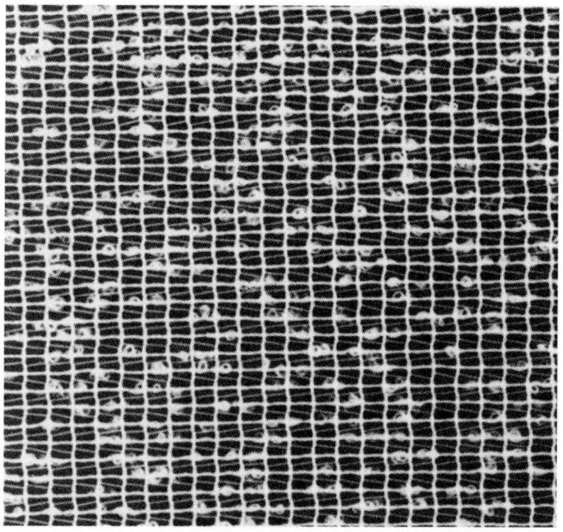

*Feinstruktur-Raschelgardine*

**Jacquard-Raschelgardinen**: Typisch für diese Gardinenart sind ihre großrapportigen floralen oder geometrischen Mustermotive. Sie werden auf Raschelmaschinen mit Jacquardeinrichtung hergestellt, durch die die Bindungselemente Franse und Schuss einzeln gesteuert werden können.

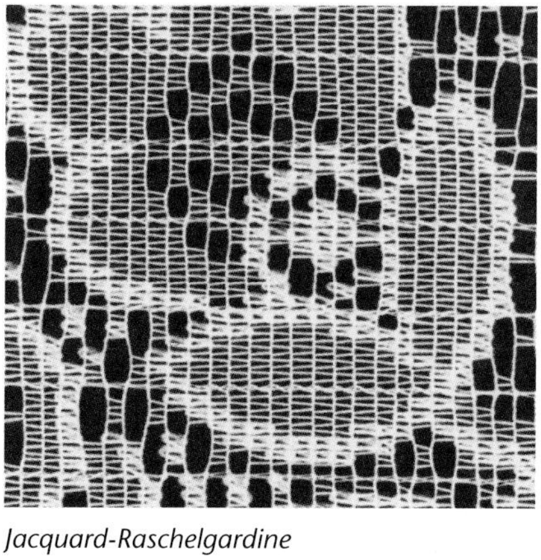

*Jacquard-Raschelgardine*

**Raschelspitzen**: Sie sind eine besondere Art der jacquardgemusterten Gardinenstoffe und unterscheiden sich von ihnen durch ihre Feinheit, verschiedene Fondformen mit unterschiedlichen Abschattierungen sowie verschiedene Formen der Durchbrechungen. Raschelspitzen können auch einen wabenförmigen Wirktüllgrund mit abschattierten Fondmotiven besitzen, die mit dickeren Umrandungsfäden umgeben sein können.

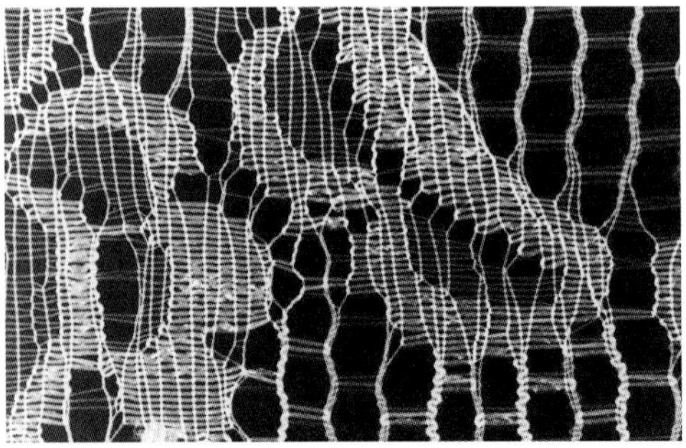

*Raschelspitze*

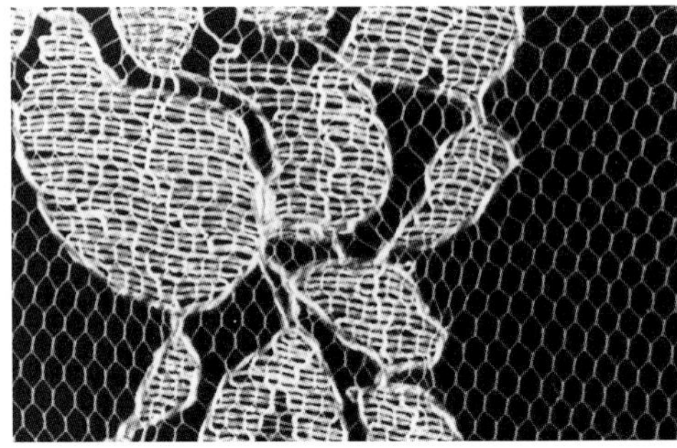

*Raschelspitze mit Wirkfüllgrund*

### 7.2.3.5 Nähgewirkte Gardinenstoffe

Als Gardinenstoff kommen nur Fadenlagen-Nähgewirke infrage, und zwar in der Art, wie sie bei den Dekostoffen schon beschrieben wurden. Durch die geringen Musterungsmöglichkeiten und die unzureichende Schiebefestigkeit, bedingt durch die geringen Fadendichten, um die erforderliche Transparenz zu erreichen, sind sie sehr selten anzutreffen. In höheren Fadendichten mit guter Schiebefestigkeit kommen sie jedoch bei Ausbrenner-Gardinenstoffen vor.

### 7.2.3.6 Nachträglich gemusterte Gardinenstoffe

Ungemusterte oder glatte Gardinenstoffe können durch einen nachträglichen Fertigungsprozess wie durch **Ausbrennen, Bedrucken, Besticken** und **elektrostatisches Beflocken** eine nachträgliche Musterung erhalten. Von diesen Musterungsmöglichkeiten hat das Ausbrennen die größte Bedeutung.

**Ausbrenner-Gardinenstoffe**

Für die Herstellung von Ausbrenner-Gardinenstoffen werden Gewebe, Gewirke und Fadenlagen-Nähgewirke verwendet, die aus einer Materialkombination von **Polyester und Zellulose** bestehen. Durch mustermäßiges Aufdrucken von Ätzchemikalien (Aluminium- oder Zinksulfat) und eine anschließende Hitzebehandlung wird an den bedruckten Stellen der Zelluloseanteil ausgebrannt, während der Polyesteranteil unbeschädigt zurückbleibt. Dadurch weisen Ausbrenner-Gardinenstoffe einen mustermäßigen Wechsel von durchsichtigen und weniger durchsichtigen Flächen auf. In vielen Fällen werden die weniger durchsichtigen Flächen oder deren Ränder noch farbig bedruckt.

*Ausbrenner-Gardinenstoff*

#### 7.2.3.7 Gütemerkmale der Gardinenstoffe

Die Güte eines Gardinenstoffs ist abhängig von:

- dem verwendeten **Faserrohstoff**: Gardinenstoffe werden fast ausschließlich aus Polyester hergestellt.
- der **Schiebefestigkeit**: Sie ist abhängig von der Fadendichte und der Bindung. Je höher die Fadendichte, desto schiebefester und schwerer ist der Gardinenstoff. Darunter leidet aber die Transparenz. Kettengewirkte Gardinenstoffe besitzen aufgrund ihrer Bindungskonstruktion eine bessere Schiebefestigkeit als gewebte.
- der **Feinheit**: Je feiner eine Gardine ist, desto wertvoller ist sie. Von der Feinheit ist auch das Gewicht abhängig, das mindestens 40 $g/m^2$ betragen sollte. Die Feinheit der kettengewirkten Gardinenstoffe wird durch die Teilung der Maschinen vorgegeben, die die Anzahl der Nadeln je 2 engl. Zoll angibt.
- der **Drapierbarkeit** und dem **Fall**, die von der Fadendichte, Bindung und Garnart beeinflusst werden.
- der **Licht-** und **Waschechtheit** der verwendeten Farben, sofern es sich um gefärbte oder bedruckte Gardinenstoffe handelt.

***Aufgaben***

1. *Welche Gebrauchsanforderungen werden an Gardinenstoffe gestellt und von welchem Faserrohstoff werden sie erfüllt?*
2. *Beschreiben Sie das Warenbild und die charakteristischen Merkmale eines a) einschüssigen und b) dreischüssigen Marquisettes.*
3. *Verschiedene gewebte Gardinenstoffe weisen eine Scherli-Musterung auf. Beschreiben Sie diese Musterung.*
4. *Schildern Sie den Aufbau der kettengewirkten Gardinenstoffe. Worin liegen die Vorteile dieser Stoffe?*
5. *Erklären Sie den Unterschied zwischen einer Jacquard-Raschelgardine und einer Raschelspitze.*
6. *Beschreiben Sie das Warenbild, die Materialzusammensetzung und die Entstehung eines Ausbrenner-Gardinenstoffs.*



### 7.2.4 Intelligente Dekorations- und Gardinenstoffe

In der Vergangenheit ist für viele Bereiche eine neue Generation von Textilien entwickelt worden, die als **intelligente Textilien** bezeichnet werden.

Man versteht darunter gezielt konstruierte Textilien, die über ihre bisher bekannten Eigenschaften hinaus zusätzliche Eigenschaften besitzen, die selbstständig auf bestimmte Umweltbedingungen reagieren und damit aktiv auf ihre unmittelbare Umgebung einwirken. Die zusätzlichen Eigenschaften können durch besondere Stoffe, durch besondere Herstellungsverfahren oder durch eine Kombination von Stoffen und Herstellungsverfahren erzielt werden. Da die Entwicklung intelligenter Textilen immer weiter fortschreitet und in immer neuen Bereichen ihren Einsatz findet, werden diese unsere Zukunft stark beeinflussen oder sogar bestimmen.

Inzwischen haben intelligente Dekorations- und Gardinenstoffe auch im Wohnbereich Einzug gehalten. Man unterscheidet sie folgendermaßen:

1. **Raumluftverbessernde Dekorations- und Gardinenstoffe**, die unangenehme Gerüche, z. B. Zigarettenrauch und Schadstoffe, z. B. Formaldehyd, durch eine katalytische Reaktion in ihre völlig unschädlichen Grundbestandteile Wasserdampf ($H_2O$) und Kohlendioxid ($CO_2$) aufspalten und so die Raumluft verbessern.

Die raumluftverbessernden Eigenschaften werden erzielt durch eine besondere Ausrüstung, z. B. bei Dekorationsstoffen drapilux air®, oder durch einen in die Faser integrierten Wirkstoff, z. B. bei Dekorations- und Gardinenstoffen ADO ActiBreeze®.

2. **Antimikrobielle Stoffe** verhindern das Ausbreiten von Bakterien auf der Faseroberfläche, die trotz regelmäßiger Reinigung an den Fäden herkömmlicher Dekorations- und Gardinenstoffe noch hängen bleiben und Infektionskrankheiten oder Allergien auslösen können.
Erzielt werden diese Eigenschaften durch auf keramischen Trägern gebundene Silberionen, die in die Molekularstruktur der Faser eingelagert sind und den Stoffwechsel der Bakterien angreifen und zerstören und so die Entstehung, Vermehrung und reservoirartige Besiedlung von Bakterien verhindern. Antimikrobielle Stoffe, die vornehmlich in Bereichen zum Einsatz kommen, in denen höchste Ansprüche an Hygiene gestellt werden, z. B. in Krankenhäusern, Pflegeheimen, Arztpraxen, Wellness- und Sanitärbereichen usw., können noch zusätzlich schwer entflammbare Eigenschaften besitzen, z. B. ADO BioProtect®, drapilux® bioaktiv, Trevira CS Bioactive®.

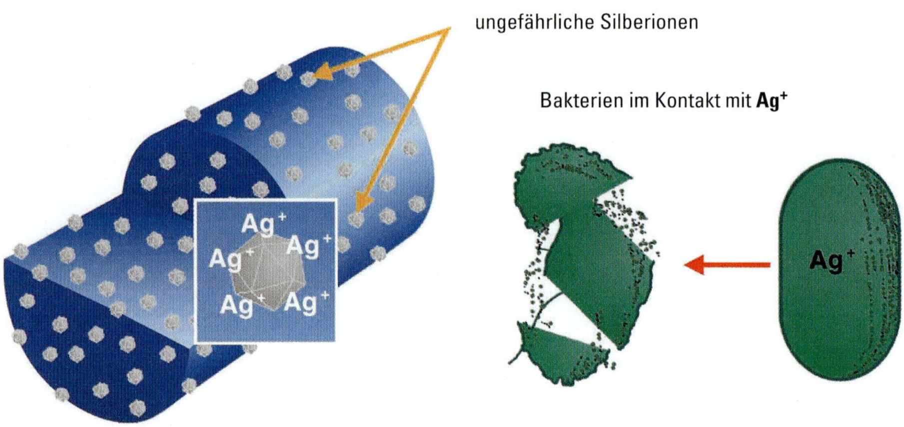


*Wirkungsweise von Trevira Bioactive®* *(Abb. Trevira GmbH)*

3. **Elektrosmog reflektierende Dekorations- und Gardinenstoffe** bieten Schutz vor elektromagnetischer Strahlung, die unsichtbar, unhörbar und geruchlos überall dort vorhanden ist, wo elektrische Geräte und kabellose Kommunikationstechnologien eingesetzt werden. Die Schutzwirkung vor Elektrosmog wird durch hauchdünne, in die Faser eingearbeitete Metallgitter erreicht, die in dem Gewebe einen undurchdringbaren Schirm bilden und die auftreffenden elektromagnetischen Wellen reflektieren. Marke: ADO eProtect®

*Aufgaben*

1. *Was versteht man unter „intelligenten Dekorations- und Gardinenstoffen"?*
2. *Beschreiben Sie die Arten der intelligenten Dekorations- und Gardinenstoffe, die bei der Ausstattung von Räumen zum Einsatz kommen.*

## 7.2.5 Vorhangschienen und -stangen

Dekorationen werden an Vorhangschienen, -stangen und Drahtseilen aufgehängt, auf denen sie seitlich bewegt werden können. Es gibt sehr viele Schienen- und Stangensysteme, die, je nach ihrer Ausführung, auch ein gestalterisches Element einer Fensterdekoration sein können.

### 7.2.5.1 Vorhangschienen

Vorhangschienen, die in verschiedenen Längen, Breiten und Höhen angeboten werden, kann man nach folgenden Gesichtspunkten unterteilen:

#### 1. Unterscheidung nach dem Material

Vorhangschienen werden aus Holz, Kunststoff und Metall angeboten.

**Vorhangschienen aus Holz** bestehen aus verleimten Holzstäben, die mit dünnen Holzplatten abgedeckt sind. Ihre Unterseite ist mit einem dünnen Holzfurnier oder mit einer weißen oder holzfurnierähnlichen Kunststoffbeschichtung versehen. Die Vorderseite ist mit einem passenden Umleimer abgedeckt. Für den Lauf wird ein PVC-Profil eingelegt.

**Vorhangschienen aus Kunststoff** bestehen aus einem Holzspankern, der fugenlos mit PVC ummantelt ist. Diese Schienen gibt es in Weiß und in verschiedenen Holzdekors.



**Vorhangschienen aus Metall** werden aus eloxiertem Aluminium hergestellt. Für leichtere Dekorationen werden auch verschiedene Schienentypen aus lackiertem Stahlblech gefertigt.

#### 2. Unterscheidung nach der Form des Laufprofils

Das Laufprofil der Vorhangschienen kann eine U-, C- oder T-Form besitzen. Je nach Ausführung können diese Grundformen bei den einzelnen Herstellern leicht abgewandelt sein.

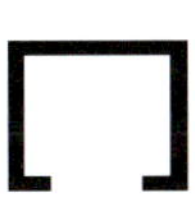

*U-Profil*

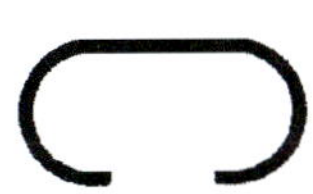

*C-Profil*

*T-Profil*

Die meisten für Fensterdekorationen verwendeten Schienensysteme haben ein U-Profil. Mit diesem Profil werden Vorhangschienen in allen drei Materialien hergestellt. Schienen mit einem C-Profil werden aus Aluminium und Stahlblech gefertigt. Schienen mit U- und C-Profil bezeichnet man auch als **Innenlaufschienen**. T-Schienen werden aus Aluminium und Kunststoff angeboten.

### 3. Die Unterscheidung nach der Anzahl der Läufe

Vorhangschienen aus Holz, Kunststoff und Aluminium mit U-förmigem Laufprofil können einen oder mehrere Läufe besitzen. Die Anzahl und Anordnung der Läufe wird durch die jeweilige Dekorationsart vorgegeben. Füllige Dekorationen erfordern breitere Abstände der Läufe. Mit den nachfolgend abgebildeten Vorhangschienen sind folgende Dekorationen möglich:

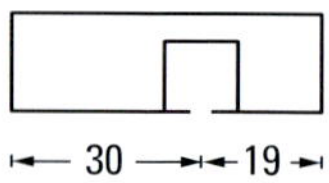


*einläufig, für durchgehende Gardinen oder Vorhänge*

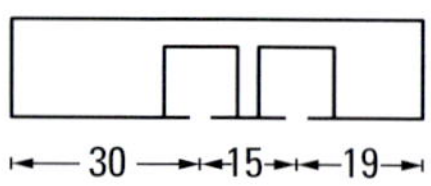


*zweiläufig, für geteilte Gardinen oder Vorhänge*

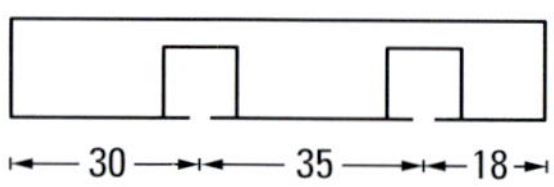


*zweiläufig, für eine durchgehende Gardine und einen durchgehenden Vorhang*

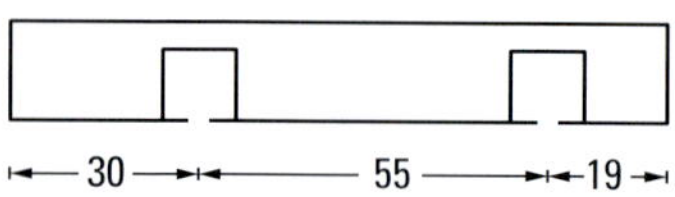


*zweiläufig, für eine durchgehende füllige Gardine und einen durchgehenden Vorhang*

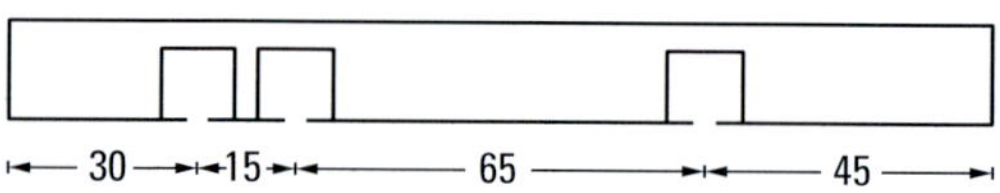


*dreiläufig, für eine füllige durchgehende Gardine und einen geteilten Vorhang*

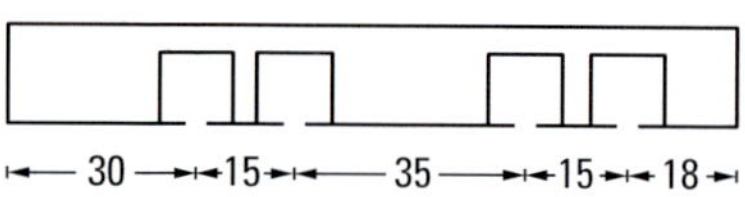


*vierläufig, für eine geteilte Gardine und einen geteilten Vorhang*

Vorhangschienen mit C- und T-Profil sind immer einläufig.

### 4. Unterscheidung nach der Anbringung

In Bezug auf die Anbringung unterscheidet man Aufputzschienen und Einputzschienen. **Aufputzschienen** werden mit Schrauben und Dübeln an der Decke befestigt. Mit entsprechenden Winkelträgern können sie auch an den Wänden angebracht werden. **Einputzschienen** werden vor dem Verputzen an der Decke befestigt. Nach dem Auftragen des Deckenputzes bilden sie einen bündigen Abschluss mit der Decke. Dafür eignen sich korrosionsbeständige Aluminiumschienen, die in vielen Fällen durch eine Beschichtung vor etwaigen Putzeinwirkungen geschützt werden.

### 5. Handelsformen und Ausführungen der Vorhangschienen

Vorhangschienen werden entweder als form- und maßgerechte **Garnituren** mit eckigen oder runden Retouren mit integrierten Durchschleuderecken oder in Fabrikationslängen bis zu 600 cm und entsprechenden Zusatzteilen (Retouren, Durchschleuderecken usw.) geliefert, die durch ein Stecksystem, bei Aluminiumschienen durch Verbindungsklammern, zusammengesetzt werden können. Die meisten der angebotenen Vorhangschienen mit U-Profil sind für Innenlauf-Schnurzüge geeignet. Durch Schnurzüge können

Gardinen oder Vorhänge auf- und zugezogen werden. Viele Firmen bieten bereits fertige Garnituren an mit eingebautem innen liegenden Schnurzug, bei denen die Rollringe und die Zugschnur im Laufkanal der Schiene geführt werden. Der Schnurzug kann entweder manuell oder durch einen Elektromotor betätigt werden. Fertige Garnituren gibt es auch für Problemfenster, wie Giebel- und Dachflächenfenster.

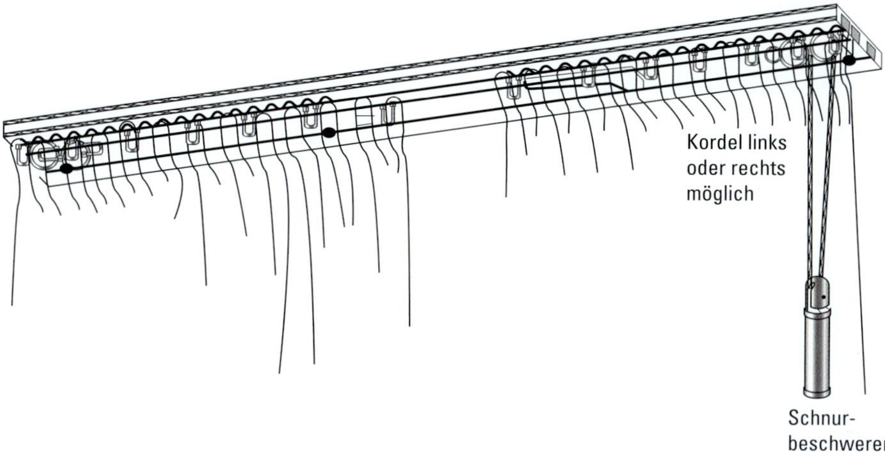


*Garnitur mit eingebautem innen liegenden Schnurzug*

Bei Vorhangschienen aus Holz und Kunststoff können durch Anbringung von Blenden mit geraden oder gebogten Unterkanten besondere dekorative Wirkungen erzielt werden. Die Blenden haben eine Breite von 5–15 cm und werden in der Farbe Weiß, vielen Holztönen und Metallic-Lackierungen angeboten. Sie können je nach Ausführung aus Kunststoff oder Holz bestehen. Holzblenden können mit einem Edelholzfurnier oder einer Kunststofffolie abgedeckt sein. Fertige Garnituren werden auch mit Blenden und integrierter indirekter Beleuchtung geliefert.

### 6. Zubehör für Vorhangschienen

Die Vorhangschienen der einzelnen Hersteller sind in ihrer Ausführung sehr verschieden. Dementsprechend unterschiedlich sind auch die Zubehörteile, die für die Schienen benötigt werden. Deshalb können nachfolgend nur beispielhaft die wichtigsten Zubehörteile, die vorwiegend aus Kunststoff gefertigt werden, aufgeführt werden.

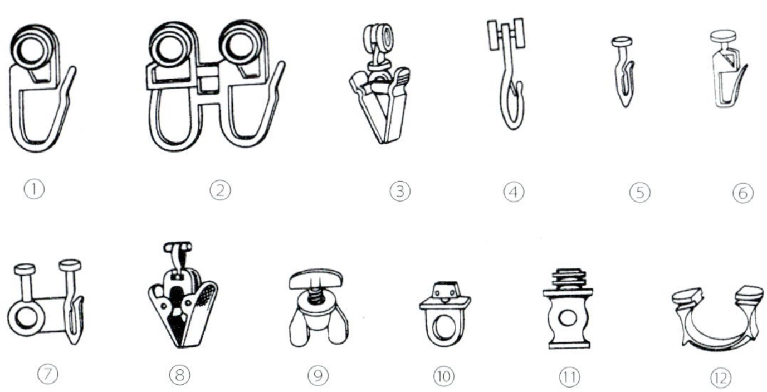


*Zubehörteile für Vorhangschienen*

① *Rollring mit Sicherheitsverschluss*
② *Schleuderwagen*
③ *Klammerrolle*
④ *Laufrolle mit Karabinerhaken*
⑤, ⑥ *Gleiter*
⑦ *Schleudergleiter*
⑧ *Klammergleiter*
⑨, ⑩ *Zwischenfeststeller*
⑪, ⑫ *Verschlussstopfen*

### 7.2.5.2 Vorhangstangen

Viele Stildekorationen werden auf Stangen dekoriert, um damit eine besondere Wirkung der Dekoration zu unterstreichen. Zur Verfügung stehen Stangen aus Holz, Messing, Bronze, Chrom, Nickel, Edelstahl und PVC-beschichtetem Aluminium. Ihre Endstücke, die Formen von Kugeln, Scheiben, Kegeln oder fantasievollen Gebilden haben, sowie die Wandlager und Träger, mit denen sie an den Wänden befestigt werden, sind kunstvoll hergestellt. Stangen werden in verschiedenen Längen angeboten und entsprechend den baulichen Gegebenheiten passend zugeschnitten.

Man unterscheidet:

- **einläufige Garnituren** aus einer Vollrundstange oder einer Rundstange mit Innenlauf,
- **zweiläufige Garnituren** aus zwei Vollrundstangen oder einer Vollrundstange und einer Rundstange mit Innenlauf.

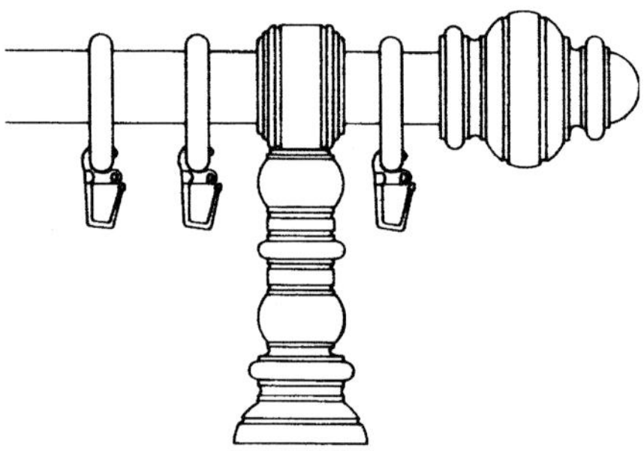

*Einläufige Garnitur aus Vollrundstangen*

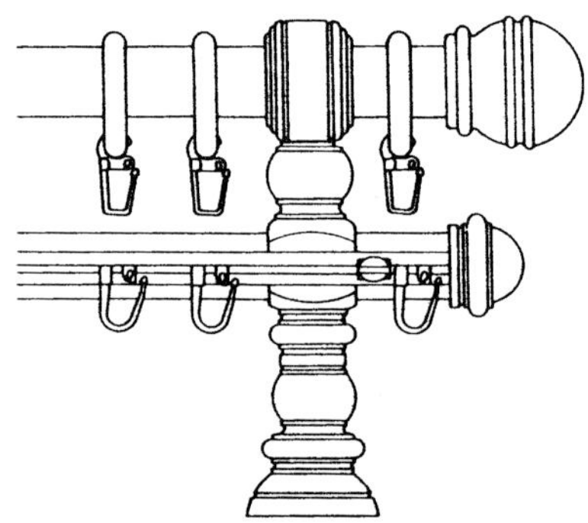

*Zweiläufige Garnitur aus Vollrundstange und Rundstange mit Innenlauf*

*Einläufige Vorhangstange aus Edelstahl*

Ebenso vielseitig wie bei den Vorhangschienen sind auch bei den Vorhangstangen die Zubehörteile. Die wichtigsten sind in den folgenden Abbildungen wiedergegeben.

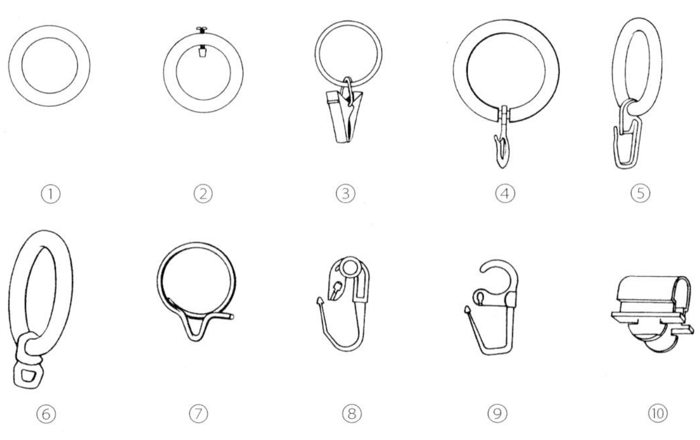


① *Ring*
② *Ring mit Feststellschraube*
③ *Ringklammer*
④ *Ring mit Steckhaken*
⑤ *Ring mit Faltenlegehaken*
⑥ *Ring mit Öse*
⑦ *Hakenring*
⑧ *Rollring mit Innenlaufstange*
⑨ *Überstülphaken*
⑩ *Verschlussstopfen für Innenlaufstange*

*Zubehörteile für eine Stangengarnitur*

Außer den Stildekorationen werden auch einfachere Dekorationen wie Landhaus-, Kaffeehaus- und Scheibengardinen auf Stangen dekoriert. Man verwendet dafür Vollrundstangen mit geringerem Durchmesser aus Holz und den bereits genannten Metallen. Für Scheibengardinen verwendet man auch **Scheibenstangen** (Vitragenstangen). Sie werden in einfachen und ausziehbaren Längen mit ovalem oder rundem Querschnitt aus weiß beschichtetem Stahlblech angeboten. Mit ihren durchbohrten Endstücken werden sie mit Schraubenhaken am Fensterrahmen befestigt.

*Scheibenstangen*

### 7.2.5.3 Drahtseilgarnituren

Legere Dekorationen und Vorhänge werden oft auf Drahtseilen dekoriert, die an den Wänden mit entsprechenden Halterungen oder Trägern befestigt werden.

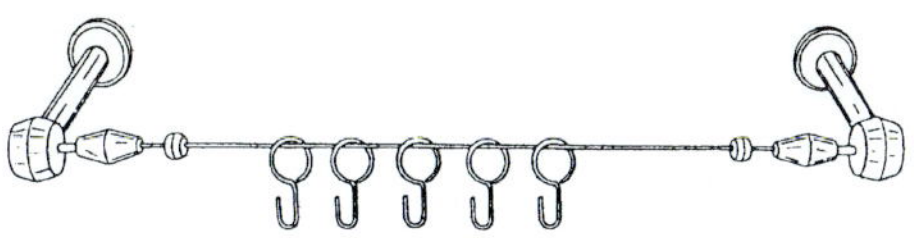

*Drahtseilgarnitur mit Trägern*

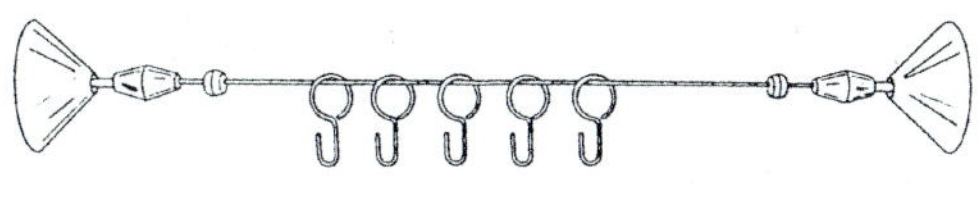

*Drahtseilgarnitur von Wand zu Wand*

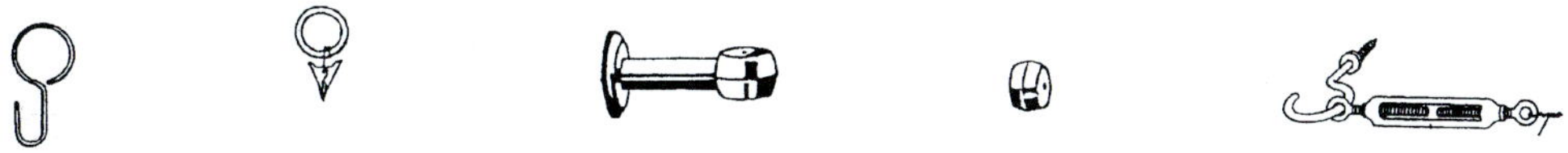

*Seilhaken* *Ring mit Clips* *Mittelträger* *Feststeller* *Spannschloss*

*Zubehörteile für Drahtseilgarnituren*

### 7.2.5.4 Vorhangschienen für besondere Dekorationen

#### 1. Schienensysteme für Raumteiler

Räume können mit entsprechenden Vorhängen unterteilt werden. Zum Aufhängen und Bewegen dieser Vorhänge verwendet man einläufige Aluminiumschienen mit U-Profil. Sie können direkt oder mit Deckenstützen an der Decke befestigt oder auf Bodenstützen montiert werden. Die Schienen können auch als fertige Garnituren mit eingebautem Schnurzug geliefert werden, der durch Handbetrieb oder einen Elektromotor bedient werden kann.

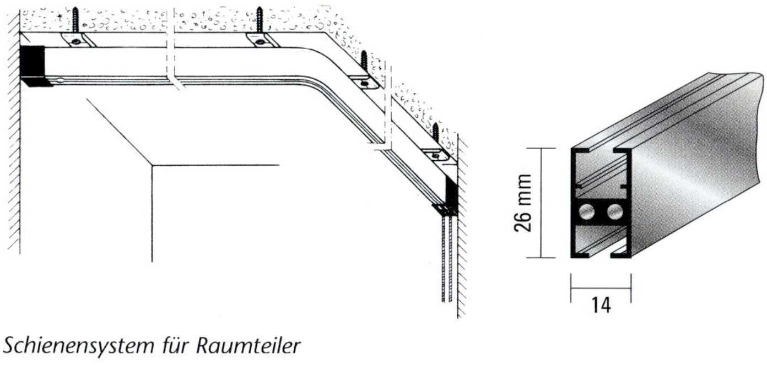


*Schienensystem für Raumteiler*

## 2. Schienensysteme für Schiebevorhänge

Schienensysteme für Schiebevorhänge bestehen aus Aluminiumschienen mit U-Profil und Kunststoff-Gleitelementen beliebiger Länge, auf denen die mit einem Klettband befestigten Vorhänge mit oder ohne Schnurzug bewegt werden können. Die Schienensysteme werden als fertige Garnituren und je nach Art des Vorhanges mit bis zu sechs Läufen geliefert.

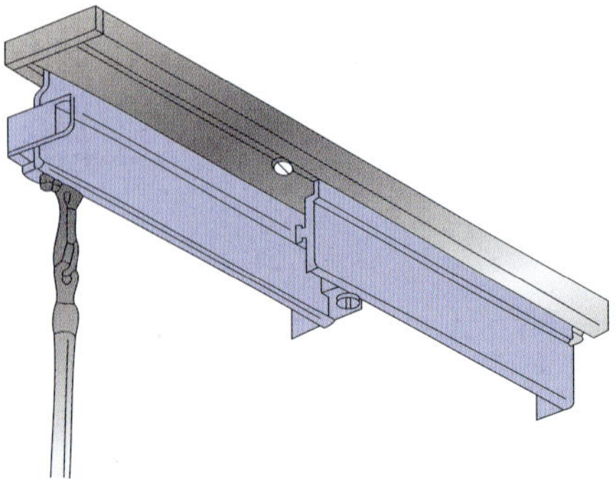

*Schiebevorhangsystem*

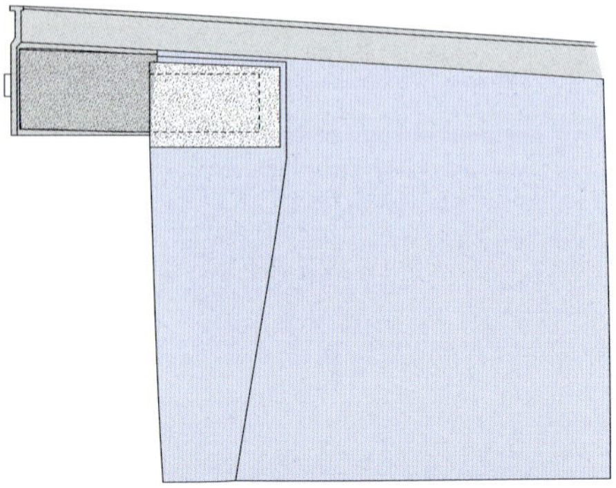

*Befestigung des Vorhangs mit Klettband am Gleitelement*

## 3. Schienensysteme für Großraumdekorationen

Großraumdekorationen, wie sie als Vorhänge in Theatern oder Sälen vorkommen, erfordern Garnituren in besonders kräftiger Aluminiumausführung mit U- oder T-Profil, die die schweren Vorhänge nicht nur tragen, sondern auf denen sie auch leicht zu bewegen sind.

Entsprechend kräftig muss auch das notwendige Zubehör sein, wie Zugwagen, Gleiter oder Rollringe und das dazu notwendige Faltenband. Je nach Art der Dekoration unterscheidet man ein-, zwei- oder mehrteilige Anlagen, die durch Handzug, Handwinde oder einen Elektromotor bewegt werden können.

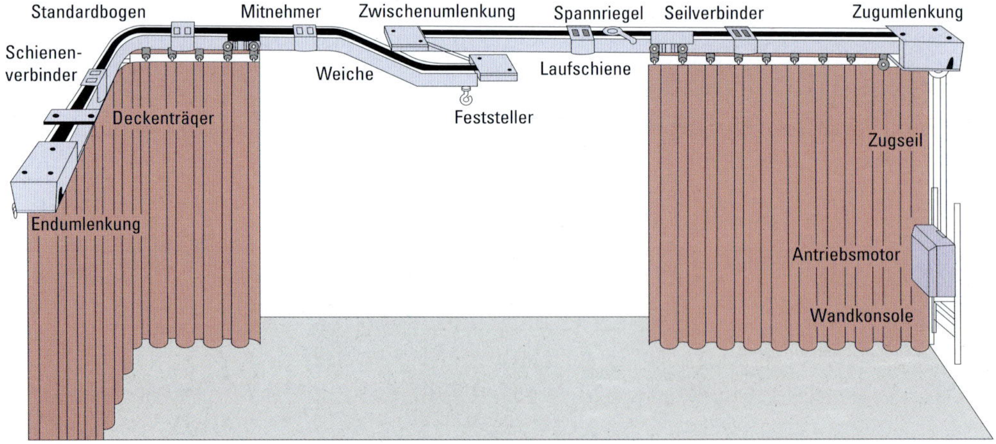


*Beispiel eines Schienensystems für eine Großraumdekoration*

***Aufgaben***

1. *Nennen Sie die grundlegenden Arten der Vorhangschienen mit ihren Merkmalen.*
2. *Nach welchen Kriterien können Vorhangschienen nach der Art ihrer Anbringung unterteilt werden?*
3. *Welche Arten von Stangen kann man unterscheiden? Aus welchen Materialien können sie hergestellt sein?*

## 7.2.6 Hilfsmittel für Dekorationsarbeiten

Um bei Dekorationen eine exakte Faltenbildung und einen einwandfreien Fall sowie bei Schabracken eine glatte und steife Fläche zu erzielen, ist zum Gelingen der Arbeiten eine Reihe von Hilfsmitteln erforderlich.

### 7.2.6.1 Faltenbänder

Faltenbänder sind nicht nur Hilfsmittel zum Aufhängen von Gardinen, Dekoschals und Vorhängen. Sie sind vielmehr ein wichtiges Gestaltungsmittel für die individuelle und fachgerechte Faltenbildung einer Dekoration.

Die heute anzutreffenden Faltenbänder sind durchweg aus Polyester bzw. Polyester/Polyamid. Sie sind wasch- und reinigungsbeständig. Durch ihre Steifheit garantieren sie eine gute Standfestigkeit der Falten und glatte kräuselfreie Bereiche. Die Faltenbänder werden in Breiten von 22–120 mm angeboten. Die Bandbreite für eine Dekoration richtet sich immer nach der jeweils zu erzielenden Faltenart und der Schwere des Stoffs. Schwere Stoffe erfordern breitere Bänder. Faltenbänder werden in der Regel auf den Gardinen- oder Dekostoff aufgenäht. Es gibt jedoch auch mit Heißsiegelklebstoff beschichtete Bänder, die nur aufgebügelt werden.

Aufgrund der unterschiedlichen Faltenbildung und der Faltenarten unterscheidet man Kräusel- oder Universalbänder, Automatik-Faltenbänder und Faltenlegebänder.

**Kräusel- oder Universalbänder**
Durch sie wird eine Kräuselung oder eine schwache Faltenbildung mit geringer Faltentiefe erreicht. Die Kräuselung oder Faltenbildung erfolgt bei diesen Bändern durch Ziehen an den Zugschnüren oder/und Stecken. Sie werden angewandt bei einfachen Fensterdekorationen und bei Vorhangschienen mit geringen Laufabständen. Der Stoffverbrauch durch diese Faltenbänder liegt je nach Faltenbildung zwischen 1 : 1 und 3:1.

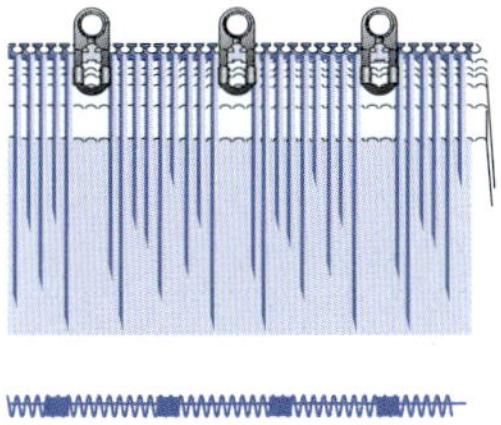

*Kräuselung durch Ziehung an den Zugschnüren*

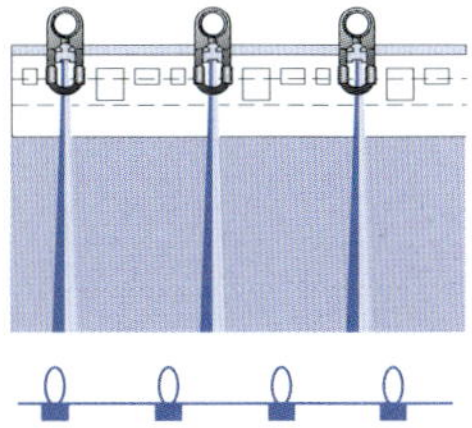

*Kräuselfalten, durch Stecken erzielt*

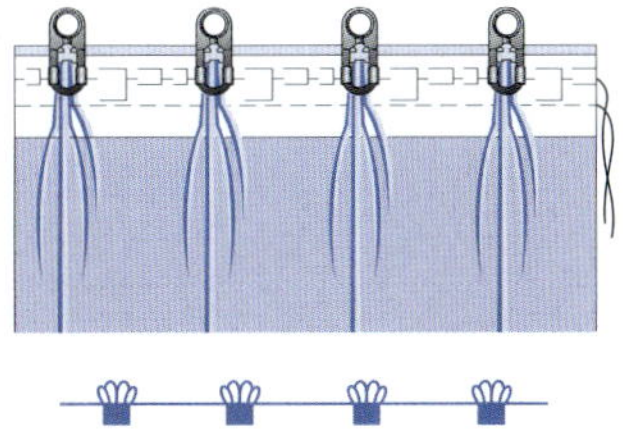

*Kräuselfaltengruppen, durch Auslassen von mehreren Taschen zwischen den Rollringhaken und durch Ziehen an den Zugschnüren erzielt*

### Automatik-Faltenbänder

Diese Faltenbänder haben bereits programmierte Falten bzw. Faltengruppen, die durch Aufschieben des Gardinenstoffs auf den verknoteten und an einem festen Gegenstand befestigten Zugschnüren gebildet werden. Das glatte Mittelstück zwischen den Faltengruppen darf dabei nicht zerdrückt werden. Der besondere Vorteil dieser Bänder ist, dass durch sie exakte Falten gebildet werden und eine erhebliche Zeitersparnis bei der Faltenbildung erreicht wird. Automatik-Faltenbänder werden mit Stehfalten in Dreier- bis Siebenergruppen, Smok-, Wabenfalten, Flämischen Falten sowie einfachen und doppelten Flachfalten (Quetsch- bzw. Tollfalten) angeboten. Je nach Anzahl und Abstand der Falten schwankt der Stoffverbrauch durch diese Bänder zwischen 2:1 bis 3:1.

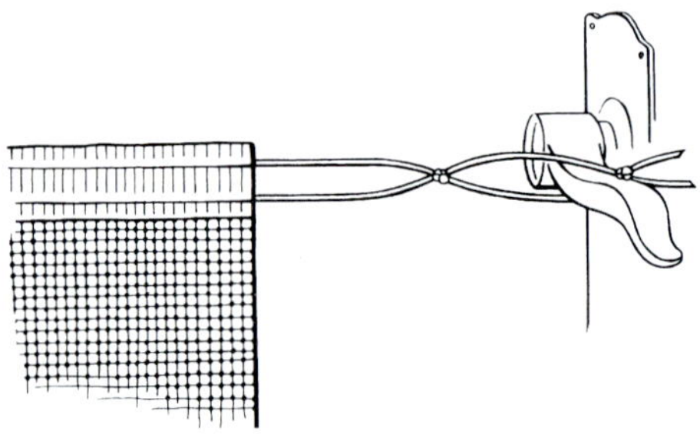

*Prinzip der Faltenbildung mit Automatik-Faltenbändern*

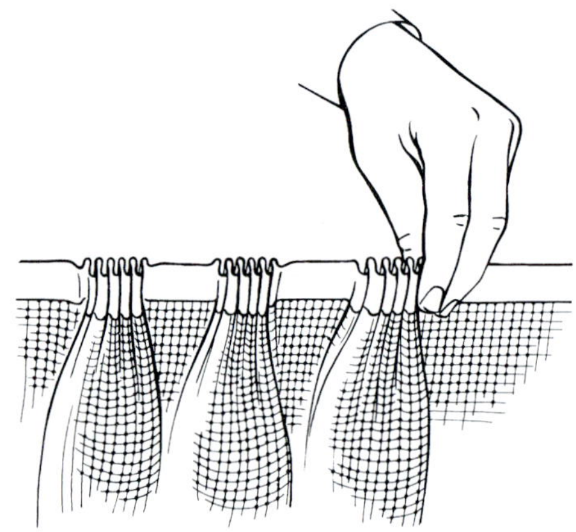

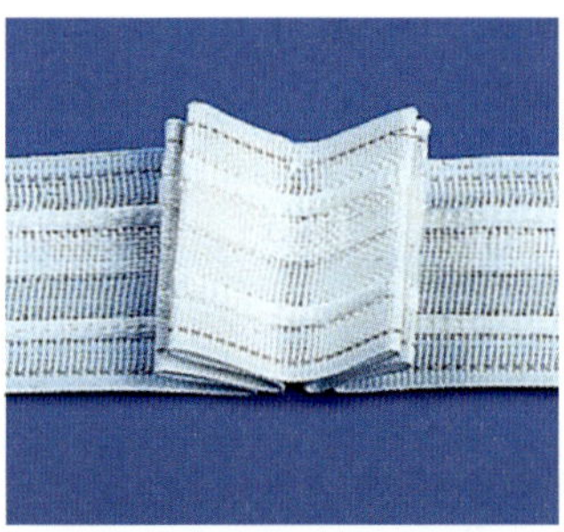

*Doppelte Quetsch- oder Tollfalte*

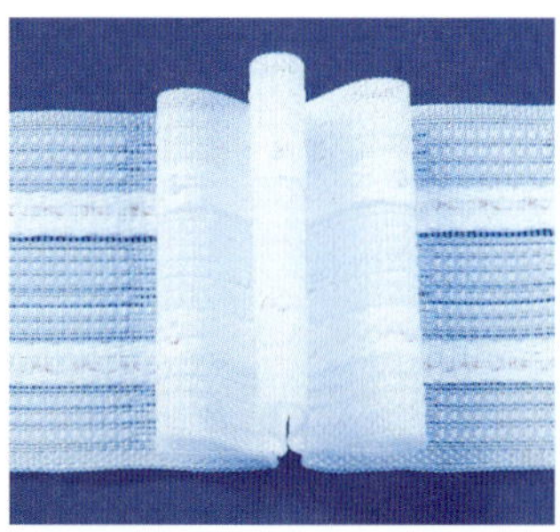

*Dreierfalte*

*Fünferfalte*

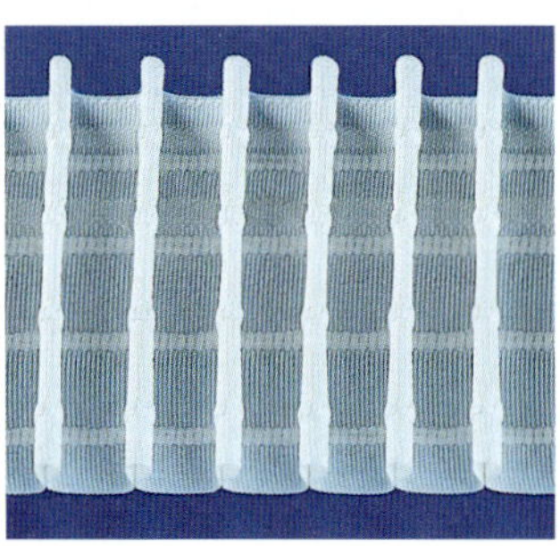

*Stabfalte*

*Flämische Falte*

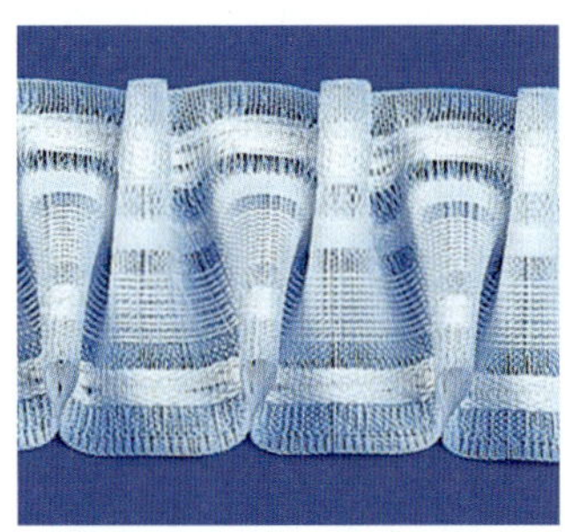

*Smokfalte*

*(Abb. ADO-Goldkante)*

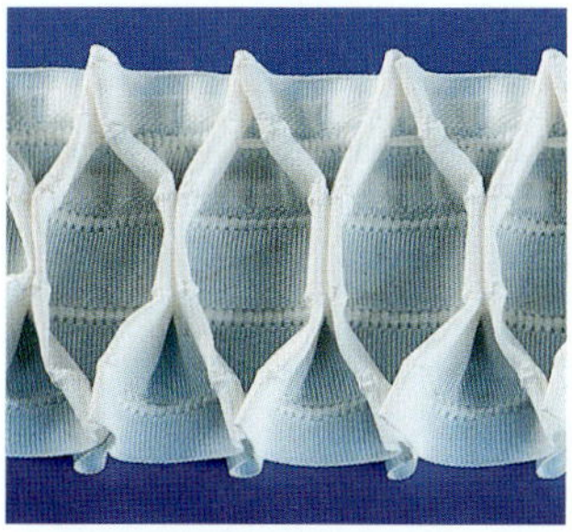

*Wabenfalte*

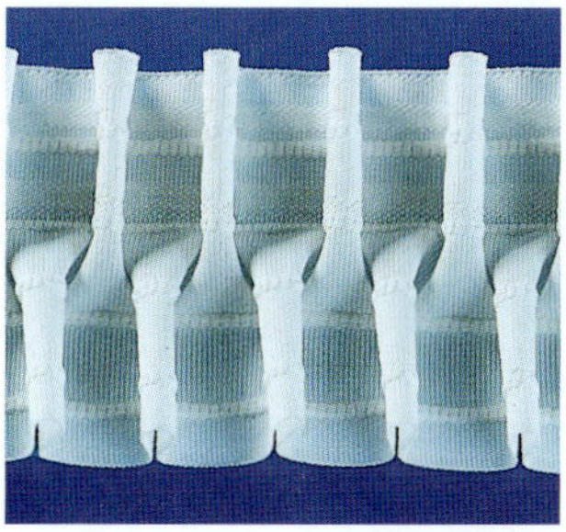

*Smokfalte*

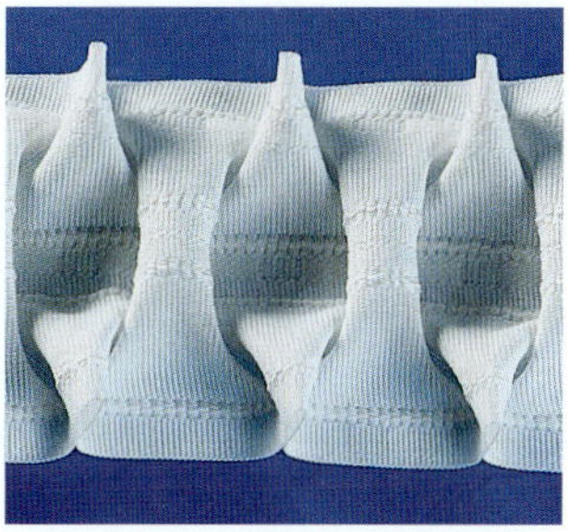

*Smokfalte*

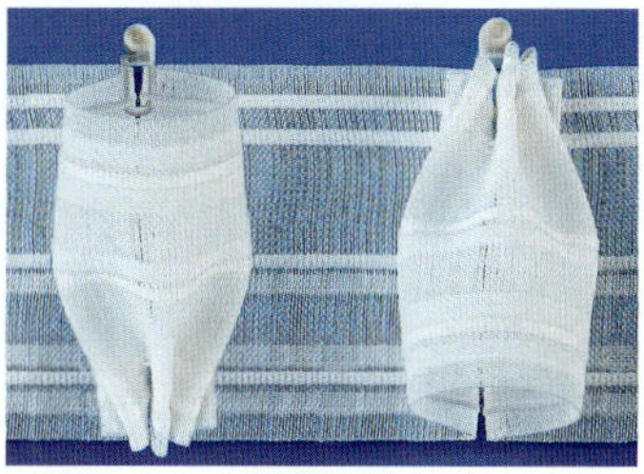

*Tulpen- oder Pokalfalte*

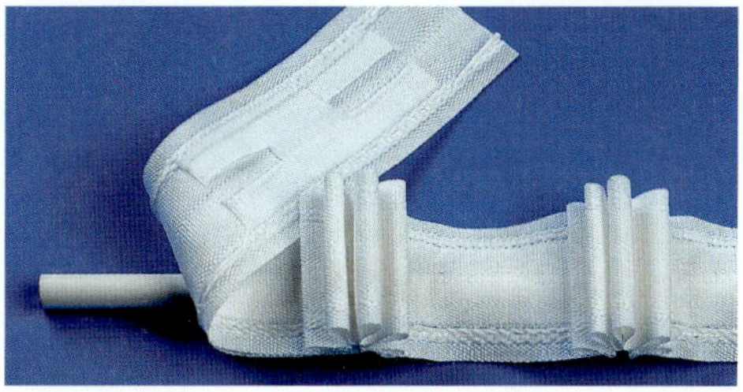

*Stabfaltenband mit Viererfalten für Vitragenstangen (Abb. ADO-Goldkante)*

**Faltenlegebänder**

Diese Faltenbänder besitzen auf der Rückseite Taschen, in die speziell entwickelte Steckvorrichtungen mit Rollringen oder Gleitern gesteckt werden. Mit ihnen ist es möglich, die Faltentiefe und den Faltenabstand individuell zu variieren, wobei auch besondere Musterungen oder Rapporte bei der Faltenbildung berücksichtigt werden können. Mit den Faltenlegebändern können Einer- bis Sechserfalten gebildet werden.

### 7.2.6.2 Sonstige Hilfsmittel



**Ring- und Schlaufenbänder** werden aus Polyester in Breiten von 15–30 mm mit auf der Rückseite eingearbeiteten Ringen oder Schlaufen zum Aufnähen und Aufbügeln angeboten. Sie werden für die Herstellung von Falt-, Raff- und Wolken-Raffrollos verwendet.

Um einen glatten und gleichmäßigen Fall der Gardinen und Dekoschals zu erzielen, wird in ihre unteren Säume **Bleiband** eingelegt. Bei Gardinenstoffen ist es in den meisten Fällen schon während der Herstellung in den Rand eingearbeitet worden. Bleiband wird in Gewichten von 35, 50, 70, 85, 100 und 150 g/m angeboten. Die Schwere eines Bleibands richtet sich immer nach der Schwere des Stoffs.

Neben den Bleibändern gibt es noch **Bleistäbchen** in Gewichten von 15, 25 und 50 g sowie Bleistreifen von 115 cm Länge, die durch Biegen auch das Faltenlegen im unteren Bereich einer Dekoration ermöglichen.

**Klettbänder** werden zum Befestigen von Schabracken und Falt- bzw. Raffrollos an Holzleisten und Vorhangschienen verwendet. Sie bestehen aus zwei Teilen, einem Haft- oder Pilzband mit kleinen Widerhaken, das auf die Holzleiste bzw. Vorhangschiene angeheftet wird, und einem Flauschband, das auf den Stoff aufgenäht wird. Es gibt auch selbstklebende Haftbänder und aufbügelbare Flauschbänder. Drückt man beide Bänder zusammen, so tritt eine feste Verbindung ein, die durch Abziehen wieder gelöst werden kann.

**Schabrackeneinlagen:** Um bei Schabracken ein glattes faltenfreies und textiles Aussehen zu erreichen, verwendet man besondere versteifende Schabrackeneinlagen. Es sind textile Vliese, die auf der Rückseite mit Klebstoff beschichtet sind. Sie werden in verschiedenen Qualitäten als selbstklebende und aufbügelbare Einlagen angeboten. Die selbstklebenden sind auf der Rückseite mit einem Haftklebstoff beschichtet. Nach dem Abziehen einer Schutzfolie werden sie auf den Stoff aufgeklebt. Die aufbügelbaren Schabrackeneinlagen sind ein- oder beidseitig mit einem schnell reagierenden Heißsiegelklebstoff beschichtet. Sie werden meist von der Stoffseite aus aufgebügelt. Die aufbügelbaren Schabrackeneinlagen sind chemisch reinigungsbeständig. Bei der Verarbeitung der Schabrackeneinlagen müssen die Verarbeitungsempfehlungen der Hersteller unbedingt beachtet werden. Verschiedene Schabrackeneinlagen werden mit bis zu sechs verschiedenen aufgedruckten Schabrackenformen geliefert.

Mit **Drapierhaken** lassen sich effektvolle Dekorationen, bestehend aus Schal, Rosette und Bogen, aus einer Stoffbahn dekorieren. Drapierhaken werden in verschiedenen Arten angeboten.

Um die mit Faltenbändern gebildeten Falten zu halten, verwendet man **Kunststofffaltenstecker** und **-stecknadeln** mit Widerhaken.

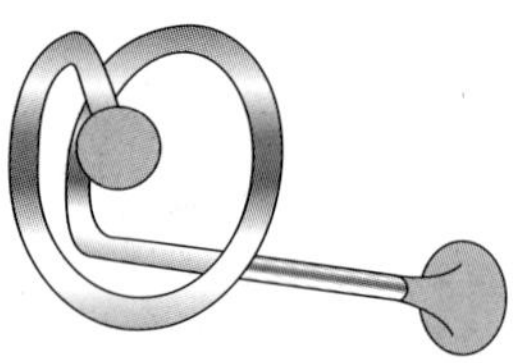

*Drapierhaken*

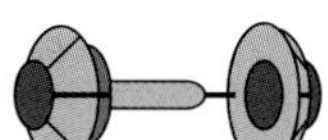

*Kunststofffaltenstecker*

*Kunststoffstecknadel mit Widerhaken*

***Aufgaben***

1. *Wonach richtet sich die Auswahl eines Faltenbands?*
2. *Schildern Sie die Kräusel- und Faltenbildung mit einem Kräusel- oder Universalband sowie ihre Einsatzbereiche.*
3. *Beschreiben Sie die Faltenbildung mit Automatik-Faltenbändern. Welche Vorteile und Faltenarten gibt es bei diesen Faltenbändern?*
4. *Schildern Sie die Faltenbildung mit einem Faltenlegeband und dessen Vorteile.*

### 7.2.7 Werkstoffe zum Schmücken der Dekorationen

Zum Schmücken der Dekorationen verwendet man textile Schmuckartikel, sog. **Posamenten**, sowie schmückende und zugleich funktionelle Gegenstände aus Messing und Holz.

Die für Dekorationen verwendeten Schmuckartikel werden überwiegend zum Verzieren von Kanten und Rändern sowie bei Raffungen der Dekoschals eingesetzt. Die Posamenten, aus Viskose und synthetischen Faserrohstoffen hergestellt, werden entweder farblich passend oder in Kontrast zu der jeweiligen Dekoration ausgewählt. Folgende Schmuckartikel werden bei Dekorationen eingesetzt:

**Borten**: Darunter versteht man farblich und/oder figürlich gemusterte schmale Bänder, die auf Bandwebautomaten, automatischen Klöppelmaschinen und Häkelgalonmaschinen aus Zwirnen, Gimpen[1] und Kordonetts (mehrfädige, fest gedrehte Zwirne) hergestellt werden. Je nach ihrer Art können sie mehr oder weniger große Durchbrechungen oder einen spitzenartigen Charakter aufweisen. Man unterscheidet Gimpen-, Fransen-, Zacken-, Bogen-, Quasten- und Troddelborten.

*Gimpenborte*

*Schlingenfransenborte*

*Bogenborte*

*Troddelborte*

**Fransen:** Die für Dekorationen verwendeten Fransen sind im Prinzip wie die für Polstermöbel verwendeten aufgebaut (schmaler Bandabschluss mit herabhängenden Schnüren, gezwirnten Fäden oder Schlingen). Sie sind jedoch feiner und in den meisten Fällen auch schmaler. Angeboten werden sie in Breiten bis 18 cm.

*Schlingenfranse*

Zum Einsatz kommen:

- Stängelfransen, die gedrehte Schnüre aufweisen,
- Kordonettfransen, die festgedrehte Zwirne besitzen,
- Schlingenfransen, mit herabhängenden Schlingen aus gezwirnten Garnen,
- Bortenfransen, die als oberen Abschluss eine Borte haben,

---

[1] *Gimpe = meist mehrfädige Einlage aus billigen Materialien, die mit feinen effektvollen Fäden, z. B. Viskose, dicht umwickelt wird.*

- Zacken- und Bogenfransen, bei denen die Länge der herabhängenden Schnüre oder Fäden stufen- bzw. bogenförmig angeordnet ist,
- Quastenfransen, die neben den herabhängenden Schnüren oder Fäden noch zu Quasten geformte Fadenbüschel besitzen,
- Pomponfransen, die aus einer Borte und herabhängenden kleinen kugelförmigen Fadenbüscheln bestehen.

**Besätze:** Zu dieser Gruppe der Posamenten zählen schmale schaft- und jacquardgemusterte Zierbänder, die auf Bandwebautomaten hergestellt werden.

**Spitzen:** Es sind feinfädige, netzartig durchbrochene Flächengebilde, die durch mustermäßiges Verflechten, Verschlingen und Zusammendrehen der Fäden entstehen. Zum Schmücken von Dekorationen kommen **Maschinenspitzen** in Form von schmalen Spitzenstreifen mit geradem oder bogigem Kantenverlauf zum Einsatz, die auf Klöppelautomaten (Klöppelspitze), Raschelmaschinen (Raschelspitze) und Häkelgalonmaschinen (Galonspitze) hergestellt werden.

*Galonspitze*

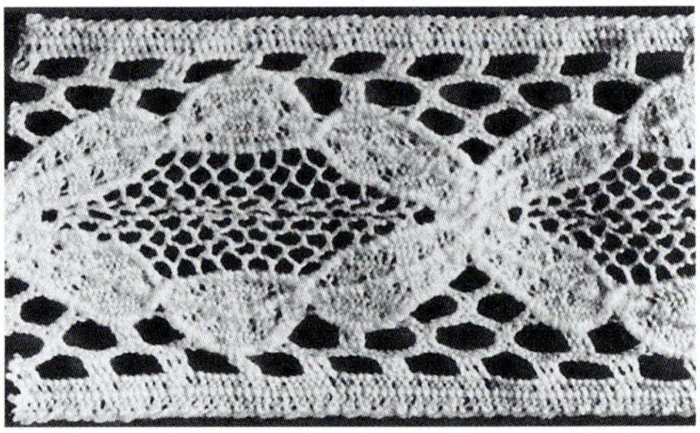

*Klöppelspitze*

**Macramé:** Man versteht heute darunter einen spitzenähnlichen Besatz in grober Luftstickerei. Durch Besticken einer Grundware, die anschließend auf chemischem Wege herausgelöst wird, bleibt zuletzt nur noch die Stickerei in Form eines gemusterten durchbrochenen Besatzes übrig. Macramés werden als Gardinensockel verwendet.

*Macramé*

**Raffhalter:** Sie werden in verschiedenen Ausführungen hergestellt und dienen zum Halten der zur Seite gerafften Gardinen und Dekoschals. Im Prinzip bestehen sie aus einer doppelt gelegten Schnur und einer oder zwei anhängenden Quasten mit Schnitt- oder Stängelfransen.

*Raffhalter*

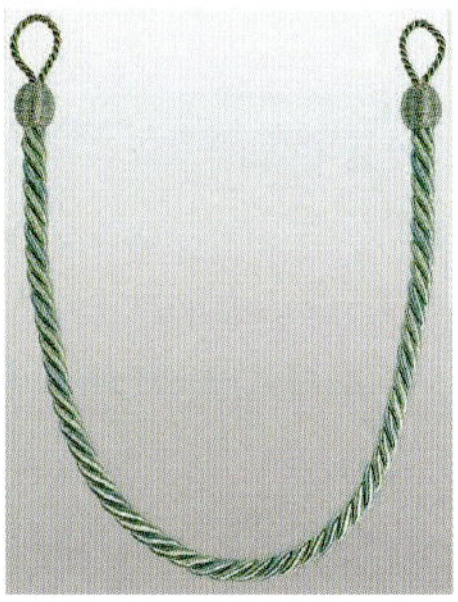

*Raffschnur*

**Raffschnüre:** Raffungen können auch mit einer ein- oder mehrfarbigen Raffschnur zusammengehalten werden.

**Formraffhalter:** Sie werden entsprechend einer vorgegebenen Form aus dem jeweiligen Dekostoff und einer steifen Einlage konfektioniert. Zur Verzierung können ihre Kanten eine Borte erhalten.

*Formraffhalter*

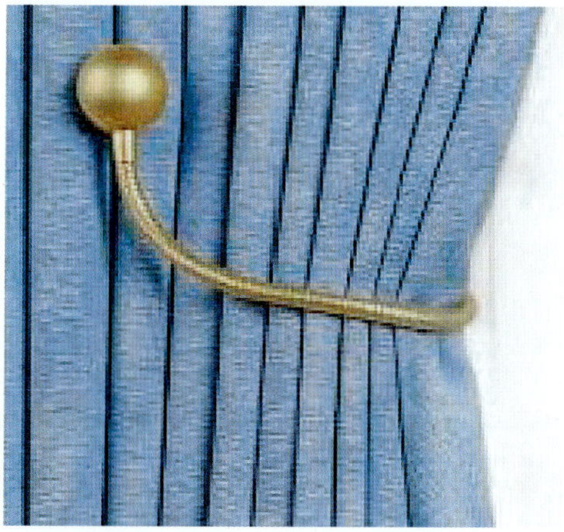

*Biegeraffhalter*

**Quasten:** Im Prinzip bestehen sie aus einer mit Gimpen oder Schnüren umflochtenen oder umwickelten Holzform. Teilweise können sie an ihrer umwickelten Holzform noch pinselartig herabhängende gedrehte Schnüre (Fransen) aufweisen. Quasten bilden den unteren Abschluss bei Treppen- und Absperrseilen sowie bei Dekorationsschnüren und Schleuderstäben, die zum Auf- und Zuziehen von Gardinen und Vorhängen verwendet werden (Schleuderquasten). Sie werden in verschiedenen Ausführungen hergestellt.

*Schleuderquasten*

**Raffhaken:** Sie dienen zum Anhängen der Raffhalter. Hergestellt werden sie in verschiedenen Größen und Ausführungen aus Messing. Sog. Rosettenraffhaken besitzen als Wandanschluss eine Rosette.

**Wandabstandhalter** dienen ebenfalls zum Aufhängen der Raffhalter. Sie werden in verschiedenen Größen aus Messing und Holz gefertigt. An ihrem Kopf tragen sie eine Verzierung in Form einer Rosette, einer Kugel oder eines ähnlich zierenden Gebildes.

**Raffbügel** und **Raffspangen** sind aus Messing gefertigt. Sie sind seitliche Halter eines gerafften Dekoschals und übernehmen die Funktion eines Raffhalters und Raffhakens. Zur Verzierung besitzen die Raffbügel an ihrem sichtbaren Ende eine Metallrosette.

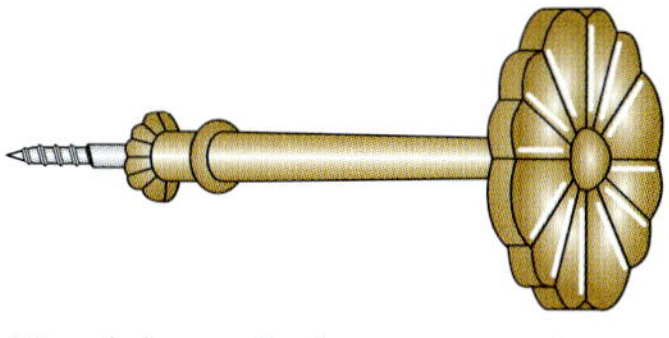

*Wandabstandhalter aus Messing mit Rosette*

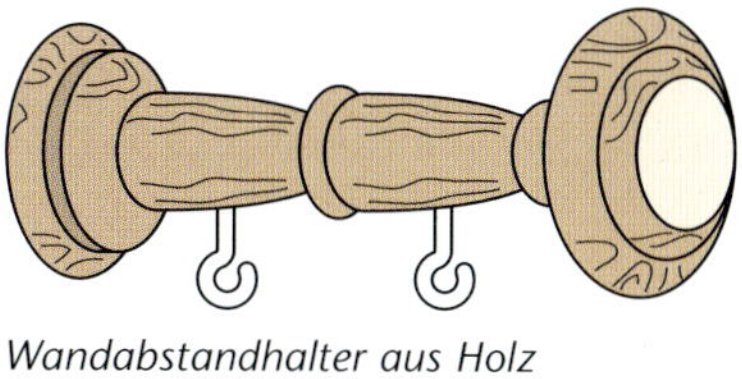

*Wandabstandhalter aus Holz*

7

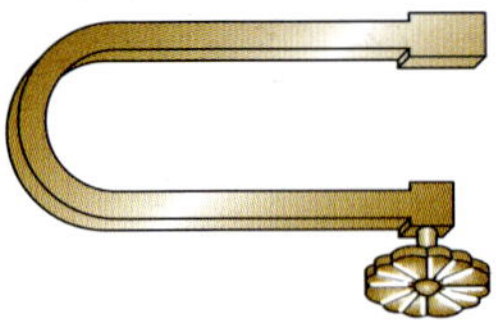

*Raffbügel*

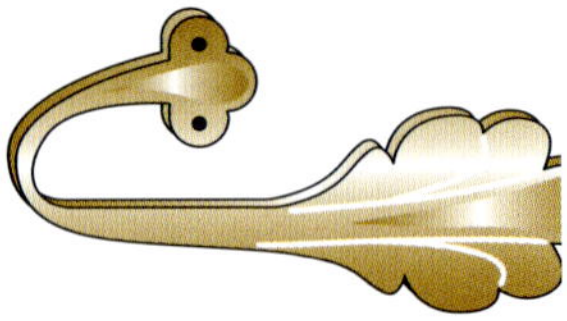

*Raffspange*

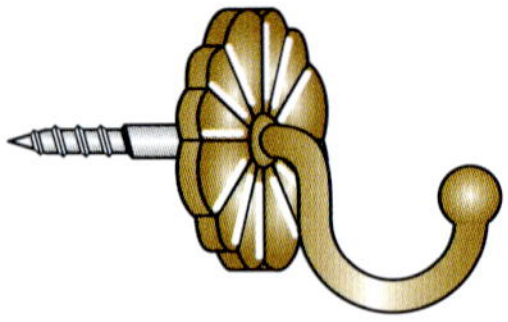

*Raffhaken*

***Aufgaben***

1. *Schildern Sie die Merkmale der Borten. Welche Arten unterscheidet man bei dieser Posamentenart?*
2. *Schildern Sie die typischen Merkmale der Spitzen.*
3. *Ein Store erhält als unteren Abschluss einen Macramé-Sockel. Beschreiben Sie die Merkmale und das Herstellungsprinzip dieses Sockels.*

## 7.2.8 Werkstoffe für Anschläge

Die Befestigung von Vorhangschienen und Vorhangstangen sowie Sonnenschutz- und Verdunklungsanlagen an Wänden und Decken erfolgt mit Dübeln und Schrauben. Je nach den baulichen Gegebenheiten können für die Anbringung noch entsprechende Träger bzw. Winkelträger notwendig sein. In der gleichen Verbindungsart werden an den Wänden auch Raffhaken, Raffbügel, Raffspangen und Abstandhalter befestigt.

### 1. Dübel

Für die verschiedenen Montagearbeiten stehen unterschiedliche Dübelarten in verschiedenen Größen zur Verfügung. Die Auswahl richtet sich nach der Art des Untergrunds und des zu befestigenden Objekts. Entscheidend für die Tragfähigkeit eines Dübels ist ein genau passendes Bohrloch. Die Dübelnummern geben die Stärke des Bohrers an. Zum Bohren der Dübellöcher verwendet man Schlagbohrmaschinen und Bohrhämmer. Die Bohrrichtung muss immer rechtwinklig zur Wand sein und darf während des Bohrvorgangs niemals geändert werden.
Das beim oder nach dem Bohren anfallende Bohrmehl muss aus dem Bohrloch entfernt werden. Die Bohrlochtiefe muss bis auf wenige Ausnahmen größer als die Verankerungstiefe sein, um evtl. noch vorhandenes Bohrmehl oder die aus der Dübelspitze heraustretende Schraube aufzunehmen.

Die Wirkungsweise der Dübel beruht auf:

- **Reibschluss:** Das Spreizteil des Dübels wird von der Schraube an die Bohrlochwand gepresst.
- **Formschluss:** Die Dübelgeometrie passt sich der Form des Untergrunds an.
- **Stoffschluss:** Ein Injektionsmörtel oder Kunstharz verbindet den Dübel mit dem Ankergrund.

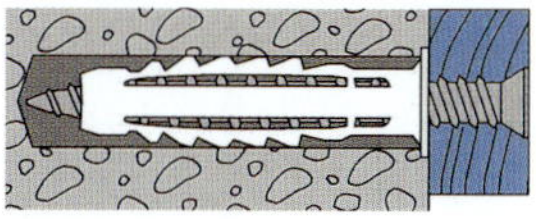

*Reibschluss*

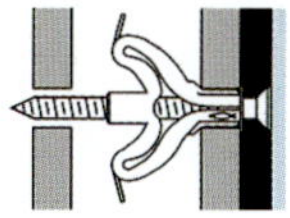

*Formschluss*

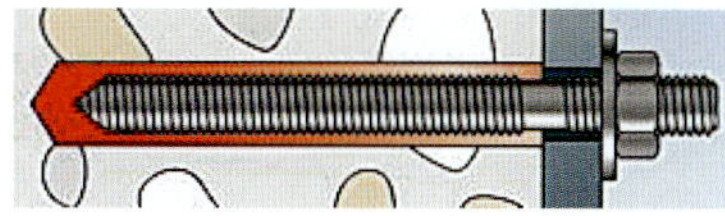

*Stoffschluss*

Aufgrund der Verankerung der Dübel im Mauerwerk unterscheidet man folgende Dübelarten:

**Spreizdübel**

Spreizdübel bestehen aus Kunststoff (Nylon) oder Metall. Der Haftverbund wird durch die eingedrehte Schraube vom Dübelmantel oder vom durch die ausspreizbaren Schenkel erzeugten Druck auf das Mauerwerk erzeugt. Spreizdübel werden in verschiedenen Ausführungen und Längen angeboten.

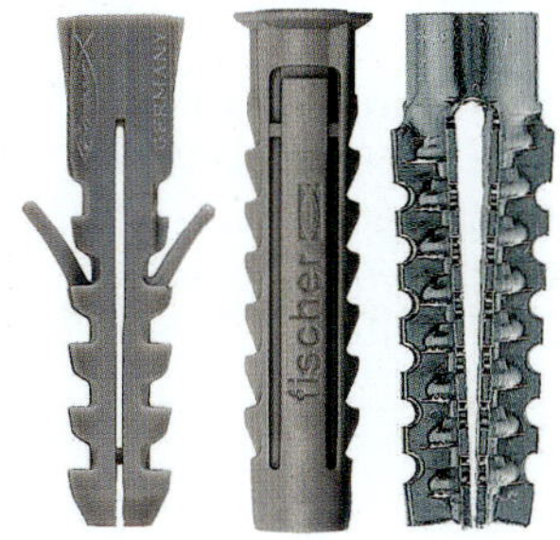


*(1) (1) (2)*

**Nylon-Spreizdübel:** Sie sind für alle Untergründe geeignet. Für Lochsteine und Leichtbaustoffe verwendet man Dübel mit langer Spreizzone. (1)

**Metall-Spreizdübel:** Diese Dübel besitzen eine Metallhülse, die sich beim Anziehen der Stahlschraube spreizt. (2)

**Nylon-Nageldübel:** Sie werden für die Schlagmontage mit Nagelschrauben eingesetzt.

**Nylon-Universaldübel:** Sie halten sowohl im Mauerwerk durch Reibschluss als auch in Lochsteinen oder Hohlwänden durch Formschluss.

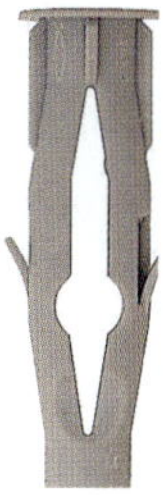

*Formschluss*

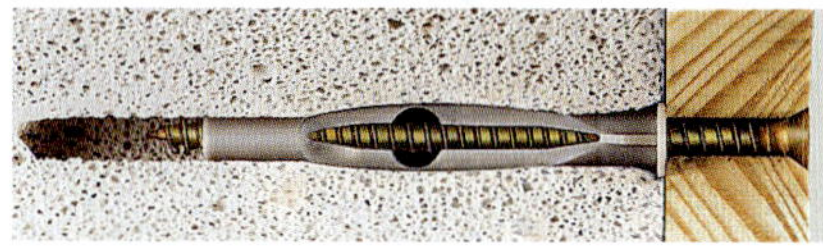

*Reibschluss*

**Gasbetondübel:** Sie sind optimal auf den Baustoff Gasbeton abgestimmt für die Befestigung von diversen Metall- und Holzgegenständen.

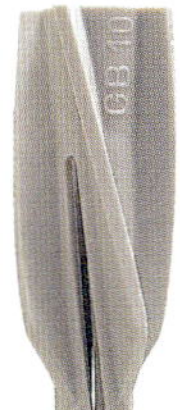


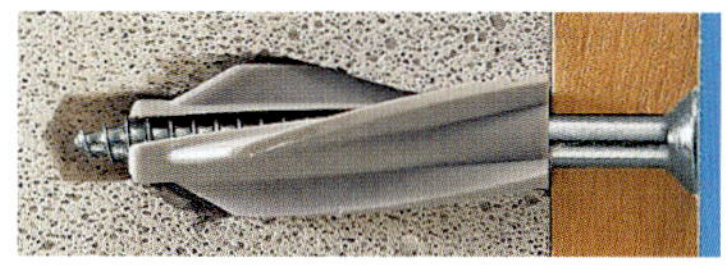

*Gasbetondübel*

*(Abb. MediaServiceOnline Unternehmungsgruppe fischer)*

## Hohlraumdübel

**Federklappdübel** sind Befestigungseinheiten aus Metall mit ausspreizbaren Schenkeln und einer Gewindestange, die für die Montage in Hohlwänden und Hohldecken, z. B. zum Anbringen von Vorhangschienen und -stangen, verwendet werden. Beim Anziehen der Gewindestange pressen sich die ausgespreizten Schenkel gegen die Rückseite der Wand oder Decke.

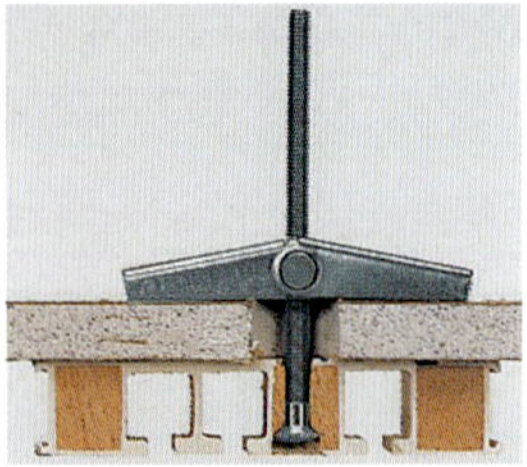

*Federklappdübel*

**Kippdübel** bestehen ebenfalls aus Metall und werden in der gleichen Art wie die Federklappdübel eingesetzt.

**Hohlraum-Metalldübel** werden für die Montage an Hohlwänden mit Gipskarton-, Gipsfaser-, Spanplatten sowie für die Montage in Hohlmauerwerk, Hohldecken und abgehängten Decken verwendet. Beim Anziehen der Schrauben falten sich die Stützelemente des Dübels gegen die Rückwand. Durch den großen Anpressradius wird ein sehr guter Haltewert erreicht.

*Hohlraum-Metalldübel*

**Gipskartondübel:** Für die Befestigung in Gipskartonplatten, Sperrholz- und Spanplatten verwendet man Gipskartondübel. Sie bestehen aus einer Metallhülse mit selbstbohrender Schneide und einer Senkkopfschraube. Der Dübel wird mit einem Akku-Bohrschrauber oder einem Schraubendreher gesetzt. Zur Befestigung des Gegenstands wird die Schraube in den Dübel eingedreht.

*Gipskartondübel*

## Schwerlastdübel

Für die Verankerung von schweren Sonnenschutz- und Verdunkelungsanlagen mit Gewindeschrauben oder Gewindebolzen werden Schwerlastdübel benutzt, die es den Anforderungen und dem Mauerwerk entsprechend in verschiedenen Ausführungen gibt.

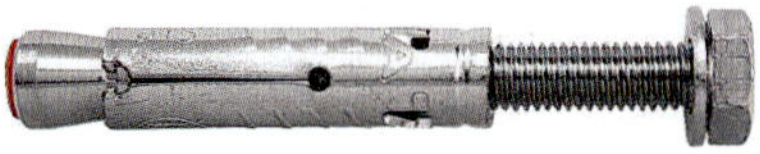

*Schwerlastdübel mit Schraube*

*Ankerbolzen*

---

*(Abb. MediaServiceOnline Unternehmungsgruppe fischer)*

**Verbundankerdübel**[1]

Diese Dübel bestehen aus einer Mörtelpatrone (Verbund- oder Kunstharzmörtel) und einer Gewindeschraube oder einem Gewindebolzen. Die in das Bohrloch eingesetzte Patrone wird von der eingedrehten Schraube oder dem Bolzen zerstört, wodurch sich der Mörtel mit der Bohrlochwand verbindet und es zu einem festen Haftverbund kommt.

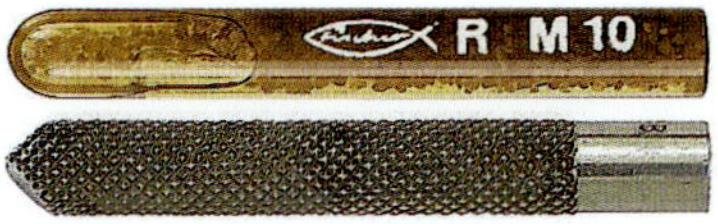


*Verbundankerdübel mit Patrone*

## 2. Schrauben

Sofern die Dübel nicht als komplette Befestigungseinheiten bestehen, verwendet man bei Dübelverbindungen in der Regel Holzschrauben. Die maximale Tragfähigkeit einer Dübelverbindung wird erreicht, wenn **Holzschrauben** mit dem größtmöglichen Durchmesser verwendet werden und sie die Dübelspitze um den Dübeldurchmesser überragen. Holzschrauben sind aus verzinktem Eisen, Messing oder vernickeltem Messing hergestellt. Ihre Größe wird nach Durchmesser und Länge in mm unterschieden. Eine 4 × 50er Holzschraube hat einen Durchmesser von 4 mm und eine Länge von 50 mm. Nach der Form unterscheidet man: **Senkkopf-**, **Halbrundkopf-**, **Linsenkopf-** und **Zylinderkopfschrauben**. Neben der normalen Ausführung können die Schrauben auch einen Kreuzschlitz besitzen. Für besondere Einsätze verwendet man auch Schraubenhaken und Ringschrauben.

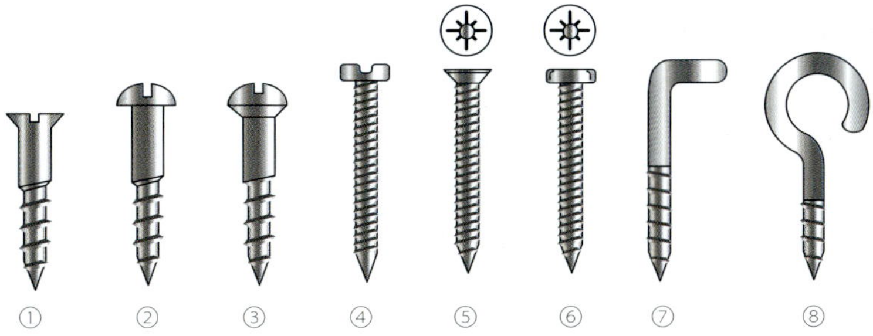


① *Senkkopfschraube*
② *Halbrundkopfschraube*
③ *Linsenkopfschraube*
④ *Zylinderkopfschraube mit durchgehendem Gewinde*
⑤ *Senkkopfschraube mit Kreuzschlitz*
⑥ *Zylinderkopfschraube mit Kreuzschlitz*
⑦ *Schraubenhaken*
⑧ *Ringschraube*

### *Aufgaben*

1. *Was müssen Sie beim Bohren eines Bohrlochs beachten, um eine tragfähige Dübelbefestigung zu erhalten?*
2. *Beschreiben Sie die Wirkungsweise eines a) Federklappdübels und b) Hohlraum-Metalldübels.*
3. *Schildern Sie das Befestigungsprinzip der Gipskartondübel.*

---

[1] *(Abb. MediaServiceOnline Unternehmungsgruppe fischer)*

## 7.3 Kundenaufträge

### 7.3.1 Anfertigen und Montieren von Scheibengardinen für ein Küchenfenster

Ein Raumausstatterbetrieb erhält den Auftrag, für das nebenstehend abgebildete zweiteilige Küchenfenster Scheibengardinen anzufertigen und auf dem Fensterrahmen zu montieren. Jeder Fensterflügel hat eine Breite von 116 cm und eine Höhe von 150 cm. Die Fensterrahmen haben eine Breite von 7 cm. Die Kundin hat den Wunsch geäußert, dass der obere Teil des Fensters frei bleiben und der verwendete Gardinenstoff pflegeleicht sein soll. Sie macht auch darauf aufmerksam, dass es sich um ein Kippfenster mit einem Aluminiumrahmen handelt, der nicht beschädigt werden darf.

#### 1. Analyse

Machen Sie sich mit den Angaben des Auftrags vertraut und sammeln Sie Informationen, die für die Ausführung des Auftrags erforderlich sind.

#### 2. Planung

1. Erstellen Sie eine Übersicht über den Ablauf der durchzuführenden Arbeiten mit den dazugehörigen Werkzeugen, Geräten und Maschinen.
2. Wählen Sie für das Fenster eine Scheibengardinenart mit einem selbst zu bestimmenden oberen und unteren Gardinenabschluss.
3. Bestimmen Sie die Fertigmaße der Scheibengardine, wobei die Höhe in einem optisch gut wirkenden Verhältnis zu der gesamten Fensterhöhe stehen soll.
4. Zeichnen Sie im Maßstab 1 : 10 den Fensterrahmen mit der von Ihnen gewählten Scheibengardine.
5. Ermitteln Sie die Zuschnittmaße für die Scheibengardinen unter Berücksichtigung selbst bestimmter fachgerechter Falten- und Nahtzugaben und den Stoffbedarf.
6. Wählen Sie für die Scheibengardinen einen gewebten Gardinenstoff, der den Anforderungen der Kundin entspricht. Begründen Sie Ihre Stoffwahl.
7. Wählen Sie eine geeignete Stangenart für die Scheibengardine und eine Möglichkeit, wie sie auf dem Fensterrahmen befestigt werden kann.

#### 3. Fertigung

1. Machen Sie Angaben über die Art und die Durchführung eines fadengeraden Zuschnitts bei dem Gardinenstoff.
2. Schildern Sie das Nähen der Scheibengardine.
3. Machen Sie Angaben über das
   a) Anbringen der Gardinenstange,
   b) Dekorieren der Scheibengardinen.

4. Welche Maßnahmen zum Umwelt-, Gesundheits- und Unfallschutz müssen bei den durchzuführenden Arbeiten beachtet werden?

### 4. Qualitätskontrolle

Schildern Sie die Maßnahmen zur Qualitätskontrolle der durchgeführten Dekorationsarbeit.

### 5. Kundenübergabe

Welche warentypischen Eigenschaften und Pflegehinweise können Sie der Kundin für die Scheibengardinen nennen?

### 6. Dokumentation und Präsentation

Erstellen Sie eine Dokumentation und Präsentation Ihres Lösungsvorschlags.

## 7.3.2 Herstellen und Montieren einer Dekoration für ein Wohnzimmerfenster

Frau Mustermann erscheint mit nebenstehender Abbildung aus einem Prospekt eines Heimtextilienmarkts bei einem Raumausstattermeister und möchte für ihr Wohnzimmerfenster im Prinzip die gleiche Fensterdekoration gefertigt bekommen. Nach eingehender Beratung hat sie sich für die zu fertigende Dekoration für einen einfarbigen Dekosatin aus 60 % PES/40 % CV und einen Eisvoile aus 100 % PES entschieden. Nach dem Ausmessen der Fenstermaße legt der Raumausstattermeister folgende Angaben für die zu fertigende Dekoration fest:

a) **Raffrollo:**
Fertighöhe: 175 cm, Fertigbreite: 330 cm. Zugabe in der Höhe: 50 cm. Faltenzugabe in der Breite: 75 %. Oberer Abschluss: 1 cm Köpfchen. Das 4 cm breite Smokfaltenband wird mit einer Nahtzugabe von 1 cm direkt aufgenäht. Unterer Abschluss: 2 cm einfacher Saum. Die Außenseiten schließen mit einem 5 cm breiten einfachen Saum ab.
Nahtzugabe für alle Säume: 1 cm.

b) **Dekoschals:**
Sie werden aus je einer Stoffbreite gefertigt. Fertighöhe: 252 cm. Oberer Abschluss: 1 cm Köpfchen. Das 2,2 cm breite Kräuselband wird mit einer Nahtzugabe von 1 cm direkt aufgenäht. Unterer Abschluss: 20 cm doppelter Saum.

c) **Schabracke:**
Dekorationsbreite: 360 cm, Retouren: 25 cm. Höhe außen/innen: 30 cm/20 cm. Mittiger Ausschnitt: 300 cm. Die Fertigung erfolgt mit einer Schabrackeneinlage, die mit Heißsiegelklebstoff beschichtet ist und auf der Rückseite eine Veloursabfütterung besitzt. Die Unterkante wird mit einer Borte abgedeckt. Die Befestigung der Schabracke an der Vorhangschiene erfolgt mit einem Klettband.

### 1. Analyse

Machen Sie sich mit den Angaben des Auftrags vertraut. Sammeln Sie dazu Informationen, die für die Ausführung des Auftrags erforderlich sind.

### 2. Planung

1. Erstellen Sie eine Übersicht über den Ablauf der Fertigung und Montage mit den dazugehörigen Werkzeugen, Geräten und Maschinen.
2. Berechnen Sie den Stoffbedarf für
   a) das Raffrollo,
   b) die Dekoschals,
   c) die Schabracke und die Schabrackeneinlage.

### 3. Fertigung

1. Schildern Sie den Zuschnitt und die Fertigung
   a) des Raffrollos,
   b) der Dekoschals,
   c) der Schabracke.
2. Beschreiben Sie das Montieren der Dekoration.
3. Welche Unfallverhütungsmaßnahmen müssen Sie bei den durchzuführenden Arbeiten beachten?

### 4. Qualitätskontrolle

Schildern Sie die Maßnahmen zur Qualitätskontrolle bei der durchzuführenden Dekorationsarbeit.

### 5. Kundenübergabe

Welche Pflegehinweise müssen Sie der Kundin für die angefertigte Dekoration übergeben?

### 6. Dokumentation und Präsentation

Erstellen Sie eine Dokumentation und Präsentation Ihres Lösungsvorschlags.

## 7.3.3 Entwerfen, Herstellen und Montieren einer Tür-/Fensterdekoration

Eine Kundin erscheint in einem Raumausstattergeschäft mit nebenstehendem Foto ihres renovierten Wohnzimmers und möchte für die dort abgebildete Tür-/Fensterkombination eine neue Dekoration gefertigt bekommen. Sie ist sich aber über die Art der Dekoration noch im Unklaren und bittet um einen Vorschlag. Auf jeden Fall soll die Dekoration seitliche und obere Dekorationsabschlüsse enthalten und farblich zu der Tapete, dem Teppichboden, der Polstergarnitur und den kirschholzfarbenen Möbeln passen. Die Kundin macht darauf

aufmerksam, dass es sich um eine abgehängte Gipskartondecke handelt und nennt für die Tür-/Fensterwand folgende Maße:
Wandhöhe: 255 cm, Wandbreite: 420 cm,
Tür: Höhe: 230 cm, Breite: 90 cm,
Fenster: Höhe: 160 cm, Breite: 240 cm,
Tür-/Fenstersturz: 25 cm, Brüstungshöhe: 70 cm,
Wandabstände: 40 cm, Tür-/Fensterabstand: 10 cm.

### 1. Analyse

Machen Sie sich mit den Angaben des Auftrags vertraut. Sammeln Sie dazu Informationen, die für die Ausführung des Auftrags erforderlich sind.

### 2. Planung

1. Entwerfen (zeichnen) Sie unter Berücksichtigung der angegebenen Maße eine Tür-/Fensterdekoration, die den gewünschten Anforderungen entspricht.
2. Legen Sie für die entworfene Dekoration die Fertigmaße fest und ermitteln Sie unter Berücksichtigung selbst bestimmter Falten- und Nahtzugaben die Zuschnittmaße.
3. Ermitteln Sie die Stoffverbräuche für die Tür-/Fensterdekoration.
4. Erstellen Sie eine Übersicht über den Ablauf der Fertigung und Montage mit den dazugehörigen Werkzeugen, Geräten und Maschinen.
5. Wählen Sie für die entworfene Tür-/Fensterdekoration unter Berücksichtigung des Farbwunsches einen Gardinen- und Dekostoff und führen Sie deren warentypischen Eigenschaften auf.
6. Erstellen Sie mit den ausgesuchten Stoffen und ähnlichen Mustern des Raums eine Collage.
7. Bestimmen Sie die Aufhängung der Dekoration.

### 3. Fertigung

1. Schildern Sie die durchzuführenden Tätigkeiten beim
   a) Zuschnitt und Nähen der Dekoration unter Berücksichtigung evtl. besonderer Fertigungstechniken bei dem gewählten Gardinen- und Dekostoff,
   b) Anbringen der Aufhängevorrichtung,
   c) fachgerechten Dekorieren der Tür-/Fensterdekoration.
2. Welche Unfallverhütungsmaßnahmen müssen Sie bei den durchzuführenden Arbeiten beachten?

### 4. Qualitätskontrolle

Schildern Sie die Maßnahmen zur Qualitätskontrolle der durchgeführten Dekorationsarbeit.

7

### 5. Kundenübergabe

1. Welche Gründe können Sie der Kundin für die getroffene Stoff- und Farbwahl nennen?
2. Welche Pflegehinweise müssen Sie der Kundin für die gefertigte Dekoration übergeben?

### 6. Dokumentation und Präsentation

Erstellen Sie eine Dokumentation und Präsentation Ihres Lösungsvorschlags.

## 7.3.4 Fertigung und Montage einer stilbetonten Fensterdekoration

Ein Raumausstattermeister soll für ein Fenster in einem Hotel eine Fensterdekoration anfertigen. Nach eingehender Beratung und der visuellen Unterstützung mit dem Softwareprogramm ambiente® hat sich der Hotelier für nebenstehende Dekoration entschieden.

Für die Fertigung der Dekoration werden folgende Maße festgelegt:

a) **Raffgardine:**
Sie wird aus einer 280 cm breiten Raschelspitze aus 100 % PES gefertigt. Fertighöhe: 250 cm, Fertigbreite je Schal: 140 cm, ausgehängtes Kettmaß: 355 cm.
Oberer Abschluss: 1 cm Köpfchen, das 3 cm breite Faltenband wird mit einer Nahtzugabe von 1 cm direkt aufgenäht. Faltenzugabe: 200 %. Die seitlichen und unteren Kanten der Raffschals werden mit einem 2 cm breiten vorgefalzten Satinband eingefasst. Die Raffschals werden mit einem Endloszug montiert.

b) **Dekoschals:**
Sie werden aus je 1,5 Stoffbreiten eines 140 cm breiten Dekosamts aus 100 % CO gefertigt. Für die Abfütterung der Dekoschals wurde ein 140 cm breiter Futterstoff aus 100 % PES gewählt. Die Dekoschals haben eine Dekorationshöhe von 253 cm und liegen zusätzlich mit einer Länge von 20 cm auf dem Fußboden auf. Oberer Abschluss: 1 cm Köpfchen, das 4 cm breite Faltenband wird mit einer Nahtzugabe von 1 cm direkt aufgenäht. Unterer Abschluss: 20 cm einfacher Saum, Nahtzugabe: 1 cm.

c) **Mittelbogen:**
Sie werden überlappend mit einer Dekorationsbreite von 308 cm dekoriert und aus der gleichen Samtqualität wie die Dekoschals gefertigt.
Fertighöhe: 35 cm, Fertigbreite: 84 cm. Die Kräuselbreite beträgt auf jeder Seite 28 cm. Faltenzugabe: 150 %. Nahtzugabe allseitig: 2 cm. Kettmaß für den Bogendurchhang: 120 cm. Die Schnittkanten werden versäubert. Das 2 cm breite Faltenband wird direkt aufgenäht.

Die Aufhängung der Dekoration erfolgt unter einer Vorhangschiene, die mit einer Holzblende abgedeckt ist.

### 1. Analyse

Machen Sie sich mit den Angaben des Auftrags vertraut. Sammeln Sie dazu Informationen, die für die Ausführung des Auftrags erforderlich sind.

### 2. Planung

1. Erstellen Sie eine Übersicht über den Ablauf der Fertigung und Montage mit den dazugehörigen Werkzeugen, Geräten und Maschinen.
2. Zeichnen Sie mit den Dekorationsangaben den Zuschnitt
   a) für die Raffgardine im Maßstab 1 : 20,
   b) für die Mittelbogen im Maßstab 1 : 10.
3. Berechnen Sie den Stoffbedarf für
   a) die beiden Raffschals,
   b) die Mittelbogen je Farbe,
   c) die beiden Dekoschals,
   d) die Abfütterung der Dekoschals.
4. Erstellen Sie eine Skizze für die Montage des anzufertigenden Endloszugs.

### 3. Fertigung

1. Welche warenbedingten Fertigungstechniken müssen Sie bei den Dekoschals und den Mittelbogen beachten?
2. Schildern Sie
   a) den Zuschnitt der aa) Raffschals, ab) Mittelbogen,
   b) das Nähen der ba) Raffschals, bb) Dekoschals einschl. der Abfütterung, bc) Mittelbogen,
   c) das Dekorieren der ca) Raffschals, cb) Dekoschals, cc) Mittelbogen.
3. Beschreiben Sie das Anbringen des Endloszugs für die beiden Raffschals.
4. Welche Unfallverhütungsmaßnahmen müssen Sie bei den durchzuführenden Arbeiten beachten?

### 4. Qualitätskontrolle

Schildern Sie die Maßnahmen zur Qualitätskontrolle bei der durchzuführenden Dekorationsarbeit.

### 5. Kundenübergabe

Welche Pflege- und Reinigungshinweise müssen dem Kunden für die a) Raffgardine und b) Dekoschals und Mittelbogen genannt werden?

### 6. Dokumentation und Präsentation

Erstellen Sie eine Dokumentation und Präsentation Ihres Lösungsvorschlags.

# 8 Montieren von Licht-, Sicht- und Sonnenschutzanlagen

## 8.1 Fertigungstechniken

*Wintergartenbeschattung mit Teba Luxaflex® Faltstore und Duette®*

Durch Fenster und großflächige Fassadenverglasungen dringt das Licht der Sonne in die Räume und erhellt sie mit dem erforderlichen Tageslicht. Da sich der Einfallswinkel und die Intensität der Sonnenstrahlung in Abhängigkeit der Jahreszeiten ändert, kommt es in den Räumen zu störenden Blendwirkungen, zu starker Raumaufhellung und zu unerwünschter Raumaufheizung.

Darüber hinaus verursacht die Sonne im Außenbereich auf Terrassen und Balkonen infolge der Abnahme der Ozonschicht durch ihre ultraviolette Strahlung (UVA und UVB) auch Hautschäden, von harmlosen Hautrötungen bis zu bösartigen Hautveränderungen.

Aus diesem Grunde müssen Fenster, verglaste Fassaden und im Außenbereich Terrassen und Balkone mit einem Sonnenschutz ausgestattet werden.

Als Sonnenschutz bezeichnet man alle Maßnahmen, die störende und beeinträchtigende Wirkungen der Sonneneinstrahlung verringern, beeinflussen oder ganz unterbinden.

Man unterscheidet drei Arten des Sonnenschutzes:

- **primärer Sonnenschutz:** Man versteht darunter den statischen unbeweglichen Sonnenschutz wie z.B. Ausrichtung des Gebäudes, Vordächer, tiefe Fensterleibungen, waagerechte Blenden, Bäume.
- **sekundärer Sonnenschutz:** Darunter versteht man außen liegende regulierbare Sonnenschutzanlagen. Er ist der wirksamste Schutz gegen Wärmeeinstrahlung.
- **tertiärer Sonnenschutz:** Man versteht darunter innen liegende regulierbare Sonnenschutzanlagen.

Aufgrund der mehr oder weniger großen Fenster und der verglasten Fassaden kommt es in der kalten Jahreszeit zu einer Auskühlung der Räume. Mit modernen innen und außen liegenden Sicht- und Sonnenschutzanlagen und deren Kombination untereinander kann ein Beitrag zur Entlastung des Heizsystems und somit zur Energieeinsparung geleistet werden.
Entsprechend den Erfordernissen kann Folgendes mit einer Sicht- und Sonnenschutzanlage erzielt werden:

- **Lichtlenkung**, um eine gewünschte reduzierte Tageslichtversorgung zu ermöglichen,
- **Blendschutz**, um optimale Arbeitsbedingungen bei Bildschirmarbeitsplätzen zu erreichen,
- **Sichtschutz**, um den Einblick in einen Raum zu verhindern, den Ausblick nach draußen aber zu ermöglichen,
- **Reflexion der Sonnenstrahlen**, um die Aufheizung des Raums zu verhindern,
- **Verdunklung** eines Raums,
- **Energieeinsparung**, um den Bedarf an Heiz- und Kühlenergie zu reduzieren,
- **Schutz vor direkter Sonneneinstrahlung** im Außenbereich, z.B. auf Terrassen und Balkonen.

Um einen optimalen Wirkungsgrad der einzelnen Funktionen zu erreichen, müssen die Sicht- und Sonnenschutzanlagen individuell regel- und steuerbar sowie leicht bedienbar sein. Die Lüftung des Raums darf durch eine Sonnenschutzanlage nicht beeinflusst werden.



## 8.1.1 Physikalische Grundlagen des Sonnenschutzes

Spender des natürlichen Lichts ist die Sonne. Trifft der von ihr ausgehende Lichtstrom auf eine Fläche, so wird sie beleuchtet. Das Ausmaß des auf eine Fläche fallenden Lichtstroms bezeichnet man als Beleuchtungsstärke, die in Lux (lx) angegeben wird und mit entsprechenden Geräten gemessen werden kann.
Ausschlaggebend für die vorherrschende Beleuchtungsstärke an einem Gebäude ist der Sonneneinfallswinkel, der von der Himmelsrichtung und der Jahreszeit abhängig ist.

So ist der Sonneneinfallswinkel im Westen und Osten flach, wodurch die Sonne tiefer in den Raum scheint und eine Blendung verursacht. Im Süden dagegen ist der Einfallswinkel steil, sodass die Sonne steil in den Raum scheint. Je steiler die Sonneneinstrahlung auf ein Fenster trifft, desto größer ist der Energietransport.

Aufgrund der unterschiedlichen Himmelsrichtungen sind unterschiedliche Maximalwerte der Beleuchtungsstärke festzustellen. Die im nebenstehenden Diagramm angegebene Luxzahl ist der maximale Wert, mit dem im Sommer bei wolkenfreiem Himmel zu rechnen ist, wenn der Lichtstrom der Sonne senkrecht auf eine Fläche fällt.

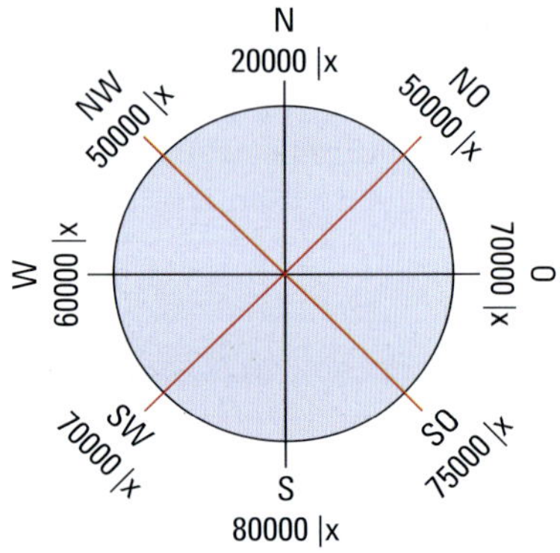


Neben der Himmelsrichtung ist auch festzustellen, dass der Sonneneinfallswinkel auch jahreszeitlichen Gegebenheiten unterworfen ist. So ist der Einfallswinkel der Sonne vom Herbst bis zum Frühling flach, während er im Sommer steil ist.

Bei jeder Sonnenschutzanlage wird das auftreffende Licht bzw. die auftreffende Sonnenenergie von der **Reflexion**, **Transmission** und **Absorption** beeinflusst. Ihre Werte werden in Prozent angegeben und ergeben zusammen 100 %.

- **Reflexion (R)** gibt den Teil des Lichts bzw. der Sonnenenergie an, der reflektiert wird. Je höher der Reflexionswert ist, desto weniger Licht bzw. Sonnenenergie gelangt in den Raum.
- **Transmission (T)** gibt den Teil des Lichts bzw. der Sonnenenergie an, der durch einen Stoff durchgelassen wird. Je höher der Transmissionswert ist, desto heller und wärmer ist es im Raum.
- **Absorption (A)** gibt den Teil der Sonnenenergie an, die als Wärme von einem Stoff aufgenommen wird.

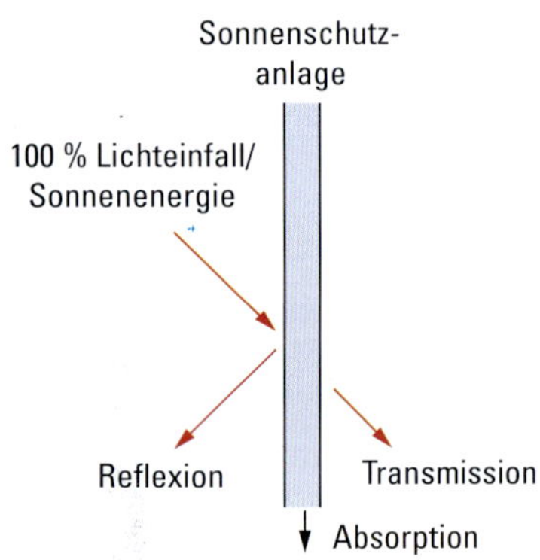


## 8.1.2 Funktionen des Sicht- und Sonnenschutzes

### Reflexion der Sonnenstrahlen

Eine Isolierverglasung lässt an Sonnentagen ca. 80 % der Sonnenenergie passieren, wodurch direkt am Fenster eine Temperatur von ca. 60 °C entsteht. An trüben Tagen reduzieren sich diese Werte um ca. die Hälfte. Durch eine Sonnenschutzanlage kann die Aufheizung eines Raums verhindert und das Raumklima wohltuend temperiert werden.

Der jeweilige Transmissionswert einer Sonnenschutzanlage kann aus den Produktangaben des jeweiligen Sonnenschutzanbieters entnommen werden.

Die Funktion der Klimaregulierung bei einer Sonnenschutzanlage ist abhängig von der Reflexion, Absorption und Transmission der Sonnenenergie der Isolierverglasung und des Sonnenschutzes. Das Zusammenwirken der drei Faktoren zeigt das folgende Beispiel.

**Beispiel**

Bei der Einstrahlung des Sonnenlichts auf ein Fenster mit Isolierglas werden ca. 8 % der Sonnenenergie reflektiert und ca. 12 % absorbiert. Die verbleibende Menge der Sonnenenergie von ca. 80 % fällt auf den innen liegenden Sonnenschutz, wobei ca. 52 % wieder reflektiert, ca. 8,8 % absorbiert und ca. 19,2 % in den Raum gelassen werden.

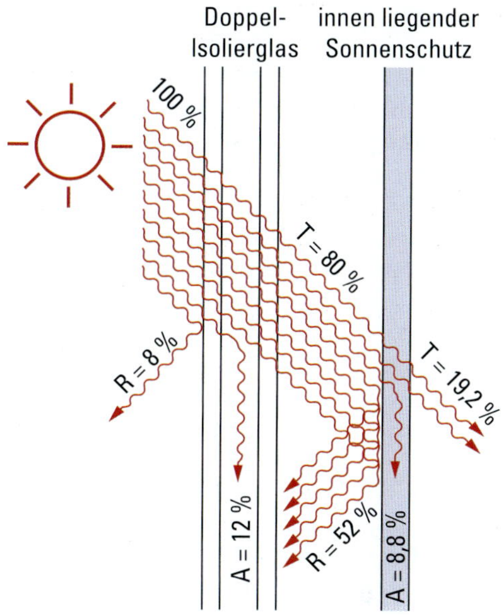


### Sichtschutz

Mitunter kann es notwendig sein, dass der Einblick in einen Raum verhindert werden soll, der Wunsch aber besteht, den Blick nach außen zu ermöglichen. Durch eine Sonnenschutzanlage mit dünnen Rollo- oder Plisseestoffen oder Screen-Geweben kann erreicht werden, dass der Einblick in den Raum nicht möglich, tagsüber aus dem Inneren eines Raums aber die äußere Umgebung sichtbar ist. Abends kehrt sich allerdings die Sichtmöglichkeit um. Aus der dunklen äußeren Umgebung kann man in das Innere eines erleuchteten Raums schauen.

Ein beidseitiger Sichtschutz mit stufenlos regulierbarer Lichtreduzierung kann mit Jalousien und Lamellenvorhängen erzielt werden.

### Verdunklung

Für Besprechungs-, Schulungs- und Fortbildungsräume, in denen audiovisuelle Medien eingesetzt werden, benötigt man ein Regulierungssystem des Lichts, das sich von einem gewünschten Grad der Abdunklung auf das Tageslicht umstellen lässt. Um Verdunklungen zu erzielen, verwendet man für Rollos und Plissees beschichtete Gewebe, sog. **Blackout-Stoffe**, die kein Licht durchdringen lassen. Spezialrollos haben zudem noch eine seitliche Abdichtung.

### Energieeinsparung

Sonnenschutz leistet zu unterschiedlichen Jahres- und Tageszeiten einen wesentlichen Beitrag zur Energieeinsparung. Durch eine optimale Kombination und Steuerung von innen und außen liegenden Sonnenschutzanlagen wird ein Raum im Sommer vor Überhitzung und im Winter vor Auskühlung geschützt, wodurch es zur Einsparung von Kühl- und Heizenergie kommt. Durch die Energieeinsparung wird der $CO_2$-Ausstoß reduziert, wodurch ein wichtiger Beitrag zum Klimaschutz geleistet wird.

Die optimale Kombination von innen und außen liegendem Sonnenschutz zur Energieeinsparung zeigen die folgenden Beispiele.

**Sommer/Tag**
An Sommertagen muss der Wärmeeintrag der Sonnenstrahlung durch eine Kombination von außen und innen liegendem Sonnenschutz gering gehalten werden. Dadurch kann die Raumtemperatur um bis zu 12 °C gesenkt werden, wodurch konzentriertes Arbeiten ermöglicht wird. Bei vorhandenen Klimaanlagen kann Kühlenergie gespart werden. Durch den kombinierten Sonnenschutz sollte jedoch noch so viel blendfreies Licht vorhanden sein, dass kein künstliches Licht benötigt wird.

**Sommer/Nacht**
In den Sommernächten sollte der innen oder außen liegende Sonnenschutz geöffnet werden, damit durch Lüften eine natürliche Kühlung der Räume erreicht wird.

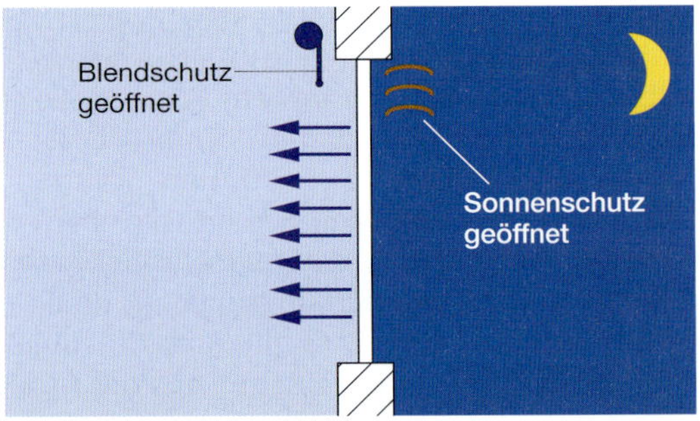


**Winter/Tag**
An Wintertagen mit Sonnenschein sollte die Sonnenenergie zur Unterstützung der Raumheizung genutzt werden, indem der außen liegende Sonnenschutz geöffnet wird und ein innen liegender Blendschutz mit geringer Reflexion zum Einsatz kommt.

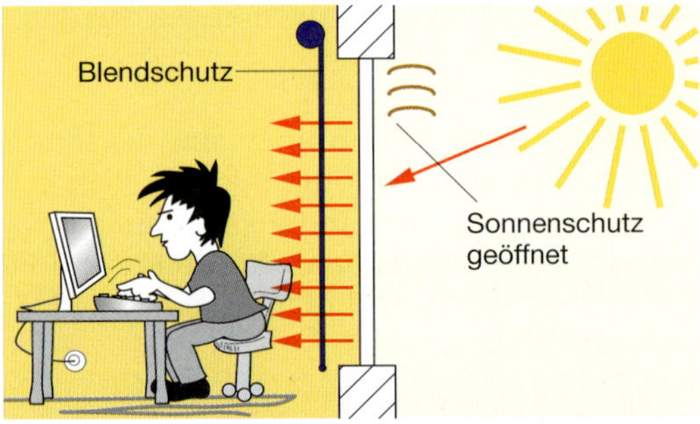


**Winter/Nacht**
In Winternächten sollte der innen und außen liegende Sonnenschutz, z.B. Rollladen, geschlossen sein. Dadurch entstehen am Fenster isolierende Luftpolster sowie durch den innen liegenden Sonnenschutz eine Wärmereflexion, wodurch eine deutliche Verbesserung der Wärmedämmung entsteht und bis zu 10 % der Heizenergie eingespart werden kann.

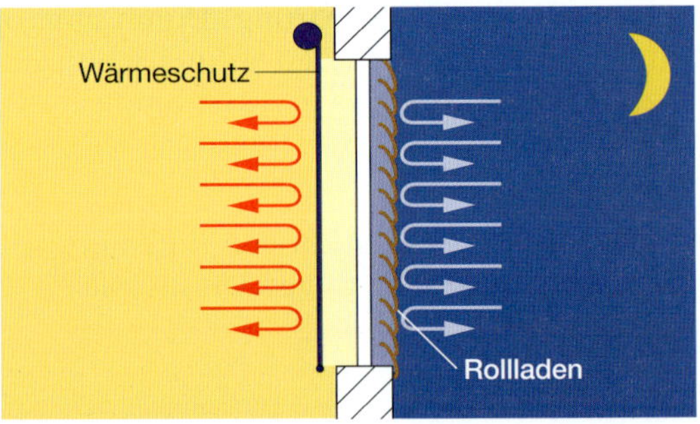


Auch allein durch den gezielten Einsatz von innen oder außen liegenden Sonnenschutzanlagen können in deutlichem Umfang sowohl Heizenergie als auch Kühlenergie bei evtl. vorhandenen Klimaanlagen eingespart werden.

Energiesparende innen liegende Sonnenschutzanlagen besitzen Stoffe mit wabenförmigem Querschnitt (Wabenplissees, s. Seite 306 f.), die isolierende Luftpolster in den Hohlkammern der Waben bilden, sowie reflexionsbeschichete Stoffe. Die folgenden Abbildungen zeigen die Funktionen eines Wabenplissees.

Am Tag werden Sonnenstrahlen durch die helle Rückseite des Wabenplissees reflektiert, was die Aufheizung des Raums verhindert und wodurch Kühlenergie bei einer vorhandenen Klimaanlage eingespart wird.

In der Nacht wirken die Luftpolster in den Hohlkammern des Wabenplissees wie eine zusätzliche Dämmung. Die Wärme bleibt im Raum, die Heizkosten werden reduziert.

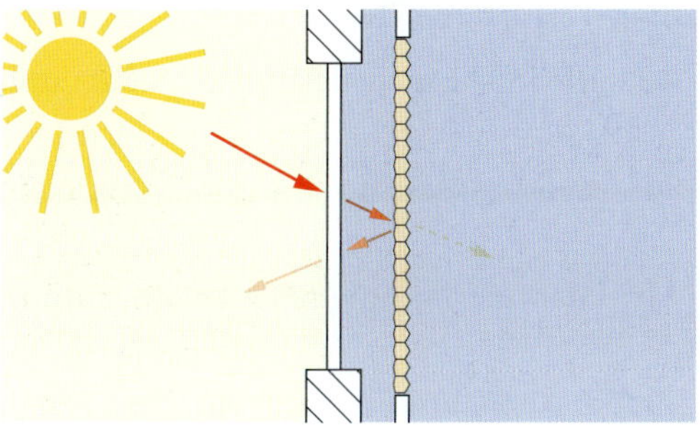

*Tagwirkung*

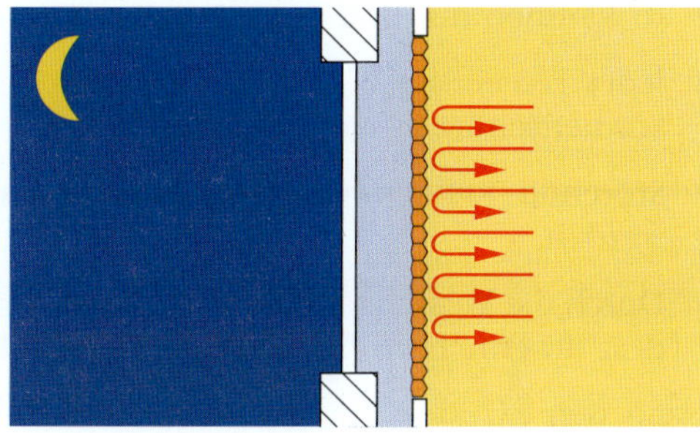

*Nachtwirkung*

***Aufgaben***

1. *Erklären Sie den Unterschied zwischen primärem, sekundärem und tertiärem Sonnenschutz.*
2. *Welche Funktionen können durch eine Sicht- und Sonnenschutzanlage erzielt werden?*
3. *Welche maximale Beleuchtungsstärke ist aufgrund der unterschiedlichen Himmelsrichtungen im Sommer festzustellen?*
4. *In den Produktangaben eines Rollos ist u. a. angegeben, dass der verwendete Stoff eine Reflexion von 27 %, eine Absorption von 35 % und eine Transmission von 38 % besitzt. Erklären Sie diese Angaben.*
5. *Welche maximalen Transmissionswerte sind nach den EU-Richtlinien für eine innen liegende Sonnenschutzanlage zulässig?*
6. *Durch welche Maßnahmen kann mit Sonnenschutzanlagen a) im Sommer und b) im Winter ein Beitrag zur Energieeinsparung geleistet werden?*



### 8.1.3 Beschattung von Bildschirmarbeitsplätzen

Büroarbeitsplätze sind heute fast ausschließlich mit Bildschirmen ausgestattet, die besondere Anforderungen bei der Regulierung von Licht, Blendung und Sicht erfordern, um ein ermüdungsfreies und blendfreies Arbeiten zu gewährleisten. Um die Gesundheit und das Wohlbefinden der Mitarbeiter an den Bildschirmarbeitsplätzen zu schützen, sind verschiedene Verordnungen und Normen in Kraft getreten, die der Arbeitgeber einhalten muss.

Für den Sicht- und Blendschutz sind dies die

- Arbeitsstättenverordnung (ArbStättV),
- Bildschirmarbeitsverordnung (BildscharbV) – Umsetzung der Richtlinie 90/270/EWG,
- DIN EN ISO 9241-6 – Ergonomische Anforderungen für Bürotätigkeiten mit Bildschirmgeräten,
- Berufsgenossenschaftliche Information BGI 650 – Bildschirm- und Büroarbeitsplätze.

Aufgrund dieser Vorgaben lassen sich folgende Forderungen ableiten:

- In Räumen mit Bildschirmarbeitsplätzen müssen Fenster vorhanden sein.
- Jedes Fenster muss mit einem individuell verstellbaren innen liegenden Sicht- und Sonnenschutz ausgestattet sein.
- Störende Reflexionen und Blendungen auf dem Bildschirm müssen vermieden werden.
- Durch die Verstellbarkeit der Anlagen kann eine Sichtverbindung nach außen, zumindest für eine bestimmte Zeit, aufrechterhalten werden.

Nach den EU-Richtlinien sind folgende maximale Transmissionswerte für eine innen liegende Sonnenschutzanlage zulässig:

- Norden 20 %
- Nordosten 10 %
- Osten 6 %
- Südosten 5 %
- Süden 5 %
- Südwesten 5 %
- Westen 6 %
- Nordwesten 10 %

Mit den Transmissionswerten der Isolierverglasung und des Sonnenschutzes kann die Beleuchtungsstärke für einen Bildschirmarbeitsplatz errechnet werden. Der ideale Luxwert liegt zwischen 500 und 1500 lx.

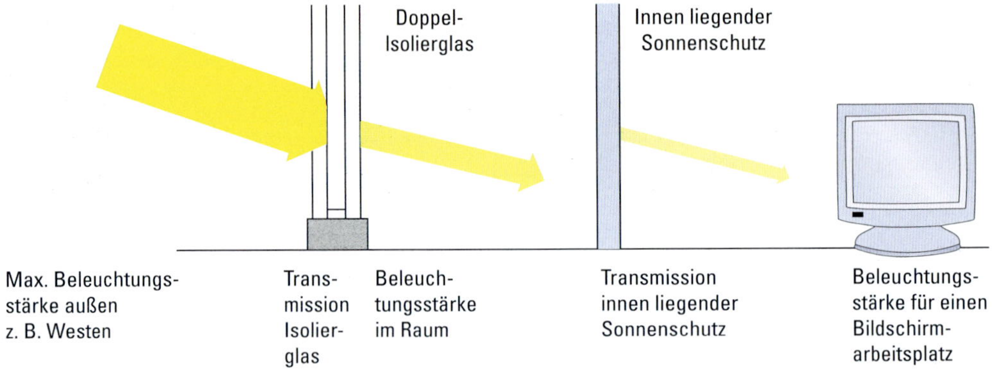


60000 lx · 40 % = 24000 lx · 5 % = 1200 lx

Die maximale Beleuchtungsstärke, das ist das Maß der Lichtmenge, die auf eine bestimmte Fläche trifft, wird reduziert durch den schrägen Lichteinfall, den Transmissionswert der Isolierverglasung, der von der Zusammensetzung des Glasgemenges und der Glasdicke abhängig ist, und dem Transmissionswert der Sonnenschutzanlage, sodass am Arbeitsplatz eine reduzierte Beleuchtungsstärke entsteht.
Der jeweilige Transmissionswert einer Sonnenschutzanlage kann aus den Produktangaben des jeweiligen Sonnenschutzanbieters entnommen werden.

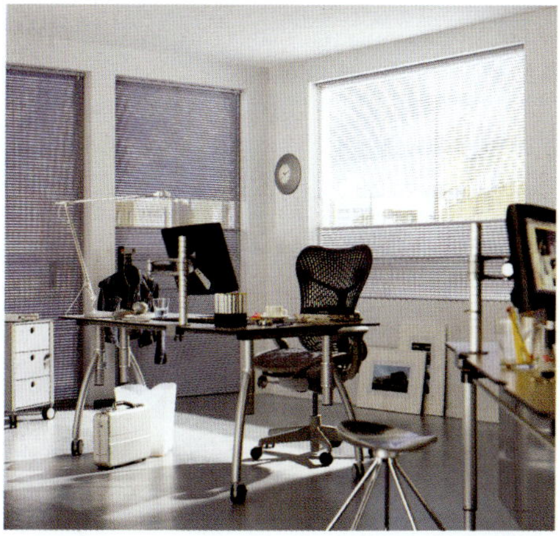

*Bildschirmarbeitsplatz mit in Teilflächen regulierbarem Lichteinfall mit Luxaflex®-Jalousie „Variozone®" by* Teba®

*Aufgaben*

1. *Welche Gegebenheiten müssen für einen Bildschirmarbeitsplatz vorhanden sein?*
2. *Berechnen Sie die Beleuchtungsstärke für einen Bildschirmarbeitsplatz in einem Büro, dessen Fenster nach Südosten liegt. Das Doppelisolierglas des Fensters hat einen Transmissionswert von 35 %, der innen liegende Sonnenschutz von 4 %.*
3. *Wie viel Prozent der Sonnenenergie gelangen in einen Raum, wenn das Doppelisolierglas eine Reflexion von 7,5 % und eine Absorption von 14,3 %, der innen liegende Sonnenschutz eine Reflexion von 41,4 % und eine Absorption von 7,3 % besitzt?*



## 8.1.4 Montage der Sicht- und Sonnenschutzanlagen

Sicht- und Sonnenschutzanlagen werden nach den von dem Raumausstatter ermittelten Bestellmaßen von den Sicht- und Sonnenschutzherstellern angefertigt und montagefertig geliefert, sodass sie nur noch mit den vorgegebenen Trägern und Befestigungssystemen montiert werden müssen.

Vor der **Ermittlung der Bestellmaße** ist festzulegen, wo die vorgesehene Sicht- und Sonnenschutzanlage montiert wird, z. B. vor der Fensternische, in der Fensternische, auf dem Fensterrahmen oder in dem Glasfalz.

Bestellmaße müssen immer vor Ort am Fenster genommen werden. Die Übernahme von Maßen aus Bauzeichnungen sollte vermieden werden, da sie gegenüber den tatsächlichen Fenstermaßen abweichen können.

Aufgrund der verschiedenen Möglichkeiten der Anbringung einer Sicht- und Sonnenschutzanlage sind folgende grundlegende Bestellmaße zu nehmen:

| Anbringung | Ermittlung der Bestellmaße |
|---|---|
| **vor der Fensternische** | |
| 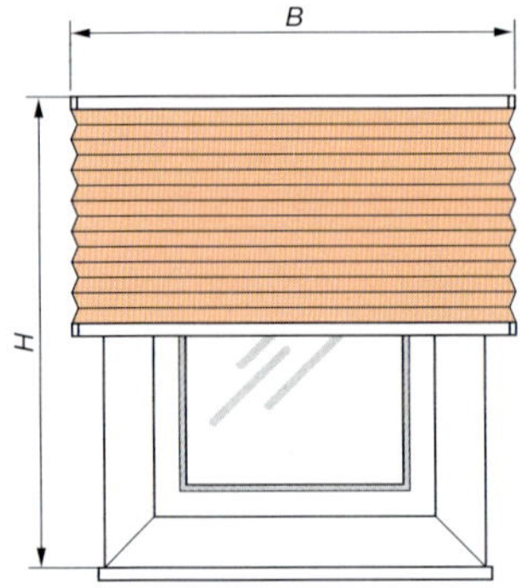 | Breite: Nischenbreite + 10 cm (Überstand für beide Seiten)<br>Höhe: Nischenhöhe + ca. 20 cm (Überstand für oben und unten)<br>Bei bodenlangen frei hängenden Anlagen:<br>gewünschte Höhe – ca. 3 cm Bodenfreiheit<br>Bei frei hängenden Anlagen, die bis zu einer vorspringenden Fensterbank reichen:<br>gewünschte Höhe – ca. 2 cm Freiraum über der Fensterbank<br>Zu beachten sind: Pakethöhe, Fenstergriffe, Fensterbank, überstehende Beschläge |
| **in der Fensternische** | |
| 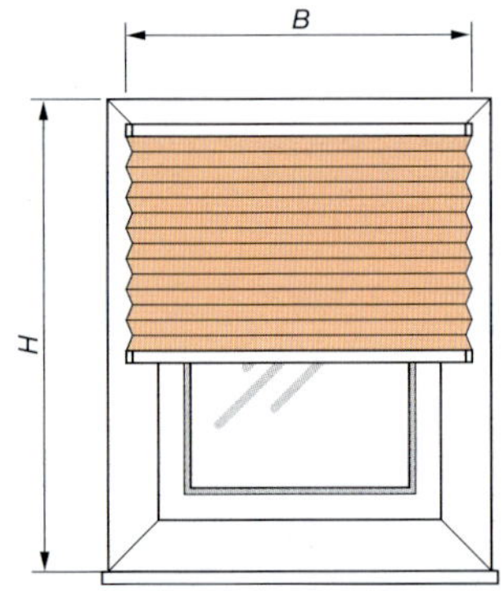 | Breite: lichte Nischenbreite – 1 cm (Freiraum für den Einbau)<br>Höhe: lichte Nischenhöhe<br>Wichtig: Träger für die seitliche Befestigung der Anlagen erfordern Abzüge in der Breite.<br>Zu beachten sind: Pakethöhe, Fenstergriffe, überstehende Beschläge |
| **auf dem Fensterrahmen** | |
| 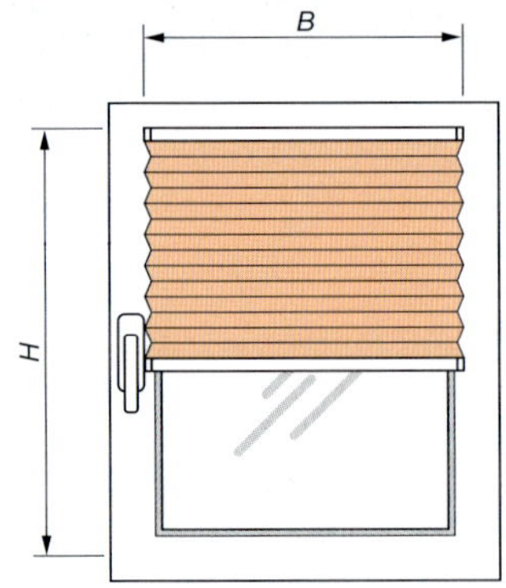 | Breite: Scheibenbreite + gewünschter Überstand<br>Höhe: Scheibenhöhe + gewünschter Überstand<br>Zu beachten sind: Pakethöhe, Fenstergriffe, Trägerbefestigung, überstehende Beschläge, vorstehende Hindernisse und das Öffnen des Fensterflügels |

| Anbringung | Ermittlung der Bestellmaße |
|---|---|
| **im Glasfalz** | |
| 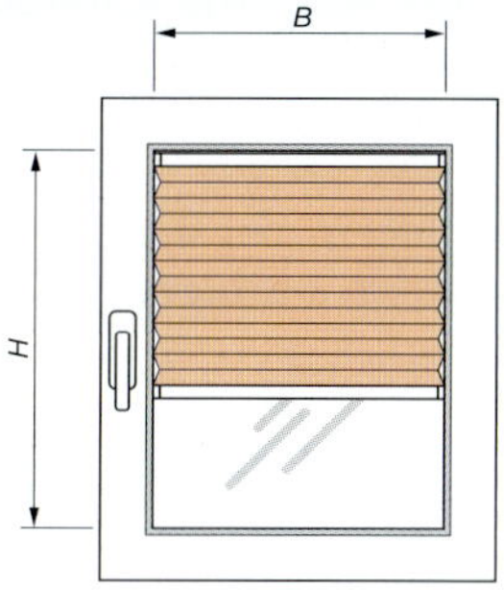  | Bei schrägem Glasfalz:<br>Breite: lichte Scheibenbreite<br>Höhe: lichte Scheibenhöhe<br><br>Bei rechtwinkligem Glasfalz:<br>Breite: lichte Scheibenbreite – 0,5 cm<br>Höhe: lichte Scheibenhöhe – 0,5 cm<br><br>Zu beachten sind: Anlagentiefe, Pakethöhe, Fenstergriffe |

Neben der Ermittlung der grundlegenden Bestellmaße müssen entsprechend den baulichen Gegebenheiten am Fenster oder den Besonderheiten einer Sicht- und Sonnenschutzanlage noch folgende Kriterien berücksichtigt werden:

- Das lichte Breitenmaß der Fensternischen muss an mehreren Stellen gemessen und das kleinste Maß als Bestellmaß genommen werden, da ein Fenster nur selten exakt rechtwinklig ist.
- Für Sonderfensterformen wie Trapez-, Dreieck- oder Vieleckfenster müssen die Umrissmaße mit den jeweiligen Winkeln des Fensters ermittelt werden. Empfehlenswert ist, eine Skizze mit allen Maßen und Winkeln anzufertigen. Aufgrund der Umrissmaße und Winkel werden bei der Herstellung die exakten Maße der Anlage festgelegt.
- Für Dachflächenfenster muss immer die Typenbezeichnung des Fensters angegeben werden. Aus Sicherheitsgründen kann an der Vorderkante des Rahmens das lichte Maß des Fensterflügels gemessen werden. Evtl. kann noch die Form des Rahmens (gerundet, schräg, gerade) angegeben werden.

Voraussetzung für eine ordnungsgemäße **Montage der Anlagen** ist ein fester und ebener Untergrund (Wand, Decke), wobei die Befestigungswerkstoffe auf den Untergrund und die Art der Anlage abgestimmt sein müssen.

| Sicht- und Sonnenschutzanlage | Montageort | Montagesystem |
|---|---|---|
| **Rollo** | Wand, Decke, Fensternische, Fensterrahmen | Träger, Trägerprofile, Klemm- und Klebeträger für Alu- und Kunststofffenster |
| **Jalousie** | Wand, Decke, Fensternische, Fensterrahmen, Glasfalz | Wand-, Winkel-, Decken- und Spezialträger sowie Klemmträger für Alu- und Kunststofffenster |
| **Lamellenvorhang** | Wand, Decke, Fensternische | Winkel- und Clipträger |
| **Plissee** | Wand, Decke, Fensterrahmen, Fensternische, Glasfalz | Winkel-, Clip- und Klemmträger |
| **Flächenvorhang** | Wand, Decke, Fensternische | Wandwinkel, Clipträger, Spannriegel |
| **Markisen** | Hauswand, Balkondecken, Deckensturz | Träger, Winkelträger |

### 8.1.5 Elektronische Steuerung der Sicht- und Sonnenschutzanlagen

Elektrische Antriebe und elektronische Steuerungssysteme ermöglichen eine komfortable Bedienung der Sicht- und Sonnenschutzanlagen.

Zur Verfügung stehen:

- **16- und 24-Volt-Motoren** für innen liegende Sonnenschutzanlagen, bei denen die Spannung von 230 Volt durch einen Transformator auf 16 bzw. 24 Volt umgewandelt wird,
- **230-Volt-Motoren** für außen liegende Sonnenschutzanlagen sowie für Rollos und Jalousien.

Bei der Steuerung der Sicht- und Sonnenschutzanlagen unterscheidet man:

- **Einzelsteuerungen**, bei denen jede Anlage einzeln angesteuert wird.
- **Gruppensteuerungen**, bei denen mehrere Anlagen gemeinsam angesteuert werden. Die Ansteuerung einer einzelnen Anlage ist möglich.
- **Zentralsteuerungen**, bei denen alle Anlagen eines Gebäudes durch einen einzigen Bedienvorgang angesteuert werden. Bei dieser Steuerung ist es auch möglich, einzelne Anlagegruppen mit einem Gruppenschalter bzw. einzelne Anlagen mit einem Einzelschalter anzusteuern.

Die Anlagen können über Schalter, Tastschalter oder automatische Steuerungen, sog. Kleinzentralen, über eine Tastatur sowie über eine Funk- oder Infrarotsteuerung gesteuert werden. In den meisten Fällen sind die Schalter und Kleinzentralen mit integrierten Zeitprogrammen sowie mit Sensoren der Sonnen-, Temperatur-, Regen- oder Windwächter ausgestattet, die Werte erfassen, die von den automatischen Steuerungen verarbeitet und als Befehle an die Motoren weitergegeben werden.

#### Bussteuerungen

In Objekten der Industrie, Verwaltung, in öffentlichen Gebäuden sowie inzwischen auch in vielen privaten Neubauten erfolgt die Steuerung der elektrischen Anlagen durch ein Bussystem mit einem Leitrechner und entsprechender Software.

Als Bus bezeichnet man einen vernetzten Übertragungsweg für Informationen, über den die angeschlossenen busfähigen Geräte miteinander kommunizieren und Informationen austauschen.

Das weltweit führende System zur Vernetzung von Elektroinstallationen in der Gebäudetechnik ist der Europäische Installationsbus (EIB), bei dem zusätzlich parallel zum Stromkabel ein zweiadriges 24-Volt-Kabel verlegt wird, über das die elektrisch betriebenen Geräte und Anlagen, wie z. B. Rollladen-, Jalousien-, Markisen-, Beleuchtungs-, Heizungs-, Klima- und Lüftungsanlagen, gesteuert werden und durch Austausch von Daten miteinander kommunizieren können.

**Beispiel**
Bei Dunkelheit fährt die Jalousie herunter, das Licht wird eingeschaltet und die Klimaanlage ausgeschaltet.

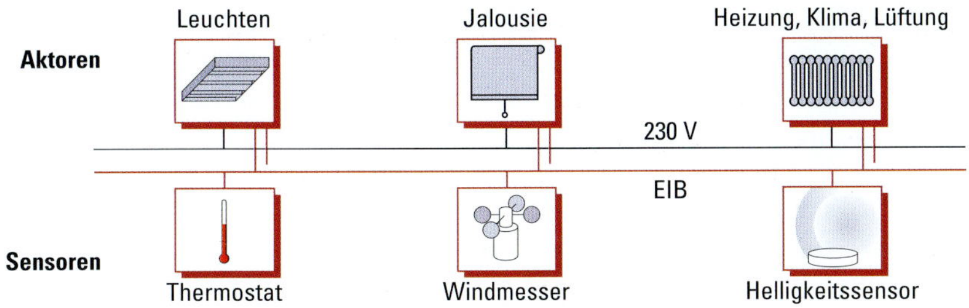


Über programmierte Einstellungen und Tastenbedienungen sowie Sensoren (Messfühler) z. B. für Helligkeit, Temperatur, Bewegung usw. werden Schaltbefehle und Messgrößen an die Schaltgeräte (Aktoren), die den Motoren vorgesetzt sind, weitergegeben, die die empfangenen Befehle in Aktionen umsetzen.

Sensoren und Schaltgeräte können beliebig programmiert und verknüpft werden, sodass sich alle Geräte und Anlagen mit der ihnen vordefinierten Funktion einzeln oder in Kombination miteinander steuern lassen. Die manuelle Steuerungsmöglichkeit der Geräte und Anlagen mit einem Schalter bleibt erhalten.

Über einen Computer mit entsprechender Software, der über eine Schnittstelle mit dem Bus verbunden ist, können für regelmäßig wiederkehrende Tätigkeiten der Geräte und Anlagen Programme eingestellt werden, z. B. um welche Uhrzeit die Heizungsanlage anlaufen soll oder ab welcher Sonneneinstrahlung die Jalousien ganz oder teilweise und mit welcher Lamellenstellung sie heruntergefahren werden sollen.

Über an zentralen Plätzen im Haus angebrachte Displays kann die Kontrolle der ausgeführten Befehle erfolgen oder die Störung einer Anlage angezeigt werden. Außerdem besteht die Möglichkeit, über eine Telefonschnittstelle des Bussystems die Funktionen der Geräte und Anlagen sowohl mit dem Handy als auch über das Internet zu überwachen und zu steuern.

Für Altbauten, die nicht über eine EIB-Installation verfügen, kann die Übertragung der Steuerungsdaten durch **EIB-powernet** über das vorhandene Stromnetz erfolgen.

Die Pläne und Programme zur Steuerung der Anlagen und Geräte werden von einem Installateur erstellt. Die werkseitig vorgenommenen Motoreneinstellungen können von dem Raumausstatter korrigiert und auf jeweilige Verhältnisse eingestellt werden.

### 8.1.6 Pflege und Reinigung der Sicht- und Sonnenschutzanlagen



Sicht- und Sonnenschutzanlagen müssen aufgrund der ständigen Verschmutzung regelmäßig gepflegt und gereinigt werden. Dies ist nicht nur eine Frage der Hygiene und Ästhetik. Durch eine fachgerechte Pflege und Reinigung bleibt der Wert und die Wirkungsweise einer Sicht- und Sonnenschutzanlage erhalten.

Die vom Verbraucher durchzuführenden Pflegearbeiten beziehen sich auf das Abstauben oder Absaugen sowie das feuchte Abwischen oder eine Handwäsche bzw. eine chemische Reinigung, sofern die Pflegehinweise für den betreffenden Stoff dies ausweisen.

Bei der Reinigung der Sonnenschutzanlagen durch Fachbetriebe kommen die Bürsten-Walzen-Reinigung, das hubmechanische Waschverfahren und die Ultraschallreinigung zum Einsatz.

Bei der **Ultraschallreinigung**, die zur Reinigung von Jalousien eingesetzt wird, lösen Ultraschallwellen in dem Wasserbad mit dem Reinigungsmittel energiereiche Turbulenzen an den Lamellen aus, wodurch es zu einer porentiefen Reinigung kommt.

Mit dem **hubmechanischen Waschverfahren** werden Lamellenanlagen und Plissees gereinigt. Ein Korb, der das Reinigungsgut aufnimmt, wird durch einen Hubmechanismus in einem Reinigungsbad auf- und abbewegt. Das Reinigungsprogramm enthält die klassischen Waschprogramme Vorwäsche, Hauptwäsche und Spülgang. Lamellen werden bei diesem Verfahren anlageweise eingerollt gereinigt.

Das **Bürsten-Walzen-Verfahren** wird zur Reinigung von Außen- und Innenjalousien eingesetzt. Bei diesem Reinigungsverfahren fahren ähnlich wie bei einer Autowaschanlage zwei vertikal rotierende Walzenbürsten mit Sprühköpfen über die Sonnenschutzanlage.

| Sicht- und Sonnenschutzanlage | Pflege durch den Endverbraucher | Pflege durch einen autorisierten Fachbetrieb |
|---|---|---|
| **Rollo** | absaugen bzw. entsprechend der Pflegeanleitung feucht abwischen | nicht erforderlich |
| **Jalousie** | abstauben bzw. feucht abwischen | Ultraschallreinigung bzw. Bürsten-Walzen-Verfahren |
| **Lamellenvorhang** | absaugen bzw. feucht abwischen | hubmechanisches Waschverfahren |
| **Plissee** | abstauben, feucht abwischen ggf. lt. Pflegeanleitung Handwäsche (im Bad schwenken) | hubmechanisches Waschverfahren |
| **Flächenvorhang** | abstauben, absaugen, entsprechend der Pflegeanleitung feucht abwischen, waschen oder reinigen | Reinigung entsprechend der Pflegeanleitung |

### *Aufgaben*

1. *In der Nische eines Fensters soll ein Rollo angebracht werden. Welche Maße müssen Sie für die Bestellung nehmen?*
2. *In einem Raum soll vor dem Fenster eine bodenlange Lamellenanlage montiert werden. Was müssen Sie alles bei der Maßermittlung berücksichtigen?*
3. *Auf dem Fensterflügel eines trapezförmigen Fensters soll ein Rollo angebracht werden. Welche Angaben benötigen Sie für die Ermittlung der Bestellmaße und was müssen Sie dabei berücksichtigen?*
4. *Wie kann ein Plissee vom a) Endverbraucher und b) Fachbetrieb gereinigt werden?*
5. *Beschreiben Sie die Reinigungsverfahren, die bei Jalousien angewendet werden können.*

## 8.2 Werkstoffe

Für den Licht-, Sicht- und Sonnenschutz kommen innen und außen liegende Anlagen zum Einsatz.

### 8.2.1 Innen liegender Sonnenschutz

Innen liegende Sonnenschutzanlagen erfüllen nicht nur alle Anforderungen hinsichtlich des Sicht- und Sonnenschutzes, sondern sind inzwischen zu einem wichtigen Bestandteil der Innenraumgestaltung geworden. Durch ihre Arten, Formen, Materialien und Farben fügen sie sich harmonisch in das Gesamtkonzept eines Raums ein.

#### 8.2.1.1 Rollos

Das Grundprinzip eines Rollos ist, dass auf eine Welle aus Stahlblech oder Aluminium ein Rollostoff flächig auf- und abgewickelt wird. Die Stoffe, die für Rollos verwendet werden, sind

- flächenstabil,
- schnittkantenfest,
- pflegeleicht,
- licht- und wetterbeständig.

Sie werden überwiegend aus Polyester, aber auch aus Fasermischungen PES/CO, PES/CV, PES/LI sowie aus Baumwolle und aus Glasfasern in vielen Unifarben und modischen Druckdessins in verschiedenen Transparenzgraden hergestellt.

So unterscheidet man z.B. **Screen-Gewebe** aus Polyester- oder Glasfasergarnen und einer PVC-Beschichtung, die durch ihren netzartigen Aufbau nach außen hin durchsichtig, nach innen jedoch blickdicht sind, bis hin zu blickdichten Verdunklungsgeweben, sog. **Blackout-Stoffen**.

*Screen-Gewebe*

Durch entsprechende Veredlungen können Rollostoffe

- schwer entflammbare Eigenschaften erhalten, die auch durch den Einsatz von Trevira CS zu erreichen sind, oder
- eine beidseitig wasserabweisende Beschichtung erhalten, wodurch der Rollostoff besonders für den Einsatz in Badezimmern und im Wellnessbereich geeignet ist.

Thermische Eigenschaften zur Licht- und Wärmereflexion werden durch eine Aluminiumbedampfung oder eine Perlex-Beschichtung (perlmuttartige Pigmentbeschichtung) erreicht. Gewebe mit einer Perlex-Beschichtung besitzen darüber hinaus eine hohe Lichtechtheit und Farbbrillanz, sie sind waschbar und resistent gegen alkalische Waschmittel und Insektenschmutz.

Inzwischen gibt es auch sog. intelligente Rollostoffe mit

- raumluftverbessernden Eigenschaften, die unangenehme Gerüche und Schadstoffe in unschädliche Bestandteile wie Wasserdampf und Kohlendioxid aufspalten. Marken: u.a. BaKaSave® (s. Kapitel 7.2.4 Intelligente Dekorations- und Gardinenstoffe),
- Elektrosmog reflektierenden Eigenschaften, die Schutz vor elektromagnetischer Strahlung bieten.

8

Neben Geweben, die in den Grundbindungen anzutreffen sind, werden für Rollos vereinzelt auch Folien und Vliese verwendet.

Die Befestigung der Rollostoffe auf der Welle kann durch Heften, Kleben oder Kedern erfolgen. Den unteren Abschluss eines Rollos bildet ein Fallstab, der in einen Hohlsaum des Rollostoffs eingelegt oder mithilfe eines Klebekeders am Stoff befestigt wird. Durch sein Gewicht zieht er die Stoffbahn über die ganze Breite leicht nach unten, wodurch ein faltenfreier Fall gewährleistet wird. Zur Verbesserung des Erscheinungsbilds kann bei Seitenzugrollos als unterer Abschluss eine Schabracke angebracht werden.

Rollos können als Sonnen-, Sicht-, Blend- und Wärmeschutz sowie zur Abdunkelung eingesetzt werden. Mit ihnen kann in beliebiger Höhe eine flächige Lichtregulierung erreicht werden.

Rollos werden in verschiedenen Variationen für alle Fensterformen angeboten.

Ihr besonderer Vorteil ist, dass sie platzsparend vor dem Fenster an der Wand oder unter der Decke, in der Fensternische oder auf einem Fenster- oder Türflügel, hier ist eine durch den Fallstab verlaufende seitliche Verspannung empfehlenswert, mit entsprechenden Trägern und Montageprofilen befestigt werden können.

### Mittelzugrollos

Bei den Mittelzugrollos erfolgt das Auf- und Abwickeln des Rollos durch Zug mit einer mittig am Fallstab angebrachten Quaste oder eines Griffs. Man unterscheidet bei dieser Rolloart Federzug- oder Springrollos und Softrollos.

Bei den **Federzug- oder Springrollos** erfolgt die Aufwicklung des Rollos durch einen Federmechanismus, der in einer Welle eingelagert ist. Beim Herunterziehen des Rollos wird die Federmechanik gespannt und die Rolloachse durch Sperrhaken arretiert. Durch einen leichten Zug nach unten kann die Arretierung gelöst werden, und die Feder rollt das Rollo wieder auf.

*Springrollo*

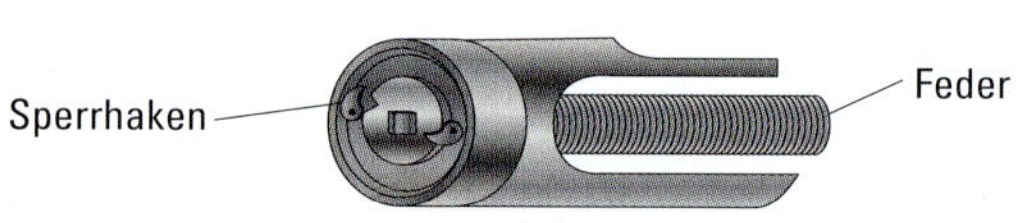


*Prinzip der Federwelle eines Springrollos*

**Softrollos** besitzen eine Federwelle mit eingebauter Aufrollbremse, die ein einstellbares verlangsamtes Auf- und Abrollen des Rollostoffs sowie eine stufenlose Arretierung in jeder Höhe erlauben. Ein Zug an der Quaste oder am Griff des Unterstabs genügt und das Rollo rollt sich sanft bis zu einem einstellbaren Endpunkt auf.

### Seitenzugrollos

Bei einem Seitenzugrollo erfolgt das Auf- und Abwickeln des Rollostoffs auf eine bzw. von einer Aluminiumwelle über ein leichtgängiges selbsthemmendes Kettenzuggetriebe, das über eine Perlkette bewegt wird. Die Arretierung des Rollos ist an jeder gewünschten Position möglich.
Bei übergroßen Fenstern über 3 m (z. B. Schaufenster) erfolgt die Bewegung des Getriebes mit einem Gurtband bzw. einer Zugschnur.

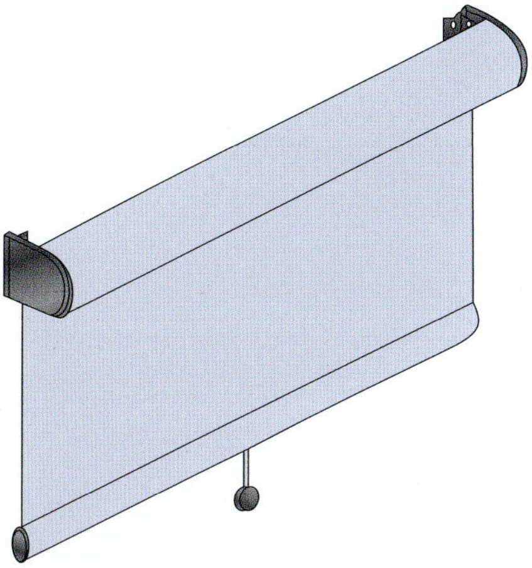

*Softrollo*

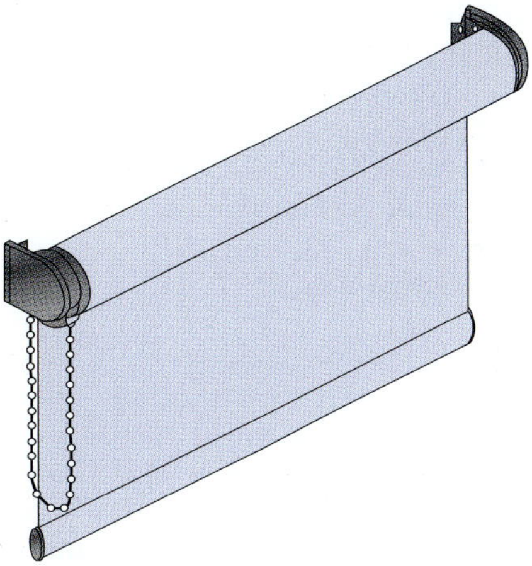

*Seitenzugrollo mit Endlos-Perlkette*

**Elektrorollos**
Bei diesen Rollos erfolgt die Auf- und Abwicklung des Rollostoffs auf eine bzw. von einer mit einem Präzisionsgetriebe ausgestattete Stahlrohrwelle, das über einen Elektromotor (Rohrmotor) angetrieben wird. Die Bedienung der Elektrorollos erfolgt über Tastschalter, Fernbedienung oder Programmierung automatischer Schaltanlagen.

**Doppelrollos**
Doppelrollos besitzen zwei gegeneinander verschiebbare Bahnen aus einem Polyestergewebe mit blickdichten und transparenten Gewebestreifen. Durch individuelles Verschieben der Gewebebahnen kann der Lichteinfall nach Belieben stufenlos reguliert und das Licht angenehm gedämpft werden.

*Doppelrollo mit stufenlos regulierbarem Lichteinfall*

**Kassettenrollos**
Bei den Kassettenrollos wird die Welle mit dem Rollostoff durch eine Kassette abgedeckt, wodurch die Mechanik und der Rollostoff vor Verschmutzung und Beschädigung geschützt werden. Kassettenrollos für Abdunklungen sind mit seitlichen Führungsschienen ausgestattet.

Kassettenrollos werden ohne Führung und mit seitlicher Seil- oder Schienenführung angeboten. Für Verdunklungen werden sie grundsätzlich mit seitlichen Führungsschienen ausgestattet. Die Bedienung des Rollos erfolgt über eine Perlkette oder einen Elektroantrieb.

*Kassettenrollo mit seitlichen Führungsschienen und Perlketten-Bedienung (Abb. Warema)*

**Glasleistenrollos**

Glasleistenrollos werden mit einem Einkomponentenklebeband direkt auf die Glasscheibe geklebt. Eine Demontage des Rollos ist einfach und jederzeit möglich, da sich das Klebeband rückstandslos entfernen lässt. Daher eignet sich dieses Rollo insbesondere für Mietwohnungen. Sie bestehen aus einer Kassette mit der Welle und dem Rollostoff sowie seitlichen Führungsschienen. Glasleistenrollos mit zwei Kassetten ermöglichen eine stufenlose Bewegung des Rollostoffs nach oben und unten.

### 8.2.1.2 Jalousien

Als Jalousie bezeichnet man eine in der Höhe verstellbare Sicht- und Sonnenschutzanlage, die aus waagerecht angeordneten gewölbten und wendbaren Lamellen besteht.

Jalousien bestehen aus

- einem u-förmigen **Kopfprofil** aus Aluminium oder Stahlblech, das die Aufzug- und Wendemechanik enthält,
- konkav oder konvex gewölbten **Lamellen** aus legiertem Aluminium in Breiten von 16 mm, 25 mm, 35 mm und 50 mm. Sie sind licht-, farb-, stoß-, schlag- und kratzfest und stehen in verschiedenen einbrennlackierten Farben in glänzender und matter Ausführung zur Verfügung. Durch eine Spezialbeschichtung können sie Licht- und Wärmestrahlen reflektieren oder durch eine Perforierung eine gewünschte Lichtdurchlässigkeit erlauben. Daneben gibt es noch Jalousien mit Holzlamellen aus verschiedenen Holzarten und Bambus.
- **Leiterkordeln** aus reißfestem Polyester, in die die waagerecht verlaufenden Lamellen eingeschoben sind und von ihnen getragen werden. Sie sind mit der Unterschiene verbunden.

*Glasleistenrollo (Abb. Warema)*

- **Aufzugschnüren** aus reißfestem Polyester, die durch die Lamellen geführt werden und über die die Jalousie gehoben und gesenkt wird.
- einer **Unterleiste** aus Aluminium oder Stahlblech, an der die Aufzugschnüre befestigt sind. Durch das Gewicht der Unterleiste erhält die Jalousie einen einwandfreien Fall.

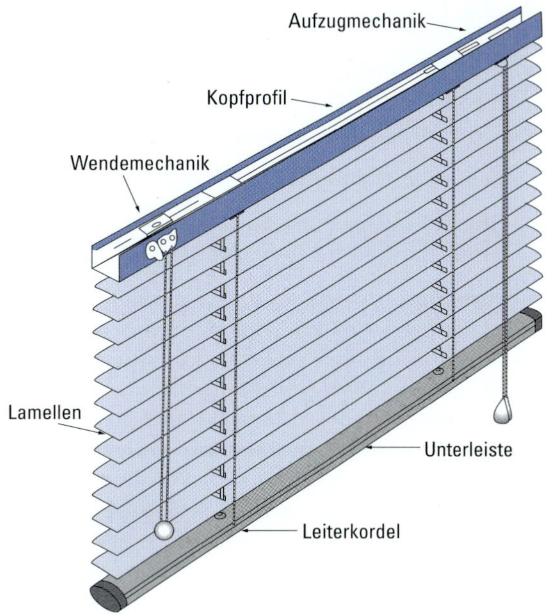

*Prinzip einer Jalousie*

Jalousien sind im Gegensatz zu den Rollos mehrstufige Anlagen. Durch ihre stufenlos wendbaren Lamellen und ihre stufenlose Höhenpositionierung ist eine gewünschte Lichtdosierung und Lichtlenkung möglich. Der Einblick und die Aussicht können somit optimal reguliert werden.
Jalousien werden eingesetzt als Sonnen-, Blend-, Sicht- und Wärmeschutz. Sie sind besonders geeignet zur Beschattung von Bildschirmarbeitsplätzen.
Aufgrund der vielfältigen Farben und Oberflächenstrukturen der Lamellen lassen sich die Jalousien durch einen Farb- und/oder Oberflächenwechsel vielfältig gestalten und können somit zu einem wichtigen Gestaltungselement in einem Raum werden.
Jalousien werden in verschiedenen Breiten und Modellvarianten angeboten, so z. B. als

- frei hängende Anlagen,
- verspannte Anlagen, die einen exakten Lauf durch eine Seitenführung mit Spannschnüren erhalten,
- Dachfensteranlagen,
- Slope-Anlagen (Anlagen mit einer abgeschrägten Seite für Giebelfenster, engl: „slope“ = Neigung, Schräge),
- Anlagen mit unterschiedlichen Lamellen-Öffnungswinkeln, wodurch sich der Lichteinfall in Teilflächen unterschiedlich regulieren lässt.

Jalousien für den Innenbereich können mit entsprechenden Trägern an der Decke, Wand, in der Fensternische, auf Fensterflügeln, in dem Glasfalz oder in Verbundfenstern angebracht werden. Das Auf- und Zuziehen der Jalousie kann je nach Größe und Modellvariante durch Schnurzug, Perlkette, Knickkurbel oder einen Elektromotor erfolgen. Das Wenden der Lamellen erfolgt durch eine Wendeschnur oder einen Wendestab.

### 8.2.1.3 Lamellenvorhänge

Als Lamellenvorhänge, die oft auch als Vertikaljalousien bezeichnet werden, bezeichnet man Sicht- und Sonnenschutzanlagen mit senkrecht hängenden und wendbaren Lamellen, die seitlich auf- und zugezogen werden können.

Lamellenvorhänge sind aufgebaut aus:

- **Oberschiene** mit U-Profil aus eloxiertem Aluminium, in der die Aufhänge- und Wendemechanik untergebracht ist, die das Wenden der Lamellen bis zu 180° gestattet,
- **Lamellen**, vorwiegend Textillamellen in Breiten von 89 und 127 mm, die in verschiedenen Gewebestrukturen aus Baumwolle, Polyester, Polyacryl, entsprechenden Fasermischungen oder aus kunststoffbeschichteten Polyester- oder Glasfaser-Screen-Geweben gefertigt und form- und maßstabil ausgerüstet sind. Entsprechend den Anforderungen können sie eine Reflexionsbeschichtung durch eine Aluminiumbedampfung oder durch eine Perlex-Beschichtung erhalten. Die Lamellen können schmutz- und feuchtigkeitsabweisend, schwer entflammbar ausgerüstet oder schwer entflammbar mit Trevira CS gefertigt werden. Inzwischen werden sie auch mit raumluftverbessernden Eigenschaften angeboten. Die verwendeten Farben besitzen eine hohe Lichtechtheit. Neben den Textillamellen gibt es für besondere Einsatzgebiete auch Lamellen aus Aluminium, die auch perforiert angeboten werden, und Lamellen aus Kunststoff.
- **Beschwerungsplatten**, die in den unteren Saum der Lamellen eingelegt und mit Abstandsketten verbunden sind, gewährleisten die senkrechte und waagerechte Ausrichtung der Lamellen. Wahlweise können die Beschwerungsplatten auch eingeschweißt werden, wobei die Abstandsketten dann entfallen.

Neben frei hängenden Lamellenvorhängen gibt es auch Vorhänge mit gespannten Lamellen, die federnd in der Oberschiene und in einer zusätzlichen Unterschiene geführt werden.

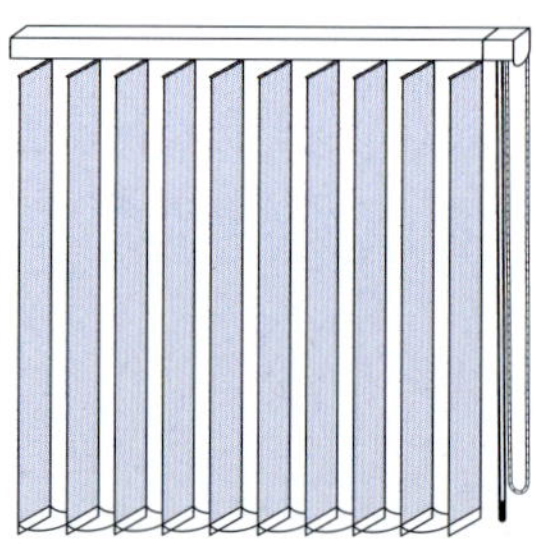

*Lamellenvorhang mit frei hängenden Lamellen*

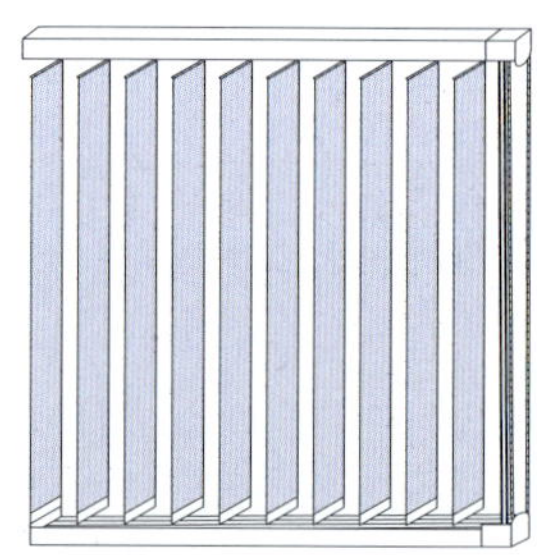

*Lamellenvorhang mit gespannten Lamellen*

Für das Öffnen und Schließen des Behangs sowie das Wenden der Lamellen stehen folgende Techniken zur Verfügung:

- Transport der Lamellen durch Schnurzug, Wenden der Lamellen durch eine Wendekette.
- Transport und Wenden der Lamellen durch ein Spezialgetriebe mittels einer Endlosperlkette, Kurbel oder durch einen Elektromotor.

Lamellenvorhänge ermöglichen eine großflächige Beschattung und besitzen den besonderen Vorteil, dass die Stellung der Lamellen an die im Laufe des Tages wandernde Sonne angepasst werden kann, wodurch die Licht- und Sichtverhältnisse optimal reguliert werden können.

Daneben gibt es auch Lamellenvorhänge mit Tageslichtnutzung, bei denen der obere Teil der Lamellen transparent ist und den Einfall des Lichts gestattet, während der untere Teil lichtundurchlässig ist und den Lichteinfall verhindert, wodurch ein Blendschutz am

Arbeitsplatz erreicht wird sowie Lamellenvorhänge mit einem lichtundurchlässigen oberen Teil und einem transparenten unteren Teil, der das Sonnenlicht filtert und den Blick nach außen ermöglicht.

Lamellenvorhänge gibt es neben den Normalanlagen für Standardfenster auch in verschiedenen Sonderformen, so z. B. Slope-Anlagen für Trapez- und Dreieckfenster, Plafond-Anlagen (frz. Decke eines Raums) mit horizontal gespannten Lamellen und Anlagen für Rundbogenfenster. Sie können an Decken, Wänden oder in Fensternischen mit entsprechenden Trägern angebracht werden.

Lamellenvorhänge eignen sich besonders für große Fensterflächen. Durch den textilen Charakter, die vielfältigen Farben und Gewebestrukturen der Lamellen vermitteln die Lamellenvorhänge eine wohnliche, stilvolle Atmosphäre.

### 8.2.1.4 Plissees

Plissees, auch oft als Plissee- oder Faltstores bezeichnet, sind in der Höhe verstellbare Sonnenschutzanlagen, die sich beim Hochziehen in ziehharmonikaartige Falten legen. Eine Plissee-Anlage besteht aus einem dauerhaft in Plisseefalten fixierten Polyestergewebe, das mit einer oberen und unteren eloxierten oder pulverbeschichteten Aluminium-Profilschiene verbunden ist. Die Verbindung des Plisseegewebes erfolgt über aufgeklebte Kunststoff-Kederprofile, die in die Profilschienen eingeschoben werden. Das Öffnen und Schließen der Plissee-Anlage erfolgt über Schnüre, die an der unteren Profilschiene befestigt sind und durch gestanzte Löcher im plissierten Gewebe zur oberen Profilschiene geführt werden, in der der Zugmechanismus untergebracht ist.

Die zum Einsatz kommenden Polyestergewebe werden entsprechend dem jeweiligen Verwendungszweck in verschiedenen Transparenzgraden, Strukturen, Mustern und Farben mit reflektierender Aluminiumbedampfung oder Perlexbeschichtung sowie mit schwer entflammbaren Eigenschaften (Trevira CS) angeboten. Inzwischen kommen auch Stoffe mit raumluftverbessernden und den Elektrosmog reflektierenden Eigenschaften zum Einsatz.

Die Bedienung der Plissee-Anlagen kann erfolgen durch eine Zugschnur mit einem Schnurschloss, Bedienungsgriff, Bedienungsstab, Getriebe und Handkurbel, Elektrostab mit Akku, Perlkette und Elektroantrieb.

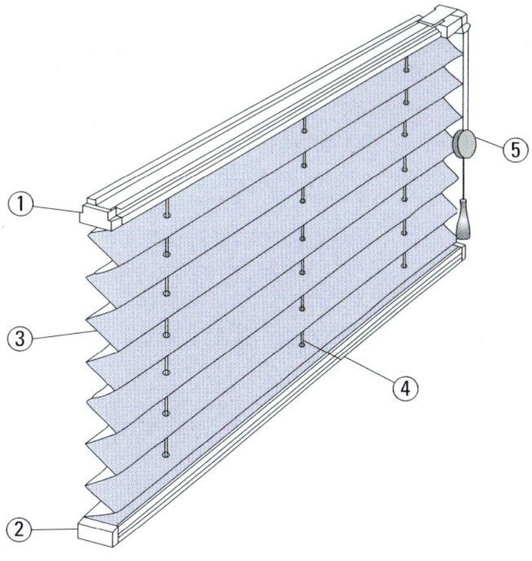


① = *Oberschiene*
② = *Unterschiene*
③ = *plissiertes Polyestergewebe*
④ = *Trageschnüre*
⑤ = *Zugschnur mit Schnurschloss*

*Prinzip eines Plissees*

Der besondere Vorteil der Plissee-Anlagen ist, dass sie aufgrund ihres geringen Gewichts und ihrer niedrigen Pakethöhe für alle Fensterformen an der Decke, an der Wand, auf dem Fensterrahmen, in Fensternischen und in dem Glasfalz mit entsprechenden Wand-, Decken- oder Klemmträgern angebracht werden können und einfach zu bedienen sind.

8

Aufgrund einer großen Auswahl an Plisseestoffen, die in verschiedenen Transparenzgraden, Oberflächenstrukturen, Mustern und Ausrüstungen zur Verfügung stehen, bieten Plisseeanlagen nicht nur einen optimalen Sonnen-, Sicht-, Blend- und Wärmeschutz sowie eine Abdunklung, sondern sind darüber hinaus ein gestaltendes Element in jedem Raum.

Plissees gibt es in verschiedenen Varianten. Man unterscheidet:

- **frei hängende Anlagen** für Standardfenster, die mit einer Pendelsicherung ausgestattet werden können. Die Bedienung erfolgt durch eine Zugschnur mit einem Schnurschloss, Kettenzug mit Getriebe oder einen Elektroantrieb.
- **verspannte Anlagen** für Standardfenster, bei denen der Plissee-Behang durch eingebaute Federn auf Spannung gehalten wird. Die Bedienung erfolgt durch einen an der Unterschiene angebrachten Griff bzw. durch einen an Ober- und Unterschiene angebrachten Griff bei Anlagen ohne fest montierte Ober- und Unterschiene.
- **Dachfenster-Anlagen**, bei denen der Plisseestoff in seitlichen Führungsschienen geführt wird oder durch seitliche Spanndrähte gegen ein Durchhängen stabilisiert wird. Die Bedienung erfolgt wie bei den verspannten Anlagen. Bei hohen Fenstern kann die Bedienung durch eine Handkurbel erfolgen.
- **Slope-Anlagen** für Giebelfenster in Trapez- und Dreieck- und Vieleckformen, die als frei hängende, verspannte und feststehende Anlagen anzutreffen sind. Frei hängende Anlagen werden mit Schnurzug mit Schnurschloss, verspannte Anlagen mit Schnurzug, Griff, Kurbel oder Akkustab bedient.

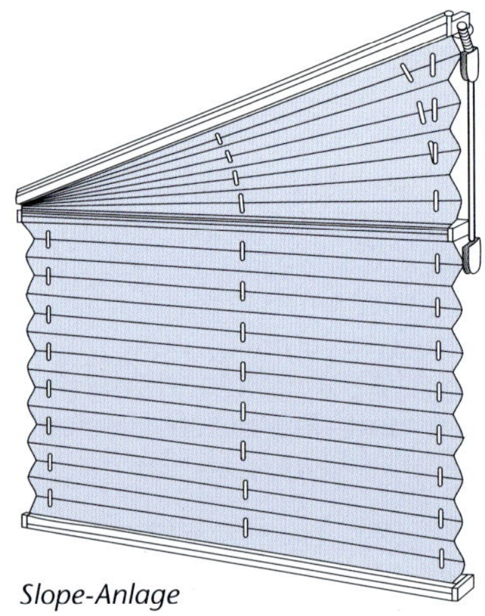

*Slope-Anlage*

- **Plafond-Anlagen** sind waagerecht angebrachte Anlagen in Standard- und Sonderformen (Trapez-, Dreieck- und Vieleckformen), bei denen mithilfe von Spanndrähten der Plisseestoff stabilisiert und so ein Durchhängen verhindert wird. Die Bedienung erfolgt mit Griff, Handkurbel oder Bedienungsstab.

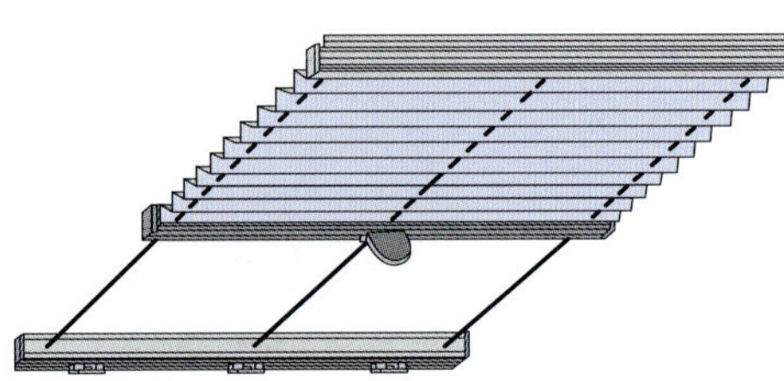

*Plafond-Anlage*

- **Tag/Nacht-Anlagen**, die aus zwei beliebig verschiebbaren Behängen mit unterschiedlichen Stoffen bestehen,
- **Wabenplissees**, bei denen zwei Plisseebahnen zu einem Behang mit einer Wabenstruktur verbunden werden. Im Gegensatz zu den herkömmlichen Plissees werden die innen liegenden Schnüre verdeckt und die Stanzlöcher entfallen.
  Durch die zwischen den beiden Plisseebahnen eingeschlossene Luft besitzen Wabenplissees zusätzliche isolierende Eigenschaften. Dadurch
  - sparen sie Heizenergie,
  - reduzieren sie die Wärmeaufnahme am Fenster und
  - dämpfen sie den Raumschall.

Wabenplissees gibt es in den folgenden drei Ausführungen:

- Wabenplissee mit asymmetrischer Wabe (1), bei dem der hintere Stoffteil verkürzt und die Wabe dadurch zur Fensterseite flacher ist; so wird ein Aushängen der Falten auf der Vorderseite verhindert.
- Wabenplissee mit gleichem Wabenbild (2) auf Vorder- und Rückseite, bei dem beide Stoffteile gleich lang sind.
- Wabenplissee mit doppelter Wabenstruktur (3), bei dem sich in der Wabe eine zweite Wabe befindet. Durch die Wabe-in-Wabe-Konstruktion hat dieses Plissee eine noch bessere Energieeffizienz und raumakustische Eigenschaften.

*(Abb. MHZ)*

### 8.2.1.5 Flächenvorhänge

Flächenvorhänge, auch oft Paneltrac (engl.: „panel“ = Platte, „track“ = Spur) genannt, bestehen aus 60–150 cm breiten Stoffpaneelen, die mit einem Klettsystem aus Flausch- und Pilzband an die Paneelwagen aus Kunststoff oder Aluminium befestigt werden, die in zwei- bis fünfläufigen Aluminiumschienen hin- und hergeführt werden können. Spannung und Halt erhalten die Stoffpaneele durch Beschwerungsprofile aus Aluminium, die in den Hohlsaum der Stoffpaneele eingelegt werden. Die Stoffpaneele können feststehend oder beweglich montiert werden und sollten mindestens 5 cm überlappen, um an den Stoßstellen den Durchblick zu verhindern.

Man unterscheidet:

- Flächenvorhänge mit Paneelwagen ohne Mitnehmerwinkel, deren Stoffbahnen mit einem Schleuderstab einzeln und unabhängig voneinander bewegt werden können,

*Flächenvorhang mit Lasercut-Musterung (Abb. MHZ)*

8

- Flächenvorhänge mit Paneelwagen mit Mitnehmerwinkel, bei denen alle Stoffbahnen gleichzeitig bewegt werden, indem ein Paneelwagen den nachfolgenden Paneelwagen immer mitzieht. Die Bedienung dieser Ausführungen kann mit Schleuderstab, Schnurzug oder über einen Elektromotor erfolgen.

Flächenvorhänge stellen eine Kombination von effektivem Sonnenschutz und individueller Raumgestaltung dar. Sie werden sowohl als Sonnen- und Sichtschutz als auch für Fensterdekorationen, Raumteiler und Schaufensterhintergründe verwendet, bei denen Stoff und Stoffmuster in voller Breite zur Geltung kommen.

Zum Einsatz kommen transparente pflegeleichte Gewebe aus den verschiedensten Faserrohstoffen wie z. B. Baumwolle, Leinen, Viskose, Polyester, Glasfasern sowie aus Fasermischungen, Screen-Gewebe und schwer entflammbare Gewebe aus Trevira CS in den verschiedensten Farben und Mustern, die auch beliebig miteinander kombiniert werden können.
Vereinzelt werden für Flächenvorhänge auch Vliesstoffe aus Trevira CS verwendet.
Der besondere Vorteil dieses Vorhangsystems ist der geringe Stoffverbrauch durch die glatten Stoffbahnen und das einfache Abnehmen durch das Klettsystem, wodurch ein individueller zeitweiliger Wechsel erleichtert wird.

Die Schienensysteme für die Flächenvorhänge können an der Decke und in der Fensternische mit Spannriegeln oder Clipträgern, an der Wand mit entsprechenden Wandwinkeln montiert werden.

***Aufgaben***

1. *Ein Rollostoff hat eine Perlex-Beschichtung erhalten. Woraus besteht diese Beschichtung und welche Eigenschaften verleiht sie dem Rollostoff?*
2. *Schildern Sie das Prinzip eines Doppelrollos und die besonderen Vorteile, die diese Rolloart aufweist.*
3. *Schildern Sie den Aufbau eines Lamellenvorhangs, seine Vorteile und seine besondere Eignung.*
4. *Beschreiben Sie die produktspezifischen Vorteile eines Plissees. Welche Arten von Plissees können unterschieden werden?*
5. *Schildern Sie die Vorteile und Einsatzmöglichkeiten der Flächenvorhänge.*

### 8.2.2 Außen liegender Sonnenschutz

Für den außen liegenden Sonnenschutz kommen Jalousien und diverse Markisenarten zum Einsatz.

#### 8.2.2.1 Außenjalousien

Jalousien für den Außenbereich bieten einen effektiven Licht-, Blend- und Wärmeschutz. Da sie an Wänden, Deckenstürzen oder in Fensteröffnungen angebracht werden, reflektieren sie schon vor dem Fenster die einfallenden Sonnenstrahlen, und durch den

Luftaustausch zwischen Jalousie und Fenster wird nur ein geringer Anteil der Restwärme durchgelassen.

Diese Jalousieart ist ebenso wie die für den Innenbereich aufgebaut und besteht aus:

- einer u-förmigen Oberschiene (2) aus stranggepresstem Aluminium oder Stahlblech, die die Aufzug- und Wendemechanik enthält,
- 50–90 mm breiten konkav-konvex gewölbten Lamellen (3) aus Aluminiumlegierung in verschiedenen einbrennlackierten lichtechten Farben mit oder ohne Randbördelung. Je nach Jalousiesart besitzen sie noch Dämpfungslippen, die das Betriebsgeräusch mildern,
- Leiterkordeln (4) mit Doppelstegen aus reißfestem Polyester,
- einem reißfestem, witterungsbeständigem Polyester-Aufzugsband (5);
- einer Unterschiene (6) aus stranggepresstem Aluminium.

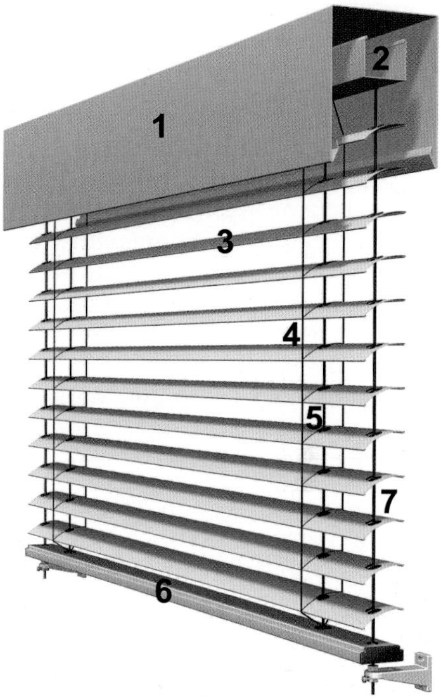

(Abb. Warema)

Für den exakten Lauf erhalten Außenjalousien Führungsschienen oder Führungsseile (7), wodurch bei starkem Wind Geräusche der herabgelassenen Jalousie vermieden werden. Wetterschutzblenden (1) schützen die Jalousie vor Wettereinflüssen.
Die Bedienung der Außenjalousien erfolgt von innen über Schnurzug, Knickkurbel oder Elektroantrieb. Ergänzend können Sonnen-, Regen- und Windwächter angebracht werden.

Außenjalousien werden in verschiedenen Ausführungen und Breiten angeboten, so z. B.

- mit unterschiedlichen Lamellenöffnungswinkeln, wodurch sich der Lichteinfall in Teilflächen unterschiedlich regulieren lässt,
- Abdunkelungs-Jalousien, deren Lamellen einen Dichtungskeder besitzen und die das völlige Abdunkeln eines Raums ermöglichen,
- Vorbau-Jalousien, für die nachträgliche Anbringung eines Sonnenschutzes.

Außenjalousien werden mit entsprechenden Befestigungselementen im Außenfenstersturz oder an der Hauswand befestigt.

### 8.2.2.2 Markisen

Markisen sind die am meisten angebrachten Sonnenschutzanlagen für Fenster, Balkone, Terrassen und Wintergärten. Sie bestehen aus einem Markisengestell und einem Markisentuch.

Das Markisengestell ist je nach Art der Markise unterschiedlich aufgebaut und kann aus eloxiertem oder pulverbeschichtetem stranggepresstem Aluminium und/oder verzinktem Stahl bestehen.
Als Markisentuch verwendet man überwiegend einfarbige, streifengemusterte oder bedruckte Gewebe aus Polyacryl und Polyester. Diese Gewebe sind

- licht- und farbecht,
- witterungsbeständig,
- verrottungsfest,
- reiß- und scheuerfest,
- luftdurchlässig,
- schnell trocknend.

Entsprechend den Erfordernissen können diese Gewebe eine wasserabweisende Ausrüstung, eine schmutzabweisende Teflon-Ausrüstung, eine selbstreinigende Nano-Ausrüstung oder eine Ausrüstung erhalten, die UV-, UVB- oder UVA2-Strahlen reflektiert, wodurch bei direkter Sonneneinstrahlung eine hohe Lichtschutzwirkung erreicht wird.
Schwer entflammbare Markisentücher, aus Trevira CS hergestellt, erfüllen die Anforderungen nach EN 12501-1 $C_{fl}$-s1 (alt DIN EN 4102 B1).
Für transparente Markisentücher verwendet man **Screen-Gewebe**, die durch ihren netzartigen Aufbau nach außen hin durchsichtig, nach innen jedoch blickdicht sind.
Man unterscheidet folgende Markisenarten:

## 1. Gelenkarmmarkisen

Gelenkarmmarkisen sind die verbreitetste Markisenart zum Schutz vor Sonneneinstrahlung auf Terrassen und vor Schaufenstern, bei denen ein zusammenfaltbares Gestänge mithilfe von Federgelenken gestreckt und das Markisentuch horizontal ausgezogen wird. Sie bestehen aus einer Tragekonstruktion, die alle Bauteile aufnimmt, einer Tuchwelle, den Gelenkarmen und dem Ausfallprofil. Die Gelenkarme lassen sich in ihrer Neigung verstellen und über Kurbel- oder Elektroantrieb stufenlos ausfahren. Evtl. angebrachte Sonnen-, Wind- oder Regenwächter übernehmen das automatische Aus- und Einfahren der Markise. Gelenkarmmarkisen gibt es in verschiedenen Varianten. So unterscheidet man:

- offene Gelenkarmmarkisen, bei denen alle Bauteile, auch im eingefahrenen Zustand, frei liegen,

*Offene Gelenkarmmarkise* *(Abb. Warema)*

- **Kassettenmarkisen**, bei denen alle wichtigen Markisenelemente wie Gelenkarme, Tuchwelle mit dem Markisentuch sich im eingefahrenen Zustand in einer Kassette befinden und so vor Witterungseinflüssen geschützt werden,

*Kassettenmarkise (Abb. Warema)*

- **Hülsenmarkisen**, bei denen die Tuchwelle von einer schützenden Aluminiumhülle umgeben ist.

## 2. Fallarmmarkisen

Fallarmmarkisen bestehen aus einem an der Hauswand befestigten Gerüst und daran beweglich angebrachten Gelenkarmen, die das auf einer Welle aufgewickelte Markisentuch aus einer Kassette ziehen. Je nach dem Ausfahrwinkel des Markisentuchs kann ein kleines Sonnendach oder eine völlige Fensterverschattung entstehen. Diese Markisenart, die auch im ausgefahrenen Zustand den Blick nach draußen ermöglicht, eignet sich für kleinere und mittlere Fenster.

*Fallarmmarkise (Abb. Warema)*

## 3. Senkrechtmarkisen

Senkrechtmarkisen wirken wie Außenrollos. Sie werden dort angebracht, wenn der Platz für eine ausladende Markisenart nicht vorhanden ist. Bei dieser Markisenart wird das Markisentuch aus einer Hülse senkrecht in seitlichen Führungsschienen nach unten geführt. Die Bedienung der Markise erfolgt über Kurbel- oder Elektroantrieb wie bei den Gelenkarmmarkisen.

*Senkrechtmarkise (Abb. Warema)*

8

### 4. Markisoletten

Markisoletten stellen eine Kombination von senkrechter und schräger Beschattung dar. Beim Ausfahren der Markisolette wird das Markisentuch zunächst senkrecht parallel zur Fensterfläche in Führungsschienen geführt und anschließend von einem festzulegenden Drehpunkt nach dem Ausstellen der Ausstellarme in schräger Richtung weitergeführt.

*Markisolette (Abb. Warema)*

### 5. Fassadenmarkisen

Fassadenmarkisen sind beliebte Sonnenschutzanlagen bei Büro- und Verwaltungsbauten. Sie bieten nicht nur einen effektiven Sicht- und Sonnenschutz, sondern setzen auch Akzente bei der Gestaltung der Fassaden. Fassadenmarkisen gibt es in senkrechter, schräger, senkrechtschräger, schräg-senkrechter und senkrecht-schräg-senkrechter Markisentuchführung.
Wesentliches Kennzeichen der Fassadenmarkisen ist die Führung des Markisentuchs in Führungsschienen, die mit dem Ausfallprofil und einer Abdeckhülse, die das eingefahrene Markisentuch schützt, der Fassade eines Gebäudes einen besonderen Charakter geben.

*Fassadenmarkise (Abb. Warema)*

### 6. Korbmarkisen

Bei den Korbmarkisen, die in feststehender und klappbarer Form angeboten werden, wird das Markisentuch korbartig über Spriegelprofile gespannt. Neben den verschiedenen Markisentüchern kommen auch Lackfolien zum Einsatz, durch die die Markisen neben dem Sonnenschutz auch einen Regenschutz bieten.

### 7. Wintergartenmarkisen

Wintergärten erfreuen sich großer Beliebtheit. Aufgrund ihrer großen Glasflächen heizen sie sich bei Sonneneinstrahlung so stark auf, dass sie durch die hohen Raumtemperaturen dann nicht zu benutzen sind. Eine effektive Abschirmung der Hitzeeinstrahlung kann durch eine außen liegende Beschattungsanlage erreicht werden.

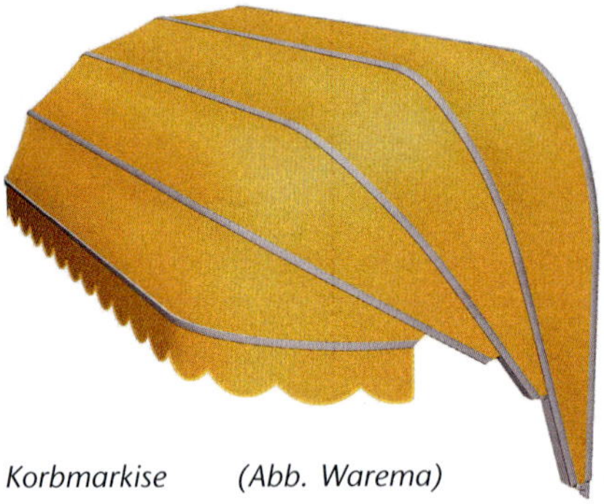

*Korbmarkise (Abb. Warema)*

Wintergartenmarkisen funktionieren nach einem Gegenzugprinzip, mit dem die Markise auch bei geringer Neigung ausgefahren werden kann und das Markisentuch auf Spannung gehalten wird. Beim Abwickeln des Markisentuchs von der Tuchwelle wird gleichzeitig das Zugmittel aufgewickelt. Das Gegenzugsystem besteht aus

- der Tuchwelle mit dem Markisentuch und einem Rohrmotor,
- einem herstellerabhängigen Spannsystem,

- dem Zugmittel für das Ein- und Ausfahren (z. B. Bänder, Seile),
- einem Ausfallprofil, in dem das Tuch befestigt ist und in seitlichen Führungsprofilen geführt wird, die mit Abstandhaltern auf der Unterkonstruktion montiert sind, sodass zwischen den Glasflächen und der Bespannung noch eine ausreichende Luftzirkulation besteht.

Die elektrische Steuerung der Wintergartenmarkisen kann mit Sonnen-, Wind- und Regenwächtern kombiniert werden.

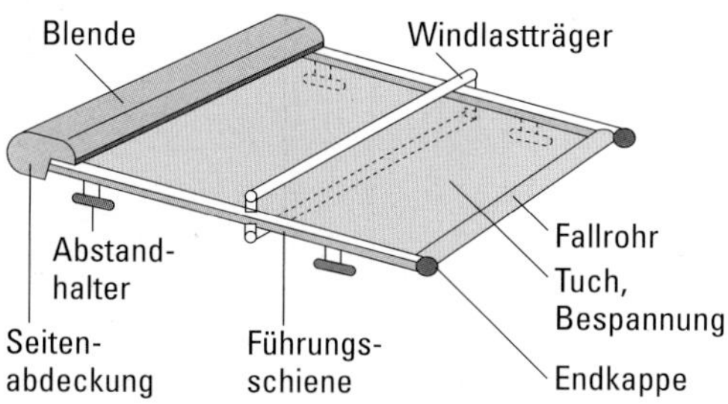

*Prinzip einer Wintergartenmarkise*

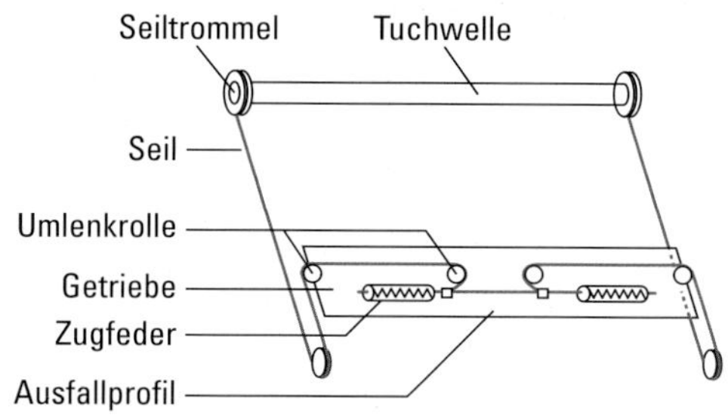

*Prinzip des Gegenzugs*

### 8.2.3 Insektenschutzanlagen

Bedingt durch den Klimawandel und die damit verbundene Erhöhung der Temperaturen sind in Mitteleuropa vermehrt Insekten anzutreffen. Damit sie nicht in die Räume eindringen können, werden an Fenstern und Türen Insektenschutzgitter angebracht. Für Blütenstauballergiker gibt es ferner besondere Insektenschutzgaze, die sowohl Insekten als auch Pollen abhalten.

So sind inzwischen Insektenschutzanlagen zu einer festen Größe der Sonnenschutzanbieter und zu einer wichtigen Sortimentsergänzung für die raumausstattenden Betriebe geworden.

Maßgefertigte Insektenschutzanlagen gibt es für Fenster und Türen sowohl in rechtwinkligen Standardformen als auch für Sonderfensterformen wie Trapez-, Dreieck- oder Vieleckfenster in folgenden Varianten:

- **Einhänge- oder Spannrahmen**, die mit Klemmen oder Winkellaschen auf den Fensterrahmen befestigt werden und mit wenigen Handgriffen wieder zu entfernen sind.
- **Drehrahmen**: Sie werden für Fenster und Türen in ein- und zweiflügeliger Ausführung angeboten, die durch Drehen geöffnet und durch einen integrierten Magnetverschluss geschlossen werden.
- **Pendeltüren** eignen sich besonders für stark frequentierte Durchgänge. Sie schwingen zwischen dem Türrahmen und lassen sich durch leichten Druck in beide Richtungen öffnen und nach einigen Schwingungen schließen sie automatisch.
- **Plisseetüren**: Für Terrassen- und Balkontüren mit geringen Platzverhältnissen haben sich seitlich ausfahrbare Plisseetüren bewährt. Die mit plissierter Gaze versehenen Türen lassen sich durch eine umlaufende Kette leicht verschieben.

8

- **Schiebetüren**: Für großflächige Balkon-, Terrassen- und Wintergartentüren kommen einflügelige und für komplexe Anlagen bis zu 8-flügelige Schiebetüren zum Einsatz. Geräuscharme Leichtlaufrollen ermöglichen ein leichtes und leises Verschieben der Türen.
- **Insektenschutzrollos** werden als Kassettenrollos für Fenster und Türen sowie für schräge Dachfenster für die Außen- und Innenmontage als manuelle, motorbetriebene oder quer verschiebbare Varianten angeboten. Die Insenktenschutzgaze wird durch zwei Bürsten in Führungsschienen geführt. Das Schließen und Öffnen des Behangs erfolgt über einen Bediengriff an der Griffleiste.

*Zweiteiliges quer verschiebbares Insektenschutzrollo (Abb. Warema)*

Die Rahmenprofile der Insektenschutzanlagen bestehen in der Regel aus stranggepresstem Aluminium, die eloxiert oder pulverbeschichtet angeboten werden.

Entsprechend den Anforderungen kommen bei den aufgeführten Anlagen folgende Insektenschutzgewebe zum Einsatz:

- Gewebe aus kunststoffummanteltem Fiberglas in den sichtneutralen Farben Grau und Schwarz.
- Transparente Gewebe aus ultrafeinen Hightechfäden, die eine bessere Durchsicht sowie einen höheren Licht- und Luftdurchfluss zulassen als übliche Insektenschutzgewebe.
- Aluminium- sowie V2A- und V4A-Edelstahlgewebe für den gewerblichen Bereich, die auch eine Dellenbildung mindern.
- E-Smog-Insektenschutzgewebe, die neben dem üblichen Insektenschutz über 99 % Elektrosmog abschirmen.
- Pollenschutzgewebe als Kombinationslösung für Insekten- und Pollenschutz. Das hierfür u.a. eingesetzte mit einer Spezialbeschichtung versehene Polyestergewebe Polltec besitzt neben dem Insektenschutz eine Schutzwirkung von über 99 % gegen Gräser- und Birkenpollen und über 90 % gegen die besonders kleinen Ambrosia- und Brennnesselpollen.

### Aufgaben

1. *Welche Eigenschaften muss ein Markisenstoff besitzen und von welchem Faserrohstoff werden diese Eigenschaften erfüllt?*
2. *Beschreiben Sie den Aufbau einer Gelenkarmmarkise. Welche Arten unterscheidet man bei diesem Markisentyp?*
3. *Erklären Sie den Unterschied zwischen einer Fallarmmarkise und einer Markisolette.*
4. *Schildern Sie das Prinzip einer Wintergartenmarkise.*
5. *Welche Vorteile bietet eine Außenjalousie gegenüber einer Innenjalousie?*

# 8.3 Kundenaufträge

## 8.3.1 Auswahl und Montage eines Rollos für ein Fenster

Ein Raumausstattermeister erhält von einer Kundin den Auftrag, an dem Fenster lt. nebenstehender Abbildung ein Rollo anzubringen. Die Kundin macht darauf aufmerksam, dass es sich um ein nach Süden liegendes Kunststoff-Kippfenster handelt und dass sie das Rollo vorwiegend im Sommer aus Gründen des Wärme- und Sichtschutzes benötigt.
Maße des Fensters:
Höhe: 150 cm, Breite: 116 cm,
Rahmenbreite: 7 cm,
Nischenhöhe: 158 cm,
Nischenbreite: 130 cm,
Höhe des Fenstersturzes: 30 cm,
Fensterbankvorstand: 5 cm.

### 1. Analyse

Machen Sie sich mit den Angaben des Auftrags vertraut und sammeln Sie Informationen, die für die Ausführung des Auftrags erforderlich sind.

### 2. Planung

1. Erstellen Sie eine Übersicht über den Ablauf der durchzuführenden Arbeiten mit den dazugehörigen Werkzeugen und Geräten.
2. Wählen Sie eine geeignete Montageart.
3. Bestimmen Sie auf der Grundlage der getroffenen Montageart die Bestellmaße für das Rollo.
4. Wählen Sie für das Rollo
   a) eine geeignete Rollovariante,
   b) einen geeigneten Rollostoff.
5. Wählen Sie die erforderlichen Befestigungsmittel für das Rollo.

### 3. Fertigung

1. Schildern Sie die durchzuführenden Tätigkeiten bei der Montage des Rollos.
2. Welche Maßnahmen zum Gesundheits- und Arbeitsschutz müssen Sie bei den durchzuführenden Arbeiten beachten?

### 4. Qualitätskontrolle

Schildern Sie die Maßnahmen zur Qualitätskontrolle der durchgeführten Montagearbeit.

### 5. Kundenübergabe

1. Welche Gebrauchseigenschaften sowie Pflege- und Reinigungshinweise können Sie der Kundin für den gewählten Rollostoff nennen?
2. Welche Hinweise zur Funktion des Rollos müssen Sie der Kundin mitteilen?

### 6. Dokumentation und Präsentation

Erstellen Sie eine Dokumentation und Präsentation Ihres Lösungsvorschlags.

## 8.3.2 Auswahl und Montage einer Plisseeanlage für ein Giebelfenster

Familie Mustermann möchte für das vierteilige feststehende Giebelfenster lt. folgender Abbildung ihres ausgebauten Dachbodens eine schwer entflammbare Licht-, Sicht- und Sonnenschutzanlage installieren lassen. Nach eingehender Beratung durch einen Raumausstattermeister hat sie sich für eine Plisseeanlage entschieden.

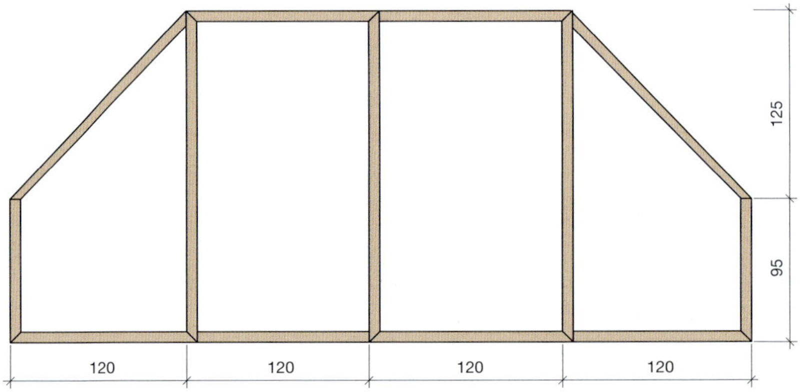


Die Fensterrahmen sind aus Kunststoff und haben eine Breite von 7 cm sowie eine Tiefe des rechtwinkeligen Glasfalzes von 2 cm. Die Giebelschräge muss errechnet werden.

### 1. Analyse

Machen Sie sich mit den Angaben des Auftrags vertraut und sammeln Sie Informationen, die für die Ausführung des Auftrags erforderlich sind.

### 2. Planung

1. Erstellen Sie eine Übersicht über den Ablauf der durchzuführenden Arbeiten mit den dazugehörigen Werkzeugen und Geräten.
2. Wählen Sie für die Plisseeanlage
   a) eine geeignete Variante mit einer entsprechenden Bedienungsart,
   b) einen den Anforderungen entsprechenden Stoff.
3. Bestimmen Sie unter Berücksichtigung der örtlichen Gegebenheiten die Art der Montage für die Plisseeanlage.

4. Berechnen Sie die Giebelschräge und bestimmen Sie auf der Grundlage der getroffenen Montageart die Bestellmaße für die Plisseeanlage.
5. Wählen Sie für die getroffene Montageart die erforderlichen Befestigungsmittel für die Plisseeanlage.[1]

### 3. Fertigung

1. Schildern Sie die durchzuführenden Tätigkeiten bei der Montage der Plisseeanlage.
2. Welche Maßnahmen zum Gesundheits- und Arbeitsschutz müssen Sie bei den durchzuführenden Arbeiten beachten?

### 4. Qualitätskontrolle

Schildern Sie die Maßnahmen zur Qualitätskontrolle der durchgeführten Montagearbeit.

### 5. Kundenübergabe

1. Welche Gebrauchseigenschaften sowie Pflege- und Reinigungshinweise können Sie der Familie Mustermann für den gewählten Rollostoff nennen?
2. Welche Hinweise zur Funktion des Rollos müssen Sie der Familie Mustermann mitteilen?

### 6. Dokumentation und Präsentation

Erstellen Sie eine Dokumentation und Präsentation Ihres Lösungsvorschlags.

## 8.3.3 Auswahl und Montage einer Sicht- und Sonnenschutzanlage für ein Büro mit Bildschirmarbeitsplätzen

Ein Raumausstatterbetrieb erhält den Auftrag, die nach Südwesten und Südosten liegenden Fenster eines Großraumbüros lt. folgender Abbildung mit einer innen liegenden Sicht- und Sonnenschutzanlage auszustatten. Die Bildschirmarbeitsplätze müssen entsprechend der EU-Bildschirmrichtlinie eine Beleuchtungsstärke zwischen 1000 und 1200 Lux erhalten und die Lichtverhältnisse sollen individuell regulierbar sein. Die zu installierende Sicht- und Sonnenschutzanlage muss aus einem schwer entflammbaren Material bestehen.

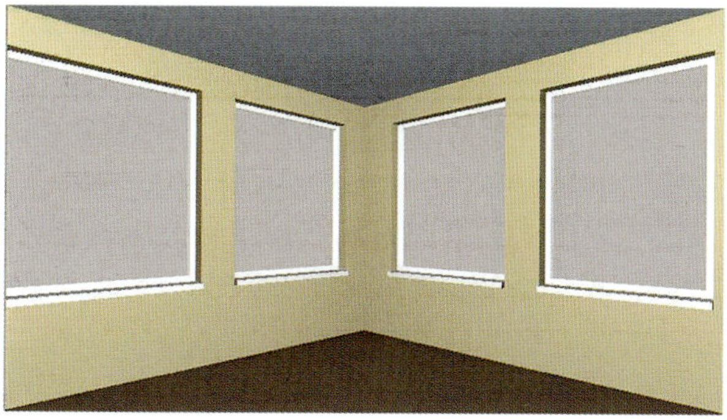

Maße des Raums: Höhe: 255 cm, Aluminiumfenster: Höhe: 160 cm, Breite: 130 cm, Rahmenbreite: 7 cm, Tiefe des rechtwinkligen Glasfalzes: 2 cm, Fensternischentiefe: 12 cm, Brüstungshöhe: 70 cm, Vorstand der Fensterbank: 3 cm, Fenstersturzhöhe: 25 cm. Das Isolierglas der Fenster hat einen Transmissionswert von 35 %.

[1] *Zu diesem Planungspunkt ist es hilfreich, die Produktinformationen führender Sonnenschutzanbieter zu benutzen.*

8

## 1. Analyse

Machen Sie sich mit den Angaben des Auftrags vertraut und sammeln Sie Informationen, die für die Ausführung des Auftrags erforderlich sind.

## 2. Planung

1. Erstellen Sie eine Übersicht über den Ablauf der durchzuführenden Arbeiten mit den dazugehörigen Werkzeugen und Geräten.
2. Berechnen Sie den Transmissionswert, den die geforderte Sicht- und Sonnenschutzanlage haben darf.
3. Wählen Sie eine den Anforderungen entsprechende Sicht- und Sonnenschutzanlage mit einer entsprechenden Bedienungsart aus.
4. Bestimmen Sie unter Berücksichtigung der örtlichen Gegebenheiten und der ausgewählten Sicht- und Sonnenschutzanlage die entsprechende Montageart.
5. Bestimmen Sie auf der Grundlage der getroffenen Montageart die Bestellmaße für die ausgewählte Sicht- und Sonnenschutzanlage.
6. Wählen Sie für die getroffene Montageart die erforderlichen Befestigungsmittel für die Sicht- und Sonnenschutzanlage.[1]

## 3. Fertigung

1. Schildern Sie die durchzuführenden Tätigkeiten für die Montage der Sicht- und Sonnenschutzanlage.
2. Welche Maßnahmen zum Gesundheits- und Arbeitsschutz müssen Sie bei den durchzuführenden Arbeiten beachten?

## 4. Qualitätskontrolle

Schildern Sie die Maßnahmen zur Qualitätskontrolle der durchgeführten Montagearbeit.

## 5. Kundenübergabe

1. Welche Gebrauchseigenschaften sowie Pflege- und Reinigungshinweise können Sie dem Kunden für die installierte Sicht- und Sonnenschutzanlage nennen?
2. Welche Hinweise zur Funktion der Sicht- und Sonnenschutzanlage müssen Sie dem Kunden mitteilen?

## 6. Dokumentation und Präsentation

Erstellen Sie eine Dokumentation und Präsentation Ihres Lösungsvorschlags.

---

[1] *Zu diesem Planungspunkt ist es hilfreich, die Produktinformationen führender Sonnenschutzanbieter zu benutzen.*

# 9 Bekleiden von Wand- und Deckenflächen

## 9.1 Fertigungstechniken

Wand- und Deckenbekleidungen, die durch Kleben oder Spannen vornehmlich auf mineralischen Untergründen befestigt werden, erfüllen viele Aufgaben. Durch ihre Farben, Muster und Strukturen gestalten sie den Raum und geben ihm eine individuelle Wirkung. Darüber hinaus können sie je nach Art der Wandbekleidung noch besondere Eigenschaften besitzen, wie z. B. schall- und wärmeisolierend, schwer entflammbar, wasch- und scheuerbeständig, oder sie können den Untergrund auch vor mechanischen Einflüssen schützen.

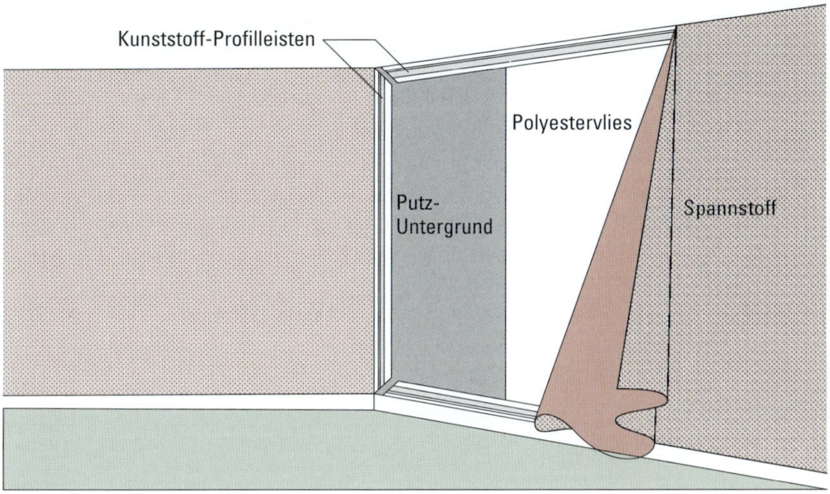


*Prinzip einer textilen Wandbespannung mit Kunststoff-Profilleisten*

### 9.1.1 Untergründe für Wandbekleidungen

Für Wandbekleidungen kommen vorwiegend mineralische Untergründe in Form von Putzen, Beton und Gipsplatten infrage, die vor ihrer Bekleidung auf Fehlerhaftigkeit geprüft und vorbereitet werden müssen.

#### 9.1.1.1 Putze

Als Putz bezeichnet man eine erhärtete ein- oder mehrschichtige Mörtelschicht, die auf Wänden und Decken haftet.
Putzmörtel ist ein Gemisch aus:

- **Bindemittel:** Kalk, Zement, Gips, Anhydrit,
- **Zuschlagstoff:** Sand,
- **Wasser.**

Die aufgezählten Bestandteile werden in festgelegten Verhältnissen miteinander gemischt. Nach der Art der Anwendung unterscheidet man **Außen-** und **Innenputze**. Innenputze sind Träger von Wandbekleidungen und Beschichtungsstoffen. Nach DIN 18550 werden folgende **fünf Mörtelgruppen** unterschieden:

| Mörtel | | Mörtelart | Eigenschaften | Anwendung |
|---|---|---|---|---|
| P I | a<br>b<br>c | **Luftkalkmörtel**<br>**Wasserkalkmörtel**<br>**hydraulischer Kalkmörtel** | wasserdampfdurchlässig, hohe Saugfähigkeit, geringe Festigkeit, sehr gute Dehnung | Innenputze, selten Außenputze, aber dann in Verbindung mit mineralischer Beschichtung |
| P II | a<br>b | **hochhydraulischer Kalkmörtel**<br>**Kalkzementmörtel** | wasserdampfdurchlässig, mittlere Saugfähigkeit, mittlere Festigkeit, geringe Dehnung | Innen- und Außenputze |
| P III | a<br>b | **Zementmörtel mit Kalkzusatz**<br>**Zementmörtel** | sehr geringe Wasserdampfdurchlässigkeit, geringe Saugfähigkeit, hohe Festigkeit, Dichte und Härte, geringe Dehnung | außen für Sockelputze und Putze unter der Erdoberfläche, Unterputze im Innen- und Außenbereich |
| P IV | a<br>b<br>c<br>d | **Gipsmörtel**<br>**Gipssandmörtel**<br>**Gipskalkmörtel**<br>**Kalkgipsmörtel** | gute Wasserdampfdurchlässigkeit, sehr hohe Saugfähigkeit, schnelle Feuchtigkeitsabgabe, geringe Dehnung, nicht wasserbeständig, geringe Festigkeit (abhängig von der Höhe des Zuschlags) | Innenputze |
| P V | a<br>b | **Anhydritmörtel**<br>**Anhydritkalkmörtel** | gute Wasserdampfdurchlässigkeit, hohe Saugfähigkeit, ausreichende Festigkeit, dehnfähig | Innenputze |

### 9.1.1.2 Beton

Beton ist ein künstlicher Stein und besteht aus einem Gemisch aus:

- **Bindemittel:** Zement,
- **Zuschlagstoff:** z.B. Sand, Kies, Splitt, Schwerspat, Blähschiefer usw,
- **Wasser.**

Im Gegensatz zu den anderen mineralischen Untergründen besitzt Beton eine hohe Härte und Festigkeit. Sie ist jedoch bei den einzelnen Betonarten unterschiedlich ausgeprägt. Die Saugfähigkeit des Betons ist von der Art des Zuschlags und der Rohdichte abhängig. Je größer die Porigkeit des Betons ist, umso größer ist auch die Saugfähigkeit. Leichtbeton besitzt eine höhere Saugfähigkeit als Normal- oder Schwerbeton.

Für Wandbekleidungen sind nur glatte Betonflächen geeignet. Sie dürfen keine rauen Stellen oder von der Schalung herrührende Grate oder Ansätze enthalten. Ihre Oberflächen müssen fest und saugfähig sein und dürfen keine haftbeeinträchtigenden Rückstände von Zusatz-, Trenn- oder Nachbehandlungsmitteln aufweisen.

### 9.1.1.3 Bauplatten

Für den Trockenausbau (Auskleidung von Wänden), die Altbaurenovierung und den Fertigbau liefert die einschlägige Industrie Platten in verschiedenen Größen und Stärken mit unterschiedlichen Strukturen.

#### 1. Gipsplatten

Diese Bauplatten bestehen im Kern aus Gips, deren Flächen und Kanten mit einem Spezialkarton ummantelt sind. Die Ummantelung ermöglicht eine bruchfreie Verarbeitung. Gipsplatten gibt es in Stärken von 9,5–18 mm und verschiedenen Längen bei einer Standardbreite von 125 cm. Für die verschiedenen Einsatzbereiche werden die Platten mit unterschiedlichen Kantenausbildungen geliefert.

Nach DIN EN 520 werden folgende Gipsplatten unterschieden:

- **Gipsplatte Typ A**, für den Wand- und Trockenputz und zur Bekleidung von Montagewänden,
- **Gipsplatten Typ F** mit verbessertem Gefügezusammenhalt des Kerns bei hohen Temperaturen. Sie enthalten im Kern Glasseide und werden als Feuerschutzplatten eingesetzt.
- **Gipsplatten Typ H** (1/2/3) mit reduzierter Wasseraufnahmefähigkeit, in Deutschland H2. Diese Platten sind wasserabweisend imprägniert und sind daher in Feuchträumen einsetzbar.
- **Putzträgerplatten Typ P** dienen als Träger zur Aufnahme von Putzen.

Der besondere Vorteil dieser Platten ist, dass sie bei einem geringen Gewicht formstabil sind und sich leicht verlegen lassen. Nach der Verlegung können sie gleich weiterbearbeitet werden. Außerdem besitzen sie eine gute Schall- und Wärmedämmung.
Gipsplatten müssen plan und eben verlegt werden. Die Fugen müssen mit Papier- oder Glasfaserfugenstreifen verstärkt und glatt verspachtelt sein.

#### 2. Gipsbauplatten

Diese Platten besitzen im Gegensatz zu den Gipsplatten keine Kartonummantelung. Die Wandbauplatten werden in Stärken von 60–120 mm mit verschiedenen Kantenausbildungen geliefert. Sie werden als nicht tragende Zwischenwände und für Schall- und Brandschutzmaßnahmen eingesetzt. Gipsbauplatten besitzen eine hohe Saugfähigkeit, die u. U. mit einem lösemittelhaltigen Grundbeschichtungsstoff eingeschränkt werden kann. Die Platten müssen plan und eben verlegt, ihre Kanten und Stöße glatt verspachtelt werden.

***Aufgaben***

1. *Nennen Sie Putzmörtel, die als Innenputze zum Einsatz kommen.*
2. *Unterscheiden Sie die verschiedenen Arten der Gipsplatten mit ihren Merkmalen.*

## 9.1.2 Prüfen der Untergründe

Die Untergründe müssen für die Aufnahme von Tapeten und Wandbelägen

- trocken,
- fest,
- frei von Unebenheiten und Rissen sein, und
- sauber,
- tragfähig,
- neutral,
- leicht saugfähig,

der Raumausstatter ist verpflichtet, den Untergrund zu prüfen und zu beurteilen, ob er für die durchzuführende Arbeit geeignet ist. Festgestellte Mängel sind dem Auftraggeber unverzüglich vor Beginn der Arbeit schriftlich mitzuteilen.

Die Untergrundprüfung erstreckt sich auf die Feststellung sichtbarer und anderweitig erkennbarer Mängel durch baustellenübliche Prüfungen.
Nach der VOB[1] DIN 18366, Ziffer 3.1.1 sind Bedenken geltend zu machen bei

- absandendem, feuchtem und nicht genügend festem Untergrund,
- Unebenheiten,
- Wasserrändern,
- Ausblühungen,
- Schimmelbildung,
- Verunreinigung durch Öle, Fette, Nikotin,
- klaffenden Fugen zwischen Putz und Einbauteilen,
- Putz- und Untergrundschäden.

### 9.1.2.1 Prüfen der Putze

| Prüfung auf | Prüfmethoden | Erkennungsmerkmale der Mängel | technische Hinweise, Maßnahmen und Empfehlungen |
|---|---|---|---|
| **Feuchtigkeit** | a) Augenschein<br>b) luftdicht abgeklebte Folie | a) feuchte Flächen, Wasserränder und Verfärbungen zeichnen sich ab<br>b) Schwitzwasserbildung an der Folienrückseite in 12–24 Stunden | Ursachen beseitigen, abtrocknen lassen, ggf. lüften und heizen |
| **Oberflächen-festigkeit** | a) Kratzprobe mit einem festen, kantigen Gegenstand<br>b) abreiben mit der Hand | a) Oberfläche lässt sich bei mäßigem Druck beschädigen oder platzt aus<br>$b_1$) geringer Abrieb<br>$b_2$) starker, tiefgehender Abrieb | a) lose und nicht tragfähige Flächen manuell entfernen und ausbessern<br>$b_1$) ggf. abbürsten, mit putzfestigenden Grundbeschichtungsstoffen behandeln<br>$b_2$) für Tapezierarbeiten nicht geeignet, Putz emeuem |

[1] *Die VOB enthält allgemeine Geschäftsbedingungen und technische Vorschriften und gilt nur, wenn sie bei einem Auftrag vereinbart wurde. Wird sie nicht vereinbart, so entsteht ein Werkvertrag mit den gesetzlichen Bestimmungen nach dem Bürgerlichen Gesetzbuch (BGB). Aber auch in diesem Fall greift oft die Rechtsprechung bei Streitigkeiten über die fachgerechte Auftragsausführung auf die VOB, Teil C zurück.*

| Prüfung auf | Prüfmethoden | Erkennungsmerkmale der Mängel | technische Hinweise, Maßnahmen und Empfehlungen |
|---|---|---|---|
| **Sinterschichten**[1] | ankratzen bzw. anschleifen, anschließend Benetzungsprobe mit Wasser | im trockenen Zustand Oberflächenglanz, geringe Saugfähigkeit, nach Benetzungsprobe Dunkelfärbung der Kratz- bzw. Schleifspuren. | manuell oder maschinell entfernen, ggf. behandeln mit Fluat[2] im Verhältnis 1:1 mit Wasser, anschließend mit Wasser nachwaschen; nicht bei gipshaltigen Putzen |
| **Saugfähigkeit** | Benetzungsprobe mit Wasser | a) kein Eindringen in die Oberfläche, Wasser perlt ab<br>b) bei starker Saugfähigkeit rasche Wasseraufnahme und schnelle Dunkelfärbung | a) Ursachen feststellen und ggf. z. B. durch Schleifen beseitigen oder Saugfähigkeit durch Kleben von Unterlagsstoff herstellen<br>b) stark bzw. unterschiedl. saugfähige Untergründe sind mit Grundbeschichtungsstoffen zu egalisieren |
| **Alkalität** | mit neutralem Wasser anfeuchten und mit Indikatorpapier prüfen | bei Farbveränderung pH-Wert mit Farbskala vergleichen | kann durch Fluatieren gemindert, aber nicht beseitigt werden, ggf. sperrend wirkende Untertapete kleben |
| **Pilzbefall** | Augenschein | dunkler Bewuchs | Ursachen feststellen, ggf. chemisch entfernen und nachbehandeln, evtl. zusätzliche Wärmedämmung erforderlich |
| **Ausblühungen** | Augenschein | meist weiße Salze | Feuchtigkeitseinflüsse abstellen lassen, Untergrund austrocknen lassen und Salze trocken abbürsten |
| **Risse** | a) Augenschein<br>b) Haarrisse durch Benetzen mit Wasser | bei der Benetzungsprobe zeichnen sich die Risse dunkel ab, bei größeren Rissen zeichnen sich Mauerfugen ab | Haarrisse lassen sich mit geeigneten Unterlagsstoffen überbrücken, größere Risse müssen mit einer besonderen Armierung überbrückt werden |
| **Wasserflecken** | Augenschein | nach dem Austrocknen zeigen sich die Wasserflecken als geblich braune Ränder | Behandeln mit Fluat im Verhältnis 1:1 mit Wasser, anschließend mit Wasser nachwaschen |
| **Verschmutzungen** | Augenschein | Verschmutzungen auf dem Untergrund | Verschmutzungen entfernen, ggf. mit geeigneten Absperrmitteln behandeln |

[1] *Sinterschichten sind Bindemittelanreicherungen an der Oberfläche. Da sie sehr spannungsreich sind und nach einiger Zeit abplatzen, müssen sie entfernt werden.*

[2] *Fluate sind saure Kieselflusswasserstofflösungen oder -salze, die normalerweise zum Neutralisieren von alkalischen Untergründen eingesetzt werden. Werden sie nicht zu stark verdünnt, lösen sie auch Sinterschichten.*

9

### 9.1.2.2 Prüfen des Betons

| Prüfung auf | Prüfmethoden | Erkennungsmerkmale der Mängel | technische Hinweise, Maßnahmen und Empfehlungen |
|---|---|---|---|
| **Oberflächenfestigkeit** | Kratzprobe, z. B. mit einem Schraubendreher | absplittern oder abplatzen von losen und mürben Teilen | mechanisch entfernen und ausbessern |
| **Feuchtigkeit** | a) Augenschein<br>b) Feuchtigkeitsmesser | dunklere Verfärbung | ggf. Ursachen beseitigen, lüften und abtrocknen lassen, evtl. heizen |
| **Sinterschichten** | wie bei Putzen | wie bei Putzen | wie bei Putzen |
| **Saugfähigkeit** | Benetzungsprobe mit Wasser | abperlendes Wasser = keine oder geringe Saugfähigkeit | mechanisch aufrauen |
| **Alkalität** | wie bei Putzen | wie bei Putzen | wie bei Putzen |
| **Trenn- und Nachbehandlungsrückstände** | Benetzungsprobe mit Wasser | abperlendes Wasser = keine oder geringe Saugfähigkeit | Fluatwäsche mit Zusatz von Netzmitteln oder speziellen Reinigern |
| **Zementschlämme** | Kratzprobe mit einem Schraubendreher | absplittern, abplatzen, Streichspuren | mechanisch entfernen |
| **gepuderte Betonflächen** | Wischprobe | mehliger Abrieb | mechanisch entfernen oder Sandstrahlen |

### 9.1.2.3 Prüfen der Gipsplatten

| Prüfung auf | Prüfmethoden | Erkennungsmerkmale der Mängel | technische Hinweise, Maßnahmen und Empfehlungen |
|---|---|---|---|
| **Verbindung mit der Unterkonstruktion** | leichtes Abklopfen | Rissbildung an den Verbindungsstellen, aufstehende Kanten | entfernen der bemängelten Platten durch den Montagebetrieb und Neuverlegung |
| **Beschädigungen** | Augenschein | evtl. beschädigte Kanten, Ecken und Oberflächen | Reparatur mit Gipswerkstoffen |
| **ebenen Fugenschluss** | Augenschein | unebene Fugen | abschleifen und nachspachteln |
| **Feuchtigkeit** | Augenschein | Hell-Dunkel-Schattierungen, Gipskartonplatten „werfen“ sich | lüften und abtrocknen lassen, evtl. heizen, „geworfene“ Platten durch Montagebetrieb auswechseln lassen. Durch Spachteln lassen sich geworfene Platten nicht egalisieren. |

***Aufgaben***

1. *Wie müssen die Untergründe für die Aufnahme von Wandbekleidungen beschaffen sein?*
2. *Bei welchen Mängeln sind nach der VOB DIN 18366 Bedenken gegen eine ordnungsgemäß durchzuführende Wandbekleidungsarbeit geltend zu machen?*
3. *Schildern Sie Möglichkeiten, wie Sie bei einem Putzgrund die Feuchtigkeit prüfen können.*
4. *Nach einer Reibprobe mit der Hand stellen Sie bei einem Putz einen geringen Abrieb fest. Was können Sie dagegen tun?*
5. *Wie können Sie die Alkalität einer verputzten Wand feststellen? Wie können Sie sie beseitigen?*
6. *Was sind Sinterschichten? Wie können Sie sie erkennen und beseitigen?*

## 9.1.3 Vorbereitung der Untergründe

Voraussetzung für eine einwandfreie Verklebung von Tapeten und Wandbelägen ist eine fachgerechte Vorbereitung und Vorbehandlung der Untergründe, um Reklamationen von vornherein auszuschließen.

### 9.1.3.1 Entfernen und Aufrauen alter Beschichtungen

Glatte sowie auch schlecht haftende Beschichtungen bieten für Kleister und Kleber keinen geeigneten Haftgrund. Sie müssen entsprechend behandelt oder entfernt werden.

Leimfarben müssen in jedem Fall vor einer Tapezierung mit Wasser, evtl. unter Zusatz von Tapetenablöser, abgewaschen werden.

Wischfeste Dispersionsbeschichtungen werden mit Wasser und einem Zusatz von Tapetenablöser angequollen und anschließend mit einem Spachtel abgestoßen. Nach einer gründlichen Reinigung muss der Untergrund mit einem lösemittelfreien Grundbeschichtungsstoff gefestigt werden.

Waschbeständige Dispersionsbeschichtungen müssen durch einen Klebebandtest auf ihre Haftung geprüft werden. Nur fest haftende Beschichtungen können überklebt werden. Blätternde Beschichtungen müssen abgestoßen werden. Anschließend den Untergrund mit einem lösemittelfreien Grundbeschichtungsstoff festigen.

Glatte Öl- und Lackfarben müssen mit Salmiakgeist oder mit Intensivanlauger angeraut, mit klarem Wasser gut nachgewaschen und mit einer haftvermittelnden Zwischenbeschichtung (Haftbrücke) versehen werden.

### 9.1.3.2 Entfernen alter Tapeten

Alte Tapeten und Wandbeläge sind vor dem Tapezieren restlos zu entfernen. Die Tapeten lassen sich nach dem Einweichen mit Wasser meist in Bahnen von dem Untergrund abziehen. Das Abziehen wird wesentlich erleichtert, wenn dem Wasser

Tapetenablöser oder 5–10 % Tapetenkleister zugegeben wird. Durch den Kleisterzusatz haftet die Feuchtigkeit länger auf der Tapete und wirkt dadurch besser auf sie ein. Das Auftragen des Weichwassers oder der Weichlösung erfolgt mit einer Streichbürste oder einer Auftragsrolle. Die Weichzeit beträgt je nach Schwere der Tapete zwischen 10 und 20 Minuten.

Gering oder nicht saugende Tapeten (hoch wasch- und scheuerbeständige Tapeten) müssen vorher mit grobem Schleifpapier angeschliffen oder mit einer Perforierwalze bzw. einem Tapetenaufritzer durchlöchert werden, damit das Wasser oder die Lösung in die alte Tapete eindringen und den alten Kleister aufweichen kann.

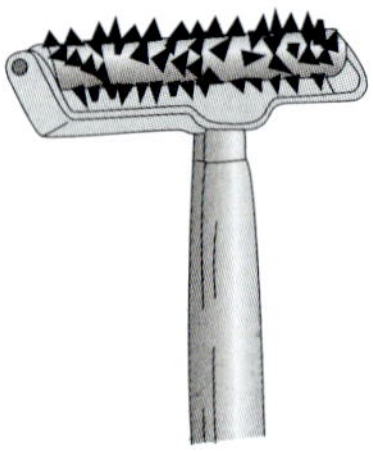
*Perforierwalze*

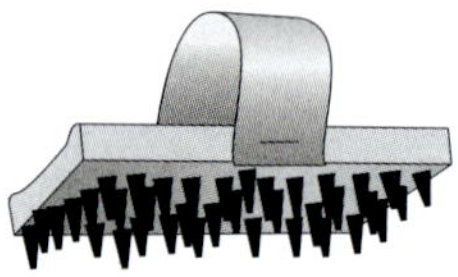
*Tapetenaufritzer*

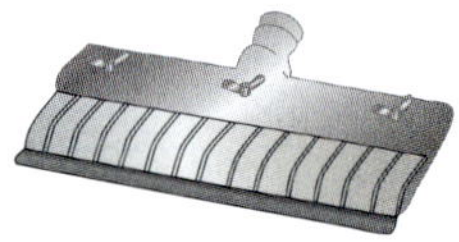
*Schaber*

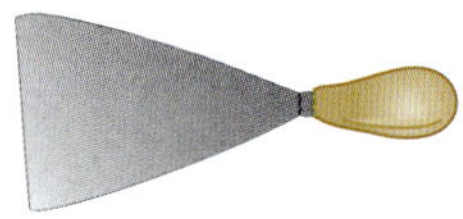
*Spachtel*

Nicht restlos abziehbare Tapetenbahnen werden mit einem Spachtel oder Schaber abgestoßen.
Bei spaltbaren Tapeten ist darauf zu achten, dass nur die obere Schicht abgezogen wird, während die untere Schicht als Makulatur auf dem Untergrund bleibt.

### 9.1.3.3 Spachtelarbeiten

Ungleichmäßige Putzuntergründe, Betonflächen sowie alle Untergründe mit rauer Oberfläche müssen flächig gespachtelt und geglättet werden. Die Anzahl der Spachtelungen hängt von der Rauheit der jeweiligen Oberfläche ab. Zur Verfügung stehen Gips- und Dispersionsspachtelmassen, die mit einer Traufel aufgetragen werden.

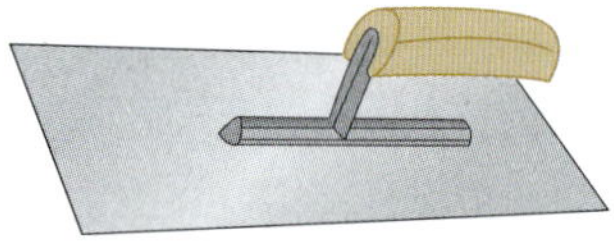
*Traufel (Glättkelle)*

### 9.1.3.4 Vorbereitung mit wasserverdünnbaren Grundbeschichtungsstoffen

Grundbeschichtungsstoffe sollen in den Untergrund eindringen, eine starke Saugfähigkeit mindern und unterschiedliche Saugfähigkeit ausgleichen. Sie eignen sich für saubere, feste, lufttrockene mineralische Putze und Beton. Für sandende Putze sind sie ungeeignet.

**Vorkleistern**

Bei glatten, saugfähigen Untergründen wird zur Egalisierung der Saugfähigkeit vorgekleistert. Verwendet wird dazu verdünnter Normal- oder Spezialkleister, der nach Angaben des Herstellers zu verdünnen ist.

**Streichmakulatur (Feinmakulatur)**
Bei rauen Untergründen wird beim Tapezieren von leichten bis mittelschweren Tapeten zur Egalisierung des Untergrunds Streichmakulatur verwendet. Die Streichmakulatur wird im vorgeschriebenen Ansatzverhältnis (1:8 bis 1:10) mit Wasser angesetzt. Nach einer Quellzeit von ca. 20 Minuten wird sie kräftig durchgeschlagen und mit einer Streichbürste auf den Untergrund gleichmäßig aufgetragen.

**Flüssiger Tapetenwechselgrund**
Er wird dann angewendet, wenn die Tapezierung später wieder trocken abgezogen werden soll, ohne dass dabei der Untergrund beschädigt wird.

#### 9.1.3.5 Vorbereitung mit Absperrmitteln

Absperrmittel werden angewendet, wenn lösliche Bestandteile des Untergrunds nicht durch eine Tapezierung durchschlagen sollen. Als Absperrmittel kommen Isoliermittel auf Öl-Lack-, Spirituslackbasis, lösemittel- oder wasserverdünnbarer Kunstharzbasis in Betracht.

#### 9.1.3.6 Vorbereitung mit haftvermittelnden Zwischenbeschichtungen (Haftbrücken)

Auf nicht saugenden Untergründen müssen Haftbrücken aufgetragen werden. Dafür verwendet man gefüllte, streichfähig eingestellte Dispersionsklebstoffe oder spezielle Dispersionsfarben.

#### 9.1.3.7 Vorbereitung mit Unterlagsstoffen

##### 1. Kleben von Makulaturpapier (Rollenmakulatur)

Makulaturpapier wird im Allgemeinen mit Normalkleister (Ansatzverhältnis 1:50) unter Zugabe von 10–20 % Dispersionsklebstoff geklebt. Spaltbares Makulaturpapier, das aus zwei Schichten besteht und bei dem sich die obere Schicht bei einer Renovierung abziehen lässt, wird mit Spezialkleister unter Zugabe von ca. 20 % Dispersionsklebstoff verklebt. Beim Kleben ist immer darauf zu achten, dass die Festigkeit der Klebung gleich oder höher als bei der nachfolgenden Tapete sein muss. Sollte eine Tapete unter Zugabe von Dispersionsklebstoff verklebt werden, so muss das Makulaturpapier mit einem höheren Zusatz von Dispersionsklebstoff geklebt werden, als dies bei der Tapete der Fall ist. Makulaturpapier wird auf Stoß geklebt und kann in der Regel am nachfolgenden Tag übertapeziert werden.

##### 2. Stripmakulatur

Diese Makulaturunterlage, die eine kunststoffbeschichtete Oberfläche besitzt und ein mehrmaliges Abziehen von alten Tapeten ermöglicht, wird wie spaltbares Makulaturpapier verklebt.

### 3. Kleben von Unterlagen aus Polystyrol-Hartschaum

Diese Unterlagen, die in Form von Bahnenware oder Platten vorliegen, werden mit streich- oder spachtelfähigen Dispersionsklebstoffen verklebt. Die Unterlagen werden in das noch feuchte Klebebett eingelegt und mit einer Gummirolle angedrückt. Wenn eine einwandfreie Stoßverklebung nicht möglich ist, muss überlappt geklebt werden. In der Mitte der Überlappung werden dann beide Bahnen mit einem Universalmesser im Doppelschnitt getrennt.

Nach dem Abziehen der beiden Verschnittstreifen kann der Stoß korrigiert werden. Nach 24–48 Stunden kann tapeziert werden. Um die Haftung der zu klebenden Tapete zu verbessern, ist ein Anstrich mit verdünntem Dispersionsklebstoff (ca. 20 % Wasserzusatz) erforderlich.

### 4. Kleben von Unterlagen aus Polyurethan-Hartschaum

Die Verklebung erfolgt mit Dispersionsklebstoffen, wobei die Platten nicht auf Stoß angelegt werden. Entstehende Fugen werden ausgespachtelt. Vor der weiteren Bearbeitung muss auf die Platten eine Haftbrücke aus verdünntem Dispersionsklebstoff (ca. 20 % Wasserzusatz) oder einem lösemittelfreien Grundbeschichtungsstoff aufgetragen werden. Sollen anschließend Tapeten auf Stoß verklebt werden, dann muss Makulaturpapier geklebt werden.

### 5. Kleben von Unterlagen aus Latexschaum

Unterlagen aus Latexschaum werden mit Dispersionsklebstoffen verklebt. Der Klebstoff wird bahnenweise mit einem Spachtel auf den Untergrund aufgetragen. Die zugeschnittenen Bahnen werden lotrecht in das Klebebett eingelegt und mit einem Tapezierspachtel oder einer Tapezierwalze blasenfrei angedrückt. Nachfolgende Bahnen werden auf Stoß verklebt.

### 6. Kleben von Metallfolien

Metallfolien werden in der Regel mit streichbaren Dispersionsklebstoffen verklebt. Der Auftrag des Klebstoffs erfolgt mit einer Auftragsrolle. Die Folie wird in das Klebebett eingelegt und mit der Tapezierwalze angedrückt. Als Dampfsperre werden unkaschierte Aluminiumfolien mit ca. 1 cm Überlappung verklebt. Die Überlappung ist mit lösemittelfreiem Kontaktklebstoff nachzukleben. Bei nicht saugenden Untergründen ist ebenfalls mit lösemittelfreiem Kontaktklebstoff zu kleben.

### 7. Kleben von Renovier-Vliesunterlagen

Die Verklebung erfolgt mit einem streichfähigen Dispersionskleber, der mit einer Auftragsrolle satt und gleichmäßig auf den Untergrund aufgetragen wird. Die auf die benötigte Länge zugeschnittenen Vliesbahnen werden auf Stoß in das Klebebett eingelegt und mit einer Andrückrolle blasenfrei angedrückt. Es ist auch möglich, die Vliesbahn einzukleistern und ohne Weichzeit direkt zu verkleben. Leichte Bahnkorrekturen zur Nahtstelle sind möglich.

*Aufgaben*

1. *Welche Vorbereitungsarbeiten sind bei Untergründen erforderlich mit*
   a) *alten Tapeten,*
   b) *wischfesten Dispersionsbeschichtungen und*
   c) *waschbeständigen Dispersionsbeschichtungen?*
2. *Aus welchen Gründen kann es notwendig sein, dass Putzuntergründe gespachtelt werden müssen?*
3. *Aus welchen Gründen werden Grundbeschichtungsstoffe zur Vorbereitung des Putzgrunds verwendet?*

## 9.1.4 Befestigungstechniken von Wand- und Deckenbekleidungen

Wand- und Deckenbekleidungen werden durch Kleben oder Spannen auf Leistensystemen auf den Untergründen installiert.

### 9.1.4.1 Anbringen von Tapeten

#### 1. Tapetenwerkzeuge

Bei der Durchführung von Tapezierarbeiten werden neben den üblichen Werkzeugen auch besondere Tapezierwerkzeuge benötigt.

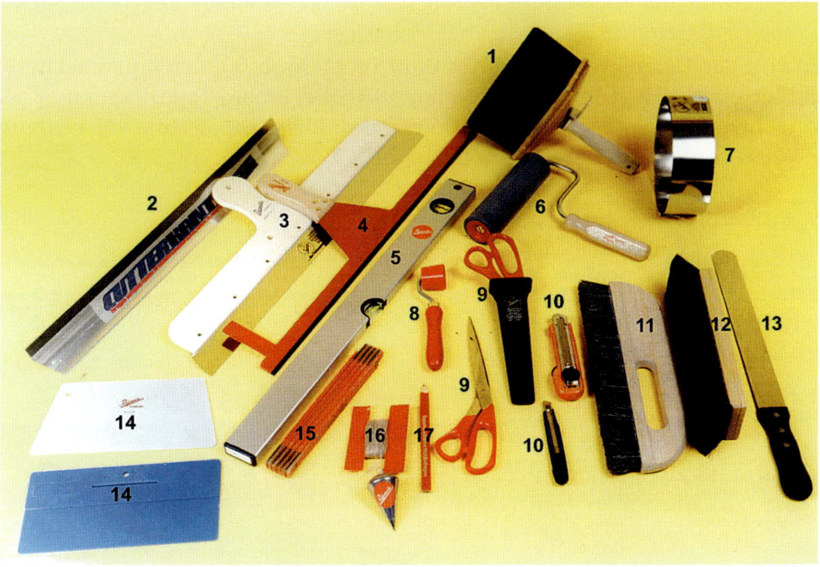


*1 Streichbürste*
*2 Beschneidgerät*
*3 Beschneidlineal*
*4 Tapetenabreißer*
*5 Wasserwaage*
*6 Gummirolle*
*7 Stahlschiene*
*8 konischer Nahtroller*
*9 Schere*
*10 Cuttermesser*
*11 „Amerikanische" Tapezierbürste*
*12 Tapezierbürste*
*13 Tapetenmesser*
*14 Tapezierspachtel*
*15 Gliedermaßstab*
*16 Senklot*
*17 Bleistift*

## 2. Prüfung der Tapeten

Die angelieferten Tapetenrollen müssen vor dem Zuschnitt überprüft werden, da sonst Schadensersatzansprüche nicht geltend gemacht werden können.

Die zu tapezierenden Rollen sollten aus einem Druckvorgang stammen. Sie tragen die gleiche Anfertigungsnummer. Bei unterschiedlichen Fertigungsnummern können Farbabweichungen vorkommen. Sollten dennoch Tapetenrollen aus verschiedenen Fertigungen verarbeitet werden, dann müssen diese Rollen gesondert an einer Wand tapeziert werden.

Große Abweichungen in der Farb- und Musterstellung können bereits durch einen Vergleich der umgelegten Enden vor dem Öffnen der Klarsichtverpackung festgestellt werden. Kleine Abweichungen lassen sich durch eine Fächerprobe erkennen, indem man von jeder Rolle ca. 1 m abrollt und die Enden fächerförmig versetzt übereinanderlegt.

## 3. Zuschnitt der Tapeten

Die Tapetenbahnen werden entsprechend der Raumhöhe mit einer Zugabe von 5–10 cm für den Verschnitt an der Ober- und Unterkante zugeschnitten. Bei gemusterten Tapeten, wo der Rapport beim Zuschnitt beachtet werden muss, kann oft eine größere Zugabe erforderlich sein. Beim Zuschnitt ist darauf zu achten, dass man am oberen Ende mit einem vollen Muster beginnt. Bei Tapeten mit Versatzmustern wird jede zweite Bahn um die Hälfte des Rapports versetzt zugeschnitten.

Eine zweite Möglichkeit des Zuschnitts von Tapeten mit Versatzmustern besteht darin, dass zuerst nacheinander alle ungeraden Bahnen (1, 3, 5 usw.) und nach dem Abschneiden eines halben Rapports alle geraden Bahnen (2, 4, 6 usw.) zugeschnitten werden. Bei der Verklebung in der richtigen Reihenfolge erhält man die von Bahn zu Bahn versetzte Musterung.

Das Abschneiden von der Tapetenrolle kann mit dem Tapetenmesser, der Tapetenschere, dem Tapetenabreißer sowie mit einer Abtrennvorrichtung bei einem Tapeziergerät erfolgen. Längsschnitte bei den Tapetenbahnen erfolgen mit dem Tapetenmesser entlang einer Stahlschiene.

## 4. Kleister- bzw. Kleberauftrag

### a) Kleisterauftrag von Hand

Die zugeschnittenen Bahnen werden mit der unbedruckten Seite nach oben so auf den Tapeziertisch gelegt, dass sie mit der hinteren Kante des Tischs abschließen. Man kleistert zunächst die hintere Kante bis zur Mitte der Bahn ein und zieht anschließend die Bahn bis zur Vorderkante des Tischs vor. Dann wird die andere Hälfte eingekleistert.

Durch diese Vorgehensweise wird vermieden, dass die darunterliegende Bahn teilweise eingekleistert wird und so unterschiedlich durchweicht.

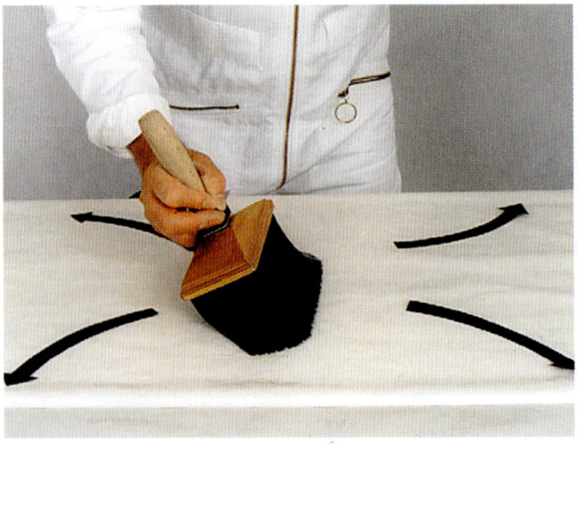

**b) Kleisterauftrag mit dem Tapeziergerät**
Bei der Verwendung eines Tapeziergeräts muss ein dafür geeigneter Kleister verwendet werden.

Die Dicke des Kleisterauftrags kann entsprechend der Tapetenart an dem Tapeziergerät eingestellt werden. Beim Durchziehen der Tapetenbahn durch das Tapeziergerät wird der Tapetenkleister auf die Rückseite der Tapete aufgetragen. Die Verwendung eines Tapeziergeräts ermöglicht einen gleichmäßigen und sauberen Kleisterauftrag über die ganze Bahnenbreite.

**c) Kleberauftrag auf die Wand**
Bei Tapeten und Wandbelägen, die sich durch Feuchtigkeitsaufnahme (Kleisterauftrag) in der Breite nicht ausdehnen, z. B. verschiedene Gewebetapeten, Vliestapeten, wird der Tapetenkleister bzw. der Kleber direkt auf die Wand aufgetragen. Die Tapete bzw. der Wandbelag wird anschließend in das noch feuchte Klebebett eingerollt.

## 5. Weichen

Tapeten müssen nach dem Einkleistern eine bestimmte Zeit weichen. Durch das Weichen soll erreicht werden, dass sich das Papier in der Breite ausdehnt. Dadurch soll verhindert werden, dass sich die Tapete später auf dem Untergrund ausdehnt und Falten bzw. Blasen wirft. Die Weichzeit dauert 5–10 Minuten und wird im Wesentlichen von der Dicke und Qualität sowie der Druckart der Tapete bestimmt. Bei zu geringen Weichzeiten entstehen Blasen an den Wänden. Um ein gleichmäßiges Durchweichen zu gewährleisten, wird das an der Decke anzusetzende Ende der Tapete zu 2/3, das untere Ende zu 1/3 umgeschlagen. Scharfe Knicke sind unbedingt zu vermeiden. Bei Kunststofftapeten wird die zusammengelegte Tapetenbahn zusätzlich noch eingerollt, damit sich die Kanten während der Weichzeit nicht hochstellen und austrocknen.

## 6. Tapezieren

Tapeten werden in der Regel in der sog. **Kleistertechnik** verklebt, d. h., der Tapetenkleister wird auf die Rückseite der Tapete aufgetragen und die eingekleisterte Tapete wird nach der Weichzeit auf die vorbehandelte Wand geklebt. Tapeten, die sich beim Weichen in der Breite nicht ausdehnen, z. B. Vliestapeten, verschiedene Gewebetapeten, werden in der sog. **Wandklebetechnik** verklebt, bei der der Kleber auf den Untergrund aufgetragen und die Tapete in den noch feuchten Kleber eingebettet wird.

Mit dem Tapezieren beginnt man vom Fenster aus in Richtung des Raums. Dadurch werden Schatten an den Nähten vermieden. Bei großen geometrischen Mustern fängt man in der Mitte der Wand an zu kleben, wodurch eine symmetrische Aufteilung der Wandfläche erreicht wird.

Die erste Bahn, die geklebt wird, muss ausgelotet werden, denn die Ecken eines Raums sind in den seltensten Fällen lotgerecht. Damit auch Höhenunterschiede ausgeglichen

9

werden, tapeziert man die Bahnen an der Decke und an der Fußbodenleiste mit einem kleinen Überstand. Mit einer Tapezierbürste wird die geklebte Tapete von der Mitte aus nach oben und unten sowie dann zu den Seiten angedrückt. Anschließend wird der obere und untere Überstand abgeschnitten. Bei einigen Spezialtapeten, wie z.B. Kunststoff-, Textil- und Metalltapeten, erfolgt das Andrücken mit einer Gummirolle oder einem Kunststoffspachtel.

*Verkleben der Tapete auf Stoß*

Tapeten müssen immer auf Stoß verklebt werden, wobei auf den Rapport zu achten ist.

Zum Nachbehandeln der Nahtstellen sollten glatte konische Nahtroller verwendet werden. Bei Präge- und Reliefdrucktapeten sowie gaufrierten Tapeten dürfen sie nicht benutzt werden.

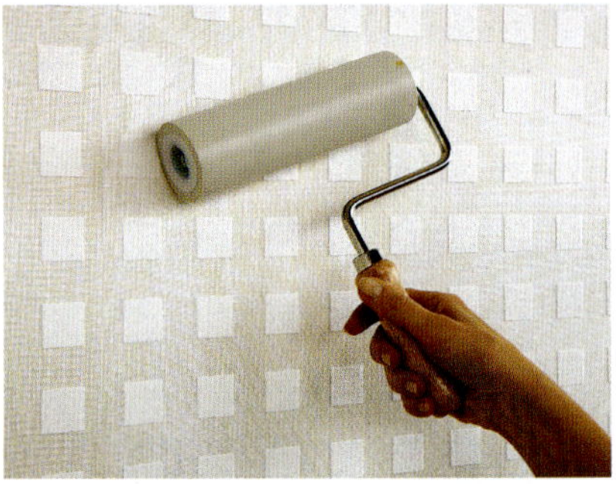

*Andrücken der Tapete mit einer Gummirolle*

Ganze Bahnen dürfen niemals um Ecken geklebt werden, da sonst Falten entstehen können. Die Bahnen müssen so zugeschnitten werden, dass sie ca. 2 cm um die Ecke geklebt werden können. Der andere Teil der Bahn wird auf der neuen Wand wieder ausgelotet und auf den ca. 2 cm breiten Streifen überlappt geklebt.
Beim Trocknen der Tapeten sind Durchzug und übermäßiges Heizen zu vermeiden. Sie trocknen sonst zu schnell, und die Nähte platzen auf. Bei zu geringer Temperatur trocknen die Tapeten zu langsam. Blasen oder Verfärbungen können die Folge sein.

## 7. Verarbeitungshinweise

Tapeten werden in den verschiedensten Materialien, Optiken und Gebrauchseigenschaften angeboten. Deshalb müssen die Angaben des Herstellers in Bezug auf den Kleister bzw. Kleber, die Weichzeit sowie besondere Verarbeitungshinweise beachtet werden. Wichtige Verarbeitungshinweise bei den gängigsten Tapeten sind nachfolgend aufgeführt:

| Tapetenart | Klebereinsatz | Verarbeitungshinweis |
|---|---|---|
| **Papiertapeten** | Normalkleister oder Instant-Tapeziergerätekleister | Weichzeit ist von der Dicke des Papiers abhängig. |
| **Duplex-Prägetapeten** | Spezialkleister oder Instant-Spezialkleister | Bei zu langer Weichzeit verliert die Prägung an Struktur. Damit die Prägung erhalten bleibt, keine Gummirolle zum Andrücken verwenden. Nähte nicht mit dem Nahtroller behandeln. |
| **Kettfadentapeten** | Spezialkleister oder Instant-Spezialkleister | An den Außen- und Innenecken ca. 2 cm überlappt kleben, wobei von der unteren Bahn 2–3 Kettfäden abgezogen werden. Auf die freigelegte Fläche wird die neue Bahn geklebt. |

| Tapetenart | Klebereinsatz | Verarbeitungshinweis |
|---|---|---|
| **Gewebetapeten** | Spezialkleister oder Instant-Spezialkleister, z. T. mit Dispersionszusatz oder Textiltapetenkleber | Ggf. nach Prüfung in der Wandklebetechnik verkleben. Zu lange Weichzeiten und Durchfeuchtung vermeiden. |
| **Velourstapeten** | Spezialkleister oder Instant-Spezialkleister | Tapete bis zur Geschmeidigkeit weichen. Kleister vorsichtig auf die Rückseite auftragen, Kleisterverschmutzungen unbedingt vermeiden. Vor der Trocknung Druckstellen und Nähte mit einer weichen Bürste ausbürsten. |
| **Kunststofftapeten** | Spezialkleister oder Instant-Spezialkleister oder Instant-Tapeziergerätekleister | Überlappende Nähte in den Ecken und Fensternischen mit Dispersionskleber verkleben. |
| **Vliestapeten** | Spezialkleister oder Instant-Spezialkleister | Verkleben in der Wandklebetechnik. Bei einem Tapetenwechsel lassen sich die Tapeten bahnenweise trocken abziehen |
| **Naturwerkstofftapeten** | Spezialkleister oder Instant-Spezialkleister | Aufgrund unterschiedlicher Farbgebung der Bahnen müssen sie vor dem Verkleben an der Wand durch Aufnadeln und Umgruppieren ausschattiert werden. |
| **Korktapeten** | Spezialkleister oder Instant-Spezialkleister | Kurze Weichzeit ca. 3 Min., Herstellerangabe beachten, andrücken mit der Gummiwalze |
| **Fotopapiertapeten** | weißer Holzleim und 20 % Spezialkleister | Fotobahnen auf beiden Seiten anfeuchten oder durch ein Wasserbad ziehen. Abtropfen lassen und ca. 10 Min. weichen lassen. Kleber auf die Rückseite auftragen. Bahnen zusammenlegen und nochmals 10 Min. weichen lassen. Vor dem Tapezieren nachkleistern. Mit feuchtem Schwamm andrücken. Während der Trocknungszeit öfter anfeuchten. |

### *Aufgaben*

1. *Welche Prüfungen müssen Sie vor dem Verarbeiten der angelieferten Tapetenrollen vornehmen?*
2. *Erklären Sie den Unterschied zwischen der a) Kleister- und b) Wandklebetechnik. Welche Wandbekleidungen werden in den unter a) und b) genannten Klebetechniken verklebt?*
3. *Schildern Sie,*
   *a) wie und wo die erste Bahn in einem Raum angesetzt wird,*
   *b) wie eine Tapete in den Ecken verklebt wird,*
   *c) wie die Nähte der auf Stoß geklebten Tapeten nachbehandelt werden.*
4. *Ein Raum soll mit einer großrapportigen Tapete tapeziert werden. Wie tapezieren Sie, damit ein gleichmäßiges Auslaufen des Musters zu den Ecken hin gewährleistet wird?*
5. *Welche besonderen Verarbeitungshinweise müssen Sie beachten bei a) Vliestapeten, b) Kettfadentapeten und c) Velourstapeten?*

### 9.1.4.2 Anbringen von Wandbelägen

Wandbeläge werden in der Wandklebetechnik fast ausnahmslos mit Dispersionsklebstoffen verklebt. Bedingt durch die unterschiedlichen Wandbelagsarten können keine allgemeinen Verarbeitungshinweise gegeben werden. Für eine fachgerechte Verarbeitung sind die Hinweise der Hersteller zu beachten. Stellvertretend für alle Wandbeläge soll deshalb auf die Anbringung einer sehr häufig vorkommenden Wandbelagsart, eines raumhohen Gewebes mit rückseitiger Kunststoffbeschichtung, näher eingegangen werden, während die Verarbeitung der übrigen Wandbeläge in tabellarischer Übersicht dargestellt wird.

#### 1. Anbringen eines Gewebe-Wandbelags mit rückseitiger Kunststoffbeschichtung

Gewebe dieser Art werden in den meisten Fällen in raumhohen Breiten geliefert, sodass sie nahtlos verarbeitet werden können. Der Bedarf für einen solchen Belag entspricht dem Umfang des Raums zuzüglich einer kleinen Zugabe. Nach der Ermittlung der Raumhöhe wird der ausgerollte Wandbelag entlang einer Stahlschiene mit einem scharfen Universalmesser zugeschnitten. Um Falten in dem Belag zu vermeiden, wird er auf eine Papphülse gewickelt, die 5 cm kleiner als der geschnittene Belag ist.

*Zuschnitt mit einem Universalmesser entlang einer Stahlschiene*

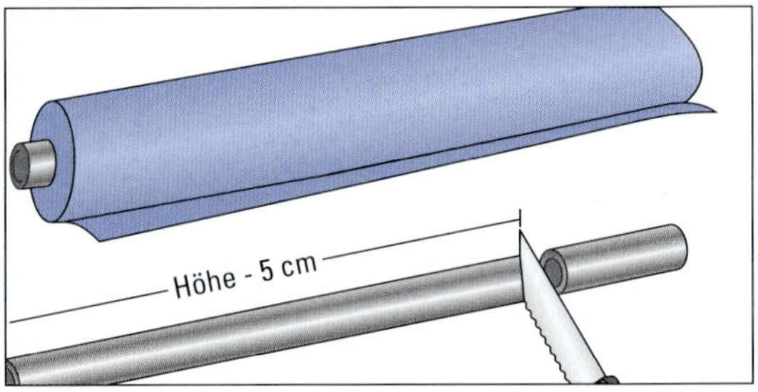


*Aufwickeln des Belags auf eine 5 cm kürzere Papphülle*

Die Verklebung erfolgt mit einem rollfähigen Dispersionskleber, der gleichmäßig mit einer Auftragsrolle auf den vorbehandelten Untergrund aufgetragen wird. Es sollen nicht mehr als 2 m der Wandfläche mit Klebstoff eingestrichen werden, damit Korrekturen während der offenen Zeit des Klebstoffs noch möglich sind. Nach einer kurzen Ablüftzeit rollt man den Belag von der Rolle ab und legt ihn mit der Schnittkante gerade an die Decke. Nach dem lotrechten Ausrichten wird er dann mit der Hand in das Klebebett gedrückt und mit einem Kunststoffspachtel glatt gestrichen.

*Anlegen mit der Schnittkante an der Decke*

*Mit einem Kunststoffspachtel glatt streichen*

Tür- und Fensteröffnungen werden zunächst überrollt. Unter Berücksichtigung von Zugaben für Nischen und die Verarbeitung an den Leisten werden die entsprechenden Flächen dann herausgeschnitten. Die Verklebung in diesen Bereichen erfolgt in der vorhin beschriebenen Art. An jeder Ecke ist der Belag neu auszuloten. Überstehende Reste an den Wandrändern werden mit einem scharfen Universalmesser entlang eines Spachtels abgetrennt.

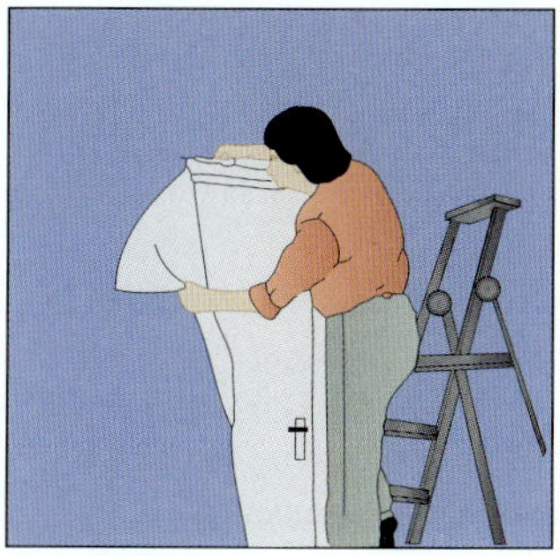
*Ausschnitt an Türöffnungen*

*Ausloten in jeder Ecke*

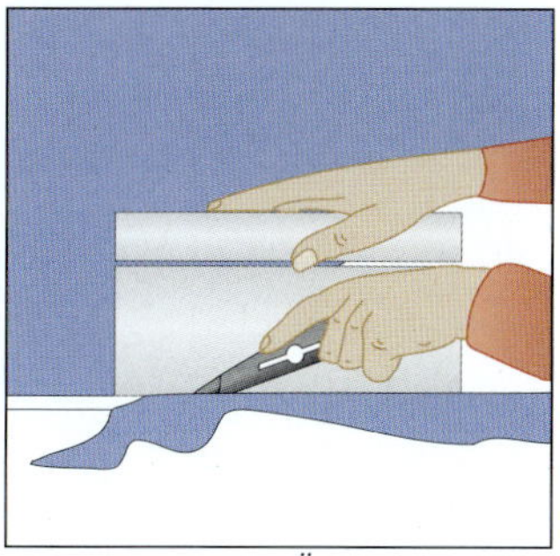
*Abschneiden von Überständen entlang eines Spachtels mit einem Trapezmesser*

Sind aus raumtechnischen Gründen Nähte unerlässlich, so ist an den betreffenden Stellen der Belag überlappt zu kleben und die Naht im Doppelschnitt entlang einer Stahlschiene zu schneiden, damit sie auf Stoß steht.

## 2. Überblick über die Verarbeitung weiterer Wandbeläge

| Wandbelagsart | Verklebung | Verarbeitungshinweise |
|---|---|---|
| **Jutegewebe Rupfen** | Dispersionsklebstoff | Ca. 5 cm überlappend in das Klebebett einlegen und mit der Tapezierwalze andrücken. Doppelschnitt auf der Wand mit einem Gleitfußmesser durchführen. |
| **Glasfasergewebe** | Dispersionsklebstoff | Auf Stoß in das noch feuchte Klebebett einlegen und mit der Tapezierwalze oder einem speziellen Spachtel für Glasfasergewebe andrücken. Ggf. überstreichen. |
| **Tufting-Wandbeläge** | Dispersionsklebstoff | Der grob zugeschnittene raumhohe Belag wird provisorisch mit Nägeln an der Wand befestigt. Nach dem Klebstoffauftrag wird der Belag nahtlos in das feuchte Klebebett eingelegt. |
| **Fotoleinen** | Dispersionsklebstoff mit 20 % Spezialkleister (Ansatz 1:20) | Klebermischung in Bahnenbreite auf den Untergrund auftragen. Die Bahnen auf der Rückseite mit Schwamm und Wasser anfeuchten und in das feuchte Klebebett einlegen. Mit einer Tapezierwalze blasenfrei andrücken. Die folgende Bahn überlappend ansetzen, die Naht im Doppelschnitt an der Wand durchführen und Kleber unter die Nähte bringen. Während des Trocknens die Oberfläche mehrmals mit Wasser und Schwamm anfeuchten, damit sich die Nähte nicht öffnen. |

| Wandbelagsart | Verklebung | Verarbeitungshinweise |
|---|---|---|
| **Kunststoff-Schaumbeläge** | Dispersionsklebstoff | Klebstoff mit einem Spachtel auf den Untergrund oder die Rückseite des Belages auftragen und den Belag auf Stoß verkleben. Nicht kantenbeschnittene Beläge überlappend kleben und Naht im Doppelschnitt an der Wand durchführen. Ecken müssen mindestens 10 cm umklebt werden. |
| **Kunststoff-Wandbeläge mit Gewebeträger** | Dispersionsklebstoff mit 20 % Spezialkleister (Ansatz 1:20) | Klebermischung in Bahnenbreite auf den Untergrund auftragen. Belag in das feuchte Klebebett einlegen und mit einem Kunststoffspachtel andrücken. Bahnen überlappend kleben und Naht im Doppelschnitt mit einem Gleitfußmesser durchführen. Überstände an Decken und Fußbodenleisten mit einem Universalmesser entlang eines Spachtels abschneiden. PVC-Wandbeläge mit Gewebeträger können nach dem Kleben schrumpfen. Nach Vorschrift des Herstellers müssen sie ggf. 30 Minuten vor dem Verkleben auf der Rückseite angefeuchtet werden. |
| **Kunststoff-Wandbeläge mit profilierter Oberfläche und mineralischem Träger** | Dispersionsklebstoff | Klebstoff bahnenweise auf den Untergrund auftragen, den Belag in das feuchte Klebebett einlegen und mit einer Tapezierwalze andrücken. Die folgende Bahn überlappend kleben und die Naht im Doppelschnitt mit einem Gleitfußmesser durchführen. Abschlüsse an Decke und Fußbodenleisten mit einem Universalmesser entlang eines Spachtels beschneiden. |
| **Korkplatten** | Dispersionsklebstoff | Platten 2–3 Tage vor dem Verkleben zur Akklimatisierung in dem Raum auslegen. Kleber mit einem Spachtel auf den Untergrund auftragen, und die Platten in das feuchte Klebebett einlegen. Der Zuschnitt der Platten erfolgt mit einem Universalmesser entlang eines Beschneidlineals. Platten über 5 mm werden mit Neoprenklebstoff verklebt. |

### *Aufgaben*

1. *In welcher Technik und mit welchen Klebstoffen werden Wandbeläge verklebt?*
2. *Schildern Sie im Prinzip die Verklebung eines Gewebewandbelags mit rückseitiger Kunststoffbeschichtung.*
3. *Was ist beim Verkleben von Jutegeweben zu beachten?*
4. *Beschreiben Sie die Verklebung eines Tufting-Wandbelags.*
5. *Was müssen Sie bei der Verklebung eines Fotoleinens beachten?*

### 9.1.4.3 Anbringen von Wandbespannungen

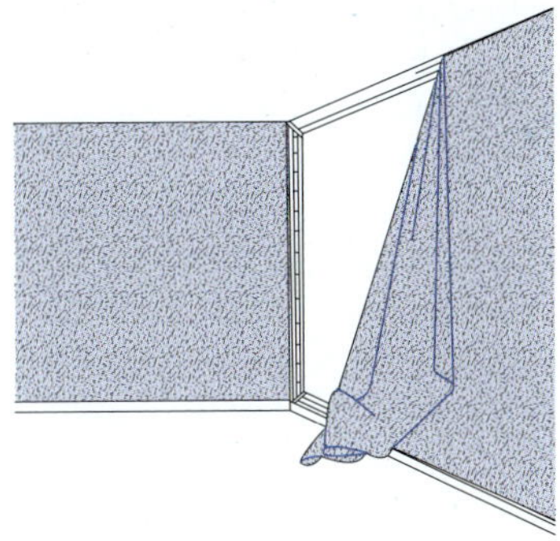

Wandbespannungen werden vornehmlich mit textilen Werkstoffen durchgeführt und mit verschiedenen **Leistensystemen** an den Wänden angebracht. Die Vorteile einer solchen textilen Wandbespannung sind:

- höherer Wohnkomfort,
- bessere Raumatmosphäre,
- bessere Optik,
- bessere Akustik (bis zu 66 % Schallabsorption),
- gute Wärmedämmung → Einsparung von Heizenergie,
- leichte Pflege,
- Wegfall von Vorbereitungs- und Vorbehandlungsarbeiten bei den Untergründen,
- Möglichkeit der Einsparung von Putz bei Neubauplanungen,
- schnelles und problemloses Anbringen und Abnehmen mit speziell entwickelten Kunststoff-Profilleisten,
- Möglichkeit des Einsatzes raumluftverbessernder, klimaausgleichender, Elektrosmog reflektierender oder antimikrobieller Stoffe.

Darüber hinaus können die Wandbespannungen Eigenschaften erhalten, die von dem verwendeten Spannstoff vorgegeben werden (s. Kapitel 9.2.3.3 Spannstoffe).

Vereinzelt werden textile Wandbespannungen auch im **Klebespannverfahren** durchgeführt.

#### 1. Wandbespannungen mit Leistensystemen

Beim Bespannen der Wände mithilfe von Leisten unterscheidet man Quer- und Senkrechtbespannungen.

- **Querbespannungen** erfordern raumhohe Stoffe. Sie ermöglichen Bespannungen ohne Nähte. Diese Bespannungsart eignet sich besonders für große Räume mit wenigen Wandunterbrechungen.

- **Senkrechtbespannungen** werden vorwiegend in Räumen mit vielen Ecken, Winkeln und Nischen durchgeführt und wenn nur Stoff in normaler Breite zur Verfügung steht. Durch das Spannen einzelner Bahnen ist jedoch der Arbeitsaufwand größer als bei einer Querbespannung.

Vorbereitungs- und Vorbehandlungsarbeiten wie bei den zu klebenden Wandbekleidungen entfallen. Unebenheiten und Schönheitsfehler der Wand werden durch den Abstand des gespannten Stoffs von der Wand verdeckt. Ebenso an der Wand verlaufende Kabel und Leitungen. Festsitzende alte Tapeten und Anstriche brauchen nicht entfernt zu werden. Die Wände müssen jedoch durch Abbürsten gereinigt werden.

**Wandbespannungen mit Kunststoff-Profilleisten**

Für Spannarbeiten werden in überwiegendem Maße Kunststoff-Profilleisten mit Nut verwendet.

9

Die 130 cm langen Profile werden an den Wandseiten direkt unterhalb der Decke und oberhalb der Fußleiste durch Nageln, Schrauben oder Kleben befestigt. Für die Ecken sind sie im Winkel von 45° auf Gehrung zu schneiden. Zwischen den einzelnen Profilleisten an der Decke und zwischen den Gehrungen muss zum Festhalten des Stoffs während des Spannens ein Abstand von 10–20 mm bleiben. An den übrigen Wandseiten sind die Leisten aneinanderzustoßen.

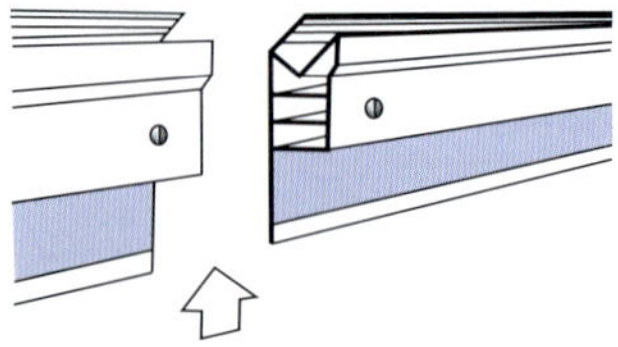

*Anbringen der Profile mit 10–20 mm Abstand*

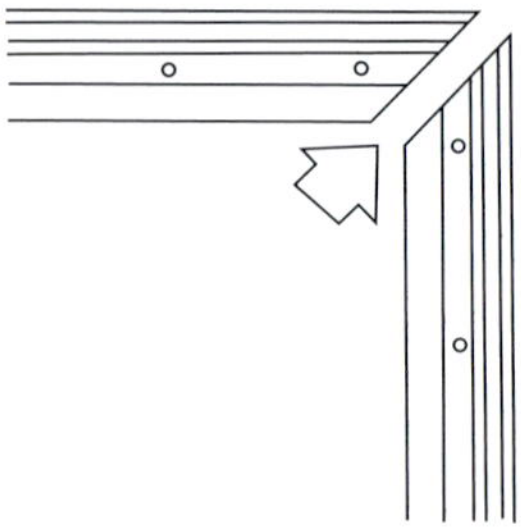

*In den Ecken werden die Profile auf Gehrung geschnitten*

Die Kunststoffleisten müssen fest und staubdicht auf dem Untergrund befestigt werden, um den sog. Kamineffekt und die damit verbundene Verschmutzung der Wandbespannung von der Wandseite her zu vermeiden. Abhängig vom Untergrund muss ggf. eine Rollenmakulatur geklebt werden.

Türen und Durchgänge sind mit den Profilleisten zu umrahmen, wobei die Nut des Profils immer zur Öffnung zeigen muss. Steckdosen und Schalter müssen mit vorgefertigten Schablonen oder Holzleisten unterlegt werden, ebenso die Stellen, an denen später Bilder aufgehängt werden sollen. Bei Rundbögen werden die Profile an den Rändern versetzt eingeschnitten. Sie lassen sich dann beliebig biegen.

*Umrandung von Fenster und Türen, Unterlegung von Schaltern*

*Rundbögen mit versetzt eingeschnittenen Profilen*

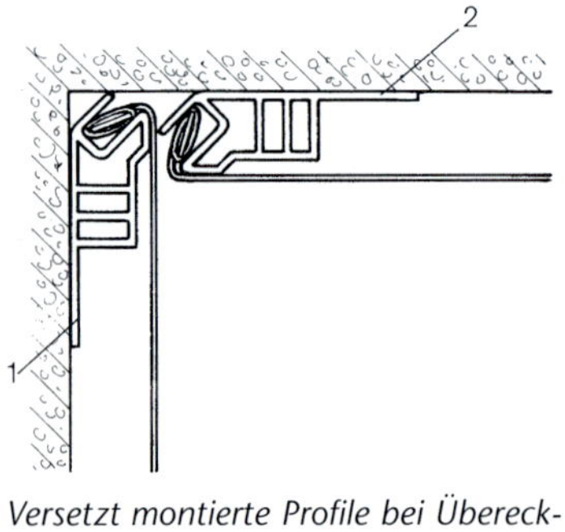



*Versetzt montierte Profile bei Übereckverspannungen*

Bei Übereckbespannungen werden die Profile versetzt angebracht. Dabei wird zuerst eine Wand verspannt. Das Profil der zweiten Wand wird dann direkt an die verspannte Wand angesetzt. Bei Senkrechtbespannungen werden die Profile gekontert angebracht, damit gekontert

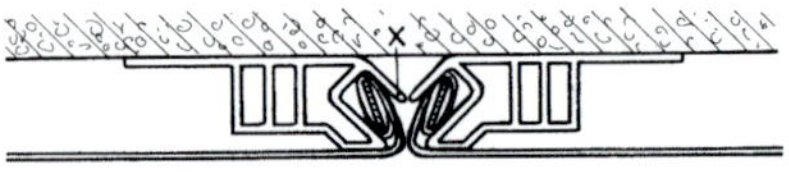



*Gekontert montierte Profile für Senkrechtbespannungen (X = 2 mm kürzer)*

ausgebracht, damit die gespannten Stoffbahnen auf Stoß gestellt werden können. Um eine enge und optisch wie genäht wirkende Naht zu erzielen, muss eine Leiste an der hinteren Kante um 2 mm gekürzt werden.

Zur Verbesserung der Wärmedämmung und der Schallabsorption wird zwischen Wand und Spannstoff eine **Vliesunterlage** auf die am Profil angebrachte Klebeschicht gedrückt. Es kann aber auch ein anderes Dämmmaterial auf den Untergrund geklebt werden.

**Spanntechniken:**
Auf den zugeschnittenen Stoff werden für die Deckenseite und eine Wandseite im Abstand von 3–5 cm Klebeleisten aufgeklebt. Um diese Klebeleisten wird der Stoff geschlagen und fest angedrückt.

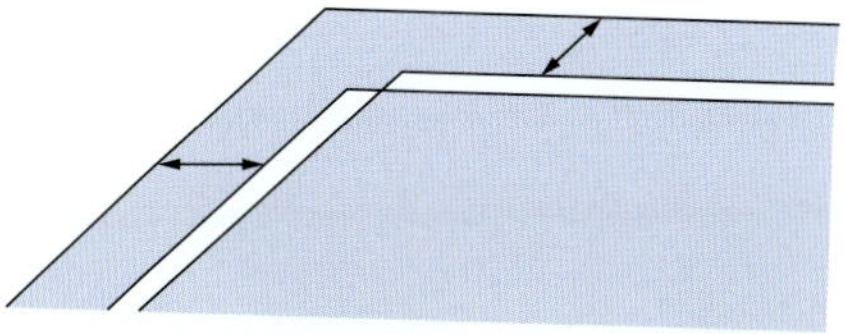

*Aufkleben der Klebeleisten*

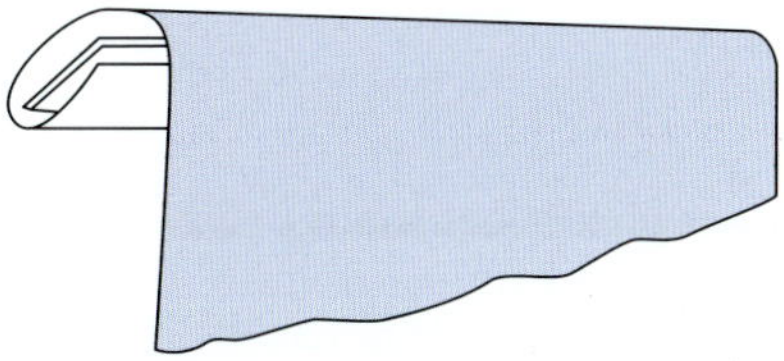

*Schlagen des Stoffs um die Klebeleiste*

An der anderen Seite und am Boden werden die Klebleisten auf die äußerste Kante des Profils geklebt. Der für die Decken- und Wandseite um die Klebeleiste gelegte Stoff wird in die Nut des Profils gedrückt.

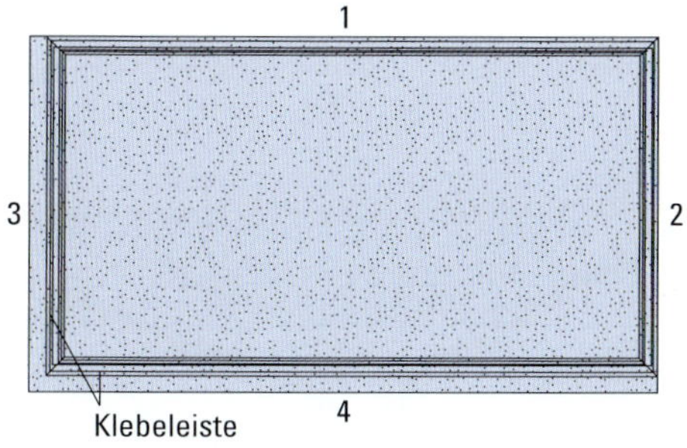


*Klebeleisten auf die äußerste Kante des Profils der Seiten 3 und 4 kleben*

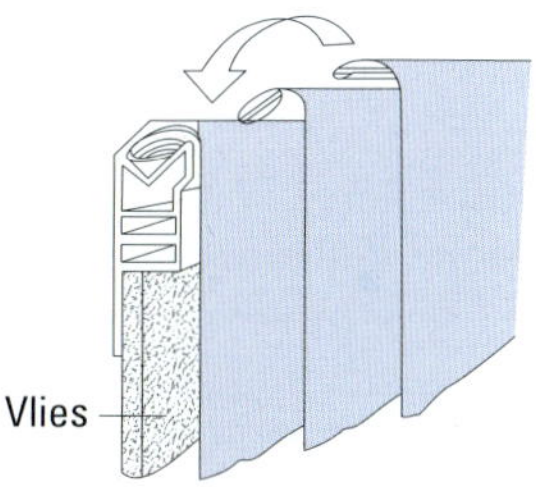


*Eindrücken des um die Klebeleiste gelegten Stoffs in die Nut des Profils*

Danach wird der Stoff mit einer leichten Vorspannung auf die Klebeleiste der gegenüberliegenden Wand gedrückt. Die Klebeleiste und der Stoff werden jetzt als Einheit abgenommen, der Stoff um die Klebeleiste geschlagen und anschließend in die Nut des Wandprofils eingedrückt.

Mit der Bodenseite verfährt man in der gleichen Weise. Zum Nachspannen lässt sich die Klebeleiste nochmals umschlagen. Zum Korrigieren von bespannten Flächen lassen sich die Klebeleisten wieder entfernen.

Fenster und Türen werden zunächst überspannt. Nach dem Ausschneiden der Aussparungen wird die Bespannung in der vorangehend beschriebenen Art durchgeführt. Bei allen Wandbespannungen ist darauf zu achten, dass der Stoff gleichmäßig und fadengerade gespannt wird.

### Wandbespannungssystem ADO CoverTex™

ADO CoverTex™ ist ein einfaches, sauberes und schnelles Wandbespannungssystem, mit dem einzelne Wände bildhaft bekleidet oder ganze Räume mit einer Wandbespannung versehen werden können. Es besteht zum einen aus Profilleisten mit Lippen, hinter die der zu verspannende Stoff mithilfe eines Spezialspachtels gedrückt wird, wodurch er verspannt wird und stabil und straff bleibt. Außerdem gehört zu dem System der ADO-CoverTex™-Molton zur Verbesserung der Raumakustik und der Wärmedämmung.

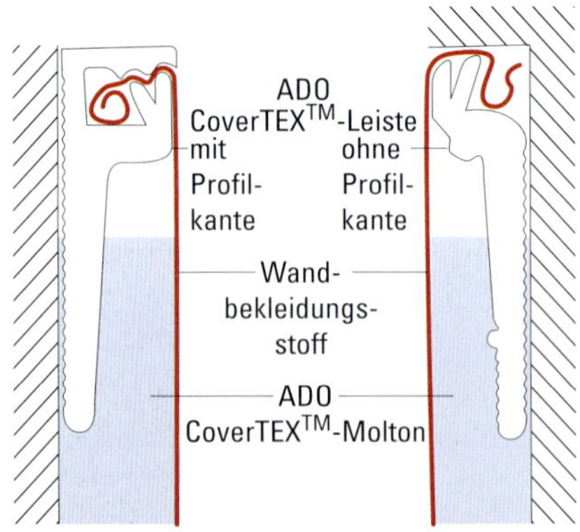


*ADO-CoverTEX™-Wandbespannungssystem*

ADO CoverTex™ beinhaltet zwei Arten von Profilleisten, ohne und mit Profilkante. Leisten ohne Profilkante werden für vollflächige Wandbespannungen verwendet, während Leisten mit Profilkante für bildhafte Wandbespannungen angewendet werden sowie für unebene Anschlagseiten bei vollflächigen Wandbespannungen. Für die Spannvorgänge sind besondere ADO-CoverTex™-Spachtel in Metall und Kunststoff erforderlich.

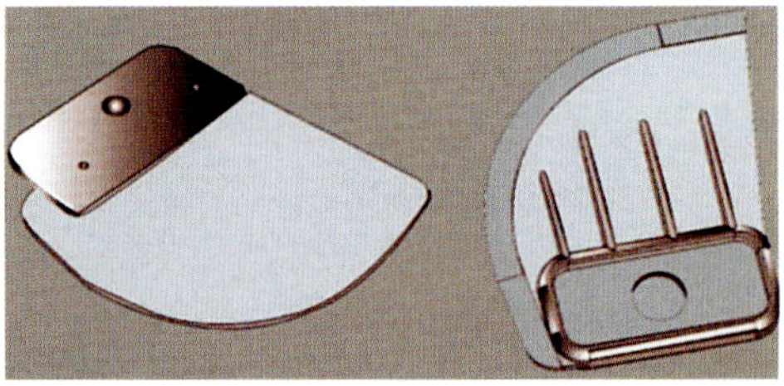

*Metallspachtel* *Kunststoffspachtel*

Die 250 cm langen Profilleisten werden mit einer Kunststoffschere, einer Abklemmzange oder einer Gehrungssäge auf das benötigte Maß geschnitten und an die Wand genagelt, geschraubt oder geheftet. Beim Anbringen der Profilleisten ist darauf zu achten, dass sie fest und staubdicht befestigt werden, um den sog. Kamineffekt und die damit verbundene Verschmutzung der Wandbespannung von der Wandseite zu vermeiden und die Lippen bündig an der Decke, der Seitenwand, dem Türrahmen usw. abschließen. Dabei ist besonders darauf zu achten, dass die Anschlagseite, die an die Profilleiste stößt, gerade ist, da sonst die Spannung des Stoffs nicht dauerhaft gewährleistet werden kann. Bei der Montage der Profilleisten in den Ecken sowie an längsseitigen Nahtstellen ist ein Abstand von ca. 5–6 mm zu lassen.

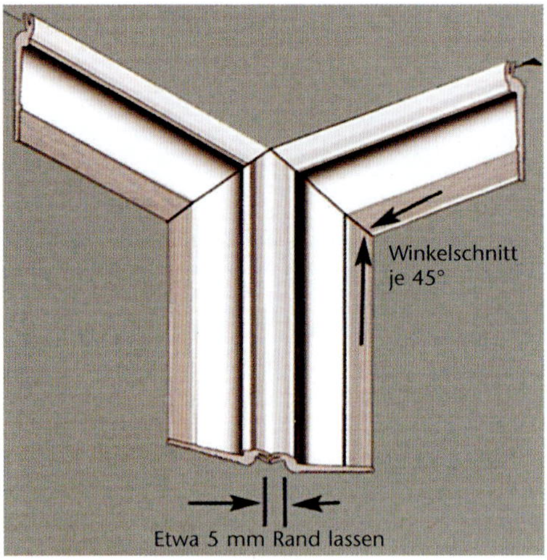


*Anordnung der Profilleisten*

Der **Molton** wird ca. 1–2 cm größer zugeschnitten, als er gebraucht wird, und mit Heftklammern angeschossen. Je nach Größe der Wandbespannung wird der Molton auch über die Fläche vereinzelt angeheftet, um so einer Beulenbildung vorzubeugen. Abschließend wird der Molton mit einem Cuttermesser passgenau und sauber zugeschnitten.

Der **Wandbekleidungsstoff** wird mit einer Zugabe von 5 cm zu der erforderlichen Höhe und Breite zugeschnitten. Der grob zugeschnittene Stoff wird jetzt in den Profilleisten vorgespannt, indem er etwa alle 30–50 cm mit dem Metallspachtel ein Stück in die Profilleiste gedrückt wird. So erfolgt Stück für Stück in einem ersten Schritt eine Fixierung des Stoffs.
Zu beachten ist, dass der Stoff ausschließlich durch schwingende Bewegungen des Spachtels in die Profilleiste gedrückt werden darf, da durch Ziehen des Spachtels der Stoff beschädigt werden könnte. Für diesen ersten Schritt wird ausschließlich der Metallspachtel verwendet, da dieser durch sein feines Metallblatt den Stoff bis an die Unterkante der Profilleiste drücken kann.

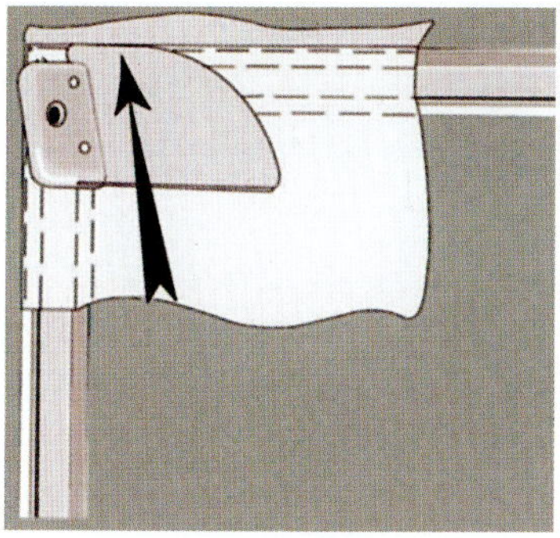

*Eindrücken des Stoffs mit dem Metallspachtel in die Profilleiste*

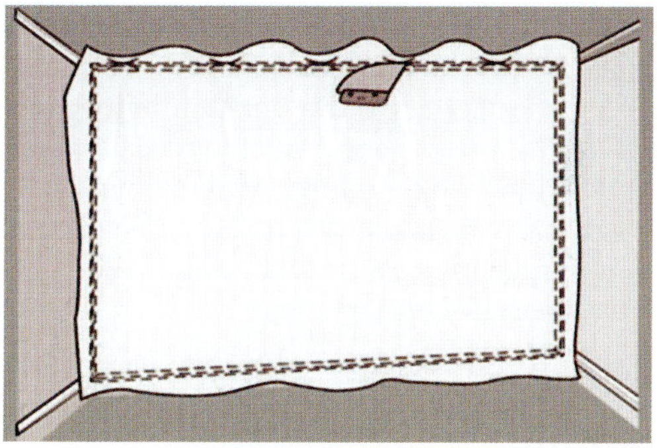

*Prinzip der Grundfixierung*

Nach der Grundfixierung des Stoffs wird die überhängende Stoffzugabe je nach Dicke des Stoffs bis auf 0,5 bis 1,0 cm mit einer Schere oder einem Cuttermesser gekürzt. Zum Abschluss werden die restlichen Zentimeter des Stoffs durch schwingende Bewegungen des Kunststoffspachtels in die Profilleiste gedrückt. Erst durch das Ausfüllen des Zwischenraums zwischen den Lippen und dem Untergrund wird die Haltbarkeit und die Form der Wandbekleidung gesichert. Sollte der Stoff nach diesem Vorgang nicht straff sitzen oder Falten werfen, kann der Kunststoffspachtel noch einmal angesetzt werden. Durch wiederholtes vorsichtiges Schwingen des Kunststoffspachtels lassen sich dann eventuelle Spannungsunterschiede ausgleichen und Falten glätten.

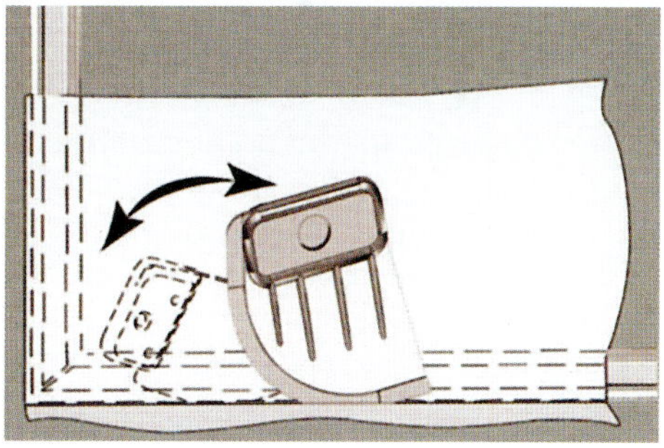

*Eindrücken des Stoffs mit dem Kunststoffspachtel in die Profilleiste*

9

## 2. Wandbespannungen im Klebespannverfahren

Das Prinzip des Klebespannverfahrens besteht darin, dass der Spannstoff an den Raumrändern mit einem lösemittelfreiem Kontaktklebstoff verklebt wird, wobei er zu den gegenüberliegenden Raumrändern unter leichter Spannung in das Klebebett eingelegt wird.

In diesem Verfahren werden hauptsächlich nahtlose Querbespannungen mit raumhohen Tufting-Wandbelägen und Gewebe mit rückseitiger Schaumbeschichtung durchgeführt. Eine Vliesunterlage fehlt bei dieser Verspannungsmethode.

Der **Untergrund** muss frei von Staubablagerungen sein. Alte Tapeten und Beschichtungen müssen entfernt werden. Putzschäden sind zu beseitigen. Die Kleberänder müssen tragfähig und eben sein. Ggf. ist ein Spachteln notwendig. Bei saugenden Untergründen müssen die Klebezonen mit lösemittelfreien Vorstrich grundiert werden.

**Spanntechniken**
An den Raumrändern wird mit einem Pinsel oder einer Auftragsrolle in vorgeschriebener Breite der Klebstoff aufgetragen. Es soll nicht mehr als 2 m auf den Klebebereich aufgetragen werden, da sonst der Klebstoff zu schnell trocknet.

Der zugeschnittene Belag wird nach dem lotrechten Ausrichten zunächst entlang der Decke verklebt. Bei Tuftingbelägen kann es notwendig sein, den Belag mit schmalen Holzleisten und Stahlstiften provisorisch zu befestigen. Nach dem Verkleben der oberen Kante wird in der Ecke, wo die Verklebung begann, die senkrechte Seite verklebt. Dabei wird der Spannstoff leicht nach unten gespannt. Anschließend wird in der gleichen Weise die nächste Seite verklebt. Ebenfalls unter leichter Spannung erfolgt zuletzt die Verklebung oberhalb der Fußleiste.

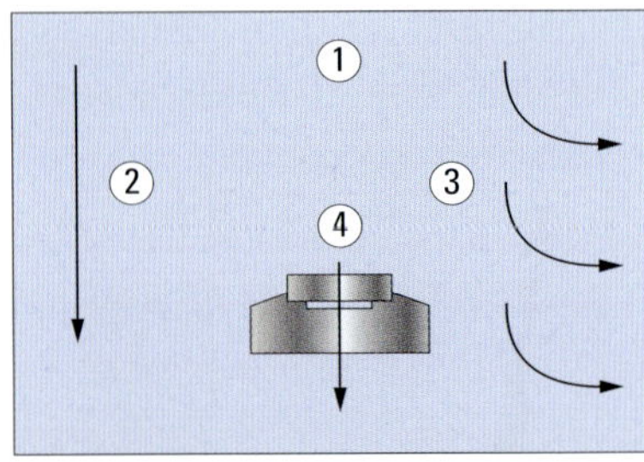

*Reihenfolge der Verklebungen*

Öffnungen für Türen und Fenster werden zunächst überspannt und grob ausgeschnitten. Die Verklebung in diesen Bereichen erfolgt in der beschriebenen Art.

Überstände an den Raumrändern, Türen und Fenstern werden entlang eines Spachtels mit einem Universalmesser abgeschnitten.

Sollten beim Verspannen Längsnähte erforderlich sein, dann werden sie zweckmäßigerweise im Doppelschnitt entlang einer Stahlschiene mit einem Universalmesser geschnitten.

*Glatt streichen mit einem Spachtel und Verklebung oberhalb der Fußleiste*

***Aufgaben***

1. *Welche Vorteile bieten auf Leisten montierte textile Wandbespannungen?*
2. *Schildern Sie, wie Kunststoff-Profilleisten für eine textile Wandbespannung angebracht werden.*
3. *Warum verwendet man bei auf Leisten montierten textilen Wandbespannungen eine Vliesunterlage?*
4. *Beschreiben Sie das Anbringen einer textilen Wandbespannung mit ADO-CoverTex®-Leisten.*
5. *Ein Tuftingbelag soll im Klebespannverfahren installiert werden. Schildern Sie das Verfahren.*

### 9.1.4.4 Anbringen von Deckenbekleidungen

#### 1. Anbringen von Bahnenware

Die infrage kommende Bahnenware (z. B. Raufaser, Strukturvliestapeten) wird entsprechend ihrer Art in der Kleister- oder Wandklebetechnik in Richtung des einfallenden Lichts verklebt. Deckenverklebungen sollten nach Möglichkeit von zwei Personen durchgeführt werden. Hilfreich sind auch besondere Deckentapetenhalter, mit deren Hilfe eine Deckenverklebung auch von einer Person durchgeführt werden kann. Die folgenden Abbildungen zeigen das Verkleben einer Strukturvliestapete in der Wandklebetechnik.

*Für die erste Bahn durch einen Schnurschlag eine geradlinige Nahtansatzstelle festlegen. Bei einer 53er-Bahn sollte sie ca. 48 bis 50 cm von der Wand entfernt liegen.*

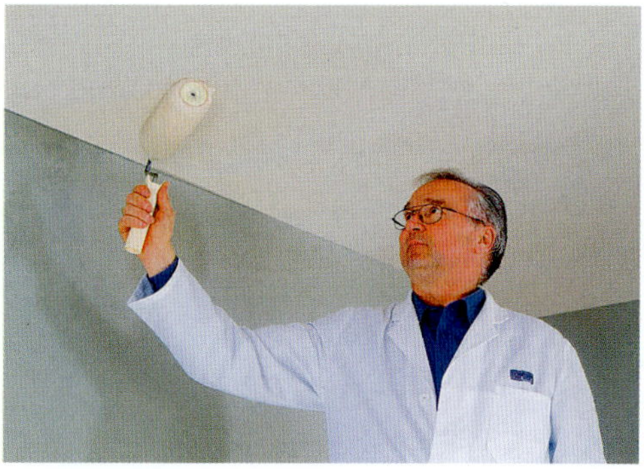

*Spezialkleister mit einer Auftragsrolle gleichmäßig auf die Deckenfläche auftragen.*

*Die erste Bahn entlang des Schnurschlags in das Klebebett einlegen und ca. 3–5 cm durch die Ecke auf die Wand tapezieren. Mit einer Tapezierbürste oder Gummirolle blasenfrei andrücken.*

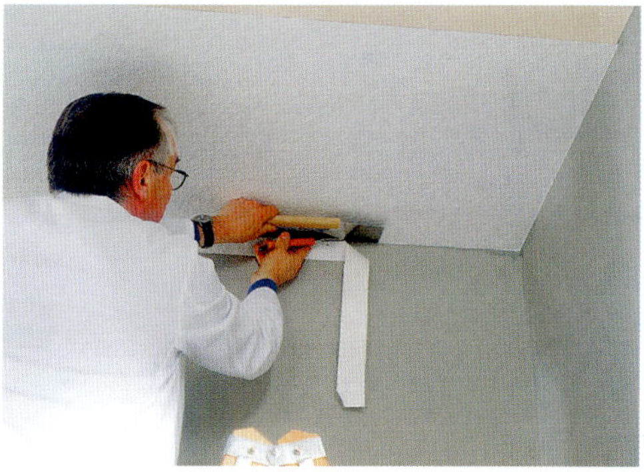

*Nach dem Trocknen wird der durch die Ecke auf die Wand tapezierte ca. 3–5 cm breite Streifen mit einem Beschneidspachtel und Cuttermesser auf Spachtelstärke abgeschnitten.*

9

Die nachfolgenden Bahnen werden auf Stoß geklebt und die Nähte mit einem konischen Nahtroller nachbehandelt. Herausgequetschter Kleister muss sofort mit einem sauberen Schwammtuch abgewaschen werden.

Mit eingekleisterten Bahnen verfährt man in gleicher Weise, wobei die Bahnen je zur Hälfte und nicht wie bei einer Wandtapezierung ein Drittel zu zwei Drittel zusammengelegt werden.

## 2. Anbringen von Deckenplatten

Vor der Anbringung der Platten ist mithilfe einer Schlagschnur die Deckenmitte zu bestimmen. Um zu schmale oder unterschiedlich breite Platten an den Rändern zu vermeiden, sollte vor dem Anbringen der Platten eine maßstabsgerechte Zeichnung angefertigt werden, um den Verlegebeginn zu bestimmen.

**Deckenplatten aus Polystyrol-Hartschaum** und **Dekordeckenplatten** werden mit Dispersionsklebstoffen verklebt, die mit einem gezahnten Spachtel aufgetragen werden. Die Platten werden in noch feuchtem Zustand angedrückt. Die Arbeitsgänge für die Anbringung von Polystyrol-Hartschaumplatten sind aus den folgenden Abbildungen ersichtlich.

*① Ermitteln der Deckenmitte mit der Schlagschnur*

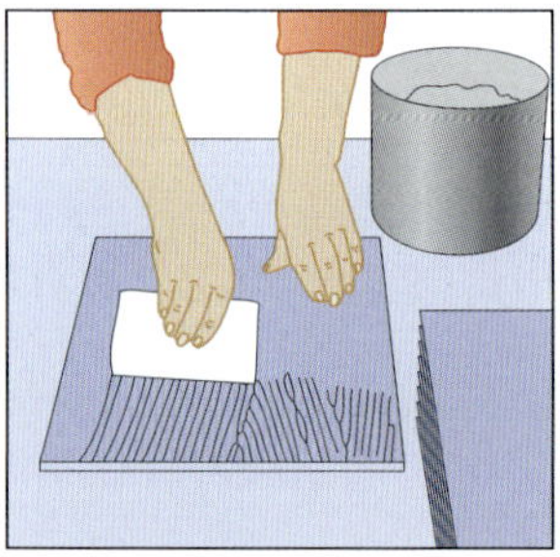

*② Auftragen des Klebstoffs auf die Plattenrückseite*

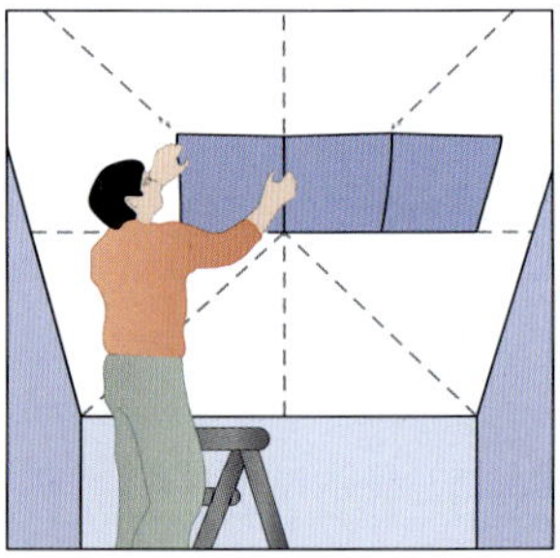

*③ In der Deckenmitte werden die Platten angesetzt*

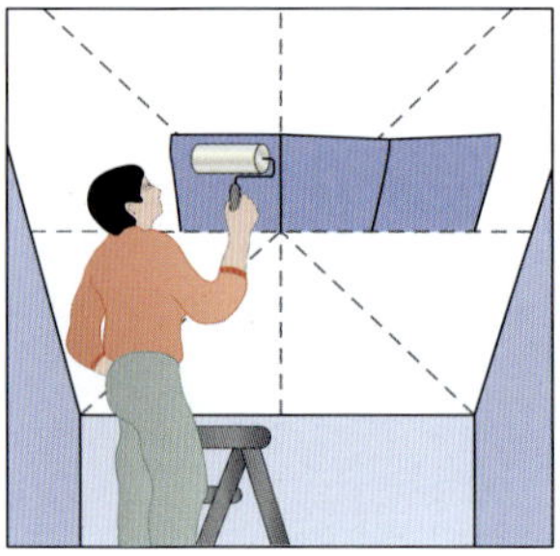

*④ Mit einer Auftragsrolle die Platten andrücken*

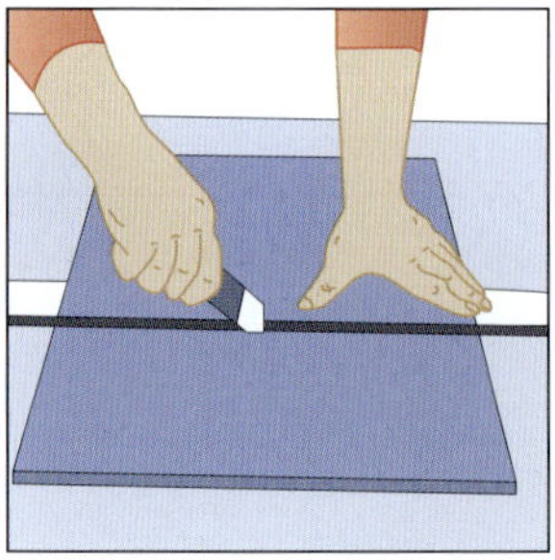

*⑤ Zuschnitt der Randplatte mit einem Trapezmesser entlang eines Lineals*

*⑥ Einsetzen der Randplatten*

**Gips-Deckenplatten** werden mit besonderen Befestigungssystemen auf einem an der Decke direkt befestigten oder abgehängten Lattenrost montiert.

### *Aufgaben*

1. *Die Decke eines Büros soll mit einer Strukturvliestapete bekleidet werden. Schildern Sie die Arbeitsschritte für das Anbringen der Tapete.*
2. *In einem Raum soll die Decke mit Platten aus Polystyrol-Hartschaum bekleidet werden. Beschreiben Sie das Anbringen der Platten mit dem dafür erforderlichen Klebstoff.*

### 9.1.5 Abschlussarbeiten bei Wand- und Deckenbekleidungen

**Tapetenschnüre** müssen vor dem Befestigen stark ausgespannt werden, weil sie sich durch die Luftfeuchtigkeit dehnen können. Sie werden straff mit nicht rostenden Stahlnägeln an der Wand befestigt. Die Nägel sind so in die Schnur einzuschlagen, dass ihre Köpfe von den einzelnen Biesen verdeckt werden.

**Borten** werden an den vorgesehenen Stellen mit Schmelzklebstoff, selbstklebenden Borten nach dem Abziehen des Schutzpapiers, geradlinig und faltenfrei aufgeklebt.

**Tapetenleisten** werden am zweckmäßigsten mit Stahlstiften befestigt, die nach dem Einschlagen nicht sichtbar sein dürfen. Die Leisten müssen fest an der Wand anliegen. An den Ecken müssen sie auf Gehrung geschnitten werden.

**Zierprofile aus Polystyrol- oder Polyurethan-Hartschaum** werden wand- und deckenbündig mit Dispersions- oder Heißklebstoff verklebt. Bei der Verwendung von Dispersionsklebstoff müssen sie vor dem Tapezieren angebracht werden, da die Feuchtigkeit des Kleisters die Profile lösen könnte. Der Zuschnitt erfolgt mit einer Feinsäge oder einem scharfen Messer. An den Ecken müssen die Profile auf Gehrung geschnitten werden. Stoß- und Gehrungsfugen sind mit Spachtelmasse oder Dispersionsklebstoff auszufüllen. Die Zierprofile können mit den gleichen Farbstoffen wie die Stuckprofile beschichtet werden.

**Stuckprofile** werden an den Wänden bzw. Decken mit Gipsmörtel befestigt, der mit einem Spachtel auf die Rückseite der Profile aufgetragen wird. Die Abbindung des Gipsmörtels erfolgt hydraulisch. Gehrungen und Nahtstöße werden ebenfalls mit Gipsmörtel ausgefüllt. Nach dem Anbringen werden die Profile mit Dispersionsfarbe oder mit einem wasserverdünnten Acryllack überstrichen.

### 9.1.6 Pflege und Reinigung der Wand- und Deckenbekleidungen

Wand- und Deckenbekleidungen müssen aus hygienischen und werterhaltenden Gründen gereinigt werden. Aufgrund der unterschiedlichen Arten der verwendeten Werkstoffe müssen auch unterschiedliche Reinigungs- und Pflegetechniken angewandt werden.

#### 1. Pflege und Reinigung der Tapeten

Bei nass zu reinigenden Tapeten (wasch-, hochwasch- und scheuerbeständige Tapeten) ist darauf zu achten, dass immer die ganze Wand vollflächig gereinigt wird, um Farbunterschiede zu vermeiden. Im Einzelnen muss die Reinigung nach den Empfehlungen des Herstellers durchgeführt werden (s. Kapitel 9.2.3.1 Fertige Wandbekleidungen). Zum Entfernen von Staub hat sich bei trocken zu reinigenden Papiertapeten ein spezieller Reinigungsschwamm bewährt, der eine streifenfreie Staubentfernung ermöglicht. Geeignet sind hierfür auch besondere Reinigungstücher.
Velours- und Textiltapeten können durch Staubsaugen gereinigt werden.

### 2. Pflege und Reinigung der Wandbeläge

Textile Wandbeläge werden je nach Verschmutzungsgrad ein- bis zweimal im Jahr mit dem Staubsauger abgesaugt. Flecken sollten so schnell wie möglich mit einem Tuch abgetupft werden. Verbleibende schwache Flecken reinigt man mit Seifenwasser, stärkere Flecken mit geeignetem Fleckenwasser. Um Ränder zu vermeiden, müssen die noch feuchten Stellen sofort mit einem Haarfön getrocknet werden.
Kunststoff-Wandbeläge können problemlos mit Wasser, ggf. unter Zusatz eines Reinigungsmittels, und einem Schwamm oder Tuch gereinigt werden. Auch hier sollten immer nur ganze Wandflächen gereinigt werden.

### 3. Pflege und Reinigung der Wandbespannungen

Textile Wandbespannungen werden in der gleichen Art wie die textilen Wandbeläge gereinigt. Je nach Stoffart können sie auch chemisch gereinigt werden, wenn sie mit Kunststoff-Profilleisten verspannt werden.

## 9.2 Werkstoffe

Zum Bekleiden von Wand- und Deckenflächen kommen Werkstoffe zur Vorbereitung des Untergrunds, zum Befestigen und Spannen der Wand- und Deckenbekleidungen sowie Wand- und Deckenbekleidungen und Werkstoffe für Abschlussarbeiten zum Einsatz.

### 9.2.1 Werkstoffe zum Vorbereiten des Untergrunds

Vor dem Tapezieren von fertigen Wandbekleidungen (Tapeten und Wandbelägen) werden Beschichtungsstoffe, Spachtelmassen und Unterlagsstoffe eingesetzt, um einen gleichmäßig saugenden, spannungsarmen Untergrund zu erhalten. Teilweise werden diese Stoffe auch zum Glätten des Untergrunds, zum Absperren, z.B. vor Feuchtigkeit, oder zur Wärmedämmung eingesetzt.

#### 9.2.1.1 Wasserverdünnbare Grundbeschichtungsstoffe

Wasserverdünnbare Grundbeschichtungsstoffe werden eingesetzt, um das Saugvermögen eines Untergrunds auszugleichen und zu mindern. **Streichmakulatur (Feinmakulatur)** besteht aus Faserstoffen, Zelluloseleim und Füllstoffen und liegt zunächst in pulvriger Form vor. Zur Verarbeitung wird sie in bestimmten Verhältnissen mit Wasser angesetzt und mit einer Streichbürste auf den Untergrund aufgetragen. Diese flüssige Unterlagsmasse gleicht kleinere Unebenheiten an den Wänden aus und egalisiert das Saugvermögen.

Durch eine Beschichtung des Untergrunds mit einem **flüssigen Tapetenwechselgrund**, in dem ein Trennmittel erhalten ist, lässt sich später eine Tapete problemlos trocken abziehen, ohne den Untergrund zu beschädigen.

### 9.2.1.2 Spachtelmassen

Putzrisse und andere kleinere Schäden des Untergrunds müssen vor dem Tapezieren durch Spachteln beseitigt werden. Bei besonderen Tapeten und Wandbelägen kann es auch erforderlich sein, den Untergrund vollflächig mit Spachtelmasse zu glätten. Es stehen zur Verfügung:

- **Dispersionsspachtelmassen:** Sie besitzen ein gutes Füll- und Haftvermögen. Da sie bei längerer Wassereinwirkung stark aufquellen, dürfen darauf keine wasserdichten Tapeten und Wandbeläge, z. B. Kunststofftapeten, Metalltapeten usw. verklebt werden.

- **Gipsspachtelmassen:** Ihnen sind oft Leim- und Dispersionszusätze beigefügt. Sie binden hydraulisch ab, haften und füllen gut bei mineralischen Untergründen. Saugende Untergründe müssen angefeuchtet werden.

### 9.2.1.3 Unterlagsstoffe

#### Makulaturpapier (Rollenmakulatur)

Es ist ein unbedrucktes saugfähiges Rohpapier mit 60 $g/m^2$ oder 80 $g/m^2$, das einen gleichmäßig saugenden und hellen Untergrund schafft, wie er bei durchscheinenden Tapeten erforderlich ist. Außerdem werden Trocknungsspannungen im Stoßbereich aufgefangen und so ein Öffnen der Nähte verhindert.
**Spaltbares Makulaturpapier** besteht aus zwei Schichten: Beim Abziehen der Tapeten wird die obere Schicht mit abgezogen, während die Grundschicht an der Wand als Makulatur für die nächste Tapezierung verbleibt.

**Stripmakulatur** ist ein Makulaturpapier mit spezieller Kunststoffbeschichtung auf der Vorderseite, von der sich die darauf verklebte Tapete bei mehreren Renovierungsarbeiten im trocknen Zustand leicht abziehen lässt, wenn sie nicht mit einem Zusatz von Dispersionsklebstoffen verklebt wurde.

#### Unterlagen aus Polystyrol-Hartschaum

Unterlagsstoffe aus Polystyrol-Hartschaum werden in Stärken von 2–5 mm als Bahnenware und Platten in verschiedenen Größen zur innenseitigen Wärmedämmung verwendet. Außerdem überbrücken sie Risse und verdecken dunkle Flecken an den Wänden. Mit Karton kaschierte Unterlagen sind besonders druckfest.

#### Unterlagen aus Polyurethan-Hartschaum

Diese Unterlagen werden in 10 mm starken Platten im Format von 80 × 125 cm angeboten. Durch eine beidseitige Kaschierung besitzen sie auf beiden Seiten eine glatte und druckfeste Oberfläche. Unterlagen aus Polyurethan-Hartschaum weisen eine sehr gute Wärmedämmung auf. Sie werden wie Unterlagen aus Polystyrol-Hartschaum eingesetzt.

**Unterlagen aus Latexschaum**

Latexschaum-Unterlagen bestehen aus synthetischem Latex. Durch den feinzelligen Aufbau besitzen diese Unterlagen eine gute Wärmedämmung, Schallabsorption und Wasserdampfdiffusion. Durch ihre gute Dehn- und Biegeeigenschaft eignen sie sich besonders zum Überbrücken von Rissen. Unterlagen aus Latexschaum werden in Stärken von 5 und 10 mm auf Rollen in einer Breite von ca. 100 cm geliefert. Das hohe Eigengewicht dieser Unterlagen (1,2–1,5 kg/m$^2$ bei einer Stärke von 5 mm) erfordert Klebstoffe mit hoher Anfangshaftung.

**Vliesunterlagen**

Vliesunterlagen bestehen aus Zellstoff und Polyesterfasern, die mit einem Acrylbinder verfestigt werden. Sie werden zur Egalisierung verschiedener Untergründe, zur Rissüberbrückung von Innenflächen und als Untergrundvorbehandlung auf nicht saugfähigen Untergründen eingesetzt. Auf Vliesunterlagen lassen sich alle Tapeten und Wandbeläge tapezieren.

**Metallfolien**

Sie dienen zum örtlichen Absperren, Abschirmen und Reflektieren. Man unterscheidet:

- **Aluminiumfolien:** Sie werden zum Absperren von feuchten Flächen, als Dampfsperre und zur Wärmereflexion hinter Heizkörpern eingesetzt. Es gibt auch Folien, die ein- oder beidseitig mit Papier kaschiert sind.
- Mehrschichtige **Verbundfolien** aus Zinn, Blei und Papier verwendet man zum Absperren von Feuchtigkeit und Ausblühungen.
- Dünne **Blei**- oder **Zinnfolien** verwendet man als Strahlenschutz in Röntgenräumen.

**Unterlagsstoffe zur Rissüberbrückung**

Zur Überbrückung von Rissen verwendet man Gewebe- und Vliesstreifen aus Glasfasern oder anderen textilen Rohstoffen, die mit besonderen Klebstoffen auf den Untergrund geklebt werden.

***Aufgaben***

1. *Nennen Sie die Zusammensetzung und Zubereitung von Streichmakulatur.*
2. *Welche Arten von Grundbeschichtungsstoffen unterscheidet man und zu welchen Zwecken werden sie eingesetzt?*
3. *Aus welchen Gründen müssen Putzuntergründe gespachtelt werden? Welche Spachtelmassen unterscheidet man und für welche Untergründe werden sie eingesetzt?*
4. *Was versteht man unter Makulaturpapier und für welche Zwecke wird es eingesetzt?*

### 9.2.2 Werkstoffe zum Befestigen und Spannen von Wand- und Deckenbekleidungen

Für die Installation von Wand- und Deckenbekleidungen kommen Klebstoffe und Leistensysteme zum Einsatz.

#### 9.2.2.1 Klebstoffe

##### 1. Tapetenkleister

Sie bestehen aus Methylzellulose und werden in grießartiger Pulverform oder als Granulat in Päckchen von 125 g und 200 g im Handel angeboten. In kaltem Wasser sind sie schnell löslich. Ca. 20–30 Min. nach dem Einrühren und einem kräftigen Durchschlagen sind sie gebrauchsfertig. Das Ansatzverhältnis, das auf den Packungen angegeben ist, richtet sich nach Schwere und Saugfähigkeit der zu verklebenden Tapeten.

Folgende Tapetenkleister werden unterschieden:

| Kleisterarten | Produkteigenschaften | Verwendung |
|---|---|---|
| **Normalkleister** | ergiebig, klumpenfrei anrührbar, leicht verstreichbar | normale bis schwere Tapeten |
| **Spezialkleister** | hohe Klebekraft durch Zusatz von Kunstharz | schwere Papiertapeten, Prägetapeten, Raufaser, Vinyltapeten, Strukturtapeten, Naturwerkstofftapeten, Textiltapeten, Vliestapeten |
| **Instant-Spezialkleister** | hohe Klebekraft durch Zusatz von Kunstharz, geeignet für den Roll- und Spritzauftrag auf die Wand | schwere Papiertapeten, Prägetapeten, Raufaser, Vinyltapeten, Strukturtapeten, Naturwerkstofftapeten, Textiltapeten, Vliestapeten |
| **Tapeziergeräte-kleister** | hohe Klebekraft durch Zusatz von Kunstharz, gutes Fließverhalten | schwere Papiertapeten, Prägetapeten, Raufaser, Vinyltapeten, Strukturtapeten, Naturwerkstofftapeten |
| **Neuputzkleister** | Spezialkleister für Neuputze, hohe Klebekraft durch Zusatz von Kunstharz und klebkraftverstärkenden Zusätzen, geeignet auch für die Verarbeitung mit Tapeziergeräten, Roll- und Spritzauftrag auf die Wand bei dimensionsstabilen Tapeten, einsetzbar auch als Grundierung | überstreichbare Tapeten, geprägte Vliestapeten, Prägetapeten, Strukturtapeten, Vliesunterlagen |
| **Textiltapetenkleister** | hohe Klebekraft durch Zusatz von Kunstharz und klebkraftverstärkenden Zusätzen | Textiltapeten, Glasgewebetapeten |
| **Vliestapetenkleister** | hohe Klebekraft durch Zusatz von Kunstharz, spritzarmer Wandauftrag | Vliestapeten mit glattem und geprägtem Rücken |

##### 2. Dispersionsklebstoffe

Dispersionsklebstoffe basieren auf Kunstharzen und sind frei von Lösemitteln. Sie weisen eine sehr gute Klebekraft auf. Aufgrund ihres geringen Wasseranteils besitzen sie eine sehr hohe Viskosität. Durch Zusatz von 10–20 % Spezial-Tapetenkleister kann ihre offene Zeit verlängert werden. Man unterscheidet ungefüllte, d. h. transparente und gefüllte Dispersionsklebstoffe. Je nach Viskosität können sie mit einer Auftragsrolle oder einem gezahnten Spachtel aufgetragen werden. Dispersionsklebstoffe verwendet man zum Kleben von Wandbelägen, Wand- und Deckenplatten sowie einigen

Spezialtapeten, wie z. B. schweren Gewebetapeten, Metalltapeten usw. Ferner werden Dispersionsklebstoffe als Zusatz in Höhe von 10–20 % bei Spezial-Tapetenkleistern verwendet, um bei schweren Tapeten, z. B. Textiltapeten, Vinyltapeten, ein besseres Haftvermögen zu erzielen.

### 9.2.2.2 Leistensysteme für Wandbespannungen

Zum Spannen von textilen Spannstoffen kommen verschiedene Leistensysteme aus Kunststoff und Holz zum Einsatz. Je nach Untergrund können sie genagelt, gedübelt und geschraubt oder geklebt werden.

Bei **Kunststoff-Profilleisten** unterscheidet man:

- Kunststoff-Profilleisten in verschiedenen Profilen, bei denen die mit dem Stoff umwickelte Klebeleiste in eine Nut eingelegt wird. Außerdem enthalten sie eine abgedeckte Klebeschicht, auf die nach dem Abziehen der Schutzfolie zur Schall- und Wärmeisolierung ein Faservlies aufgeklebt werden kann.

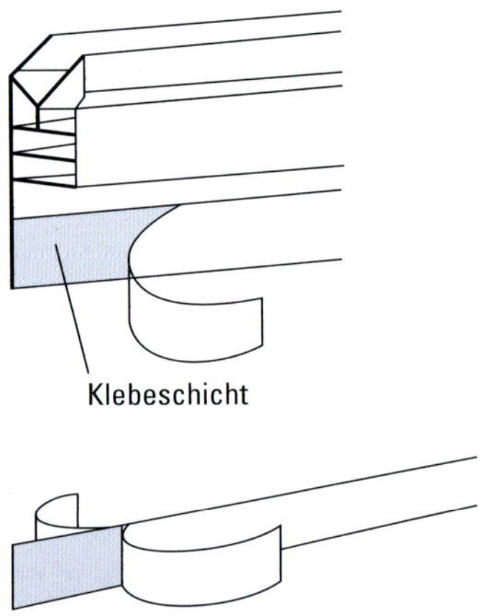

*Kunststoff-Profilleiste mit Nut*

- ADO-CoverTex™-Profilleisten gibt es in zwei Ausführungen: Leisten ohne Profilkante werden für vollflächige Wandbespannungen verwendet, während Leisten mit Profilkante bei bildhaften Wandbespannungen sowie für unebene Anschlagseiten bei vollflächigen Wandbespannungen zum Einsatz kommen. Die Fixierung des Stoffs erfolgt bei diesen Leisten, indem er mit Spezialspachteln in die Lippen der Leisten gedrückt wird und der Zwischenraum hinter den Lippen ausgefüllt wird.

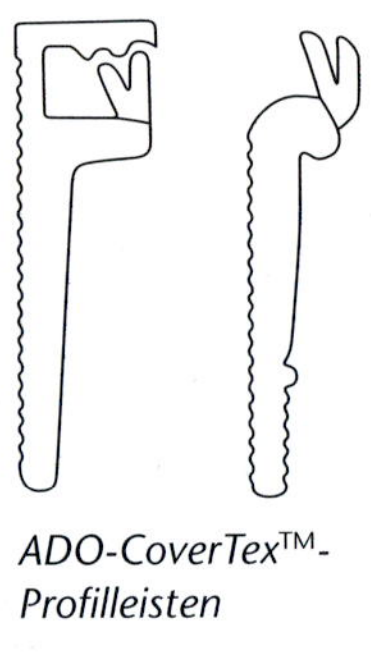
*ADO-CoverTex™-Profilleisten*

- Kunststoff-Profilleisten mit Klemmvorrichtung, bei denen der Stoff mit einer aufklappbaren Befestigungslasche in die Profilleiste geklemmt wird. Mit diesem Leistensystem werden überwiegend Wollfilze verspannt.

Bespannungen mit Kunststoffleisten haben den Vorteil, dass die Stoffbahnen kurzfristig ausgewechselt werden können.

*Kunststoff-Profilleiste mit Klemmvorrichtung*

***Aufgaben***

1. *Wodurch unterscheidet sich in der Zusammensetzung und in den Eigenschaften Spezialkleister von einem Normalkleister? Nennen Sie die Einsatzmöglichkeiten dieser beiden Kleisterarten.*
2. *Schildern Sie die Zusammensetzung, die Eigenschaften und die Einsatzmöglichkeiten von Dispersionsklebstoffen.*
3. *Welche Arten von Kunststoff-Profilleisten verwendet man für textile Wandbespannungen?*

## 9.2.3 Wandbekleidungen

Als Wandbekleidung werden alle Arten flexibler Flächengebilde verstanden, die als Bahnen in Rollen geliefert werden und mit einem vollflächig aufgebrachten Klebstoff an Wänden oder Decken tapeziert oder mit anderen Befestigungsmitteln gespannt werden.

Wandteppiche und ähnliche Wandbehänge gelten nicht als Wandbekleidung.

Es werden folgende Arten von Wandbekleidungen[1] unterschieden:

### 9.2.3.1 Fertige Wandbekleidungen

#### 1. Tapeten

**Tapeten sind fertige Wandbekleidungen**, die nach ihrer Anbringung nicht mehr weiter behandelt werden. Sie bestehen aus einem Trägermaterial (Papier oder aus einem Vlies aus Zellstoff und Polyesterfasern), dessen Vorderseite bedruckt, beflockt oder mit anderen Materialien belegt oder beschichtet sein kann.

Die Qualität der Tapeten ist abhängig von:
- der Art und Qualität des Trägermaterials (z. B. ein- oder mehrschichtiges, holzhaltiges oder holzfreies Papier, Gewicht des Papiers, Zellstoff-Polyester-Vlies):
  - leichte Papiertapeten besitzen ein Papiergewicht von 90–110 g/m$^2$,
  - mittlere Papiertapeten besitzen ein Papiergewicht von 110–140 g/m$^2$,
  - schwere Papiertapeten besitzen ein Papiergewicht von 140–180 g/m$^2$,
- den Echtheiten der verwendeten Druckfarben,
- der Art der Musterung,
- evtl. zusätzlichen Eigenschaften, z. B. abwaschbar, scheuerbeständig usw.

[1] *Entsprechend dem Merkblatt Nr. 16 „Technische Richtlinien für Tapezier- und Klebearbeiten" des Bundesausschusses Farbe und Sachwertschutz, dem im Wesentlichen die DIN EN 235 „Wandbekleidungen in Rollen, Begriffe und Symbole" zugrunde liegt.*

Bis auf wenige Ausnahmen werden Tapeten als Europarolle mit einer Länge von 10,05 m und einer Breite von 53 cm geliefert. Bei abweichenden Rollenmaßen muss dies deutlich auf der Verpackung sichtbar sein.

Man unterscheidet folgende Tapetenarten:

| Tapetenart | Merkmale | Eigenschaften |
|---|---|---|
| **Papiertapeten** | | |
| Naturelltapeten | Tapeten aus leichtem Papier (Papiergewicht 65–85 g/m²), das nur bis zu 80 % mit Druckfarben bedeckt ist. | Die unbedruckten Flächen vergilben, sie sind nicht lichtbeständig, kaum noch anzutreffen. |
| Fondtapeten | Leichte bis schwere Tapeten (Papiergewicht 90–180 g/m²), die vor dem Drucken vollflächig eine Grundfarbe (Fond) erhalten. Ihre Oberfläche kann glatt oder geprägt sein. | lichtbeständig und z. T. auch waschbeständig |
| glatte Papiertapeten | bedruckte leichte bis schwere Tapeten ohne Prägung | unterschiedliche Licht- und Waschbeständigkeit |
| Relieftapeten | Tapeten aus mittelschwerem, festem Papier, die mit aufschäumbaren PVC- oder Polyacrylmaterialien bedruckt sind, wodurch ein reliefartiger Charakter entsteht. | Tapetenbahnen müssen in großen Schlingen zusammengelegt werden und dürfen nicht geknickt werden, da die aufgetragenen pastösen Farben abbröckeln können. |
| Duplex-Prägetapeten | Schweres, mehrschichtiges Papier (180–220 g/m²), dessen Oberfläche durch eine Prägung strukturiert wird. | Die Prägung bleibt nach dem Tapezieren erhalten. |
| **Velourstapeten** | | |
| | Schweres festes Papier (150–160 g/m²) wird auf elektrostatischem Wege mit oder ohne Muster mit kurzen Chemiefasern beflockt. | Samtartiger Charakter, nicht knicken und sorgfältig verarbeiten, da das aufgetragene Fasermaterial sehr feuchtigkeitsempfindlich sein kann. |
| **Textiltapeten** | | |
| Kettfadentapeten<br>Gewebetapeten<br>Nähgewirktapeten<br>Faservliestapeten | Auf mittelschweres bis schweres ein- oder mehrschichtiges Papier oder auf ein Vlies werden Kettfäden, Gewebe, Fadenlagen-Nähgewirkte, Faservliese kaschiert (verkleben mit Dispersionskleber oder einbetten in geschmolzenes Polyethylen). | Abhängig von den verwendeten textilen Materialien, deren Dichte, Feinheit und von der Lichtechtheit der verwendeten Farben sowie der Kaschiermethode. Je nach Dichte der aufkaschierten Textilien ist der Untergrund sichtbar. |
| **Vliestapeten** | | |
| | Bindemittelverfestigtes Vlies aus Zellstoff und Polyesterfasern, das bedruckt, geprägt bedruckt oder einfarbig ist. | frei von PVC, Schwermetallen, Formaldehyd, rissüberbrückend, maßstabil, wasserdampfdurchlässig, trocken abziehbar, verarbeitbar in der Wandklebetechnik |

| Tapetenart | Merkmale | Eigenschaften |
|---|---|---|
| **Kunststofftapeten** | | |
| Vinyltapeten<br>Prägevinyltapeten<br>Profilvinyltapeten | Tapeten aus einem meist mehrschichtigen Papierträger oder Vlies und einer ganzflächigen Schicht aus PVC, deshalb werden sie auch als Vinyltapeten bezeichnet. Ihre Oberflächen können glatt, geprägt (Prägetapeten) oder geschäumt (Profiltapeten) sein. | Abwaschbar, wasserfest, strapazierfähig, geeignet für Feuchträume, geschäumte Kunststofftapeten sind darüber hinaus schall- und wärmeisolierend. |
| **Naturwerkstofftapeten** | | |
| Grastapeten<br>Schilftapeten<br>Basttapeten<br>Korktapeten<br>Echtholztapeten<br>Granulattapeten | Auf leichtes bis schweres Papier werden ostasiatische Gräser, Bast, Schilf, z. T. auch in verwebter Form, Kork, dünne Holzfurniere sowie Vermiculit, Quarz oder Porzellan aufkaschiert. | Wahrnehmbare Unregelmäßigkeiten geben diesen Tapeten den gewollten Charakter. Im Allgemeinen besitzen sie eine unempfindliche Oberfläche. Z. T. sind auch die verwendeten Materialien lichtecht. |
| **Glasgewebetapeten** | | |
| | Auf mittelschweres Krepppapier wird ein strukturiertes Glasgewebe aufkaschiert, Breite 106 cm. | schwer entflammbar, hoch waschbeständig, schmutzabweisend, dimensionsstabil, strapazierfähig, lichtbeständig |
| **Metalltapeten** | | |
| | Sie bestehen aus schwerem Papier (160 g/$m^2$) und einer aufkaschierten Aluminiumfolie, die durch einen PVC- oder Polyethylen-Überzug vor Korrosion geschützt wird, oder einer metallbedampften Polyesterfolie. Metalltapeten sind gemustert, ihre Oberfläche kann glatt oder geprägt sein. | Sie dürfen nicht geknickt werden. Da sie auf Alkalität sehr empfindlich reagieren (Flecke), dürfen sie nur auf neutralem Untergrund tapeziert werden. |
| **Wandbildtapeten** | | |
| Fototapeten<br>Fotodrucke | Großformatige ein- oder mehrfarbige Motive, die auf fotografischem Wege auf ein Spezialfotopapier oder auf drucktechnischem Wege auf ein Tapetenpapier übertragen werden. Fototapeten werden in einer Breite von 105 cm geliefert. Fotodrucke werden in Größen bis zu 4,17 × 2,48 m gefertigt, wobei das Bild dann in mehrere Teile zerlegt wird. | Sie besitzen gute Lichtechtheiten und können auch mitunter waschbeständig sein. Erfordern besondere Sorgfalt beim Tapezieren. |

*Bedruckte Papiertapete*

*Vinyltapete*

*Kettfadentapete*

*Velourstapete*

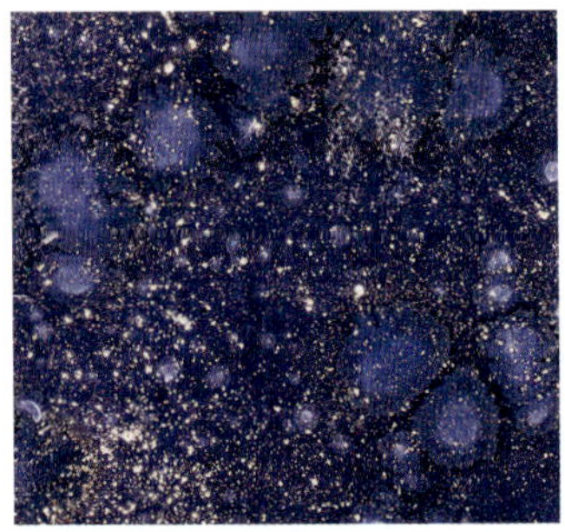

*Metalltapete*

*Grastapete*

**Kennzeichnung der Tapeten**

Tapeten werden mit dem **RAL-Gütezeichen RAL-GZ 479** ausgezeichnet, wenn sie keine gesundheitlich bedenklichen Schadstoffe enthalten und alle Materialien, Farben und Zusatzstoffe ökologisch unbedenklich sind. Nur wenn diese Anforderungen erfüllt sind, dürfen die Tapeten mit dem RAL-Gütezeichen gekennzeichnet werden.

Wandbekleidungen gehören nach den Bestimmungen der Europäischen Union zu den Bauprodukten und müssen mit dem **CE-Kennzeichen** versehen werden, wenn sie den europäischen Richtlinien für Bauprodukte hinsichtlich ihres Brandverhaltens entsprechen. Mit der CE-Kennzeichnung bestätigt der Hersteller, dass alle Vorschriften und Prüfkriterien der DIN EN 15102 „Dekorative Wandbekleidungen – Rollen- und Plattenform“angewandt wurden und das Produkt den vorgeschriebenen Anforderungen entspricht.

Wandbekleidungen nach der Norm DIN EN 15102 auf Kunststoff- oder Korkbasis sowie Glasfaser- und Fototapeten erfordern seit 01.01.2014 aus Gründen des Gesundheitschutzes eine „allgemeine bauaufsichtliche Zulassung“ (abZ), die vom Deutschen Institut für Bautechnik (DIBt) erteilt wird und durch das **Ü-Zeichen (Übereinstimmungszeichen)** dokumentiert wird, wenn das Produkt den vorgeschriebenen Prüfkriterien hinsichtlich des Emissionsverhaltens flüchtiger organischer Verbindungen und dem Gehalt gefährlicher Inhaltsstoffe entspricht und von einer unabhängigen Prüfstelle überwacht wird.

RAL
GÜTEZEICHEN
TAPETEN

CE
13
Tapetenfabrik Mustermann
12345 Tapezierdorf
EN 15102
EN 13501-1: C-s2,d0

Tapetenfabrik
Mustermann
12345 Tapezierdorf
P-MPA-C-02-123
MPA-YXZ

**Symbole für Wandbekleidungen in Rollen nach der DIN EN 235**

| Wasser- u. Waschbeständigkeit | Lichtbeständigkeit | Musteransatz |
|---|---|---|
|  wasserbeständig zum Zeitpunkt der Verarbeitung |  ausreichend lichtbeständig | 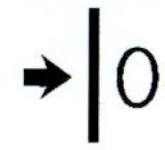 ansatzfrei |
|  waschbeständig |  befriedigend lichtbeständig | 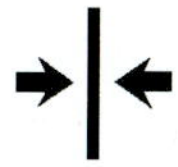 gerader Ansatz |
|  hoch waschbeständig |  gut lichtbeständig |  versetzter Ansatz |
| 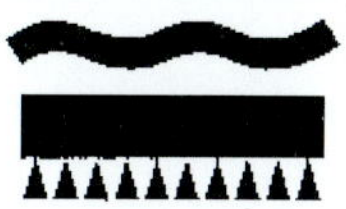 scheuerbeständig |  sehr gut lichtbeständig |  gestürztes Kleben |
|  hoch scheuerbeständig |  ausgezeichnet lichtbeständig |  horizontal ansetzen |
|  Klebstoff auf die Wandbeklei-dung aufzutragen |  restlos abziehbar | 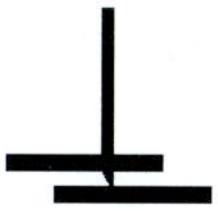 Überlappung und Doppelschnitt |
| 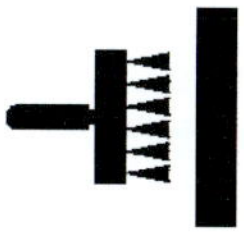 Klebstoff auf den Untergrund auftragen |  spaltbar |  duplierte Prägewandbekleidung |
|  vorgekleisterte Wandbekleidung |  nass zu entfernen |  Stoßfestigkeit |

9

## 2. Wandbeläge (fertige Wandbekleidungen in Rollen)

Wandbeläge sind fertige Wandbekleidungen, die im Gegensatz zu den Tapeten **keinen Papier- oder Vliesträger** besitzen. Ihre Rückseite kann aber eine andere Rückenausstattung aufweisen. Aufgrund ihres Aufbaus und der verwendeten Materialien können sie u. a. schallisolierend, wärmeisolierend, pflegeleicht, schwer entflammbar oder rissüberbrückend sein oder den Untergrund vor mechanischen Beanspruchungen schützen.

Wandbeläge werden auf Rollen mit unterschiedlichen Längen und Breiten und als Platten mit meist quadratischem Format in unterschiedlichen Größen geliefert.

Man unterscheidet folgende Wandbeläge:

| Wandbelagsart | Merkmale |
|---|---|
| **textile Wandbeläge** | |
| Rupfen | Farbiges, leinwandbindiges Jutegewebe, das je nach Gewebedichte den Untergrund durchscheinen lässt. Eine gründliche Untergrundvorbereitung, evtl. mit einer Dispersionsfarbenbeschichtung, ist notwendig. |
| Gewebe mit rückseitiger Kunststoffbeschichtung | Einfarbige oder gemusterte Gewebe aus Chemiefasern, z. B. PAN, die zur Flächenstabilisierung auf der Rückseite eine Kunststoffbeschichtung besitzen. Diese Gewebe können je nach Konstruktion und Ausrüstung schwer entflammbar, schallisolierend, wärmeisolierend, rissüberbrückend, antimikrobiell oder antistatisch sein. Lieferbar in Breiten bis 260 cm, wodurch eine nahtlose Verarbeitung möglich ist. |
| Vlieswandbeläge | Vliese aus Chemiefasern, z. B. CV, PES, mit strukturierter einfarbiger oder bedruckter Vinyloberfläche oder mit mineralischer Oberflächenbeschichtung. Vlieswandbeläge sind rissüberbrückend, schall- und wärmeisolierend. |
| Tufting-Wandbeläge | Leichtere Ausführung oder Bodenbeläge mit Schnitt- oder Schlingenflor und meist ohne Rückenausstattung. Diese Wandbeläge sind schall- und wärmeisolierend, rissüberbrückend und bei einer Breite von mindestens 2,50 m nahtlos zu verarbeiten. |
| Fotoleinen | Mit einer lichtempfindlichen Emulsion beschichtetes Baumwollgewebe, auf das im fotografischen Verfahren Bilder übertragen werden. Die Oberfläche ist matt und strapazierfähig. |
| **Kunststoff-Wandbeläge** | |
| Kunststoff-Schaumbeläge | Meist feinzellige PVC-Schäume mit strukturierter Oberfläche in Stärken von 2–2,5 mm und in Breiten bis 130 cm. Sie sind strapazierfähig, scheuerbeständig, chemikalienbeständig, pflegeleicht, rissüberbrückend, schall- und wärmeisolierend und lichtecht. |
| Kunststoff-Wandbeläge mit Gewebeträger | Meist PVC-Folien, die auf ein Baumwoll- oder Viskosegewebe kaschiert sind. Breiten 120–140 cm. Eigenschaften wie Schaumbeläge. |
| Kunststoff-Wandbeläge mit profilierter Oberfläche und mineralischem Träger | Wandbeläge mit profilierter Vinyloberfläche und einem Glasfasergewebe als Träger, das mit einer mineralischen Masse verdichtet ist. Diese Beläge sind strapazierfähig, scheuerbeständig, schwer entflammbar, rissüberbrückend, unempfindlich gegenüber mechanischen Beanspruchungen, beschichtbar mit Dispersions- oder Latexfarben. |
| **Naturwerkstoff-Wandbeläge** | |
| Korkplatten | Die Platten bestehen aus kleinen verbundenen Naturkorkteilen oder aus Korkrindenstücken, die auf Presskorkunterlagen verleimt sind. |

### 9.2.3.2 Wandbekleidungen für nachträgliche Behandlung

Wandbekleidungen für nachträgliche Behandlung werden nach dem Tapezieren durch Auftragen eines Beschichtungsstoffs weiter bearbeitet und erhalten dadurch auch ihre eigentlichen Eigenschaften, wie z. B. Farb-, Wasch- oder Scheuerbeständigkeit. Man unterscheidet folgende Wandbekleidungen, die eine nachträgliche Behandlung erfahren:

| Wandbekleidung | Merkmale |
|---|---|
| Raufaser | Mittelschweres holzhaltiges Papier, das durch Zusatz von feinen bis groben Holzfasern unterschiedliche Oberflächenstrukturen erhält. Man unterscheidet ein- und zweischichtige Raufaser. Zweischichtige Qualitäten besitzen ein besonderes Deckpapier, das die eingelagerten Holzfasern abdeckt und einen guten Untergrund für die Beschichtung bildet. Raufaser wird in Rollen mit den Maßen 53 cm × 33,5 m und 75 cm × 125 m geliefert. |
| Reliefpapier | Es besteht aus festem, mittelschwerem Papier, dessen Oberfläche durch eine aufgetragene plastische Masse strukturiert ist. |
| Prägepapier | Schweres, festes, mehrschichtiges Papier, dessen Oberfläche durch eine Prägung strukturiert wurde. |
| Strukturpapier | Mittelschweres, festes Papier. Die strukturierte Oberfläche entsteht durch Prägen und einen Kittaufdruck. Beim Überstreichen mit hellen Farben entsteht ein zarter Hell-Dunkel-Effekt. |
| Jutegewebe | Leinwandbindiges Gewebe aus Jutegarnen, die nicht schrumpfend sind. Diese Gewebe werden in den meisten Fällen mit Dispersionsfarben beschichtet, wobei ihre Struktur erhalten bleibt. Sie sind rissüberbrückend und ergeben stoßfeste Wandflächen. |
| Glasfasergewebe | Gewebe aus Glasfasern mit feinen rustikalen Oberflächenbildern, die meist mit Dispersions- oder Latexfarben beschichtet werden. Sie sind unbrennbar, unempfindlich gegenüber Schmutz und äußeren Einflüsse, waschbeständig und rissüberbrückend. |

### 9.2.3.3 Spannstoffe

Als Spannstoffe versteht man im Sinne von Wandbekleidungen textile Flächengebilde und Kunststofffolien, die mithilfe von Leistensystemen an Wänden gespannt werden.

#### 1. Textile Spannstoffe

Im Prinzip eignen sich für Wandbespannungen alle Stoffe, die eine ausreichende Dichte und Festigkeit aufweisen. Vorwiegend verwendet man aber folgende Stoffe:

| Spannstoff | Merkmale |
|---|---|
| Gewebe | Aus Baumwolle, Leinen, Jute (Rupfen), Seide, Viskose, Polyester und Polyacryl, die einfarbig, herstellungstechnisch gemustert oder bedruckt sind. Breiten ab 130 cm bis hin zu raumhohen Breiten, sodass auch nahtlose Bespannungen möglich sind. |
| Fadenlagen-Nähwirkstoffe | Aus Viskose, seltener aus Polyester oder Polyacryl, die einfarbig oder bedruckt sind. Breiten ab 140 cm bis zu raumhohen Breiten. |
| Wollfilze | Aus reiner Schurwolle, einfarbig, mit matter Oberfläche, mottenecht ausgerüstet. Breiten 160 und 180 cm. |

9

Die für Wandbekleidungen vorgesehenen Stoffe müssen

- sich glatt spannen lassen,
- eine ausreichende Dichte aufweisen,
- gute Lichtechtheiten besitzen,
- die zum Spannen erforderliche Zugfestigkeit aufweisen und
- bei nachlassender Luftfeuchtigkeit nicht in der Spannung nachlassen.

Aufgrund ihres besonderen Einsatzes können sie durch eine Ausrüstung besondere Eigenschaften erhalten, wie flammenhemmend, schmutzabweisend, antistatisch, antimikrobiell, raumluftverbessernd usw. Besonders geschätzt werden Wandbespannungsstoffe, die durch den verwendeten Faserrohstoff Feuchtigkeit aufnehmen und abgeben und so für ein gutes Raumklima sorgen (Baumwolle, Leinen, Jute, Seide, Schurwolle, Viskose).

Verschiedene Gewebe und Fadenlagen-Nähwirkstoffe werden für Wandbespannungen mit rückseitig aufkaschiertem Faservlies oder aufkaschierter Schaumschicht mit dazwischenliegender Kunststofffolie als Staubschutz geliefert. Dadurch wird die Faservlieszwischenlage, die zwischen Wand und Spannstoff angebracht wird, eingespart.

#### 2. Spannstoffe aus Kunststoff

Zum Spannen eignen sich Kunststofffolien, die in verschiedenen Stärken und Breiten angeboten werden. Sie werden aber kaum eingesetzt.

## 9.2.4 Deckenbekleidungswerkstoffe

Zum Bekleiden von Decken verwendet man Werkstoffe, die nicht nur zur mustermäßigen Gestaltung der Decken, sondern in vielen Fällen auch zur Wärmedämmung und zum Schallschutz eingesetzt werden. Sie stehen als Bahnenware und in Plattenform zur Verfügung.

### 9.2.4.1 Bahnenware für Deckenbekleidungen

Als Bahnenware kommen im Wesentlichen zum Bekleiden der Decken überstreichbare Wandbekleidungen infrage. Im Einzelnen wären dies: Strukturvliestapeten, Profil-Vinyltapeten, Glasfasertapeten, Glasfasergewebe, Kunststoffwandbeläge mit profilierter Oberfläche und mineralischem Träger und Raufaser.

### 9.2.4.2 Platten für Deckenbekleidungen

**Deckenplatten aus Polystyrol-Hartschaum** werden in verschiedenen Oberflächenstrukturen angeboten. Sie können mit Dispersionsfarbe beschichtet werden. Es gibt aber auch Platten, die schon beschichtet sind. Die Platten, die eine Stärke zwischen 10 und 15 mm aufweisen und in Formaten von 30 × 30 cm und 60 × 60 cm geliefert werden, setzt man zur Deckengestaltung und zur Wärmedämmung ein.

**Dekor-Deckenplatten** gibt es in zahlreichen weißen und holzähnlichen Dekors. Ihre profilierte Oberfläche besteht aus tiefgezogenem Hart-PVC oder einer Polystyrol-Folie. Die Rückseite ist mit Polystyrol-Hartschaum ausgekleidet. Formate 30 × 30 cm und 50 × 50 cm. Sie werden ebenfalls zur Gestaltung der Decke und zur Wärmedämmung eingesetzt.

**Gips-Deckenplatten** werden aus faserarmiertem Gips als Dekor-, Schallschluck- und Lüftungsplatten in verschiedenen Ausführungen hergestellt. Sie sind schallisolierend und unbrennbar. Sie können beschichtet oder bereits als farbige Platten bezogen werden.

*Aufgaben*

1. *Nennen Sie die Merkmale der Tapeten und die Faktoren, die ihre Qualität bestimmen.*
2. *Beschreiben Sie die typischen Merkmale der verschiedenen Arten der Textiltapeten. Welche Faktoren bestimmen ihre Qualität?*
3. *Wodurch unterscheiden sich Wandbeläge von Tapeten?*
4. *Welche Eigenschaften sollte ein textiler Spannstoff besitzen?*

## 9.2.5 Werkstoffe für Abschlussarbeiten

Bekleidete Wände, insbesondere wenn sie mit teuren Stiltapeten bekleidet sind, werden durch zierende Abschlüsse und Umrandungen vollendet. Solche Abschlüsse werden aber auch verwendet, wenn saubere Übergänge zwischen Wand und Decke erzielt werden sollen. Zur Verfügung stehen:

- **Tapetenleisten** in verschiedenen Farben und Profilen. Hierzu gehören auch Leisten mit entsprechend aufgesetzten Ornamenten, die bestimmten Stilepochen nachempfunden werden.
- **Tapetenschnüre** in verschiedenen Farbstellungen mit einem Durchmesser ab 8 mm.
- **Tapetenborten** in verschiedenen Farben und Breiten, meist als Selbstklebeborten.
- **Stuckprofile** aus hochwertigem Alabastergips, die historischen Formen nachempfunden werden. Durch eingelagerte Sisalfasern erhalten sie eine ausreichende Bruchfestigkeit. Neben Hohlkehlen-Profilen für den Übergang von Wand zur Decke gibt es noch verschiedene Profile zum Einfassen von Teilflächen. Darüber hinaus werden für die Deckengestaltung verschiedene Formen von dekorativen Rosetten angeboten.
- **Zierprofile aus Polystyrol- oder Polyurethan-Hartschaum**, die den Stuckprofilen sehr ähnlich sind und nach der Anbringung von ihnen kaum zu unterscheiden sind.

Die Auswahl dieser Schmuckelemente richtet sich nach dem zu erzielenden Effekt. Man kann mit ihnen einen Kontrast unterstreichen, mildern oder eine Farbharmonie herstellen.

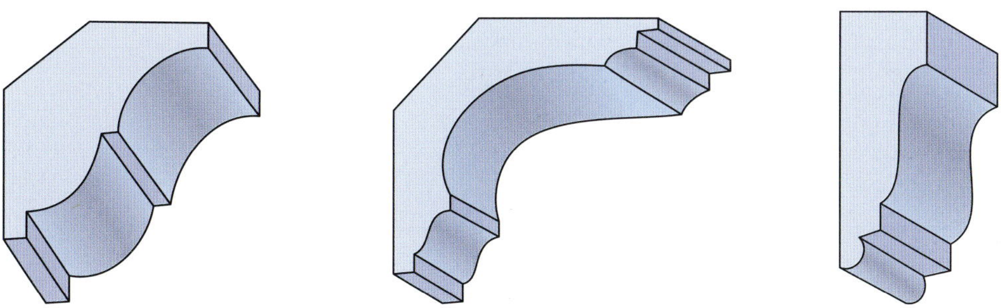

*Stuckprofile*

# 9.3 Kundenaufträge

## 9.3.1 Tapezieren der Wände und der Decke eines Wohnzimmers

Ein Raumausstattermeister erhält den Auftrag, das in dem nebenstehenden Grundriss dargestellte Wohnzimmer zu renovieren. Im Rahmen der Renovierungsmaßnahmen soll die alte Wand- und Deckenbekleidung (Tapete und Raufaser) entfernt und die Wände und Decke sollen neu bekleidet werden. Dabei sollen die Wände mit einer rapportgemusterten Duplex-Prägetapete und die Decke mit einer Strukturvliestapete bekleidet und mit weißer Dispersionsfarbe beschichtet werden.

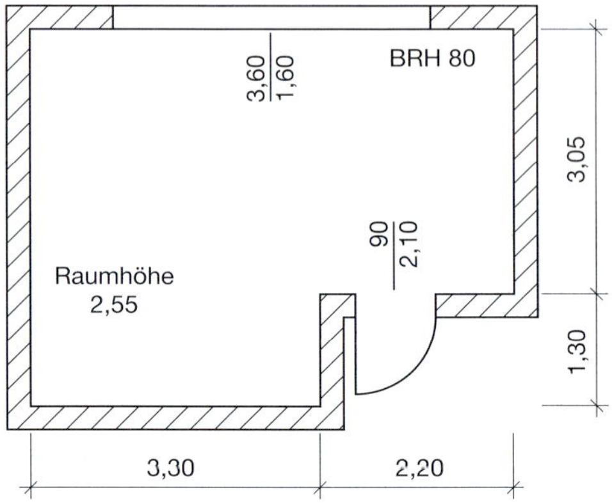


### 1. Analyse

Machen Sie sich mit den Angaben des Auftrags vertraut und sammeln Sie Informationen, die für die Ausführung des Auftrags erforderlich sind.

### 2. Planung

1. Erstellen Sie eine Übersicht über den Ablauf der durchzuführenden Arbeiten mit den dazugehörigen Werkzeugen und Geräten.
2. Wählen Sie ein geeignetes Verfahren für die Entfernung der alten Tapete und der Raufaser aus.
3. Legen Sie die erforderlichen Prüfungen aufgrund der Untergrundforderungen für den Tapeziergrund fest.
4. Bestimmen Sie die Arbeiten für die Vorbereitung des Tapeziergrunds.
5. Wählen Sie entsprechend der Untergrundvorbereitung den erforderlichen Werkstoff aus und berechnen Sie unter Berücksichtigung selbst bestimmter fachgerechter Angaben dessen Bedarf.
6. Ermitteln Sie die Anzahl der benötigten Tapetenrollen (Europarollen) nach der Nutzfläche einer Tapetenrolle für die
   a) Duplex-Prägetapete bei einem angenommenen Verschnitt von 20 %,
   b) Strukturvliestapete bei einem angenommenen Verschnitt von 10 %.
7. Wählen Sie einen geeigneten Tapetenklebstoff für die a) Duplex-Prägetapete und b) Strukturvliestapete aus und bestimmen Sie überschläglich deren Bedarf.
8. Berechnen Sie den Bedarf für die Dispersionsfarbe bei einem Verbrauch von 0,25 l/m².

### 3. Fertigung

1. Schildern Sie die durchzuführenden Tätigkeiten bei
   a) der Entfernung der alten Wand- und Deckenbekleidung,
   b) der Prüfung des Tapeziergrunds,
   c) der Vorbereitung des Tapeziergrunds,

d) dem Tapezieren der Wände,
e) dem Tapezieren der Decke.

2. Welche Maßnahmen zum Umwelt-, Gesundheits- und Unfallschutz müssen Sie bei den durchzuführenden Arbeiten beachten?

### 4. Qualitätskontrolle

Schildern Sie die Maßnahmen zur Qualitätskontrolle der durchgeführten Dekorationsarbeit.

### 5. Kundenübergabe

Welche Gebrauchseigenschaften sowie Pflege- und Reinigungshinweise können Sie dem Kunden für die Tapete nennen, auf deren Beipackzettel folgende Symbole abgebildet waren?

### 6. Dokumentation und Präsentation

Erstellen Sie eine Dokumentation und Präsentation Ihres Lösungsvorschlags.

## 9.3.2 Bekleiden der Wände eines Büroraums mit einem textilen Wandbelag

Ein Raumausstattermeister erhält den Auftrag, die mit einer wischfesten Dispersionsfarbe beschichteten Wände des im folgenden Grundriss dargestellten Büroraums mit einem textilen Wandbelag zu bekleiden.
Nach eingehender Beratung entscheidet sich der Kunde für ein jacquardgemustertes, 270 cm breites Gewebe aus Trevira CS mit rückseitiger Kunststoffbeschichtung. Das Produktdatenblatt des Wandbelags enthält u.a. noch folgende Angaben: antistatisch, antimikrobiell, dimensionsstabil, stoßfest, Lichtechtheit 6–7, trocken abbreibbar, Teflonausrüstung.

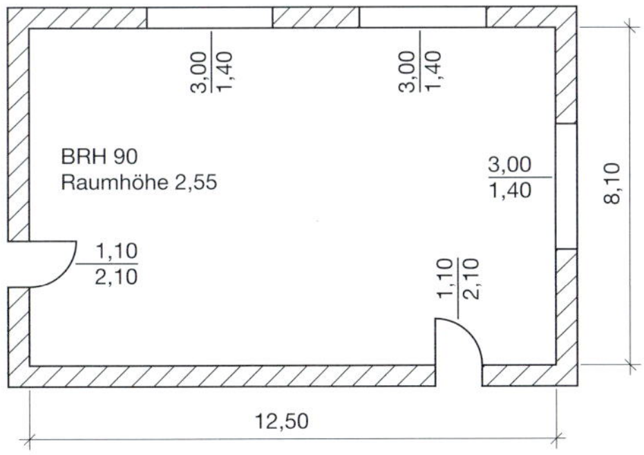

## 1. Analyse

Machen Sie sich mit den Angaben des Auftrags vertraut und sammeln Sie Informationen, die für die Ausführung des Auftrags erforderlich sind.

## 2. Planung

1. Erstellen Sie eine Übersicht über den Ablauf der durchzuführenden Arbeiten mit den dazugehörigen Werkzeugen und Geräten.
2. Legen Sie die erforderlichen Prüfungen und Vorbereitungsarbeiten für den Untergrund fest.
3. Bestimmen Sie den
   a) Werkstoff für die Vorbereitung des Untergrunds und ermitteln Sie unter Berücksichtigung eines fachgerechten Verbrauchs den Bedarf,
   b) Klebstoff für die Verklebung des Wandbelags und ermitteln Sie unter Berücksichtigung eines fachgerechten Verbrauchs den Bedarf.
4. Ermitteln Sie den Stoffbedarf unter Berücksichtigung fachgerechter Zugaben für den Beschnitt. Der ausgesuchte Wandbelag hat in Höhe und Breite einen Rapport von 15 cm.

## 3. Fertigung

1. Schildern Sie die durchzuführenden Tätigkeiten bei
   a) der Prüfung des Untergrunds,
   b) der Vorbereitung des Untergrunds,
   c) dem Zuschneiden des Wandbelags,
   d) dem Auftragen des Klebstoffs und dem Verkleben des Wandbelags.
2. Welche Maßnahmen zum Umwelt-, Gesundheits- und Unfallschutz müssen Sie bei den durchzuführenden Arbeiten beachten?

## 4. Qualitätskontrolle

Schildern Sie die Maßnahmen zur Qualitätskontrolle der durchgeführten Dekorationsarbeit.

## 5. Kundenübergabe

1. Welche warentypischen Eigenschaften können Sie dem Kunden aufgrund der im Produktdatenblatt enthaltenen Angaben für den gewählten Wandbelag nennen?
2. Welche Pflege- und Reinigungshinweise müssen dem Kunden für den Wandbelag genannt werden?

## 6. Dokumentation und Präsentation

Erstellen Sie eine Dokumentation und Präsentation Ihres Lösungsvorschlags.

### 9.3.3 Ausstattung eines Konferenzraums mit einer textilen Wandbespannung

Ein Raumausstattermeister erhält den Auftrag, in dem Konferenzraum mit nebenstehendem Grundriss die alten Tapeten zu entfernen und die Wände mit einer textilen Wandbespannung zu bekleiden. Er entscheidet sich für eine Querbespannung mit Kunststoffleisten. Der Auftraggeber wünscht einen gemusterten, schwer entflammbaren und vor Flecken geschützten Stoff mit schadstoffbindenden Eigenschaften.

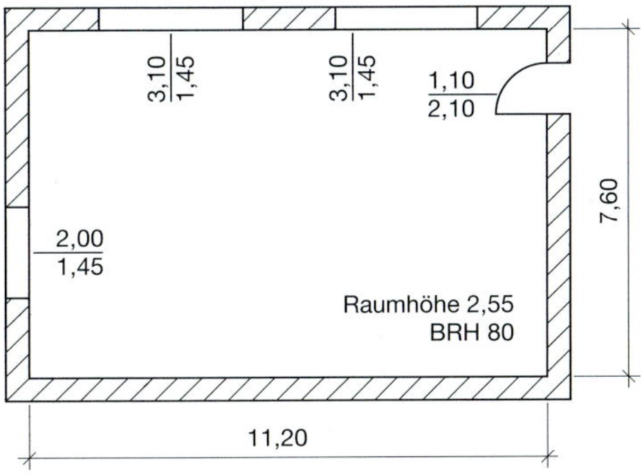


#### 1. Analyse

Machen Sie sich mit den Angaben des Auftrags vertraut und sammeln Sie Informationen, die für die Ausführung des Auftrags erforderlich sind.

#### 2. Planung

1. Erstellen Sie eine Übersicht über den Ablauf der durchzuführenden Arbeiten mit den dazugehörigen Werkzeugen, Geräten und Maschinen.
2. Wählen Sie die erforderlichen Arbeiten für die Vorbereitung des Untergrunds aus.
3. Wählen Sie ein entsprechendes Leistensystem aus und legen Sie die Art der Befestigung auf dem Untergrund fest.
4. Wählen Sie eine geeignete Zwischenlage für die Wandbespannung aus.
5. Wählen Sie einen geeigneten raumhohen gemusterten Stoff für die Wandbespannung, der die gewünschten Anforderungen erfüllt.
6. Zeichnen Sie im Maßstab 1 : 50 die Wandabwicklung des Konferenzraums mit der fachgerechten Anordnung des Leistensystems. (Zeichnen Sie jede Raumseite untereinander.)
7. Ermitteln Sie
   a) die Anzahl der benötigten Kunststoffleisten unter Berücksichtigung einer selbst gewählten fachgerechten Zugabe für den Verschnitt,
   b) den Bedarf für die gewählte Zwischenlage in m,
   c) die Zuschnittmaße der zu spannenden Stoffbahnen unter Berücksichtigung des Rapports und fachgerechter Zugaben für Umschläge,
   d) den Gesamtbedarf des Wandbekleidungsstoffes in m.

#### 3. Fertigung

1. Schildern Sie die durchzuführenden Tätigkeiten
   a) bei der Vorbereitung der Wände,
   b) beim Zuschneiden und Befestigen des Leistensystems,
   c) beim Einpassen und Befestigen der Zwischenlage,

9

d) beim Zuschneiden des Stoffs und dessen Vorbereitung für den Spannvorgang,
e) beim Spannen des Wandbekleidungsstoffes auf dem Leistensystem.

2. Welche Maßnahmen zum Umwelt-, Gesundheits- und Unfallschutz müssen bei den durchzuführenden Arbeiten beachtet werden?

### 4. Qualitätskontrolle

Schildern Sie die Maßnahmen zur Qualitätskontrolle der durchgeführten Dekorationsarbeit.

### 5. Kundenübergabe

1. Welche Vorteile der textilen Wandbespannung gegenüber einer anderen Wandbekleidung können Sie dem Auftraggeber nennen?
2. Erklären Sie dem Kunden die besonderen Eigenschaften des verwendeten Wandbekleidungsstoffs.
3. Welche Pflege- und Reinigungshinweise können Sie dem Auftraggeber für den ausgesuchten Wandbekleidungsstoff nennen?

### 6. Dokumentation und Präsentation

Erstellen Sie eine Dokumentation und Präsentation Ihres Lösungsvorschlags.

## 9.3.4 Tapezieren der Wände und Beschichten der Deckenbekleidung in dem Wohnraum einer Jugendstilvilla

Der Wohnraum einer Jugendstilvilla mit nebenstehendem Grundriss soll von einem Raumausstatterbetrieb renoviert werden. Dabei sollen die alten Tapeten entfernt und die Wände mit einer stilgerechten Tapete bekleidet werden. An den äußeren Decken-Wand-Rändern sollen Stuckprofile aus Polystyrol angebracht werden. Die Stuckprofile und die mit Raufaser bekleidete Decke sollen mit weißer Dispersionsfarbe beschichtet werden.

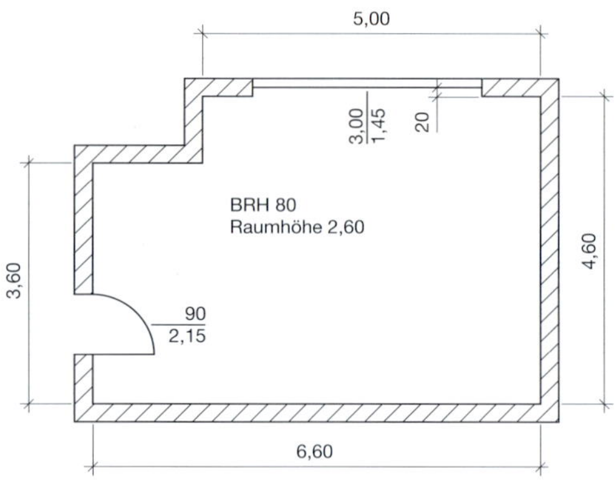


### 1. Analyse

Machen Sie sich mit den Angaben des Auftrags vertraut und sammeln Sie Informationen, die für die Ausführung des Auftrags erforderlich sind.

### 2. Planung

1. Erstellen Sie eine Übersicht über den Ablauf der durchzuführenden Arbeiten mit den dazugehörigen Werkzeugen und Geräten.
2. Wählen Sie ein geeignetes Verfahren für die Entfernung der alten Tapete aus.

3. Welche Anforderungen werden an einen Tapeziergrund gestellt?
4. Legen Sie die erforderlichen Prüfungen und Vorbereitungsarbeiten für den Tapeziergrund fest.
5. Bestimmen Sie den Werkstoff für die Vorbereitung des Untergrunds.
6. Welche Stilmerkmale muss eine Jugendstiltapete aufweisen? Wählen Sie eine entsprechende Tapete aus.
7. Ermitteln Sie die Anzahl der benötigten Tapetenrollen nach den zu tapezierenden Tapetenbahnen bei einem angenommenen Rapport von 30 cm und unter Berücksichtigung fachgerechter Zugaben für den Beschnitt der Bahnenenden.
8. Ermitteln Sie die Anzahl der benötigten Stuckprofile, die 2 m lang und 6 cm hoch sind.
9. Wählen Sie einen geeigneten
   a) Tapetenklebstoff aus und bestimmen Sie überschläglich dessen Bedarf,
   b) Klebstoff für das Anbringen der Stuckprofile aus.
10. Berechnen Sie zum Beschichten der Raufaserdecke und der Stuckprofile den Bedarf an Dispersionsfarbe bei einem Verbrauch von 0,2 $l/m^2$.

### 3. Fertigung

1. Schildern Sie die durchzuführenden Tätigkeiten
   a) bei der Entfernung der alten Tapeten,
   b) bei der Prüfung des Tapeziergrunds,
   c) bei der Vorbereitung des Tapeziergrunds,
   d) beim Anbringen der Stuckprofile,
   e) beim Tapezieren der Wände,
   f) bei der Beschichtung der Decke einschließlich der Stuckprofile.
2. Welche Maßnahmen zum Umwelt-, Gesundheits- und Unfallschutz müssen Sie bei den durchzuführenden Arbeiten beachten?

### 4. Qualitätskontrolle

Schildern Sie die Maßnahmen zur Qualitätskontrolle der durchgeführten Dekorationsarbeit.

### 5. Kundenübergabe

Welche Gebrauchseigenschaften sowie Pflege- und Reinigungshinweise können Sie dem Kunden aufgrund der auf dem Beipackzettel aufgeführten Tapetensymbole nennen?

### 6. Dokumentation und Präsentation

Erstellen Sie eine Dokumentation und Präsentation Ihres Lösungsvorschlags.

# 10 Verlegen von textilen und nichttextilen Bodenbelägen

## 10.1 Fertigungstechniken

Die unterschiedlichen Anforderungen der im Wohn- und Objektbereich verlegten Bodenbeläge sind abhängig von der Art des Bodenbelags und der Art der Installierung auf dem Untergrund.

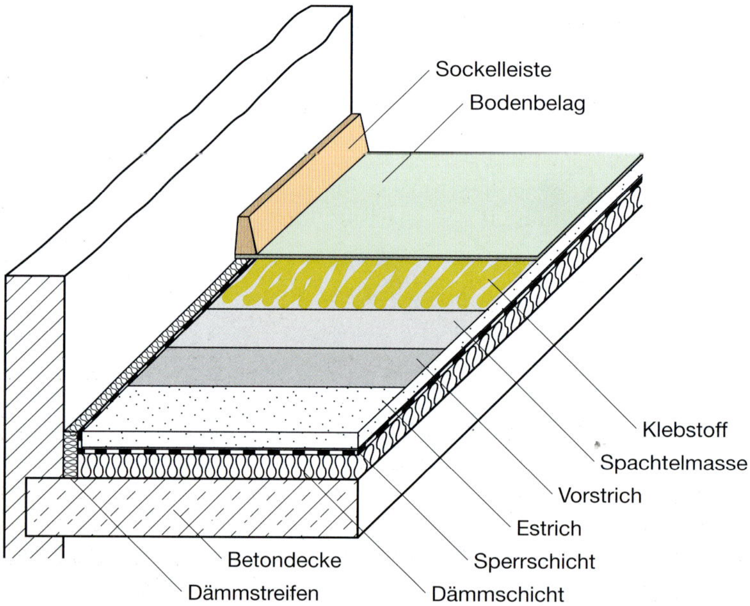


*Aufbau einer Bodenbelagverklebung auf einem schwimmenden Estrich*

### 10.1.1 Untergründe für Bodenbeläge

Bodenbeläge können auf Estrichen, Beton, Betondecken, Nutzböden und Treppen verlegt werden.

#### 10.1.1.1 Estriche

Estriche bestehen nach DIN EN 13318 aus einer oder mehreren Schichten Estrichmörtel oder aus fertigen Bauteilen, die direkt auf den Untergrund mit oder ohne Verbund auf einer zwischenliegenden Trenn- oder Dämmschicht verlegt werden, um

- eine vorgegebene Höhenlage zu erreichen,
- einen Bodenbelag aufzunehmen,
- unmittelbar genutzt zu werden.

Man kann sie unterteilen

- nach der **Konstruktion** in Verbundestrich, Estrich auf Trennschicht, schwimmender Estrich, Heizestrich und Fertigteilestrich,
- nach dem **Rohstoff** in Zement-, Calciumsulfat-, Magnesia-, Gussasphalt- und Kunstharzestrich.

Die Schichtdicke der Estriche richtet sich nach der Konstruktion und der zu erzielenden Druck- und Biegezugfestigkeit. Welche Estrichkonstruktion aus welchem Werkstoff hergestellt wird, hängt von der Art der Beanspruchung und den Anforderungen ab, die an einen Untergrund gestellt werden.

#### 10.1.1.1.1 Estriche unterschieden nach der Konstruktion

##### 1. Verbundestrich

Als Verbundestrich bezeichnet man eine Estrichart, die direkt auf den Unterboden aufgetragen wird und mit ihm eine feste Verbindung eingeht. Da keine schall- und wärmedämmenden Unterlagen eingesetzt werden, wird diese Estrichart im Wohnungsbau nur in Kellern, Nebenräumen, Garagen und als Ausgleichsschicht auf Betondecken ausgeführt.

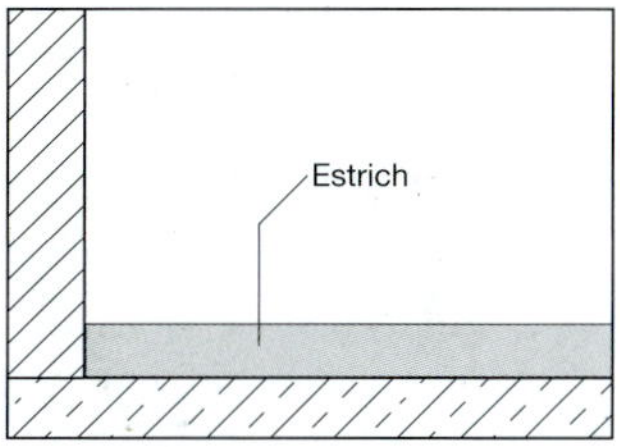

*Verbundestrich*

##### 2. Estrich auf Trennschicht

Bei dieser Ausführung wird der Estrich durch eine Zwischenlage (z. B. Kunststofffolie, Öl- oder Asphaltpapier) von dem Untergrund getrennt. Estriche auf Trennschicht werden überwiegend im Industriebau und in Kellern ausgeführt, wenn besondere Feuchtigkeitssperren erforderlich sind oder eine Verbindung von Estrich und Beton nur schwer zu erreichen ist.

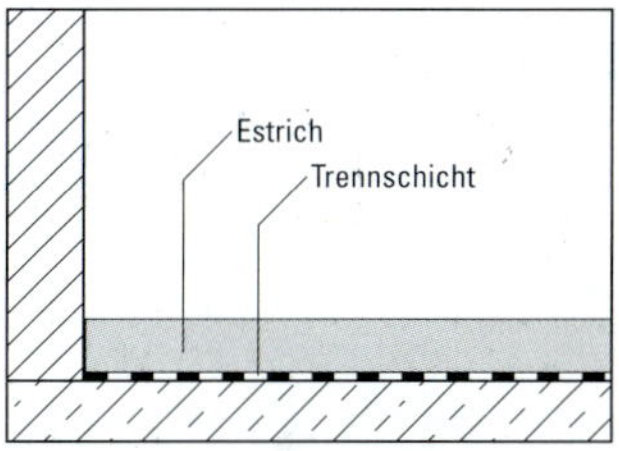

*Estrich auf Trennschicht*

##### 3. Schwimmender Estrich

Diese Estrichkonstruktion hat keine Verbindung zu dem Untergrund und den angrenzenden Wänden. Sie liegt beweglich auf einer federnden schall- und wärmeisolierenden Dämmschicht (z. B. Matten aus Glas- oder Gesteinswolle, Schaum-, Styropor- oder Korkplatten), die mit einer PVC- oder Polyethylenfolie oder mit Bitumenpappe abgedeckt wird. An den Wänden befinden sich Randfugen, in die Dämmstreifen eingelegt sind. Durch diese Konstruktion kann der Estrich „schwimmen". Die Randfugen schützen den Estrich vor Übertragungen von Erschütterungen über die Wände, nehmen Bewegungen des Estrichs auf und verhindern Wärme- und Schallbrücken. Sie dürfen durch Verschmutzung oder Spachtelmassen nicht überbrückt werden, damit die schalldämmende Funktion und die Beweglichkeit dieses Estrichs nicht beeinträchtigt wird. Um ein Brechen der Estrichschicht auf der federnden Dämmschicht zu verhindern, sind bestimmte Mindestdicken

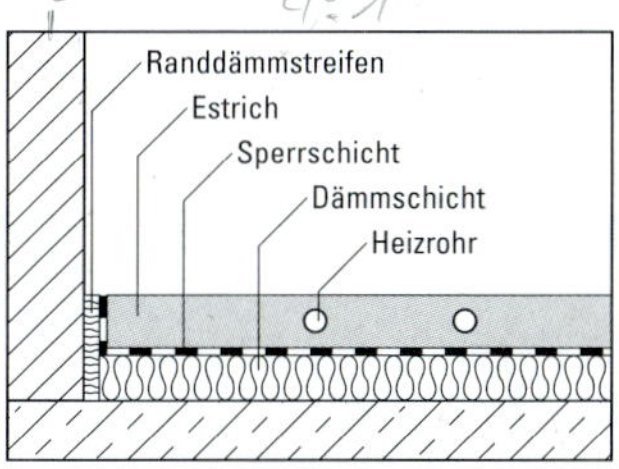

*Schwimmender Estrich*

vorgeschrieben, die von der Nachgiebigkeit des Dämmmaterials abhängig sind. Schwimmende Estriche sind für den Wohn- und Objektbereich besonders geeignet, da durch eine entsprechende Auswahl des Dämmmaterials ein gewünschter Wärme- und Schallschutz erreicht werden kann.

### 4. Heizestriche

Heizestrich ist ein Estrich auf einer Dämmschicht mit eingebauten Heizelementen, die als Fußbodenheizung dienen. Man unterscheidet zwischen Warmwasser-Fußbodenheizungen und elektrischen Fußbodenheizungen.
Bei einer Warmwasser-Fußbodenheizung befinden sich die Heizrohre, die das warme Wasser führen, im Estrich. Sie können aber auch in der Dämmschicht oder in einem evtl. erforderlichen mittigen Ausgleichestrich eingelagert sein. Bei einer elektrischen Fußbodenheizung werden elektrische Heizmatten in den Estrich eingebaut oder aufgeklebt.

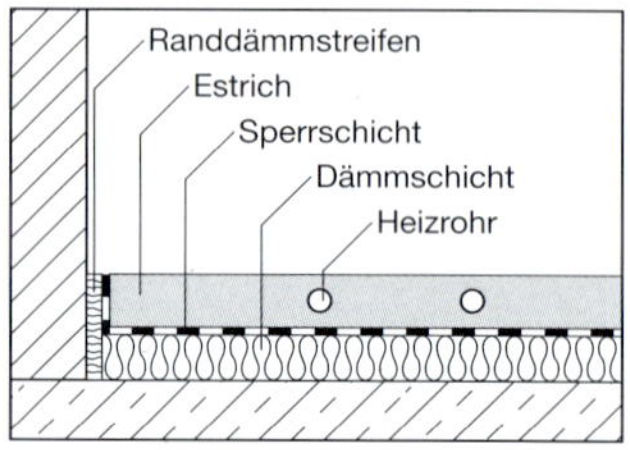

*Heizestrich*

Für Heizestriche kommen Zement-, Calciumsulfat- und Gussasphaltestriche zum Einsatz.

Heizestriche müssen nach einer vorgegebenen Trocknungszeit durch das **Funktionsheizen** und das anschließende **Belegheizen** ausgetrocknet werden. Die Trocknungszeit vor dem Aufheizen beträgt in der Regel bei Zementestrichen mindestens 21 Tage, Calciumsulfatestrichen mindestens sieben Tage, Schnellzementestrichen mindestens drei Tage. Im Zweifelsfall gelten immer die Herstellerangaben, die teilweise erheblich unter diesen Angaben liegen können. Über die Aufheizmaßnahmen muss ein Protokoll geführt werden.

Aufgrund der wechselnden Temperaturen kommt es bei Zementheizestrichen zu unterschiedlichen Ausdehnungen. Aus diesem Grunde erhalten sie bei Flächen über 40 $m^2$ oder bei Seitenlängen über 8 m durch Bewegungsfugen aufgeteilte Felder, ebenfalls zwischen Türdurchgängen und verschiedenen Heizkreisen. Die **Bewegungsfugen**, die durch den ganzen Estrich gehen und eine Bewegung des Estrichs von mindesten 5 mm ermöglichen sollen, müssen zwingend im Bodenbelag übernommen werden. Das Gleiche gilt auch für die Wandabschlussfugen. Die auf Heizestrichen zum Einsatz kommenden Verlegewerkstoffe müssen für Fußbodenheizungen geeignet sein. Ferner dürfen die zu verklebenden Bodenbeläge einen maximalen Wärmedurchlasswiderstand von nicht mehr als 0,15 $m^2 \cdot K/W$ besitzen.

### 5. Fertigteilestriche

Fertigteilestriche bestehen aus vorgefertigten Platten, die auf einer tragfähigen Decke aufliegen und ohne Trocknungszeit mit einem Bodenbelag belegt werden können. Zum Einsatz kommen Holzwerkstoffplatten und mineralisch gebundene Platten.

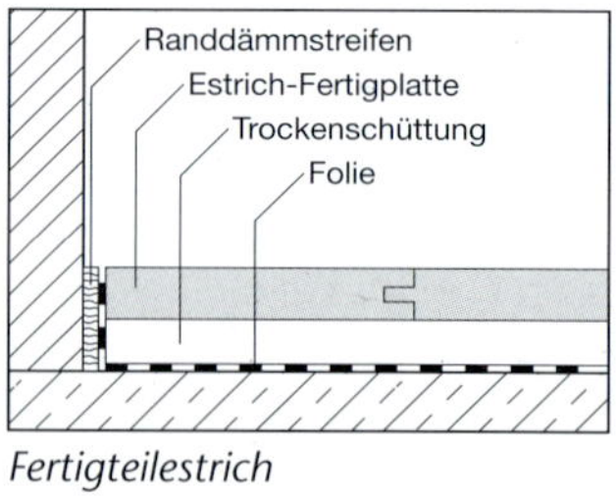

*Fertigteilestrich*

#### Holzwerkstoffplatten

Sie bestehen aus unterschiedlich großen Holzspänen, die mit einem Bindemittel verfestigt wurden. Sie werden durch Verschrauben oder durch Kleben und evtl. zusätzlichem Verschrauben kraftschlüssig mit dem Untergrund verbunden oder schwimmend verlegt. Die Verbindung der Platten untereinander erfolgt durch eine verleimte Nut-Feder-Kombination. Der Randabstand der Platten muss mindestens 1 cm oder 2–3 mm je m

Raumtiefe betragen. Die Platten müssen immer von unten belüftet werden. Gewährleistet wird der erforderliche Luftwechsel durch Randleisten mit Lüftungsschlitzen. Bei sachgerechter Verlegung und Vorbehandlung bieten sie einen geeigneten Untergrund für die Aufnahme textiler und elastischer Bodenbeläge. Für Bodenbelagarbeiten kommen zum Einsatz:

- **Spanplatten Typ V 100 E 1**, die beständig gegen hohe Luftfeuchtigkeit sind und keine unzumutbare Konzentration des ausgasenden Formaldehyds an die Raumluft abgeben. Die Verlegung der Spanplatten regelt die DIN 68771.
- **OSB-Platten** vom Typ E 1 (formaldehydarm). Sie bestehen aus langen, schlanken Spänen, die in drei Schichten kreuzweise verleimt werden. Der Bindemittelanteil dieser Platten ist geringer als bei den üblichen Spanplatten. Aufgrund der längeren Späne besitzen die OSB-Platten eine größere Biegefestigkeit als die normalen Spanplatten. Typisch für OSB-Platten ist ihre großflächige Struktur der Holzspäne.

**Mineralisch gebundene Platten**
Sie werden schwimmend verlegt und benötigen keine aufwendig konstruierten Wandabschlüsse zur Belüftung. Für Bodenbelagarbeiten kommen zum Einsatz:

- **zementgebundene Holzspanplatten:** Sie besitzen im Gegensatz zu den normalen Spanplatten Zement als Bindemittel. Sie sind deshalb ökologisch unbedenklich.
- **Zementfaserplatten: Sie** bestehen aus Zement, Füllstoffen und Fasern zur Armierung. Sie stellen einen saugfähigen Untergrund dar und sind nicht feuchtigkeitsempfindlich.
- **Gipsplatten: Sie** bestehen aus Gips, Fasern zur Armierung und einer Kartonummantelung zur Erhöhung der Stabilität der Platten. Sie sind feuchtigkeitsempfindlich und erfordern eine entsprechende Grundierung.
- **Gipsfaserplatten: Sie** bestehen aus Gips und einem hohen Anteil Zellulosefasern. Über einen Stufenfalz werden sie miteinander verklebt. Sie werden in verschiedenen Varianten angeboten. So haben z. B. Gipsfaserverbundplatten einen aufkaschierten Dämmstoff. Gipsfaserplatten sind ebenfalls feuchtigkeitsempfindlich und erfordern eine entsprechende Grundierung.

#### 10.1.1.1.2 Estriche unterschieden nach dem Rohstoff

##### 1. Zementestriche (CT)

Zementestrich besteht aus **Bindemitteln, Zuschlagstoffen** und **Wasser**. Als Bindemittel verwendet man Normzement, Zuschlagstoffe sind gewaschene und gemischte Sande. Durch Zugabe von Kunstharzdispersionen oder Bitumenemulsionen können verschiedene Eigenschaften wie z. B. Biegefestigkeit, Abriebfestigkeit, Plastizität und Trocknungszeit des Estrichs verbessert werden.

Zementestriche können für jede Konstruktionsart eingesetzt werden. Sie sind unempfindlich gegenüber Feuchtigkeit. Typisch für sie ist jedoch das Schwinden während des Abbindens, wobei es zu Verformungen und Rissbildung kommen kann. Um ungewollte Risse im Estrich zu vermeiden, werden bei Flächen über 30 $m^2$ oder bei Seitenlängen über 6 m sowie in Türöffnungen Scheinfugen eingearbeitet, damit evtl. Risse nur an diesen Stellen auftreten (Sollbruchstellen). Scheinfugen müssen anschließend kraftschlüssig geschlossen werden. Zementestriche erkennt man an der zementgrauen Farbe. Bei den Zementestrichen unterscheidet man:

- **konventionelle Zementestriche**, die als erdfeuchte plastische Mörtelmassen aufgebracht werden. Nach drei Tagen sind sie begehbar, nach sieben Tagen belastbar.
- **Zementfließestriche**: Durch den Zusatz eines Fließmittels erhalten die Zementestrichmörtel eine fließfähige und selbst nivellierende Eigenschaft. Zementfließestriche erleichtern den Einbau des Estrichs in Bezug auf die Nivellierung und die Reduzierung des körperlichen Aufwands. Sie sind nach ca. einem Tag begehbar und nach ca. drei Tagen belastbar. Die auf der Estrichoberfläche entstandene Zementhaut muss durch Bürsten oder Anschleifen entfernt werden.
- **Zementschnellestriche**: Durch den Einsatz von besonderen Schnellzementbindemitteln binden diese Estriche schnell ab, sodass sie nach ca. drei Stunden begehbar und nach ca. einem Tag belastbar sind.
  In Bezug auf die Begeh- und Belastbarkeit der Estriche sind unbedingt die Angaben des Herstellers zu beachten.

### 2. Calciumsulfatestriche (CA)

Calciumsulfatestriche bestehen aus dem Bindemittel **Calciumsulfat** (Gips), den **Zuschlagstoffen** Sand oder Kies, **Wasser** und evtl. **Zusatzmitteln**, die je nach Zusammensetzung unterschiedliche Festigkeiten ergeben. Als Bindemittel werden verwendet: Naturanhydrit, synthetischer Anhydrit, thermischer Anhydrit, Alpha-Halbhydrat oder REA-Anhydrit.

Der Vorteil der Calciumsulfatestriche ist, dass sie beim Abbinden weitgehend dimensionsstabil bleiben und mit ihnen große fugenlose Flächen hergestellt werden können. Da sie sehr saugfähig und empfindlich gegenüber Feuchtigkeit sind, müssen ihre Oberflächen mit einem feuchtigkeitsisolierenden Vorstrich vorgestrichen werden. Calciumsulfatestriche können schwimmend, im Verbund oder auf einer Trennschicht verlegt werden. Für Feuchträume sind sie ungeeignet. Calciumsulfatestriche sind an der gelblich-weißen Farbe zu erkennen. Man unterscheidet:

*Einbringen des Calciumsulfatestrichs auf einem Untergrund mit Fußbodenheizung*

- **Calciumsulfatfließestriche:** Durch den Zusatz eines Fließmittels entsteht ein fließfähiger, selbst verteilender und selbst nivellierender Estrichmörtel. Nach dem Abbinden entsteht ein sehr homogenes, festes Gefüge und eine glatte Oberfläche. Sie sind nach ca. einem Tag begehbar und nach ca. zwei bis drei Tagen belastbar.
  Die durch das Fließmittel an der Oberfläche entstandene Sinterschicht muss durch Kugelstrahlen oder Schleifen mit Schleifpapier der Körnung 16 entfernt werden.
- **konventionelle Calciumsulfatestriche**, bei denen der Estrichmörtel in erdfeuchter bis plastischer Konsistenz auf den Untergrund aufgetragen wird. Konventionelle Calciumsulfatestriche sind nach ca. drei Tagen begehbar und nach ca. sieben Tagen belastbar.

### 3. Magnesiaestriche (MA)

Magnesiaestriche bestehen aus **kaustischer Magnesia** (fein gemahlenes Gesteinsmehl aus gebranntem Magnesit), **organischen** oder **anorganischen Füllstoffen, Magnesiumchlorid, Wasser** und evtl. **Zusatzstoffen** (z. B. Farbstoffen).
Magnesiaestriche können in großen Flächen fugenlos verlegt werden. Da sie Magnesiumchlorid enthalten, das stark korrodierende Eigenschaften besitzt, müssen alle mit dem Estrich in Berührung kommenden Metallteile (Träger, Rohrleitungen) mit geeigneten Materialien isoliert werden. Magnesiaestriche sind feuchtigkeitsempfindlich und müssen vor ihrer weiteren Bearbeitung einen feuchtigkeitisolierenden Vorstrich erhalten. Aufgrund ihrer hohen Festigkeit und geringen Dichte werden sie insbesondere auch bei Altbaurenovierungen eingesetzt. Nach den verwendeten Füllstoffen unterscheidet man:

- **Steinholzestriche**, die eine Trockenrohdichte bis 1,6 $kg/dm^3$ besitzen und zugegebene Holzspäne als Füllmaterial enthalten. Sie wurden früher im Wohnungsbau eingesetzt. Heute werden sie überwiegend bei der Altbausanierung auf Dämmschichten eingebaut.
- **anorganisch gefüllte Magnesiaestriche**, die eine Trockendichte über 1,6 $kg/dm^3$ besitzen. Sie werden in verschiedenen Farben im Gewerbe- und Industriebau als direkt nutzbare Untergründe eingesetzt.

### 4. Gussasphaltestriche (AS)

Gussasphaltestriche bestehen aus **Bitumen** als Bindemittel und **Zuschlagstoffen** (Splitt und/oder Kies, Sand, Steinmehl) und **Zusatzstoffen**, durch die zusätzliche Eigenschaften erzielt werden. Sie werden in heißem Zustand bei einer Temperatur von 220–250 °C in Schichtdicken von 4–6 cm auf den Untergrund aufgebracht. Deshalb müssen bei einer Verlegung auf Trennschichten hitzebeständige Materialien (hitzebeständiges Papier, Glasvlies, Bitumenpappe usw.), bei schwimmenden Estrichen hitzebeständige Dämmstoffe (z. B. Glasfasermatten, Perlite-Schüttungen usw.) verwendet werden. Gussasphaltestriche können nur auf trockenen Untergründen aufgetragen werden, da sonst durch den heißen Asphalt Wasserdampf entsteht, der Blasen in den aufgetragenen Estrichen bilden kann.
Die Oberfläche des noch heißen Estrichs muss mit Quarzsand abgerieben werden, damit die Spachtelmassen besser haften. Gussasphaltestriche erfordern keine Abbindezeiten und keine Nachbehandlungen. Nach dem Erkalten können sie sofort genutzt oder mit einem Bodenbelag belegt werden. Zur Verklebung der Bodenbeläge dürfen keine lösemittelhaltigen Klebstoffe verwendet werden. Aufgrund der thermoplastischen Eigenschaften benötigen Gussasphaltestriche breitere Randfugen als andere Estricharten.
Gussasphaltestriche können fugenlos in großen Flächen aufgebracht werden. Sie sind frei von Rissen, enthalten keine Feuchtigkeit und sind beständig gegenüber Wasser und aufsteigender Feuchtigkeit.
Gussasphaltestriche werden im Industrie- und Wohnungsbau, hier auch oft bei der Altbausanierung, eingesetzt. Man erkennt sie an der schwarzen Farbe.

### 5. Kunstharzestriche (SR)

Kunstharzestriche besitzen als Bindemittel **lösemittelfreie Reaktionsharze** – Epoxidharze (EP), Methylmethacrylharze (MMA), Polyurethanharze (PUR), ungesättigte Polyesterharze (UP) – sowie **Füllstoffe, Farbpigmente** und mineralische oder synthetische **Zuschläge**. Die verwendeten Reaktionsharze binden chemisch ab. Kunstharzestriche werden fugenlos in Schichtdicken von 5–15 mm überwiegend als Verbundestriche hergestellt. Eine Herstellung auf einer Trenn- oder Dämmschicht ist ebenfalls möglich. Kunstharzestriche besitzen eine porenlose dampfdichte und pflegeleichte Oberfläche, eine hohe Widerstandsfähigkeit gegen mechanische Beanspruchung sowie je nach verwendetem Bindemittel eine gute Chemikalienbeständigkeit. Sie sind deshalb vorwiegend in hoch beanspruchten und chemischen Bereichen der Industrie anzutreffen. Sie können aber auch im Wohnungsbau eingesetzt werden. Kunstharzestriche sind bereits nach einem Tag verlegereif und müssen nicht nachbehandelt werden. Sie können unmittelbar als Nutzbelag verwendet werden. Soll allerdings ein Bodenbelag darauf verlegt werden, so ist der Estrich aufgrund seiner Glattheit abzusanden. Ggf. können besondere Grundierungen zur Schaffung einer griffigen, beklebbaren Oberfläche und zur Vermeidung von Reaktionen mit anderen Verlegewerkstoffen und bei der Verwendung von Dispersionsklebstoffen auch eine Spachtelung zur Erzeugung eines saugfähigen Untergrunds erforderlich sein.

### 10.1.1.2 Betondecken

Ortsfest hergestellte Betondecken, die aus einem Gemisch aus Zement, Zuschlägen (Sand, Kies), Zusatzmitteln und Wasser bestehen, eignen sich nur in den seltensten Fällen für eine direkte Belegung mit einem Bodenbelag. Sie sind uneben und besitzen eine unzureichende Wärme- und Schallisolation. Aus diesem Grunde erhalten sie in den meisten Fällen einen Estrichauftrag. Vorgefertigte Betondecken, wie sie im Montagebau verwendet werden, können dagegen nach dem Vorstreichen und Spachteln direkt mit einem Bodenbelag belegt werden.

### 10.1.1.3 Nutzböden

Bereits benutzte Bodenbeläge und Fußböden, wie Linoleum, PVC-Beläge, Flex-Platten, textile Teppichböden, Parkett, Holzdielen, Stein-, Keramik- und Terrazzoböden, die durch ihre Nutzung im Laufe der Zeit unansehnlich geworden sind, werden zunehmend bei Renovierungsmaßnahmen direkt mit neuen Bodenbelägen belegt. Sie stellen keine normengerechten Untergründe dar und müssen vor einer Belagverlegung einer intensiven Prüfung unterzogen werden.

### 10.1.1.4 Treppen

Treppen werden in gerader und gewendelter Form aus Holz oder Stein hergestellt. Sie können Blockstufen, Stufen mit vorspringender Kante und bei freitragenden Treppen nur Trittstufen besitzen.

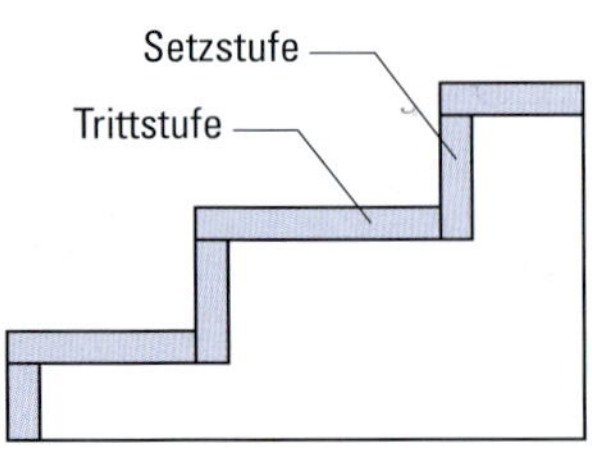


*Blockstufe*

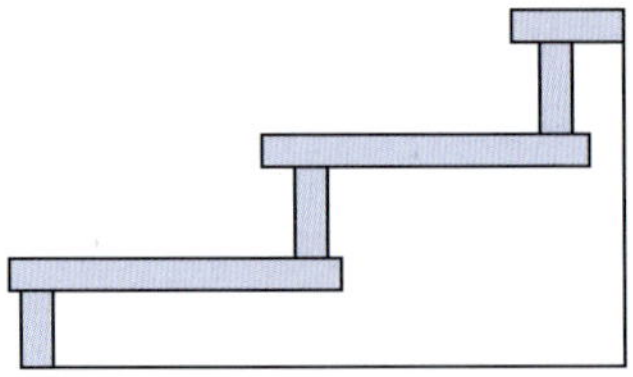

*Stufe mit vorspringender Kante*

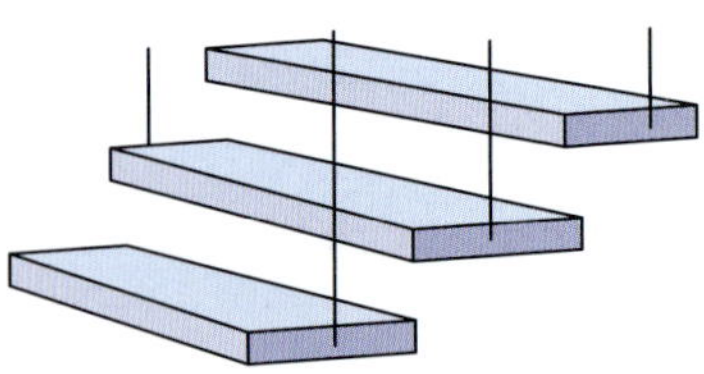

*Trittstufe bei freitragender Treppe*

***Aufgaben***

1. *Nennen Sie die typischen Merkmale, Eigenschaften und Einsatzmöglichkeiten der a) Verbundestriche, b) Estriche auf Trennschicht und c) schwimmenden Estriche.*
2. *Schildern Sie den Aufbau eines schwimmenden Estrichs, seine Eigenschaften und Einsatzmöglichkeiten.*
3. *Welche allgemeinen Trocknungszeiten gelten vor dem Aufheizen bei Heizestrichen für a) Zement-, b) Schnellzement- und c) Calciumsulfatestriche?*
4. *Begründen Sie, warum und bei welchen Flächengrößen bei Zementheizestrichen Bewegungsfugen eingearbeitet werden müssen und was außerdem dabei zu beachten ist.*
5. *Schildern Sie die rohstoffmäßige Zusammensetzung der Calciumsulfatestriche und ihre charakteristischen Vorteile.*
6. *Was ist beim Einbringen eines Gussasphaltestrichs als a) Estrich auf Trennschicht und b) schwimmender Estrich sowie bei der späteren Behandlung des Estrichs zu beachten?*

### 10.1.2 Prüfen der Untergründe

Der Raumausstatter muss den für eine Bodenverlegung vorgesehenen Untergrund auf seine Eignung hin prüfen. Bei der Prüfung und Beurteilung eines Untergrunds handelt es sich einmal um optische Prüfungen durch Inaugenscheinnahme und um mechanische Prüfungen mit branchenüblichen Werkzeugen und Geräten. Dazu kann es erforderlich sein, vom Auftraggeber auch Angaben, z. B. über Estrichart und -konstruktion sowie über eingebaute Fußbodenheizungen usw., zu erhalten, damit der Raumausstatter der Prüfungspflicht auch in vollem Umfang nachkommen kann.

Treten bei der Untergrundprüfung Bedenken gegen eine ordnungsgemäße Ausführung der Bodenbelagarbeit auf, muss der Raumausstatter die **festgestellten Mängel unverzüglich**, nicht erst kurz vor Beginn der Arbeiten, **dem Auftraggeber schriftlich mitteilen**, damit dieser noch Gelegenheit erhält, die aufgezeigten Mängel beseitigen zu lassen. Nach den Allgemeinen Technischen Vorschriften (ATV) DIN 18365, Ziffer 3.1.1 sind insbesondere Bedenken geltend zu machen bei folgenden Mängeln:

- größere Unebenheiten,
- Risse in der Oberfläche des Untergrunds,
- nicht genügend trockener Untergrund,
- nicht genügend feste Oberfläche des Untergrunds,
- zu poröse und zu raue Oberfläche des Untergrunds,
- verunreinigte Oberfläche des Untergrunds,
- falsche Höhenlage des Untergrunds zu den Höhenlagen anschließender Räume,
- ungeeignete Temperatur- und Luftverhältnisse im Raum,
- fehlendes Aufheizprotokoll bei einer beheizten Fußbodenkonstruktion,
- fehlender Überstand des Randdämmstreifens bei schwimmenden Estrichen,
- fehlende Markierung von Messstellen bei beheizter Fußbodenkonstruktion.

#### 10.1.2.1 Prüfen größerer Unebenheiten

Bei verschiedenen Bodenbelägen, z.B. dünnen PVC-Belägen, zeichnen sich bereits geringe Unebenheiten des Untergrunds nach einer Verklebung auf der Oberfläche ab. An solchen Stellen verschleißt der Bodenbelag auch schneller. Deshalb ist ein planebener Untergrund eine wichtige Voraussetzung für eine einwandfreie Bodenbelagarbeit. Die Ebenheit eines Untergrunds wird mit einer 2–4 m langen Messlatte in Verbindung mit einer Wasserwaage und einem Messkeil geprüft.

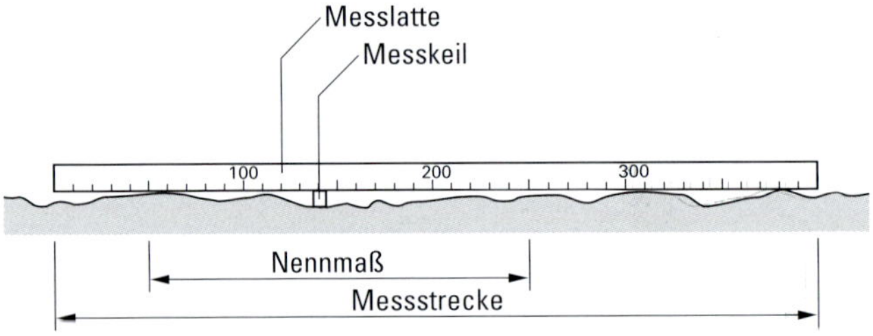

*Messen mit Messlatte und Messkeil*

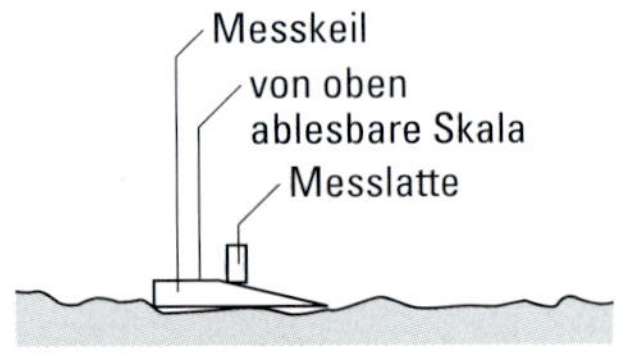

*Ansicht Messkeil*

**Zulässige Ebenheitstoleranzen nach DIN 18202**

| Abstand der Messpunkte bis | | 0,1 m | 1,0 m | 4,0 m | 10,0 m | 15,0 m |
|---|---|---|---|---|---|---|
| flächenfertige Böden, z.B. Estriche zur Aufnahme von Bodenbelägen | zulässige Toleranz in mm | 2 | 4 | 10 | 12 | 15 |
| flächenfertige Böden mit erhöhten Anforderungen, z.B. gespachtelte, gegossene und geklebte Bodenbeläge | zulässige Toleranz in mm | 1 | 3 | 9 | 12 | 15 |

#### 10.1.2.2 Prüfen der Oberfläche auf Risse

Risse entstehen vor allem bei zementgebundenem Estrich durch Spannungen, die beim Abbinden und Erhärten des Estrichs auftreten. Sie sind im Estrich durch Augenschein festzustellen. Man unterscheidet Haar- oder Feinrisse mit Breiten zwischen 0,05 und 0,3 mm, die nur die Oberfläche des Estrichs erfassen, und Setzrisse mit einer Breite von über 0,3 mm, die durch die ganze Estrichschicht gehen. Diese Setzrisse unterteilen z.B. schwimmende Estriche in einzelne Felder. Durch unterschiedliche Druckbelastung der einzelnen Felder kann es zu Höhendifferenzen kommen, die sich in dem zu verlegenden Bodenbelag abzeichnen würden. Deshalb müssen Setzrisse durch eine besondere Behandlung geschlossen werden.

#### 10.1.2.3 Prüfen der Feuchtigkeit

Zu hohe Feuchtigkeit des Untergrunds führt mit Sicherheit zu Belagschädigungen und Pilzbildungen mit erheblicher Geruchsbelästigung. Deshalb ist die Prüfung des Feuchtigkeitsgehalts von größter Wichtigkeit. Optische Bewertungen des Untergrunds oder Bewertungen der Feuchtigkeit nach der Liegezeit des Estrichs führen mit Sicherheit zu Fehlurteilen. Die Feuchtigkeit muss deshalb gemessen werden.

Jeder mineralische Untergrund enthält eine eigene für ihn charakteristische Haushaltsfeuchte, die in Prozent angegeben wird. Weist er diese Haushaltsfeuchte oder einen darunterliegenden Wert auf, dann ist er verlegereif. Bei höheren Werten sind Bedenken gegen eine Belagverlegung geltend zu machen.

**Zulässige Haushaltsfeuchte für die Belegreife[1]:**

| Estrichart | elastische und textile Bodenbeläge, Parkett, Holzpflaster, Laminatböden |
|---|---|
| **Zementestrich** | |
| unbeheizt | 2,0 % |
| beheizt | 1,8 % |
| **Anhydritestrich** | |
| unbeheizt | 0,5 % |
| beheizt | 0,3 % |
| **Magnesiaestrich** | |
| unbeheizt | 1,0–3,5 %[2] |

Feuchtigkeitsmessungen bei beheizten Fußbodenkonstruktionen dürfen nur an den markierten Messstellen vorgenommen werden, damit bei der Probenentnahme aus dem Untergrund keine Rohre beschädigt werden.

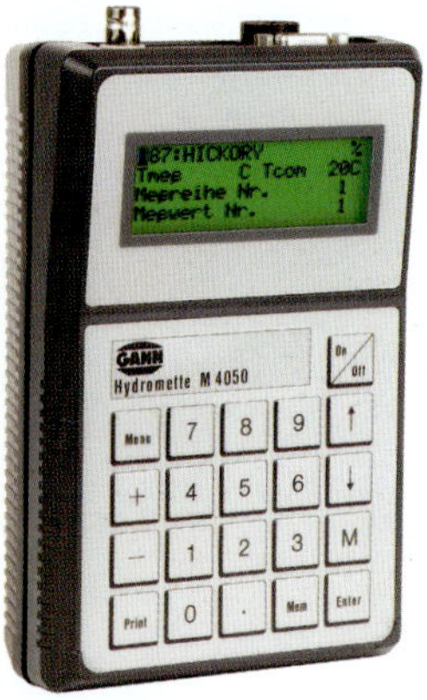

*Elektronischer Feuchtigkeitsmesser*

### 1. Feuchtigkeitsmessung mit elektronischen Messgeräten

Feuchtigkeitsmessungen mit elektronischen Feuchtigkeitsmessern liefern im Allgemeinen nur ungenaue Werte, da die Stahlstifte der Elektroden nicht sehr tief in den Estrich eingeschlagen werden können. Dadurch wird lediglich im oberen Bereich gemessen. Deshalb verwendet man solche Geräte hauptsächlich zur schnellen Vorprüfung und zur Abschätzung des Feuchtigkeitsgehalts.

### 2. Feuchtigkeitsmessung mit dem CM-Gerät

Der genaue Feuchtigkeitsgehalt eines Untergrunds lässt sich nur mit dem CM-Gerät feststellen. Dabei wird aus dem zu prüfenden Untergrund mit Hammer und Meißel eine Durchschnittsprobe über den gsamten Querschnitt, bei Parkett eine Durchschnittsprobe aus dem unteren bis mittleren Querschnitt des Estrichs herausgestemmt, die in einer Reibschale zerkleinert wird. Nach dem Wiegen wird die zerkleinerte Probe in die CM-Druckflasche gefüllt. Das Gewicht der Prüfprobe richtet sich nach dem vermuteten Feuchtigkeitsgehalt. Je geringer der vermutete Feuchtigkeitsgehalt ist, um so größer muss die Einwaage sein und umgekehrt. Zu der Prüfprobe werden vier Stahlkugeln und eine Ampulle Calciumcarbid in die CM-Druckflasche gegeben, die nun mit dem Manometerkopf geschlossen wird. Durch kräftiges Schütteln der Druckflasche zertrümmern die Stahlkugeln die Ampulle, wodurch das Calciumcarbid frei wird. Es verbindet sich jetzt mit der Feuchtigkeit der Probe zu Acetylengas, das in der Prüfflasche einen Druck erzeugt, der nach ca. 10–15 Minuten am Manometer abgelesen wird. Aus einer Tabelle kann



[1] *lt. BEB – Bundesverband Estrich und Belag e. V.*
[2] *je nach Anteil der organischen Bestandteile*

anhand des Prüfgewichts und des festgestellten Drucks der Feuchtigkeitsgehalt der Prüfprobe in Prozenten abgelesen werden. Bei neueren Geräten kann der Feuchtigkeitsgehalt auch in CM-% direkt am Manometer abgelesen werden.

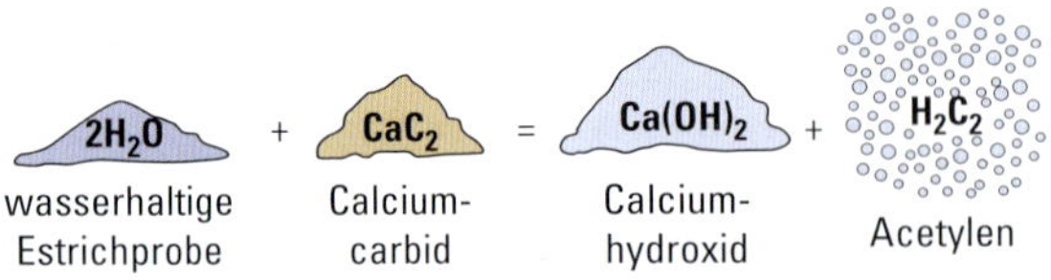


*Chemische Reaktion bei der CM-Messung*

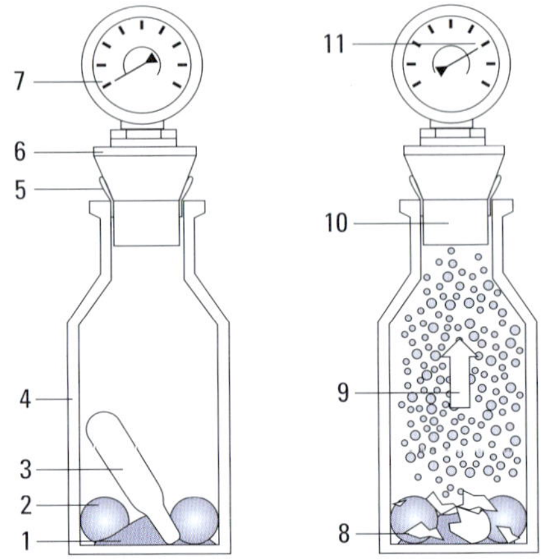


① *Estrichprobe*
② *Stahlkugeln*
③ *Glasampulle mit Calciumcarbid*
④ *Stahlmantel des CM-Geräts*
⑤ *Gummidichtungen*
⑥ *Stahlkegelverschluss*
⑦ *Druckmesser im Nullstand*
⑧ *zerbrochene Ampulle mit Gemisch aus Estrich und Calciumcarbid*
⑨ *aufsteigendes Acetylengas*
⑩ *Lochbohrung zum Druckmesser*
⑪ *Druckmesser zeigt Überdruck an*

*CM-Gerät mit einem Vorprüfgerät*

Einige Beispiele aus der Umrechnungstabelle:

| Manometer-druck in bar | Wassergehalt in % bei Einwaagen von | | | |
|---|---|---|---|---|
| | 3 g | 10 g | 50 g | 100 g |
| 0,2 | 6,3 | 1,9 | 0,38 | 0,19 |
| 0,6 | 19,7 | 5,9 | 1,18 | 0,57 |
| 1,0 | 33,1 | 10,0 | 1,96 | 0,95 |
| 1,2 | 39,9 | 12,0 | 2,35 | 1,14 |
| 1,4 | 46,7 | 14,0 | 2,74 | 1,33 |

Das in der Druckflasche erzeugte Acetylengas liegt im explosiven Bereich!

**_Sicherheitsvorschriften beim Entleeren der Druckflasche_**

- _Rauchen und offenes Feuer ist verboten._
- _Beim Ausschütten der Messprobe ist größte Vorsicht geboten. Die Messprobe enthält Glassplitter, Ätzkalk und Reste von Calciumcarbid._

_Feuer, offenes Licht und Rauchen verboten_

### 10.1.2.4 Prüfen der Oberflächenfestigkeit

Auf nicht festen Oberflächen kann es zu keiner festen Verbindung zwischen Untergrund und Bodenbelag kommen. Die Oberflächenfestigkeit muss deshalb durch eine Gitterritzprüfung mit einem Ritzgerät (z. B. Ri-Ri-Gerät) festgestellt werden. Mit diesem Gerät wird ein Stahldorn in einer Schablone über den Untergrund gezogen, der über eine Feder immer mit gleichem Druck den Untergrund einritzt. Dabei dürfen an den Schnittpunkten des Gitternetzes keine Ausbrüche entstehen. Hohlstellen können durch Abklopfen mit einem Hammer im Winkel von 45° festgestellt werden. Platzt die Schale ab, so muss die lose Schicht mit geeigneten Mitteln entfernt werden. Das Absanden bzw. Abkreiden des Estrichs kann mit einer Drahtbürste geprüft werden. Die Oberfläche muss mit dem Estrichaufbau ein festes Gefüge bilden.

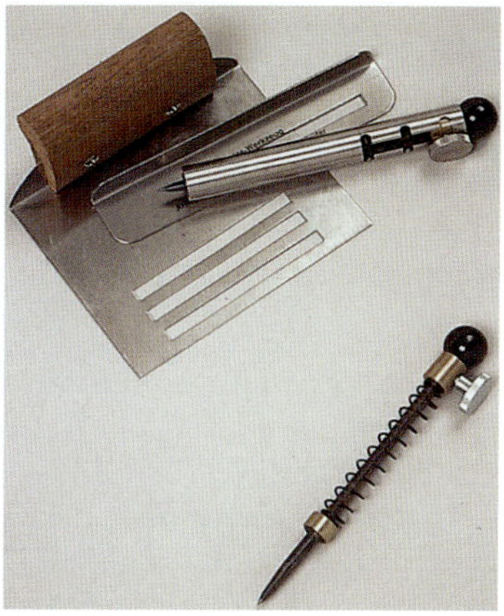

_Ritzgerät, rechts geöffneter Stahldorn_

_Gitterritzprüfungen (Abb. Thomsit/Henkel)_

### 10.1.2.5 Prüfen der Oberfläche auf Rauheit und Porosität

Eine poröse und raue Estrichoberfläche entspricht nicht der ordnungsgemäßen Beschaffenheit eines Estrichs. Eine zu raue Estrichoberfläche kann sich sehr leicht durch dünne elastische Bodenbeläge abzeichnen. In den meisten Fällen hat eine zu raue Oberfläche auch eine zu starke Porosität zur Folge. Die Porosität ist von der Art des Estrichs, der Zusammensetzung des Estrichmörtels und der Estrichherstellung abhängig. Poröse Oberflächen nehmen zu viel und zu schnell Feuchtigkeit der Spachtelmasse auf, wodurch diese zu schnell abbindet. Estrichoberflächen müssen eine gewisse Griffigkeit und damit Rauheit besitzen, um eine gute Haftung von Vorstrichen, Spachtelmassen und Klebstoffen zu gewährleisten. Zu poröse und zu raue Oberflächen der Estriche können nur durch Inaugenscheinnahme (optisch) festgestellt werden.

#### 10.1.2.6 Prüfen der Oberfläche auf Verunreinigungen

Verunreinigungen der Oberfläche, wie z. B. durch Staub, Farbreste, Wachs, Öl usw., sind durch Inaugenscheinnahme festzustellen und müssen vor einer Belagverlegung entfernt werden, denn sie beeinträchtigen die Haftfestigkeit der aufzutragenden Vorstriche, Spachtelmassen und Klebstoffe.

#### 10.1.2.7 Prüfen der Höhenlagen zu angrenzenden Räumen

Unterschiedliche Höhenlagen zu angrenzenden Räumen oder Fluren sind Stolperstellen und dürfen nach einer Verlegung des Bodenbelags nicht vorhanden sein. Deshalb ist vor einer Verlegearbeit unter Berücksichtigung der Belagsdicke die Höhenlage der angrenzenden Räume zu prüfen. Sind bei der Prüfung Höhendifferenzen festgestellt worden, so ist dieser Mangel dem Auftraggeber mitzuteilen. Er muss dann entscheiden, wie dieser Mangel, evtl. durch Spachteln oder Nivellieren, zu beheben ist und durch wen.

#### 10.1.2.8 Prüfen der Temperatur- und Luftverhältnisse

Vor einer Verlegearbeit sind Raumtemperatur und Luftfeuchtigkeit zu prüfen. Bei zu geringen Temperaturen und zu hoher Luftfeuchtigkeit kann eine ordnungsgemäße Bodenverlegung nicht gewährleistet werden. Zum Zeitpunkt der Vorbereitung des Untergrunds und der Verklebung darf die Oberflächentemperatur des Untergrunds nicht unter 15 °C, bei Fußbodenheizung zwischen 18 und 22 °C liegen. Die Lufttemperatur sollte im Raum 18 °C nicht unterschreiten. Ferner sollte die relative Luftfeuchtigkeit höchstens 75 %, vorzugsweise 65 % oder darunter, betragen. Verschiedene Hersteller von Verlegewerkstoffen fordern, dass aufgrund der Abbinde-, Trocknungs- und Reaktionszeiten der Verlegewerkstoffe die raumklimatischen Bedingungen auch drei Tage vor Beginn der Arbeiten und bis zu sieben Tagen nach Fertigstellung der Bodenbelagarbeiten beibehalten werden. Vorstrich, Spachtelmasse, Klebstoff und Bodenbelag müssen vor ihrer Verarbeitung akklimatisiert und der Temperatur des Untergrunds angepasst sein.

#### 10.1.2.9 Prüfen des Aufheizprotokolls bei Fußbodenheizungen

Beheizbare Estriche müssen nach einer vorgegebenen Trockenzeit durch das **Funktionsheizen** und das anschließende **Belegreifheizen** ausgetrocknet werden. Die Trocknungszeit des Estrichs vor dem Aufheizen beträgt in der Regel bei Zementestrichen 21 Tage, bei Calciumsulfatestrich sieben Tage oder eine entsprechende andere Zeitangabe des Herstellers.
Beim Funktionsheizen, das zur Überprüfung der Funktion der Heizung dient und vom Heizungsbauer durchzuführen ist, wird drei Tage eine Vorlauftemperatur von 25 °C und danach vier Tage eine maximale Vorlauftemperatur von 55 °C gehalten.
Im Anschluss an das siebentägige Funktionsheizen, der Zementestrich ist dann mindestens 28 Tage, der Calciumsulfatestrich mindestens 14 Tage alt, beginnt das Belegreifheizen, das vom Bauherren bzw. dem Auftraggeber durchgeführt wird. Dabei soll am ersten Tag die

Vorlauftemperatur 25 °C betragen. Danach wird die Temperatur täglich um 10 °C erhöht, sodass nach dem vierten Tag die maximale Vorlauftemperatur von 55 °C erreicht ist und bis zum 15. Tag gehalten wird. Ab dem 16. Tag wird die Temperatur wieder um 10 °C abgesenkt, sodass am 18. Tag die angestrebte Vorlauftemperatur von 25 °C erreicht ist. Am 19. Tag kann die Feuchte zur Bestimmung der Belegreife des Estrichs gemessen werden. Über das Funktions- und Belegreifheizen ist ein Protokoll zu führen, in dem die einzelnen Schritte dokumentiert werden.

#### 10.1.2.10 Prüfen des Überstands des Randdämmstreifens

Bei schwimmenden Estrichen ist das Vorhandensein eines über den Estrichrand überstehenden Randdämmstreifens durch Inaugenscheinnahme zu prüfen.

#### 10.1.2.11 Prüfen der Nutzböden

Bereits genutzte Böden, z. B. textile und elastische Bodenbeläge, Parkett, Stein- und Terrazzoböden, können in Ausnahmefällen für die Aufnahme eines neuen Bodenbelags geeignet sein. Durch besondere Untergrundprüfungen ist festzustellen, dass

- der Nutzbelag eine feste Verbindung zum Untergrund besitzt,
- die Oberfläche sauber und frei von Pflegemitteln und Trennschichten ist,
- eine Haftung der Verlegewerkstoffe gewährleistet ist,
- der Nutzboden so beschaffen sein muss, dass der neue Bodenbelag ausreichende mechanische Eigenschaften, z. B. Stuhlrolleneignung, besitzt,
- nachstoßende Feuchtigkeit oder Kondensationsfeuchtigkeit keinen Schaden verursachen kann,
- eine evtl. vorhandene Fußbodenheizung nicht in ihrer Wirksamkeit beeinträchtigt wird,
- es durch eine Probeverlegung mit dem neuen Bodenbelag und die eingesetzten Verlegewerkstoffe nicht zu einer Geruchsbelästigung kommt.

***Aufgaben***

1. *Bei welchen Mängeln des Untergrunds sind nach der VOB DIN 18365 Bedenken gegen eine ordnungsgemäß auszuführende Bodenbelagarbeit geltend zu machen?*
2. *Welches sind die zulässigen Haushaltsfeuchten für a) Zementestriche und b) Calciumsulfatestriche für unbeheizte und beheizte Estrichkonstruktionen?*
3. *Schildern Sie die Feuchtigkeitsmessung mit einem CM-Gerät.*
4. *Wie prüfen Sie die Oberflächenfestigkeit? An welchen Merkmalen können Sie erkennen, dass der Untergrund die geforderte Festigkeit besitzt?*
5. *Welche raumklimatischen Bedingungen müssen für eine Bodenbelagsverlegung vorhanden sein?*
6. *Was muss in einem Aufheizprotokoll bei einer Fußbodenheizung alles aufgeführt sein?*

## 10.1.3 Vorbereiten der Untergründe

Voraussetzung für eine einwandfreie Bodenbelagarbeit ist eine fachgerechte Vorbereitung des Untergrunds.

### 10.1.3.1 Vorbereiten der Estriche

#### 1. Säuberung der Estriche

Verunreinigungen auf der Oberfläche des Estrichs beeinträchtigen die Haftfestigkeit der aufzubringenden Vorstriche und Spachtelmassen und müssen entfernt werden. Staub und allgemeiner Schmutz können durch Abbürsten oder mit einem Industriestaubsauger entfernt werden. Die Entfernung gröberer, fest haftender Mörtelreste kann durch Abstoßen, Abschleifen, Abfräsen oder Kugelstrahlen erfolgen. Öl-, Fett-, Wachs- und Farbrückstände können mit entsprechenden chemischen Mitteln bzw. durch Abheben oder Abstoßen sowie durch Flammstrahlen entfernt werden.

#### 2. Behandlung der Risse

Die bei der Untergrundprüfung festgestellten Haar- oder Feinrisse können in der Regel unberücksichtigt bleiben. Sie werden von der aufgetragenen Spachtelmasse ausgefüllt. Setzrisse, die die ganze Estrichschicht durchziehen, müssen dagegen durch eine besondere Behandlung kraftschlüssig geschlossen werden. Zu diesem Zweck werden die Risse zunächst verbreitert. Danach werden rechtwinklig zum Rissverlauf im Abstand von ca. 20–30 cm ca. 10–15 cm lange Querfugen mit einer Tiefe von ca. 1/2 bis 2/3 der Estrichdicke eingefräst. Nach dem Aussaugen der Fugen werden Sanierklammern in die Fugen eingelegt, mit Epoxidharz ausgegossen und mit Quarzsand abgestreut, damit eine bessere Haftung der Spachtelmasse erreicht wird.

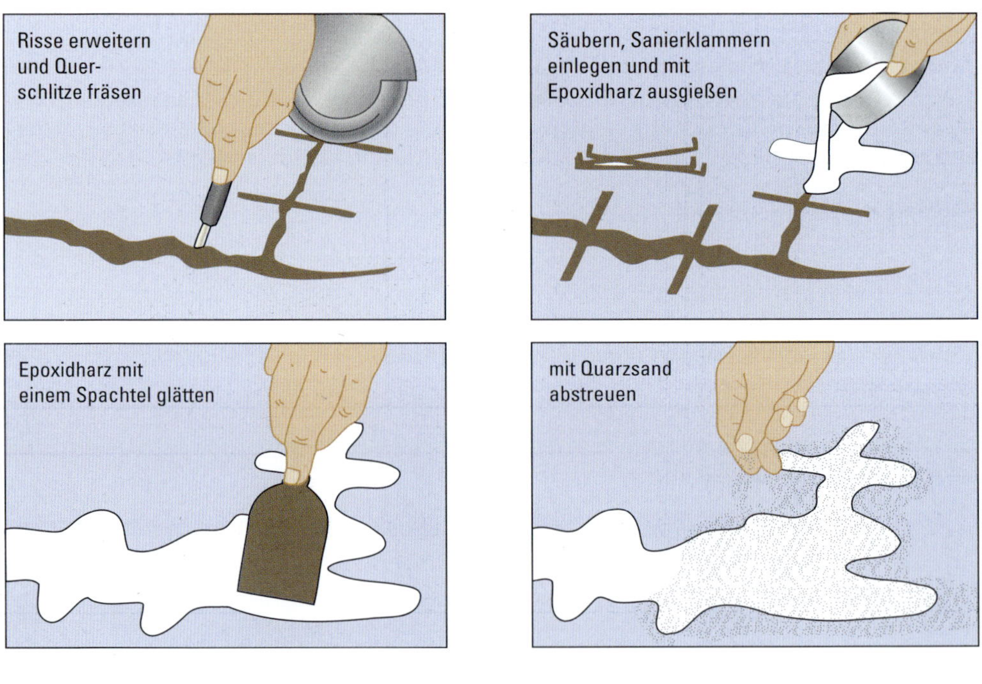

### 3. Behandlung der Fugen

**Bauwerksfugen** trennen zwei voneinander unabhängige Gebäudeteile. Sie gehen daher durch alle tragenden und nicht tragenden Teile des Bauwerks und müssen in gleicher Breite im Estrich und im Bodenbelag übernommen werden. Bauwerksfugen werden mit geeigneten Fugenprofilen überdeckt. Der Bodenbelag wird üblicherweise am Rand der Profile angearbeitet.

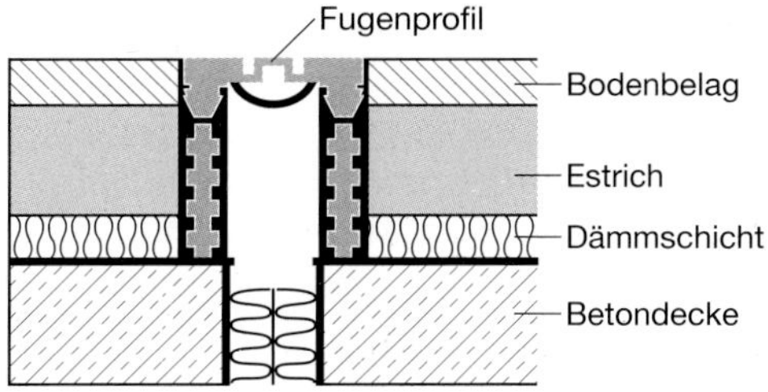


**Bewegungsfugen**, die durch den ganzen Estrich gehen, kommen in der Regel zwischen verschiedenen Bauwerksteilen und bei Heizestrichen zwischen Türdurchgängen und bei größeren Flächenunterteilungen vor. Sie werden in schwimmenden Estrichen eingebaut, um Bewegungen des Estrichs durch Schwund, Temperaturschwankungen oder Belastung zu ermöglichen. Sie unterteilen die Estrichfläche in einzelne Felder. Bewegungsfugen werden mit elastischen Fugenmassen ausgefüllt oder mit Fugenprofilen abgedeckt. Sie dürfen nicht überspachtelt oder mit einem Bodenbelag überdeckt werden.

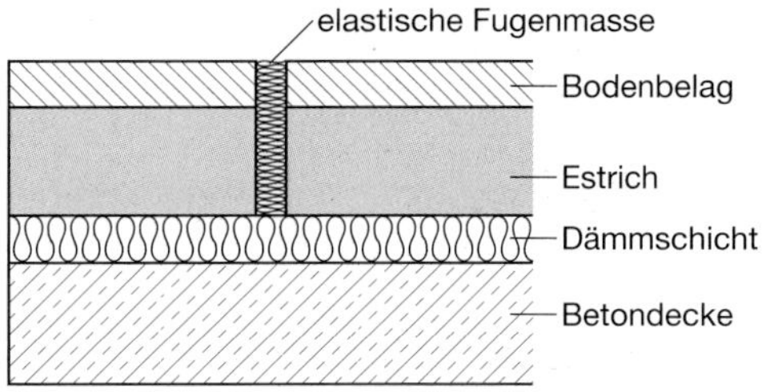


**Randfugen** trennen bei schwimmenden Estrichen die Estrichplatte von allen seitlich angrenzenden Bauteilen durch einen eingelegten Randdämmstreifen. Sie nehmen die Bewegungen des Estrichs auf, verhindern Schall- und Wärmebrücken sowie die Übertragung von Erschütterungen über die Wände. Randfugen dürfen weder durch Verschmutzung noch durch Spachtelmassen ausgefüllt werden, da sonst ihre Beweglichkeit und schalldämmende Funktion beeinträchtigt wird. Die eingelegten Randdämmstreifen dürfen erst nach dem Spachteln bündig mit dem Untergrund abgeschnitten werden.

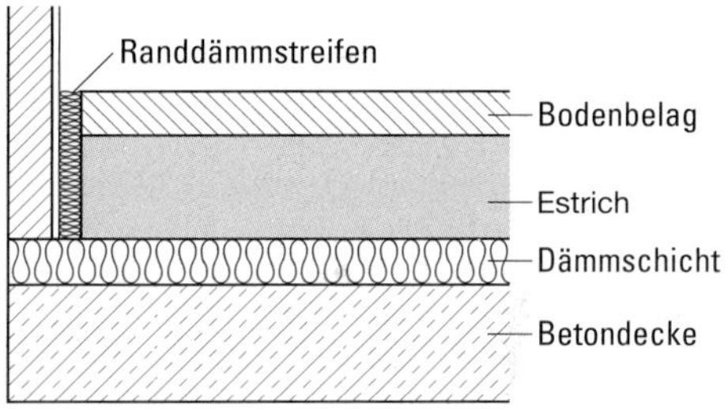


**Scheinfugen**, auch als angeschnittene Fugen bezeichnet, sind Sollbruchstellen, die in Zement- und Magnesiaestrichen angeordnet werden, um Verkürzungen des Estrichs, z. B. durch Schwinden, zu ermöglichen. Scheinfugen müssen wie Setzrisse kraftschlüssig geschlossen werden.

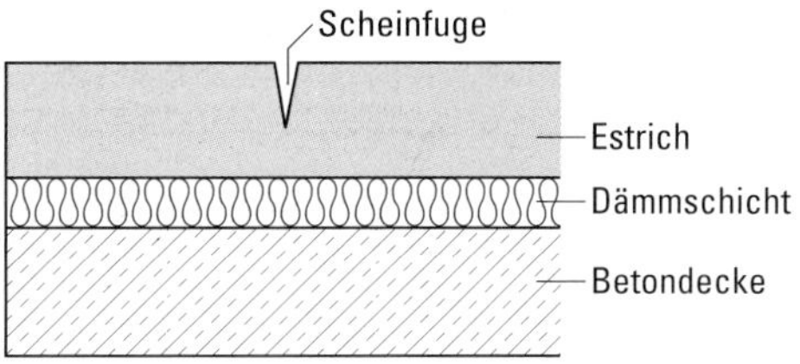


### 4. Vorstreichen bzw. Grundieren

Zement-, Calciumsulfat- und Magnesiaestriche müssen zur Vorbereitung einer Bodenbelagarbeit nach vorherigem Schleifen und Absaugen vorgestrichen bzw. grundiert werden.

Vorstriche bzw. Grundierungen sollen
- die Saugfähigkeit des Untergrunds mindern,
- den Reststaub binden,
- den Untergrund gegen die Feuchtigkeit aus den Verlegewerkstoffen schützen,
- die Benetzung des Untergrunds verbessern,
- eine Haftbrücke zwischen dem Untergrund und den Verlegewerkstoffen bilden,
- eine Verfestigung der obersten Estrichrandzone erreichen.

Die Auswahl des Vorstrichs bzw. der Grundierung richtet sich nach der Art und Beschaffenheit des Untergrunds, der Art der Spachtelmasse und der Art des Klebstoffs. In jedem Fall sind die Herstellerempfehlungen zu beachten.

Die Vorstriche werden entsprechend den Verarbeitungsvorschriften des Herstellers im vorgeschriebenen Verbrauch gleichmäßig mit einer Auftragsrolle, Deckenbürste oder einem Gummischieber auf den Untergrund aufgetragen. Beim Verarbeiten der Vorstrichmittel sind die vom Hersteller vorgegebenen Sicherheitsvorschriften zu beachten.

### 5. Spachteln

Für eine einwandfreie Verklebung von elastischen und textilen Bodenbelägen sind vollkommen ebene Estrichoberflächen erforderlich. Selbst kleinste Unebenheiten, wie z. B. Ansatzstellen von Glättekellen oder größere Sandkörnchen, können sich schon bei dünnen Belägen durchdrücken und unangenehm in Erscheinung treten. Die ATV DIN 18365 schreibt in Ziffer 3.3 vor, dass der Untergrund für Bodenbeläge, die ohne Unterlagen verlegt werden, mit Spachtelmasse zu glätten ist. Bei größeren Unebenheiten ist Ausgleichsmasse zu verwenden.

Darüber hinaus kann das Spachteln eines Untergrunds notwendig sein, um bei der Verwendung von Dispersionsklebstoffen auf dichten Untergründen die erforderliche Saugfähigkeit sowie bei feuchtigkeitsempfindlichen Untergründen eine wasserfeste Pufferschicht herzustellen.

Nach der Dicke der aufzutragenden Masse unterscheidet man:
- **Spachteln:** Glätten des Untergrunds bis zu einer Auftragsdicke von 3 mm,
- **Ausgleichen:** Auftragen von Ausgleichsmassen mit einer Auftragsdicke von 3–10 mm,
- **Nivellieren und Füllen:** Auftragen von Nivellier- bzw. Füllschichten ab 5 mm bis mehr als 10 mm.

Voraussetzung für eine Spachtelung ist, dass der Untergrund sauber, trocken, rissfrei, zug- und druckfest ist. Zum Einsatz kommen die in Kapitel 10.2.1.3 beschriebenen Spachtel-, Ausgleichs- und Nivelliermassen, die nach den Empfehlungen der Hersteller ausgewählt und gleichmäßig mit einer Glättekelle auf den Untergrund aufgetragen werden.

Gespachtelte oder ausgeglichene Untergründe müssen unter normalen Bedingungen trocknen und abbinden. Zugluft und Beheizung des Raums zum Zweck des schnelleren Trocknens sind zu vermeiden, da sonst bei zementgebundenen Massen leicht Risse entstehen können. Die gewünschte Schichtdicke ist in einem Arbeitsgang aufzutragen.

*Auftragen der Spachtelmasse mit einer Glättekelle (Abb. Thomsit/Henkel)*

Die aufgetragenen Spachtelmassen müssen nach dem Trocknen geschliffen und anschließend gründlich abgesaugt werden. Dafür stehen verschiedene Schleifmaschinen zur Verfügung, wie z.B. Schwingschleifer oder Rundschleifmaschinen, die auch mit einer Absaugvorrichtung ausgestattet sein können.

*Handschleifgerät*

*Bodenschleifer*

*Einscheiben-Rundschleifmaschine*

**Sicherheitsvorschriften bei Schleifarbeiten**

- *Bei Geräten ohne integierte Staubabsaugung Schutzbrille und leichten Atemschutz Staubmaske benutzen.*

*Augenschutz benutzen*

*leichten Atemschutz benutzen*

### 10.1.3.2 Vorbereiten der Betondecken

Sind Betondecken für eine direkte Belagverklebung vorgesehen, so sind sie nach der Säuberung mit einem Vorstrich zu versehen. Die Unebenheiten der Oberfläche sind durch Ausgleichs- oder Niveliermassen auszugleichen. Nach dem Trocknen ist die Oberfläche zu schleifen.

### 10.1.3.3 Vorbereiten der Nutzböden

Nutzböden werden im Rahmen von Renovierungsmaßnahmen mit einem neuen Fußbodenbelag versehen. Inzwischen gibt es eine Reihe von Renovierungssystemen, die es gestatten, den gewünschten Bodenbelag mit fast jedem Nutzboden zu verbinden. Zu erwähnen ist in diesem Zusammenhang der Einsatz von **Trockenklebstoffen** und **Bodenbelagfixierungen** sowie **Renoviervliese**, auf denen ein neuer Fußbodenbelag mit Dispersionsklebstoffen verklebt werden kann. Welches Renovierungssystem gewählt wird, hängt von dem Untergrund, dem zu verlegenden Bodenbelag und nicht zuletzt vom Preis des Renovierungssystems ab.

Voraussetzung für die Aufnahme eines neuen Belags ist jedoch, dass der alte Nutzboden noch fest mit dem Untergrund verbunden ist. Sind bei der Untergrundprüfung lose Flächen, Platten oder Parkettstäbchen festgestellt worden, so sind sie nachzukleben.

Auf elastischen Bodenbelägen, Parkett sowie Stein- und Terrazzoböden festgestellte Pflegemittelrückstände müssen mit handelsüblichen Reinigungsmitteln entfernt werden. Nadelvliesbeläge und kurzpolige Teppichböden können durchaus für die Aufnahme eines neuen Belags infrage kommen. Sie sind jedoch vorher mit einem Bürstsauger gründlich zu reinigen.

Müssen Stein- oder Terrazzoböden mit Spachtelmassen geglättet werden, so sind sie vorher mit einem entsprechenden Vorstrich zu versehen.

### 10.1.3.4 Entfernen alter Bodenbeläge

Für die Verlegung eines neuen Bodenbelags kann es notwendig sein, dass der alte Belag aus dem Raum entfernt werden muss. Das Entfernen erfolgt streifenweise entweder manuell durch Abziehen mit einer Reißklaue oder durch Abstoßen mit einem Fußbodenschaber oder maschinell mit einem Stripper, den es in verschiedenen Breiten und Ausführungen gibt, mit dem der alte Belag vom Untergrund abgeschält werden kann, ohne ihn zu beschädigen.

Auf dem Untergrund noch haftende Schaum- oder Klebstoffreste lassen sich mit einem Spachtel, mit einer rotierenden Stahlbürste oder mit einer Schleifmaschine entfernen. Nicht zu entfernende Rückstände können mit chemischen Klebstoff- und Schaumentfernern vom Untergrund gelöst werden. Da solche Entferner Lösemittel enthalten, sind sie feuergefährlich und je nach Art des verwendeten Lösemittels können gesundheitsschädliche Dämpfe entstehen. Außerdem ist ihre Verträglichkeit mit dem Untergrund zu prüfen (Gebrauchsanweisung des Herstellers beachten).

*Entfernen des alten Belags mit einem Stripper*

*Stripper*

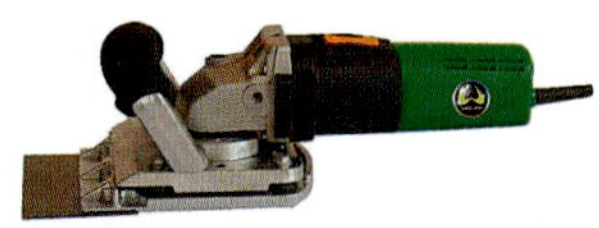

*Handstripper*

*Reißklaue*

**Sicherheitsvorschriften beim Umgang mit Strippern und chemischen Entfernern**

*Bei der Benutzung von Strippern:*

- *leichten Atemschutz (Staubmaske) benutzen,*
- *bei nicht lärmgedämmten Strippern Gehörschutz benutzen.*

*Bei der Verwendung von chemischen Entfernern:*

- *für gute Durchlüftung der Räume sorgen,*
- *offenes Feuer ist verboten,*
- *beim Auftragen der chemischen Klebstoff- und Schaumentferner Atemschutz benutzen.*

*leichten Atemschutz benutzen*

*Gehörschutz benutzen*

*Feuer, offenes Licht und Rauchen verboten*

*Atemschutz benutzen*

### Entfernung asbesthaltiger Bodenbeläge

CV-Beläge und Flex-Fliesen, die bis Ende der 1970er-Jahre verlegt wurden, enthielten Asbest. Werden sie jetzt bei den Sanierungsarbeiten entfernt, so können durch eine unsachgemäße Entfernung feine Stäube entstehen, die durch Einatmen zu Asbestose und Krebserkrankungen führen können.

*Gefahr*

Die gesetzliche Grundlage für das Entfernen von asbesthaltigen Belägen sind die Gefahrstoffverordnung (GefStoffV) und die Technische Regel Gefahrstoffe (TRGS) 519 Asbest – Abbruch, Sanierungs- oder Instandhaltungsarbeiten.

Bei den Asbestprodukten unterscheidet man schwach- und festgebundene Produkte. Für ihre Entfernung wurden standardisierte Sanierungsverfahren entwickelt.

Die in den **CV-Belägen** der 1970er-Jahre enthaltene Trägerschicht aus Asbestpappe bestand aus schwach gebundenem Asbest. Da bei der Entfernung dieser Beläge sehr leicht Asbestfasern freigesetzt werden, dürfen diese Beläge nur von nach der Gefahrstoffverordnung (GefStoffV) zugelassenen Fachfirmen vorgenommen werden.

Bei den **Flex-Fliesen** ist der Asbest fest in der Kunststoffmischung gebunden. Die Entfernung dieser Beläge kann von Betrieben bzw. Personen vorgenommen werden, die die notwendigen Fachkenntnisse und die Berechtigung für die Entfernung dieses Schadstoffs nachweisen können. Die erforderlichen Fachkenntnisse müssen durch die erfolgreiche Teilnahme an einem Lehrgang nach der TRGS 519 nachgewiesen werden.

Die Entfernung asbestbelasteter Materialien ist vor Beginn der Arbeiten der zuständigen Berufsgenossenschaft und bei der Gewerbeaufsicht dem Amt für Arbeitsschutz anzuzeigen. Bei den Sanierungsarbeiten, dem Transport und der Deponierung der asbesthaltigen Beläge müssen umfangreiche Arbeits- und Gesundheitsschutzmaßnahmen entsprechend den Vorschriften der TRGS 519 beachtet werden.

**Sicherheitsvorschriften lt. TRGS 519 für die Entfernung asbesthaltiger Bodenbeläge**

- *Es müssen ein Arbeitsplan und eine Betriebsanweisung erstellt werden.*
- *Der Arbeitsraum muss abgeschottet werden und der Zutritt darf nur mit Schutzkleidung und einem Atemschutz durch eine Schleuse erfolgen. Es wird empfohlen, einen Handschutz zu tragen.*
- *Trinken, Essen und Rauchen am Arbeitsplatz sind verboten.*
- *Jugendliche dürfen nicht mit Asbestarbeiten beschäftigt werden.*
- *Die ausgebauten Asbestbeläge müssen in gekennzeichneten dicken Plastiksäcken staubdicht verpackt, in Transportbehältern eingelagert und auf speziell zugelassenen Deponien als Sondermüll entsorgt werden.*

*Zutritt für Unbefugte verboten*

*Schutzkleidung benutzen*

*Essen und Trinken verboten*

*Handschutz benutzen*

*Rauchen verboten*

*Atemschutz benutzen*

Bei einer festgestellten Asbestfaserkonzentration von unter 15000 Fasern/m³ sind bei sachkundiger Anwendung technischer und organisatorischer Maßnahmen Erleichterungen bei den zu treffenden Schutzmaßnahmen vorgesehen.

**Entfernung mit PAK-haltigen Klebstoffen verklebter Parkettböden**
Bis Ende der 1960er-Jahre wurden Parkettböden mit PAK-Klebstoffen verklebt. Diese Klebstoffe basieren auf mit organischen Lösemitteln gelöstem Steinkohlenteerpech, die polycyclische aromatische Kohlenwasserstoffe (PAK) enthalten. Diese Klebstoffe, deren Schadstoffe durch Einatmen und Hautkontakt in den Organismus gelangen können, sind krebserzeugend, erbgutverändernd, beeinträchtigend für die Fortpflanzungsfähigkeit und fruchtschädigend.

*Gefahr*

Aufgrund ihrer Gefährlichkeit dürfen mit PAK-Klebstoffen verklebte Parkettböden nur von den Unternehmen entfernt werden, die die erforderlichen Fachkenntnisse und Erfahrungen nachweisen können sowie über geeignetes Personal und über die erforderliche technische Ausrüstung verfügen. Die Entfernung PAK-belasteter Materialien ist vor Beginn der Arbeiten der zuständigen Berufsgenossenschaft und bei der Gewerbeaufsicht dem Amt für Arbeitsschutz anzuzeigen.

***Sicherheitsvorschriften bei der Entfernung von mit PAK-haltigen Klebstoffen verklebten Parkettböden***

- *Erstellung eines Arbeitsplans und einer Betriebsanweisung.*
- *Anwendung von staubarmen Arbeitsverfahren und Verwendung von Maschinen und Geräten mit einer Staubabsaugung.*
- *Die Öffnungen der staubbelasteten Bereiche müssen durch Abkleben mit einer Folie von den benachbarten Bereichen abgetrennt werden.*
- *Der Arbeitsbereich darf von Unbefugten nicht betreten werden.*
- *Als persönliche Schutzausrüstungen sind u. a. Schutzhandschuhe, Staubschutzanzüge und Staubschutz- bzw. Atemschutzmasken mit geeigneten Filtereinsätzen zu tragen.*
- *Essen, Trinken und Rauchen im Arbeitsbereich sind verboten.*
- *Das ausgebaute PAK-Material muss entsprechend verpackt dem Sondermüll zugeführt werden.*

*Zutritt für Unbefugte verboten*

*Schutzkleidung benutzen*

*Essen und Trinken verboten*

*Handschutz benutzen*

*Rauchen verboten*

*Atemschutz benutzen*

### 10.1.3.5 Ausbesserungsarbeiten bei Untergründen und Treppen

Alte Unterböden und Treppen sind durch ihre langjährige Nutzung in vielen Fällen für die Aufnahme eines neuen Bodenbelags ungeeignet geworden. Teilweise werden die Mängel erst nach einer Belagentfernung sichtbar.

### 1. Ausbesserungsarbeiten bei Untergründen

Löcher und Unebenheiten in Estrichen werden nach dem Säubern und Vorstreichen mit einem Vorstrichmittel mit schnell durchtrocknenden und erhärtenden Renovier-Ausgleichsmassen beseitigt.

Durch gewölbte Holzdielen uneben gewordene Holzböden renoviert man zweckmäßigerweise mit V 100 E 1-Spanplatten. Diese Platten können mit einem Wandabstand von mindestens 15 mm, bei Raumlängen über 8 m beträgt der Wandabstand in mm = Länge x 2, entweder schwimmend auf Trockenschüttungen verlegt oder mit Senkkopfschrauben fest mit dem Holzboden verbunden werden. Der Abstand der Schrauben sollte am Plattenrand ca. 20–30 cm und in der Plattenmitte ca. 40 cm betragen. Fugen und Schraubenlöcher müssen mit Epoxidharz ausgegossen werden. Die so verlegten Spanplatten erhalten vor dem Auftrag des Klebstoffs oder evtl. einer Spachtelmasse einen unter 10.2.1.2 genannten Vorstrich.

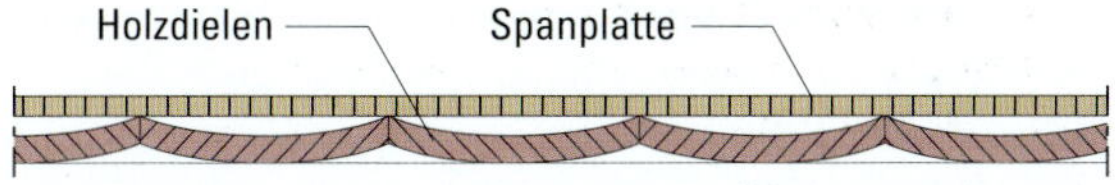

*Schnitt durch einen mit Spanplatten renovierten Holzboden*

Kleinere Unebenheiten kann man bei Holzböden nach dem Entfernen evtl. Farbreste und Pflegemittelrückstände und dem Auftragen eines Kunstkautschuk-Vorstrichs mit dem vollflächigen Aufheften eines Glasfaser-Gittergewebes und einer anschließenden Spachtelung mit einer Holzspachtelmasse beseitigen. Man erhält auf diese Weise nach dem Schleifen einen vollkommen ebenen Untergrund, der sich für eine Belagverklebung eignet.

### 2. Ausbesserungsarbeiten bei Treppen

Durch die besondere Beanspruchung der Treppen sind ihre Trittstufen und deren vordere Kanten abgetreten und abgenutzt worden. Sie müssen vor einer Belegung mit einem Bodenbelag renoviert werden.

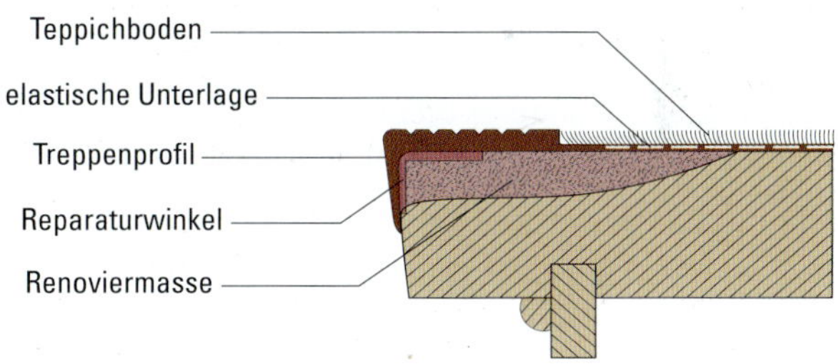

*Schnitt durch eine ausgebesserte Treppenstufe*

Bei Steintreppen schraubt man zunächst einen verzinkten Reparaturwinkel vor die Kante. Sind dort größere Unebenheiten, so müssen sie vorher mit einer Renovierungsmasse ausgeglichen werden, damit der Reparaturwinkel über die ganze Länge aufliegt. Nach dem Säubern erhalten die Trittstufen einen lösemittelhaltigen Vorstrich. Mit einer Renoviermasse werden sie dann gespachtelt, wodurch die ausgetretenen Stellen beseitigt werden. Danach werden auf die Kanten mit Kunstkautschuk-Klebstoff PVC-Treppenkantenprofile geklebt oder Metall-Treppenkantenprofile geschraubt, die auf der Trittstufe den Belag aufnehmen und an der Setzstufe fest anliegen.

Holztreppen können einmal in gleicher Weise wie die Steintreppen ausgebessert werden. Eine andere Renovierungsmöglichkeit besteht darin, dass man die Unebenheiten der Trittstufen nach dem Säubern und einem lösemittelhaltigen Vorstrich mit einer Renoviermasse ausgleicht und darauf maßgerecht zugeschnittene Spanplattenteile schraubt. Zur Stabilisierung der Treppenkanten kann man noch verzinkte Reparaturwinkel aufschrauben. Nach einem lösemittelhaltigen Vorstrich und einer evtl. Spachtelung werden wie bei den Steintreppen dann die Treppenkantenprofile angebracht.

***Aufgaben***

1. *Bei einem Zementestrich haben Sie Setzrisse festgestellt. Beschreiben Sie das Schließen dieser Risse.*
2. *Welche Funktionen haben Bewegungsfugen in einem Estrich? Bei welchen Estrichen bzw. wo sind sie anzutreffen und wie werden sie geschlossen?*
3. *Warum dürfen Randfugen bei einem schwimmenden Estrich nicht durch Verschmutzungen oder durch Spachtelmassen ausgefüllt werden?*
4. *In einen Zementestrich sind Scheinfugen eingearbeitet worden. Welche Funktion haben diese Fugen und wie müssen sie behandelt werden?*
5. *Welche Estriche erhalten aus welchen Gründen einen Vorstrich bzw. eine Grundierung?*
6. *In einem Altbau sollen die in den 1970er-Jahren verlegten CV-Beläge entfernt werden. Erläutern Sie, was bei ihrer Entfernung zu beachten ist.*

### 10.1.4 Zuschnitt- und Verlegetechniken bei Bodenbelägen

#### 10.1.4.1 Bedarfsermittlung bei Bahnenware

Zur Ermittlung des Bedarfs sind die auszulegenden Räume exakt auszumessen, da auf Rohbaumaße, Baupläne und Messergebnisse der Kunden nur selten Verlass ist. Sind mehrere nebeneinander liegende Bodenbelagbahnen zu verlegen, so fertigt man anhand der festgestellten Maße eine maßstabgerechte Skizze an, in die auch die Lage der Fenster, Türen und evtl. Mauervorsprünge und Nischen aufgenommen wird. In diese Skizze werden in genauer Abmessung die zu verlegenden Bahnen eingezeichnet.

Über das Verlegen von Bodenbelägen gibt die VOB DIN 18365 Auskunft.

Ziffer 3.4.4:

- Die Verlegerichtung bleibt dem Raumausstatter überlassen, es sei denn, es werden Verlegerichtungen vorgegeben.
  Somit kann er:
  - eine Verlegerichtung mit dem geringsten Verschnitt wählen oder
  - die Belagbahnen auf die Hauptfensterwand zulaufen lassen, damit Nahtschnitte weniger in Erscheinung treten,
  - die Florrichtung bei Veloursteppichboden unter Berücksichtigung der Farbwirkung (sie ist intensiver, wenn man in den Flor hineinschaut), des Verkehrsstroms oder der Reinigungsrichtung wählen.
- Kopfnähte sind nur bei Bahnen über 5 m zulässig, wobei eine Ansatzlänge von 1 m nicht unterschritten werden darf.

Ziffer 3.4.5: ▪ Bahnen mit Rapport sind mustergleich zu verlegen.

Ziffer 3.4.6: ▪ Bahnen, die auf Türöffnungen, Nischen und dgl. zulaufen, müssen so verlegt werden, dass diese Flächenbereiche von ihnen überdeckt werden. Das Belegen dieser Bereiche mit Belagstreifen ist nicht zulässig.

Die Bodenbelagbahnen werden mit den ermittelten Maßen unter Berücksichtigung einer Zugabe für den Beschnitt der Kopfenden zugeschnitten. Bei gemusterten Bodenbelägen ist darauf zu achten, dass nur Bahnen mit passenden Musterübergängen geschnitten werden.

Hat ein Teppichboden eine **versetzte Musterung**, so schneidet man zunächst nacheinander die Bahnen 1, 3, 5 usw. ab. Nach dem Abschneiden eines halben Rapports werden die Bahnen 2, 4, 6 usw. abgeschnitten. Werden die Bahnen in der richtigen Reihenfolge nebeneinandergelegt, so erhält man die von Bahn zu Bahn versetzte Musterung mit passenden Musterübergängen.

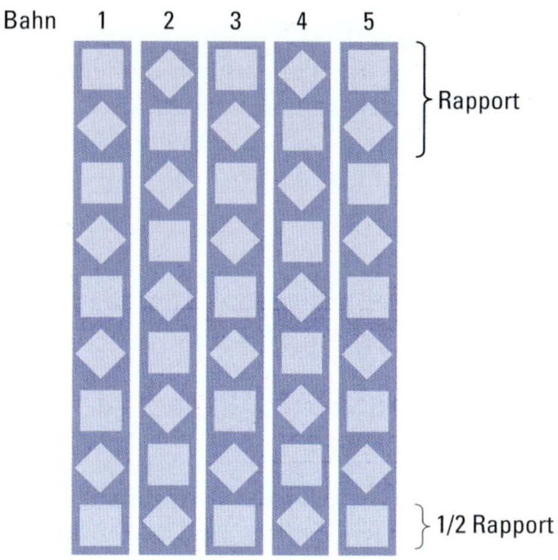


*Versetzte Musterung mit Bahnen, die mit einem halben Rapport enden*

*Versetzte Musterung mit Bahnen, die mit einem ganzen Rapport enden*

### 10.1.4.2 Anordnung der Bodenbelagbahnen

Werden für eine auszulegende Fläche mehrere Bodenbelagrollen benötigt, so ist darauf zu achten, dass sie aus einer Fertigungs- bzw. Farbpartie stammen. Vor dem Zuschnitt muss der Teppichboden im Hinblick auf Fehlerfreiheit und Farbausfall überprüft werden. Erkennbare Mängel müssen vor dem Zuschnitt geltend gemacht werden, da viele Firmen sichtbare Mängel nach dem Zuschnitt nicht mehr anerkennen. Die für eine Bodenverlegung benötigten Bahnen werden in der errechneten Länge von der Rolle abgeschnitten und fortlaufend nummeriert. Danach werden sie in der richtigen Reihenfolge nebeneinander gelegt. Dabei ist darauf zu achten, dass alle Bahnen in der gleichen Fertigungsrichtung verlegt werden müssen. In der Regel ist sie auf der Rückseite des Bodenbelags mit einem Pfeil gekennzeichnet.

Bei Velours-Teppichböden ist darauf zu achten, dass alle Bahnen in der gleichen Florrichtung verlegt werden. Man kann sie mit Überstreichen mit der Handfläche oder mit der **Hammerprobe** feststellen. Bei dieser Probe stellt man den Hammer aufrecht mit dem Hammerkopf in Richtung der abgeschnittenen Teppichbodenbahn und lässt den Hammerstiel auf den Teppichboden fallen. Die Sprungrichtung des Hammerstiels gibt die Florrichtung an.

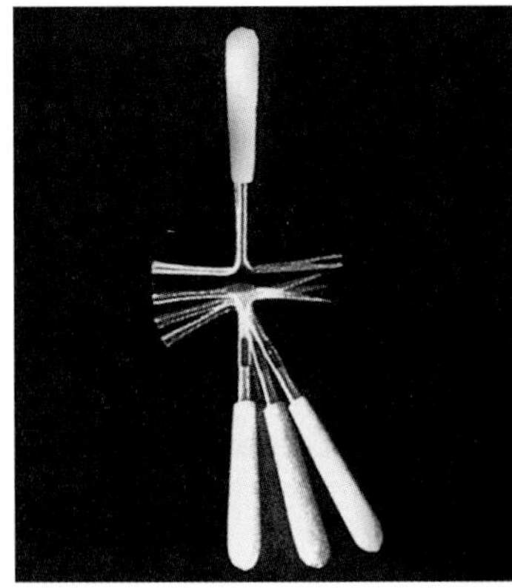

*Feststellen der Florrichtung durch die Hammerprobe*

In welche Richtung der Flor verlaufen soll, hängt einmal von der Verlegerichtung, aber auch von anderen Faktoren ab. Sie ist zweckmäßigerweise mit allen Vor- und Nachteilen mit dem Kunden abzustimmen, wenn nachträgliche Reklamationen vermieden werden sollen.

So können z.B. Trittschattierungen bei Velourswaren weniger in Erscheinung treten, wenn die Florrichtung zur Hauptlichtquelle angeordnet wird. Es ist auch oft üblich, die Florrichtung in Richtung des Verkehrsstroms oder der Reinigungsrichtung laufen zu lassen. Oft spielt bei der Festlegung der Florrichtung auch der persönliche Geschmack eine Rolle. Bei Velourswaren erhält man eine tiefere Farbwirkung, wenn man in den Flor hineinschaut.

### 10.1.4.3 Zuschnitt- und Verlegetechniken bei Teppichböden

#### 1. Zuschnitttechniken

Vor dem Zuschnitt müssen die Teppichböden auf die im Kapitel 5 Grundlegende Fertigungs- und Prüfverfahren genannten Kriterien geprüft werden.

Grundlage einer einwandfreien Teppichbodenverlegung sind korrekte Teppichnähte. Aus diesem Grunde sind die Längs- bzw. Nahtkanten der Teppichbodenbahnen vor der Verlegung zu beschneiden. Dafür stehen in verschiedenen Ausführungen Teppichschneider sowie Universalmesser mit Trapez- und Hakenklingen zur Verfügung.

Zum Schneiden getufteteter und gewebter Teppichböden verwendet man Teppichschneider, die mit rasierklingenähnlichen Klingen ausgestattet sind und in verschiedenen Ausführungen aus Kunststoff oder poliertem Stahl angeboten werden. Ihre lange Führungsnase gestattet es, den Teppichschneider in der Florgasse zu führen. Hinsichtlich der verschiedenen Rückenausstattungen bei Teppichböden benutzt man Teppichschneider mit unterschiedlicher Klingenstellung.

Teppichböden mit Textilrücken schneidet man mit Teppichschneidern, deren Messer um 45° nach vorn geneigt sind. Mit dieser Messerstellung wird der Belag von oben nach unten durchschnitten.

Neben Teppichschneidern werden zum Schneiden von Teppichböden verschiedene Universalmesser mit Trapez- und Hakenklingen verwendet.

Wie und mit welchem Teppichschneider bzw. Messer ein Nahtschnitt durchgeführt wird, hängt von der Art des Teppichbodens ab.

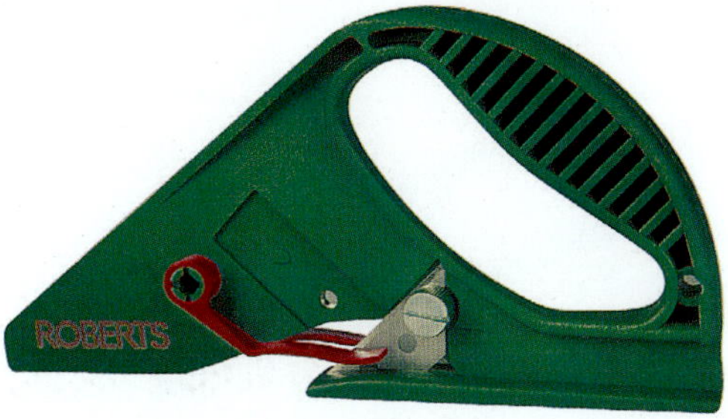


*Kombischneider zum Schneiden fast aller Beläge durch unterschiedliche Positionierung der Klinge*

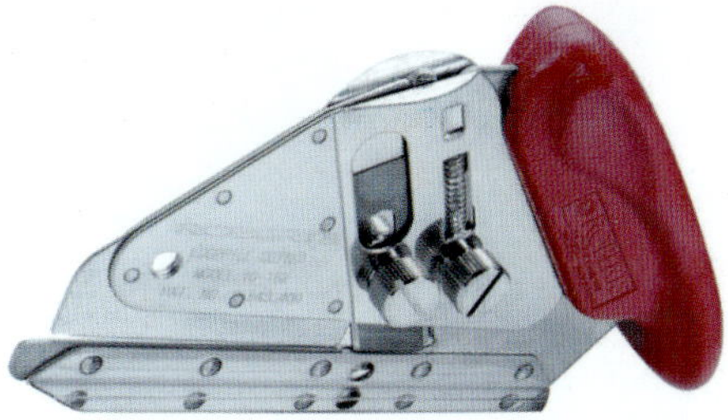

*Florgassenschneider zum Schneiden gewebter Teppichböden*

**Nahtschnitte bei Velours-Teppichböden**
Die Nähte dieser Waren können geschnitten werden im

- **Einzelschnitt**
  a) entlang einer Schiene mit einem Trapezmesser,
  b) mit einem Teppichschneider, der in der Florgasse geführt wird,
  c) mit einem Teppichschneider entlang einer schon geschnittenen Nahtkante, die auf die zu schneidende nebenliegende Bahn aufgelegt wird.
- **Doppelschnitt**, wobei die linke Bahn ca. 3 cm überlappt auf die rechte aufgelegt wird,
  a) entlang einer Schiene mit einem Trapezmesser,
  b) mit einem Teppichschneider.

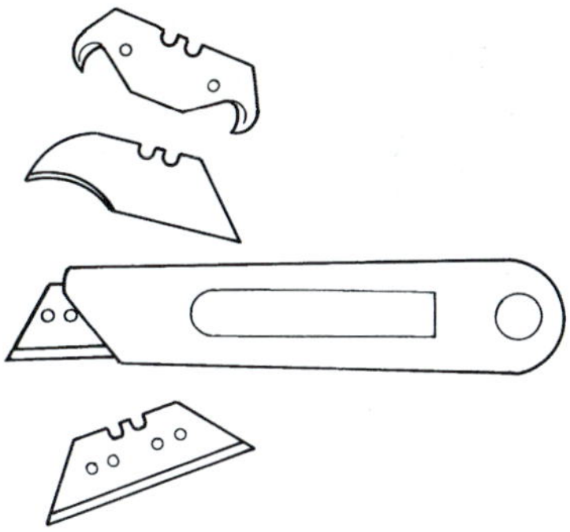

*Universalmesser mit Trapez- und Hakenklingen*

Einzel- und Doppelschnitte mit einem Trapez- oder Hakenmesser entlang einer Schiene müssen zum Schutz der Klinge und des Untergrunds mit einer unterlegten Stahlschiene durchgeführt werden.

Für welche Methode man sich entscheidet, hängt von der Art des Teppichbodens, den persönlichen Erfahrungen und ggf. den Empfehlungen des Teppichboden-Herstellers ab. Zu empfehlen sind vorherige Schnittproben, um die optimale Schnittart zu erfahren.

Die Nähte gewebter und getufteter Velours-Teppichböden werden normalerweise im Einzelschnitt mit einem Teppichschneider in der Florgasse geschnitten, wodurch man saubere Schnittkanten erhält.

Bei Velours-Teppichböden mit hoher Flordichte, bei denen eine Florgasse nicht zu erkennen ist, werden die Nähte vorzugsweise überlappend im Doppelschnitt mit einem Teppichschneider oder mit einem Trapezmesser entlang einer Schiene geschnitten, wobei die linke Bahn ca. 3 cm überlappt auf die rechte Bahn aufgelegt wird. Bei Velours-Teppichböden mit hoher Flordichte kann auch jede Naht einzeln von der Rückseite entlang einer Schiene mit einer Trapezklinge geschnitten werden.

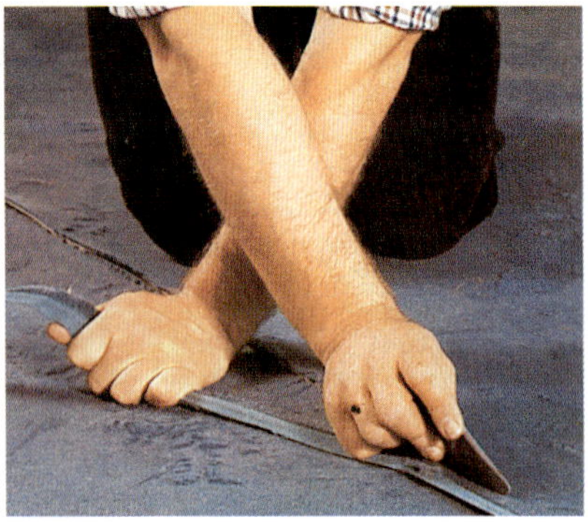

*Doppelschnitt mit dem Teppichschneider*

*Einzelschnitt entlang einer Schiene mit einem Trapezmesser bei einer Schlingenware mit Hoch-Tief-Musterung*

Hochflorige Velours-Teppichböden und Velours-Teppichböden mit latexiertem Rücken werden von der Rückseite geschnitten. Mit einem Trapezmesser durchtrennt man entlang eines Stahllineals die aufgebrachte Rückenausstattung und den Träger, sodass der Flor auf der rechten Seite nicht beschädigt wird. Durchgewebte Teppichböden können ebenfalls von der Rückseite zwischen zwei Noppenreihen mit einem Haken- oder Trapezmesser geschnitten werden.

Bei gemusterten Velours-Teppichböden muss jede Bahn einzeln entsprechend dem Musterlauf und dem Rapport geschnitten werden. Wenn es die Musterung zulässt, wird jede Naht einzeln entlang der Florgasse mit einem Teppichschneider geschnitten, sonst entlang einer Schiene mit einem Trapezmesser.

Getuftete Velours-Teppichböden mit Cross-over-Musterungen besitzen durch die versetzte Führung der Nadelbarren keine geradlinige Florgasse, sodass fachgerechte Nähte nicht erzielt werden können und musterbedingt sog. „Reißverschlusseffekte“ auftreten. Diese Reißverschlusseffekte sind keine Mängel, sondern eine warentypische Eigenschaft dieser Warenart.

Gewebte Velours-Teppichböden mit einer Schaft- oder Jacquardmusterung besitzen neben der Webkante im Flor bunte Kettfäden oder einen sog. „Freistich“ für die exakte Führung des Teppichschneiders.

### Nahtschnitte bei Bouclé-Teppichböden

Bei Bouclé-Teppichböden wird jede Naht einzeln geschnitten, indem der Teppichschneider oder ein Hakenmesser in der Noppengasse geführt wird. Eine Ausnahme bilden Teppichböden mit Polnoppenversatz (Cross-over-loop), die aufgrund der versetzten Nadelbarrenführung keine durchgehende Noppengasse besitzen, sodass einwandfreie Nahtschnitte nicht zu erzielen sind. Die Nähte dieser Teppichböden können im Doppelschnitt mit einem Teppichschneider oder im Einzelschnitt entlang einer Schiene mit einem Trapezmesser entweder von Vorder- oder Rückseite geschnitten werden. Da bei dieser Teppichbodenart die Noppen im Nahtbereich teilweise angeschnitten werden, müssen die Nähte vor der Verklebung oder Konfektionierung mit einem Teppichkantenverfestiger verfestigt werden.

**Nahtschnitte bei Nadelvliesbelägen**
Bei Nadelvliesbelägen werden die Nähte mithilfe eines Stahllineals mit einem Haken- oder Trapezmesser im Doppelschnitt geschnitten. Zum Schutz der Klinge und des Untergrunds legt man auf den Unterboden ein Stahllineal. Außerdem wird die Naht dadurch korrekter, da Unregelmäßigkeiten des Untergrunds den Schnitt nicht beeinflussen.

## 2. Verlegearten

**Loses Auslegen**
Bei dieser Verlegemethode wird der zugeschnittene Teppichboden lose im Raum ausgelegt. Er ist an keiner Stelle mit dem Untergrund verbunden. Werden mehrere Teppichbahnen benötigt, so sind sie durch Konfektionieren bzw. mit einem Vliesband oder Einseitklebeband zu verbinden. Nach Möglichkeit sollte man aber bei einer losen Verlegung Nähte im Mittel- oder Gehbereich vermeiden. Das lose Auslegen bietet den Vorteil, dass der Teppichboden ohne Beschädigung des Untergrunds und ohne zusätzliche Kosten aufgenommen und evtl. an anderer Stelle verwendet werden kann. Diese Verlegeart ist aber nicht unproblematisch und ist von der Teppichbodenkonstruktion abhängig. Im Allgemeinen gilt, dass nur Flächen bis 20 $m^2$ lose ausgelegt werden sollen. In größeren Räumen können durch klimatische Veränderungen, ungleichmäßige Beanspruchung und eine evtl. Nassreinigung Spannungen im Teppichboden auftreten, die zu Wellen- und Beulenbildung führen. Es gibt aber auch Teppichbodenqualitäten, die aufgrund ihrer besonderen Rückenausstattung, z.B. PVC-Schwerbeschichtung, vernadelte und kalandrierte Vlies- oder Filzrücken, eine hohe Dimensionsstabilität erhalten und ohne Beanstandungen mitunter auch im stark strapazierten Objektbereich lose verlegt werden können.

**Verlegen mit Trockenklebstoffband (doppelseitiges Klebeband)**
Bei dieser Verlegungsart wird der eingepasste Teppichboden lose im Raum ausgelegt und lediglich an den Raumrändern mit Trockenklebstoffband (doppelseitiges Klebeband) mit dem Untergrund verbunden. Deshalb hat diese Verlegung auch die gleichen Vor- und Nachteile einer losen Verlegung. Wenn keine besonderen dimensionsstabilen Teppichbodenarten verwendet werden, eignet sich diese Verlegemethode nur für den Wohnbereich.

Beim Verlegen wird der lose im Raum ausgelegte Teppichboden passend zugeschnitten und an den Seiten zurückgeschlagen. Dann wird das Trockenklebstoffband mit dem nach oben liegenden Schutzpapier auf den sauberen vorgestrichenen und evtl. gespachtelten Rand des Untergrunds geklebt und gut angerieben. Nach dem Abziehen des Schutzpapiers wird die zurückgelegte Teppichbodenseite auf das Klebeband gelegt und unter Druck angerieben. Werden für eine Verlegung mehrere Teppichbodenbahnen benötigt, so sind sie vorher durch Konfektionieren zu verbinden.

*Verlegung mit Trockenklebstoffband – Abziehen des Schutzpapiers*

**Vollflächiges Kleben mit Trockenklebstoff**
Sollen Untergründe oder Nutzböden, insbesondere im Mietwohnbereich, durch eine Bodenverlegung

nicht verändert oder beschädigt werden sowie die problemlose Wiederaufnahme eines Bodenbelags möglich sein, empfiehlt sich eine Verklebung mit Trockenklebstoff. Bei dieser Verlegung wird der in Bahnen vorliegende Trockenklebstoff mit dem nach oben liegenden Schutzpapier in Lauf- oder Arbeitsrichtung des Teppichbodens auf den vorbereiteten Untergrund ausgerollt und gut angedrückt. Die Bahnen werden entweder auf Stoß, max. 3 mm Zwischenraum sind erlaubt, oder überlappend ausgerollt, wobei in diesem Fall die Bahnen mit einem Hakenmesser auf Stoß geschnitten werden. Poröse und saugende Untergründe sowie unbehandelte Holzböden sind vorher mit einem entsprechenden Vorstrich zu versehen. Danach wird der grob zugeschnittene Teppichboden im Raum ausgelegt und in einer Teilfläche zurückgeklappt.

In dem frei liegenden Bereich wird das Schutzpapier abgezogen und der zurückgeklappte Teppichboden spannungs- und wellenfrei auf den Trockenklebstoff gelegt und angerieben. Mit der anderen Teilfläche verfährt man in gleicher Weise. Abschließend werden die Kanten beschnitten. Bei sorgfältiger Ausführung dieser Verlegungsart, wobei die Hinweise der Hersteller zu beachten sind, wird eine gute vollflächige Haftung des Teppichbodens auf dem Untergrund erreicht.

Die folgenden Abbildungen zeigen das Prinzip der Verklebung eines Teppichbodens mit dem Trockenklebstoff **sigan**® auf einem Parkettboden.

*Ausrollen und anreiben der Trockenklebstoffbahnen*

*Abziehen des Schutzpapiers*

*Teppichboden spannungs- und wellenfrei auf den Trockenklebstoff legen*

*Teppichboden anreiben*

### Teppichboden-Fixierungen

Durch eine Teppichboden-Fixierung, die nur für Teppichböden mit Vliesrücken und CV-Belägen im Wohnbereich geeignet ist, können die Nachteile einer losen Verlegung bzw. einer Verlegung auf doppelseitigem Klebeband vermieden werden. Darüber hinaus lassen sich fixierte Bodenbeläge nach vorherigem Anfeuchten durch einfaches Abziehen ohne Beschädigung des Untergrunds leicht entfernen.

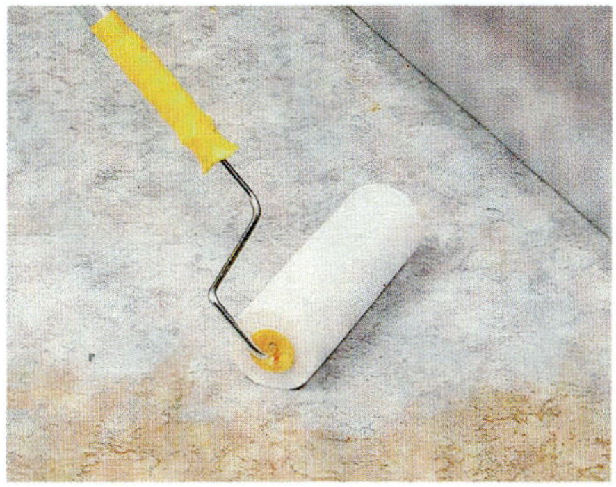

*Auftrag des Fixiermittels auf einen Nutzboden mit einer Auftragsrolle*

Auf den sauberen Untergrund wird der grob zugeschnittene Teppichboden ausgelegt und bis zur Hälfte zurückgeschlagen. Danach wird auf den frei gewordenen Untergrund das Fixiermittel mit einer Auftragsrolle gleichmäßig aufgetragen. Nach einer vorgegebenen Ablüftzeit wird der Teppichboden in das Fixiermittel eingelegt und faltenfrei angerieben. Abschließend erfolgt der korrekte Kantenzuschnitt.

### Vollflächiges Kleben

Durch das vollflächige Kleben soll eine dauerhafte und feste Verbindung von Teppichboden und Untergrund erzielt werden. Der dafür zu verwendende Klebstoff muss im Hinblick auf den zu verklebenden Teppichboden bzw. seine Rückenausstattung und die bei der Verklebung zu erzielenden Eigenschaften wie Fußbodenheizungs-, Stuhlrolleneignung, elektrische Leitfähigkeit oder Wiederaufnahmefähigkeit ausgewählt und nach der Vorschrift des Herstellers auf den Untergrund aufgetragen werden. Der Klebstoffauftrag erfolgt in der Regel mit empfohlenen Zahnspachteln, die eine gleichmäßige Verteilung des Klebstoffs gewährleisten und für Entlüftungsrillen in dem aufgetragenen Klebstoff sorgen.

Die Art der Zahnung (Zahntiefe, Zahnlücke, Zahnbreite) beeinflusst den Klebstoffauftrag. Feine Zahnungen ergeben einen geringen, grobe Zahnungen einen hohen Klebstoffverbrauch. Nach der Technischen Kommission Baustoffe (TKB) unterscheidet man nebenstehende Zahnungen.

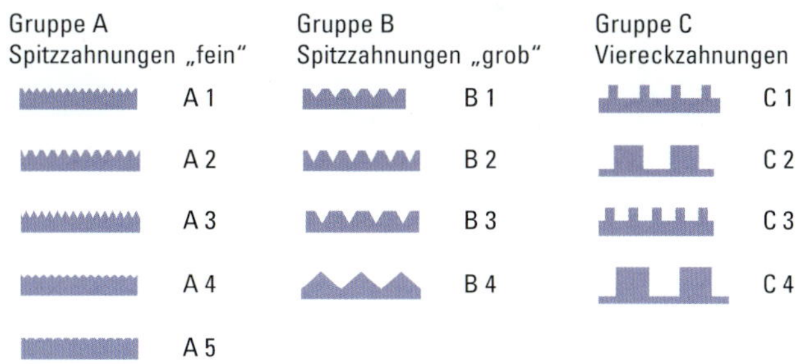


*Bezeichnungen der Spachtelzahnungen*

In der Regel empfiehlt der Klebstoffhersteller für den Auftrag des Klebstoffs eine bestimmte Zahnung des Spachtels. Wenige Klebstoffarten sind auch roll- oder sprühfähig und können mit entsprechenden Auftragsrollen oder Airless-Hochdruckspritzgeräten aufgetragen werden.

Beim vollflächigen Kleben wird der grob zugeschnittene Teppichboden zunächst in dem Raum ausgelegt. Sind Nischen, Mauervorsprünge usw. im Raum vorhanden, müssen die Bahnen entsprechend eingeschnitten werden, damit sie auf dem Untergrund aufliegen. Bei der Verklebung von gewebten und getufteten Teppichböden werden die

Teppichbodenbahnen seitlich etwa bis zur Hälfte aufgeschlagen. Auf den frei werdenden Untergrund wird der Klebstoff mit einem Zahnspachtel bogenmäßig aufgetragen. Dann wird unter Berücksichtigung der vorgeschriebenen Ablüftzeit die erste aufgeschlagene Bahn in das Klebebett eingelegt und angerieben. Anschließend wird die zweite Bahn mit einer leichten Wölbung an die erste Bahn angelegt. Die leichte Wölbung wird dann über das Klebebett der zweiten Bahn hinausgedrückt. Dadurch entsteht eine voll geschlossene Naht.

*Auftragen des Klebstoffs*

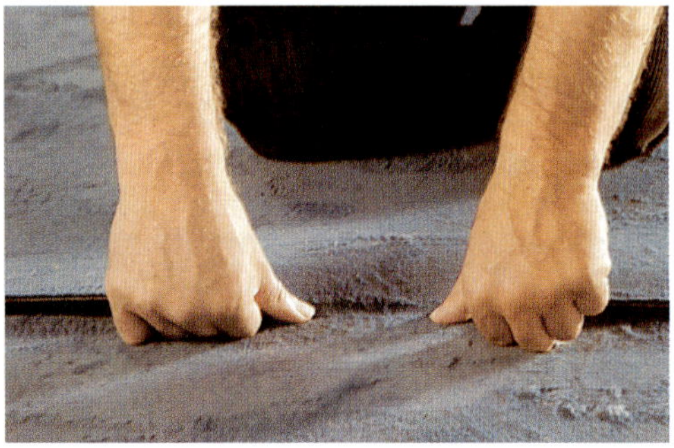

*Anlegen der zweiten Bahn mit einer leichten Wölbung*

Nach dem Prüfen der Naht wird der Nahtbereich mit einer Florbürste gegen den Strich aufgebürstet und angeklopft bzw. mit einem Nahtroller, bei dem auf einer Achse sternförmige Stahlrädchen angeordnet sind, egalisiert, wodurch ein korrekt durchgeführter Nahtschnitt fast unsichtbar wird.

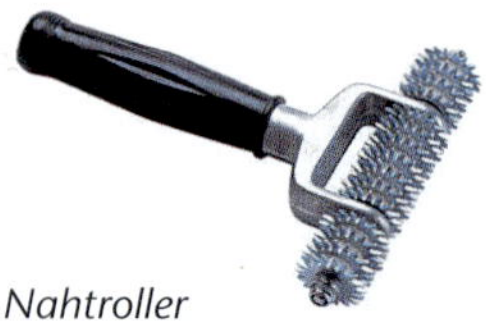

*Nahtroller*

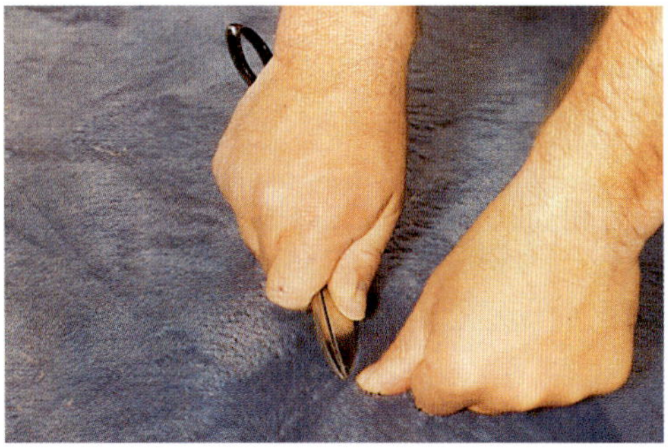

*Prüfen des Nahtverschlusses mit einer Schere*

*Aufbürsten und Anklopfen der Naht mit einer Florbürste*

Abschließend wird der nicht verklebte Teil der ersten Bahn aufgeschlagen, der Klebstoff aufgetragen und unter Einhaltung der Ablüftzeit in das Klebebett eingelegt und vom geklebten Teil her gut angerieben. In der gleichen Weise wird anschließend der noch nicht aufgeschlagene Teil der zweiten Bahn und die erste Hälfte der dritten Bahn verklebt.

Bei Nadelvliesbelägen werden die zugeschnittenen Teppichbodenbahnen zunächst nebeneinander im Raum ausgelegt und dann von außen nach innen bis zur Mitte zurückgerollt, wobei die Lage der mittleren Bahn zur genauen Orientierung markiert wird. Auf die Fläche der mittleren Bahn wird dann der Klebstoff aufgetragen. Nach der Ablüftzeit wird die Bahn in das Klebebett gerollt, wobei darauf zu achten ist, dass sie innerhalb der markierten Fläche liegt. Mit den daneben liegenden Bahnen wird ebenso verfahren, wobei immer auf einen einwandfreien Nahtschluss geachtet werden muss.

*Korrektur von Rapportübergängen mit einem Doppelkopfspanner und Abnageln*

Evtl. auseinanderklaffende oder überlappende Nähte und geringfügig abweichende Rapportübergänge bei gemusterten Waren lassen sich korrigieren durch Schieben oder Ziehen mit

- einem Doppelkopfspanner, der zwei mit Zähnen versehene Greiferköpfe besitzt, die über einen Hebelarm ihre Spannkraft erhalten,
- Nahtklammern, die aus gebogenem und unter Federwirkung stehendem vernickelten Draht bestehen und an ihren Enden mit Kratzenband besetzte Greiferbacken besitzen,
- einem Kniespanner und
- ggf. durch Abnageln.

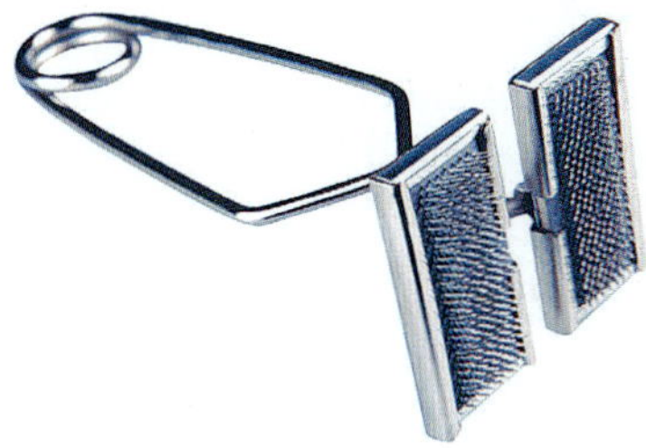

*Nahtklammer*

**Verspannen auf Nagelleisten**

Die klassische und zugleich handwerklich anspruchvollste Verlegemethode für gewebte Teppichböden und getuftete Teppichböden mit synthetischem Doppelrücken (SDR) oder Juterücken ist das Verspannen auf Nagelleisten, die in Breiten von 22 und 47 mm und einer Länge von 152,4 cm zur Verfügung stehen. Bei dieser Verlegemethode, die für alle Untergründe geeignet ist, wird der Teppichboden unter Spannung auf die schräg stehenden Nägel der an den Raumrändern befestigten Nagelleisten gehakt. Gegenüber den bisher beschriebenen Verlegearten hat das Verspannen folgende **Vorteile:**

- ca. 50 % längere Lebensdauer des Teppichbodens,
- bessere Tritt- und Raumschalldämmung,
- bessere Wärmedämmung → Einsparung von Heizenergie,
- besserer Gehkomfort,
- bessere Saugfähigkeit des Staubsaugers,
- einfaches Auswechseln und kostensparende Neuverlegung,
- ggf. Einsparung des Estrichs bei einer Neubauplanung,
- kein Einsatz von chemischen Verlegewerkstoffen.

Werden bei einer Teppichbodenverspannung mehrere Teppichbodenbahnen benötigt, so müssen sie durch Konfektionieren zusammengefügt werden. Das Verbinden der Teppichbodenbahnen erfolgt mit Schmelzklebstoff beschichteten Konfektionsbändern und einem Konfektionsgerät.

Ein Konfektionsgerät ist ein bügeleisenähnliches Gerät mit einer Abstellplatte, das in Temperaturstufen aufheizbar ist.

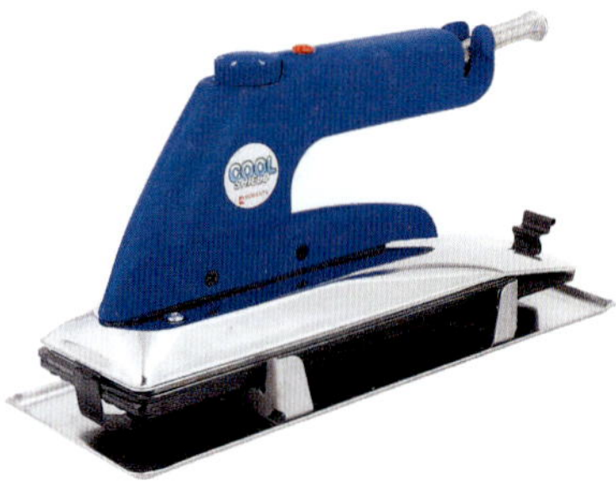

Konfektionsgerät

Konfektionieren von Teppichbodenbahnen mit einem Konfektionsgerät

Beim Konfektionieren mit dem Konfektionsgerät legt man das Konfektionsband unter die Teppichbodennaht und stellt das heiße Konfektionsgerät auf das Band, wodurch der Schmelzklebstoff auf dem Konfektionsband geschmolzen wird. Die Temperatur muss an dem Gerät entsprechend dem Rohstoff des Teppichbodenträgers eingestellt werden. Mit geringer Geschwindigkeit (ca. 1 m/min bei mittlerer Einstellung des Temperaturreglers) wird das Gerät mit der rechten Hand auf dem Konfektionsband bewegt, während die linke Hand die Kanten der Teppichbodenbahnen zusammendrückt. Anschließend wird die konfektionierte Naht mit der Abstellplatte des Geräts angedrückt und nachgerieben. Am vorteilhaftesten ist jedoch, wenn das Konfektionieren von zwei Personen durchgeführt wird. Während eine Person das Konfektionsgerät führt und auf das Verbleiben des Konfektionsbands in der Mitte der Naht achtet, schließt die zweite Person die Naht. Nach erfolgter Konfektion wird die Naht kontrolliert und mit einer Florbürste aufgebürstet. Velourswaren müssen grundsätzlich in Strichrichtung konfektioniert werden.

Die in verschiedenen Ausführungen gelieferten Nagelleisten können durch Kleben, Nageln oder mit Dübeln und Schrauben auf dem Untergrund befestigt werden. Die Art der Befestigung richtet sich nach dem Untergrund und dem Nagelleistentyp. Beim Nageln und Schrauben werden die Leisten in ihrer vollen Länge auf dem Untergrund befestigt. Bei Rundungen und Einbuchtungen werden sie den Konturen folgend in kurzen Stückchen befestigt.

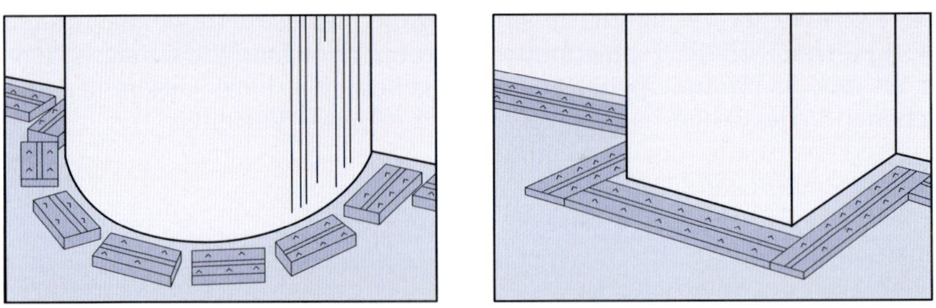

*Befestigen der Nagelleisten bei Rundungen und Vorsprüngen*

Um beim Kleben die durch Unebenheiten des Untergrunds verursachten Spannungen zu vermeiden, müssen die Nagelleisten in kurzen Stücken von ca. 12–15 cm Länge aufgeklebt werden. Das Teilen der Leisten erfolgt mit einer Leistenschere. Zum Kleben benutzt man besondere Nagelleisten-Klebstoffe (Zweikomponenten-, Kontakt- und Schlagklebstoffe).

*Nageln der Nagelleisten*

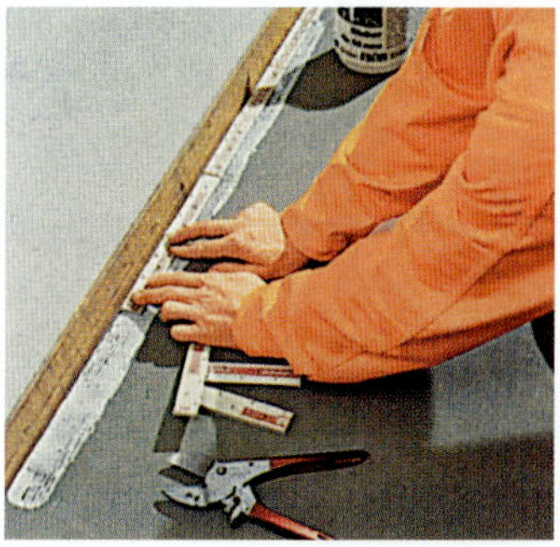

*Kleben der Nagelleisten*

Der Abstand zwischen den Nagelleisten und der Wand sollte bis **ca. 2/3 der Teppichbodendicke** betragen. In diese Fuge wird am Schluss der Verspannung die Teppichbodenkante eingedrückt.

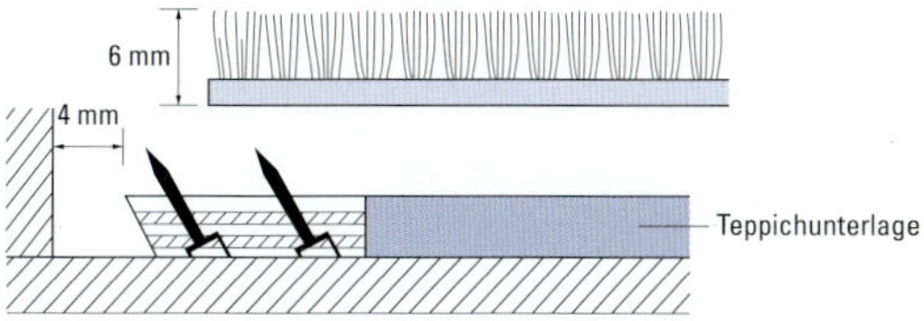


*Abstand der Nagelleisten zur Wand*

Die Nagelhöhe der Leiste richtet sich nach der Dicke des Teppichbodens. Bei sehr langen Bahnen und bei nicht genügender Estrichfestigkeit im Randbereich ist es zweckmäßig, 47 mm breite Nagelleisten mit drei Nagelreihen zu verwenden. Um eine feste Verbindung der Nagelleiste mit dem Untergrund zu gewährleisten, darf eine evtl. notwendige Spachtelung des Untergrunds erst nach dem Anbringen der Nagelleisten durchgeführt werden. Nach dem Anbringen der Nagelleisten wird zum Ausgleich der Leistenhöhe eine **ca. 6 mm dicke Teppichunterlage** (Filz oder Verbundschaum) ausgelegt und je nach Art des Untergrunds unter leichter Spannung punktuell geklebt oder bei Holzböden mit einem Hefthammer angeheftet. Nach der Befestigung wird diese Unterlage mit einem Universalmesser bündig zu den Nagelleisten beschnitten. Durch eine solche Teppichunterlage wird der **Gehkomfort (Elastizität)** sowie die **Schall- und Wärmeisolierung wesentlich verbessert** und die **Lebensdauer des Teppichbodens verlängert**. Für den stark strapazierten Objektbereich sind strapazierfähige, evtl. auch rollstuhlgeeignete, Unterlagen zu verwenden.

*Anheften der Teppichunterlage mit einem Hefthammer*

*Beschneiden der Teppichunterlage*

Nach diesen Vorarbeiten wird der zu verspannende Teppichboden im Raum ausgelegt. Man beginnt immer in einer Ecke, wo der Teppichboden mit einer Ahle oder dem Kniespanner so angelegt wird, dass er an der Wand etwas hochsteht. Dann wird er an der Startseite ca. 35 cm mit den Händen so auf die Nagelleisten aufgedrückt, dass er aufhakt. Um den Halt zu verbessern, wird der Teppichboden mit einem Hammer auf der Nagelleiste angerieben.

*Anlegen des Teppichbodens*

*Anreiben des Teppichbodens auf der Nagelleiste*

Mit dem Hebelspanner, der aus einem Spannkopf mit längenverstellbaren Zähnen, dem Kopfrohr mit dem Hebelarm und dem Schwanzblock und 4–6 Verlängerungsrohren besteht, wird der Teppichboden durch pumpende Bewegungen des Hebelarms, wodurch die Spannkraft erzeugt wird, zur gegenüberliegenden Seite gespannt und dort mit einer Breite von ca. 35 cm auf die Nagelleiste aufgehakt.

*Hebelspanner*

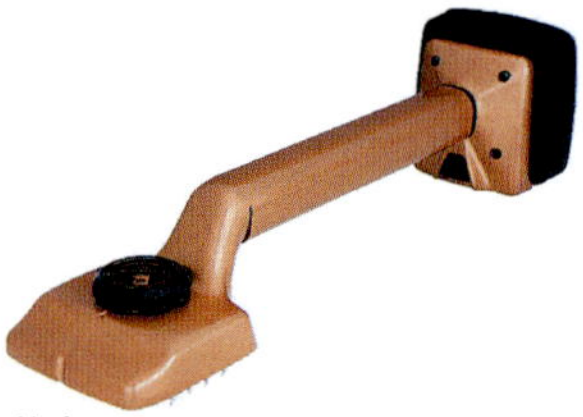

*Kniespanner*

In kleineren Räumen kann man evtl. mit einem Kniespanner auskommen, der ebenfalls aus einem Spannkopf mit längenverstellbaren Zähnen, einem leichtmetallenen Mittelstück und einem hinteren Stoßpolster besteht, wobei die Spannkraft durch Kniestöße gegen das Stoßpolster entsteht.

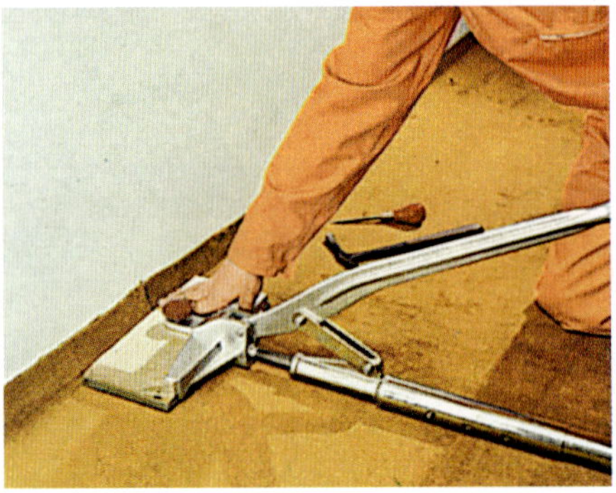

*Anlegen des Hebelspanners*

*Festhalten des Teppichbodens mit einem Spachtel und Einhängen auf der Nagelleiste*

Bei der Verwendung des Hebelspanners ist darauf zu achten, dass der Spannkopf in solchem Abstand zur Wand auf den Teppichboden zu legen ist, dass er nach dem Spannvorgang kurz vor der Nagelleiste liegt und der Teppichboden mit einem breiten Spachtel zwischen Wand und Nagelleiste festgehalten werden kann. Durch Zurücknehmen der Spannung, indem der Hebelarm nach oben zurückgeführt wird, hakt der gespannte Teppichboden auf der Nagelleiste ein. Nach jedem Spannvorgang muss der aufgehakte Teppichboden mit einem Hammer auf der Nagelleiste angerieben werden.

Anschließend wird der Teppichboden mit dem Kniespanner auf die Nagelleiste der eckverbindenden Seite eingehakt. Dabei greifen die Zähne des Spannkopfs von oben in den Teppichboden, der durch Kniestöße gegen das Stoßpolster zur Nagelleiste gezogen und dort auf die schräg stehenden Nägel eingehakt wird. Wichtig ist bei den Spannarbeiten, dass die Zähne des Knie- und Hebelspanners entsprechend der Teppichbodendicke eingestellt werden. Zu lange Zähne können die Teppichunterlage verschieben oder beschädigen. Zu kurz eingestellte Zähne erreichen nicht den Teppichbodenrücken und können durch Abrutschen den Flor beschädigen.

*Spannen mit dem Kniespanner*

Die anderen Seiten des Raums werden in ähnlicher Weise verspannt. Die Reihenfolge der Spannvorgänge und die Spannrichtungen zeigen die folgenden Spanndiagramme.

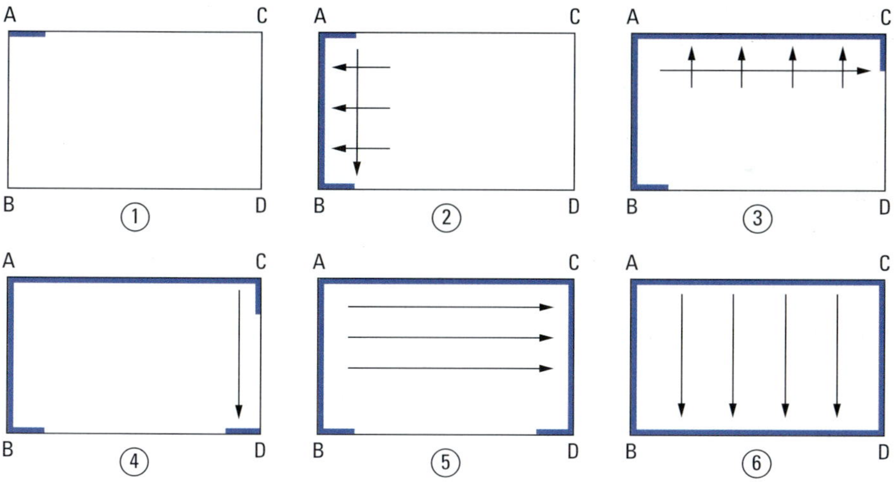


① *Teppichboden in der Startecke A aufhaken.*

② *Mit dem Hebelspanner zur Ecke B spannen, Seite A-B mit dem Kniespanner aufhaken.*

③ *Mit dem Hebelspanner von Ecke A zur Ecke C spannen, Seite A-C mit dem Kniespanner aufhaken.*

④ *Mit dem Hebelspanner von der Ecke C zur Ecke D spannen und aufhaken.*

⑤ *Von der Seite A-B mit dem Hebelspanner zur Seite C-D spannen und dort aufhaken, die Ecke D korrigieren.*

⑥ *Von der Seite A-C mit dem Hebelspanner zur Seite B-D spannen und dort aufhaken.*

*Spanndiagramme einer Teppichbodenverspannung*

10

Abweichend von der dargestellten Teppichbodenverspannung werden in der Praxis aufgrund von persönlich gemachten Erfahrungen und Gewohnheiten auch andere Verspannungsrichtungen und -folgen angewendet. Unterschiedliche Spannrichtungen bei gewebten und getufteten Teppichböden werden infolge der verbesserten Dimensionsstabilität der getufteten Teppichbodenqualitäten nicht mehr unterschieden.

Welche Verspannungsrichtungen und -folgen auch angewendet werden, Grundbedingung jeder Verspannung ist, dass der Teppichboden in allen Richtungen gleichmäßig und wellenfrei ausgespannt wird. Das Maß der Ausspannung muss gefühlsmäßig ermittelt werden und ist bei jeder Teppichbodenqualität anders. Auf keinen Fall darf der Teppichboden so weit ausgespannt werden, dass er sich beim Begehen ausdehnt, ein sog. „Trampolineffekt“ entsteht oder aus den Nagelleisten ausreißt.

Nachdem der Teppichboden ordnungsgemäß verspannt wurde und man sich davon überzeugt hat, dass die Nähte der Teppichbodenbahnen gerade verlaufen, werden abschließend die an den Wänden hochstehenden Teppichbodenränder mit einem Randschneider beschnitten und die überstehenden Kanten mit dem Treppenwerkzeug in die Fuge zwischen Wand und Nagelleiste eingetrimmt.

*Beschneiden der Teppichbodenränder*

*Eindrücken der Teppichbodenkante in die Fuge*

*Randschneider*

*Treppenwerkzeug*

*Aufgaben*

1. *Was muss hinsichtlich der VOB DIN 18365 bei der Verlegung von textilen Bodenbelägen beachtet werden?*
2. *Wie werden die Nahtschnitte von Teppichböden mit a) normaler Flordichte und b) hoher Flordichte durchgeführt?*
3. *Beschreiben Sie drei mögliche Verlegetechniken eines Teppichbodens, ohne dass der Fliesenboden einer gemieteten Wohnung bei der Entfernung des Teppichbodens beschädigt wird.*
4. *In einem großen Objekt wird ein Teppichboden in mehreren Bahnen verklebt. Schildern Sie das Verkleben des Teppichbodens.*
5. *Welche Vorteile besitzt ein verspannter Teppichboden gegenüber einem verklebten Teppichboden?*
6. *Welche Grundbedingung gilt beim Verspannen eines Teppichbodens?*

### 10.1.4.4 Zuschnitt- und Verlegetechniken bei elastischen Bodenbelägen

#### 1. Zuschnitt- und Verlegetechniken bei Linoleumbelägen

**Verlegebedingungen**

Linoleumrollen werden grundsätzlich stehend gelagert. Die benötigten Bahnen werden mit etwa 10 cm Überlänge grob zugeschnitten, um mögliche Längenänderungen zu berücksichtigen, da Linoleum während des Klebens in der Länge schrumpft und in der Breite wächst. Die abgeschnittenen Bahnen werden mit der Oberseite nach außen lose aufgerollt und stehend mindestens 24 Stunden in dem Raum, in dem sie verlegt werden, akklimatisiert. Dabei darf die Unterbodentemperatur 15 °C nicht unterschreiten, die Raumtemperatur soll mindestens 18 °C und die relative Luftfeuchtigkeit nicht mehr als 65 % betragen.

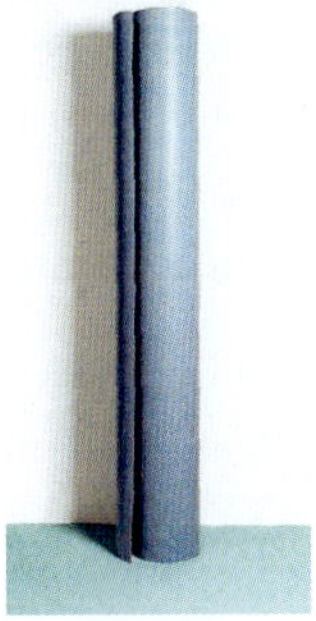

*Stehend gelagerte Linoleumrolle*

**Nahtschnitte**

Die erste Bahn wird entlang der Wand ausgelegt. Der Wandverlauf wird mit einer Wandschmiege, die einen Anreißstift besitzt, unter Berücksichtigung der Türübergänge, Nischen und Mauervorsprünge in die Belagsbahn geritzt. Entlang der geritzten Markierung wird der Belag dann passend mit einer Hakenklinge zugeschnitten und entlang der Wand eingepasst.

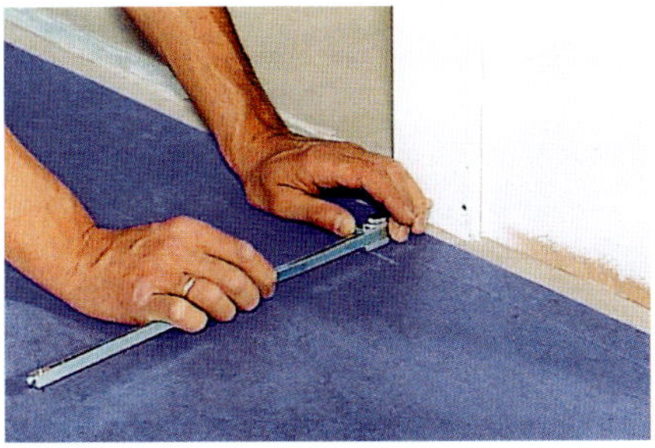

*Übertragen des Wandverlaufs mit der Wandschmiege auf den Belag*

*Zuschneiden des Belags entlang der angeritzten Konturen*

Der erste Kantenschnitt erfolgt zweckmäßig mit einem Kanten- oder einem Streifenschneider, die es in verschiedenen Ausführungen gibt.

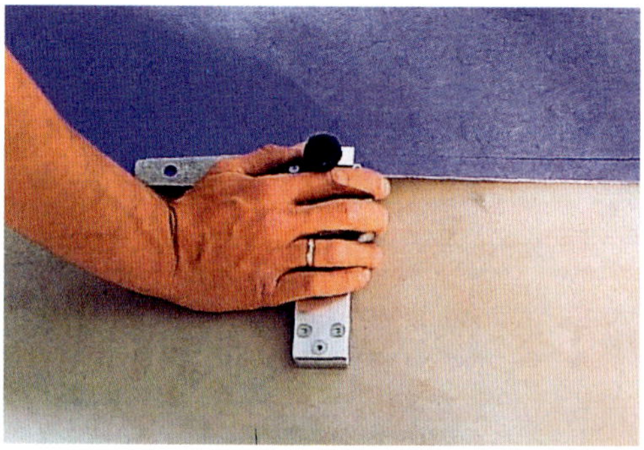

*Begradigen der Bahnenkante mit einem Kantenschneider*

Für das Schneiden der zweiten Kante bieten sich folgende Methoden an:

- **in kleinen Räumen vor dem Klebstoffauftrag:**
  Die unten liegende Bahn wird entlang der oben liegenden geschnittenen Bahnenkante mit einem Messer mit Trapezklinge angeritzt und mit einem Messer mit Hakenklinge in entgegengesetzter Richtung abgeschnitten.
  Diese Vorgehensweise ist zu empfehlen in Räumen mit nicht mehr als zwei Bahnen unter 5 m Länge.
- **in großen Räumen nach dem Klebstoffauftrag:**
  Die oben liegende Bahnenkante wird mit dem Nahtanreißer entlang der unten und bereits im Klebstoffbett liegenden Bahnenkante angeritzt und anschließend mit einem Messer mit Hakenklinge in entgegengesetzter Richtung abgeschnitten.
  Da Linoleum während des Klebevorgangs in der Breite wächst, muss der Nahtanreißer so eingestellt sein, dass zwischen den Bahnen ein Abstand von 0,5 mm bleibt. So vermeidet man Nahtstauchungen. Dabei ist zu beachten, dass der Schnitt senkrecht oder leicht schräg ausgeführt wird, sodass eine gerade oder umgekehrte V-Fuge entsteht.
  Das Schneiden der Bahnenkanten nach dem Klebstoffauftrag wird bei großen Räumen mit mehr als zwei Bahnen und Bahnlängen über 5 m angewandt.

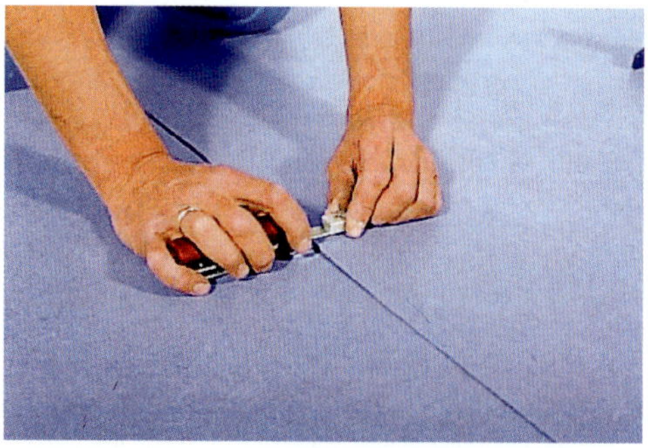

*Anreißen der oben liegenden Bahnenkante mit dem Nahtanreißer entlang der unten liegenden beschnittenen Bahnenkante*

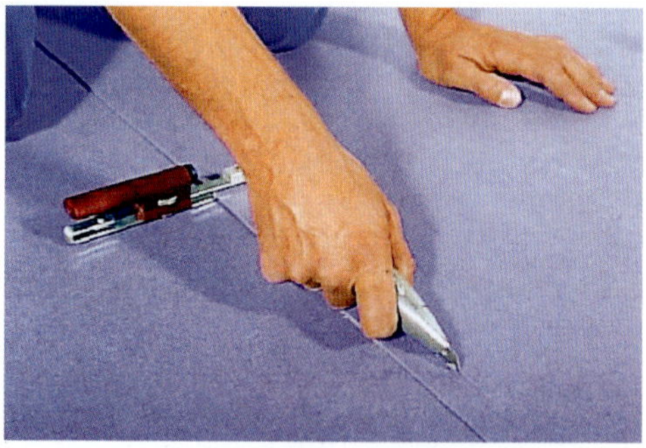

*Abschneiden der oben liegenden Bahnenkante mit einem Messer mit Hakenklinge*

*Prüfen des Abstands zwischen den Bahnenkanten*

Nahtschnitte können auch nach dem Klebstoffauftrag in einem Arbeitsgang entlang der unten liegenden beschnittenen Bahn mit dem **Linocut** durchgeführt werden, der einen Kippmechanismus mit zwei Klingen besitzt. Mit der einen Klinge wird der Schnitt bis in die Nähe der Wand durchgeführt. Der Kippmechanismus ermöglicht, den Schnitt mit der zweiten Klinge in entgegengesetzter Richtung zu vervollständigen, ohne die Klinge aus der Naht zu nehmen.

*Linocut*

Kanten- und Doppelschnitte, das Schneiden einer Produktionskante mit zusätzlichem Durchschneiden oder Anreißen der darunterliegenden Bahn oder das Schneiden einer darunterliegenden Bahn entlang einer geschnittenen Kante können auch mit dem **Provinol-Nahtschneider** geschnitten werden, der perfekte Nahtschnitte mit einer integrierten Rundklinge ermöglicht.

*Porvinol-Nahtschneider*

**Kleben**

Beim Verkleben mehrerer Bahnen wird nach dem Nahtschnitt eine Bahn als Leitbahn zur Hälfte zurückgeschlagen. Entlang einer der beiden, jetzt offen liegenden Bahnenkanten wird die Lage der Naht auf dem Unterboden markiert. Danach werden die anderen Bahnen ebenfalls bis zur Hälfte zurückgeschlagen. Bei kleinen Räumen bis ca. 5 m Länge werden die Bahnen in ihrer gesamten Breite in Längsrichtung bis zur Hälfte zurückgeschlagen. Lange schmale Bahnen, z. B. in Fluren, werden seitlich aufgeschlagen. Auf die frei werdende Fläche wird von der Umschlagkante beginnend der Klebstoff geradlinig mit einem gezahnten Spachtel (in der Regel mit der Zahnung B1) aufgetragen, wobei die Verarbeitungsanleitung des Herstellers unbedingt beachtet werden muss.

*Zurückschlagen der Bahn und Auftragen des Klebstoffs*

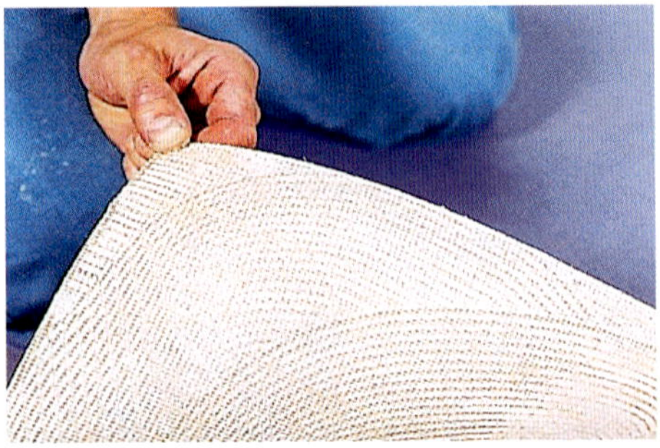

*Der Klebstoff muss so aufgetragen werden, dass die Klebstoffriefen die Rückseite des Belags vollflächig benetzen*

Nach der Ablüftzeit des Klebstoffs, die im Wesentlichen von dem Raumklima und der Saugfähigkeit des Untergrunds abhängig ist und durch eine Fingerprobe festgestellt werden kann, werden die Bahnen nacheinander in das Klebebett eingelegt. Die Kopfenden werden eingewalkt (gegengebogen). Beim Einlegen ist darauf zu achten, dass die Bahnen keine Luft einschließen. Deshalb sollten sie möglichst flach in das Klebebett eingeschoben werden.

Die Verklebung der zweiten Bahnenhälfte erfolgt in der gleichen Weise, nachdem die Bahnen bis zur Klebstoffgrenze zurückgeschlagen und der Klebstoff exakt an der alten Klebstoffgrenze aufgetragen wurde.

Um Längenänderungen bei den Kopfenden bzw. Kopfnähten zu vermeiden, sind folgende Methoden gebräuchlich:

- Die Linoleumbahn wird bis auf eine Restlänge von ca. 1,50 m geklebt. Nachdem der Klebstoff eine ausreichende Anfangsfestigkeit erreicht hat und die Bahn vollständig arretiert ist, wird das ungeklebte Ende der Bahn genau eingepasst und geklebt.
- Das betreffende Ende der Bahn wird eingepasst und auf einer Länge von ca. 1,50 m geklebt. Die restliche Bahnenlänge wird erst nach Arretierung des ersten Teils der Bahn geklebt.

Um eine vollflächige Benetzung der Rückseite zu erreichen, muss der Belag anschließend mit einem Anreibeisen angerieben oder einer Andrückwalze gewalzt werden.

Das Anreiben bzw. Walzen wird zuerst in der Breite durchgeführt, um die eingeschlossene Luft zu entfernen, und anschließend in der Länge.

*Anreiben der Bahnen mit einem Anreibeisen, das mit einem Nadelvlies überzogen ist*

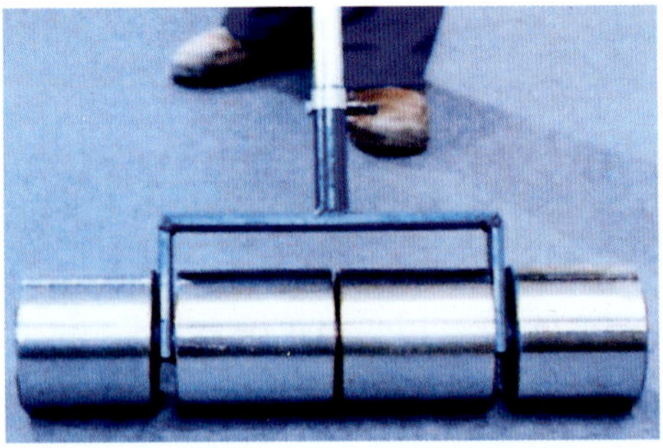

*Walzen der Bahnen mit einer Andrückwalze*

**Hohlstellen** in angeriebenen oder gewalzten Bahnen können durch Überstreifen mit einem Anreibhammer festgestellt werden. Sie müssen erneut angerieben bzw. angewalzt werden.
Lässt sich die eingeschlossene Luft in den Hohlstellen seitlich nicht heraustreiben, so kann man mit der Spitze eines Messers in die Hohlstelle einstechen, die Luft herausdrücken und den Belag noch einmal intensiv anreiben.

*Prüfen auf Hohlstellen mit einem Anreibhammer*

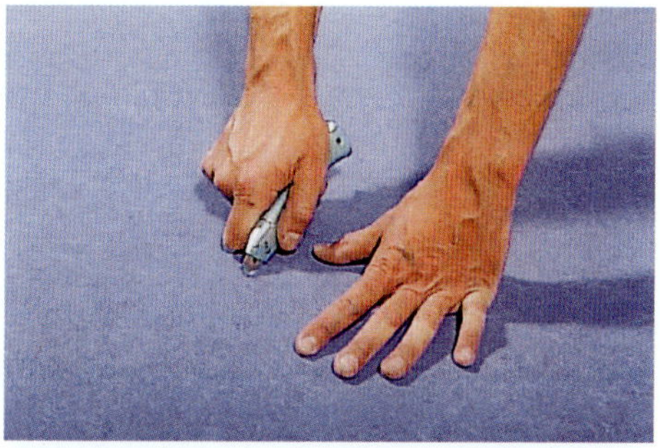

*Einstechen mit der Messerspitze in eine Hohlstelle*

Durch das schlaufenförmige Aufhängen der Linoleumbeläge in der Trockenkammer entsteht etwa in der Mitte jeder Linoleumrolle über die ganze Breite eine sog. **Hängebucht**, die unter starker Wölbungsspannung steht und deshalb zu Hohllagen neigt. Je nach Dicke des Linoleumbelags und der Temperatur kann die Hängebucht unterschiedlich stark ausgeprägt sein. Die Hohllagen an den Hängebuchten können vermieden werden, indem man auf die Rückseite des Linoleumbelags zusätzlich Klebstoff aufträgt, ca. 50–70 cm über den Bereich der Hängebucht hinaus. Nach kurzer Ablüftzeit wird der Linoleumblag in das Klebstoffbett eingewalkt, anschließend gut angerieben oder gewalzt. Mitunter kann es erforderlich sein, dass die betroffene Fläche bis zum Abbinden des Klebstoffs beschwert werden muss.

### Schließen der Verlegefugen

Das Schließen der Nähte ist grundsätzlich zu empfehlen und besonders dort, wo später im Nasswischverfahren gereinigt oder desinfiziert wird. Das Schließen der Fugen kann frühestens nach 24 Stunden ausgeführt werden, wenn der Klebstoff ausreichend abgebunden hat. Die Angaben des Klebstoffherstellers sind unbedingt zu beachten.
Die Fugen werden mit einer Fugenfräse bis zur Juteschicht ausgefräst. Sie sollten u-förmig und nicht breiter als 3,5 mm sein. Nähte an den Wänden, die von der Fugenfräse nicht gefugt werden können, werden mit dem Fugenhobel ausgefugt. Die Fugen müssen vor dem Verfugen restlos sauber sein und deshalb sorgfältig mit einem Staubsauger ausgesaugt oder mit einem Heißluftgerät ausgeblasen werden.

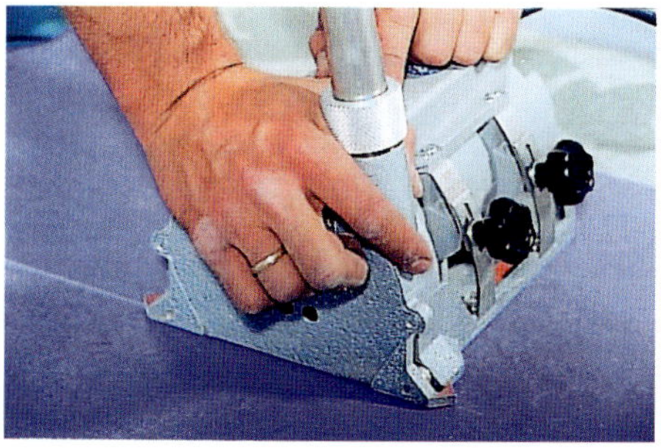

*Fräsen der Fugen mit einer Fugenfräse*

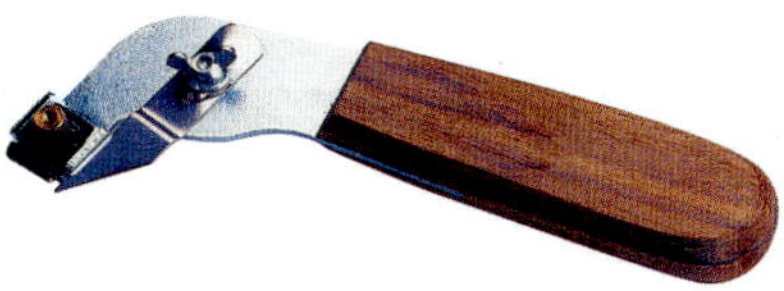

*Fugenhobel*

Das Verfugen kleinerer Flächen erfolgt mit einem Schmelzdraht, der mit einem **Handschweißgerät** mit aufgesteckter Schnellschweißdüse in die Fuge eingeschmolzen wird. Handschweißgeräte gibt es in verschiedenen Ausführungen und Leistungsstärken mit stufenloser elektronischer Temperaturregelung.

Zum Verfugen größerer Flächen verwendet man **Schweißautomaten**, die in verschiedenen Ausführungen angeboten werden. Sie bestehen aus einem abschwenkbaren Brenner mit eingebautem Gebläse und einer Düse, einem Spulenhalter mit Stufenscheiben und einem stufenlos einstellbaren Heizkörper. Der Vorschub kann im Geschwindigkeitsbereich von 2–8 m/min elektronisch geregelt werden.

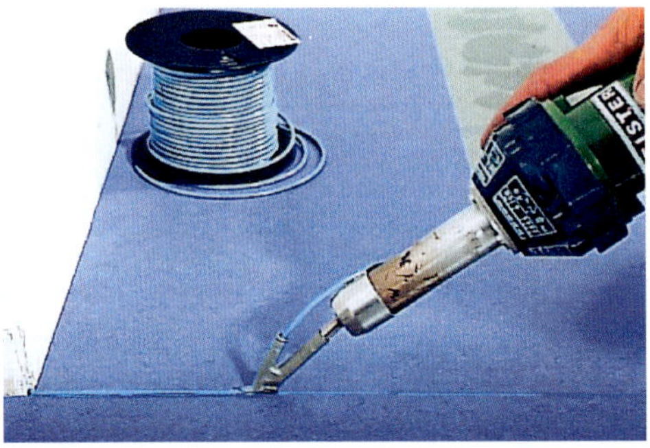

*Verfugen mit einem Handschweißgerät*

*Verfugen mit einem Schweißautomaten*

Der überstehende Schmelzdraht wird in zwei Arbeitsgängen abgestoßen. Beim ersten Arbeitsgang wird der Schmelzdraht noch im warmen Zustand mit einem Viertelmondmesser und aufgesetztem Schweißnahtschlitten oder mit dem Mozart-Abstoßmesser mit eingeschwenktem Schlitten grob abgestoßen (1). Beim zweiten Arbeitsgang wird der überstehende erkaltete Schmelzdraht mit dem Viertelmondmesser oder mit dem Mozart-Abstoßmesser mit ausgeschwenktem Schlitten bündig mit der Belagoberfläche abgestoßen (2).

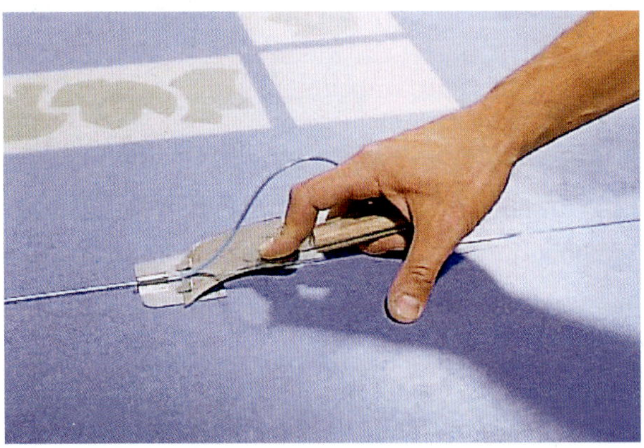

*Abstoßen des überstehenden Schmelzdrahts mit einem Viertelmondmesser mit aufgesetztem Schweißnahtschlitten*

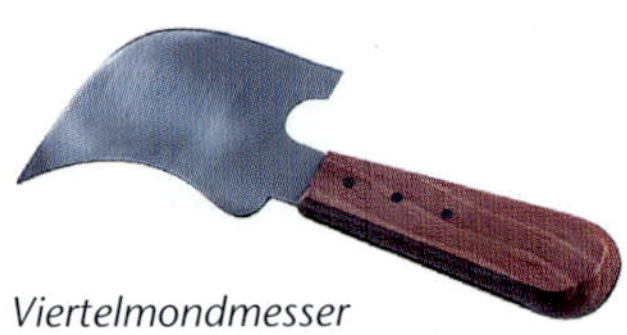

*Viertelmondmesser*

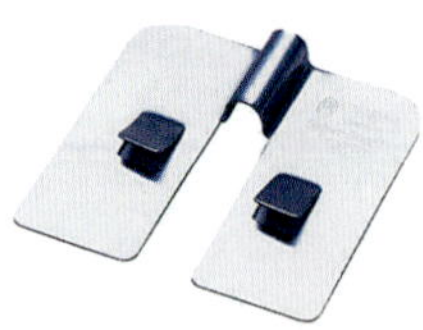

*Schweißnahtschlitten*

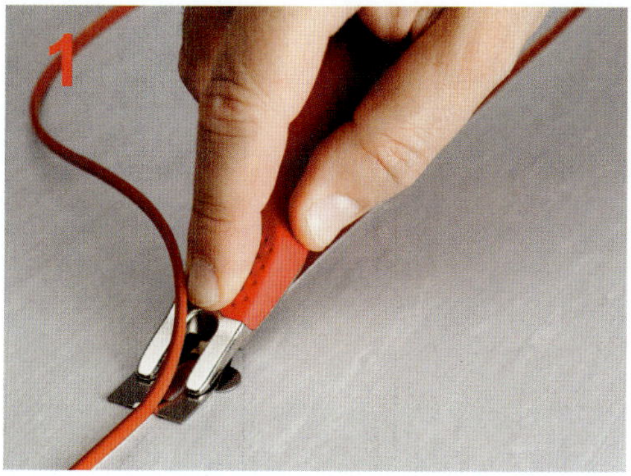


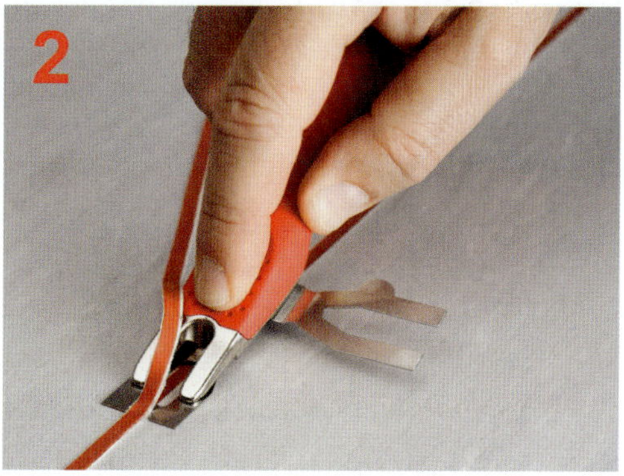


*Abstoßen des Schmelzdrahts in zwei Arbeitsgängen mit dem Mozart-Abstoßmesser*

## 2. Zuschnitt- und Verlegetechniken von PVC-Belägen

### Verlegebedingungen

PVC-Rollen werden stehend gelagert. Die benötigten Bahnen werden mindestens einen Tag vor der Verarbeitung mit etwa 5 cm Überlänge grob zugeschnitten und in dem Raum, in dem sie verlegt werden, ausgelegt, damit sie sich den dort herrschenden raumklimatischen Bedingungen anpassen können. Die Unterbodentemperatur sollte mindestens 15 °C, die Raumtemperatur mindestens 18 °C und die relative Luftfeuchtigkeit nicht mehr als 65 % betragen.

In vielen Fällen werden die Bahnen bereits kantenbeschnitten geliefert. Sollten durch den Transport die Kanten beschädigt sein, sodass nach dem Auslegen keine dichten Nähte erzielt werden können, ist es unerlässlich, die Bahnenkanten zu beschneiden, auch wenn die Nähte später verschweißt werden.

### Nahtschnitte bei homogenen und heterogenen PVC-Belägen

Für das Schneiden der Nähte werden die Bahnen einige Zentimeter überlappt ausgelegt und ausgerichtet. Bei langen Bahnen wird auf der oberen Bahn die Schnittlinie durch einen Schnurschlag markiert. Für den Nahtschnitt wird die obere Bahn mit einer Trapezklinge entlang eines Stahllineals angeschnitten und mit einem Hakenmesser getrennt. Die Schnittkante der oberen Bahn dient als Führung des Schnitts für die untere Bahn. Die überlappenden Bahnenkanten können auch entlang einer Stahlschiene mit einem Doppelschnitt oder einem Nahtschneider geschnitten werden.

### Nahtschnitte bei PVC-Verbundbelägen

Bei PVC-Verbundbelägen mit nichttextiler Grundlage wird vor dem Nahtschnitt eine Fabrikationskante mit einem Streifenschneider oder mit einem Messer mit Trapezklinge entlang einer Schiene begradigt. Die weiteren Nahtschnitte werden wie bei den Linoleumbelägen durchgeführt. Bei kurzen Bahnen können die Nähte vor dem Kleben, bei langen Bahnen nach dem Kleben geschnitten werden.

Nahtschnitte bei PVC-Verbundbelägen mit textiler Grundlage werden vor dem Kleben im Doppelschnitt entlang einer Schiene mit einem Messer mit Trapez- oder Hakenklinge entlang eines Lineals oder mit einem speziellen Nahtschneider durchgeführt.

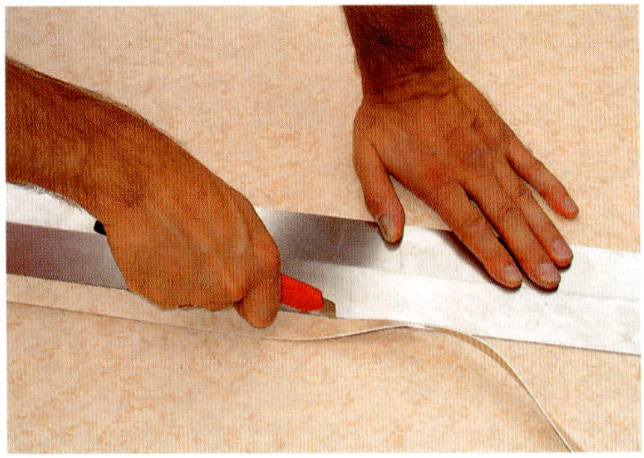

*Doppelschnitt mit einem Trapezmesser entlang einer Schiene*

**Nahtschnitte bei CV-Belägen**

Die Nahtkanten bei CV-Belägen werden im Doppelschnitt wie bei den Verbundbelägen mit textiler Grundlage geschnitten. Bei gemusterten Belägen ist darauf zu achten, dass beim Überlappen der Bahnenkanten die Musterrapporte in Länge und Breite genau eingepasst werden. Damit sich die Bahnen während des Zuschnitts nicht verschieben können, werden sie vor dem Zuschnitt mit einem Stahlstift in der Mitte des oberen und unteren Endes auf dem Untergrund angeheftet.

**Kleben**

Nach den Nahtschnitten wird eine Bahn, die sog. Leitbahn, etwa zur Hälfte in Längsrichtung zurückgeschlagen. Entlang einer der beiden jetzt offen liegenden Bahnenkanten wird die Lage der Naht auf dem Untergrund markiert. Anschließend werden die übrigen Bahnen zur Hälfte umgeschlagen und der Klebstoff von der Umschlagkante beginnend aufgetragen. Nach einer ausreichenden Ablüftzeit wird zuerst die Leitbahn entlang der angezeichneten Markierung in das Klebebett eingelegt und mit einem Anreibebrett angerieben.
Danach werden die anschließenden Bahnen eingelegt und angerieben, wobei Lufteinschlüsse vermieden werden müssen. Mit den zweiten Bahnenhälften wird in gleicher Weise verfahren. Abschließend wird der Randbereich passend zugeschnitten und die verklebte Fläche wird noch einmal angerieben oder angewalzt.

**Schließen der Verlegefugen**

Bei PVC-Belägen, die im Nasswischverfahren gereinigt werden, müssen die Verlegefugen geschlossen werden. Im Gegensatz zu den Linoleumbelägen werden homogene und heterogene PVC-Beläge **thermisch verschweißt**. Eine fachgerechte Verschweißung sollte frühestens 24 Stunden nach dem Abbinden des Klebstoffs durchgeführt werden. Hierbei sind die Angaben des Klebstoffherstellers zu beachten. Bei 2,0 mm dicken Belägen wird die Fuge mit der Fugenfräse und Fugenhobel in einer Tiefe von 2/3 der Belagsdicke, bei PVC-Verbundbelägen mit Schaumrücken bis zum Schaum ausgefräst. Die Fugenbreite soll ca. 3,5 mm betragen. Anschließend muss die Fuge durch Aussaugen oder Ausblasen gesäubert werden.

Die Schweißschnur wird mit einem Handschweißgerät mit Schnellschweißdüse oder bei größeren Räumen mit einem Schweißautomaten in die Fuge eingeschweißt. Die Verarbeitungstemperatur sollte ca. 400–500 °C, die Arbeitsgeschwindigkeit 4–5 m/Minute betragen. Der überstehende Teil der Schweißschnur wird in zwei Arbeitsgängen abgestoßen. Beim ersten Arbeitsgang wird die überstehende, noch warme Schweißschnur mit einem Viertelmondmesser und aufgesetzten Schweißnahtschlitten abgestoßen. Der zweite Abstoßvorgang erfolgt nach dem völligen Erkalten der Schweißschnur mit dem Viertelmondmesser bündig mit der Belagsoberfläche.

Bei PVC-Belägen kann das Schließen der Nahtschnitte auch **chemisch** mit einem **Kaltschweißmittel** erfolgen. Dies trifft insbesondere für CV-Beläge zu, deren Nahtschnitte nicht thermisch geschlossen werden können, da deren Nähte nicht gefräst werden können. Beim Kaltschweißen wird zunächst ein spezielles Papierklebeband auf die dicht geschnittene und saubere Naht mittig aufgeklebt und mit einer Andrückrolle angepresst. Anschließend wird das Klebeband mit einem Rollmesser im Nahtbereich durchtrennt. Während eine Hand die Nadel der Tube mit Kaltschweißmittel tief in die Naht eindrückt und die andere Hand das Kaltschweißmittel so dosiert aufträgt, dass das Kaltschweißmittel in die Naht eindringt und eine ca. 5 mm breite Benetzung des Klebebands erfolgt, wird die Nadel durch die Naht gezogen. Dabei löst das Kaltschweißmittel das PVC an und ermöglicht so eine homogene und reißfeste Verbindung der Bahnen. Die Kaltschweißtechnik ist sowohl für verklebte als auch für lose verlegte Beläge anwendbar. Voraussetzung ist aber, dass die Naht einwandfrei dicht geschnitten ist und die Naht und der Nahtbereich nicht mit Klebstoffen, Pflegemitteln usw. verschmutzt sind.

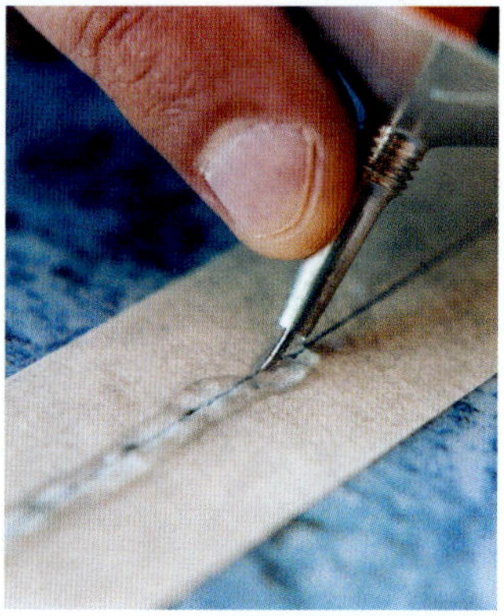

*Kaltschweißtechnik*

## 3. Zuschnitt- und Verlegetechniken von Elastomer-Bodenbelägen

Die in Form von Bahnen oder Platten vorliegenden Elastomer-Bodenbeläge sollten unmittelbar vor der Verlegung auf dem Untergrund ausgelegt werden, damit sie sich der Bodentemperatur anpassen. Dabei sollte die Raumtemperatur mindestens 18 °C, die Bodentemperatur mindestens 15 °C und die Luftfeuchtigkeit nicht mehr als 75 % betragen.
Die Kanten von Bahnenware werden grundsätzlich vor dem Verkleben geschnitten.
Bei ebenen Elastomer-Bodenbelägen werden beide Bahnen ca. 3 cm überlappend ausgelegt. Die oben liegende werkseitig beschnittene Kante wird mit einem Kantenschneider oder entlang einer Schiene mit einem Messer mit Trapezklinge begradigt und gleichzeitig die darunterliegende Bahn angeritzt. Der angeritzte Belagstreifen wird mit einem Messer mit Hakenklinge abgetrennt und nach unten abgezogen, wodurch eine nach unten leicht geöffnete Naht entsteht. Bei zweischichtigen Belägen müssen beide Bahnen durchgeschnitten werden, wobei der untere Streifen nicht abgezogen werden darf.

Die Auswahl des Klebstoffs ist von der Belagart, der Art der Beanspruchung und der Beschaffenheit des Untergrunds abhängig. Homogene und heterogene ebene sowie profilierte Elastomer-Bodenbeläge werden in der Regel mit Dispersionsklebstoffen (z. B. EC 1) verklebt. Für die Verlegung in extrem belasteten Bereichen werden zweikomponentige Polyurethanklebstoffe eingesetzt.
In jedem Fall sind immer die Hinweise der Klebstoffhersteller zu beachten.

Die Beläge müssen unter Beachtung der offenen Zeit des Klebstoffs spannungsfrei in das frisch aufgetragene Klebstoffbett eingelegt und sorgfältig mit einem Anreibebrett angerieben und/oder mit einer Andrückwalze angewalzt werden. Luftblasen müssen zu den Nähten hin ausgerieben werden. Hochstehende Bahnenenden oder Fliesenkanten müssen vor der Klebung gegengebogen werden, damit die Rückseite vollflächig mit Klebstoff benetzt wird. In Bereichen, in denen oft nass gereinigt werden muss, können die Nähte der Elastomer-Bodenbeläge verfugt werden.
Die Nähte homogener und heterogener ebener Beläge können mit dem bei Linoleum-Belägen beschriebenen Verfahren mit Schmelzschnur geschlossen werden.
Die Nähte der Beläge mit profilierter Oberfläche können mit einer Zweikomponenten-Fugenmasse geschlossen werden. Dabei wird im Nahtbereich ca. 2 cm zu jeder Seite ein farbloser, flüssiger Wachs aufgetragen. Danach wird mit dem Fugenhobel oder der Fugenfräse eine ca. 3 mm breite Fuge gefräst.

***Aufgaben***

1. *In einem Raum sollen vier Linoleumbahnen mit einer Länge von 5,80 m verklebt werden. Schildern Sie die Durchführung der Nahtschnitte und des Klebevorgangs.*
2. *Beschreiben Sie das Schließen der Verlegefugen bei einem verklebten Linoleumbelag.*
3. *Erläutern Sie, wie die Nahtschnitte bei einem homogenen PVC-Belag durchgeführt werden.*
4. *Die Verlegefugen eines PVC-Belags sollen chemisch mit einem Kaltschweißmittel geschlossen werden. Schildern Sie die Arbeitsgänge dieses Verfahrens.*

### 10.1.4.5 Verlegetechniken bei textilen und elastischen Fliesen

Mit Fliesen, die in verschiedenen Größen und Ausführungen als Tufting-, Nadelvlies-, Linoleum- und PVC-Fliesen angeboten werden, lassen sich durch verschiedene Farbanordnungen und Legeweisen interessante und wirkungsvolle Bodenflächen erzielen. In der Regel werden sie in wechselnder Laufrichtung mit Kreuzfuge verlegt. Man erreicht so bei gleichfarbigen Fliesen eine lebhaftere Farbwirkung, und geringe Farbunterschiede zwischen den Fliesen werden ausgeglichen. Auf besondere Weisung des Auftraggebers können sie auch im Verband bzw. mit gleicher Laufrichtung verlegt werden. Durch eine entsprechende Raumaufteilung können die Fliesen in Parallel- oder Diagonalverlegung verlegt werden.

#### 1. Parallelverlegung

Bei der Parallelverlegung wird vom Eingang aus parallel zur Hauptwand durch Schnurschlag eine Linie markiert. Der Abstand zur Wand muss so ermittelt werden, dass auch an der gegenüberliegenden Wand gleich große Randfliesen verlegt werden können. Auf der markierten Linie wird vom Eingang aus der Anfangspunkt für die Verlegung festgelegt, der etwa in der Raummitte liegen sollte. Er sollte so festgelegt werden, dass im Eingangsbereich nach Möglichkeit nur ganze Fliesen und keine schmalen Streifen verlegt werden. An dem ermittelten Anfangspunkt wird im rechten Winkel durch Schnurschlag eine Hilfslinie markiert. In dem entstandenen rechten Winkel wird als Anhaltspunkt die erste Fliese fixiert. Die anderen Fliesen werden zu allen Seiten an diese Fliese angelegt. Randfliesen sind entsprechend zuzuschneiden. Will man an den Raumrändern Teilfliesen vermeiden, so wird ein Belagstreifen mit dem Restfliesenmaß als Fries (Zierrand) verlegt.

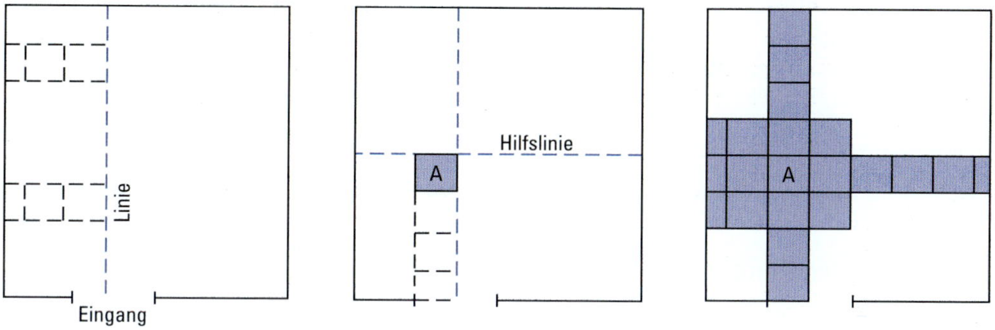


*Raumaufteilung für eine Parallelverlegung*

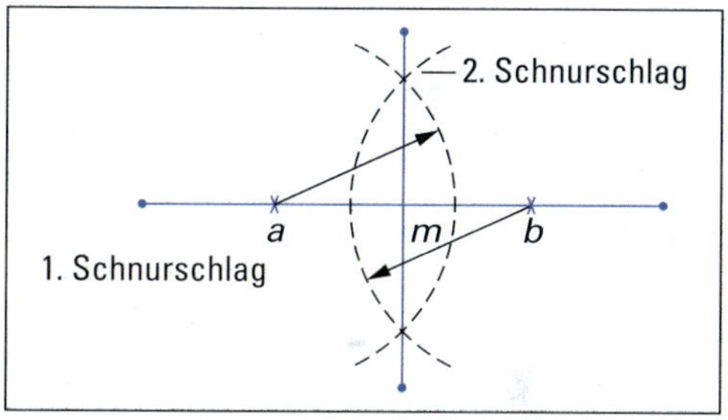


*Auswinkeln eines Raums*

In großen Räumen wie Turnhallen, Kaufhäusern usw. erfolgt die Verlegung von der Mitte aus. Der Anfangspunkt wird durch Auswinkeln der Raumfläche ermittelt. Dabei wird die Raumlänge mittig durch den 1. Schnurschlag geteilt und die Mitte der Raumbreite *m* darauf markiert. Von diesem Mittelpunkt aus werden auf dem Schnurschlag im gleichen Abstand die Punkte *a* und *b* markiert, von denen aus z. B. mit einer Latte Bogen geschlagen werden. Entlang der Bogenschnittpunkte wird der 2. Schnurschlag in der Längsrichtung markiert. Der entstandene rechte Winkel der beiden Schnurschläge bildet den Anfangspunkt für die Verlegung.

Auch bei dieser Verlegeart gilt, dass im Eingangsbereich nahezu ganze Fliesen verlegt werden. Durch Verschieben der Raumachse kann dies erreicht werden.

## 2. Diagonalverlegung

Grundlage für eine diagonale Fliesenverlegung ist, dass durch eine entsprechende Unterteilung des Raums ein Anfangspunkt gefunden wird. Er wird in der gleichen Art wie bei der Parallelverlegung ermittelt, nur mit dem Unterschied, dass man bei der Festlegung des Abstands des Schnurschlags von der Hauptwand und der Bestimmung des Anfangspunkts auf dem Schnurschlag nicht die Fliesenbreite, sondern die **Fliesendiagonale** zugrunde legt (Fliesendiagonale = Fliesenbreite × 1,414). Auch hier muss bei der Bestimmung des Anfangspunkts berücksichtigt werden, dass im Eingangs- bzw. Türbereich nur volle Fliesen mit dazwischen liegenden halben Fliesen verlegt werden. Mit der Verlegung beginnt man in der Weise, indem am Anfangspunkt die erste Fliese mit den gegenüberliegenden Ecken auf dem parallel zur Hauptwand verlaufenden Schnurschlag fixiert wird.

Alle anderen Fliesen werden an diese Fliese angelegt. In großen Räumen legt man ebenfalls wie bei der Parallelverlegung eine Reihe Fliesen auf, an die die anderen Fliesen angelegt werden. Das Auslegen eines Frieses ist bei der Diagonalverlegung ebenfalls möglich.

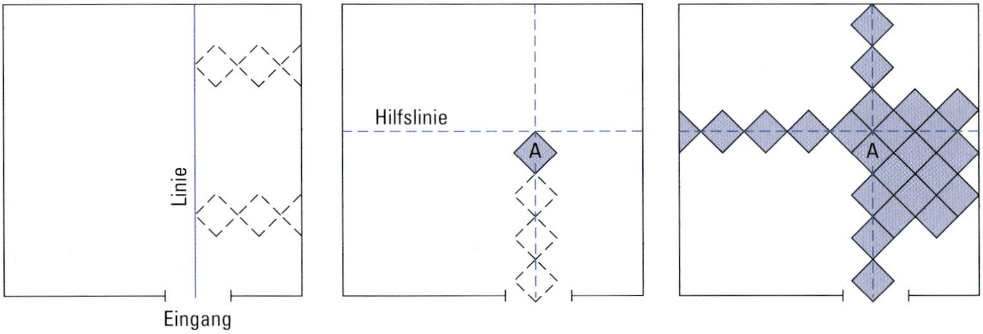


*Raumaufteilung für eine Diagonalverlegung*

## 3. Zuschnitt der Randfliesen

Die Randfliesen können wie folgt zugeschnitten werden:

1. Man misst und überträgt die Maße auf die zuzuschneidende Randfliese.
2. Auf die zuletzt verlegte Fliese wird die zuzuschneidende Randfliese gelegt. Eine zweite Fliese, bei der Diagonalverlegung benutzt man eine Schablone in Form eines Quadrats mit der Kantenlänge der Fliesendiagonale, wird so daraufgelegt, dass sie mit der Wand abschließt. An der Vorderkante dieser Fliese bzw. Schablone wird die Randfliese markiert und mit Messer und Lineal zugeschnitten.
3. Man verfährt wie unter 2. Anstelle einer Fliese oder Schablone benutzt man eine Wandschmiege, mit der man auf den Randfliesen den abzuschneidenden Teil markiert.

*Übertragen des Wandverlaufs mit einer Wandschmiege auf die zuzuschneidende Randfliese bei einer Parallelverlegung (Abb. Forbo Flooring GmbH)*

*Einschneiden einer Randfliese bei einer Diagonalverlegung mithilfe einer Schablone (Abb. Forbo Flooring GmbH)*

## 4. Verkleben der Fliesen

Fliesen werden in der Regel mit dem für den jeweiligen Bodenbelag vorgesehenen Klebstoff unter Berücksichtigung der Verarbeitungsvorschriften verklebt. Eine Ausnahme bilden einige Qualitäten der Tufting- und Nadelvlies-Fliesen, die auch als selbstklebende (SK-) oder selbstliegende (SL-) Fliesen angeboten werden.

Selbstklebende Fliesen können nach dem Abziehen einer Schutzfolie sofort auf den vorbereiteten Untergrund aufgeklebt werden. Bei der Verlegung von selbstliegenden (SL-) Fliesen in größeren und stark begangenen Räumen sollte beachtet werden, dass sie in regelmäßigen Abständen und im Wandbereich mit einem doppelseitigen Klebeband fixiert werden, um eine bessere Verbindung mit dem Untergrund zu gewährleisten.

Die Fugen verlegter Linoleum- und PVC-Fliesen werden zur Erzielung einer feuchtigkeitsundurchlässigen Oberfläche nach dem Verkleben durch eine Warmverschweißung geschlossen.

***Aufgaben***

1. *Beschreiben Sie die Aufteilung einer Bodenfläche für eine Parallelverlegung.*
2. *In der Mitte eines großen Raums muss der Anfangspunkt für eine Fliesenverlegung festgelegt werden. Schildern Sie die Ermittlung des Anfangspunkts durch Auswinkeln der Raumfläche.*
3. *Schildern Sie die Verlegung von Fliesen in der Diagonalverlegung.*
4. *Beschreiben Sie die Möglichkeiten des Zuschnitts der Randfliesen bei einer a) Parallelverlegung und b) Diagonalverlegung.*

#### 10.1.4.6 Besondere Verlegetechniken

##### 1. Stuhlrollengeeignete Verklebung

Aufgrund der sehr hohen Beanspruchung durch die Stuhlrollen werden an den Untergrund, Bodenbelag und die verbindenden Materialien höchste Anforderungen gestellt. Der Untergrund muss deshalb auf Stuhlrolleneignung geprüft werden und einen stuhlrollengeeigneten Vorstrich erhalten. Ebenso dürfen nur vom Hersteller als stuhlrollengeeignete Spachtelmassen und Klebstoffe eingesetzt werden. Der verwendete Bodenbelag muss vom Hersteller als „stuhlrollengeeignet" ausgezeichnet sein.

##### 2. Ableitfähige Verklebung

Computerräume und andere mit elektronischen Geräten ausgestattete Räume erfordern zur Ableitung und Vermeidung von elektrischen Aufladungen leitfähige Fußbodenkonstruktionen. Voraussetzung für eine ableitfähige Fußbodenkonstruktion ist, dass der Bodenbelag in seinem ganzen Aufbau (bei Teppichböden z. B. Pol, Verfestigungsstrich, Textilrücken) leitfähig ist und dass eine ableitfähige Verlegeart und ein leitfähiger Klebstoff gewählt wird. Teppichböden mit Schaumrücken sind für eine ableitfähige Verlegung nicht geeignet. Folgende ableitfähige Verlegearten werden gegenwärtig praktiziert:

**Verlegung auf Kupferbändern**
Im Abstand von 60–80 cm werden quer zur Bahnenrichtung mit einem leitfähigen Klebstoff Kupferbänder (10 × 0,08 mm) auf den gespachtelten Untergrund geklebt. Bei Fliesen muss unter jede Fliesenreihe ein Kupferband geklebt werden. Diese Bänder sind durch zwei quer verlaufende Kupferbänder, die mit einem Wandabstand von ca. 25 cm aufgeklebt werden, zu einer Ringleitung zu verbinden. Das so entstandene zusammenhängende Kupferleitungssystem muss dann von einem Elektrofachmann nach den VDE-Vorschriften geerdet werden, wobei für je 30 m² Raumfläche eine Erdungsstelle vorzusehen ist. Auf dieses Leitungssystem erfolgt dann die Verklebung des Bodenbelags.

**Verlegung mit leitfähiger Beschichtungsmasse**
Eine ableitfähige Verlegung kann auch mithilfe einer ableitfähigen Beschichtungsmasse erzielt werden, die mit einer Auftragsrolle auf den gespachtelten Untergrund aufgetragen wird. Bei Flächen bis 30 m² wird als Erdungsanschluss mit leitfähigem Klebstoff ein 120 cm langes Kupferband aufgeklebt, das 20 cm an der Wandseite übersteht. Bei größeren Flächen sind entsprechend mehr Kupferbänder erforderlich. Diese Kupferbänder müssen ebenfalls von einem Elektrofachmann an eine Erdungsleitung angeschlossen werden. Auf dieser leitfähigen Beschichtung wird anschließend der Bodenbelag verklebt.

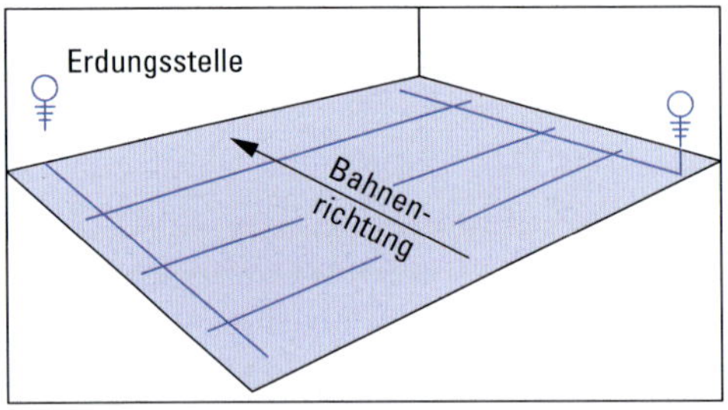

*Prinzip der ableitfähigen Verlegung mit Kupferbändern*

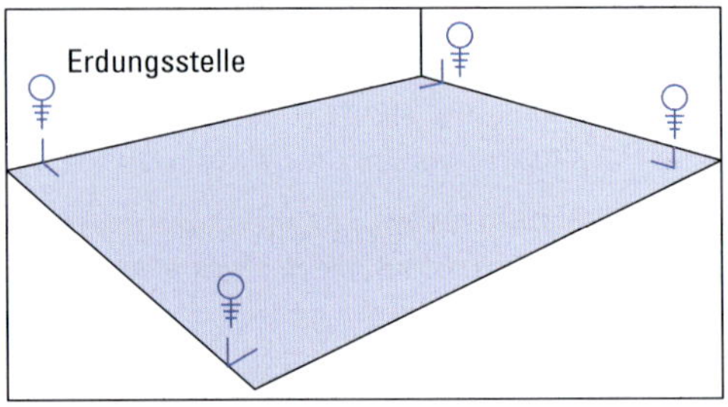

*Verlegeprinzip mit ableitfähiger Beschichtungsmasse*

### 3. Verklebung auf Fußbodenheizungen

Bodenbeläge müssen auf Fußbodenheizungen verklebt werden. Lose Verlegungen oder Verspannung von Teppichböden sind nicht zu empfehlen, weil sich zwischen Untergrund und Bodenbelag ein Luftpolster bildet, wodurch ein Wärmestau verursacht wird.

Voraussetzung für eine Verklebung auf Fußbodenheizungen ist, dass die Heizung entsprechend den Empfehlungen des Zentralverbands des Deutschen Baugewerbes vorgeheizt wurde (s. Kapitel 1.2.9 Prüfen des Aufheizprotokolls bei Fußbodenheizungen). Die für die Verlegung erforderlichen Vorstriche, Spachtelmassen und Klebstoffe müssen für Fußbodenheizungen geeignet sein. Der Wärmedurchlasswiderstand (WDW) darf bei dem zu verklebenden Bodenbelag den Wert von 0,15 m² K/W nicht überschreiten.

***Aufgaben***

1. *Was müssen Sie bei einer stuhlrollengeeigneten Verklebung beachten?*
2. *In einem Raum mit elektronischen Geräten soll ein Teppichboden ableitfähig verklebt werden. Schildern Sie die Möglichkeiten einer ableitfähigen Verklebung. Was ist in Bezug auf die zum Einsatz kommenden Werkstoffe zu beachten?*
3. *Welche Voraussetzungen müssen für eine Verklebung von Bodenbelägen auf Fußbodenheizungen gegeben sein?*

## 10.1.4.7 Verlegetechniken auf Treppen

### 1. Verlegen von textilen Bodenbelägen

Bedingt durch die sehr hohe Beanspruchung der Treppen sollten hier nur treppengeeignete Bodenbeläge verlegt werden.

Bei der Verlegung textiler Bodenbeläge ist zu beachten, dass

- bei Velours die Strichrichtung immer treppabwärts verläuft, d. h. von oben nach unten,
- bei gewebten und getufteten Bodenbelägen die Polnoppengasse immer rechtwinklig zur Vorderkante der Trittstufe verläuft,
- bei gemusterten Bodenbelägen das Muster immer parallel zur Vorderkante der Trittstufe verläuft,
- sie nach Möglichkeit mit einer elastischen Unterlage verlegt werden, dadurch wird der Gehkomfort und die Strapazierfähigkeit des Bodenbelags verbessert,

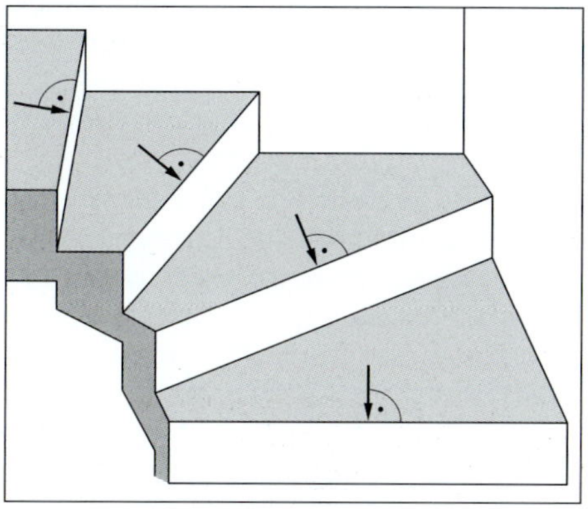

*Verlauf der Polnoppengasse*

- die Treppenkanten eine Rundung mit einem Radius von mindestens 10 mm haben müssen, um einen vorzeitigen Verschleiß an dieser Stelle zu vermeiden.

**Verlegen mit Treppenstangen**

Bei einer Verlegung mit Treppenstangen müssen zunächst auf den Treppen offene Ösen oder Endbuchsen angebracht werden, die die runden oder profilierten Teppichstangen aufnehmen. Bei Holztreppen werden sie verschraubt, bei Steintreppen verdübelt oder einzementiert. Nach der Befestigung auf der obersten Stufe wird der Läufer oder der entsprechend zugeschnittene Bodenbelag von oben nach unten verlegt. Dabei werden die einzelnen Stufen nacheinander mit einer elastischen Teppichunterlage belegt, die über die Treppenkante reichen muss. Abschließend wird der Bodenbelag darübergezogen. Durch Einlegen der Teppichstange bekommt der Belag auf der Treppe seinen festen Halt.

Zu der ermittelten Läuferlänge wird eine Zugabe für Podeste und bei Wendeltreppen für das Einnähen des Belags hinzugegeben. Außerdem sollten zu jeder Länge ca. 50 cm hinzugegeben und an der untersten Stufe nach innen eingeschlagen werden. So kann der Belag von Zeit zu Zeit verzogen werden, wodurch eine gleichmäßige Abnutzung erreicht wird.

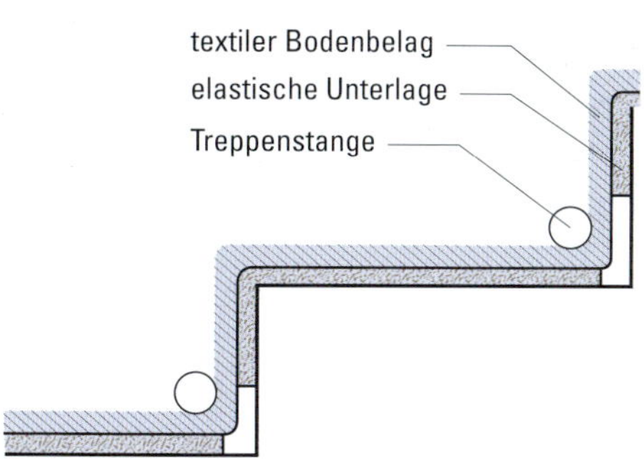


*Prinzip einer Verlegung mit Treppenstangen*

*Teppichläuferverlegung auf einer Holztreppe mit Treppenstangen*

### Verkleben auf Treppen

Stein- und Holztreppen können nach entsprechender Vorbehandlung mit einem textilen Belag verklebt werden. Werden Beläge ohne Treppenprofile verklebt, dann sind die Treppenkanten mit einem Radius von mindestens 10 mm abzurunden. Die Tritt- und Setzstufen werden ausgemessen und anschließend zugeschnitten. Bei Blockstufen erfolgt der Zuschnitt zusammenhängend, bei Treppen mit vorspringender Kante werden Tritt- und Setzstufen einzeln zugeschnitten. Für gewendelte Treppen fertigt man Papier- oder Pappschablonen an, nach denen der Belag zugeschnitten wird. Zum Ausmessen solcher Stufen verwendet man zweckmäßigerweise eine Tastlehre, deren fünf spinnenähnliche Taster in die Ecken der Treppenstufe eingeschoben werden und so die Eckpunkte für den Belagszuschnitt ermittelt werden können.

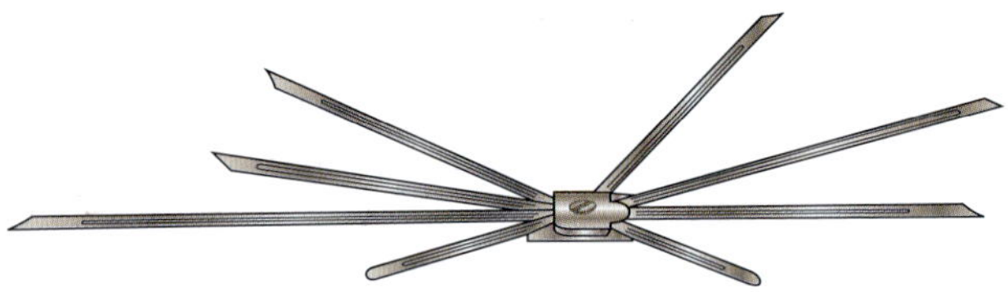

*Tastlehre*

Beim Beschneiden der schmalen Belagstreifen auf den Treppen sollen folgende Unfallverhütungsmaßnahmen getroffen werden:

**Unfallverhütungsmaßnahmen**

- *Die Hand, die den Belagstreifen hält, soll einen Metallgeflechthandschuh tragen, der absolut schnitt- und stichfest ist.*

Die Verklebung der Zuschnitte erfolgt am zweckmäßigsten mit lösemittelfreiem Kontaktklebstoff. Nach dem Auftragen des Klebstoffs auf den Bodenbelag und die Stufen wird der Belag nach dem Ablüften in das Klebebett eingelegt und gut angerieben. Bei einer Verlegung mit Treppenprofilen können auch Kunstharz-Lösemittelklebstoffe eingesetzt werden. Wird ein Bodenbelag mit einer elastischen Teppichunterlage verklebt, so sind hierfür die Klebstoffempfehlungen des Herstellers zu beachten.

Bei **Blockstufen** erfolgt die Verklebung von unten nach oben. Der aus einem Teil bestehende Treppenzuschnitt wird an das Ende der Trittstufe angelegt und nach vorn über die Treppenkante auf die Setzstufe geklebt.

**Treppen mit vorspringender Kante** werden von oben nach unten verklebt. Man klebt zunächst wieder die Trittstufe in der vorangehend beschriebenen Art, wobei der Belag um die vorspringende Kante herumgeklebt wird. Anschließend wird die Setzstufe geklebt.

Bei **stark frequentierten Treppen** werden auf die Treppenkanten Treppenprofile mit lösemittelfreiem-Kontaktklebstoff geklebt. Die Verklebung der Stufen erfolgt von unten nach oben, wobei zunächst der Belag der Trittstufen in das Klebebett eingelegt und in die Laschen der Profile eingeschoben wird. In der gleichen Weise verfährt man mit den Setzstufen.

Die **Stufen freitragender Treppen** werden in der Regel allseitig verklebt. Dabei kann der Belag seitlich mit den Stufen abschließen oder man lässt an beiden Seiten eine unbelegte Fläche, wo der Untergrund der Stufen sichtbar bleibt. Zweckmäßig ist es, auch auf solchen Treppen den Bodenbelag mit einer elastischen Teppichunterlage zu verkleben. Die Nähte sollten grundsätzlich in der Mitte der Stufenunterseite liegen. Treppenprofile werden bei solchen Stufen nur in den seltensten Fällen verwendet.

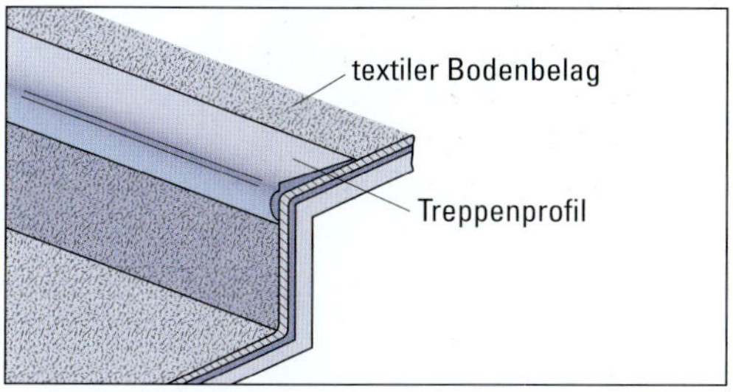

*Prinzip einer Belagsverklebung mit Treppenprofilen*

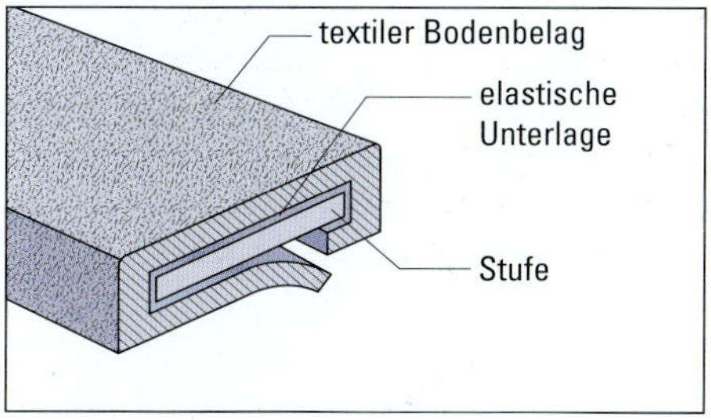

*Prinzip einer Belagsverklebung bei Stufen freitragender Treppen*

**Verspannen auf Nagelleisten**

Das Verspannen der Treppen hat gegenüber dem vollflächigen Verlegen mit Teppichstangen den Vorteil, dass die Treppenstangen wegfallen, der Bodenbelag fest mit der Treppe verbunden ist und nicht rutschen kann. Darüber hinaus werden auch hier alle Vorteile einer Teppichverspannung wirksam.

Es können sowohl Läufer als auch jede Stufe einzeln vollflächig verspannt werden. Als Vorarbeit für die Verspannung werden zunächst entsprechend dem Untergrund Nagelleisten auf den Tritt- und Setzstufen befestigt. Dabei sollen die Nägel der Leisten bei den Setzstufen nach unten, bei den Trittstufen in Richtung der Setzstufen zeigen. Bei tiefen Treppen werden entlang der Treppenwangen Nagelleisten angebracht. Sie werden so angeordnet, dass der Zwischenraum an Tritt- und Setzstufe etwa der doppelten, entlang der Wangen ca. 2/3 der Teppichdicke entspricht. Anschließend wird eine Teppichunterlage bei Holztreppen mit Heftklammern angeheftet, bei Steintreppen punktuell verklebt.

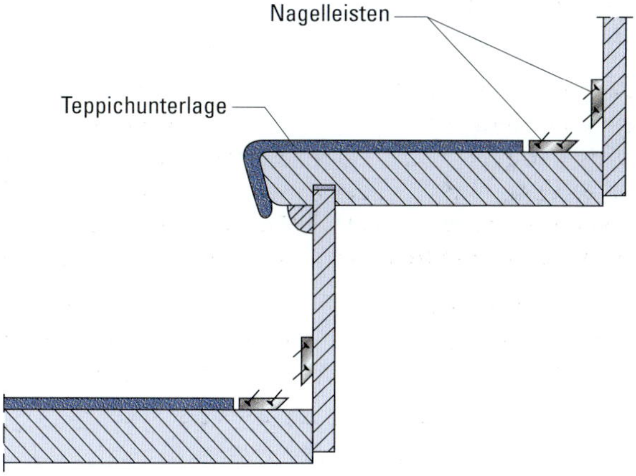

*Anordnung der Nagelleisten und der Teppichunterlage*

Mit dem Verspannen beginnt man an der untersten Stufe. Dabei wird der Bodenbelag auf die Nagelleiste der untersten Setzstufe fest angedrückt und mit dem Hammer angerieben. Dann wird der Belag mit dem Kniespanner nach oben auf die Nagelleiste der Trittstufe gespannt, dort eingehakt und mit dem Treppenwerkzeug in die Fuge zwischen den Nagelleisten der Tritt- und Setzstufe geschlagen. Der Überstand wird mit einem Messer abgeschnitten. Das Ende wird in die Fuge eingedrückt.

*Spannen des Bodenbelags auf die Nagelleiste der Trittstufe*

*Einschlagen des Bodenbelags in die Fuge*

## 2. Verlegen von elastischen Bodenbelägen

Elastische Beläge werden grundsätzlich vollflächig mit Treppenprofilen verklebt. Die Beläge werden in der gleichen Art wie die textilen nach Maß der Schablone zugeschnitten, wobei allerdings die **Breite der Stufen aus der Bahnenlänge** herausgeschnitten wird. Dabei ist zu beachten, dass bei längs gerichteter Musterung diese parallel zur Treppenkante verlaufen muss. Die Verklebung erfolgt mit lösemittelfreiem-Kontaktklebstoff. Beim Kleben ist darauf zu achten, dass die obere Kante der Setzstufe unter der Lasche der Profilkante zu liegen kommt. Werden Treppenprofile verwendet, wo die Vorderkante der Trittstufe nicht unter die Lasche geschoben werden kann, dann muss die Vorderkante mit einem Anreißer an das Treppenprofil angepasst werden.

*Aufgaben*

1. *Auf einer Treppe soll ein Velours-Teppichboden verlegt werden. Was müssen Sie dabei beachten?*
2. *Auf den Stufen einer Treppe soll ein Tufting-Teppichboden vollflächig verspannt werden. Schildern Sie die durchzuführenden Arbeiten.*
3. *Wie werden elastische Beläge auf Treppen verlegt? Was ist beim Zuschnitt dieser Beläge zu beachten?*

### 10.1.4.8 Zuschnitt- und Verlegetechniken bei Hartbelägen (Mehrschichtparkett- und Laminatbeläge)

**Verlegebedingungen**

Die zu verlegenden Elemente müssen sich in der ungeöffneten Verpackung den raumklimatischen Bedingungen mindestens 48 Stunden anpassen und dürfen erst unmittelbar vor der Verlegung ausgepackt werden. Dabei sollte die Bodentemperatur mindestens 15 °C, die Raumtemperatur zwischen 18 °C und 22 °C und die Luftfeuchtigkeit zwischen 50 % und 60 % betragen.

### Untergundbedingungen

Der Untergrund für die Verlegung von Hartbelägen (Mehrschichtparkett- und Laminatelemente) muss

- absolut glatt,
- eben,
- trocken und
- sauber sein.

Die Bestimmungen der VOB DIN 18365 Bodenbelagarbeiten sind dabei zugrunde zu legen.
Auf mineralischen Untergründen wie Beton, Estrich und Keramikfliesen muss immer eine 0,2 mm starke Polyethylenfolie als Dampf- und Feuchtigkeitssperre ausgelegt werden, die im Stoßbereich 20–30 cm überlappt und an den Wänden ca. 10 cm wannenartig hochgezogen werden muss. Teppichböden sind als Untergrund ungeeignet und müssen entfernt werden.

### Verlegung der Elemente

Die Elemente sollen nach Möglichkeit immer in Längsrichtung zur Hauptlichtquelle oder parallel zur Längsseite des Raums verlegt werden, wobei zu allen Wänden und festen Bauteilen Dehnungsfugen je nach Herstellerangaben von 10–15 mm vorhanden sein müssen. Bei Bodenflächen, die in der Längsrichtung der Elemente über 12 m und in der Breite der aneinandergereihten Elemente über 8 m hinausgehen sowie bei Tür- und Zimmerdurchgängen, müssen Dehnungsprofile eingebaut werden.

Mehrschichtparkett- und Laminatelemente werden überwiegend mit einem Verriegelungssystem ausgestattet, das je nach Produkt und Anbieter in seiner Form und Art variiert. Das Verriegelungssystem ermöglicht eine leimlose Verlegung. Die Verlegung erfolgt überwiegend schwimmend. Sofern die Elemente keine aufkaschierte Dämmunterlage besitzen, muss zur Trittschalldämmung und zum Ausgleich kleinerer Unebenheiten eine 2 mm dicke Dämmunterlage, z. B. aus PE-Schaum, bündig ausgelegt werden. Bei stark beanspruchten Bodenflächen kann es mitunter erforderlich sein, Nut und Feder zu verleimen oder die Elemente vollflächig zu verkleben. Elemente mit aufkaschierter Dämmunterlage sind für eine vollflächige Verklebung nicht geeignet.

Die Verlegung ist bei allen Mehrschichtparkett- und Laminatelementen im Prinzip identisch. Aufgrund eines besonderen Verriegelungssystems kann es jedoch zu geringfügigen Abweichungen kommen.

Die folgenden Abbildungen zeigen die einzelnen Verlegeschritte von Mehrschichtparke ttelementen mit dem Verriegelungssystem Top Connect® von **HAMBERGER®** Flooring, das auch bei Laminatelementen eingesetzt wird. Dieses Verriegelungssystem ermöglicht, die Elemente ohne besondere Werkzeuge nur mit Säge, Schlagklotz, Abstandskeilen, Bleistift und evtl. einer Entriegelungshilfe zu verlegen. Dabei werden die Elemente nur längsseitig eingewinkelt und stirnseitig mit leichtem Druck verriegelt. Grundlage dieses Verriegelungssystems ist ein patentierter Federmechanismus an den Stirnseiten der Elemente, der eine passgenaue Verbindung ermöglicht.

*Prinzip des Verriegelungssystems Top Connect®*

*Auf die ausgelegte PE-Folie wird zur Trittschalldämmung und zum Ausgleich kleinerer Unebenheiten eine 2 mm dicke Dämmunterlage ausgerollt.*

*Begonnen wird in der rechten Raumecke, wobei die Elemente mit der Federseite zur Wand in einem Abstand von 10–15 mm (Dehnungsabstand) verlegt und mit Abstandskeilen fixiert werden.*

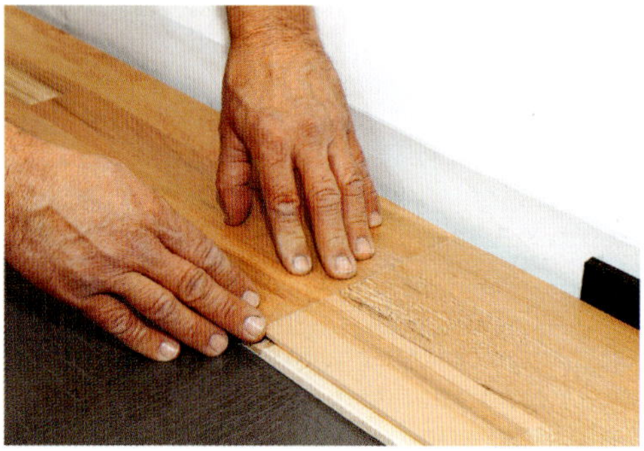

*Die weiteren Elemente der ersten Reihe werden an den Stirnseiten von oben in das vorherige Element eingeklickt. Durch einen leichten Druck rastet das Element im angrenzenden Element ein.*

*Mit dem Reststück der ersten Reihe, mindestens 50 cm, wird in der nächsten Reihe wieder begonnen. Die weitere Verlegung erfolgt elementweise. Dazu werden die Elemente zuerst längsseitig mit leichtem Druck in die Verbindung eingedreht.*

*Bei Bedarf kann mit dem Schlagklotz leicht nachgeklopft werden.*

*Anschließend wird das Element stirnseitig abgesenkt. Durch einen leichten Druck rastet das Element ein.*

*Die Elemente der letzten Reihe werden an der Längsseite unter Berücksichtigung eines Dehnungsabstands von 10–15 mm zugeschnitten und eingepasst.*

*Für aus dem Boden herausragende Heizungsrohre werden in die Elemente passende Öffnungen gebohrt und gesägt. Das abgesägte Elementstück wird hinter den Rohren wieder mit Leim eingefügt.*

*Nach der Verlegung müssen die Abstandskeile entfernt werden.*

*Abschließend werden die Sockelleisten (mit oder ohne Clipsystem) an der Wand befestigt und die überstehende PE-Folie wird abgeschnitten.*

*Die Elemente mit dem Top Connect®-Verriegelungssystem können mit der Entriegelungshilfe demontiert werden. Hierfür wird die Entriegelungshilfe von der Nutlängsseite in die stirnseitige Nut eingeschoben.*

*Ist die Entriegelungshilfe nicht zur Hand, können die Elemente parallel auseinandergeschoben werden.*

***Aufgaben***

1. *Welche Verlegebedingungen und raumklimatischen Bedingungen müssen bei der Verlegung von Mehrschichtparkett- und Laminatelementen vorhanden sein?*
2. *Warum muss man bei der Verlegung von Mehrschichtparkettelementen auf den Untergrund eine PE-Folie und eine Dämmunterlage auslegen?*

### 10.1.4.9 Anbringen von Wandabschlüssen

Zu einer vollständigen Bodenbelagarbeit gehört das Anbringen von Sockelleisten, um optische und funktionelle Mängel an den Wänden zu beheben.

Vor dem Anbringen der Sockelleisten muss der Untergrund, d. h. die Wand, geprüft werden, ob eine sach- und fachgerechte Befestigung der Leisten möglich ist. Insbesondere ist die Ebenheit der Wand zu prüfen, da unebene Wände einen beuligen Verlauf der Leisten ergeben.

Harte Sockelleisten, wie z. B. aus Holz, Metall und Hart-PVC, müssen in Abständen von höchstens 60 cm an die Wand genagelt werden, wenn eine Befestigung mit Schrauben und Dübeln nicht vorgeschrieben ist. An den Ecken und Stößen sind die Leisten auf Gehrung zu schneiden.

Sockelleisten aus flexiblem Material, wie z. B. Linoleum, Weich-PVC oder aus textilem Material, werden durch vollflächiges Kleben befestigt. Ist eine dauerhafte Verbindung allein durch Kleben nicht zu erreichen, so ist eine zusätzliche Befestigung durch Nageln möglich, wenn der Gesamteindruck der Sockelleisten dadurch nicht beeinträchtigt wird. Beim Kleben ist darauf zu achten, dass die Leisten direkt auf die Wand und nicht auf eine Wandbekleidung geklebt werden, da nur so eine feste Verbindung zwischen Wand und Leiste sichergestellt werden kann.
Die Sockelleisten aus flexiblem Material sind den Ecken anzupassen und entsprechend ihrem Material zu stoßen.

*Aufgaben*

1. *Welche Voraussetzungen müssen gegeben sein, um Sockelleisten aus Hart-PVC anzubringen? Was ist bei der Befestigung dieser Sockelleisten zu beachten?*
2. *Eine Bodenbelagarbeit soll durch Sockelleisten aus Linoleum vervollständigt werden. Schildern Sie das Anbringen dieser Sockelleisten. Was ist dabei insbesondere zu beachten?*

## 10.1.5 Pflege und Reinigung der Bodenbeläge

Die regelmäßige Pflege und Reinigung eines Bodenbelags ist nicht nur eine Frage der Hygiene und Ästhetik. Vielmehr wird durch sie auch der Wert des Bodenbelags erhalten und seine Lebensdauer verlängert.

Ist für eine Bodenbelagarbeit die VOB DIN 18365 vereinbart worden, so ist der Auftragnehmer nach Ziffer 3.1.4 dieser Vorschrift verpflichtet, dem Auftraggeber eine schriftliche Pflegeanleitung zu übergeben. Von diesem Zeitpunkt an gehen alle Mängel, die durch eine unsachgemäße Behandlung des Bodenbelags entstehen, zulasten des Auftraggebers.

### 10.1.5.1 Pflege und Reinigung der textilen Bodenbeläge

Bei der Pflege und Reinigung textiler Bodenbeläge unterscheidet man Unterhalts-, Zwischen- und Grundreinigung. Begriffsbestimmungen sind in der RAL 991 A 3 definiert.

#### 1. Unterhaltsreinigung

**Entstauben**
Man versteht darunter die tägliche Entfernung des losen Schmutzes mit einem Staub- oder Bürstsauger, wobei mit einem Bürstsauger durch die gleichzeitige Bürst- und Saugwirkung die Reinigung wesentlich intensiver ist. Bei textilen Bodenbelägen mit einem Schnitt- oder Schlingenflor wird der lose Schmutz tief aus dem Flor herausgeholt.

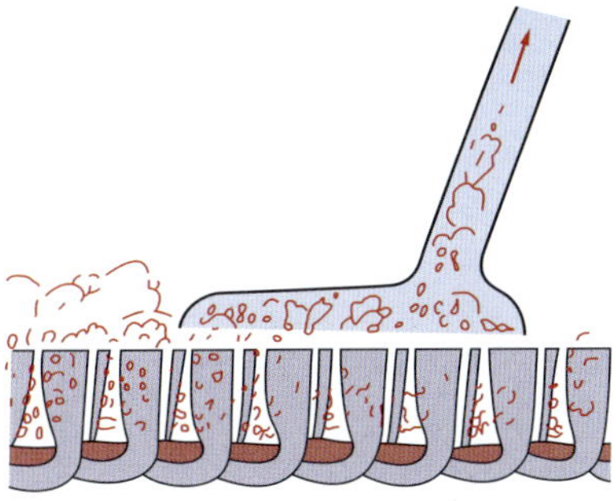

*Reinigungsprinzip eines Staubsaugers*

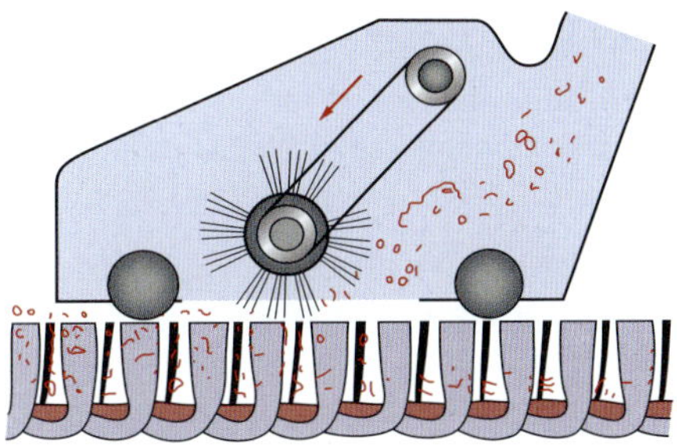

*Reinigungsprinzip eines Bürstsaugers*

**Fleckenentfernung (Detachieren)**
Zur Unterhaltsreinigung gehört auch die tägliche Fleckenentfernung. Je frischer ein Fleck ist, desto leichter kann man ihn entfernen. Behandlungsmöglichkeiten von Flecken sind bereits in Kapitel 6.1.9 Pflege und Reinigung der Polstermöbel, Fleckenentfernung aufgezeigt worden. Sie gelten auch für textile Bodenbeläge. Fast alle Flecken lassen sich mit

lauwarmem Wasser durch Abtupfen oder leichtes Reiben zur Fleckenmitte bzw. mit handelsüblichen Teppich-Shampoos entfernen. Gelingt dies nicht, helfen Fleckenentfernungsmittel, die nach Anweisung des Herstellers anzuwenden sind.

### 2. Zwischenreinigung

Oberflächlich angeschmutzte Textilbeläge werden nach gründlichem Bürstsaugen und einer Fleckenbehandlung durch eine Zwischenreinigung gereinigt. Sie kann mit vorgefertigtem Schaum oder mit Reinigungspulver durchgeführt werden.

Bei der **Zwischenreinigung mit Schaum** handelt es sich um einen Shampooniervorgang mit relativ trockenem Schaum, der in einem Shampooniergerät erzeugt wird. Der Schaum, der den Schmutz bindet, wird von dem Gerät wieder aufgesaugt. Während der Trocknungszeit darf der Belag nicht begangen werden.

Das schonendste Verfahren ist die **Reinigung mit Pulver**, das durch Spezialgeräte in den Teppichboden einmassiert und nach der Schmutzbindung und Trocknung von ihnen wieder abgesaugt wird. Diese Reinigungsart ist für alle Bodenbeläge, Verlegearten und Untergründe geeignet, die eine Nassreinigung nicht zulassen. Während der Behandlungszeit ist der Bodenbelag begehbar.

Bei der **Pad-Reinigung** wird zunächst mit einer Sprühpumpe ein Reinigungsmittel aufgesprüht. Durch die kreisenden Bewegungen einer Einscheibenmaschine mit einem angebrachten Garn- oder Mikrofaserpad wird der Schmutz von der Oberfläche gelöst und im Pad festgehalten.

Zwischengereinigte Textilbeläge werden durch Bürstsaugen nachbehandelt.

### 3. Grundreinigung

Textile Bodenbeläge erfordern über die tägliche Unterhaltsreinigung und die gelegentliche Zwischenreinigung hinaus, je nach Grad der Verschmutzung nach einem vorangegangenen Bürstsaugen und einer Fleckenentfernung, eine Grundreinigung. Sie gewährleistet eine optimale Reinigung. Bei der Grundreinigung unterscheidet man folgende Arten:

**Nassschaumverfahren** (Shampoonierung), bei dem der textile Belag mit Schaum und rotierenden Bürsten von 1- oder 3-Scheiben-Shampooniermaschinen gereinigt wird. Bei diesem Verfahren wird der Schaum entweder in den Bürsten oder auf dem Belag erzeugt.

**Sprüh-Extraktions-Verfahren:** Bei diesem Verfahren wird eine Reinigungsflotte mit erhöhtem Druck auf den textilen Belag gesprüht und mit einer Absaugwirkung sofort wieder entfernt.

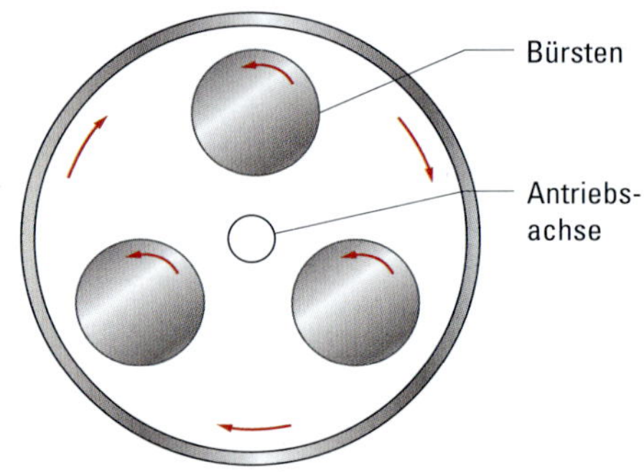


*Prinzip einer 3-Scheiben-Shampooniermaschine (von unten gesehen)*

**Kombination beider Verfahren:** Es ist das optimale Verfahren bei stark verschmutzten Bodenbelägen, indem zuerst das Nassschaum- und anschließend das Sprüh-Extraktions-Verfahren angewandt wird.

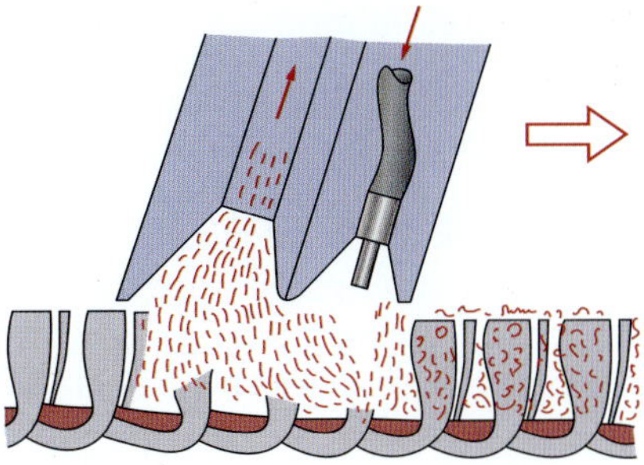
*Prinzip des Sprüh-Extraktions-Verfahrens*

**TEP-TOP-Clean® – Thermoelektrisches Reinigungsverfahren:** Bei diesem Reinigungsverfahren wird ein umweltschonendes Reinigungsenzym auf den Teppichboden aufgetragen. Durch eine patentierte Reinigungsmaschine mit sog. „thermoelektrischer" Arbeitsweise wird der Schmutz durch Wärme, Mechanik und Feuchtigkeit gelöst und von einem besonderen Reinigungskissen aufgenommen.

Nach dem Abtrocknen ist der gereinigte Teppichboden durch Bürstsaugen nachzubehandeln, um evtl. Reinigungsmittelrückstände zu entfernen.

Die Grundreinigungsverfahren, bei denen mit viel Feuchtigkeit gearbeitet wird, **dürfen nicht durchgeführt werden bei**
- Teppichboden mit einem Jute-Zweitrücken,
- Verwendung wasserempfindlicher Klebstoffe (Dispersionsklebstoffe),
- feuchtigkeitsempfindlichen Untergründen (z. B. Holz, Parkett, Calciumsulfat-, Magnesiaestriche),
- offenen Nahtstellen zwischen den Bahnen, gelösten Randstreifen oder Beulen.

Welches Reinigungsverfahren gewählt wird, hängt von vielen Faktoren ab. Dabei sind der Grad der Anschmutzung, die Belagskonstruktion, Verlegeart, Klebstoffart, der Untergrund und der, Grad der mechanischen Beanspruchung bei der Reinigung, Feuchtigkeitsbelastung und Reinigungsmittelrückstände zu berücksichtigen.

In jedem Fall ist an einer verdeckten Stelle eine Testreinigung durchzuführen, um die richtige Reinigungsmethode feststellen zu können.

### 10.1.5.2 Pflege und Reinigung der elastischen Bodenbeläge

Bei der Reinigung von Linoleum- und PVC-Belägen unterscheidet man, insbesondere bei großflächigen oder stark beanspruchten Bereichen, folgende Reinigungsarten:

#### 1. Unterhaltsreinigung

Die Unterhaltsreinigung erfolgt je nach Verschmutzungsgrad nach folgenden Verfahren:

**Feuchtwischen**, bei dem der lose Schmutz mit Feuchtwischern, die in verschiedenen Breiten angeboten werden, aufgenommen wird.

**Nasswischen:** Der Bodenbelag wird mit einem Nassmopp und Wasser, dem ein Reinigungs- und Pflegemittel zugesetzt wird, in der Regel in zwei Arbeitsgängen nass gewischt. Diese Reinigung ist sehr arbeitsintensiv und erfordert einen Doppelfahreimer mit Presse und einem Nassmopp.

**Cleanern:** Bei diesem Verfahren werden Flecken oder Gehspuren mit einem Reinigungsmittel (Cleaner) besprüht und mit Cleaner-Scheibenmaschinen maschinell auspoliert. Die Scheibenmaschinen können mit Reinigungsscheiben verschiedener Weichheitsgrade ausgestattet werden.

### 2. Grundreinigung

In größeren Zeitabständen sind bei stärkeren Verschmutzungen und/oder Pflegemittelrückständen Grundreinigungen durchzuführen. Die von verschiedenen Herstellern angebotenen Grundreinigungsmittel werden von Ein- oder Dreischeibenmaschinen, die in einem Tank die Reinigungsmittel aufnehmen, großflächig auf den Bodenbelag aufgetragen. Nach einer vorgegebenen Einwirkzeit wird der Bodenbelag mit der Maschine ohne weitere Zufuhr von Reinigungsmitteln gescheuert. Mit klarem Wasser wird abschließend gewischt. Nach dem Abtrocknen kann ein Pflegemittel wieder aufgetragen werden.

### 10.1.5.3 Pflege und Reinigung der Mehrschichtparkett-, Laminat- und Korkbeläge

Jeder Bodenbelag unterliegt einem natürlichen Verschleiß. Um den Wert von Mehrschichtparkett-, Laminat- und Korkböden möglichst lange zu erhalten, sollte beachtet werden, dass

- im Eingangsbereich Schmutzfangmatten ausgelegt werden,
- unter Stühlen und Tischbeinen Filzgleiter angebracht werden,
- Sessel und Bürostühle weiche Stuhlrollen besitzen.

In Bezug auf die Pflege und Reinigung von Mehrschichtparkett- und Laminatböden unterscheidet man:

**Unterhalts-/Zwischenreinigung**, bei der grober Schmutz mit einem Mopp, einem Haarbesen oder einem Staubsauger ohne Klopfbürste entfernt wird. Ein solcher Schmutz wirkt wie Schmirgelpapier und muss umgehend entfernt werden. Staub oder feiner Schmutz wird mit einem nebelfeuchten und gut ausgewrungenen Bodentuch entfernt, wobei dem Wischwasser ein Pflegemittel zugegeben wird, das den Boden reinigt und pflegt.

**Grundreinigung**, die immer dann durchgeführt wird, wenn der Bodenbelag fest haftende Verschmutzungen oder unansehnliche Schichten von Pflegemitteln aufweist, die durch eine Unterhalts-/Zwischenreinigung nicht zu entfernen sind. Die Grundreinigung wird manuell oder maschinell mit Cleaner-Scheibenmaschinen durchgeführt, wobei dem Wischwasser ein Grundreinigungsmittel zugegeben wird. Nach der Grundreinigung muss ein Wischvorgang mit klarem Wasser erfolgen, damit die Reste des Grundreinigers entfernt werden.

Um den Bodenbelag vor Abrieb und Verschleiß zu schützen, kann ein Pflegemittel aufgetragen werden.

Bei den durchzuführenden Pflege- und Reinigungsarbeiten dürfen Mikrofasertücher und Dampfreiniger nicht verwendet werden.

Bei Feuchtreinigungen ist stehendes Wasser auf der Bodenfläche unbedingt zu vermeiden.

Grundsätzlich müssen bei allen Pflege- und Reinigungsarbeiten die Hinweise des Bodenbelag- bzw. des Reinigungsmittelherstellers beachtet werden.

Die durchzuführenden Pflege- und Reinigungsarbeiten sind von der jeweiligen Belagsart abhängig.

### 1. Mehrschichtparkett- und Korkbeläge mit Oberflächenversiegelung

Im Rahmen der Unterhalts-/Zwischenreinigung wird grober Schmutz mit einem Mopp, Haarbesen oder Staubsauger entfernt. Feiner Schmutz und Staub wird nebelfeucht entfernt, wobei dem Wischwasser ein lösemittelfreies Pflegemittel zugegeben wird.

Bei der Grundreinigung gibt man dem Wischwasser ein lösemittelfreies, auf synthetischen Seifen basierendes Grundreinigungsmittel zu.

Die Pflege erfolgt mit einem lösemittelfreien, wasserhaltigen Dispersions-/Emulsions-Pflegemittel.

### 2. Mehrschichtparkett- und Korkbeläge mit Öl/Wachs-Finish

Im Rahmen der Unterhalts-/Zwischenreinigung wird grober Schmutz mit einem Mopp, Haarbesen oder Staubsauger entfernt. Feiner Schmutz und Staub wird nebelfeucht entfernt, wobei dem Wischwasser ein handelsüblicher Essigreiniger, ein Neutralreiniger oder ein auf natürlichen Seifen basierendes Reinigungsmittel zugesetzt wird. Flecken und größere Verunreinigungen müssen vorher mit einem Wachsmittel und einem Faserpad entfernt werden.

Die Grundreinigung erfolgt mit einem dem Wischwasser zugesetzten Gundreinigungsmittel für geölt-gewachste Oberflächen.

Die Pflege erfolgt mit einem Pflegemittel auf der Basis von natürlichen Ölen und Wachsen. Sie sorgt für eine Auffrischung des aufgetragenen Öl/Wachs-Finishs. Bei Bodenflächen, die sichtbare Beeinträchtigungen zeigen, ist eine Intensivpflege mit einem auf pflanzlichen Ölen und Wachsen basierenden Ölbalsam erforderlich. Nach dem Trocknen des aufgetragenen Ölbalsams muss die Fläche auspoliert und ein auf natürlichen Ölen und Wachsen basierendes Pflegemittel aufgetragen werden.

### 3. Laminatböden

Bei der Unterhalts-/Zwischenreinigung wird grober Schmutz mit einem Mopp, Haarbesen oder Staubsauger entfernt. Feiner Schmutz und Staub wird nebelfeucht entfernt, wobei dem Wischwasser ein neutrales, nicht filmbildendes Reinigungsmittel zugesetzt wird. Evtl. vorhandene größere Verunreinigungen und Flecken müssen vor der Feuchtreinigung mit Waschbenzin, Brennspiritus oder Aceton und einem weichen Baumwolltuch entfernt werden. Durch anschließendes Nachpolieren mit einem trockenen Pflegetuch wird ein gleichmäßiger Glanz auf der Bodenfläche erzielt.

#### *Aufgaben*

1. *In einem Wohnraum ist ein neuer Velours-Teppichboden verklebt worden. Erklären Sie dem Kunden die Möglichkeiten einer Grundreinigung, die es für diesen Teppichboden gibt.*
2. *Erläutern Sie die Pflege- und Reinigungsarten, die bei elastischen Bodenbelägen durchgeführt werden.*
3. *Welche Tätigkeiten beinhaltet die Grundreinigung bei Mehrschichtparkett- und Laminatböden?*

## 10.2 Werkstoffe

Bei der Ausführung von Bodenbelagarbeiten kommen Werkstoffe für die Vorbereitung des Untergrunds, für die Verbindung der Bodenbeläge mit dem Untergrund sowie verschiedene Bodenbeläge und Werkstoffe für Wandabschlüsse zum Einsatz.

### 10.2.1 Unterlags-, Vorstrich- und Ausgleichswerkstoffe

Eine Bodenbelagarbeit kann nur so gut sein wie der dafür vorbereitete Untergrund. Für die Vorbereitung des Untergrunds stehen Dämmunterlagen, Isolierwerkstoffe, Vorstrichmittel sowie Spachtel-, Ausgleichs- und Nivelliermassen zur Verfügung.

#### 10.2.1.1 Dämmunterlagen zur Schall- und Wärmeisolierung

Bei der Herstellung der Fußbodenuntergründe wird eine geforderte Schall- und Wärmedämmung sowie Feuchtigkeitsisolierung angestrebt. In einigen Fällen stellt man nach einiger Zeit fest, insbesondere bei anderer Nutzung der Räume und bei der Altbausanierung, dass die vorhandene Schall- und Wärmedämmung bzw. die Feuchtigkeitsisolierung nicht mehr den Anforderungen entspricht. In solchen Fällen ist dann der Raumausstatter gefordert, bei der Verlegung eines neuen Bodenbelags die aufgetretenen Mängel durch geeignete Werkstoffe zu beseitigen bzw. zu mildern.

Für die Schall- und Wärmeisolierung hat die Industrie eine Vielzahl von Dämmunterlagen mit unterschiedlichen Eigenschaften entwickelt. Sie werden vorwiegend als Bahnenware in Stärken zwischen 2 und 6 mm aus folgenden Materialien angeboten:
- Kork,
- Korkment,
- Gummigranulat (Recyclingprodukt aus Autoreifen),
- Kork-Gummigranulat,
- Polyurethanschaum,
- Latexschaum.

Platten werden angeboten aus:
- bindemittelverfestigtem Polyester,
- Gummigranulat.

Neben ihren isolierenden Eigenschaften besitzen die meisten Unterlagen außerdem noch eine gute Elastizität, wodurch sie den Gehkomfort verbessern und die Nutzungszeit eines Bodenbelags verlängern.

Die meisten dieser Unterlagen werden nach Empfehlung des Herstellers in einem Aufbausystem verklebt. Je nach Materialart der Unterlage kann eine Spachtelung bzw. noch zusätzlich ein Trägergewebe zur besseren Druckverteilung notwendig sein. Gummigranulat-Platten können bei entsprechendem Untergrund auch genagelt oder geschraubt werden.

In den Bereich der Dämmunterlagen sind auch die **Teppichunterlagen** zu zählen. Es handelt sich hierbei um vernadelte und bindemittelverfestigte Faservliese aus zerfaserten Textilresten mit zufälliger oder bestimmter Fasermischung, die in Stärken von 5–9 mm und 200 cm Breite als trittelastische, schalldämmende und wärmeisolierende Unterlagen bei Teppichen und verspannten Teppichböden eingesetzt werden.

### 10.2.1.2 Vorstrichmittel – Grundierungen

Untergründe, die sich mit der nachfolgenden Spachtelmasse, in seltenen Fällen vor dem Auftragen des Klebstoffs, nur ungenügend verbinden, müssen vorgestrichen bzw. grundiert werden. Die zum Einsatz kommenden Vorstriche bzw. Grundierungen werden entsprechend ihren Eigenschaften als Haftbrücke auf dichten, glatten, nicht saugenden, stark saugfähigen sowie auf porösen Untergründen eingesetzt. Darüber hinaus binden sie den feinen Oberflächenstaub und sorgen für einen gesteuerten Trocknungsverlauf der Spachtelmasse, damit das Anmachwasser der Spachtelmasse nicht zu schnell aufgesaugt wird. Je nach Materialzusammensetzung können sie auch eine Sperrfunktion gegen Feuchtigkeit haben. Bei der Auswahl des Vorstrichs bzw. der Grundierung müssen die Art des Untergrunds und die vorgesehene Spachtelmasse bzw. der Klebstoff berücksichtigt und aufeinander abgestimmt werden, damit Haftmängel von vornherein ausgeschlossen werden. In jedem Fall müssen die Herstellerangaben berücksichtigt werden. Für die verschiedenen Untergründe werden von der Industrie folgende **emissionsarme, lösemittelfreie Vorstriche und Grundierungen** zur Verfügung gestellt:

#### Dispersionsvorstriche

Dispersionsvorstriche sind wasserbasierende Vorstriche. Sie bestehen aus Kunstharzdispersionen (z. B. Polyacrylatdispersion) unter Zusatz von Konservierungsstoffen und Additiven, mit denen gewünschte Eigenschaften erzielt werden können. Da sie keine Lösemittel enthalten, sind sie nicht feuergefährlich und entwickeln keine gesundheitsschädlichen oder explosiven Gase. (Bei der Verarbeitung von Dispersionsvorstrichen zu beachtenden Sicherheitsmaßnahmen s. Seite 434, 1. Dispersionsklebestoffe.)

#### 1-Komponenten-Polyurethanvorstriche

Polyurethanvorstriche sind emissionsarme auf Polyolen und Isocyanaten basierende Vorstriche, die durch eine chemische Reaktion mit der Luftfeuchtigkeit aushärten. Sie werden auf saugenden und nicht saugenden Untergründen sowie zum Absperren überhöhter Restfeuchtigkeit im Untergrund eingesetzt. Das in diesen Vorstrichen enthaltene Isocyanat ist ein hoch reaktiver Gefahrstoff, durch den es zu gesundheitlichen Schädigungen kommen kann. Deshalb sind bei der Verarbeitung dieser Vorstriche besondere Sicherheitsmaßnahmen zu beachten (s. Seite 437, 3. Polyurethan-Klebstoffe).

*Achtung*

#### 2-Komponenten-Epoxidharzvorstriche

Sie bestehen aus einem Epoxidharz und einem Härter. Beide Komponenten werden erst vor der Verarbeitung in dem vorgeschriebenen Verhältnis miteinander gemischt. Durch eine chemische Reaktion härten sie aus. Epoxidharzvorstriche werden zur Absperrung aufsteigender Feuchtigkeit aus mineralischen Untergründen eingesetzt und ergeben eine harte, abriebfeste Isolierung. In der Regel sind zwei Aufträge erforderlich, wobei der zweite Auftrag vor der Erhärtung mit Quarzsand abgestreut werden muss. Der nach dem Erhärten nicht eingebundene Quarzsand muss durch gründliches Absaugen oder Schleifen entfernt werden. Epoxidharzvorstriche besitzen ein erhebliches Gefahrenpotenzial. Sie reizen Atemwege, Augen und Haut und können allergische Hautreaktionen verursachen. Ein direkter Kontakt kann Verätzungen verursachen. Sensibilisierung durch Hautkontakt ist möglich. Sie sind giftig für Wasserorganismen mit längerfristig schädlichen Wirkungen.

*Achtung*

*Achtung*

**Sicherheitsmaßnahmen bei der Verarbeitung von Epoxidharzvorstrichen**

*Technische und organisatorische Maßnahmen:*

- *Während der Verarbeitung für ausreichende Belüftung sorgen. Wo dies nicht möglich ist, einen geeigneten Atemschutz tragen.*
- *Vorratsmenge am Arbeitsplatz auf einen Arbeitstag beschränken.*
- *Beim Um- und Abfüllen sowie beim Mischen der Komponenten Spritzer vermeiden.*
- *Gefäße nicht offen stehen lassen.*
- *Reste und Behälter als gefährlichen Abfall entsorgen.*

*Persönliche Schutzmaßnahmen:*

- *Bei der Arbeit Schutzbrille/Gesichtsschutz tragen.*
- *Handschuhe aus Nitril oder Butylkautschuk tragen. Es wird empfohlen, darunter Unterziehhandschuhe aus Baumwolle zu verwenden.*
- *Geeignete Schutzkleidung tragen.*
- *Im Arbeitsbereich nicht essen, trinken oder rauchen.*
- *Nach der Arbeit die Hände mit Seife und Wasser oder einem zugelassenen Hautreinigungsmittel gründlich reinigen und ein rückfettendes Hautpflegemittel auftragen*

*Augenschutz benutzen*

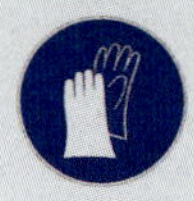

*Handschutz benutzen*

### 10.2.1.3 Spachtel-, Ausgleichs- und Nivelliermassen

Die Oberflächen der mineralischen Untergründe (Estriche, Beton) sind nie eben und glatt. Außerdem sind sie durch herausragende Sandkörner rau und weisen feine Poren auf. In vielen Fällen besitzen sie auch Höhendifferenzen. Ein solcher Untergrund ist für eine Bodenverlegung, insbesondere für eine vollflächige Verklebung, ungeeignet. Deshalb müssen die Oberflächen der mineralischen Untergründe, in vielen Fällen auch die der Holzböden, egalisiert und geglättet werden. Durch den Auftrag einer Spachtelmasse können

- Gleichmäßigkeit,
- Ebenheit,
- Saugfähigkeit,
- Festigkeit,
- Haftfähigkeit

eines Untergrunds erzielt werden.

Nach der Dicke der aufzutragenden Masse unterscheidet man:

- Feinspachtelmassen, für Schichtdicken von ca. 3 mm,
- Ausgleichsmassen, für Schichtdicken von ca. 3–10 mm,
- Nivellier- und Füllmassen, für Schichtdicken ab 5 mm bis mehr als 10 mm,
- Reparaturmassen zum schnellen Auffüllen von Löchern, großen Unebenheiten und großen Höhenunterschieden.

Spachtel-, Ausgleichs- und Nivelliermassen müssen so beschaffen sein, dass sie

- sich fest und dauerhaft mit dem Untergrund verbinden,
- einen geschlossenen, porenarmen Haftgrund für den Klebstoff ergeben,
- nicht reißen und druckfest sind,
- Untergrund, Klebstoff und Bodenbelag nicht verändern und
- bei besonderen Einsatzgebieten für den jeweiligen Verwendungszweck geeignet sind, z. B. stuhlrollen-, fußbodenheizungsgeeignet, ableitfähig, für Holzböden geeignet.

Spachtel-, Ausgleichs- und Nivelliermassen werden in verschiedenen Zusammensetzungen angeboten. Man unterscheidetmineralische, Dispersions- und Reaktionsspachtelmassen.

### Mineralische Spachtelmassen

Sie liegen als Pulvermischungen vor, die vor der Verarbeitung mit Wasser zu einer geschmeidigen Masse angerührt werden. Zu diesen Spachtelmassen zählen

- zementgebundene Spachtelmassen: Je nach den zu erzielenden Eigenschaften enthalten sie Kunstharzzusätze und/oder eine Faserarmierung. Zementgebundene Spachtelmassen, die hydraulisch abbinden, gibt es für den Innen- und Außenbereich.
- calciumsulfatgebundene Spachtelmassen, die nur im Innenraum mit Ausnahme des Nassbereichs eingesetzt werden.

### Dispersionsspachtelmassen

Sie enthalten keine Lösemittel und bestehen aus wasserbasierenden Kunststoffdispersionen, die neben Zusatzstoffen auch mineralische Füllstoffe zur Verbesserung der Konsistenz enthalten. Sie werden als gebrauchsfertige pastöse Massen geliefert.

(Sicherheitsmaßnahmen bei der Verarbeitung von Dispersionsspachtelmassen s. Seite 435.)

### Reaktionsspachtelmassen

Sie werden ausschließlich als 2-Komponenten-Systeme in Form von Harz- und Härterkomponente auf der Basis von Polyurethanen oder Epoxidharzen angeboten.

(Sicherheitsmaßnahmen bei der Verarbeitung von Reaktionsspachtelmassen s. Seite 432, 437.)

***Aufgaben***

1. *Aus welchen Gründen werden Vorstrichmittel bzw. Grundierungen bei der Vorbereitung der Untergründe eingesetzt? Welche Arten werden unterschieden und was ist bei ihrer Auswahl zu beachten?*
2. *Erklären Sie den Unterschied zwischen Spachteln, Ausgleichen und Nivellieren.*
3. *Welche Arten von Spachtel-, Ausgleichs- und Nivelliermassen werden unterschieden? Welche Eigenschaften sollten sie besitzen?*

## 10.2.2 Verlegewerkstoffe zum Verbinden von Bodenbelägen mit dem Untergrund

Je nach Art des Bodenbelags und seiner Installierung kommen Bodenbelagklebstoffe, Bodenbelagfixierungen und Nagelleisten zum Einsatz.

### 10.2.2.1 Bodenbelagklebstoffe

Klebstoffe gewähren eine feste und dauerhafte Verbindung zwischen Bodenbelag und Untergrund. Ihre Klebewirkung beruht auf den molekularen Kräften, die zwischen Klebstoff und dem Untergrund (Adhäsion) und innerhalb des Klebstoffs (Kohäsion) wirken. Die zum Einsatz kommenden Klebstoffe können wie folgt eingeteilt werden:

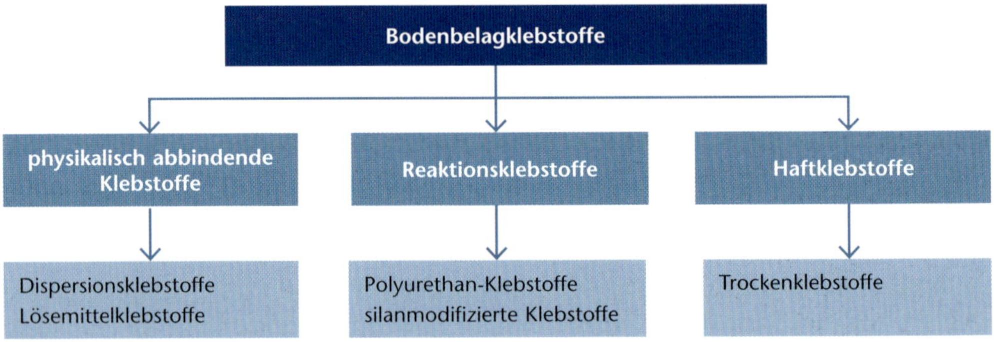


Während physikalisch abbindende Klebstoffe ihre Klebewirkung durch Verdunsten von Wasser oder eines Lösemittels erhalten, erfolgt bei den Reaktionsklebstoffen die Klebewirkung durch eine chemische Reaktion des Klebstoffs. Bei Haftklebstoffen erfolgt die Klebewirkung durch Haftung des auf einen Träger aufgebrachten klebrigen Substrats mit dem Untergrund.

Ausschlaggebend für die Wahl eines Klebstoffs können der Untergrund, die Belagsart und die zu erzielenden Anforderungen an die Verklebung sein.

### 1. Dispersionsklebstoffe

Dispersionsklebstoffe sind wasserbasierende Klebstoffe, die physikalisch durch Verdunstung des Wassers abbinden.

Durch das gestiegene Umwelt-, Sicherheits- und Gesundheitsbewusstsein sind sie zu den wichtigsten Klebstoffen für Bodenbelagarbeiten geworden. Sie sind nicht feuergefährlich, entwickeln keine gesundheitsschädlichen oder explosiven Gase und erfüllen somit ein hohes Maß an Arbeitssicherheit.

Dispersionsklebstoffe bestehen aus:

- **Bindemittel** (Grundstoff): Kunstharze, z. B. modifizierte Copolymere[1] auf der Basis von Polyvinylacetat (PVAC), Ethylen-Vinylacetat (EVA), Polyacrylat (PAC), Styrol-Butadien (SBR),
- **Dispergiermittel**: Wasser,
- **Füll- und Zusatzstoffen**: z. B. mineralische Füllstoffe, Verdickungs-, Netz-, Konservierungsmittel.

Für alle Bodenbelag- und Einsatzarten kommen heute fast ausschließlich **lösemittelfreie Dispersionsklebstoffe** mit den verschieden Eigenschaften zum Einsatz, wie z. B.:

- rollstuhlgeeignet,
- fußbodenheizungsgeeignet,
- ableitfähig,
- mit verlängerter offenen Zeit,
- mit erhöhter Anfangs- oder Endklebekraft,
- mit guten Wiederaufnahmeeigenschaften.

Neben den **Einseitklebstoffen**, die auf den Untergrund aufgetragen werden, gibt es auch **Kontaktklebstoffe**, die auf den Untergrund und den Bodenbelag aufgetragen werden. Außerdem gibt es noch **Zweikomponentenklebstoffe**, bei denen durch eine zugemischte Reaktionskomponente ein Großteil des Wassers gebunden wird, wodurch die Topf- und

---

[1] *Aus zwei oder mehreren unterschiedlichen Monomeren aufgebaute Polymere.*

Verarbeitungszeit des Klebstoffs verkürzt wird. **Faserarmierte Haftklebstoffe** besitzen durch einen Zusatz von Kunststofffasern geringere Ablüfftzeiten, wodurch die Entstehung von Blasen verhindert und das Verrutschen der Beläge während der Verklebung minimiert wird.

Dispersionsklebstoffe zeichnen sich durch einen geringen Verbrauch aus. Sie erfordern saugende Untergründe, da das im Klebstoff enthaltene Wasser nicht nur während der Verklebung verdunstet, sondern auch teilweise von dem Untergrund aufgenommen wird. Innerhalb der offenen Zeit des Klebstoffs ist eine Korrektur des Bodenbelags möglich.

***Sicherheitsmaßnahmen bei der Verarbeitung von Dispersionsklebstoffen***

*Technische und organisatorische Schutzmaßnahmen:*

- *Während der Verarbeitung und Trocknung für gründliche Belüftung sorgen.*

*Persönliche Schutzmaßnahmen:*

- *Handschuhe aus Nitril oder Butylkautschuk benutzen.*
- *Unbedeckte Körperteile mit einer fettfreien oder fettarmen Hautschutzsalbe versehen.*
- *Im Arbeitsbereich nicht essen, trinken oder rauchen.*
- *Nach der Arbeit die Hände reinigen und ein Hautpflegemittel auftragen.*

*Handschutz benutzen*

### 2. Lösemittelklebstoffe

Bei dieser Klebstoffart werden die Bindemittel in organischen Lösemitteln gelöst, die physikalisch durch Verdunsten abbinden.
Lösemittelklebstoffe bestehen aus

- einem **Bindemittel** (Grundstoff): z. B. Kunstharze, modifizierte Naturharze, Naturharze sowie Kunstkautschuk (bei Kontaktklebstoffen), wie sie auch bei den Dispersionsklebstoffen vorkommen,
- **organischen Lösemitteln**: z. B. Methanol, Toluol, Ethanol, Methylacetat, Ethylacetat, Aceton, Butanon,
- **Hilfsstoffen**: z. B. mineralische Füllstoffe, Verdickungs-, Netz-, Konservierungsmittel.

Lösemittelklebstoffe gibt es als Einseit- und Kontaktklebstoffe.

**Einseitklebstoffe** besitzen eine gute Anfangshaftung, sind wasserresistent und erfordern keinen saugfähigen Untergrund. Während ihrer offenen Zeit (Zeitspanne, in der der Bodenbelag in das Klebebett einzulegen ist) ist eine Korrektur des Bodenbelags möglich.

Bei den **Kontaktklebstoffen** wird der Klebstoff auf den Untergrund und die Rückseite des Bodenbelags aufgetragen. Nach einer vorgegebenen Ablüftzeit, in der das Lösemittel verdunstet, wird der Bodenbelag in das Klebebett eingelegt (bei einer Fingerprobe darf der Klebstoff keine Fäden mehr ziehen) und gut angedrückt. Durch die beiden eingestrichenen Klebeflächen entsteht eine Kontaktklebung mit sehr großer Haftfestigkeit. Belagkorrekturen sind nicht möglich.
Lösemittelklebstoffe lassen sich leicht verarbeiten und bieten ein breites Einsatzgebiet, insbesondere auch bei kritischen Bodenbelägen.

Ihre Problematik liegt aber darin, dass die enthaltenen organischen Lösemittel schon bei niedrigen Temperaturen verdunsten, sich mit Sauerstoff zu hochexplosiven Gasgemischen verbinden und leicht entzündlich sind. Ferner können Lösemittel über die Atemwege und die Haut aufgenommen werden und akute Gesundheitsschäden zur Folge haben.

*Gefahr*

*Achtung*

***Lösemittelklebstoffe entsprechen nicht mehr dem Stand der Technik und dürfen nur noch in Ausnahmefällen eingesetzt werden.***

Nach der Gefahrstoffverordnung (GefStoffV) ist der Raumausstatter verpflichtet, lösemittelhaltige Klebstoffe auszuschließen, wenn es geeignete Ersatzstoffe gibt und deren Verwendung zumutbar ist.

Die Technische Regeln für Gefahrstoffe (TRGS) 610 – Ersatzstoffe und Ersatzverfahren für stark lösemittelhaltige Vorstriche und Klebstoffe für den Bodenbereich – weisen darauf hin, dass stark lösemittelhaltige Vorstriche und Klebstoffe grundsätzlich nicht mehr notwendig sind und empfehlen, diese Vorstriche und Klebstoffe nicht mehr einzusetzen und sie durch lösemittelfreie Vorstriche und Klebstoffe zu ersetzen.
Sollte aufgrund besonderer Umstände der Einsatz dieser Ersatzstoffe nicht möglich sein, sollten nur lösemittelhaltige Klebstoffe der GISCODE[1]-Gruppe S 0,5 bei der Verklebung von Parkett eingesetzt werden.

Entgegen dieser Empfehlung werden von einzelnen Klebstoffanbietern noch stark lösemittelhaltige Klebstoffe der GISCODE-Gruppe S 1 angeboten.

Bei der Verarbeitung dieser Klebstoffe sind vor Beginn der Arbeiten alle Maßnahmen zu ergreifen, um Brand- und Explosionsgefahren zu vermeiden. Der Umgang mit stark lösemittelhaltigen Vorstrichen und Klebstoffen ist durch die Betriebsanweisungen der GISBAU (Gefahrstoffinformationssystem der Berufsgenossenschaft Bau) und die Technischen Regeln Gefahrstoffe (TRGS) 610 geregelt. Danach sind umfangreiche technische, organisatorische und persönliche Schutzmaßnahmen zu beachten.

**Sicherheitsmaßnahmen bei der Verarbeitung lösemittelhaltiger Klebstoffe**

*Technische und organisatorische Schutzmaßnahmen:*

- *Die Klebearbeiten dürfen nur von geeigneten und eingewiesenen Personen ausgeführt werden, denen auch die mit diesen Klebstoffen verbundenen Gefahren bekannt sind.*
- *Für gute Durchlüftung sorgen. Die Klebearbeiten dürfen nur bei Frischluftzufuhr durchgeführt werden.*
- *Auftretende Lösemitteldämpfe an der Entstehungsstelle müssen mit explosionsgeschützten Be-/Entlüftungsgeräten abgesaugt werden.*
- *Alle Zündquellen im Arbeitsraum, in den Nebenräumen und den darunterliegenden Räumen müssen ausgeschaltet werden. Als Zündquellen sind anzusehen: alle Arten von Öfen und Heizungen, Kühlschränke, Gefriertruhen, alle elektrischen Geräte, Schalter, Steckdosen, Klingeln, Funken erzeugende Arbeitsverfahren.*

*Feuer, offenes Licht und Rauchen verboten*

*Warnung vor explosionsfähiger Atmosphäre*

[1] *S. Kapitel 10.2.2.3 Kennzeichnung von Verlegewerkstoffen.*

- *Den Arbeitsbereich abgrenzen und Schilder „Feuer, offenes Licht und Rauchen verboten" und „Warnung vor explosionsfähiger Atmosphäre" aufstellen.*
- *Die Vorratsmenge am Arbeitsplatz muss auf eine Arbeitsschicht beschränkt bleiben.*
- *Gefäße mit lösemittelhaltigen Klebstoffen nicht offen stehen lassen.*

*Persönliche Schutzmaßnahmen:*

- *Unbedeckte Körperteile mit einer fettfreien oder fettarmen Hautschutzsalbe versehen.*
- *Handschuhe aus Butylkautschuk tragen. Es wird empfohlen, darunter Unterziehhandschuhe aus Baumwolle zu tragen.*
- *Nur umgebungsluftabhängige Atemschutzgeräte verwenden.*
- *Bei Spritzgefahr eine Gestellbrille benutzen.*
- *Bei Wahrnehmung eines ungewöhnlich starken Geruchs, bei Reizerscheinungen der Augen und Atemwege oder bei Übelkeit sofort den Raum verlassen.*
- *Nach der Arbeit die Hände reinigen und ein Hautpflegemittel auftragen.*

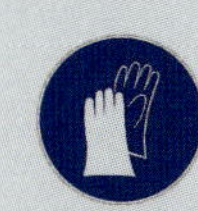

*Handschutz benutzen*

*Augenschutz benutzen*

*Atemschutz benutzen*

### 3. Polyurethan-Klebstoffe

Polyurethan-Klebstoffe kommen ausschließlich als lösemittelfreie ein- und zweikomponentige Produkte der GISCODE-Gruppe RU 1 zum Einsatz. Sie bestehen aus **Polyolen** und **Isocyanaten sowie Füllstoffen** und **Additiven**. Durch eine chemische Reaktion entsteht ihre Klebewirkung. Während bei den einkomponentigen Klebstoffen der Isocyanatanteil mit der Luftfeuchtigkeit chemisch reagiert und abbindet, erfolgen bei den zweikomponentigen Klebstoffen die chemische Reaktion und das Aushärten des Klebstoffs durch das Mischen der beiden Komponenten. Polyurethan-Klebstoffe werden vorwiegend zum Kleben von Parkett- und Holzböden verwendet. Sie weisen auf nicht saugenden Untergründen eine gute Haftung auf und überbrücken unebene Flächen und Unregelmäßigkeiten.

Der in diesen Klebstoffen enthaltene Isocyanatanteil ist ein hoch reaktiver Gefahrstoff. Durch die Aufnahme über die Haut kann es zu gesundheitlichen Schädigungen kommen wie Reizungen der Augen und Haut. Intensiver Hautkontakt kann zu Allergien der Atemwege und der Haut führen. Deshalb sind bei der Verarbeitung dieser Klebstoffe technische, organisatorische und persönliche Schutzmaßnahmen zu beachten.

*Achtung*

**Sicherheitsmaßnahmen bei der Verarbeitung von Polyurethan-Klebstoffen**

*Technische und organisatorische Schutzmaßnahmen:*

- *Klebearbeiten nur bei Frischluftzufuhr mit geöffneten Türen und Fenstern durchführen.*
- *Die Vorratsmenge am Arbeitsplatz auf eine Arbeitsschicht beschränken.*
- *Beim Ab- und Umfüllen sowie beim Mischen der Komponenten Verspritzen vermeiden.*
- *Gebinde nicht offen stehen lassen.*

*Persönliche Schutzmaßnahmen:*

- *Unbedeckte Körperteile mit einer fettfreien oder fettarmen Hautschutzsalbe versehen.*
- *Handschuhe aus Nitril oder Butylkautschuk benutzen. Es wird empfohlen, darunter Unterziehhandschuhe aus Baumwolle zu tragen.*
- *Bei Spritzgefahr Korbbrille benutzen.*
- *Nach der Arbeit die Hände reinigen und ein Hautpflegemittel auftragen.*

*Handschutz benutzen*

*Augenschutz benutzen*

### 4. Silanmodifizierte Klebstoffe

Diese Klebstoffe, die auch unter der Bezeichnung Hybrid-, MS-, MSP- oder STP-Klebstoffe geführt werden, sind eine neue Generation der Bodenblagsklebstoffe. Sie sind einkomponentig, lösemittelfrei und bestehen aus

- einem **Bindemittel** aus einem Polymergerüst mit reaktiven Silan-Gruppen,
- **Füllstoffen** und weiteren **Zusätzen**.

Die Klebewirkung entsteht durch eine chemische Reaktion mit der Luftfeuchtigkeit. Während des Aushärtens des Klebstoffs wird Methanol freigesetzt. Da die Methanolbildung sehr schnell abgeschlossen und die freigesetzte Menge sehr gering ist, ist sie für den Verwender unbedenklich und stellt kein Gefährdungspotenzial dar. Deshalb werden diese Klebstoffe der EMICODE EC 1-Klasse – sehr emissionsarm – zugeordnet.

Silanmodifizierte Klebstoffe können ohne Grundierung auf den Untergrund aufgetragen werden und ergeben eine weichelastische Klebung. Sie sind inzwischen die wichtigste Klebstoffart für Parkettböden und eine verarbeitungsfreundliche Alternative zu den Polyurethan-Klebstoffen.

**_Sicherheitsmaßnahmen bei der Verarbeitung silanmodifizierter Klebstoffe_**

*Technische und organisatorische Schutzmaßnahmen:*

- *Klebearbeiten nur bei Frischluftzufuhr mit geöffneten Türen und Fenstern durchführen.*
- *Gebinde nicht offen stehen lassen.*

*Persönliche Schutzmaßnahmen:*

- *Bei Spritzgefahr eine Gestellbrille benutzen.*
- *Handschuhe aus Butylkautschuk benutzen. Es wird empfohlen, Unterziehhandschuhe aus Baumwolle zu tragen.*
- *Unbedeckte Körperteile mit einer fetthaltigen Hautschutzsalbe versehen.*
- *Nach der Arbeit die Hände reinigen und ein Hautpflegemittel auftragen.*

*Handschutz benutzen*

*Augenschutz benutzen*

### 5. Trockenklebstoffe für Bodenbelagarbeiten

Trockenklebstoff ist ein im Werk vorgetrockneter Klebstoff, der beidseitig auf ein Trägermaterial (Folie, Gewebe, Fadengelege, Vlies) aufgebracht, nach außen mit einem Schutzpapier abgedeckt und auf Rollen gewickelt wird. Trockenklebstoffe sind selbstklebend. Ihre maximale Klebkraft wird durch Anreiben des Trägermaterials erreicht. Sie werden für Bodenbelagarbeiten in verschiedenen Breiten und Qualitäten angeboten.

- Als Bänder mit Breiten von 40–85 mm für das Befestigen von Teppichsockelleisten, das Einkleben von Teppichstreifen in Einlegesockelleisten und das Befestigen von Teppichböden im Randbereich des Untergrunds (Verlegen auf doppelseitigem Klebeband).
- In Breiten von 75–100 cm für die vollflächige Trockenverklebung von Bodenbelägen.

Trockenklebstoffe für die vollflächige Belagverklebung werden für textile und elastische Bodenbeläge sowohl für Neuverlegungen auf gespachtelten und grundierten Estrichuntergründen als auch für Renovierungsarbeiten auf vorhandenen Nutzböden angeboten. Sie erfüllen alternativ die Funktion flüssiger Klebstoffe und werden insbesondere dort eingesetzt, wo Untergründe oder Nutzböden, besonders im Mietwohnbereich, durch eine Belagverlegung nicht beschädigt oder verändert werden dürfen oder der Bodenbelag problemlos wieder aufgenommen werden soll.

Ferner gibt es noch besondere Trockenklebstoffe in Breiten von 24 und 50 cm für vollflächige Verklebungen von Textil- und CV-Belägen auf Treppen und Elastomer-Formtreppen.

Trockenklebstoffe
- sind sofort belastbar und begehbar,
- verursachen bei der Verlegung keinen Schmutz,
- sind frei von Geruchsbelästigungen, Verarbeitungs- und Wohngiften,
- ersparen Zeit – und damit Kosten durch niedrige Verlegezeiten,
- ermöglichen die Wiederaufnahme des Bodenbelags,
- lassen sich ohne Schmutz, Lärm und Staub einfach entfernen,
- beschädigen und verändern nicht den Unterboden.

### 10.2.2.2 Bodenbelagfixierungen

Bodenbelagfixierungen sind auf Dispersionsbasis hergestellte klebeähnliche Produkte, deren Klebekraft deutlich unter denen der üblichen Klebstoffe liegt. Sie eignen sich nur zur Fixierung von Teppichböden mit Vliesrücken und CV-Belägen auf allen oberflächenglatten Untergründen im Wohnbereich. Der besondere Vorteil der Bodenbelagfixierung ist, dass sich der Bodenbelag ohne Beschädigung des Untergrunds abziehen lässt. Eventuelle Rückstände lassen sich leicht mit spülmittelhaltigem Wasser entfernen.

### 10.2.2.3 Kennzeichnung von Verlegewerkstoffen

Um dem Verbraucher eine verlässliche Orientierungshilfe bei der Beurteilung und Auswahl von Verlegewerkstoffen zu geben, sind folgende Produktkennzeichnungssysteme geschaffen worden.

## 1. GISCODE

Der GISCODE (**G**efahrstoff-**I**nformations**s**ystem-**Code**) fasst Produkte mit vergleichbaren Gesundheitsgefährdungen und demzufolge identischen Schutzmaßnahmen und Verhaltensregeln zu Gruppen zusammen. Ziele des Codes sind der sichere Umgang mit Gefahrstoffen und die Vermeidung von Berufskrankheiten und Arbeitsunfällen. Für jede Gruppe wurden Produktinformationen und Sicherheitshinweise erstellt, die für alle in einer Gruppe zusammengefassten Produkte gültig sind. Für Verlegewerkstoffe (Vorstriche, Spachtelmassen, Klebstoffe) gibt es 28 Produktgruppen. Der Code, der aus Großbuchstaben und einer Zahl besteht, wird auf Technischen Merkblättern, Sicherheitsblättern und Gebinden vermerkt.

| GISCODE | Gruppenbezeichnung |
|---|---|
| | **Dispersions-Verlegewerkstoffe** |
| D 1 | lösemittelfrei |
| D 2 | lösemittelarm, aromatenfrei |
| D 3 | lösemittelarm, toluolfrei |
| D 4 | lösemittelarm, toluolhaltig |
| D 5 | lösemittelhaltig, aromatenfrei |
| D 6 | lösemittelhaltig, toluolfrei |
| D 7 | lösemittelhaltig, toluolhaltig |
| | **stark lösemittelhaltige Verlegewerkstoffe** |
| S 0,5 | lösemittelkontrolliert |
| S 1 | aromaten- und methanolfrei |
| S 2 | toluol- und methanolfrei |
| S 3 | aromatenfrei |
| S 4 | methanolfrei |
| S 5 | toluolfrei und methanolhaltig |
| S 6 | toluolhaltig |
| RS 10 | **methoxysilanhaltige Verlegewerkstoffe** |

| GISCODE | Gruppenbezeichnung |
|---|---|
| | **Epoxidharz-Verlegewerkstoffe** |
| RE 0 | Epoxidharzdispersion |
| RE 1 | lösemittelfrei, sensibilisierend |
| RE 2 | lösemittelarm, sensibilisierend |
| RE 2,5 | lösemittelhaltig |
| RE 3 | lösemittelhaltig, sensibilisierend |
| | **Polyurethan-Verlegewerkstoffe** |
| RU 0,5 | kennzeichnungsfrei, lösemittelfrei |
| RU 1 | lösemittelfrei |
| RU 2 | lösemittelarm |
| RU 3 | lösemittelhaltig |
| RU 4 | stark lösemittelhaltig |
| | **calciumsulfathaltige Verlegewerkstoffe** |
| CP 1 | calciumsulfatgebundene Spachtelmassen |
| | **zementhaltige Verlegewerkstoffe** |
| ZP 1 | zementhaltig, chromatarm |
| ZP 2 | zementhaltig, nicht chromatarm |

## 2. EMICODE

Bei der Verarbeitung von Bodenbelagklebstoffen, Vorstrichen und Spachtelmassen können während der Verarbeitung sowie beim und nach dem Abbinden Emissionen an die Raumluft abgegeben werden. Kritische Verbraucher fordern deshalb mit Recht darüber verlässliche Angaben. Mit dem EMICODE der „Gemeinschaft Emissionskontollierte Verlegewerkstoffe" (GEV) werden Verlegewerkstoffe nach ihrem Emissionsverhalten unterteilt, wobei für ihre Klassifizierung folgende Grenzwerte für den Anteil an TVOC (total volatile organic compounds = Summe der flüchtigen organischen Verbindungen) bzw. an TSVOC (total semi volatile organic compounds = Summe der mittel- bis schwerflüchtigen organischen Verbindungen) gelten:

| EMICODE | Einstufung | nach 3 Tagen TVOC µg/m³ | nach 28 Tagen TVOC/TSVOC µg/m³ |
|---|---|---|---|
| EC 1^PLUS | sehr emissionsarm^PLUS | ≤ 750 | ≤ 60/40 |
| EC 1 | sehr emissionsarm | ≤ 1000 | ≤ 100/50 |
| EC 2 | emissionsarm | ≤ 3000 | ≤ 300/100 |

### 10.2.2.4 Einsatz der Bodenbelagklebstoffe

Nach dem Stand der Technik kommen mit Ausnahme für formvorgebende Untergründe (z. B. Treppen) und besondere Bodenbeläge derzeitig vorwiegend **sehr emissionsarme lösemittelfreie Bodenbelagklebstoffe** zum Einsatz. In jedem Fall sind die Hinweise der Teppichbodenhersteller und die Merkblätter der Klebstoffhersteller zu beachten.

| Belagsart | Dispersionsklebstoffe | Zweikomp. Dispersionsklebstoffe | Polyurethanklebstoffe | silanmodifizierte Klebstoffe | Trockenklebstoffe | stark lösemittelhaltige Kunstkautschukklebstoffe[1] |
|---|---|---|---|---|---|---|
| Web- und Tuftingbeläge | x | x | | | x | x |
| Nadelvliesbeläge | x<br>x | x<br>x | | | x | x |
| Linoleumbeläge | x | x | x | | | x |
| PVC-Beläge | x | | | | x | x |
| PVC-Verbundbeläge | x | | | | x | |
| CV-Beläge | x | | | | x | x |
| Elastomerbeläge | x | x | x | | | |
| Mehrschichtparkett<br>Laminatböden | x | | x<br>x | x<br>x | | x |
| Wandanschlusssysteme | x | x | | | x | x |

### 10.2.2.5 Fachbegriffe bei Bodenbelagklebstoffen

**Ablüftzeit:** Die Zeit, in der das in einem Klebstoff enthaltene Lösemittel verflüchtigt oder Wasser verdunstet.

**Abbindezeit:** Die Zeit, die nach einer Verklebung zur Erreichung der Anfangshaftung erforderlich ist.

10

[1] *Kunstkautschukklebstoffe nur auf kleinen Flächen, z. B. Treppen.*

**Anfangshaftung**: Haftung eines Klebstoffs unmittelbar nach dem Zusammenfügen der zu klebenden Teile.

**Belastbarkeit**: Die Zeit, nach der der verklebte Bodenbelag betreten bzw. belastet werden darf.

**Offene Zeit**: Die Zeit, in der der Bodenbelag in das Klebebett einzulegen ist. Während der offenen Zeit kann der Bodenbelag im Klebebett korrigiert werden.

**Tack (Klebrigkeit)**: Spürbare Haftung beim Berühren des Klebstoffs mit dem Fügeteil.

**Topfzeit**: Bei Reaktionsklebstoffen die Zeit zwischen dem Anrühren der beiden Komponenten und der beginnenden Erhärtung.

### 10.2.2.6 Nagelleisten

Das Verspannen von Teppichböden, die handwerklich anspruchsvollste Verlegemethode schlechthin, erfolgt heute überwiegend auf **Nagelleisten**, die in verschiedenen Ausführungen angeboten werden. Sie bestehen aus fünfschichtigem Sperrholz und sind mit schräg stehenden Nägeln ausgestattet, die in zwei Reihen angeordnet sind. Je nach der zu verspannenden Teppichbodenart werden sie mit Nagelhöhen von 4, 6 und 8 mm geliefert. Standard-Nagelleisten sind 152,4 cm lang und haben eine Breite von 22 mm. Für überlange Teppichbahnen, wie sie z. B. bei Objektverlegungen vorkommen, werden 47 cm breite Nagelleisten mit drei Nagelreihen verwendet.

Je nach Art des Untergrunds können die Nagelleisten genagelt, gedübelt oder geklebt werden. Für das Nageln auf Estrichuntergründen werden besondere Nagelleisten angeboten.

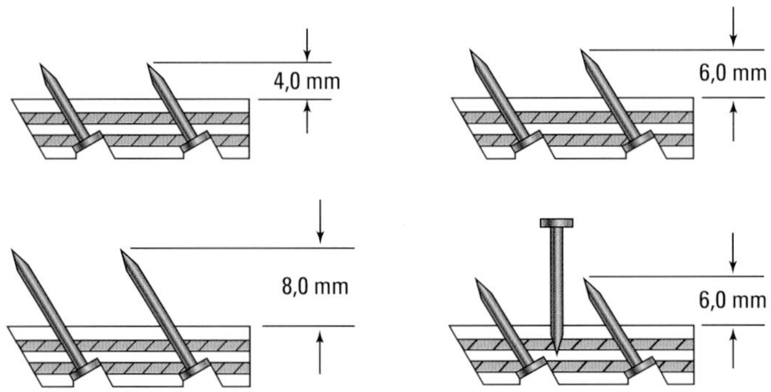


### 10.2.2.7 Konfektionsbänder

Werden zum Verspannen einer Fläche mehrere Teppichbahnen benötigt, so müssen sie vor dem Verspannen zusammengefügt werden. Dies erfolgt heute üblicherweise mit Konfektionsbändern. Es handelt sich hierbei um schmale textile Bänder aus Spezialgarnen mit geringer Fadendichte, die mit einem Schmelzklebstoff beschichtet sind. Mithilfe eines Konfektionsgeräts wird der aufgetragene Klebstoff geschmolzen. Nach dem Erkalten tritt eine feste Verbindung der Bahnen mit dem Konfektionsband ein. Ein unter dem Träger befindlicher Papierstreifen verhindert, dass sich der Schmelzklebstoff mit dem Untergrund verbindet. Konfektionsbänder werden in verschiedenen Ausführungen angeboten.

***Aufgaben***

1. *Beschreiben Sie den Aufbau, die Eigenschaften und die Vorteile der Dispersionsklebstoffe.*
2. *Schildern Sie die Gefährlichkeit der lösemittelhaltigen Klebstoffe und die Sicherheitsmaßnahmen, die bei ihrem Einsatz ergriffen werden müssen.*
3. *Welche Maßnahmen zur Gesundheitserhaltung müssen bei der Verarbeitung von lösemittelhaltigen Klebstoffen ergriffen werden?*
4. *Schildern Sie die chemische Reaktion beim Abbinden der Polyurethan-Klebstoffe sowie ihre Einsatzmöglichkeiten und Vorteile.*
5. *Erläutern Sie, was man unter einem Trockenklebstoff versteht. Welche Einsatzmöglichkeiten und Vorteile bietet diese Klebstoffart?*
6. *Auf dem Gebinde eines Bodenbelagklebstoffs sind u.a. folgende Angaben aufgeführt: a) offene Zeit ca. 60 Minuten, b) Ablüftzeit ca. 10–15 Minuten, c) Abbindezeit ca. 60 Stunden, d) D1, e) EC1.*
   *Erklären Sie die aufgeführten Angaben.*

## 10.2.3 Bodenbeläge

Bodenbeläge werden aus verschiedenen Werkstoffen, in verschiedenen Herstellungstechniken und mit unterschiedlichen Eigenschaften hergestellt. Für den Arbeitsbereich des Raumausstatters können sie wie folgt eingeteilt werden:

| Bodenbeläge | | | |
|---|---|---|---|
| **textile Bodenbeläge** | **elastische Bodenbeläge** | **mehrschichtig modulare Bodenbeläge** | **Hartbeläge** |

An einen Bodenbelag werden sowohl ästhetische und technische als auch ökologische Anforderungen gestellt, auf die in einem anderen Zusammenhang in Kapitel 4 Umweltschutz und Ökologie hingewiesen wurde.

Ästhetische Anforderungen werden durch das Zusammenspiel von Farbe, Muster und Oberflächenstruktur erreicht. Sie werden subjektiv durch Betrachten und ggf. durch Fühlen der Oberflächenstruktur wahrgenommen. Die verwendeten Farben besitzen vielfältige Wirkungen. Sie können warm, kalt, beruhigend, anregend, erweiternd oder begrenzend wirken. Jede Farbe ist immer an die Oberfläche eines Werkstoffs gebunden. Auf jeder Oberfläche, die glatt, matt oder strukturiert sein kann, wirkt eine Farbe anders. Farblich gemusterte und strukturierte Oberflächen wirken auffallend, blickfangend, die Flächen belebend. Durch die Oberflächenstruktur erhält ein Bodenbelag eine besondere Wirkung. Glatte Oberflächen wirken hart, abstoßend, sauber und mitunter auch kalt. Matte und raue Oberflächen wirken dagegen warm, behaglich, wohnlich, zurückhaltend und beruhigend.

Ein Bodenbelag muss sich mit seiner Farbe und Oberflächenstruktur harmonisch in die gesamte Einrichtung des Raums einfügen. Er kann eigene Akzente setzen, die vorhandene Inneneinrichtung bereichern oder ein Stilmittel sein, mit dem bestimmte Effekte erzielt werden können. So kann z.B. ein Bodenbelag durch eine entsprechende Wahl der Farbe, Musterung und/oder Oberflächenstruktur einen gewissen Grad der **Repräsentation** sowie psychologische Wirkungen wie **Wärme**, **Atmosphäre** und **Wohlbehagen** vermitteln.

Ein Bodenbelag muss für die vorgesehene Nutzung geeignet sein. Aufgrund der zu erwartenden Beanspruchung werden an ihn bestimmte technische Anforderungen gestellt, die von dem verwendeten **Werkstoff**, der **Konstruktion** und der **Herstellungstechnik** bestimmt werden.

So erstreckt sich das Anforderungsprofil für Bodenbeläge auf:
- Strapazierfähigkeit (Abrieb- oder Verschleißfestigkeit),
- Anschmutzneigung,
- Pflege- und Reinigungsverhalten,
- Trittelastizität (Begehkomfort),
- Farbbeständigkeit.

Für besondere Einsatzbereiche können je nach Verwendungszweck noch hinzukommen:
- antistatisches Verhalten,
- Brandverhalten,
- Wärmedämmung.
- Formbeständigkeit,
- Schalldämmung,

Die genannten Anforderungen und Wirkungen sind nicht bei allen Bodenbelägen in gleichem Maße vorhanden. So wird man je nach dem Verwendungszweck des Bodenbelags zu entscheiden haben, auf welche Eigenschaften und Wirkungen man nicht verzichten will und welche etwas weniger ausgeprägt sein können.

Die technischen Eigenschaften werden auf der Grundlage anerkannter Normen (DIN, EN, ISO) bestimmt und in den technischen Merkblättern der Bodenbeläge angegeben. Anhand der dort aufgeführten Werte kann eine technische Bewertung des Bodenbelags erfolgen.

Um den Verbraucher, Verarbeiter und Architekten nicht mit technischen Daten zu überfordern, sind Qualitätssiegel und Klassifizierungssysteme entwickelt worden, bei denen nach umfangreichen Prüfungen die Verwendungsbereiche und die Nutzungsintensität der Beläge festgelegt und durch Piktogramme zum Ausdruck gebracht werden. Damit werden Architekten, Verarbeiter und Verbraucher in die Lage versetzt, für einen bestimmten Verwendungsbereich den geeigneten Bodenbelag auszuwählen (s. Kapitel 10.2.4 Klassifizierung und Kennzeichnung für textile und elastische Bodenbeläge sowie Laminatböden).

### 10.2.3.1 Textile Bodenbeläge

Textile Bodenbeläge erhalten ihre produktspezifischen Merkmale durch die Herstellungstechnik, in der sie produziert werden. Ausgehend von den in der DIN ISO 2424 aufgeführten textilen Bodenbelägen, kann nach der Herstellungstechnik folgende Übersicht erstellt werden, wobei einige der dort aufgeführten Bodenbeläge nur eine geringe Bedeutung haben, wie die mit aufgeführten Prozentanteile zeigen.

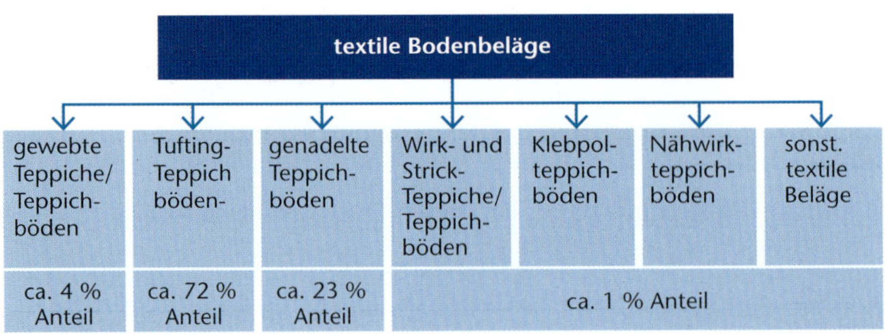

Die Gebrauchseigenschaften der textilen Bodenbeläge werden im Wesentlichen bestimmt von

- den verwendeten Faserrohstoffen,
- den eingesetzten Garnarten,
- der Konstruktion,
- der Herstellungstechnik.

## 1. Faserrohstoffe der textilen Bodenbeläge

Für textile Bodenbeläge eignen sich nur solche Faserrohstoffe, die mindestens ausreichende Werte in Bezug auf Scheuerwiderstand, Wiedererholungsvermögen und eine geringe Anschmutzneigung aufweisen. Diese Eigenschaften werden in unterschiedlicher Art von synthetischen Fasern und Schurwolle erreicht. Die Durchschnittswerte dieser Eigenschaften der infrage kommenden Faserrohstoffe, mit ihren Anteilen, spezifischen Teppicheigenschaften und Einsatzgebieten sind aus der nachfolgenden Übersicht und Grafik zu entnehmen.

| Faserrohstoff | Anteil | Eigenschaften und Verwendung |
|---|---|---|
| **Polyamid (PA)** | ca. 67 % | Wichtigster Faserrohstoff für Teppichböden, höchster Scheuerwiderstand aller textilen Faserstoffe, sehr gutes Wiedererholungsvermögen nach einer Druckbelastung, geringe Anschmutzneigung: aufbauend auf diesen Eigenschaften werden spezielle Teppichfasern geschaffen. |
| **Polypropylen (PP)** | ca. 17 % | Guter Scheuerwiderstand, aufgrund des geringen Wiedererholungsvermögens hauptsächlich für zweidimensionale Bodenbeläge, z. B. Nadelvlies-Fußbodenbeläge, eingesetzt, wo es einen Anteil von ca. 55 % besitzt. |
| **Polyester (PES)** | ca. 7 % | Geringerer Scheuerwiderstand und geringeres Wiedererholungsvermögen als Polyamid, wird besonders geschätzt wegen seines textilen Griffs und Aussehens. Verwendung für hochflorige, weiche, dichte Velours-Teppichböden. |
| **Polyacryl (PAN)** | ca. 1 % | Wollähnlichste synthetische Faser, besserer Scheuerwiderstand und geringeres Gewicht als Schnurwolle. Durch den erforderlichen hohen Polmaterialeinsatz nur bei hochwertigen Velours-Bodenbelägen und in Mischungen mit Polyamid eingesetzt. |
| **Schurwolle (WV)** | ca. 7 % | Bestes Wiedererholungsvermögen und geringste Anschmutzneigung aller für Bodenbeläge verwendeten Fasern. Weitere spezifische Teppicheigenschaften: klimaausgleichend, schwer entflammbar, absorbierend und bindend von Schadstoffen, Verwendung für hochwertige Teppichböden und Teppiche. |
| **sonstige Fasern** | ca. 1 % | |

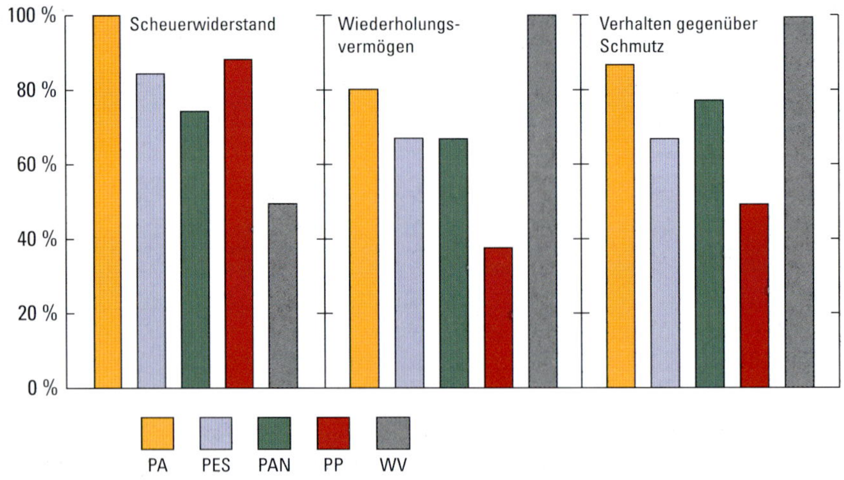


## 2. Garnarten der textilen Bodenbeläge

Wesentlichen Einfluss auf die Eigenschaften eines textilen Bodenbelags haben auch die dort eingesetzten Garne. Die wichtigste Garnart sind die **texturierten Filamentgarne**, die durch ihre Kräuselung ein hohes Volumen und eine hohe Bauschelastizität besitzen. Texturierte Teppichgarne werden als **BCF-Garne** (bulked continuous filament) bezeichnet. Die zweitwichtigste Garnart sind die **Halbkammgarne** mit ihrem glatten, bauschigen Charakter, die aus gröberen Fasern mittlerer Stapellänge gesponnen werden. Ferner kommen noch **Streichgarne** zum Einsatz, die aus ähnlichen Faserfeinheiten und -längen wie die Halbkammgarne gesponnen werden. Durch ihre wirre Faserlage besitzen sie einen fülligen, voluminösen Charakter, wodurch der Bodenbelag ein dichtes, geschlossenes Oberflächenbild erhält. **Kammgarne** werden nur selten eingesetzt, und zwar für sehr feine Bodenbeläge mit Veloursoberfläche.

## 3. Abmessungen der textilen Bodenbeläge

Textile Bodenbeläge werden in verschiedenen Abmessungen angeboten. Man unterscheidet:

**Abgepasste textile Bodenbeläge**: Darunter versteht man **Teppiche**, die von der Musterung oder Herstellungstechnik her in Längs- und Querrichtung festgelegte Maße besitzen. Im Laufe der Zeit haben sich für die Teppiche gewisse Standardmaße nach dem metrischen Maßsystem durchgesetzt. In Fachkreisen herrscht jedoch noch oft die Viertelbezeichnung vor, die auf einem Viertel einer Elle (= 68 cm) basiert. Ein 12/4-Teppich hat danach eine Breite von 3 Ellen à 68 cm = 204 cm. Die Teppichlängen entwickeln sich aus den räumlichen Gegebenheiten.

**Hauptgrößen der Teppiche:**

| | |
|---|---|
| 4/4 = ca. 68 × 125 cm | 10/4 = ca. 170 × 240 cm |
| 6/4 = ca. 100 × 180 cm | 12/4 = ca. 200 × 300 cm |
| 8/4 = ca. 130 × 200 cm | 16/4 = ca. 250 × 350 cm |
| | 18/4 = ca. 300 × 400 cm |

Neben den rechteckigen gibt es noch runde Teppiche. Sie werden in Durchmessern von 50 bis 250 cm hergestellt.

**Brücken** sind abgepasste Bodenbeläge, die in kleineren Abmessungen als Teppiche in den Standardgrößen 70 × 140, 90 × 220 und 120 × 240 cm angeboten werden.

**Läufer** besitzen eine von der Herstellung festgelegte geringe Breite, während die Länge von dem Verwendungszweck bestimmt wird. Übliche Läuferbreiten sind 70 cm, 90 cm und 120 cm.

**Auslegeware** dient zum Auslegen eines Raums von Wand zu Wand. Man unterscheidet dabei **Teppichboden** (Rollenware) in Breiten von 200, 400 und 500 cm sowie **Teppichfliesen**, die meist in Formaten von 50 × 50 cm angeboten werden.

#### 10.2.3.1.1 Webteppiche

##### 1. Flachteppiche

Als Flachteppiche werden **zweidimensionale Bodenbeläge** bezeichnet, die in jeder Warenrichtung nur aus einem Kett- und Schussfadensystem bestehen. Hergestellt werden sie aus gröberen gezwirnten Garnen aus Sisal, Kokos, Wolle, Polyamid, Haargarnen oder Fasermischungen, z.B. Wolle/Polyamid, die in Köper-, Fischgrat-, Panama- und Ripsbindungen verwebt werden. Je nach dem verwendeten Faserrohstoff besitzen die Flachteppiche eine hohe Verschleißfestigkeit und Widerstandsfähigkeit. Zum Teil werden diese Teppiche mit einem Textilrücken ausgestattet.

*Kokos-Flachteppich in Fischgratbindung*

*Sisal-Flachteppich in Ripsbindung*

##### 2. Polteppiche

Polteppiche sind **dreidimensionale Gewebe**, die auf einem Grundgewebe einen Pol besitzen. Sie werden in verschiedenen Techniken hergestellt und bestehen aus folgenden Fadensystemen:

- Polkettfäden, die die aufrecht stehende Poldecke bilden,
- Bindekettfäden, die mit den Schussfäden binden,
- Füllkettfäden, die unter der Polkette unsichtbar im Grundgewebe liegen und dem Teppich das Fundament geben,
- Schussfäden, die als Ober- und Unterschuss mit den Binde- und Füllkettfäden das Grundgewebe bilden.

**Rutenteppiche**
Wesentliches Kennzeichen dieser Teppichart ist, dass ihre Poldecke mithilfe von **Zug-** oder/und **Schnittruten** gebildet wird. Je nach der verwendeten Rutenart können Polteppiche einen Schlingenpol, Schnittpol oder einen Schlingen und Schnittpol besitzen.

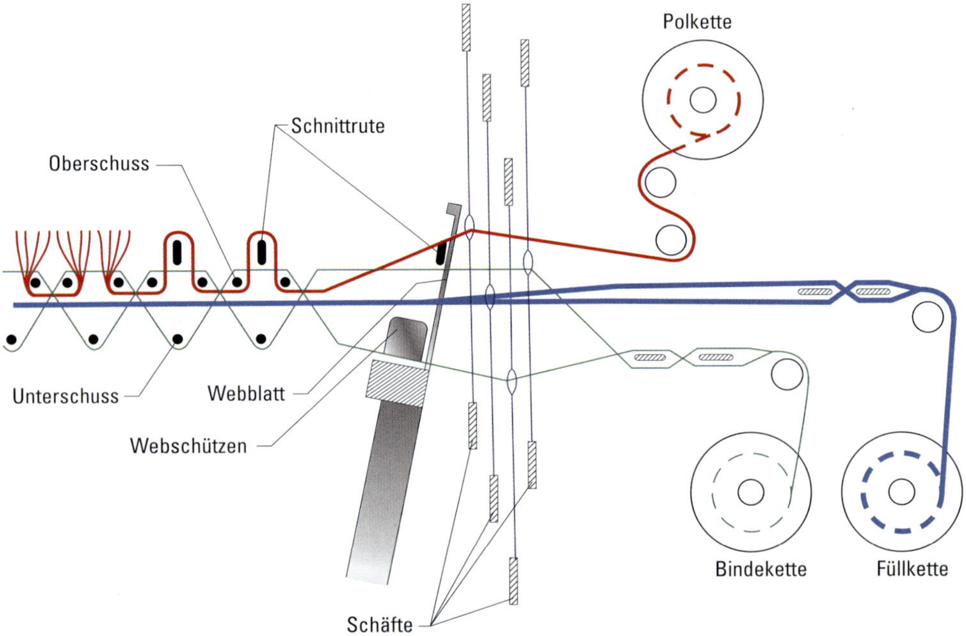


*Prinzip des Rutenwebverfahrens*

Man unterscheidet folgende Rutenteppiche:

**Bouclétepppiche**
Man versteht darunter einfarbige oder mehrchorige Rutenteppiche mit einem Schlingenpol, der mit Zugruten gebildet wird. Die Schlingenhöhe wird durch Form und Durchmesser der Zugruten bestimmt.

**Brüsseler-Teppiche**
Besitzen Bouclétepppiche ein mehrchoriges Jacquardmuster, so bezeichnet man sie als Brüsseler-Teppiche. Ihre nicht zur Musterbildung benötigten Polkettfäden liegen so lange als „tote Chore“ über der Füllkette, bis sie wieder zur Bildung des Musters herangezogen werden.

Bouclé- und Brüsseler-Teppiche sind strapazierfähige Bodenbeläge, deren Qualität von dem verwendeten Polmaterial und der Anzahl der Schlingenreihen, die für 10 cm angegeben wird, abhängig ist. Aus diesem Grunde werden sie auch mit dem für den Pol verwendeten Faserrohstoff bezeichnet, z. B. Haargarn-Bouclé, Woll-Brüssel usw.

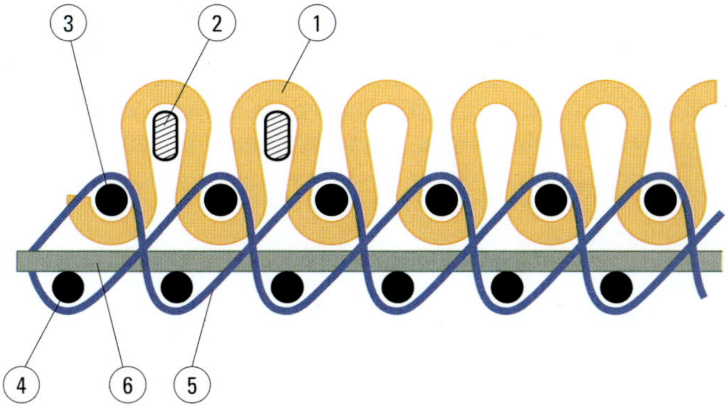


① *Polkette*
② *Zugrute*
③ *Oberschuss*
④ *Unterschuss*
⑤ *Bindekette*
⑥ *Füllkette*

*Schnitt durch einen einfarbigen Bouclé*

**Tournay- oder Wiltonteppiche**

Unter dieser Bezeichnung versteht man in Rutentechnik hergestellte **Velourssteppiche** mit einem mehrchorigen Jacquardmuster, die nach der belgischen Stadt Tournay oder der englischen Stadt Wilton benannt werden, wo diese Teppichart zuerst hergestellt wurde. Sie werden in der gleichen Weise wie Bouclé- oder Brüsseler-Teppiche hergestellt, nur mit dem Unterschied, dass man anstelle der Zugruten jetzt Schnittruten verwendet, die die darüber liegenden Polkettfäden beim Herausziehen aufschneiden, sodass ein Schnittflor entsteht. Durch die vielfarbige Musterung entstehen viele tote Chore, die diese Teppiche erschweren. Als Polmaterial werden meist Schurwolle, Polyamid, Polyacryl oder Fasermischungen verwendet.

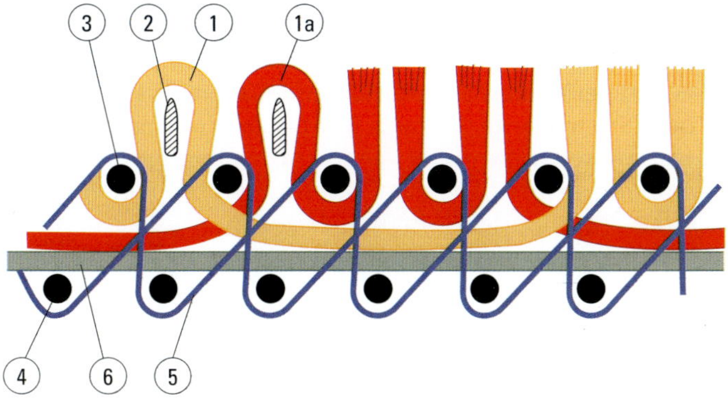


①, ①a *Polkette*
② *Schnittrute*
③ *Oberschuss*
④ *Unterschuss*
⑤ *Bindekette*
⑥ *Füllkette*

*Schnitt durch einen zweichorigen Tournay- oder Wiltonteppich*

## Doppelwebteppiche

Im Doppelwebverfahren werden analog der Möbelvelours-Herstellung zwei Grundgewebe, die aus Binde- und Füllkette sowie Ober- und Unterschuss bestehen, mit Polkettfäden verbunden, die in der Abstandmitte durch ein Messer durchgeschnitten werden. Durch den Abstand der beiden Grundgewebe wird die Polhöhe bestimmt. Es ist das heute am meisten eingesetzte Verfahren bei der Herstellung von Velourssteppichen. Der besondere Vorteil dieses Webverfahrens ist, dass in einem Arbeitsgang zwei spiegelbildlich übereinanderliegende Velourssteppiche gewebt werden. Durch den Wegfall der Ruten können außerdem höhere Schussdichten erzielt werden, sodass feinere Garne verwendet werden, die wiederum fein gezeichnete Muster ermöglichen. Doppelwebteppiche werden in verschiedenen Bindungsvariantenen (ein- bis dreischüssig) gewebt.

Ihre nicht zur Musterung benötigten Polkettfäden können entweder als tote Chore im Grundgewebe eingewebt sein und liegen auf der Füllkette oder sie flottieren unter der Unterware und werden nach dem Weben abgeschnitten. Mehrchorige jacquardgemusterte Doppelwebteppiche bezeichnet man als Doppel-Tournay oder Doppel-Wilton.

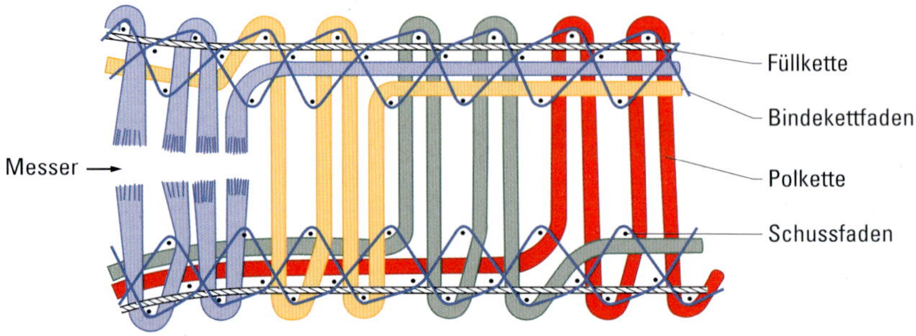


*Prinzip des Doppelteppichwebverfahrens bei einem vierchorigen, dreischüssigen Teppich*

**Axminster-Teppiche**

Diese Teppichart hat ihre Bezeichnung nach der englischen Stadt Axminster, wo erstmals diese Teppichart hergestellt wurde. Es gibt drei verschiedene Arten von Axminster-Teppichen, wobei der **Greifer-Axminster** die bekannteste und verbreitetste Teppichart ist.

Das Herstellungsprinzip der Greifer-Axminster beruht darauf, dass aus einer jacquardgesteuerten Fadenzuführung kurze Fadenstücke der Polkette abgeschnitten, durch schnabelartige Greiferwerkzeuge erfasst und von ihnen in ein Teppichgrundgewebe eingelegt werden. Durch diese Technik entstehen keine toten Chore. Für jede in Längsrichtung verlaufende Polnoppenreihe ist ein Greifer angeordnet. Je nach Feinheit und Ausstattung der Greiferwebmaschine können nur bis zu 27 Greifer/10 cm nebeneinander arbeiten. Aufgrund der dadurch bedingten geringeren Dichte verwendet man als Polmaterial meist gröbere Halbkammgarne oder Streichgarne. Es kann mit bis zu 16 Choren gewebt werden. Aus diesem Grunde zeigen Greifer-Axminster-Teppiche vielfarbige Jacquardmusterungen, die eine große Ähnlichkeit mit handgeknüpften Orientteppichen besitzen. Deshalb werden sie auch oft als „Mechanische Smyrna“ bezeichnet.

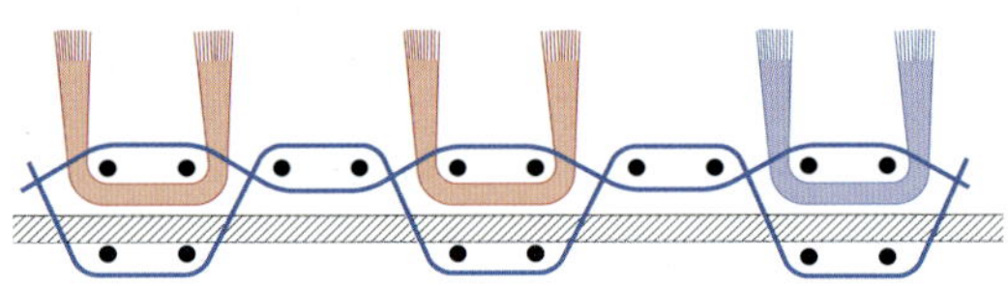

*Schnitt durch einen Greifer-Axminster*

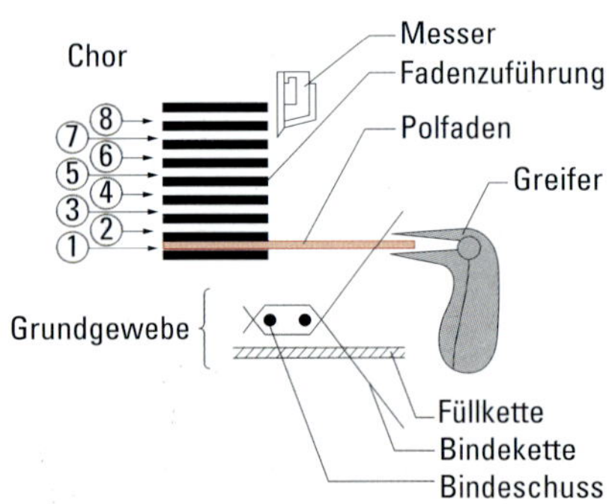


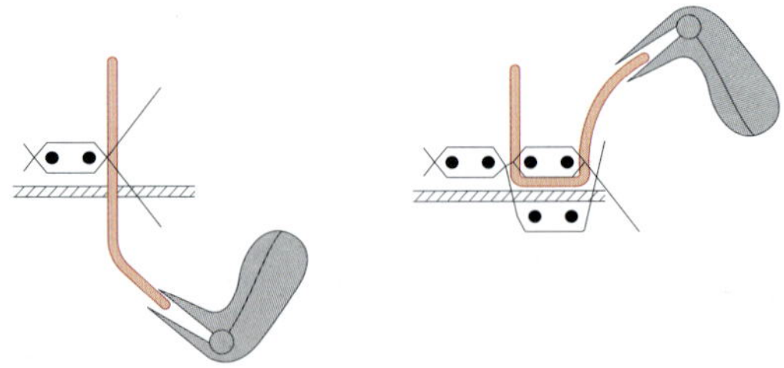

*Prinzip der Greifer-Axminster-Technik*

**Handgeknüpfte Teppiche**

Das Handknüpfen ist die älteste Art der Herstellung von textilen Bodenbelägen. Es wird seit vielen Jahrhunderten immer auf die nächste Generation überliefert und vorwiegend im vorderen Orient, Indien, Pakistan, Afghanistan und Nordafrika praktiziert. Zur Herstellung benötigt man einen Knüpfstuhl (Rahmen), in dem in Längsrichtung Kettfäden gespannt sind. Dichte und Feinheit der Kettfäden richtet sich nach dem einzuknüpfenden Polmaterial. Entsprechend einer Musterung werden zwischen zwei benachbarten Kettfäden reihenweise kurze Polfadenstücke eingeknotet. Nach jeder eingeknüpften Reihe werden ein bis zwei Schüsse in Leinwandbindung eingetragen und mit einem Kamm an die Knotenreihe angeschlagen, sodass eine feste Verbindung entsteht.

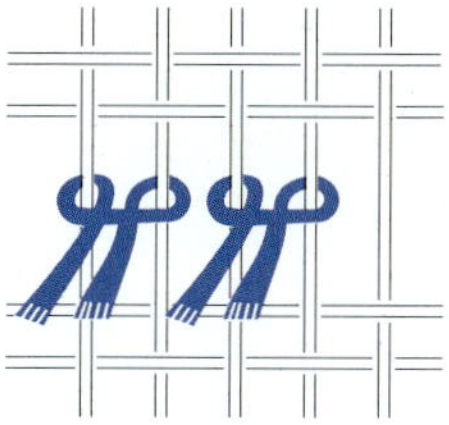

*Türkischer Knoten*

*Persischer Knoten*

Bei Knüpfteppichen werden vorwiegend der **Türkische Knoten**, auch als Smyrna- oder Ghiordes-Knoten bezeichnet, und der **Persische Knoten**, auch Senneh-Knoten genannt, eingesetzt.

Handgeknüpfte Teppiche werden in vielfarbigen Mustern und Ornamenten geknüpft und oft nach ihrer Herkunft bezeichnet. So stammt z. B. ein „Täbris“ aus der gleichnamigen persischen Stadt, während ein „Afghan“ in Afghanistan hergestellt wurde. Ihre Qualität ist von der Art und Feinheit des verwendeten Polmaterials und der Knotenzahl pro $m^2$ abhängig. Sie reicht von 50000 bei sehr groben bis 320000 pro $m^2$ bei sehr feinen Teppichen.

### 10.2.3.1.2 Gewebte Teppichböden

#### 1. Flach gewebte Teppichböden

Flach gewebte Teppichböden werden aus den gleichen Faserrohstoffen und in den gleichen Bindungen wie die Flachteppiche in Breiten von 200 und 400 cm mit einem Latex- oder Textilrücken hergestellt. In der gleichen Art werden auch Fliesen angeboten.

#### 2. Polhaltige gewebte Teppichböden

Polhaltige gewebte Teppichböden sind ebenfalls dreidimensional. Sie werden in der Rutentechnik mit Zug- oder/und Schnittruten als Bouclé-, Rips-, Velours- sowie Schlingen-/Velours-Teppichboden oder im Doppelwebverfahren als Velours-Teppichboden einfarbig oder mehrchorig mit Schaft- oder Jacquardmusterungen in Breiten von 200 cm hergestellt. Velours-Teppichboden mit komplizierten Jacquardmustern, die nicht spiegelbildlich herzustellen sind, werden in der Rutentechnik mit Schnittruten gewebt. Für das Grundgewebe dieser Teppichböden verwendet man vorwiegend Garne aus Baumwolle, Jute, Polyester oder Polypropylen. Als Polmaterial kommen Polyamid, Polyester, Polyacryl, Schurwolle und Fasermischungen aus diesen Faserrohstoffen zum Einsatz. Nach dem Weben erhalten die gewebten Teppichböden zur besseren Noppeneinbindung und Flächenstabilisierung sowie zur Verbesserung der Schnittkantenfestigkeit eine Latex-Appretur.

*Rutentechnik (Abb. Anker-Teppichboden)*

*In Rutentechnik gewebter Perlon-Rips-Teppichboden (Abb. Anker-Teppichboden)*

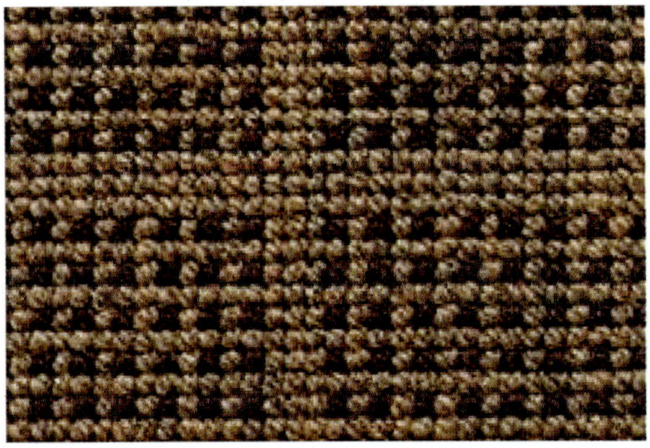

*In Rutentechnik gewebter zweifarbiger Brüssel-Teppichboden (Abb. Anker-Teppichboden)*

*In Rutentechnik gewebter Schlingen/Velours-Teppichboden (Abb. Anker-Teppichboden)*

### 10.2.3.1.3 Tufting-Teppichböden

#### 1. Herstellung und Aufbau von Tufting-Teppichböden

Das Tuftingverfahren („tufting“ von engl.: „tuft“ = Büschel, Noppe, Flor) ist ein rationelles und vielseitiges Verfahren für die Herstellung von 4 und 5 m breiten textilen Bodenbelägen.

Das Grundprinzip dieser Technik besteht darin, dass in der Tuftingmaschine über die ganze Breite Nadeln angebracht sind, wobei jede Nadel einen Polfaden führt. Beim Tuften durchstoßen alle Nadeln gemeinsam von oben nach unten einen textilen Träger. Auf der Unterseite des Trägers werden die Polfäden von Greifern festgehalten. Beim Hochgehen der Nadeln entstehen durch die von den Greifern festgehaltenen Polfäden Schlingen, wodurch der Tuftingbelag einen Schlingenpol erhält. Sind die Greifer mit einem Messer kombiniert, so entsteht nach dem Durchschneiden der Polfäden ein Schnittpol.

Als textile Träger werden Bändchengewebe und Spinnvliese aus Polypropylen, seltener Polyester verwendet.

Vorteile dieser synthetischen Träger sind: Unempfindlich keit gegenüber Feuchtigkeit, Verrottungsbeständigkeit und gute Färbbarkeit.

Darüber hinaus sind Spinnvliese dimensionsstabil, schnittkantenfest und gewähren eine gleichmäßige Poloberfläche, da keine trägerbedingten Noppenverschiebungen vorkommen können.

Getuftete Teppichböden werden in der Regel aus rohweißen Polgarnen hergestellt, sodass sie nach dem Tuften einige Veredlungsgänge wie Färben oder Bedrucken, Dämpfen und Scheren durchlaufen müssen oder noch zusätzlich eine Fleckenschutz-Ausrüstung, Mottenschutz-Ausrüstung, antistatische oder flammenhemmende Ausrüstung erhalten können.

1 Schlingenware

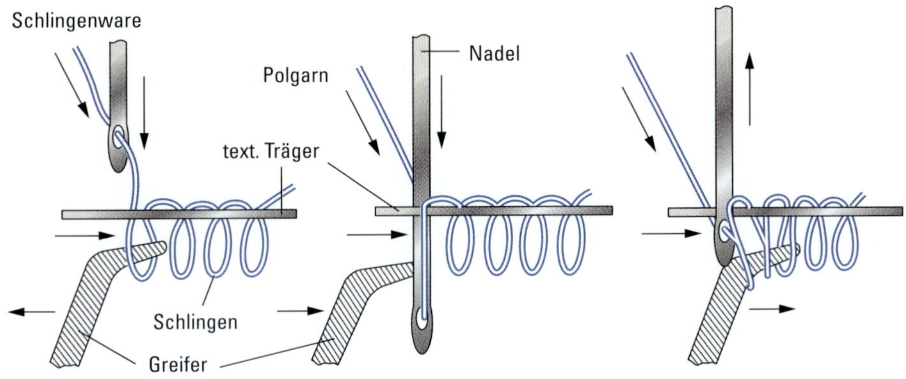


2 Veloursware

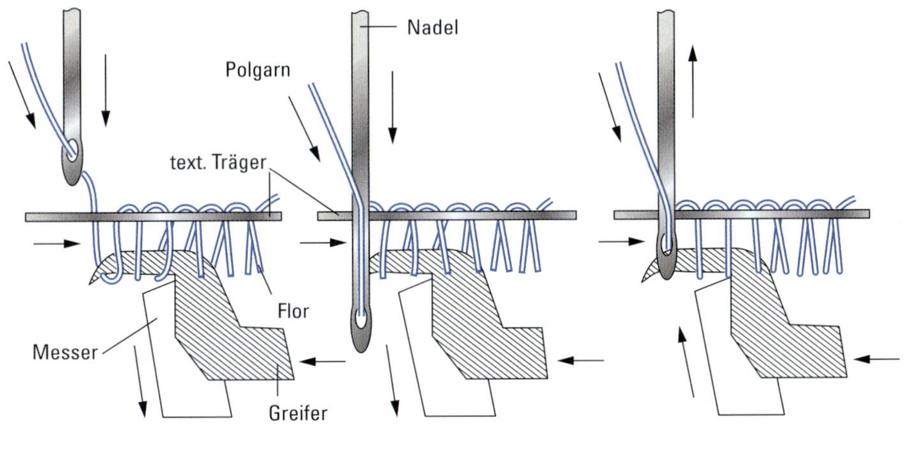


*Herstellungsprinzip der Tufting-Teppichböden*

Nach dem Tuften und den Veredlungsgängen lassen sich die eingenadelten Polgarne noch herausziehen. Durch einen **Verfestigungsstrich (VS)**[1] mit synthetischem Latex werden die auf der Rückseite frei liegenden Abbindestellen der Polnoppen mit dem textilen Träger fest verbunden.

10

[1] *Einheitliche Begriffe der Deutschen Teppichindustrie.*

Nach dem Verfestigungsstrich (VS)[1] erhält der getuftete Teppichboden zur Flächenstabilisierung eine Rückenausstattung. Infrage kommen:

- **Textilrücken (TR)**[1], die auf die Rückseite des Teppichbodens aufkaschiert werden. Zum Einsatz kommen **Vliese** aus Polypropylen- oder Polyesterfasern sowie Fasermischungen aus anderen Chemie- oder Recyclatfasern und **Gewebe** aus synthetischen Garnen (synthetischer Doppelrücken = SDR) sowie vereinzelt noch aus Jutegarnen.
  Teppichböden mit einem synthetischen Doppelrücken (SDR) oder Juterücken eignen sich zum Verspannen auf Nagelleisten.
  Tepppichböden mit einem Vliesrücken haben gegenüber Teppichböden mit einem Geweberücken den Vorteil, dass sie einen besseren Begehkomfort, eine höhere Trittschalldämmung und bessere Strapazierwerte besitzen und alternative Verlegetechniken ermöglichen.

  Teppichböden mit stark vernadelten und kalandrierten Vlies- bzw. Filzrücken können aufgrund ihrer hohen Dimensionsstabiliät auch lose verlegt werden.
- Vereinzelt sind auch **Schwerbeschichtungen (SB)**[1], aus PVC und ataktischem Polypropylen (aPP) anzutreffen, die dem Teppichboden ein dimensionsstabiles Liegeverhalten verleihen, sodass er lose verlegt werden kann. Bei Teppichbodenfliesen sind darüber hinaus auch Schwerbeschichtungen aus Bitumen anzutreffen.

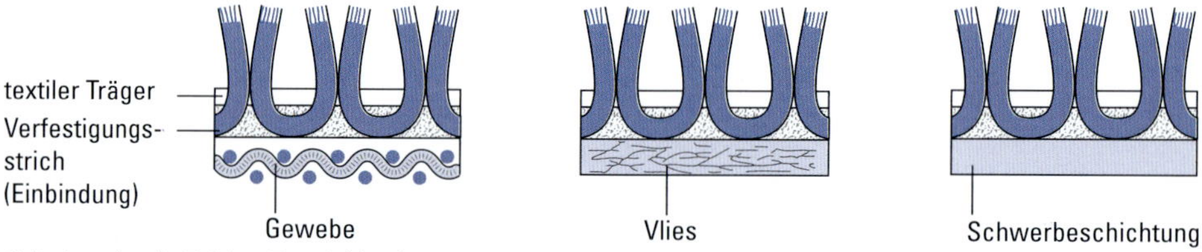


*Schnitte durch Tufting-Teppichböden mit Schnittflor*

Schaumrücken aus Syntheselatex oder Polyurethan entsprechen inzwischen nicht mehr dem Stand der Technik und sind deshalb auch nicht mehr anzutreffen.

## 2. Poldichte der Tufting-Teppichböden

Die Poldichte eines Tufting-Teppichbodens wird durch die **Anzahl der Noppen je m²** angegeben. Sie wird ermittelt aus der Noppenzahl in der Längsrichtung, die durch die **Stichdichte** bestimmt wird, und der Anzahl der Noppen in der Querrichtung, die von der **Teilung** einer Tuftingmaschine vorgegeben wird. Unter Teilung versteht man den Abstand der Nadeln, der in englisch Zoll (= 2,54 cm) angegeben wird. Je nach Teilung können gröbere oder feinere Tuftingbeläge hergestellt werden. Die gebräuchlichen Teilungen mit ihren Abständen, Anzahl der Nadeln und Noppen mit ihren Feinheitszuordnungen sind der nachfolgenden Aufstellung zu entnehmen:

| Teilung in engl. Zoll | Nadelabstand in mm | Nadeln/ Noppen je 10 cm | Feinheit | Einsatzgebiete |
|---|---|---|---|---|
| 3/8 | 9,53 | 10,5 | grob | Berberschlinge |
| 5/16 | 7,94 | 12,5 | grob | Shags |
| 5/32 | 3,98 | 25,2 | grob | |

[1] *Einheitliche Begriffe der Deutschen Teppichindustrie.*

| Teilung in engl. Zoll | Nadelabstand in mm | Nadeln/ Noppen je 10 cm | Feinheit | Einsatzgebiete |
|---|---|---|---|---|
| 9/64<br>1/8 | 3,57<br>3,18 | 28,0<br>31,4 | mittel<br>mittel | Velours, Schlingen-, Hoch-Tief-, Cut-Loop-Artikel |
| 1/10<br>5/64 | 2,54<br>1,98 | 39,4<br>50,5 | fein<br>fein | Velours, Hoch-Tief-Artikel |
| 1/16<br>1/20 | 1,59<br>1,27 | 62,9<br>78,7 | sehr fein<br>sehr fein | Velours |

Um eine gleichmäßige und dichte Poldecke zu erhalten, müssen Teilung, Garnstärke und Stichdichte ausgewogen aufeinander abgestimmt sein. Je feiner die Teilung ist, desto feiner muss auch die Garnstärke sein und umgekehrt. Die Stichzahl sollte immer enger als der Nadelabstand sein.

### 3. Musterungsmöglichkeiten bei Tufting-Teppichböden

Das Tuftingverfahren bietet gegenüber dem Webverfahren völlig andere Musterungsmöglichkeiten. Im Einzelnen unterscheidet man folgende Musterungen, die auch miteinander kombiniert werden können:

**Musterung durch Polnoppenversatz**
Beim Grundprinzip des Tuftingverfahrens werden die Polnoppen hintereinander in Reihen in den textilen Träger eingenadelt. Durch Versetzen der Polnoppen lassen sich in Verbindung mit farbigen oder unterschiedlich anfärbbaren Polgarnen interessante Kleinmusterungen erzielen. Außerdem wird durch den Polnoppenversatz ein geschlosseneres Oberflächenbild erzielt, da die bei geradlinigen Noppenreihen mitunter sichtbaren Polgassen verschwinden. Der Versatz der Polnoppen kann erfolgen durch:

- eine seitlich gleitende Nadelbarre (Stange mit den eingesetzten Nadeln),
- Hin- und Herbewegen des Trägers.

Musterungen durch Polnoppenversatz werden als **Cross-over-Musterungen** bezeichnet.

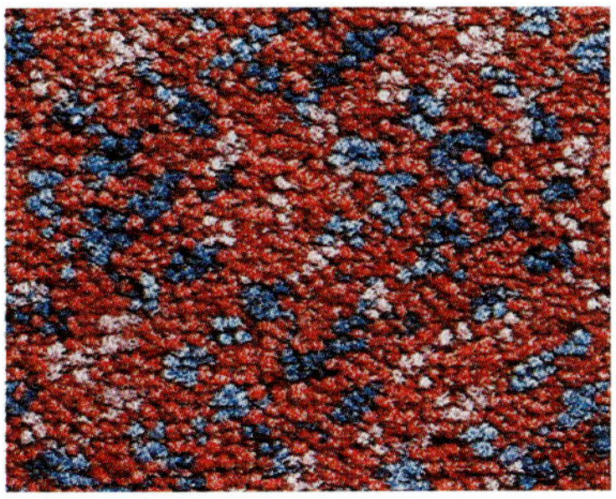

*Tufting-Teppichboden mit Cross-over-Musterung*

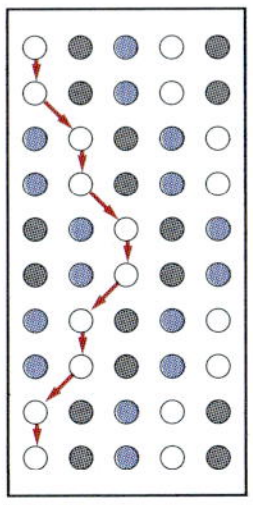

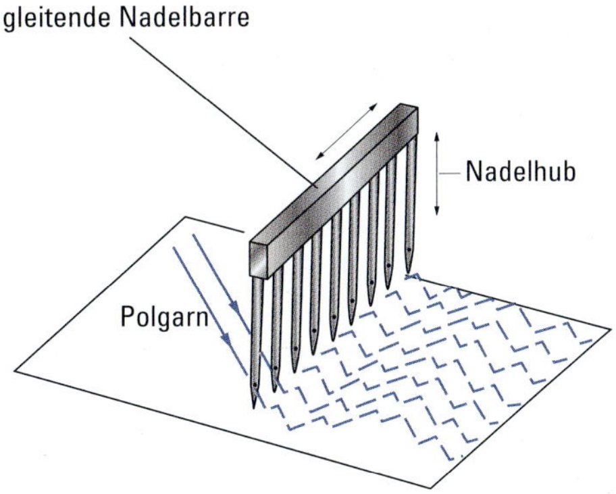


*Polnoppenversatz durch eine seitlich gleitende Nadelbarre (dreifarbige Musterung)*

### Musterung durch Polgarnsteuerung

Durch die Steuerung der Polgarnzufuhr mit verschiedenen Geschwindigkeiten lassen sich unterschiedlich hohe Polschlingen mit bis zu vier Polhöhen herstellen. Auf diese Weise erhält man **Hoch-Tief-Musterungen** (Verfahren: Scroll-Technik). Durch die Verwendung von farbigen oder unterschiedlich anfärbbaren Polgarnen ergeben sich vielseitige Musterungsmöglichkeiten.

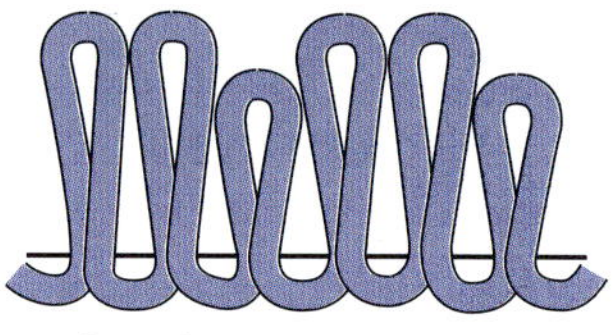

*Hoch-Tief-Musterung*

### Musterung durch Scheren

Hoch-tief gemusterte Schlingenwaren erhalten durch An- oder Abscheren der hohen Polnoppen Oberflächenbilder mit wechselndem Velours- und Schlingeneffekt. Man unterscheidet drei Scherverfahren, deren Bezeichnungen aus dem Englischen übernommen wurden.

**Tip-sheared:** Bei Schlingenwaren mit zwei Polhöhen werden die oberen Polschlingen mehr oder weniger angeschoren. Enthält die Schlingenware drei Polhöhen, dann werden oft die hohen Polschlingen bis zur Höhe der mittleren Schlingen abgeschoren und die mittleren Polschlingen angeschoren.

**Random-sheared:** Als Ausgangsware dient eine Schlingenware mit geringem Polhöhenunterschied, wobei die höheren Schlingen richtungslos über die ganze Warenfläche verstreut sind. Durch An- oder Abscheren der Bögen der hohen Schlingen entsteht ein zufällig wirkender Schereffekt.

**Level-sheared:** Die hohen Polschlingen werden bis auf die Höhe der niedrigen Schlingen abgeschoren, wodurch die Hoch-Tief-Struktur aufgehoben wird und eine Oberfläche mit einem Schnitt- und Schlingenpol entsteht.

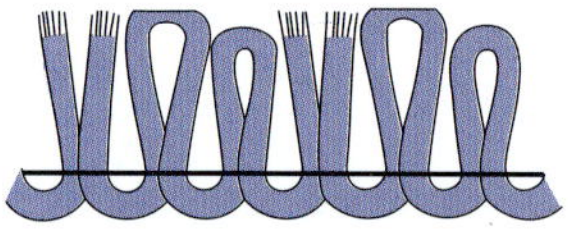

*Tip-sheared*

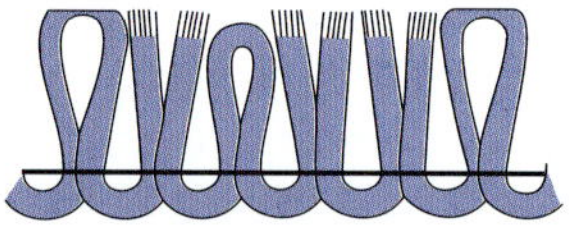

*Random-sheared*

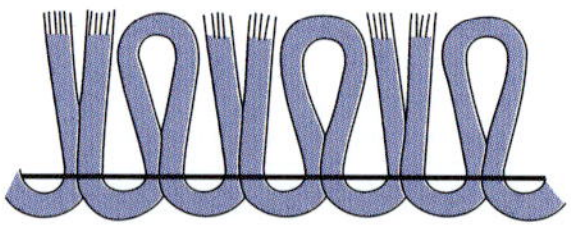

*Level-sheared*

### Musterungen durch Färben und Drucken

Alle bisher beschriebenen Oberflächenbilder können durch den Einsatz unterschiedlicher Garne und verschiedener Färbeverfahren farblich interessant gestaltet werden. Von besonderer Bedeutung ist das Stückfärben rohweiß getufteter Ware, deren Polgarne ein unterschiedliches Farbaufnahmevermögen, bezeichnet als **differential dyeing**, besitzen. Durch mustermäßige Anordnung verschiedener Garne mit unterschiedlichem Farbaufnahmevermögen lassen sich je nach den verwendeten Farbstoffen interessante Ton-in-Ton- oder Kontrastmusterungen erzielen. Der besondere Vorteil dieses Färbeverfahrens ist, dass rohweiße Tuftingware hergestellt, gelagert und erst bei Bedarf in jeder gewünschten Farbkombination eingefärbt werden kann. Dadurch entfällt die risikoreiche Lagerhaltung buntgetufteter Ware.

Eine weitere Möglichkeit, bei getufteten Teppichböden eine gemusterte Oberfläche in zahlreichen Variationen zu erhalten, ist das Bedrucken der Poloberfläche im Rotationsdruck oder im computergesteuerten **Chromo-Jet-** oder **Millitron-Spritzdruck**.

### 4. Warenkundliche Bezeichnungen von Tufting-Teppichböden

Aufgrund der verschiedenen Poloberflächen unterscheidet man folgende Arten getufteter Teppichböden:

**Velours**: Man versteht darunter einen Teppichboden mit einem ca. 4–6 mm hohen Schnittpol.

**Softvelours** bestehen aus Polgarnen mit extrem feinen Fasern (4–7 dtex). Dadurch erhält der Teppichboden eine weiche, voluminöse Poldecke mit einem Schreibeffekt.

**Feinvelours**: Darunter versteht man Velourswaren mit hoher Poldichte in Teilungen von 1/10, 5/64, 1/16 und 1/20 Zoll und Noppendichten zwischen 250000 und 700000 Noppen/m$^2$.

**Cross-over-cut (COC)**: Durch Polnoppenversatz farbig klein gemusterter Velours = Cross-over-Velours.

**Splush**: Hochflorvelours mit einer Polhöhe über ca. 10 mm.

**Shag**: Hochflorvelours aus fixierten gedrehten Garnen mit einer Polhöhe über ca. 20 mm. Durch die große Höhe wirkt der Pol leicht zottelig.

**Kräuselvelours**: Velours mit einem 4 bis 6 mm hohen gekräuselten Schnittpol, der mit gekräuselten Polgarnen erzielt wird.

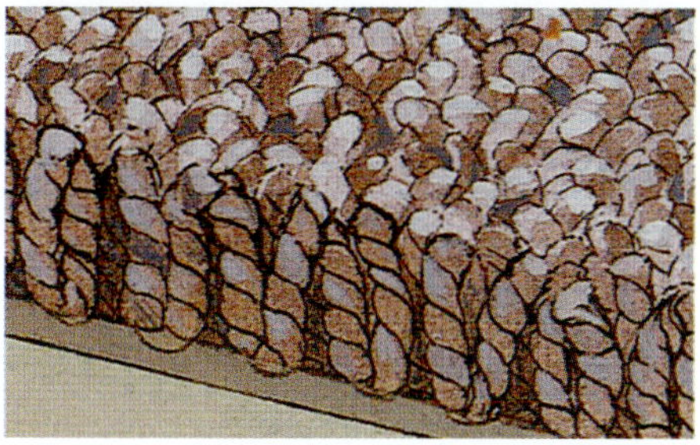

*Shag*

*Kräuselvelours*

**Saxony**: Man versteht darunter einen getufteten Teppichboden mit einem ca. 6 bis 20 mm hohen Schnittpol aus hoch gedrehten und fixierten Zwirnen. In der Poloberfläche ist jedes einzelne Garnende sichtbar, sodass ein körniger Perleffekt entsteht.

**Bouclé oder Loop**: Schlingenware. Von der Konstruktion her besitzen die Bouclés bzw. Loops das beste Wiedererholungsvermögen.

*Saxony*

*Bouclé oder Loop*

10

**Cross-over-loop (COL)**: Durch Polnoppenversatz farbig klein gemusterte Schlingenware.

**Cut-loop**: Unter dieser Bezeichnung versteht man einen Teppichboden mit Velours- und Schlingeneffekt, der schon auf der Tuftingmaschine entstanden ist. Bei einem Level-cut-loop (LCL) liegen die Schlingen- und Velourseffekte auf einer Höhe.

**Velv-a-loop**: Tuftingware, bei der in Längsrichtung abwechselnd eine Velours- und eine Schlingenreihe liegt Ein Velv-a-weave-Teppichboden hat das gleiche Warenbild, jedoch noch zusätzliche Musterungseffekte.

**Overtuft = Individual controlled needle (ICN)**: Auf eine bereits getuftete Ware wird in einem zweiten Arbeitsgang über einzeln computergesteuerte Nadeln das Muster eingetuftet.

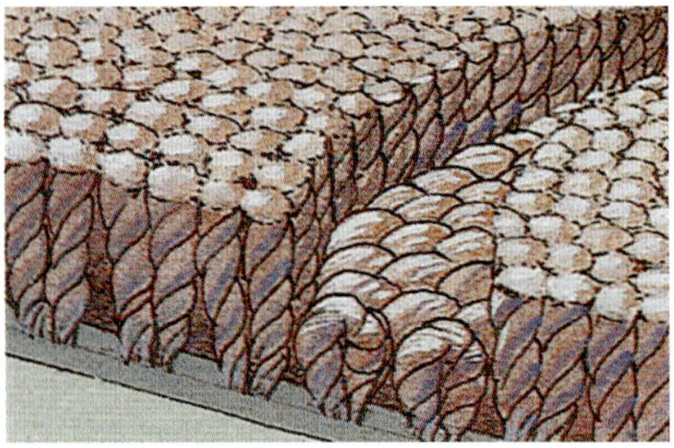

*Cut-loop*

*Overtuft*

### 5. Handtuften

Beim Handtuften wird das Tufting-Prinzip auf eine Einnadelmaschine übertragen, mit der man von Hand hochwertige und besonders künstlerisch gemusterte Teppiche und Teppichböden mit Schlingen- oder Schnittpol herstellt. Der weitere Aufbau dieser Bodenbeläge entspricht dem der industriellen Tuftingherstellung.

## 10.2.3.1.4 Intelligente Tufting-Teppichböden

Wie bei den Gardinen- und Dekostoffen, hat die Entwicklung intelligenter Textilien auch bei den Teppichböden nicht Halt gemacht. So gibt es inzwischen raumluftverbessernde Teppichböden, die gesundheitsschädliche Stoffe, wie z. B. Formaldehyd, Nikotin und unangenehme Gerüche, völlig oder teilweise durch eine katalytische Reaktion in ihre unschädlichen Grundbestandteile Wasserdampf ($H_2O$) und Kohlendioxid ($CO_2$) aufspalten und so die Raumluft verbessern.

Die raumluftverbessernden Eigenschaften werden erzielt durch einen besonderen Wirkstoff, der in den Vorstrich des Teppichbodens eingebracht wird. Raumluftverbessernde Teppichböden sind besonders geeignet für Allergiker, Raucher und deren Mitbewohner, Haustierhalter sowie ganz allgemein für gesundheitsbewusste Menschen (Marke: duraAir®).

#### 10.2.3.1.5 Warenkundliche Begriffe bei gewebten und getufteten Teppichböden

**Antisoiling**: schmutzabweisende Ausrüstung von Teppichböden (engl.: „soil" = Schmutz).

**Antistatisch**: Teppichböden laden sich bei geringer Luftfeuchtigkeit und Reibung auf. Als antistatisch wird dann ein Teppichboden bezeichnet, wenn seine elektrostatische Aufladung bei einer Lufttemperatur von 23 °C und einer relativen Luftfeuchtigkeit von 25 % nicht über 2000 Volt beträgt. Antistatische Eigenschaften erreicht man bei Teppichböden durch antistatische Fasern, durch Eintuften von feinen Metallfasern und durch eine antistatische Ausrüstung.

**Polgewicht**: Gewicht des Polgarns über dem Trägermaterial, angegeben in $g/m^2$.

**Polrohgewicht**: Gesamtgewicht des verarbeiteten Polgarns, also einschließlich der Unterschlingen, angegeben in $g/m^2$.

**Sauberfasern**: Polyamid-Teppichfasern mit schmutzabweisenden Eigenschaften durch eine Fluorcarbon-Ummantelung.

**Shading**: Bei Velours in kleineren oder größeren Flächen auftretende, bleibende Florverlagerungen. Durch die veränderte Lichtbrechung an diesen Stellen entstehen scheinbare Farbveränderungen. Die Ursachen des Shading sind bis heute noch unbekannt.

**Wärmedurchlasswiderstand (WDW)**: Der WDW gibt Auskunft über die Wärmedämmung, die in $m^2 \cdot K/W$ (Kelvin/Watt) angegeben wird. Für Teppichböden, die auf Fußbodenheizungen verlegt werden, soll ein Grenzwert von $0{,}15\ m^2 \cdot K/W$ nicht überschritten werden. Der WDW ist abhängig vom Volumen des Teppichpols, der Art der Rückenausstattung und dem Wärmeleitvermögen der eingesetzten Materialien.

#### 10.2.3.1.6 Genadelte Teppichböden

**Nadelvlies-Teppichböden**[1]

Das zweitwichtigste Herstellungsverfahren für textile Bodenbeläge ist die Nadelvliestechnik. Hierbei werden in kreuzenden Lagen übereinander geschichtete Faservliese aus Polyamid-Grobfasern oder Polyamid/-Polypropylen-Grobfasern auf einer Nadelmaschine mit einem Träger (feines PP-Gittergewebe oder PP-Vlies) vernadelt. Die Nadelmaschine besitzt eine Vielzahl dreikantiger Nadeln mit seitlichen Einkerbungen, die in rascher Folge die Faservliese durchstechen. Dabei werden die Fasern von den Einkerbungen erfasst und nach unten gestoßen, wodurch eine Verfestigung und Verdichtung der Faservliese erfolgt. Anschließend werden die vernadelten Faservliese chemisch durch eine Imprägnierung mit einem Bindemittel auf Syntheselatex- oder Acrylatbasis verfestigt. Das Bindemittel kann aufgetragen werden durch eine

- **Vollimprägnierung**, bei der das vernadelte Faservlies in einem Tauchbad vollständig mit dem Bindemittel durchtränkt wird und so eine gute Faserbindung und eine hohe Verschleißfestigkeit erreicht wird, wie sie für einen Bodenbelag erforderlich ist. Mit der Art und Dosierung des Bindemittels können die Härte und Rauheit des Belags gesteuert werden.

---

[1] *Oft werden diese Teppichböden auch als Nadelfilze bezeichnet. Diese Bezeichnung ist nicht richtig. Als Nadelfilz-Teppichböden werden nach der DIN 61151 nur solche Bodenbeläge bezeichnet, deren Faservliese allein durch Nadeln verfestigt werden und die keine weitere chemische Verfestigung erhalten.*

- **Teilimprägnierung**, bei der das Bindemittel über Walzen nur auf die Rückseite des vernadelten Faservlieses aufgetragen wird. Durch diese Imprägnierung wird eine relativ weiche textile Oberfläche erreicht. Da keine chemische Verfestigung der Nutzschicht erfolgt, neigen teilimprägnierte Beläge zur Pillingbildung und besitzen eine geringere Verschleißfestigkeit.

Nadelvlies-Teppichböden können unterschiedlich aufgebaut sein. Man unterscheidet:

- **einschichtige Nadelvlies-Teppichböden**, die einen homogenen Aufbau besitzen und im ganzen Querschnitt aus einem einheitlichen Fasermaterial bzw. eine Fasermischung bestehen,
- **mehrschichtige Nadelvlies-Teppichböden**, mit einer Nutzschicht und einer Rücken- oder einer Zwischen- und Rückenschicht aus preiswerten und weniger strapazierfähigen synthetischen Fasern (PES, PAN, PET), einschließlich daraus hergestellter Fasermischungen, sowie recycelten synthetischen Fasern, wodurch diese Beläge in der Regel preiswerter sind als einschichtige Beläge.

Nadelvlies-Fußbodenbeläge werden als Teppichboden meist in einer Breite von 200 cm und als Fliesen hergestellt. Bedingt durch die verwendeten Faserrohstoffe und die Herstellungstechnik besitzen sie eine sehr gute Strapazierfähigkeit. Aus diesem Grund werden sie vorwiegend im Objektbereich eingesetzt. Neben den herkömmlichen melierten Qualitäten sind inzwischen auch gemusterte Nadelvlies-Beläge anzutreffen, die bedruckt, geflammt oder gestreift sind oder flächig eingestreute bunte Faserchips aufweisen.

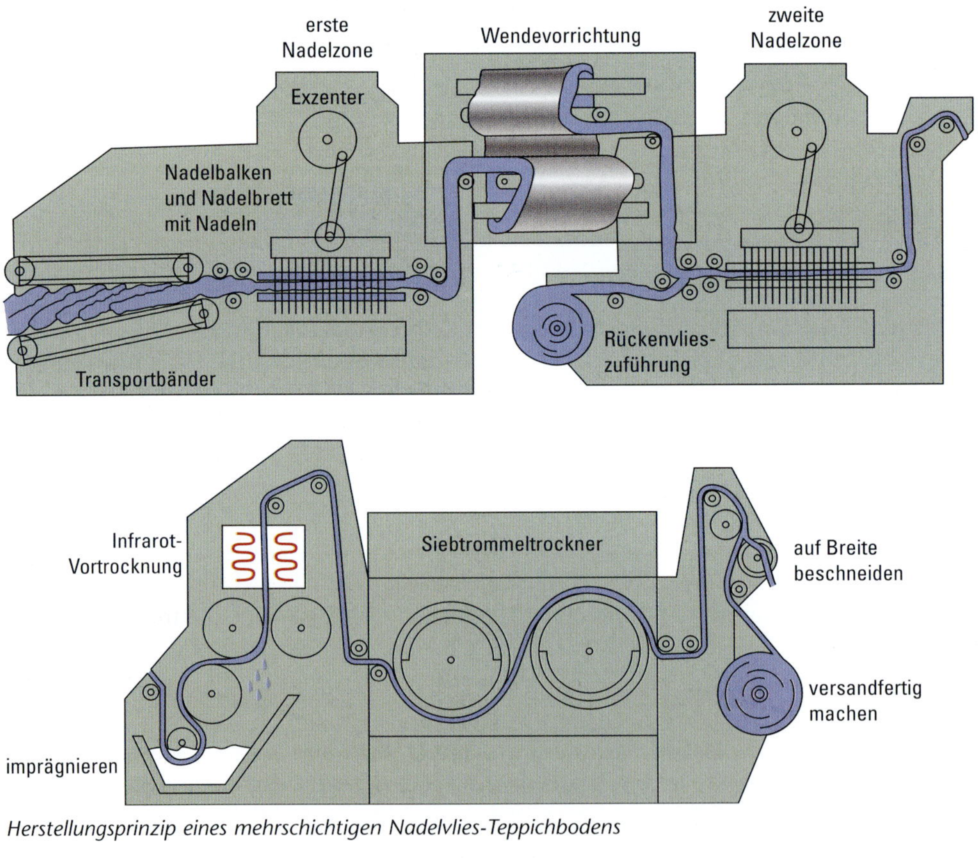


*Herstellungsprinzip eines mehrschichtigen Nadelvlies-Teppichbodens*

*Melierter Nadelvlies-Teppichboden*

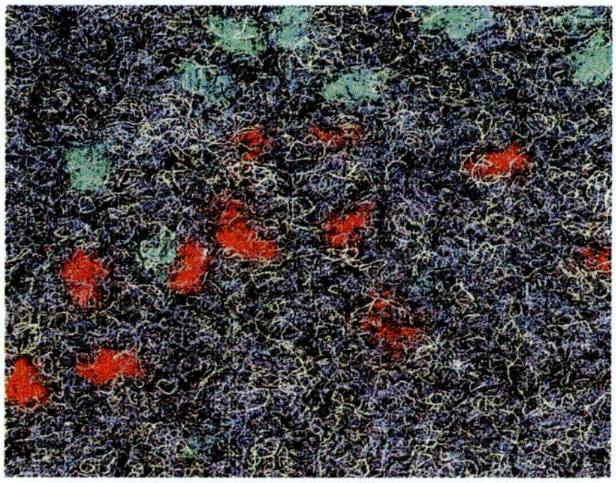

*Melierter Nadelvlies-Teppichboden mit eingestreuten bunten Faserchips*

### Polvlies-Teppichböden

Außer den üblichen Nadelvlies-Teppichböden mit glatter Oberfläche gewinnen immer mehr Qualitäten an Bedeutung, die eine aus Faserschlingen bestehende, strukturiert gemusterte oder veloursartige Oberfläche besitzen und als **Polvlies-** oder **strukturierte Nadelvlies-Teppichböden** bezeichnet werden. Die beschriebenen Warenoberflächen werden auf besonderen Nadelmaschinen mit Gabelnadeln erzielt, die aus dem Faserverbund der Nutzschicht die polartige Oberfläche entstehen lassen. Nach dem Nadelvorgang erhalten diese Beläge eine Imprägnierung mit einem Bindemittel.

*Polvlies-Teppichboden*

### Kugelgarn®-Teppichböden

Kugelgarn®-Teppichböden sind eine besondere Art der genadelten Teppichböden, bei denen nach einem patentierten Verfahren aus Spinnfasergarnen kleine Faserkugeln geformt werden, die als Nutzschicht mit einem darunterliegenden Faservlies, einem textilen Träger (PP-Vlies bzw. PP-Gewebe) und einem Vliesrücken vernadelt werden. Abschließend erhält der vernadelte Belag eine rückseitige Verfestigung mit einem Bindemittel, sodass die Nutzschicht frei von Bindemitteln bleibt.

*Kugelgarn®-Teppichboden*

Kugelgarn®-Teppichböden, die vorwiegend in der Materialkombination Polyamid/Polypropylen 40/60 bzw. 60/40 angeboten werden, besitzen eine richtungsfreie, geschlossene Oberfläche mit reliefartiger Kugelstruktur und einen bis zu 85-prozentigen Anteil an bunten Farbeffektpunkten.

Kugelgarn®-Teppichböden können richtungsfrei verlegt werden, wodurch komplizierte Grundrisse ohne großen Verschnitt verlegt werden können. Nahtschnitte sind unsichtbar, auch bei nachträglich vorgenommenen Reparaturen.

### 10.2.3.1.7 Klebpol-Teppichböden

Bei Klebpol-Teppichböden wird das Polmaterial in verschiedenen Techniken zu Schlingen geformt und auf einen Träger aufgeklebt.

Beim **Ondulé-Verfahren** werden Faservliese oder von Kettbäumen abgezogene Garne von gezahnten Walzen in Schlingen gelegt und in eine auf ein Grundgewebe aufgetragene Klebstoffschicht gedrückt.

*Klebpol-Teppichboden nach dem Ondulé-Verfahren mit einem Faservlies als Polmaterial*

Nach dem **Vernier-Verfahren** können Teppichböden mit einem Schnittflor hergestellt werden. Bei diesem Verfahren werden zwei mit Klebstoff beschichtete Grundgewebe in einem Kanal geführt. Dabei werden die von den Kettbäumen abgezogenen Polkettfäden zickzackförmig in die Klebeschichten der beiden Grundgewebe eingepresst. Nach dem Trocknen in einem Heizkanal schneidet ein Messer die Polkettfäden in der Abstandmitte durch, sodass zwei Teppichböden mit einem Schnittflor entstehen.

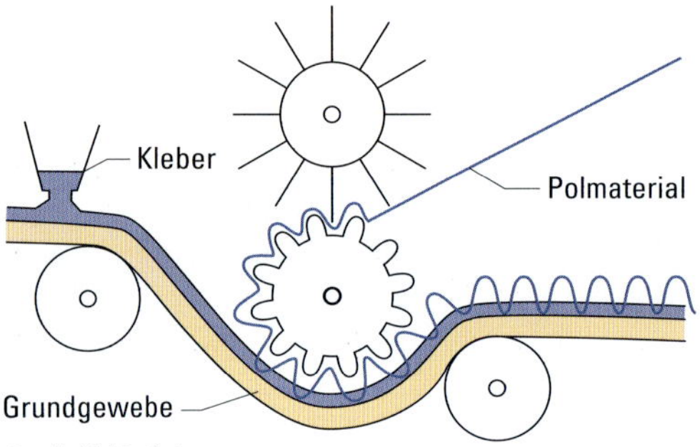


*Ondulé-Verfahren*

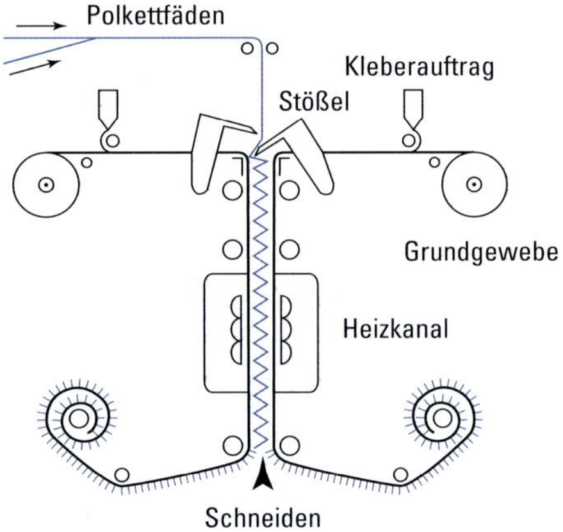


*Vernier-Verfahren*

### 10.2.3.1.8 Flock-Teppichböden

Flock-Teppichböden bestehen aus einem Grundgewebe, auf das eine Kleberschicht aufgetragen wird. In diese Kleberschicht werden mit einem elektrostatischen Verfahren kurze synthetische Fasern eingeschossen. Nach diesem Verfahren können nur kurzpolige Bodenbeläge hergestellt werden, die meistens bedruckt werden.

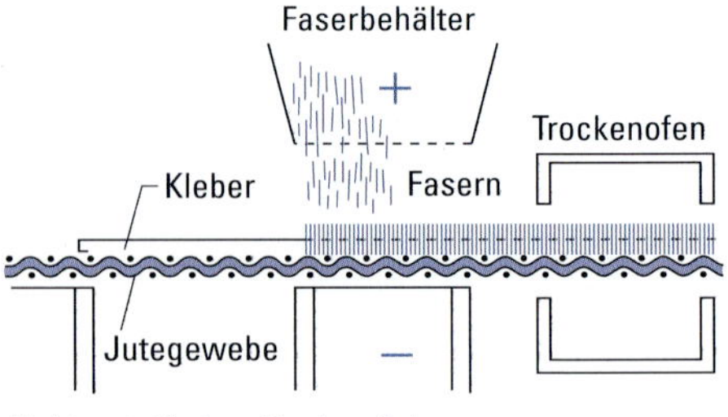


*Elektrostatisches Flockverfahren*

### 10.2.3.1.9 Qualitätsauszeichnungen bei textilen Bodenbelägen

Die Qualität textiler Bodenbeläge ist von vielen Faktoren wie z. B. **Polmaterial, Poldichte, Polfestigkeit, Rückenausstattung** usw. abhängig. Zur Qualitätsbeurteilung eines Teppichs oder Teppichbodens wäre daher unbedingt ein umfangreiches Fachwissen erforderlich, das nur von Fachleuten zu erwarten wäre. Um jedoch dem Verbraucher Hinweise über die Qualität von gewebten und getufteten Bodenbelägen zu geben, sind verschiedene Gütezeichen geschaffen worden.

#### 1. Prodis – Produktinformationssystem der European Carpet and Rug Association (ECRA)

PRODIS ist ein Produktinformationssystem der European Carpet and Rug Association (ECRA), die unter ihrem Dach die führenden europäischen Teppichbodenhersteller vereint, in Zusammenarbeit mit der GUT (Gemeinschaft umweltfreundlicher Teppichboden e. V.).

*PRODIS-Label*

Es ist das erste einheitliche europäische Produktinformationssystem, das sowohl Informationen über Qualitäts- und Gebrauchsmerkmale als auch Informationen über Umwelt- und Sicherheitsaspekte für Teppichböden liefert.

PRODIS basiert auf

- den GUT-Prüfkriterien im Hinblick auf Freiheit von gesundheitsgefährdenden Schadstoffen, Emissionen und umweltschonende Herstellung,
- dem Klassifizierungssystems DIN EN iSO 10874[1],
- den FCSS-Symbolen (Floor Covering Standard Symbols)[1].

PRODIS bietet Planern und Verbrauchern eine umfassende und transparente Entscheidungshilfe für die Auswahl des richtigen Teppichbodens. Die Produkteigenschaften eines Teppichbodens werden in leicht verständlicher Art durch Piktogramme angegeben. Die Registriernummer in dem Label weist darauf hin, dass der Teppichboden im PRODIS-System erfasst ist und alle Anforderungen einschließlich aller EU-Produktnormen erfüllt. Das PRODIS-Label kann mit einem nationalen Label ergänzt werden, wenn der damit ausgezeichnete Teppichboden eine GUT-Lizenz besitzt.

#### 2. TFI-TÜV PROFiCERT-product-Zertifikat

Alle bekannten Umweltsiegel und -label, die Schadstoff- und Emissionsprüfungen von Produkten zur Grundlage haben, machen keine Aussagen zur Qualität eines Produkts. Das TFI (Textiles & Flooring Institute GmbH) und der TÜV Hessen zertifizieren gemeinsam Bodenbeläge nach qualitativen, gesundheitlichen und ökologischen Gesichtspunkten. Für jede Produktgruppe wurden Rahmenbedingungen festgelegt, denen alle Produkte genügen müssen. Aufgrund der gewählten Kriterien erhalten der Handel und der



---

[1] *S. Kapitel 10.2.4 Klassifizierung und Kennzeichnung für textile, elastische und mehrschichtig modulare Bodenbeläge sowie Laminatböden.*

Endkunde auf einer vergleichbaren Basis eine transparente und verlässliche Aussage zum Produkt. Mit der TFI-TÜV PROFiCERT-product-Zertifizierung wird sichergestellt, dass

- der Bodenbelag alle Anforderungen der einschlägigen Umweltzeichen und alle gesetzlichen Anforderungen, z. B. GUT, Blauer Engel, erfüllt,
- die Produkte durch eine unabhängige Prüfstelle geprüft werden,
- die Produktqualität (optional) geprüft und überwacht wird.

Der TÜV Hessen veröffentlicht die geprüften Bodenbeläge mit der dazugehörigen Nummer in seiner Produktdatenbank. Der aktuelle Status des Zertifikats ist immer im Internet unter www.tuev-club.de einsehbar.

Das TFI-TÜV PROFiCERT-product-Zertifikat gibt es in zwei Varianten, mit und ohne Zertifizierung der Qualitätseigenschaften.

### Aufgaben

1. *Schildern Sie das Anforderungsprofil, das an einen Bodenbelag gestellt wird.*
2. *Welche Faktoren bestimmen die Gebrauchseigenschaften eines textilen Bodenbelags?*
3. *Welches ist der wichtigste Faserrohstoff für Teppichböden? Welche Eigenschaften rechtfertigen diesen Einsatz?*
4. *Beschreiben Sie den Aufbau und die Herstellung der Tufting-Teppichböden. Was versteht man bei diesen Teppichböden unter den Begriffen „Teilung" und „Cross-over-Musterung"?*
5. *Die Produktbeschreibung eines Tufting-Teppichbodens enthält u. a. folgende Angaben:*
   *a) 5/64",* *b) COC-gemustert,* *c) Polmaterial: 100 % PA,*
   *d) Rückenausstattung: TR,* *e) Brennverhalten: EN 13501-1 $C_{fl}$-s1,*
   *f) Körperspannung: < 2,0 kV,* *g) WDW: 0,10 m²K/W. Erklären Sie diese Angaben.*
6. *Schildern Sie den Aufbau und das Herstellungsprinzip sowie die Eigenschaften und Einsatzmöglichkeiten der Nadelvlies-Teppichböden.*

## 3. Gütezeichen

Für Bodenbeläge aus Schurwolle gibt es die Gütezeichen **WOOLMARK, WOOLMARK BLEND** und **WOOLS OF NEW ZEALAND**. Die Gütezeichen garantieren neben dem jeweiligen Polmaterial bestimmte Produktanforderungen, z. B. Polgewicht, Poldichte, Polhöhe, Noppenfestigkeit, Mottenfraßbeständigkeit, Pillingbildung, Anschmutzneigung, Licht-, Reib- und Wasserechtheit der Farben. Das Gütezeichen Wools of New Zealand wird immer mit den Teppichbodenmarken Decorwool, Decorwool Prestige, Decorwool Rugs und Conractwool verwendet.

WOOLMARK WOOLMARK BLEND WOOLS OF NEW ZEALAND™ decorwool™

### 10.2.3.2 Elastische Bodenbeläge

Als elastisch werden diejenigen Bodenbeläge bezeichnet, die zwischen den textilen und harten Bodenbelägen (Stein, Keramik usw.) angesiedelt werden. Sie sind nach den textilen Bodenbelägen die zweitwichtigste Bodenbelaggruppe. Je nach dem Verwendungszweck und den geforderten Eigenschaften werden sie in unterschiedlichem Aufbau und unterschiedlicher Zusammensetzung hergestellt. Man unterscheidet folgende Arten elastischer Bodenbeläge:

**elastische Bodenbeläge**

- Linoleum-Bodenbeläge
- PVC-Bodenbeläge
- Polyurethan-Bodenbeläge
- Elastomer-Bodenbeläge
- Kork-Bodenbeläge

#### 10.2.3.2.1 Linoleum

Linoleum, schon 1860 erfunden, war jahrzehntelang unumstritten der führende elastische Bodenbelag. Erst nach dem Aufkommen der PVC-Beläge und der Tufting-Teppichböden wurde seine Marktbedeutung deutlich geschmälert. Seit einigen Jahren ist wieder eine Renaissance dieses Bodenbelags festzustellen. Der Grund dafür ist nicht nur in den hervorragenden Eigenschaften zu suchen. Linoleum ist vor allem aus ökologischer Sicht ein unproblematischer Bodenbelag. Es besteht zu ca. 97 % aus nachwachsenden Rohstoffen, kann problemlos entsorgt werden, und seine Herstellungsverfahren sind im Vergleich zu anderen Bodenbelagarten energiesparend und umweltschonend.

**Aufbau**

Ausgangsstoff für die Herstellung von Linoleum ist **Leinöl** (oleum lini), das durch Aufnahme von Sauerstoff (Oxydation) in Linoxyn, einen kautschukartigen Stoff, übergeht. Mit **Naturharzen**, meist Kolophonium (Fichtenharz), vermengt, erhält man den Linoleumzement. Nach dem Zumischen und Verkneten von **Holzmehl** (Korkmehl wird teilweise nicht mehr eingesetzt), **Kalksteinmehl** (Kreide) und **Farbpigmenten** erhält man die Linoleumgrundmasse, die nach dem Zerkleinern auf Korngröße unter Hitze und Druck durch Kalandern auf ein Jutegewebe gepresst wird. Anschließend müssen die Linoleumbahnen in ca. 20 m hohen Trockenkammern unter Zufuhr von warmer Luft je nach Belagsdicke 2–3 Wochen hängend reifen. Erst nach dieser Zeit hat das Linoleum seine Gebrauchseingenschaften voll erreicht.
Zum Schluss erhalten die Linoleumbahnen zum Schutz gegen Gebrauchsspuren, Kratzer und Schmutz sowie zur Erleichterung der Reinigung und Pflege eine Oberflächenbeschichtung mit einer wasserbasierenden Kunststoffdispersion.

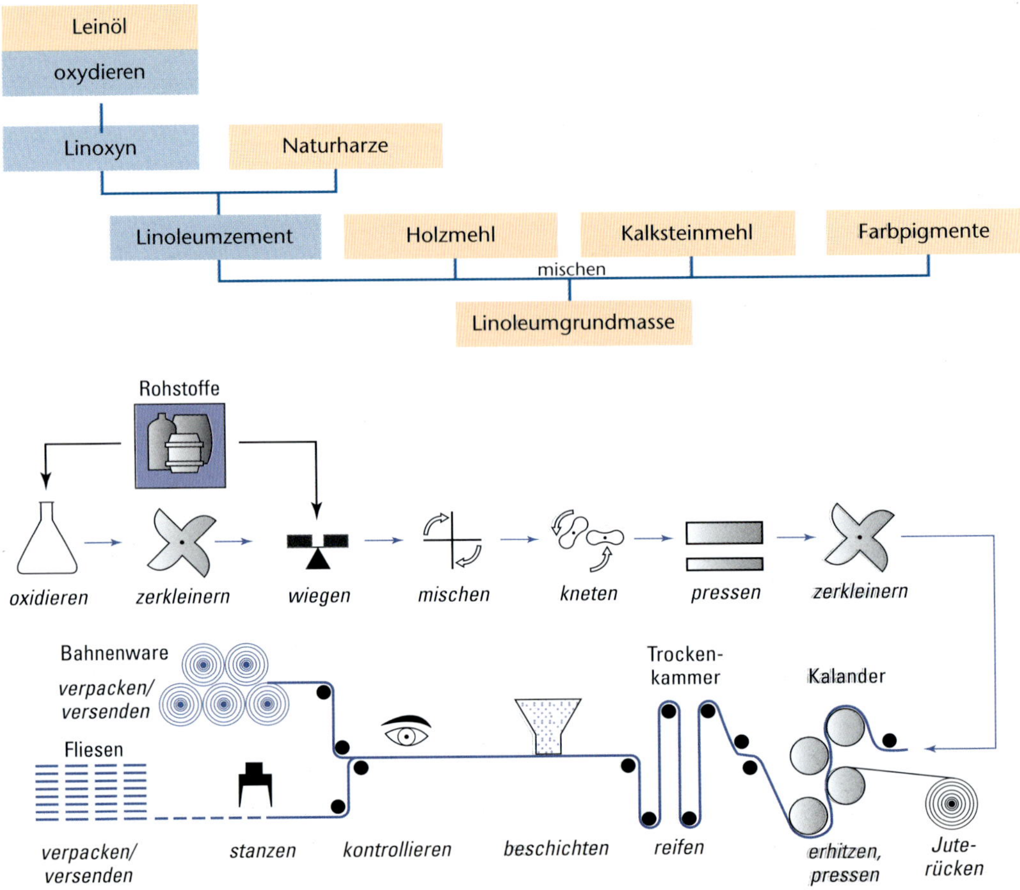


*Herstellungsprinzip von Linoleum*

In der Trockenkammer werden die Linoleumbahnen durch die beim Hängen entstehende Belastung in der Längsrichtung gedehnt. Diese herstellungsbedingte Eigenschaft muss beim Verkleben der Bahnen berücksichtigt werden, da sie in der Länge schrumpfen. Daher kann bei längeren Bahnen das Anpassen der Kopfenden erst nach dem Verkleben erfolgen.
Durch das schlaufige Aufhängen der Linoleumbahnen entstehen sog. Hängebuchten, die in der Mitte jeder Linoleumrolle über die ganze Breite gehen und beim Verlegen besonders behandelt werden müssen.

Ferner entsteht bei den Linoleumbelägen in der Trockenkammer, besonders in der Nachoxydationsphase, auf der Belagoberfläche ein „Gelbstich", der sog. „Trockenkammerfilm" oder „Reifeschleier". Dieser Gelbstich ist besonders bei hellen Farben zu erkennen. Bei Lichteinwirkung verschwindet er völlig und der Linoleumbelag erhält seine Originalfarbe. Die Dauer dieses Prozesses hängt von der Lichtintensität ab. Bei Tages- und Sonnenlicht verschwindet er schon nach wenigen Stunden, bei schwachem künstlichem Licht kann dies einige Wochen dauern.

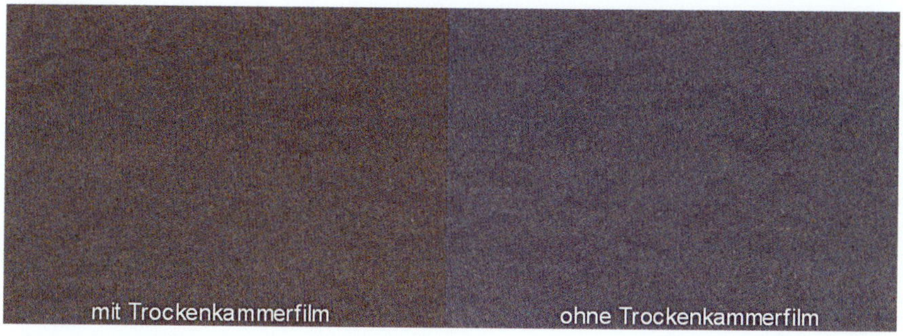


*Linoleumbelag mit und ohne Trockenkammerfilm*

### Linoleum-Arten

**Linoleum mit und ohne Muster (DIN EN ISO 24011):** Man versteht darunter einen ein- oder mehrschichtigen Linoleumbelag in Belagsdicken von 2 bis 4 mm als Bahnenware in einer Breite von 200 cm und als Fliesen[1] und Planken[1] in verschiedenen Abmessungen angeboten. Die Oberfläche kann einfarbig, mehrfarbig kleingemustert, marmoriert oder jaspiert sein.

*Linoleumbelag mit marmorierter Musterung*

**Korklinoleum (DIN EN 688)** in Belagsdicken zwischen 3,2 und 6 mm, das durch gröberes Korkmehl eine bessere Trittelastizität, Schall- und Wärmeisolation besitzt.

**Linoleum mit und ohne Muster mit Korkmentrücken (DIN EN 687)** besteht aus einer einfarbigen oder einer mehrfarbig gemusterten Linoleum-Nutzschicht und einer Unterschicht aus Korkment (schall- und wärmedämmende Unterlage aus grob gemahlenem Kork). Er wird in Belagstärken von 4–5 mm angeboten.

**Linoleum-Fertigparkett (DIN EN 14085)** besteht aus einer mindestens 2,5 mm dicken ein- oder mehrschichtige Linoleum-Nutzschicht, einer ca. 6 mm dicken formstabilen Trägerplatte (z.B. HDF-Holzfaserplatte) und einem 1,0–2,0 mm dicken Korkgegenzug, der auch die Funktion einer Trittschalldämmung besitzt. Die ca. 10 mm dicken, in verschiedenen Größen angebotenen Fertigelemente sowie 30 × 30 cm große Fliesen werden schwimmend verlegt. Die Verbindung der Elemente und Fliesen erfolgt leimlos durch ein Verriegelungssystem.

### Eigenschaften

Linoleum ist ein moderner Bodenbelag, der sich durch folgende Eigenschaften auszeichnet:

- extrem verschleißfest (lange Lebensdauer),
- druckfest,
- elastisch,
- pflegeleicht,
- wärmeisolierend,
- schalldämmend,
- schwer entflammbar nach EN 13501-1 $C_{fl}$-s1 (alt DIN EN 4102 B1),
- bakterizid,
- hitzebeständig,
- antistatisch,
- zigarettenglutbeständig,
- stuhlrollengeeignet,
- fußbodenheizungsgeeignet,
- hygienisch.

[1] *Fliesen und Planken erhalten zur Erhöhung der Dimensionsstabilität als Träger ein Polyestergewebe anstelle des Jutegewebes.*

10

Darüber hinaus ist Linoleum umweltfreundlich: Es ist deponierfähig (verrottet) und beim Verbrennen entstehen keine schädlichen Gase.

Aufgrund dieser ausgezeichneten Eigenschaften wird Linoleum als Bodenbelag im Wohn- und Objektbereich eingesetzt.

#### 10.2.3.2.2 PVC-Beläge

Den größten Anteil bei den elastischen Belägen nehmen die verschiedenen Arten der PVC-Beläge ein. Die zu ihrer Herstellung verwendeten Kunststoffmassen haben folgende Bestandteile:

- **PVC**, ein thermoplastischer Kunststoff,
- **Weichmacher**, die das PVC in einen elastischen Zustand versetzen,
- **Stabilisatoren**, um den Bodenbelag vor Vergilbung, Versprödung und thermischer Zersetzung zu schützen,
- **Füllstoffe** (z. B. Kreide, gemahlener Kalkstein usw.) zur Verbesserung der Trittfestigkeit und zur Reduzierung der Materialkosten. Ein zu hoher Füllstoffanteil beeinflusst jedoch negativ die Verschleißeigenschaften,
- **Farbpigmente** zur Farbgebung.

Diese Ausgangsstoffe werden entsprechend den zu erzielenden Eigenschaften und Anforderungen in bestimmten Anteilen miteinander gemischt und unter Hitzeeinwirkung und Druck in eine thermoplastische Masse überführt, aus der Beläge mit unterschiedlichem Schichtaufbau hergestellt werden.

Allgemeine Eigenschaften der PVC-Beläge:

- verschleißfest,
- elastisch,
- druckfest,
- pflegeleicht,
- unempfindlich gegenüber Feuchtigkeit,
- weitgehend beständig gegenüber Chemikalien,
- lichtbeständig,
- alterungsbeständig.

PVC-Beläge, die einfarbig, marmoriert, jaspiert und in vielen mehrfarbigen Musterungen angeboten werden, unterscheiden sich in ihrem Aufbau, die in den Normen DIN EN 649–654 genormt sind.

PVC-Beläge stehen aufgrund der als Weichmacher eingesetzten Phthalate, die durch Ausgasen gesundheitliche Schäden hervorrufen können, immer wieder in einer branchenübergreifenden Diskussion. Obwohl sie alle gesetzlichen Vorgaben erfüllen und nach dem aktuellen Stand der Technik keine gesundheitliche Gefahren für den Nutzer dieser Bodenbeläge bestehen, sehen sich viele Hersteller aufgrund des wachsenden Gesundheits- und Umweltbewusstseins im Zugzwang, phthalatfreie Weichmacher einzusetzen. Inzwischen bieten viele Hersteller phthalatfreie PVC-Beläge an, die keine Einschränkung ihrer spezifischen Eigenschaften aufweisen.

Folgende PVC-Beläge werden unterschieden:

## 1. Homogene und heterogene Polyvinylchlorid-Bodenbeläge (DIN EN 649)

**Homogene PVC-Beläge** sind stofflich gleichartig zusammengesetzt und durchgehend ein- oder mehrfarbig gemustert. Sie können ein- oder mehrschichtig aufgebaut sein.

*Mehrfarbig gemusterter homogener PVC-Belag*

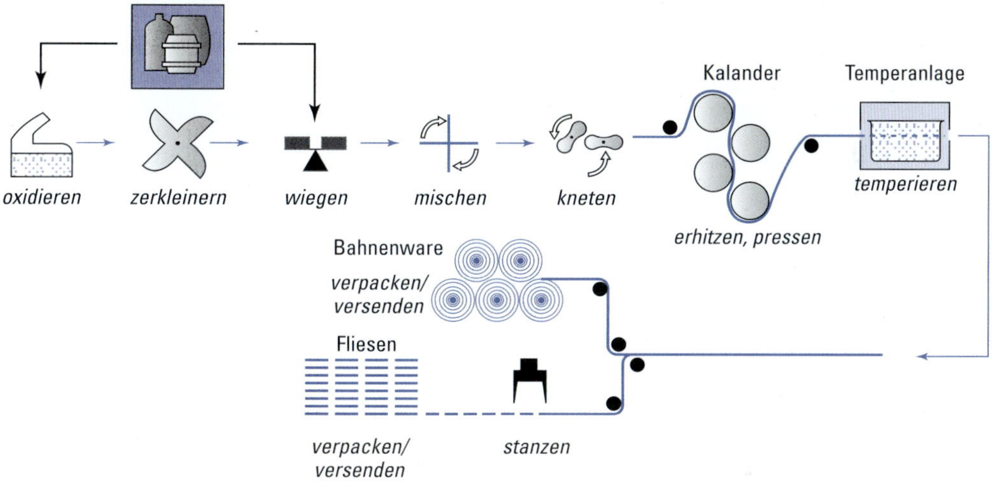


*Herstellungsprinzip homogener PVC-Beläge*

**Heterogene PVC-Beläge** bestehen aus einer hochwertigen, gemusterten Nutzschicht und einer ungemusterten Unterschicht mit hohem Füllstoffanteil oder aus PVC-Recyclat. Heterogene PVC-Beläge können auch zwischen den Schichten eine Stabilisierungseinlage aus einem Glasvlies oder einem Glasgittergewebe enthalten. Durch den hohen Füllstoffanteil bzw. das PVC-Recyclat sind heterogene PVC-Beläge preiswerter und nicht so strapazierfähig wie homogene PVC-Beläge.
Homogene und heterogene PVC-Beläge werden je nach dem Verwendungsbereich in Belagdicken von 1,5–3,0 mm als Bahnenware in Breiten zwischen 160 und 200 cm und als Fliesen überwiegend in den Maßen 30 × 30 cm, 50 × 50 cm und 61 × 61 cm angeboten.

**PVC-Designbeläge**, die auch als **LVT-Beläge** (Luxury Vinyl Tiles) bezeichnet werden, sind eine besondere Art der heterogenen PVC-Beläge. Ihre besonderen Vorteile sind, dass sie sehr strapazierfähig und langlebig, schwer entflammbar, antistatisch, chemikalienbeständig, rutschhemmend, pflegeleicht und recycelbar sind und mit fotorealistischen Holz-, Stein-, Marmor-, Granit-, Leder- und Metallmusterungen sowie originalgetreuen Oberflächenstrukturen hergestellt werden können.
Unterschiedliche Nutzschichtdicken ermöglichen den Einsatz im Wohn- und Objektbereich. PVC-Designbeläge werden als Fliesen und Planken mit unterschiedlichen Maßen angeboten.

10

„Klassische“ PVC-Designbeläge werden verklebt. Aufgrund ihres Aufbaus können sie zu Dimensionsveränderungen neigen, sodass für ihre Verklebung schnell abbindende Klebstoffe erforderlich sind. Daneben gibt es noch selbstklebende/selbstliegende PVC-Designbeläge und PVC-Designbeläge mit einem Verriegelungssystem.

Designbeläge sind mehrschichtig aufgebaut. Gegenüber den herkömmlichen heterogenen Belägen bestehen sie aus einer/einem

- strapazierfähigen PUR-Vergütung 1,
- transparenten PVC-Nutzschicht 2,
- dekorativen Druckbildträger 3,
- dimensionsstabilen Glasvlieskern 4,
- kompakten PVC-Rückenkonstruktion 5.

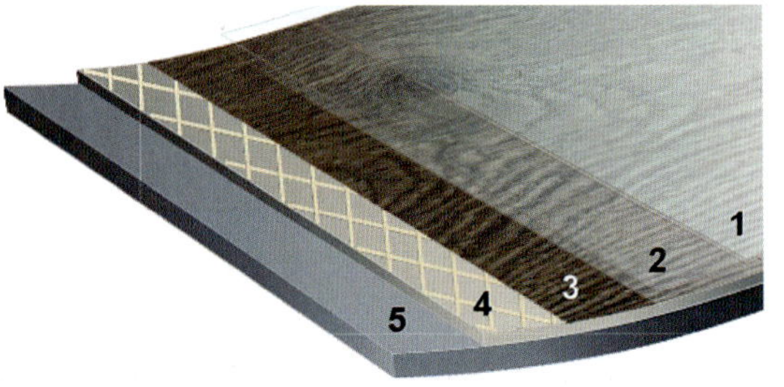

*Aufbau eines PVC-Designbelags (Abb. Forbo-Flooring)*

## 2. Bodenbeläge aus Polyvinylchlorid mit einem Rücken aus Jute oder Polyestervlies oder auf Polyestervlies mit einem Rücken aus Polyvinylchlorid (DIN EN 650)

Dieser Gruppe werden zwei Belagsarten zugeordnet, die aus mehreren Schichten bestehen.
Bei der ersten Art wird auf ein Polyestervlies, selten ein Jutegewebe, eine füllstoffhaltige PVC-Grundschicht und eine PVC-Deckschicht aufgetragen, die abschließend mit einer rückseitig bedruckten transparenten PVC-Folie abgedeckt wird und die eigentliche Nutzschicht dieses Belags bildet.
Bei der zweiten Art wird bei dem zuvor beschriebenen Belag auf die Rückseite des Polyestervlieses ein Rücken aus PVC aufgetragen, sodass das Polyestervlies eine Zwischenschicht darstellt.
PVC-Beläge dieser Norm besitzen durch den Polyestervliesrücken bzw. durch die Polyesterzwischenschicht und den PVC-Rücken neben den allgemeinen Eigenschaften der PVC-Beläge eine bessere Trittelastizität und eine gute Schall- und Wärmeisolierung. Sie werden in einer Breite von 200 cm und je nach dem Verwendungszweck in einer Gesamtdicke von 2,0–3,0 mm angeboten.

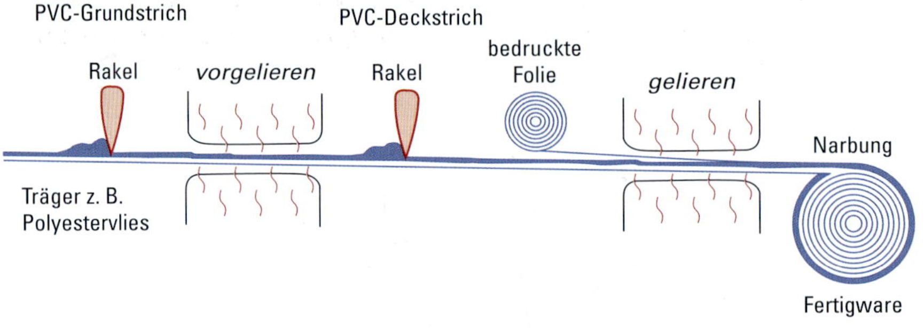

*Herstellungsprinzip eines PVC-Verbundbelags mit einem textilen Träger*

### 3. Bodenbeläge aus Polyvinylchlorid mit einer Schaumschicht (DIN EN 651)

PVC-Beläge mit einer Schaumschicht sind mehrschichtige Bodenbeläge mit einer genarbten bzw. geprägten Oberfläche. Sie bestehen aus einer unteren PVC-Schaumschicht, auf die eine ca. 1,5 mm dicke homogene PVC-Nutzschicht oder eine heterogene PVC-Schicht mit einer Nutzschichtdicke von ca. 0,5–1,0 mm aufgetragen wird. Zur besseren Druckverteilung besitzen diese Bodenbeläge zwischen der heterogenen PVC-Schicht und der Schaumschicht eine Stabilisierungseinlage aus einem Glasvlies oder einem Glasgittergewebe.
PVC-Beläge mit einer Schaumschicht werden je nach dem Verwendungszweck mit einer Gesamtdicke von ca. 3,0 bis 4,0 mm als 200 cm breite Bahnenware und als Fliesen im Format 50 × 50 cm angeboten.

### 4. Polyvinylchlorid-Bodenbeläge mit einem Rücken auf Korkbasis (DIN EN 652)

Man versteht darunter Bodenbeläge mit einer homogenen oder heterogenen PVC-Nutzschicht auf einer Schicht aus Korkment oder Kork mit PVC als Bindemittel. Je nach Verwendungsbereich kann die Dicke der Nutzschicht 0,15 bis 2,00 mm betragen.

### 5. Geschäumte Polyvinylchlorid-Bodenbeläge – CV-Beläge (DIN EN ISO 26986)

Geschäumte PVC-Beläge, die auch unter der Bezeichnung CV-Beläge (Cushioned Vinyl = engl.: „cushion" = Polster) geführt werden, sind mehrschichtig aufgebaute Beläge mit reliefartiger oder ebener Oberfläche. Sie bestehen aus einem Glasfaservlies **4**, das durch eine aufgestrichene dünne PVC-Schicht geglättet wird. Darauf wird eine dünne aufschäumbare PVC-Schaumschicht aufgebracht, die als Druckbildträger **3** mehrfarbig bedruckt wird. Nach dem Auftragen einer strapazierfähigen transparenten PVC-Nutzschicht **2**, die zum Schutz vor Gebrauchsspuren und zur Erleichterung der Reinigung und Pflege eine PUR-Vergütung **1** erhält, erfolgt die Aufschäumung und Gelierung des Belags. Auf der Rückseite erhält der Belag eine Rückenausstattung aus PVC-Schaum **5**.
Entsprechend der jeweiligen Musterung können ausgewählten Druckfarben sog. Schaumblocker zugesetzt werden, die die Schaumbildung in ihrem Farbbereich unterdrücken, sodass eine reliefartige Oberfläche entsteht, wie das z. B. bei Fliesenmustern mit tiefer gelegten Fugen der Fall ist. Geschäumte PVC-Beläge, die in den letzten Jahren durch optimierte Herstellungsverfahren einen kreativen Schub erhalten haben, werden in vielen klassischen Fliesen-, Stein- und Holzmusterungen als Bahnenware in Breiten von 200 cm, 300 cm und 400 cm angeboten.

*CV-Belag mit Fliesenmusterung*

*Geschäumter PVC-Belag mit Holzmusterung (Abb. Forbo Flooring GmbH)*

### 6. Polyvinylchlorid-Flex-Platten (DIN EN ISO 10595)

Flex-Platten sind feste Platten aus PVC und deren Modifikationen, die nur unter festgelegten Bedingungen gebogen werden können. Sie werden mit glatter Oberfläche, selten mit profilierter Oberfläche, mit marmorierter oder richtungsorientierter Dessinierung angeboten. Je nach Einsatzbereich besitzen sie eine Gesamtdicke von 1,6 bis 3,2 mm.

#### 10.2.3.2.3 Polyurethan-Beläge

Polyurethan-Bodenbeläge sind eine neue Generation im Bereich der elastischen Bodenbeläge für den Objektbereich. Sie bestehen aus 100 % dauerelastischem Polyurethan und sind frei von umweltbelastenden Inhaltsstoffen wie Chlor, Lösungsmitteln, Weichmachern und Formaldehyd. Deshalb sind diese Beläge umweltfreundlich, recycelbar und im Brandfall toxikologisch unbedenklich. Darüber hinaus besitzen Polyurethan-Bodenbeläge folgende Eigenschaften:

- extrem belastbar → Nutzungsklasse 34 nach DIN EN iSO 10874,
- dauerelastisch → punktuelle Belastungen erholen sich schnell,
- hohe Abriebfestigkeit,
- fußbodenheizungsgeeignet,
- antimikrobiell,
- stuhlrollgeeignet,
- antistatisch,
- zigarettenglutbeständig.

Polyurethan-Bodenbeläge, die in einer Breite von 200 cm angeboten werden, sind aufgrund ihrer geschlossenen Molekularstruktur der Oberfläche hygienisch und pflegeleicht.

#### 10.2.3.2.4 Elastomer-Bodenbeläge

Elastomer-Bodenbeläge, im Sprachgebrauch auch als Kautschuk- oder Gummibeläge bezeichnet, werden aus synthetischem Kautschuk und Naturkautschuk mit Zusätzen von Füll-, Farb- und Vulkanisierstoffen hergestellt. Der Einsatz von synthetischem Kautschuk bietet den Vorteil, dass die Eigenschaften im Hinblick auf den späteren Einsatz abgestimmt werden können. Elastomer-Bodenbeläge sind frei von Asbest, Cadmium, FCKW, Formaldehyd, PVC, Weichmachern und Chlor. Im Brandfall wird kein gefährliches Chlorwasserstoffgas und werden keine Dioxine und Furane frei.

Man unterscheidet folgende Belagsarten:

### 1. Homogene und heterogene ebene Elastomer-Bodenbeläge (DIN EN 1816, DIN EN 1817)

Sie werden als Bahnenware und als Platten mit einer glatten, geprägten oder genarbten Oberfläche mit einer Gesamtdicke ab 2,0 mm in vielen Unifarben und Dessinierungen angeboten. Die Beläge besitzen eine glatte, geschliffene Rückseite (DIN EN 1817) oder eine rückseitige Schaumstoffbeschichtung (DIN EN 1816).

### 2. Homogene und heterogene profilierte Elastomer-Bodenbeläge (DIN EN 12199)

Sie werden als Platten mit einer profilierten Oberfläche mit Rundnoppen und einer Gesamtdicke ab 2,5 mm ausschließlich in Unifarben angeboten. Durch die Rundnoppen auf der Oberfläche besitzen die Beläge eine rutschhemmende Eigenschaft. Die Beläge haben eine glatte, geschliffene Rückseite.

Homogene Beläge sind ein- oder mehrschichtig aufgebaut und besitzen in allen Schichten eine gleichartige Materialzusammensetzung und durchgehend über den ganzen Querschnitt die gleiche Farbe oder Musterung.

Heterogene Beläge sind mehrschichtige Beläge aus einer mindestens 1,0 mm dicken Nutzschicht und weiteren kompakten Schichten mit unterschiedlicher Materialzusammensetzung. Mitunter können sie auch eine Stabilisierungseinlage enthalten.

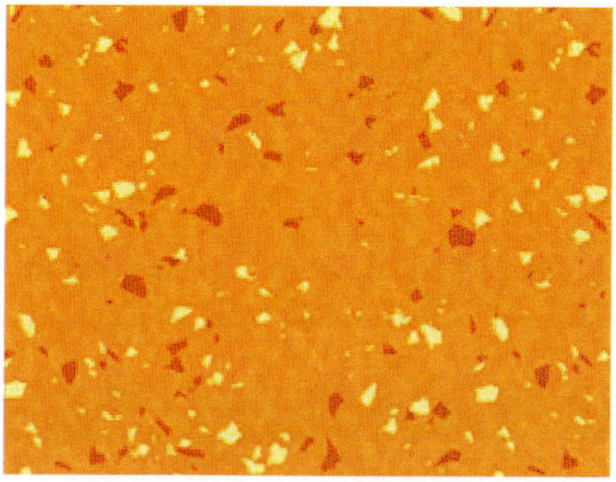

*Gemusterter ebener Elastomer-Bodenbelag*

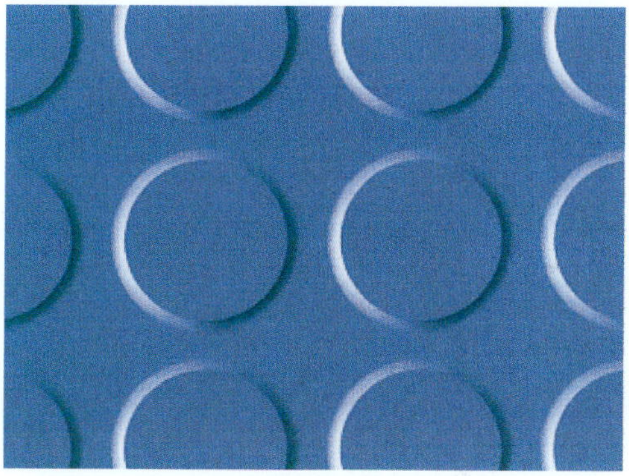

*Profilierter Elastomer-Bodenbelag*

Elastomer-Bodenbeläge werden in unterschiedlichen Dicken als Bahnenware und in verschiedenen Größen als Platten für den privaten Wohnungsbau und für die verschiedensten Objekt- und Fertigungsbereiche sowie für stark benutzte Verkehrsflächen angeboten. Sie zeichnen sich durch folgende allgemeine Eigenschaften aus:

- außergewöhnlich verschleißfest,
- schwer entflammbar,
- dauerelastisch,
- antistatisch,
- widerstandsfähig gegenüber mechanischen Einwirkungen,
- weitgehend beständig gegenüber Säuren und Laugen.
- umweltverträglich,
- zigarettenglutbeständig,
- gute Trittschalldämmung,
- pflegeleicht,
- unempfindlich gegenüber, Feuchtigkeit und Witterungseinflüssen,

Darüber hinaus können die Elastomer-Bodenbeläge entsprechend ihrem Einsatz und ihrer Beanspruchung noch zusätzliche Eigenschaften besitzen wie z. B. Eignung für Gabelstapler und Hubwagen, weitgehende Öl- und Fettbeständigkeit usw.

### 10.2.3.2.5 Kork-Bodenbeläge

Kork wird aus der Rinde der Korkeiche gewonnen, die in Portugal, Südspanien und in Teilen Nordafrikas wächst. Aufgrund von gesetzlichen Bestimmungen wird die Rinde erstmals im 25. Lebensjahr des Baums von Hand geschält, dann anschließend in einem Rhythmus von 9–11 Jahren etwa 200 Jahre lang.

Nach der Aufbereitung der Rinden durch Trocknen, Kochen, um Gerbstoffe auszuwaschen und Insekten zu töten, und einer mehrwöchigen Reife in klimatisierten Räumen werden sie in Streifen geschnitten und nach Qualitäten sortiert. Danach werden die Rindenstreifen zu Granulat zermahlen, unter Zusatz von schadstofffreien Bindemitteln zu Blöcken verdichtet (Mindestdichte 450 kg/m³) und bei ca. 90 °C gebacken. Aus diesen

Blöcken werden in gewünschter Stärke Platten geschnitten, aus denen die Presskorkplatten gestanzt werden.

Korkfurniere werden in 1 mm Dicke aus breiten Korkstreifen geschnitten.

Kork-Bodenbeläge sind umweltfreundliche Naturprodukte. Aufgrund der luftgefüllten Zellenstruktur des Korks sind sie:

- druckelastisch = hoher Gehkomfort, Druckstellen bilden sich wieder zurück,
- wärmedämmend,
- klimaausgleichend,
- schalldämmend,
- verrottungsfrei,
- antistatisch
- leicht.

Kork-Bodenbeläge werden in verschiedenen Strukturen und Farben angeboten. Um ihre offenporige Oberfläche zu schützen und pflegeleicht zu machen, erhalten sie eine Endbeschichtung, die entweder bei der Herstellung oder am Verlegeort aufgebracht werden kann. Je nach Einsatzort und Anforderungen erhalten sie eine transparente Versiegelung mit Wasserlack oder UV-gehärtetem Acryllack. Nicht furnierte Kork-Bodenbeläge können auch einen Hartwachs-Öl-Auftrag erhalten.

Ein wichtiges Qualitätsmerkmal der Korkbeläge ist ihre Rohdichte. Je nach Verwendungsbereich liegt sie zwischen 450 und 550 $kg/m^2$.

Die Eignung der verschiedenen Kork-Bodenbeläge für die jeweiligen Einsatzbereiche erfolgt nach den Beanspruchungsklassen der DIN EN 685.

Kork-Bodenbeläge, die mit dem Kork-Logo des Deutschen Kork-Verbandes ausgezeichnet sind, erfüllen nach umfangreichen Prüfungen sämtliche Anforderungen in Bezug auf Qualität, Verarbeitung, Funktionalität und gesundheitliche Unbedenklichkeit.

Folgende Kork-Bodenbeläge werden unterschieden:

### 1. Korkfliesen mit einer Polyvinylchlorid-Nutzschicht (Platten auf einem Rücken aus Presskork mit einer Polyvinylchlorid-Nutzschicht – DIN EN 655)

Hauptbestandteil dieses Belags ist ein Kern aus Presskork, auf den ein dekoratives Kork- oder Holzfurnier aufkaschiert und mit einer homogenen transparenten PVC-Nutzschicht abgedeckt wird. Je nach Einsatzbereich kann die Nutzschicht 0,15–0,65 mm und die Gesamtdicke der Fliesen 2,0–4,0 mm betragen. Die Fliesen, die in den Standardformaten 30 × 30 cm und 30 × 60 cm zur Verfügung stehen, werden vollflächig verklebt.

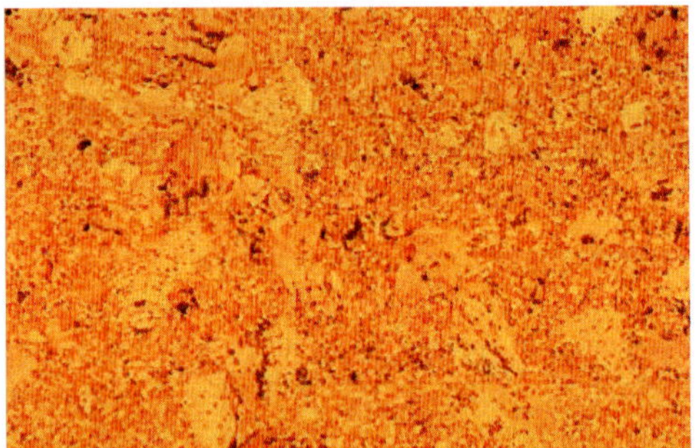

*Korkfliese*

**2. Korkfliesen (Presskorkplatten – DIN EN 12104)**

Die aus Presskork bestehenden Fliesen erfordern als Endbehandlung eine Versiegelung, die ein- oder mehrschichtig entweder auf der Baustelle oder bereits im Herstellerwerk aufgebracht wird. Diese Platten dürfen mit weiteren ergänzenden Schichten mit oder ohne Einfärbungen aus dekorativem Werkstoff, z. B. dekorativen Kork- und Holzfurnieren, beschichtet werden. Die Fliesen werden je nach Verwendungsbereich mit einer Gesamtdicke von 3,2 mm bis mehr als 4 mm und in den Formaten 30 × 30 cm und 30 × 60 cm angeboten.

**3. Kork-Fertigfußböden (Fußbodenpaneele mit einer Oberschicht aus einem elastischen Bodenbelag für lose Verlegung – DIN EN 14085)**

Kork-Fertigfußböden bestehen in der Regel aus einer mindestens 2,5 mm dicken Nutzschicht aus hochkomprimiertem, mit einem Bindemittel verfestigten Presskork, der auch ein aufkaschiertes Kork- oder Holzfurnier besitzen kann, einer formstabilen Trägerplatte (z. B. HDF-Holzfaserplatte) und einem Gegenzug aus Kork. Die ca. 30 × 90 cm großen und ca. 12 mm starken Fertigelemente werden schwimmend verlegt. Die Verbindung der Elemente erfolgt in der Regel leimlos durch ein Verriegelungssystem, selten durch Verleimung von Nut und Feder.

***Aufgaben***

1. *Schildern Sie das Herstellungsprinzip und die Eigenschaften von Linoleum und begründen Sie, warum Linoleum ein umweltfreundlicher Bodenbelag ist.*
2. *Erklären Sie, was man bei Linoleumbelägen unter einem „Trockenkammerfilm" versteht. Wie entsteht er und wie verschwindet er?*
3. *Schildern Sie den Aufbau und die Eigenschaften der PVC-Designbeläge.*
4. *Erläutern Sie das Herstellungsprinzip und die Eigenschaften der geschäumten PVC-Beläge (CV-Beläge).*
5. *Erläutern Sie, wie Elastomer-Bodenbeläge rohstoffmäßig aufgebaut sind. Welche Arten gibt es und welche Eigenschaften zeichnen sie aus?*
6. *Beschreiben Sie den Aufbau der Presskorkplatten nach DIN EN 1204 und die Eigenschaften, die sie auszeichnen. Wovon ist die Qualität dieser Platten abhängig?*

### 10.2.3.3 Mehrschichtig modulare Bodenbeläge

Mehrschichtig modulare Bodenbeläge, die auch als **Multilayer-Bodenbeläge** (engl.; „layer" = Schicht, Lage) bezeichnet werden, sind neue innovative Bodenbeläge für den Wohn- und Objektbereich, die in unterschiedlichen Produktaufbauten und Materialzusammensetzungen anzutreffen sind und in vielen Holz-, Stein- und Fantasiedessins in verschiedenen Dielen- und Fliesenformaten angeboten werden. Besondere Kennzeichen dieser Bodenbeläge sind, dass sie eine abriebfeste, polymere Deckschicht auf einem biegesteifen Träger besitzen, aus bis zu sieben Materialebenen bestehen können, die durch Verkleben und Pressen zu Fußbodenelementen verbunden werden und mit entsprechenden Unterlagen schwimmend mit einem Klicksystem wie Laminatbeläge verlegt werden.

Mehrschichtig modulare Bodenbeläge **können** bestehen aus einer/einem

- abriebfesten, polymeren Oberfläche mit oder ohne Struktur aus PVC, PP, PET, PUR, Acrylat,
- Dekorschicht aus bedrucktem Papier, Kork, Vlies, Folie, HDF-Faserplatte, Linoleum oder Leder,
- Dämpfungsschicht (optional) aus PVC, Kork, PUR, Acrylat oder WPC,
- Träger aus einer HDF-Faserplatte, einem polymeren oder mineralischen Träger,
- Gegenzug (optional) aus Kork, PVC-Folie, Schaumstoff, Papier oder PUR.

Bedingt durch die möglichen Materialkombinationen können für diese Beläge keine allgemein gültigen Eigenschaften genannt werden; jeder Belag besitzt aufgrund der eingesetzten Materialien eigene spezifische Eigenschaften und daraus resultierende Einsatzgebiete, wobei die Verlegehinweise der Hersteller zu beachten sind.

Mehrschichtig modulare Bodenbeläge werden in folgende Bodenklassen unterteilt:

Klasse 1: Böden mit polymerer Deckschicht (außer Lackoberflächen) auf einem HDF-Träger.
Klasse 2: Böden mit polymerer Deckschicht auf einem polymeren oder mineralischen Träger.
Klasse 3: Böden, die nicht der Klasse 1 oder 2 zugeordnet werden können.

Die folgenden zwei Abbildungen zeigen Möglichkeiten des Aufbaus mehrschichtig modularer Bodenbeläge.

*1 = PU-versiegelte PET-Oberfläche*
*2 = Kork-Dämpfungsschicht*
*3 = AquaSafe-HDF-Faserplatte*
*4 = Kork-Gegenzug*
*(Abb. MeisterWerke)*

*1 = PU-versiegelte PVC-Oberfläche*
*2 = Feuchtigkeitsgeschützte HDF-Faserplatte*
*3 = Hoch verdichtete Akustik-Dämmmatte*
*(Abb. Windmöller Flooring Products)*

### *Aufgaben*

1. *Welche Definition können Sie für die mehrschichtig modularen Bodenbeläge angeben?*
2. *Schildern Sie die Aufbaumöglichkeiten der mehrschichtig modularen Bodenbeläge.*

### 10.2.3.4 Hartbeläge

Für den Arbeitsbereich des Raumausstatters unterscheidet man folgende Arten der Hartbeläge:

**Hartbeläge**
- Mehrschichtparkett
- Laminatböden

#### 1. Mehrschichtparkett (DIN EN 13489)

Mehrschichtparkett, auch oft als „Fertigparkett" bezeichnet, ist ein in Elementen industriell hergestellter, oberflächerbehandelter und verlegefertiger Bodenbelag, der vorwiegend in einem dreischichtigen Aufbau angeboten wird.
Mehrschichtparkett besteht aus einer

- versiegelten Oberfläche mit UV-gehärtetem Acryllack, Öl-/Wachs-Finish oder Naturöl (1),
- mindestens 2,5 mm dicken Edelholz-Nutzschicht aus Massivholz (Als Edelhölzer kommen z. B. Eiche, Buche, Esche, Ahorn, Birke, Erle oder Kirsche infrage) (2),
- quer zur Nutzschicht angeordneten Mittelschicht aus verleimtem Stabholz, Furniersperrholz oder Holzfaserplatte (3),
- stabilisierenden Holzunterschicht (4),
- optional werkseitig aufkaschierten Dämmunterlage.

Neben dem dreischichtigen Mehrschichtparkett gibt es noch zweischichtiges Mehrschichtparkett, das aus einer Edelholz-Nutzschicht und einer Trägerschicht aus Sperr- oder Fichtenholz besteht.

*Abb. HAMBERGER® Flooring*

Die oberflächenbehandelten Fußbodenelemente bedürfen nach der Verlegung keiner Nachbehandlung mehr.

Mehrschichtparkettelemente werden in verschiedenen Dicken, Breiten und Längen mit dekorativen Oberflächen als Schiffsboden mit drei versetzt angeordneten Längsstäben und Landhausdielen mit zwei versetzt angeordneten Längsstäben sowie als Tafeln mit mosaikartigen Bildern angeboten.

Verschiedene Mehrschichtparkettelemente werden mit einer rückseitig aufkaschierten Dämmunterlage geliefert, die den Raum- und Trittschall gegenüber einer lose verlegten Dämmunterlage reduziert und diese bei der Verlegung überflüssig macht.

Die Elemente sind entweder mit einem Verriegelungssystem, das eine leimlose Verlegung erlaubt, oder mit Nut und Feder ausgestattet.

Die Verlegung der dreischichtigen Mehrschichtparkettelemente erfolgt überwiegend schwimmend auf geeigneten Dämmunterlagen, z. B. Kork-Dämmmatten, sofern keine Elemente mit aufkaschierter Dämmunterlage verwendet werden. Die Verbindung der Elemente untereinander erfolgt üblicherweise durch ein Verriegelungssystem, seltener durch Verleimung von Nut und Feder. Selbstverständlich können Mehrschichtparkettelemente auch vollflächig mit dafür geeigneten Klebstoffen verklebt werden, wobei die Verleimung von Nut und Feder dann entfällt.

Zweischichtige Mehrschichtparkettelemente werden grundsätzlich vollflächig verklebt.

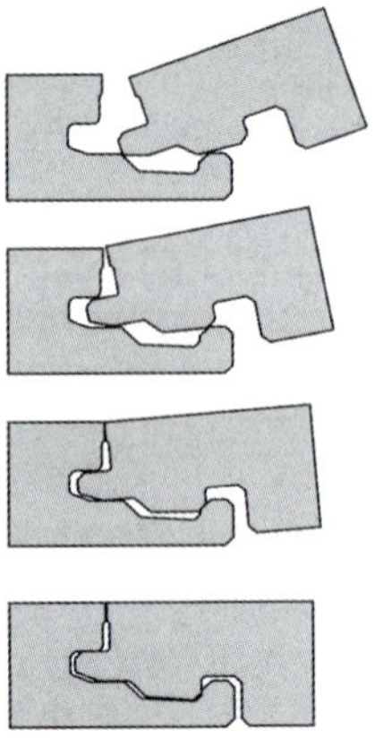

*Verriegelungssystem*

Die Qualität des Mehrschichtparketts ist von der Dicke und Holzart der Nutzschicht sowie von der Gesamtdicke des Fußbodenelements abhängig. Mehrschichtparkett zeichnet sich durch folgende Eigenschaften aus:

- zeitlos elegant,
- pflegeleicht,
- langlebig,
- hygienisch sauber.

## 2. Laminatböden (DIN EN 13329) (Schichtstoffelemente)

Laminatböden bestehen aus mehreren Schichten, die durch Hitze und Druck unlöslich miteinander verbunden werden. Aufgrund der verschiedenen Herstellungsverfahren unterscheidet man:

**HPL-Laminatböden** (High Pressure Laminate)
Sie bestehen aus einem/einer

- Overlay, einer transparenten, verschleißfesten Melaminharz-Nutzschicht (1),
- Dekorpapier, das mit fototechnisch reproduzierten Motiven bedruckt ist (2),
- mehrlagigen, melaminbeharzten Kraftpapier (3),
- Träger, in der Regel eine HDF-Platte E1 (4),
- Gegenzug aus mehrlagigem, harzimprägniertem Kraftpapier (5),
- optional werkseitig aufkaschierten Dämmunterlage (6).

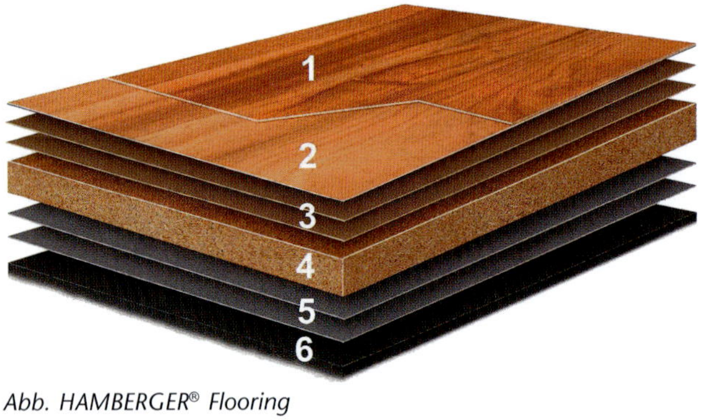


*Abb. HAMBERGER® Flooring*

HPL-Laminatböden werden in einem zweistufigen Herstellungsverfahren hergestellt. In einem ersten Arbeitsgang wird ein Hochdrucklaminat aus Overlay, Dekorpapier und Kraftpapier hergestellt, das in einem zweiten Arbeitsgang mit dem Träger und dem Gegenzug zu einem Laminatboden verpresst wird. HPL-Laminatböden, die als die klassischen Laminatböden angesehen werden, sind durch das zweistufige Herstellungsverfahren teurer, besitzen aber eine höhere Druck-, Stoß- und Kantenfestigkeit als andere Laminatböden.

**CPL-Laminatböden** (Continous **P**ressure **L**aminate)
Sie sind wie die HPL-Laminatböden aufgebaut und unterscheiden sich lediglich durch das Herstellungsverfahren, bei dem das Verpressen des Hochdrucklaminats mit dem Träger und dem Gegenzug kontinuierlich erfolgt.

**DPL-Laminatböden** (**D**irect **P**ressure **L**aminate)
Dies sind direkt beschichtete Laminatböden, bei denen das Overlay (1), das Dekorpapier (2), der Träger (3) und der Gegenzug (4) in einem Arbeitsgang unter Druck und Hitze verpresst werden.
Optional können sie eine werkseitig aufkaschierte Dämmunterlage (5) besitzen. Durch das einstufige Herstellungsverfahren sind die Produktionskosten niedriger als bei den anderen Verfahren. Aus diesem Grund besitzen DPL-Laminatböden einen Marktanteil von über 80 %.

*Abb. HAMBERGER® Flooring*

**CML-Laminatböden** (Continous **M**ultilayer **L**aminate)
Sie sind wie DPL-Laminatböden aufgebaut, besitzen allerdings zur Verbesserung der Strapazierfähigkeit noch zusätzliche Lagen Kernpapier zwischen Dekorpapier und Träger sowie zwischen Träger und Gegenzug. Das Verpressen der einzelnen Schichten erfolgt wie bei den DPL-Laminatböden in einem Arbeitsschritt jedoch in einem Endlosverfahren auf Doppelbandpressen.

**PDL-Laminatböden** (**P**rinted **D**ecor **L**aminate) sind direkt bedruckte Laminatböden, bei denen der Dekordruck unmittelbar auf den Träger aufgebracht wird. Sie bestehen aus einer/einem

- Oberfläche aus mehreren UV-gehärteten Lackschichten (1),
- Dekordruck (2),
- hydrolackbasierenden Druckbasis (3),
- HDF-Trägerplatte (4),
- hydrolackbasierenden Gegenstrichbeschichtung (5),
- optional werkseitig aufkaschierten Dämmunterlage (6).

DPL-Laminatböden fühlen sich wärmer, weicher und natürlicher an und sie sind dimensionsstabiler und leiser als herkömmliche Laminatböden.

**EPL-Laminatböden** (**E**lectrobeam **P**ressure **L**aminate) gehören zu den neueren Entwicklungen bei den Laminatböden, die elektronenstrahlgehärtete Oberflächen aus Acrylatharzen besitzen. In einem ersten Arbeitsgang wird das Dekorpapier mit Acrylatharzen getränkt und anschließend mit Elektronenstrahlen gehärtet. Im zweiten Arbeitsgang wird die ausgehärtete Dekorschicht in einem kontinuierlichen Prozessvorgang auf den Träger und den Gegenzug ohne Druck und Wärme verklebt. Die Oberflächen dieser Böden fühlen sich aufgrund der geringeren Wärmeleitfähigkeit wärmer an und ihre höhere Oberflächenelastizität reduziert den Trittschall.

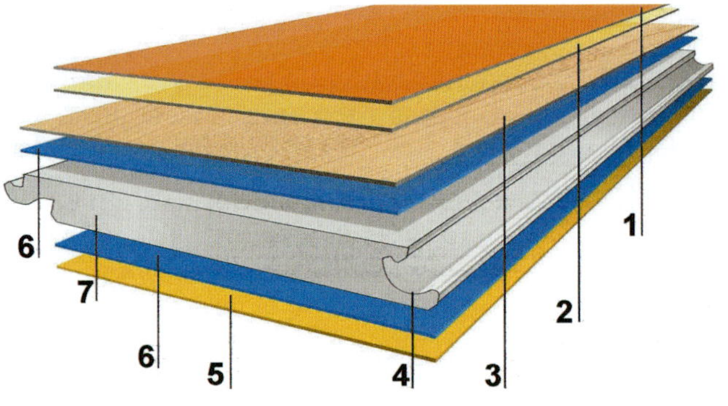


*1) Nutzschicht, 2) Acrylharzschicht, 3) Dekorpapier, 4) HDM S-Profil, 5) Spezialbeschichtung, 6) Leimschicht, 7) HDF-Platte*

Laminatböden werden in vielen naturgetreuen Reproduktionen von Edelhölzern, Steinstrukturen und Unifarben angeboten. Ihre Qualität ist abhängig von der Abriebfestigkeit der Nutzschicht, der Art des Laminats und dem Träger. Verschiedene Laminatböden werden optional mit aufkaschierter Dämmunterlage angeboten, die den Raum- und Trittschall gegenüber einer lose verlegten Dämmunterlage reduziert und sie bei einer Verlegung überflüssig macht. Die Elemente sind entweder mit einem Verriegelungssystem (Klickverbindung), das eine leimlose Verlegung erlaubt, oder mit Nut- und Federverbindung ausgestattet, bei der Nut und Feder verleimt werden müssen.

Laminatböden werden in Rechteckformaten von ca. 1 200 × 200 mm und in Stärken von 6,4–11,5 mm angeboten.
Eigenschaften der Laminatböden:

- strapazierfähig,
- weitgehend kratzfest
- druckfest
- stuhlrollenfest
- UV- und lichtbeständig
- antistatisch,
- hygienisch,
- antiallergisch,
- pflegeleicht,
- zigarettenglutbeständig.
- schwer entflammbar,
- problemlose Entsorgung,
- feuchtigkeitsempfindlich (ungeeignet für Feuchträume),

***Aufgaben***

1. *Beschreiben Sie den Aufbau und die Eigenschaften der Mehrschichtparkettelemente. Welche Faktoren bestimmen ihre Qualität?*
2. *Schildern Sie das Aufbauprinzip der Laminatböden und die Eigenschaften, die sie auszeichnen.*
3. *Erklären Sie den Unterschied zwischen HPL-, CPL- und DPL-Laminatböden.*
4. *Welche Faktoren bestimmen die Qualität der Laminatböden?*

### 10.2.4 Klassifizierung und Kennzeichnung für textile, elastische und mehrschichtig modulare Bodenbeläge sowie Laminatböden

#### 1. Klassifizierungssystem DIN EN ISO 10874

Mit der DIN EN ISO 10874 ist ein Klassifizierungssystem für textile und elastische Bodenbeläge sowie Laminatböden geschaffen worden, dem Anforderungen an Verwendungsbereiche und Nutzungsintensität zugrunde liegen. Dabei wird zwischen Wohnbereich, gewerblichem Bereich und industriellem Bereich unterschieden. Die einzelnen Bereiche werden entsprechend ihrer Nutzungsintensität in mehre Klassen unterteilt. Die Darstellung der Klassifizierung erfolgt durch zweiteilige Piktogramme und Ziffern, wobei der erste Teil des Piktogramms den Verwendungsbereich und der zweite Teil die Nutzungsintensität darstellt. Die Anforderungen, die ein Bodenbelag erfüllen muss, um einer bestimmten Klasse zugeordnet zu werden, erfolgt nach festgelegten Produktwerten, die nach umfangreichen Prüfungen auf der Grundlage anerkannter Prüfnormen (DIN, EN, ISO) ermittelt werden.

| |   |   |   |   |
|---|---|---|---|---|
| **Klasse** | 21 | 22 | 22+ | 23 |
| **Beanspruchung** | mäßig/gering | normal/mittel | normal | stark |
| **Verwendungsbereich mit** | geringer oder zeitweiser Nutzung, z. B. Schlafzimmer | mittlerer Nutzung, z. B. Wohnräume, Eingangsflure | mittlerer bis intensiver Nutzung, z. B. Wohnräume, Eingangsflure, Esszimmer, Korridore | intensiver Nutzung, z. B. Wohnräume, Eingangsflure, Korridore |
| **gewerblicher Bereich** |   |   |   |   |
| **Klasse** | 31 | 32 | 33 | 34 |
| **Beanspruchung** | mäßig | normal | stark | sehr stark |
| **Verwendungsbereich mit** | geringer oder zeitweiser Nutzung, z. B. Hotels, Schlafzimmer, Konferenzräume, kleine Büros | mittlerem Verkehr, z. B. Klassenräume, kleine Büros, Hotels, Boutiquen | starkem Verkehr, z. B. Korridore, Kaufhäuser, Lobbys, Schulen, Großraumbüros | intensiver Nutzung, z. B. Mehrzweckhallen, Schalterräume, Kaufhäuser |

| **industrieller Bereich (Leichtindustrie)** |   |   |   |
|---|---|---|---|
| **Klasse** | 41 | 42 | 43 |
| **Beanspruchung** | mäßig | normal | stark |
| **Verwendungsbereich mit** | hauptsächlich sitzender Tätigkeit und/oder gelegentlicher Nutzung leichter Fahrzeuge, z. B. Elektronik- und Feinmechanik-Werkstätten | hauptsächlich stehender Tätigkeit und/oder Fahrzeugverkehr, z. B. Lagerräume, Elektronik-Werkstätten | andere industrielle Bereiche, z. B. Lagerräume, Produktionshallen |

## 2. Floor Covering Standard Symbols (FCSS)

Um im europäischen Binnenmarkt Sprachbarrieren bei der Kommunikation über Produkteigenschaften bei

- textilen Bodenbelägen (außer abgepasste Teppiche, Läufer, Matten),
- elastischen Bodenbelägen (Linoleum-, Kunststoff-, Elastomerbeläge) und
- Laminatböden

zu überwinden, sind auf der Basis europäischer Normen standardisierte grafische Symbole, die „Floor Covering Standard Symbols" (FCSS), entwickelt worden, die Nutzungs- und Verschleißklassen sowie zusätzliche Produkteigenschaften zeigen. Die Symbole der betreffenden Eigenschaften dürfen nur verwendet werden, wenn die Produktwerte nach den entsprechenden Prüfungen der zugrunde liegenden europäischen Normen erfüllt werden.

**Floor Covering Standard Symbols (FCSS) und ihre Bedeutung**

| Symbol | Bedeutung |
|---|---|
| DS | Rutschsicherheit |
| ES | erhöhte Rutschsicherheit |
| NPD | Rutschsicherheit nicht geprüft |
| B$_{fl}$-s1, C$_{fl}$-s1 | Brandklassen schwer entflammbar |
| A1$_{fl}$, A2$_{fl}$-s1, A2$_{fl}$-s2, B$_{fl}$-s2, C$_{fl}$-s2, D$_{fl}$-s1, D$_{fl}$-s2, E$_{fl}$, F$_{fl}$ | Brandklassen normal entflammbar |
|  | Antistatik |
| $\leq 10^9\,\Omega$ | Ableitung |
| $\leq 10^6\,\Omega$ | leitfähig |
|  | Stuhlrolleneignung Wohnbereich |
|  | Stuhlrolleneignung gewerbl. Bereich |
|  | Treppeneignung Wohnbereich |
|  | Treppeneignung gewerbl. Bereich |
|  | Luxusklassen LC 1–LC 5 |
|  | Abriebfestigkeit |
|  | Zigarettenglut-beständigkeit |
|  | Lichtechtheit |
|  | Lichtreflexion |
|  | Fußbodenheizungs-geeignet |
|  | Chemikalien-beständigkeit |
|  | Flecken-beständigkeit |
|  | Schnittkan-tenfest |
|  | Feuchtraum-eignung |
|  | Eignung für Nassräume |
|  | Verschieben von Möbelfüßen |
|  | Resteindruck |
| E1 HCHO, E2 HCHO | Formaldehydemission |
|  | Akustik-Schallabsorption |
|  | Akustik-Raumschall |
|  | Akustik-Trittschall-dämmung |
|  | Kantenlänge bei Plattenware |
|  | Gesamtge-wicht |
|  | Biegsamkeit (Flexibilität) |
|  | Dimensions-stabilität |
| 2 mm | Gesamtdicke |
|  | Nutzschichtdicke |
|  | Rollenbreite |
|  | Rollenlänge |
|  | Laminat-Schlagfes-tigkeit |
|  | Laminat-Klickverbindung |
|  | Laminat-Quellverhalten |

10

### 3. CE-Kennzeichnung (Certified Europe)

Bauprodukte, die auf dem europäischen Markt vertrieben werden, müssen über eine CE-Kennzeichnung verfügen, mit der die Übereinstimmung des Bauprodukts mit den Grundanforderungen der EU-Richtlinien im Hinblick auf den Gesundheits-, Sicherheits- und Umweltschutz angezeigt wird. Nach den Bestimmungen der Europäischen Kommission gehören textile und elastische Bodenbeläge, Laminat-, Parkett- und Holzböden sowie mehrschichtig modulare Bodenbeläge zu den Bauprodukten.

Die am 01.07.2013 in Kraft getretene EU-Bauproduktenverordnung (BauPVO) regelt die Bedingungen für das Inverkehrbringen und die Bereitstellung von Bauprodukten auf dem Markt und legt Anforderungen an die Leistungserklärung und die CE-Kennzeichnung fest. Entsprechend der BauPVO werden folgende Anforderungen an ein Bauprodukt gestellt:

- mechanische Festigkeit und Standsicherheit,
- Brandschutz,
- Hygiene, Gesundheits- und Umweltschutz,
- Sicherheit und Barrierefreiheit bei der Nutzung,
- Schallschutz,
- Energieeinsparung und Wärmeschutz,
- nachhaltige Nutzung der natürlichen Ressourcen.

Die CE-Kennzeichnung ist auf der Basis der vom Hersteller zu erstellende Leistungserklärung anzubringen, in der wesentliche Merkmale des Bauprodukts aufgeführt werden. Die Prüf- und Kennzeichnungsmodalitäten sind in der DIN EN 14041 aufgeführt. Die Leistungserklärung muss dem Abnehmer des Produkts zur Verfügung gestellt werden, wobei die Bereitstellung auf einer Website möglich ist.

Von den für ein Bauprodukt aufgeführten Anforderungen sind für einen Bodenbelag auf dem CE-Label das Brandverhalten und die Rutschfestigkeit zwingend vorgeschrieben. Angaben zur Wärmedämmung, zum Schallschutz und zur Elektrostatik sind dagegen freiwillig.

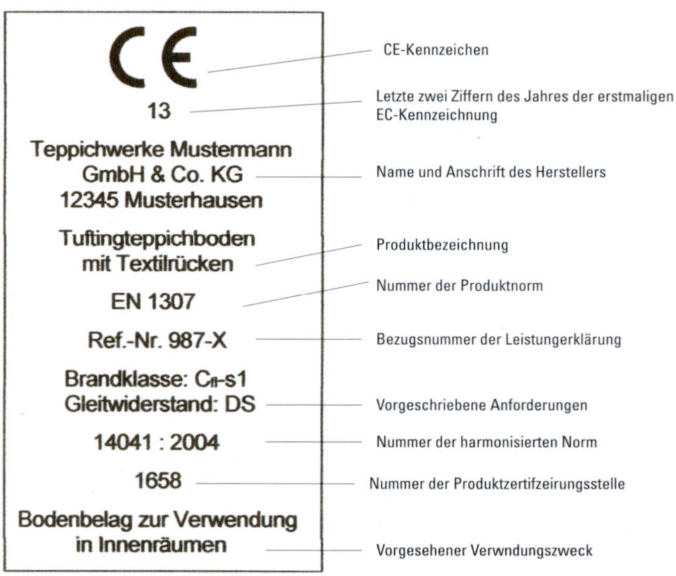

Die CE-Kennzeichnung, die mit entsprechenden Labeln auf Produktdatenblättern und Handmustern sowie in vereinfachter Version auf der Verpackung angegeben werden muss, ist kein Qualitäts- oder Marketingwerkzeug. Sie ist nur eine Konformitätserklärung des Herstellers, mit der er die Einhaltung der Grundanforderungen der EU-Richtlinien anzeigt. Die Kennzeichnung unterstützt den freien Warenverkehr in der Europäischen Gemeinschaft und bietet die Grundlage dafür, dass nicht konforme Bodenbeläge vom Zoll zurückgehalten werden.

### 4. Ü-Zeichen (Übereinstimmungszeichen)

In der Bauproduktenverordnung (BauPVO) sind für Bauprodukte grundsätzliche Anforderungen für Hygiene, Gesundheits- und Umweltschutz aufgeführt. Diese Anforderungen werden durch das Deutsche Institut für Bautechnik (DiBt) nach den „Grundsätzen zur gesundheitlichen Bewertung von Bauprodukten in Innenräumen“ hinsichtlich der Emissionsbegrenzung flüchtiger und schwer flüchtiger organischer Verbindungen konkretisiert, die eine wichtige Ursache für die Verunreinigung der Luft in den Innenräumen sind.

So benötigen Bauprodukte, die in Innenräumen verwendet werden, dazu zählen textile und elastische Bodenbeläge, Laminat- und Parkettböden sowie mehrschichtig modulare Bodenbeläge, Bodenbelagklebstoffe, Verlegeunterlagen und Parkettbeschichtungen, aus Gründen des Gesundheits- und Umweltschutzes eine allgemeine bauaufsichtliche Zulassung (abZ), die vom DIBt erteilt und vom Hersteller durch das Ü-Zeichen mit dem Hinweis „Emissionsgeprüft nach DIBt-Grundsätzen“ dokumentiert wird.

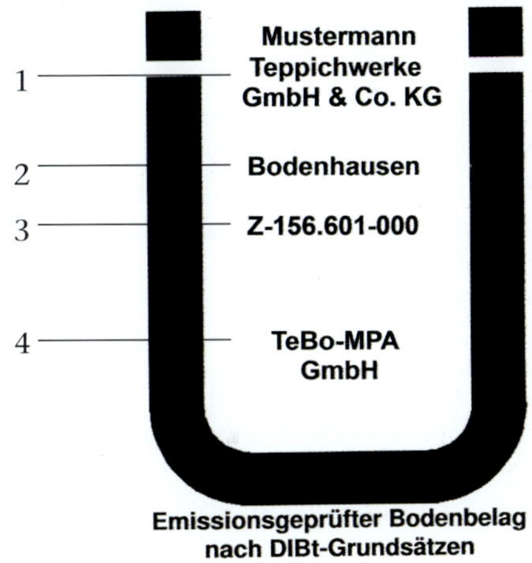


*1 = Hersteller*

*2 = Herstellort*

*3 = Nummer der bauaufsichtlichen Zulassung*

*4 = Zertifizierungsstelle*

Mit dem Ü-Zeichen bestätigt der Hersteller, dass das Produkt den in Deutschland vorgeschriebenen Prüfkriterien hinsichtlich des Emissionsverhaltens flüchtiger organischer Verbindungen in Innenräumen entspricht, und er garantiert, dass es von einer unabhängigen anerkannten Prüfstelle überwacht wird.

Das Ü-Zeichen muss zusätzlich zu der CE-Kennzeichnung auf den Produktdatenblättern und der Verpackung angegeben werden.

***Aufgaben***

1. *Aufgrund welcher Kriterien werden die Piktogramme des Klassifizierungssystems DIN EN ISO 10874 und der Floor Covering Standard Symbols (FCSS) für einen Bodenbelag vergeben?*
2. *Welche Angaben muss die CE-Kennzeichnung für einen Bodenbelag enthalten?*
3. *Was bestätigt ein Hersteller mit dem auf einem Produktdatenblatt angegebenen Ü-Zeichen?*

### 10.2.5 Werkstoffe für Abschlüsse bei Bodenbelagarbeiten

Zu einer vollständigen Verlegung eines Bodenbelags gehören zur Behebung optischer und funktioneller Mängel entsprechende Abschlüsse an Wänden, Übergängen und Treppenkanten. Dafür stehen Sockelleisten, Übergangs- und Abschlussschienen sowie Treppenprofile zur Verfügung.

#### 1. Sockelleisten

Sockelleisten bilden den Übergang von Wand und Boden. Sie haben die Aufgabe,

- den Wandabschluss vor Beschädigungen und Verschmutzungen zu schützen,
- die Übergänge zwischen Wand und Bodenbelag zum Zweck einer optimalen Reinigung zu schließen,
- die Übergänge zwischen Bodenbelag und Wandbekleidung optisch zu verbessern.

Für diese Zwecke gibt es ein riesiges Angebot an Sockelleisten, die in den verschiedensten Formen, Abmessungen und Farben angeboten werden. Man unterscheidet folgende Sockelleisten:

**Weich-PVC-Sockelleisten**
Sie werden angeboten zum

- Aufsetzen auf den Bodenbelag,
- Verschweißen mit dem Bodenbelag (nur bei PVC-Belägen möglich),
- bündigen Anpassen mit dem Bodenbelag,
- Einschieben des Bodenbelags.

Alle diese Wandabschlüsse passen sich durch ihre Schmiegsamkeit den Wand- und Bodenunebenheiten an und lassen sich an Außen- und Innenecken miteinander verschweißen, sodass in diesen Bereichen dauerhafte und geschlossene Verbindungen entstehen.

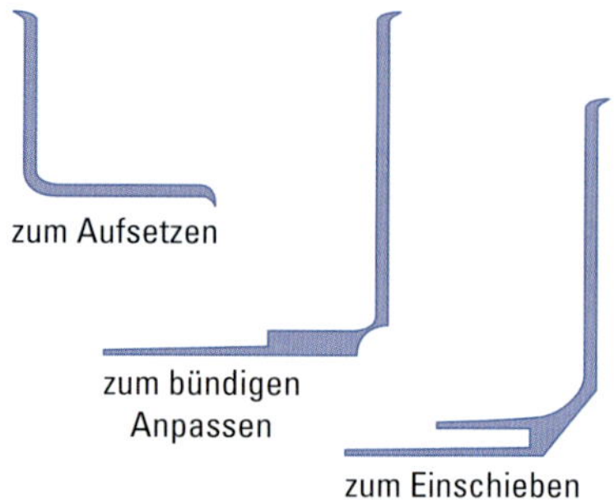

*Sockelleisten aus Weich-PVC*

**Hart-PVC-Sockelleisten**
Aus Hart-PVC werden folgende Leistenarten hergestellt:

- glatte und profilierte Nagelsockelleisten für nagelbare Untergründe,
- Kernsockelleisten, die aus einem Hartfaser- oder Hartschaumkern mit einer Hart-PVC-Ummantelung bestehen. Sie sind unempfindlich gegenüber mechanischen Einwirkungen. Mit ihrer weichen Dichtlippe liegen sie auf dem Bodenbelag auf, sodass schlüssige Abschlüsse entstehen.
- Klemmsockelleisten: Sie bestehen aus einer Halterung, die an der Wand befestigt und auf die die eigentlichen Sockelleisten aufgesteckt werden. Hinter den aufgesteckten Sockelleisten lassen sich Kabel und Rohre verstecken.

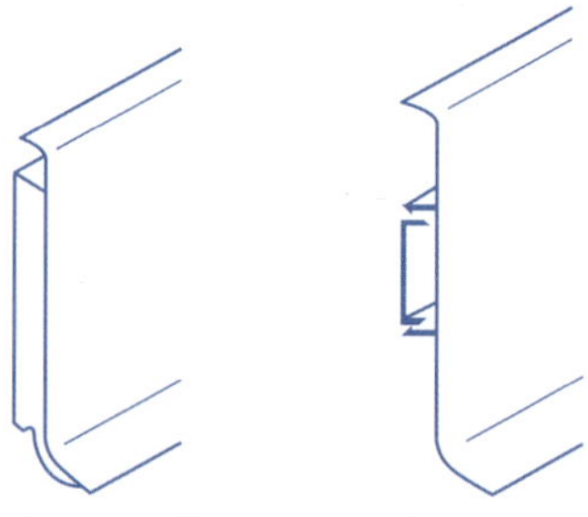
*Kernsockelleiste* *Klemmsockelleiste*

Leisten aus Hart-PVC erfordern aufgrund ihrer Steifheit ebene Wände und Untergründe.

### Teppichsockelleisten

Durch Teppichsockelleisten, in die mithilfe von Klebebändern schmale Teppichbodenstreifen geklebt werden, soll der Eindruck erweckt werden, als wäre der Teppichboden an der Wand ein kleines Stück hochgezogen. Sie werden aus Weich- und Hart-PVC sowie aus Holz gefertigt.

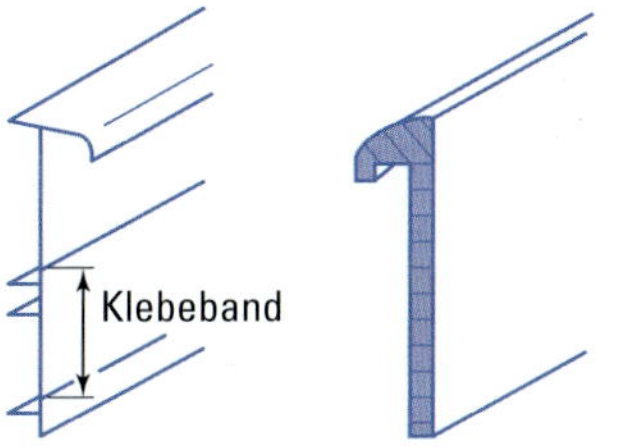


*aus Hart-PVC* *aus Holz*
*Teppichsockelleisten*

### Holzsockelleisten

Sie werden in verschiedenen Formen aus Massivholz sowie aus Form-Sperrholz oder profilierter Spanplatte mit aufgelegten Edelholzfurnieren geliefert. Bei den Holzsockelleisten unterscheidet man:

- einteilige Sockelleisten, die verschiedene Profile haben können,
- zweiteilige Sockelleisten, mit denen man Kabel und Rohre abdecken kann.

Sockelleisten werden größtenteils mit geeigneten Klebstoffen (z. B. lösemittelfreiem Kontaktklebstoffen), z. T. auch mit Klebebändern, an die Wand geklebt. Leisten aus Hart-PVC oder Holz können bei entsprechendem Untergrund auch genagelt oder gedübelt und geschraubt werden.

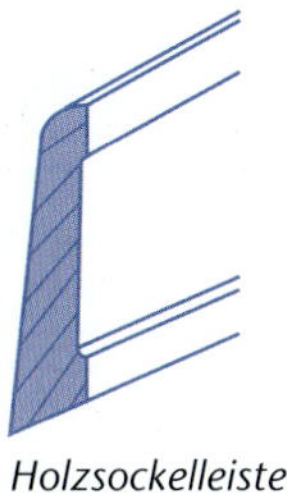

*Holzsockelleiste*

## 2. Übergangsschienen

Um sichtbare Stöße oder Höhenunterschiede zwischen zwei verschiedenen Bodenbelägen zu verdecken oder auszugleichen, verwendet man Übergangsschienen. Sie werden in verschiedenen Ausführungen angeboten als

- Nahtabdeckschienen aus Weich- und Hart-PVC, Messing und Aluminium,
- doppelseitige Verbindungsschienen aus Weich- und Hart-PVC sowie Aluminium mit oder ohne abnehmbare Deckleiste bei verspanntem Teppichboden sind mit Haken versehene Aluminiumschienen zu verwenden),
- doppelseitige Umschlagschienen mit stauchbaren Stegen zum Ausgleichen von unterschiedlichen Belagdicken.

Je nach Art der Übergangsschienen und der Untergrundart werden sie durch Dübel und Schrauben oder mit geeigneten Klebstoffen auf dem Untergrund befestigt.

*Nahtabdeckschiene*

*Doppelseitige Verbindungsschiene*

*Doppelseitige Verbindungsschiene mit Deckleiste für Teppichverspannung*

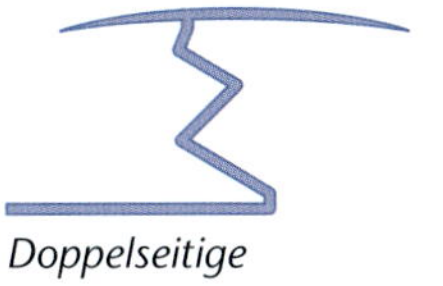

*Doppelseitige Umschlagschiene*

10

### 3. Abschlussschienen

Abschlussschienen dienen als Material- und Stolperschutz bei Übergängen und Stoßkanten. Dafür stehen zur Verfügung:

- einseitig geschlossene Abschlussschienen aus Weich- und Hart-PVC, bei denen in die offene Seite der Bodenbelag eingeschoben wird,
- einseitige Umschlagschienen aus Aluminium, die durch Hammerschlag den in die offene Seite eingeschobenen Bodenbelag fixieren. Bei Teppichbodenverspannungen sind Schienen mit Haken zu verwenden.

Die Befestigung der Abschlussschienen erfolgt in der gleichen Art wie bei den Übergangsschienen.

*Einseitig geschlossene Abschlussschiene*

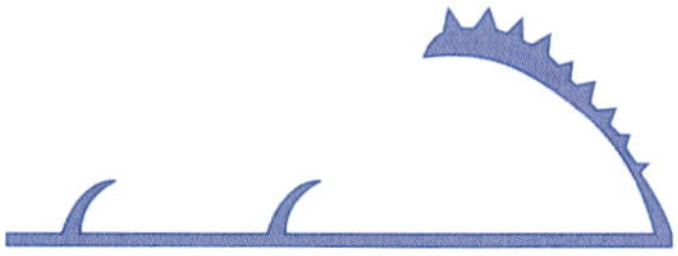

*Einseitige Umschlagschiene für Teppichbodenverspannung*

### 4. Treppenprofile

Um den Bodenbelag an den Treppenkanten vor vorzeitigem Verschleiß zu schützen und die Trittsicherheit zu erhöhen, werden Treppenprofile verwendet. Sie werden in verschiedenen Ausführungen aus Weich- und Hart-PVC, Gummi, Messing und Aluminium angeboten. Zur Erhöhung der Trittsicherheit besitzen viele Profile eine geriffelte Oberfläche. Je nach Art des Treppenprofils und der Treppenart werden die Profile aufgeklebt oder mit Dübeln und Schrauben befestigt.

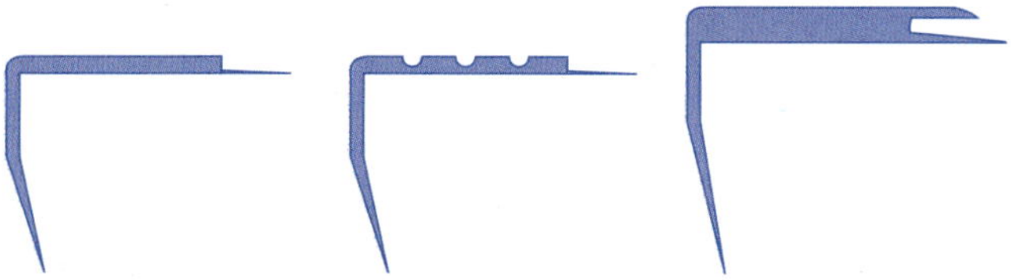

*Treppenprofile*

***Aufgaben***

1. *Schildern Sie, welche Aufgaben Sockelleisten zu erfüllen haben, welche Arten es gibt und wie sie befestigt werden.*
2. *Welche Aufgaben haben Übergangsschienen zu erfüllen? Welche Arten werden diesen Aufgaben gerecht?*
3. *Aus welchen Gründen werden an Trittstufen Treppenprofile angebracht? In welchen Werkstoffen werden sie angeboten?*

# 10.3 Kundenaufträge

## 10.3.1 Verspannen eines Teppichbodens im Foyer eines Hotels

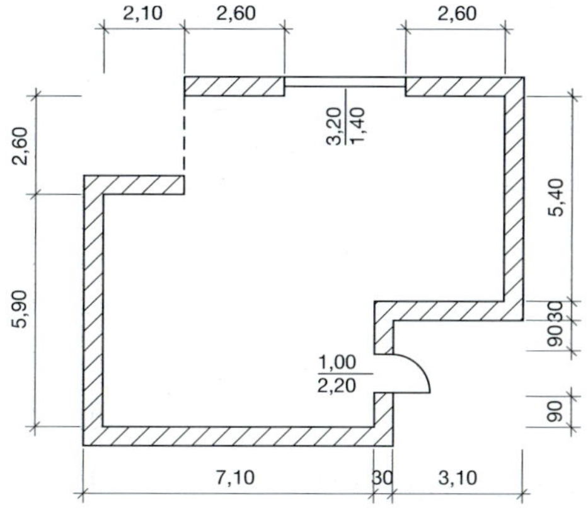


Ein Raumausstatterbetrieb erhält den Auftrag, in dem Foyer eines Hotels mit nebenstehendem Grundriss den abgenutzten, verklebten Teppichboden durch einen neuen zu ersetzen.
Der Innenarchitekt schlägt eine Teppichbodenverspannung mit einem 400 cm breiten Teppichboden vor, die mit Teppichsockelleisten zu vervollständigen ist. Das Produktdatenblatt des Teppichbodens enthält u. a. folgende Angaben: Herstellungstechnik: Velours, getuftet 5/64´´, COC-gemustert, Polmaterial: 100 % PA, Rückenausstattung: TR, Poleinsatzgewicht: 470 g/m², Gesamtgewicht: 1250 g/m², Brennverhalten: EN 13501-1 $C_{fl}$-s1, Lichtechtheit: > 5, Reibechtheit: > 4, Wasserechtheit: > 4, Körperspannung: < 2,0 kV, WDW: 0,10 m² K/W, Teflon-Ausrüstung.

### 1. Analyse

Machen Sie sich mit den Angaben des Auftrags vertraut und sammeln Sie Informationen, die für die Ausführung des Auftrags erforderlich sind.

### 2. Planung

1. Erstellen Sie eine Übersicht über die durchzuführenden Prüfungen und Arbeiten mit den jeweils dazugehörigen Werkzeugen, Geräten und Maschinen.
2. Legen Sie unter Berücksichtigung des geringsten Verschnitts die Verlegerichtung des Teppichbodens fest und ermitteln Sie dessen Bedarf unter Beachtung selbst gewählter fachgerechter Zugaben.
3. Wählen Sie eine geeignete Teppichunterlage aus und ermitteln Sie deren Bedarf.
4. Wählen Sie geeignete Nagelleisten aus und ermitteln Sie deren Bedarf.
5. Erstellen Sie ein Spanndiagramm für den zu verspannenden Teppichboden.
6. Wählen Sie geeignete Teppichsockelleisten aus und ermitteln Sie deren Bedarf.
7. Welche Maßnahmen zum Umwelt-, Gesundheits- und Unfallschutz müssen Sie bei den durchzuführenden Arbeiten beachten?

### 3. Fertigung

Schildern Sie
1. das Entfernen und umweltgerechte Entsorgen des alten Teppichbodens,
2. die Prüfung und Vorbereitung des Untergrunds,
3. die Installierung des Teppichbodens einschließlich der erforderlichen Vorarbeiten,
4. das Anbringen der Teppichsockelleisten und die durchzuführenden Abschlussarbeiten.

### 4. Qualitätskontrolle

Schildern Sie die durchzuführenden Maßnahmen zur Qualitätskontrolle der durchgeführten Teppichbodenverspannung.

### 5. Kundenübergabe

1. Schildern Sie dem Auftraggeber die Vorteile der Teppichbodenverspannung und erklären Sie ihm die warentypischen Eigenschaften des Teppichbodens aufgrund der im Produktdatenblatt enthaltenen Angaben.
2. Welche Pflege- und Reinigungshinweise müssen Sie dem Auftraggeber für den verspannten Teppichboden nennen?

### 6. Dokumentation und Präsentation

Erstellen Sie die Dokumentation und Präsentation Ihres Lösungsvorschlags.

## 10.3.2 Verlegung eines Teppichbodens in einem Arbeitsraum mit elektronischen Geräten

Raumausstattermeister Mustermann erhält den Auftrag, in einem neu erbauten Bürokomplex einen Arbeitsraum, in dem an elektronischen Geräten gearbeitet wird, einen geeigneten Teppichboden zu verlegen. Nach der ersten Begutachtung des Untergrunds stellt er einen schwimmenden grauen Estrich fest, der Scheinfugen aufweist. Die Teppichbodenverlegung ist durch Sockelleisten zu vervollständigen. Dem Auftrag liegt die DIN VOB 18365 zugrunde.

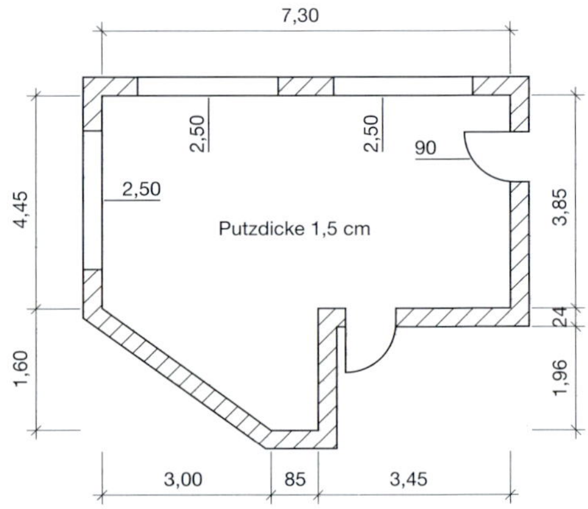


### 1. Analyse

Machen Sie sich mit den Aufgaben des Auftrags vertraut. Sammeln Sie Informationen, die für die Ausführung des Auftrags erforderlich sind.

### 2. Planung

1. Erstellen Sie eine Übersicht über die durchzuführenden Prüfungen und Arbeiten mit den jeweils dazugehörigen Werkzeugen und Geräten.
2. Bestimmen Sie die Art des Untergrunds und nennen Sie dessen Eigenschaften.
3. Wählen Sie entsprechend der vorgesehenen Untergrundvorbehandlungen die erforderlichen Werkstoffe aus und berechnen Sie unter Berücksichtigung fachgerechter Verbräuche deren Bedarf.
4. Wählen Sie einen geeigneten Klebstoff aus und berechnen Sie unter Berücksichtigung eines fachgerechten Verbrauchs den Klebstoffbedarf.

5. Wählen Sie einen geeigneten Teppichboden, der der Nutzung des Raums entspricht, und begründen Sie dessen Einsatz.
6. Legen Sie unter Berücksichtigung des geringsten Verschnitts die Verlegerichtung des Teppichbodens fest und ermitteln Sie dessen Bedarf unter Beachtung selbst gewählter fachgerechter Zugaben.
7. Wählen Sie zu dem Teppichboden passende Sockelleisten aus und berechnen Sie deren Bedarf.
8. Welche Maßnahmen zum Umwelt-, Gesundheits- und Unfallschutz müssen Sie bei den durchzuführenden Arbeiten beachten?

### 3. Fertigung

Schildern Sie die durchzuführenden Tätigkeiten
1. bei den vorgesehenen Untergrundprüfungen.
   Bei der Prüfung der Feuchtigkeit stellen Sie einen Feuchtigkeitsgehalt von 2,8 % fest. Wie verhalten Sie sich?
2. beim Schließen der Scheinfugen.
3. bei den durchzuführenden Vorbereitungsarbeiten des Untergrunds.
4. bei den Zuschnitt- und Verlegetechniken des zu verlegenden Teppichbodens.
5. beim Anbringen der Sockelleisten und den durchzuführenden Abschlussarbeiten.

### 4. Qualitätskontrolle

Schildern Sie die Maßnahmen zur Qualitätskontrolle der durchgeführten Teppichbodenverlegung.

### 5. Kundenübergabe

Welche Pflege- und Reinigungshinweise muss der Raumausstatter dem Auftraggeber für den installierten Teppichboden übergeben?

### 6. Dokumentation

Erstellen Sie eine Dokumentation und Präsentation Ihres Lösungsvorschlags.

## 10.3.3 Verlegung eines umweltfreundlichen elastischen Bodenbelags in einer Kantine

In der Kantine eines neu erbauten Verwaltungsgebäudes mit nebenstehendem Grundriss soll ein umweltfreundlicher, pflegeleichter elastischer Bodenbelag auf einem schwimmenden Calciumsulfatfließestrich verklebt werden. Die Belagverklebung soll durch Sockelleisten vervollständigt werden.

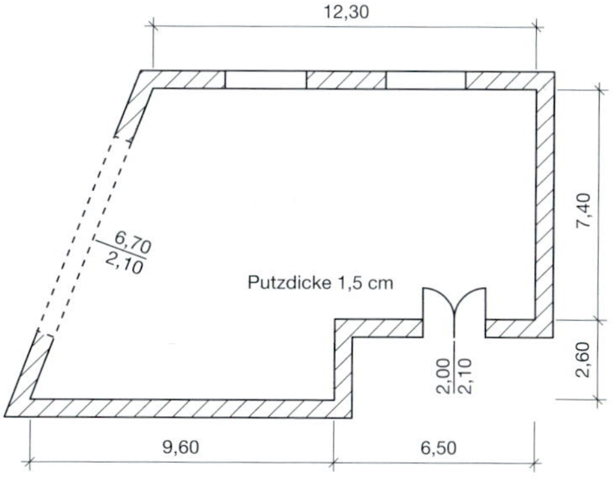

## 1. Analyse

Machen Sie sich mit dem Auftrag vertraut und sammeln Sie Informationen, die für die Ausführung des Auftrags erforderlich sind.

## 2. Planung

1. Erstellen Sie eine Übersicht über den Ablauf der durchzuführenden Prüfungen und Arbeiten mit den jeweils dazugehörigen Werkzeugen und Geräten.
2. Wählen Sie aufgrund der geforderten Eigenschaften einen Bodenbelag und begründen Sie dessen Einsatz.
3. Erstellen Sie einen Verlegeplan unter Berücksichtigung des geringsten Verschnitts und ermitteln Sie den Bedarf für den Bodenbelag unter Beachtung selbst gewählter fachlicher Zugaben.
4. Wählen Sie unter Berücksichtigung des Untergrunds und des Bodenbelags adäquate Verlegewerkstoffe aus und berechnen Sie deren Bedarf.
5. Wählen Sie zu dem Bodenbelag passende Sockelleisten aus und berechnen Sie deren Bedarf.
6. Welche Maßnahmen zum Umwelt-, Gesundheits- und Unfallschutz müssen Sie bei den durchzuführenden Arbeiten beachten?

## 3. Fertigung

Schildern Sie die durchzuführenden Tätigkeiten
1. bei den Untergrundprüfungen,
2. bei den Vorbereitungsarbeiten des Untergrunds,
3. bei den Zuschnitt- und Verlegetechniken des zu verlegenden Bodenbelags,
4. beim Anbringen der Sockelleisten und den durchzuführenden Abschlussarbeiten.

## 4. Qualitätskontrolle

Schildern Sie die Maßnahmen zur Qualitätskontrolle des durchgeführten Auftrags.

## 5. Kundenübergabe

1. Schildern Sie dem Auftraggeber die warentypischen Eigenschaften des installierten Bodenbelags.
2. Welche Pflege- und Reinigungshinweise können Sie dem Auftraggeber für den verlegten Bodenbelag nennen?

## 6. Dokumentation und Präsentation

Erstellen Sie eine Dokumentation und Präsentation Ihres Lösungsvorschlags.

## 10.3.4 Verlegung von Teppichfliesen in einem Gruppenraum eines Kindergartens

In dem Gruppenraum eines Kindergartens mit nebenstehendem Grundriss soll der dort 1960 installierte CV-Belag durch 50 cm × 50 cm große Nadelvlies-Teppichfliesen ersetzt werden. Der Auftrag sieht vor, dass die Fliesen zweifarbig in Diagonalverlegung und mit einem umlaufenden Fries verlegt werden sollen. Die Farbwahl der Fliesen soll freundlich und kindgerecht sein.

Die Fliesenverlegung ist mit passenden Sockelleisten zu vervollständigen.

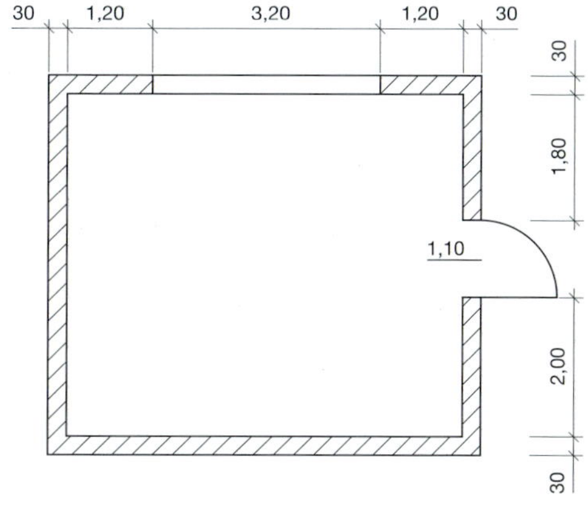


### 1. Analyse

Machen Sie sich mit dem Auftrag vertraut und sammeln Sie Informationen, die für die Ausführung des Auftrags erforderlich sind.

### 2. Planung

1. Zeichnen Sie im Maßstab 1 : 30 den Grundriss des Gruppenraums mit der Fliesen- und Friesanordnung. Wählen Sie nach eigener Vorstellung die Farben der Fliesen und des Frieses und füllen Sie die Fliesenflächen mit den von Ihnen gewählten Farben aus.
2. Erstellen Sie eine Übersicht über den Ablauf der durchzuführenden Prüfungen und Arbeiten mit den jeweils dazugehörigen Werkzeugen, Geräten und Maschinen.
3. Wählen Sie eine geeignet Methode, den installierten CV-Belag zu entfernen und ihn umweltgerecht zu entsorgen.
4. Wählen Sie geeignete Verlegewerkstoffe aus und ermitteln Sie deren Bedarf.
5. Ermitteln Sie
   a) den Fliesenbedarf je Farbe,
   b) die Maße des umlaufenden Frieses,
   c) den Sockelleistenbedarf.
6. Welche Maßnahmen zum Umwelt-, Gesundheits- und Unfallschutz müssen Sie bei den durchzuführenden Arbeiten beachten?

### 3. Fertigung

Schildern Sie die durchzuführenden Tätigkeiten

1. beim Entfernen und umweltgerechten Entsorgen des CV-Belags,
2. bei der Prüfung und Vorbereitung des Untergrunds,
3. beim Bestimmen bzw. Auswinkeln des Anfangspunkts für die Fliesenverlegung,
4. beim Verkleben der Fliesen,
5. beim Zuschneiden der Randfliesen,
6. beim Anbringen der Sockelleisten und den durchzuführenden Abschlussarbeiten.

### 4. Qualitätskontrolle

Schildern Sie die Maßnahmen zur Qualitätskontrolle des durchgeführten Auftrags.

### 5. Kundenübergabe

Welche Gebrauchseigenschaften, Pflege- und Reinigungshinweise können dem Auftraggeber für die verlegten Teppichfliesen genannt werden?

### 6. Dokumentation und Präsentation

Erstellen Sie eine Dokumentation und Präsentation Ihres Lösungsvorschlags.

# Sachwortverzeichnis

# Bildnachweis

ADO Goldkante GmbH & Co. KG, Aschendorf: S. 270, 271
Anker-Teppichboden Gebr. Schoeller GmbH & Co.KG, Düren: S. 452
ANOVA Multimedia Studios, Rostock: S. 282, 284, 317
Arbeitskreis Deutsche Stilmöbel, Detmold: S. 108
Armstrong DLW AG, Bietigheim-Bissingen: S. 403, 404, 405, 406, 407, 408
A.S. Création Tapeten AG, Gummersbach: S. 331, 332
BERRYMAN ALLSTAR GmbH, Vöhringen: S. 234
Deutscher Kork-Verband e. V., Bielefeld: S. 473
döfix-Döhlemann GmbH, Weilheim/Teck: S. 211, 236
drapilux Schmitz-Werke, Emsdetten: S. 248, 251
Dürkopp-Adler AG, Bielefeld: S. 50, 54, 55, 226
eco-Institut, Köln: S. 42
ECRA, Brüssel: S. 463
EGGER Retail Products GmbH & Co. KG, Wismar: S. 480
Europäische Teppichgemeinschaft, Wuppertal: S. 390, 392, 393, 397, 398, 399, 400, 401, 402, 420
FillMatic GmbH, Mannheim: S. 74
Forbo-Flooring, Paderborn: S. 414, 467, 470, 471
Fotolia Deutschland GmbH, Berlin: S. 72 (Hauke-Chr. Dittrich)
Frommholz Polstermöbel, Spenge: S. 62, 115, 133, 137, 138
Gann Mess- und Regeltechnik GmbH, Gerlingen: S. 375, 376
Gepade Polstermöbel GmbH & Co. KG, Dellbrück: S. 81, 84
Girloon by Girmes, Grefrath: S. 392, 396
GiNETEX Germany, Köln: S. 241
Gruber Polstermöbel GmbH, Sonnefeld: S. 82
Hamberger Flooring GmbH & Co. KG, Rosenheim: S. 421, 422, 423, 424, 477, 478, 479
HDM GmbH, Moers: S. 480
HSGM, Walluf: S. 224
IMPULSA®, Wiersheim: S. 226, 228, 230
Inganto, Mailand: S. 173
JAB Josef Anstoetz, Bielefeld: S. 194, 281
Janser GmbH, Ehningen: S. 383, 384
Joh. Friedrich Behrens AG, Ahrensburg: S. 48, 83
Julius Scheuerle GmbH, Frankfurt: S. 186, 187
Knauf Gips KG, Iphofen: S. 370
Konrad Hornschuch AG, Weißbach: S. 185
Kuris-Westema, Veringenstadt: S. 45
LIBA-Maschinenfabrik, Naila: S. 255, 257
Luis Vogl Verspanntechnik, München: S. 391, 397, 398, 400, 402, 407, 408
Marburger Tapetenfabrik, Kirchhain: S. 330, 343
MediaServiceOnline Unternehmengruppe Fischer: S. 277, 278, 279
MeisterWerke Schulte GmbH: S. 476
Meyrose GmbH, Stemwede: S. 133, 192
MHZ Hachtel GmbH, Stuttgart: S. 307
Möller GmbH, Meschede-Eversberg: S. 211
Mozart AG, Solingen: S. 409
Oeko-Tex®-Gemeinschaft, Zürich: S. 41

Profloor Technology GmbH, Dietlikon: S. 405
RAL Deutsches Institut für Gütesicherung und Kennzeichnung e. V., Sankt Augustin: S. 41, 354
Raumgestaltung Reeh, Barsinghausen: S. 123, 124, 125, 126
Robert Bosch GmbH, Leinfelden-Echterdingen: S. 48, 61, 72, 233
Saum & Viebahn, Kulmbach: S. 211
SIFLOOR AG, Ruswil: S. 394
Storch GmbH, Wuppertal: S. 384
Südleder GmbH, Rehau: S. 178
Teba GmbH & Co. KG, Duisburg: S. 286, 293, 301
Thomist/Henkel AG, Düsseldorf: S. 377, 382
THONET GmbH, Frankenberg, Fotograf Michael Gerlach: S. 134
Trevira GmbH, Hattersheim: S. 262
TÜV Rheinland LGA Products, Köln: S. 42
TÜV Technische Überwachung Hessen GmbH, Darmstadt: S. 464
Verband der Deutschen Daunen- und Federnindustrie e. V., Mainz: S. 145
VSM Deutschland GmbH - Pfaff, Karlsruhe: S. 226
Walther-Pilot, Wuppertal: S. 72
WAREMA Renkhoff SE, Marktheidenfeld: S. 302, 309, 310, 311, 312, 314
Wasikowski GmbH & Co. KG, Lichtenfels: S. 133
Werner Müller GmbH, Frankenthal: S. 411
WERTHER – Die Möbelmanufaktur, Werther: S. 114, 115
Westdeutsche Gerberschule, Reutlingen: S. 183, 184
Windmöller Flooring Products GmbH, Augustdorf: S. 476
Woka-Raumausstattung, Rheinbach-Flerzheim: S. 91
Wolff GmbH, Vaihingen/Enz-Aurich: S. 383, 384, 405

Alle anderen Abbildungen stammen vom Autor.